Für das Deutsche Schiffahrtsmuseum
herausgegeben von Uwe Schnall

CHRISTINE REINKE-KUNZE

AUFBRUCH IN DIE WEISSE WILDNIS

Die Geschichte der deutschen Polarforschung

BASTEI-LÜBBE-TASCHENBUCH
Band 64126

© 1992 by Ernst Kabel Verlag GmbH, Hamburg
Lizenzausgabe im Gustav Lübbe Verlag GmbH, Bergisch Gladbach
Printed in Germany, März 1994
Einbandgestaltung: K.K.K., Köln
Titelbild: Tony Stone – John Beatty, München
Druck und Bindung: Ebner Ulm
ISBN 3-404-664126-4

Inhaltsverzeichnis

Geleitwort

Mehr als ein Jahrhundert deutscher Polarfahrten wird in diesem Buch aufgeblättert. Eine zierliche und zähe Journalistin, deren Spezialgebiet Schiffahrt und Seefahrtsgeschichte ist, hat die alten Expeditionsberichte, Tagebücher und Notizen studiert und hat auf Forschungsschiffen und in den Instituten die Polarforscher von heute bei Ihrer Arbeit beobachtet. In ausführlichen Interviews läßt sie einen Kapitän, einen Hubschrauberpiloten und einen jungen Wissenschaftler, der gerade in der Antarktis überwintert hat, zu Wort kommen. So vermitteln authentische Zitate und Bilder einen direkten Eindruck von den Lebens- und Arbeitsbedingungen der Polarforscher. Darum ging es der Autorin vor allem. Gleichweit entfernt von tremolierendem Heldengesang und eiskalter Faktensammlung, zeichnet Christine Reinke-Kunze die Forscher bei ihrer Arbeit unter der physischen und psychischen Belastung der Polarwelt. Wer mag, findet hier Vorbilder wissenschaftlichen und menschlichen Handelns.

Was trieb deutsche Wissenschaftler in die Eiswüsten der Antarktis und Arktis? In erster Linie war es wissenschaftliche Neugier – anfangs wollten die Geographen wissen, ob der Nordpol tatsächlich hinter einem Packeisgürtel in einem eisfreien Ozean liegt und wie groß der antarktische Kontinent, die alte Terra australis incognita, ist. Dann wollte man das Magnetfeld der Erde verstehen und dazu die magnetischen Pole erreichen. Die Ozeanographen fragten nach der Herkunft der eiskalten Wassermassen, die die Tiefseebecken aller Ozeane füllen, und die Meteorologen vermuteten, daß in Grönland das nordatlantische Wetter entsteht. Die reichen Bestände an Walen, Robben und Pinguinen forderten die Meeresbiologen heraus, die Produktionskraft der Weltmeere vergleichend zu erforschen. Geophysiker wollten die Dicke der Eisschilde in Grönland und in der Antarktis messen, und Geologen interessierten sich für den felsigen Untergrund, sie wollten die Antarktis erdgeschichtlich den anderen Südkontinenten zuordnen. Auf Spitzbergen, Grönland und den antarktischen Inseln ließen sich Geographen und Biologen in die Eiszeit zurückversetzen, sie analysierten die Anpassungen der

Organismen an niedrige Temperaturen. Wie stark die wissenschaftliche Antriebskraft bei deutschen Polarforschern war, wird gerade beim Größten von ihnen, Alfred Wegener, deutlich.

Da spielten die anderen Triebfedern kaum noch eine Rolle: die Faszination der Polarwelt, die Abenteuerlust, die Freude an der Bewährung bei äußerster Herausforderung, der Ehrgeiz und der Nationalstolz. Reichtümer konnte man in Deutschland durch Polarforschung nie gewinnen, dafür waren ihre Ergebnisse von zu geringem unmittelbaren Nutzen.

Die Deutschen haben sich nicht am Wettrennen zum Nord- und Südpol Anfang dieses Jahrhunderts beteiligt. Die wissenschaftliche Aufgabe stand im Vordergrund. Dank sorgfältiger Expeditionsplanung und gründlicher Auswertung war der wissenschaftliche Ertrag der deutschen Expeditionen im letzten Quartal des 19. Jahrhunderts und den ersten drei Jahrzehnten unseres Jahrhunderts auch im internationalen Vergleich sehr hoch.

Durch Kriegs- und Nachkriegszeit ist die Kontinuität der deutschen Polarforschung weitgehend abgerissen. Die bescheidenen Neuanfänge in den fünfziger und sechziger Jahren lehnten sich an sowjetische oder an französische und amerikanische Expeditionen an, je nachdem, ob die deutschen Wissenschaftler östlich oder westlich der Elbe saßen. Für die westdeutsche Polarforschung begann 1975 eine stürmische Entwicklung, die von außen- und wirtschaftspolitischen Kräften angestoßen wurde, dann aber eine wissenschaftliche Eigendynamik gewann. Die globalen Klimaveränderungen und der regionale Schutz der Umwelt in den Polargebieten lassen heute die Suche nach den Krill- und Fischressourcen, nach seltenen Metallen und Erdöl ganz in den Hintergrund treten.

Mit großem materiellen Aufwand, zu dem vor allem ein vorzüglicher Forschungseisbrecher und ein modern ausgestattetes Polarinstitut gehören, beteiligt sich Deutschland – die in der DDR aufgebauten Forschergruppen mit eingeschlossen – an der internationalen Polarforschung. Die Untersuchung der Packeiszonen von der Atmosphäre bis zum Meeresboden, die Erforschung der Dynamik der Eismassen Grönlands und der Antarktis sowie die Geschichte des Untergrundes der Nahtzone zwischen Ost- und Westantarktis bilden die Schwerpunkte der deutschen Polarforschung. Sie sind Kernstücke der großen internationalen Forschungsprogramme der neunziger Jahre. Der deutsche Beitrag zur internationalen Polarforschung ist heute weit größer als je zuvor in der Geschichte. Dies verdanken wir den hohen Investitionen der Bundesregierung sowie der günstigen Struktur der westdeutschen Forschung, die der Kooperation zwischen Wissenschaftlern verschiedener Institute und Disziplinen förderlich ist und die weit offen ist für internationale Zusammenarbeit, insbesondere auf den POLARSTERN-Expeditionen. Die Antarktisforscher der ehemaligen DDR sind vertraut mit dem sowjetischen Forschungssystem durch die vielen gemeinsamen Überwinterungen, in denen vielfältige persönliche Bindungen und Erfahrungen gewachsen sind.

Das Buch erscheint in einer Umbruchphase nicht nur der deutschen, sondern auch der internationalen Polarforschung: In der Antarktis wächst die Beteiligung der Länder der Dritten Welt: Indien, China, Brasilien sind die größten unter den neuen »Antarktisstaaten«. Die Arktis wird der internationalen Forschung eröffnet, hier weicht die Angst der Sowjetunion vor militärischer Bedrohung, es wächst dagegen die Sorge um globale und regionale Umweltveränderungen.

Die Rolle der Polargebiete im Weltklimageschehen ist ein Zentralthema des neuen umfassenden Forschungsprogrammes »Global Change – Unsere Erde im Wandel«. Fernerkundungssatelliten und Großrechner werden dabei die wichtigsten Forschungsinstrumente. Sie werden aber die Arbeit vor Ort, d. h. die Forschungsexpeditionen und Überwinterungen im Eis, nicht überflüssig machen. Und so wird das schöne Buch von Frau Reinke-Kunze noch lange mit nachdenklicher Freude gelesen werden auf Forschungsschiffen und Polarstationen, nicht nur bei der Wache am Computer oder Satelliten-Empfänger.

Bremerhaven, im August 1990   Prof. Dr. Gotthilf Hempel
Direktor des Alfred-Wegener-
Instituts für Polar-
und Meeresforschung

Einleitung

»Man muß mit der Arktis leben und nicht gegen sie.« Diesen Hinweis fand ich auf der Fahrt des deutschen Forschungseisbrechers POLARSTERN im Sommer 1987 am schwarzen Brett des Schiffes. Dick unterstrichen stand er am Ende einer langen Liste mit Tips und Verhaltensregeln für uns neu Eingeschiffte. Zehn Worte, die letztlich alles zusammenfaßten, was für uns in den nächsten Wochen wirklich wichtig werden würde.

Arktis und Antarktis, die Polarregionen unseres Planeten, gehören für uns Menschen zu den lebensfeindlichsten Gebieten der Erde. Es sind Regionen, in denen der Mensch ohne besondere Ausrüstung, ohne besonderen Schutz hilflos und verloren ist. In welcher Weise und mit welcher Bereitschaft er gerüstet und willens ist, sich der Natur der Polargebiete anzupassen, entscheidet letztlich darüber, ob er hier überlebt. Arktis und Antarktis – das sind aber auch die letzten Reservate, in denen der Mensch der Natur noch wirklich begegnet und sie als Herausforderung empfinden kann. Möglicherweise macht gerade das sie immer wieder so reizvoll, selbst in unseren Tagen, wo die Wettläufe zum Pol zu Wasser, in der Luft und nun sogar zu Fuß entschieden sind.

»Lassen Sie uns, meine Herren, beschließen, daß eine Deutsche Nordfahrt sofort ausgerüstet und noch in diesem Jahre ausgeführt werde!«[1] Ungestüm und ungeduldig hatte Dr. August Petermann am 23. Juli 1865 die Anwesenden auf der Geographen-Versammlung in Frankfurt beschworen, die Erforschung des Nordpolargebietes in Angriff zu nehmen und zu unterstützen. Es ging ihm weniger um die noch ausstehende Bezwingung des Pols; der Geograph ertrug schlicht die im wahrsten Sinne des Wortes weißen Flecken auf den Karten nicht länger:

»Nicht wegen des kommerziellen Nutzens oder wegen der geographischen Bedeutung ist es, daß ich eine arktische Expedition auch für Deutschland für wichtig halte. Als Geograph von Profession muß ich eine Expedition sowohl zum Nordpol als auch zum Südpol höchst wünschenswert finden, und es gehören beide allerdings zu den Lieblingsideen meines Lebens.«[2] Mit wenigen Worten skizzierte er anschließend ein ganzes Forschungsprogramm, das letztlich bis heute seine Bedeutung behalten hat: »Umfaßt die Erforschung des Polarbeckens doch die wichtigsten geographischen Aufgaben, die es auf unserer Erde noch zu lösen gibt. Nicht bloß, daß ein Raum von 122 000 Deutschen Quadratmeilen, also etwa so groß wie der ganze Kontinent von Australien, noch völlig unbekannt ist und in seinen topischen Grundzügen der Entdeckung harrt, sondern die mit jedem Tage wichtiger und gemeinnütziger werdende Meteorologie sowie die Geologie, Hydrographie, die Meeresströmungen, der Erdmagnetismus, die Zoologie, Botanik und Ethnographie, – sie kulminieren in ihren interessantesten Problemen geradezu in der zentralen arktischen Region und haben dort ihren Kern und Schlüssel.«[3]

Keine vierundzwanzig Stunden später ergriff Dr. Georg Neumayer auf derselben Versammlung das Wort. Gerade erst von Australien zurückgekehrt, wo er ein Observatorium geleitet hatte, fasziniert von den Kräften und Veränderungen des irdischen Magnetfeldes, fehlten ihm doch Daten und Informationen aus dem eisigen Süden. Er schloß sich den Ausführungen seines Vorredners an und begnügte sich, wie er es vorsichtiger als der entschlossene Petermann formulierte, »auf ein zweites, nautisch-geographisches Problem, das unserem Jahrhundert zu lösen bleibt, Ihre Aufmerksamkeit zu lenken: die Erforschung der antarktischen Regionen.«[4] Mit unterschiedlichem Zeitverzug hatten beide Redner später zumindest den Erfolg, daß ihre Appelle das Interesse weiter Kreise in Deutschland an der Erforschung der Polarregionen weckten. Mit Fug und Recht kann man heute die Tagung in Frankfurt als die Geburtsstunde der Polarforschung in Deutschland betrachten. Fortan war der Gedanke der Erforschung der nördlichen wie der südlichen Polarregionen ständig wiederkehrendes Diskussionsthema wissenschaftlicher Tagungen und Kongresse. Es entstanden Vereine, die es als ihr vordringlichstes Ziel erachteten, Expeditionen anzuregen und auszurüsten. Es bleibt unbestritten, daß es auch vor der Tagung in Frankfurt Fahrten »ans Ende der Welt« gegeben hat, vornehmlich waren es Reisen in die Europa näher liegenden eisigen Regionen des hohen Nordens. Aber es waren vor allem

Unternehmen einzelner, die weder Vorgänger noch Nachfolger hatten. Zudem waren naturwissenschaftliche Ergebnisse eher zufälliges Nebenprodukt; lag doch ihr Schwerpunkt naturgemäß zunächst in der geographischen Erkundung.

Zugegeben, auch nach 1865 war die Polarforschung noch keine Wissenschaft, die sich fortan in Deutschland kontinuierlich weiterentwickelte. Es gab Rückschläge, Stagnationen und – vor allem in unserem Jahrhundert – auch immer wieder Unterbrechungen, nicht zuletzt ausgelöst durch die beiden Weltkriege, die die Wissenschaft mit wenigen Ausnahmen – und das gilt nicht nur für die Polarforschung – ohnehin aufs Abstellgleis schoben. Doch immer wieder wurde beharrlich der Faden erneut aufgenommen, fortan griff eigentlich jede Forschungsreise in irgendeiner Weise auf die Ziele, Aufgaben und Erfahrungen ihrer Vorgängerexpeditionen zurück.

Das vorliegende Buch beschreibt den deutschen Ausschnitt aus der Geschichte der Polarforschung, die von Menschen aus vieler Herren Länder gestaltet wurde, wie das einige Höhepunkte illustrieren: Der Holländer Willem Barents entdeckte während seiner Expedition 1594/97 Spitzbergen wieder und erreichte Novaja Zemlja, der Engländer James Cook drang auf zwei Reisen 1772/75 und 1776/80 ins antarktische Polareis vor; der russische Admiral Fabian Gottlieb von Bellingshausen sah auf seiner Fahrt ins Südpolargebiet 1819/21 möglicherweise als erster den antarktischen Kontinent; der Norweger Fridtjof Nansen ließ sich 1893/96 mit seinem Schiff FRAM durch das arktische Packeis treiben, der Amerikaner Robert E. Peary kam wohl als erster 1909 dem Nordpol am nächsten; der Norweger Roald Amundsen erreichte 1911 den Südpol; der Engländer Robert F. Scott war 1912 als zweiter am Südpol und bezahlte auf dem Rückweg in der Antarktis den verlorenen Wettlauf mit dem Leben; der Amerikaner Richard E. Byrd flog 1926 als erster zum Nordpol und 1929 zum Südpol; der Italiener Umberto Nobile fuhr mit dem Luftschiff ITALIA 1928 von Spitzbergen aus zum Nordpol und verunglückte auf dem Rückweg; der Deutsche Alfred Wegener initiierte 1929/1930 die erste große Überwinterungsexpedition auf dem grönländischen Inlandeis; der Franzose Paul Emile Victor führte 1948/51 mit der Mission Française Polaire die Erforschung Grönlands nach dem Zweiten Weltkrieg weiter.

Diese Expeditionen bilden den Rahmen, in den sich die deutschen Expeditionen wie Mosaiksteinchen einfügen.

Die Beschränkung auf die deutsche Polarforschung gibt zudem die Möglichkeit, auch einmal den Versuch zu starten, die unendlich vielen kleinen, manchmal schon (fast) vergessenen, weil wenig spektakulären, Expeditionen – die es übrigens in allen Ländern gegeben hat – für den eigenen nationalen Bereich zumindest anzusprechen. Auch wenn sie nie Schlagzeilen in der Presse hinterlassen haben, haben ihre Teilnehmer die ihnen gestellten Aufgaben schließlich mit der gleichen Aufmerksamkeit und Präzision gelöst und somit ihr Scherflein zum Forschungsgang beigetragen wie die großen, spektakulären Unternehmungen. Wie ein Radargerät im Nahbereich Einzelheiten deutlicher hervortreten läßt, so bietet auch hier die Konzentration auf einen Ausschnitt die Chance, Details sichtbar zu machen.

Dennoch bleibt der Versuch, 125 Jahre deutsche Polarforschung darstellen zu wollen, ein Wagnis; 125 Jahre auf den Umfang eines einzigen Buches reduzieren zu wollen, setzt in der Darstellung eine Auswahl, eine Zusammenfassung voraus.

»Was, wer, wann und wo« – das sind die klassischen Fragen, die den Journalisten vom ersten Berufstag begleiten und auf die im folgenden Text – bezogen auf die deutsche Polarforschung – Auskunft gegeben wird. Die Antworten auf die zusätzlich gestellten Fragen »warum« und »wie« zeigen die Intention, unter der das Buch geschrieben wurde. Es galt, Antworten zu suchen auf die Fragen: »Wie haben die Menschen in der Arktis, in der Antarktis überlebt?« – »Was haben sie bei ihrem Aufenthalt in den Eiswüsten der Polargebiete empfunden?« – »Warum haben sie sich diesen Belastungen ausgesetzt?« – »Wie ist es ihnen ergangen?« Denn letztlich galt es herauszufinden: Auf welche Erfahrungen geht eigentlich jene Erkenntnis zurück, die da so selbstverständlich an das schwarze Brett der POLARSTERN gepinnt war: »Man muß mit der Arktis leben und nicht gegen sie.«

Viele Wissenschaftler haben über ihre Erlebnisse und Erfahrungen ausführlich und anschaulich in den Expeditionsberichten erzählt. Viele dieser Schriftstücke sind heute nur noch in Spezialbibliotheken zugänglich. Deshalb sollen die Forscher so oft wie möglich hier selber zu Worte kommen. Schließlich kann niemand ihre Beobachtungen und Erfahrungen besser formulieren als sie selber, die dabei waren. Darüber hinaus vermittelt das Originalzitat zumindest einen Hauch jener Atmosphäre, in der sein Autor sich damals befand.

Das Konzept dieses Buches, das den eisigen Kursen der Polarforscher folgen will, ist es, vor allem den Alltag in diesen Eiswüsten, auf den Schiffen, in den zum Teil winzigen Polarstationen zu schildern. Wie haben sich die Menschen auf dieses Leben eingestellt, wie sind sie mit der monatelangen Polarnacht fertig geworden, wie haben sie Einsamkeit ertragen oder wie sind sie miteinander umgegangen? Wie haben sie aufkommende Haß-, Neid- oder Konkurrenzgefühle kompensiert – auch wenn ältere Darstellungen Polarforscher als Helden feiern, weit erhaben über derartig alltägliche menschliche Gefühle? Wie haben sie Probleme gelöst, und welche Erfahrungen darüber haben sie an ihre Nachfolger weitergegeben? Wie verhalten sich Menschen unter extremen Bedingungen, wie lösen sie Notsituationen? Davon will dieses Buch erzählen. Selbstverständlich enthält die Darstellung einer Geschichte der Polarforschung zumindest den Versuch, den wissenschaftlichen Forschungsgang und die Ergebnisse zu skizzieren – ein Vorhaben, das mit der fortschreitenden Annäherung an die Gegenwart zunehmend schwieriger wird. Die Zeit spektakulärer Expeditionen ist vorbei, und in vielen Bereichen zeichnet sich auch Polarforschung durch exakte Meßroutinen aus, deren Ergebnissen der nicht unmittelbar Beteiligte nur noch schwer seine Aufmerksamkeit widmen mag.

Die Polarforschung war und ist kein von der Gesellschaft isolierter Bereich. Im Gegenteil, je intensiver der oder die Forscher verstanden, ihre Ziele, ihre Pläne ihrer Umwelt mitzuteilen, desto eher war diese bereit, ihm zu folgen und – das ist das Entscheidende: ihn zu fördern, ihn zu unterstützen. Polarforschung ist nicht nur heute teuer. Polarforscher waren stets angewiesen auf Mäzene, auf Spenden. Denn nicht immer waren sie – wie sie es heute beispielsweise in der Bundesrepublik Deutschland sind – eingebunden in ein System öffentlicher Förderung.

»Es forscht sich ganz kommod am Pol«, stellte kürzlich ein Hamburger Nachrichtenmagazin fest. Der Wahrheitsgehalt dieses Satzes sei einmal dahingestellt und ist sicher nicht zuletzt auch abhängig von individuellen Bedürfnissen, aber er spiegelt einen weiteren Aspekt wider, der zur Geschichte der Polarforschung gehört. Burschikos jornalistisch verkürzt ließe sich diese Geschichte beispielsweise auch zusammenfassen unter den Schlagworten: »Vom Handlot zum Hydrosweep«, »Vom Zelt zum Wohncontainer«, »Vom Faltboot zur Forschungsbarkasse«, »Vom Schlitten zum Schneescooter« – die Liste ließe sich fortsetzen. Die Geschichte der Polarforschung ist auch ein Stück Technikgeschichte, die sich einerseits auf den »Überlebensbereich« des Forschers und andererseits auf sein Meßinstrumentarium bezieht, wobei die Entwicklung beim letzteren schon dazu geführt hat, daß manch ein Polarforscher die Regionen, die er bearbeitet, kaum je zu Gesicht bekommt, wie der Wissenschaftler Gerhard Stäblein andeutet: »Heute sind unter anderem zwei Hilfsmittel für Fortschritte in der Polarforschung wichtig. Das eine Hilfsmittel ist Remote Sensing, die kontinuierliche Fernerkundung der Polargebiete durch die Erde umkreisende Satelliten, die es ermöglichen, Beobachtungen großer Zahl und von größeren Gebieten einschließlich der Veränderungen aufzunehmen, während früher Beobachtungen mühsam von Einzelstationen und auf beschwerlichen Routen im Polargebiet gesammelt werden mußten. Das zweite Hilfsmittel der modernen Polarforschung ist der Computer. Ohne die elektronischen Rechenanlagen könnte die Fülle der anfallenden Beobachtungen und Meßwerte gar nicht mehr bearbeitet werden. Die Modellrechnungen und theoriebezogenen Ableitungen aus Meßreihen nehmen heute einen wachsenden Raum in der Polarforschung ein. Neben den Polarforscher im Pelz in Schnee und Eis, während der auch heute notwendigen Geländearbeit, tritt der Polarforscher im weißen Labormantel im Labor und am Computer.«[5] Daraus folgt aber auch: »Polarforschungen sind heute nicht mehr, wie noch bis in unser Jahrhundert hinein, abenteuerliche Entdeckungsreisen, die von der Öffentlichkeit mit großem Interesse verfolgt werden, vergleichbar etwa in unseren Tagen mit den Ereignissen der Weltraumfahrt. Heute wird Polarforschung in zahlreichen Projekten und Forschungsprogrammen von Wissenschaftlergruppen und Institutionen in interdisziplinären und internationalen Kooperationen mit vielschichtigen wissenschaftlichen und wirtschaftlichen Interessen betrieben unter Einsatz aufwendiger technischer Versorgungs- und Auswertungseinrichtungen für langdauernde spezialisierte und umfangreiche wissenschaftliche Beobachtungen und Messungen, Auswertungen und Modellrechnungen. Die heute zahlreichen Träger dieser wissenschaftlichen Arbeiten sind anders als früher kaum über den Kreis der Fachgenossen hinaus bekannt.«[6]

Die Polarforschung in der Bundesrepublik Deutschland wird heute von vier Säulen getragen:
– den Universitäten,
– den Bundesforschungsanstalten,
– den Max-Planck-Gesellschaften und
– den Großforschungseinrichtungen.

Ihren wissenschaftlichen und logistischen Schwerpunkt hat die deutsche Polarforschung im Alfred-Wegener-Institut für Polar- und Meeresforschung in Bremerhaven.

In der DDR waren die Träger
– die Akademie der Wissenschaften der DDR und
– der Meteorologische Dienst der DDR (Potsdam),
– die Universitäten und Hochschulen.

In diesen Institutionen sind einige hundert Polarforscher beschäftigt. Diesen Komplex ausführlich darstellen zu wollen, führt über die schmale Grenze zwischen Geschichte und Gegenwart und bedarf eigentlich eines neuen, anderen Buches.

Mit dem vorliegenden Buch ist kein enzyklopädischer Anspruch erhoben. Es will in wissenschaftlicher Hinsicht nicht umfassend sein, aber es ist so exakt wie nur irgend möglich angelegt, um einer breiten Öffentlichkeit in verständlicher Form einen Überblick über die Erlebnisse der deutschen Polarforscher in den vergangenen 125 Jahren zu geben.

Last but not least: Die Geschichte der Polarforschung – und das gilt nicht nur für den deutschen Ausschnitt – ist letztlich auch eine Geschichte vom Glück und von Zufällen. Das Glück der Forscher, im richtigen Moment den richtigen Geldgeber überzeugt zu haben, das Glück, mit Ideen im Trend zu liegen, im rechten Moment die richtige Messung gemacht zu haben. Und manchmal jenes einfache Glück, zur rechten Zeit am rechten Ort gewesen zu sein. Auch davon erzählt dieses Buch.

Anmerkungen

1 Petermann, August: Die Erforschung der arktischen Central-Region durch eine Deutsche Nordfahrt. In: Petermann, August: Spitzbergen und die arktische Central-Region. Gotha 1865. (Petermann's Geographische Mittheilungen, Ergänzungsheft 16), S. 10.
2 Ebd., S. 4.
3 Ebd., S. 2.
4 Neumayer, Georg: Die Erforschung des Süd-Polar-Gebiets. Berlin o. J., S. 3.
5 Stäblein, Gerhard: Traditionen und aktuelle Aufgaben der Polarforschung. In: Die Erde 109, 1978, S. 230.
6 Ebd., S. 229.

Petermanns Polarfahrten

»Lassen Sie uns, meine Herren, beschliessen, dass eine Deutsche Nordfahrt sofort ausgerüstet und noch in diesem Jahre ausgeführt werde«[1], hatte August Petermann am 23. Juli 1865 die Versammlung Deutscher Geographen und Hydrographen im Freien Hochstift zu Frankfurt beschworen. Erstmals war damit der Herausgeber der bekannten Zeitschrift »Petermanns Geographische Mitteilungen« mit seinem schon lange gehegten Wunsch, eine Nordpolarexpedition auszurüsten, an die Öffentlichkeit getreten. »Ohne Kenntnis des Nordpols bleibt alles geographische Wissen lückenhaft und unzusammenhängend und entbehrt des Schlußsteins in seiner Grundlage.«[2] Das war und blieb Petermanns Grundeinstellung zeit seines Lebens.

In einer geschickt formulierten Rede führte er in Frankfurt seine Idee von einer Nordpolarfahrt aus. Man brauche eigentlich nur der relativ warmen Strömung des Golfstromes zu folgen, argumentierte er, um schließlich den Nordpol zu erreichen. Nach Durchbrechung des Packeisgürtels werde man wahrscheinlich auf eisfreies Wasser bis zum Pol stoßen. Davon war Petermann überzeugt. Und es gab eine ganze Reihe guter Gründe für eine solche Fahrt. »Die gründliche und wissenschaftliche Explorirung der arktischen Central-Region würde für alle Zweige der Geographie, Hydrographie, Meteorologie, des Magnetismus, der Zoologie, Botanik und Ethnographie wichtige Resultate liefern.«[3] Petermann wurde nicht müde, immer neue Argumente für eine derartige Expedition zu finden. Die Schiffahrt hätte ihren Nutzen in der Entdeckung eines neuen Seeweges, man bekäme Zugang zu den sibirischen Elfenbeinlagern, und auch für den rückläufig gewordenen Walfang könnten sich neue Fanggebiete auftun. Er war überzeugt: »Eine treffliche Unternehmung für unsere See-Offiziere und Seeleute würde eine Deutsche Nordfahrt sein.«[4]

Zwar waren seine Zuhörer in Frankfurt begeistert, die Umsetzung der Idee war jedoch schwieriger, als Petermann annahm, vor allem als es um die Frage der Finanzierung einer solchen Unternehmung ging.

Petermann ging von der Überlegung aus: »Wenn man bei

einer See-Expedition auf Privat-Betheiligung rechnet, so kommen die Deutschen Küsten und die an ihnen gelegenen See- und Handelsstädte zu allererst in Betracht; unter ihnen steht obenan, als grösste Deutsche See- und Handelsstadt, das blühende Hamburg mit seinem immensen Reichthum, seinen Millionären und grossen Schiffsredern, die ihre Reichthümer den Meeren verdanken und von denen man für eine solche See-Expedition das grösste Interesse erwarten sollte. An der Hamburger Börse, sagte mir ein Bekannter, könnte eine solche Expedition in einer halben Stunde gesichert sein, und in der That, wenn man die Reichthümer eines einzelnen Hamburger Crösus, wie des kürzlich verstorbenen Carl Heine, in Erwägung zieht, so muss man die Überzeugung gewinnen, dass ein ganz kleiner Theil aus den Mitteln eines Einzelnen schon reichen würde, eine solche Expedition auszurüsten.«[5]

Bei den Reedern und Kaufleuten der Hansestadt stieß Petermann allerdings auf taube Ohren. Doch einmal mit seiner Idee an die Öffentlichkeit getreten, gab es für ihn kein Zurück mehr. Ungeduldig hatte er bereits in Frankfurt eine Vorexpedition nach Norden gefordert, »und wenn diess auch nur eine kleine Rekognoscirungsfahrt ist, welche sich

1. über die Basis einer grösseren arktischen Entdeckungs-Expedition orientirt,
2. die Kohlenlager auf Spitzbergen gründlich untersucht,
3. in dem Spitzbergischen Meere, nämlich der weiten oceanischen Strasse zwischen Spitzbergen und Novaja Semlja bis zum Treibeise vordringt, dessen Verlauf verfolgt und die Meeresströmungen und andere Verhältnisse untersucht,
4. das östlich von Spitzbergen gelegene schon im J. 1707 entdeckte, aber bis jetzt ganz unbekannt gebliebene Gillis-Land besucht und
5. wo möglich die ganze, noch nicht aufgenommene Ostküste Spitzbergens rekognoscirt.

Alles dies kann in sehr kurzer Zeit und mit höchst geringen Mitteln geschehen, und zwar gehört dazu ein kleiner Schraubendampfer, ein gebildeter, erfahrener und tüchtiger Seemann, der in Küsten-Aufnahmen geübt ist, die entsprechende Anzahl Matrosen, und ein oder mehrere Fachgelehrte, wenigstens ein gediegener Geolog.«[6]

Petermann fand für seinen Vorschlag keine Zustimmung. Seine Mitstreiter waren viel zu ungeduldig, allen voran empfahl der temperamentvolle Wiener Geologe Ferdinand von Hochstetter umgehend die Ausrüstung einer Hauptexpedition. Es sollte weder zu der einen noch zu der anderen kommen. 3000 englische Pfund würde eine Vorexpedition verschlingen, hatte mit spitzer Feder Wilhelm A. Freeden errechnet, der seit 1856 Leiter der Navigationsschule in Elsfleth (Oldenburg) war und der 1868 die Leitung der von ihm begründeten Norddeutschen Seewarte übernehmen sollte. Möglicherweise hätte man diese Summe durch Spenden beschaffen können, doch das größte Manko war das Fehlen eines geeigneten Schiffes. In ganz Norddeutschland war kein Schiff für ein solches Unternehmen aufzutreiben.

Petermann ließ nicht locker. Kurzentschlossen versprach er am 30. Juli 1865 »demjenigen deutschen Seemanne, der noch in den übrigen Sommermonaten desselben Jahres eine Segelfahrt von Hammerfest in nordöstlicher Richtung unternähme und die Strömungsverhältnisse zwischen Spitzbergen und Nowaja Semlja recognosciren würde, einen Preis von 1000 bis 2000 Thlr. zu«, wobei er allerdings einschränkte: »dessen bestimmte Höhe sich nach dem wissenschaftlichen Resultat der Fahrt und dem Wert des darüber abgefassten mir mitzutheilenden Berichtes richten wird«.[7]

Reinhold Werner, Königlich Preußischer Korvetten-Kapitän und Kommandant des Artillerieschulschiffes GEFION in Kiel, nahm die Sache schließlich in die Hand. Es gelang ihm, in London den eisernen Schraubendampfer QUEEN OF THE ISLES für 250 Pfund Sterling im Monat – ohne die Kohlen natürlich – zu chartern. Die Gesamtkosten der sechs- bis achtwöchigen Expedition würden sich auf etwa 7000 Taler belaufen, ein Betrag, den Kapitän Werner aus eigenen Mitteln bestritt.

In aller Eile wurden die Mitglieder der Expedition bestimmt, wobei zunächst nicht einmal sicher war, ob Kapitän Werner selber würde teilnehmen können. August Petermann berichtete später über die Vorbereitungen: »Da bei der Abwesenheit Sr. Maj. des Königs von Preussen so wie des Prinzen Adalbert, Oberkommandanten der Königl. Preuss. Flotte, die Erlangung des nöthigen Urlaubs für Kapitän Werner in der kurzen Zeit ungewiss war, so wurde von ihm schon vorher Alles darauf eingerichtet, dass die Expedition auch ohne seine persönliche Führung, aber ganz im Geiste und nach seinen speziellen schriftlichen und mündlichen Instruktionen ausgeführt werden sollte unter dem Kommando des Kapitän Hagemann, unterstützt von Kapitän Bernard aus Hamburg, der bereits früher unter Werner's Kommando gedient hatte und ihm als ein eben so gebildeter als tüchtiger und zuverlässiger Seemann bekannt war, – und den Steuerleuten Berdrow aus Bremen und Vehsemeyer aus Hamburg, beide von kompetentester Seite empfohlen.«[8] Zwei Wissenschaftler hatten sich der Fahrt angeschlossen, der Geologe und Chemiker Dr. Ferdinand Wiebel aus Hamburg sowie der Geologe, Zoologe und Botaniker Dr. Fischer-Benzon aus Kiel.

Am 30. August 1865 kam die QUEEN OF THE ISLES in Hamburg an, und bereits einen Tag später brach sie zu der Expedition auf. Das Schiff sollte nicht weit kommen; was passierte, entnehmen wir einem Schreiben an Petermann:

»Um 6½ Uhr Morgens des 31. August verliessen wir Hamburg, passirten 11½ Uhr Glückstadt und befanden uns um 3 h 20 m eben unterhalb Otterndorf, als eine Störung in der Maschine uns zwang zu ankern. Wir, die Deutschen, hatten uns kurz zuvor zum Essen gesetzt, als wir einen harten Stoss und augenblickliches Stillstehen der Maschine verspürten. Der erste Maschinist lief hinunter und liess langsam angehen. Darauf erfolgte ein schwacher Stoss und nach abermaligem Angehen ein starker, worauf wir ankerten. Der Maschinist befürchtete, es sei Etwas in der Luftpumpe gebrochen. Nachdem dieselbe hinlänglich abgekühlt war, wurde der Deckel abgenommen, um die Ventile herauszunehmen. Die Kolbenstange war etwas verbogen. Uns Allen hatte sich der Verdacht der Absichtlichkeit aufgedrängt, welcher stark durch die merkwürdige Art der Arbeit vermehrt wurde. Sämmtliche Ventile waren gebrochen und die Maschinisten gaben an, es sei durch eine Schraubenmutter, welche zwischen die Ventile gerathen, hervorgerufen. An Bord konnte der Schaden nicht wieder reparirt werden, und es wollte der Englische Kapitän das Schiff wieder nach Hamburg zurück geschleppt haben. Dort stellte es sich heraus, dass die Reparatur über acht Tage dauern würde, und damit ist unser Urteil gesprochen, d. h. die diesjährige Deutsche Nordpolarfahrt unmöglich gemacht.«[9] Die erste deutsche Nordpolarexpedition sollte auf dem Schlick vor Otterndorf buchstäblich im Sande verlaufen. Petermann kochte vor Wut, und die Zeitungen hatten tagelang Stoff, mit dem sie ihre Seiten füllen konnten. So berichtete die Kreuzzeitung am 3. September 1865, »dass die Maschine des englischen Schiffes, dessen Charter man im übrigen schon vorab habe bezahlen müssen«, sich bereits nach wenigen Stunden als unbrauchbar erwiesen hatte, »als wir eben bei Tische sassen, erfolgten kurz hintereinander drei Stösse der Maschine, die so heftig waren, dass wir alle sehr bestürzt wurden. Nach jedem Stosse hielt die Maschine einen Augenblick an, wurde aber sofort wieder in Gang gesetzt, bis endlich nach dem dritten Stosse dieselbe wieder stopfte. Jetzt wurde die Maschine untersucht und der erste Ingenieur versuchte uns zu trösten, indem er den Schaden als für gleich reparirt hielt. Trotzdem wurde Kapitän Hagemann nicht allein in den Raum gerufen, sondern auch, als er endlich hinunterging, wurden ihm mit abgebrochenen Maschinenstükken die Beine beinahe abgeworfen. Endlich ergab sich ein so bedeutender Schaden, dass wir mit Schleppdampfer nach Hamburg aufgeschleppt werden sollten.«[10]

Einen Tag später, am 4. September 1865, schrieben die Hamburger Nachrichten: »Die Theilnehmer der Expedition sassen gerade in der Kajüte beim Essen, als sie einen starken Krach hörten, von dem der Englische Kapitän jedoch auf Nachfrage erklärte, dass er Nichts zu bedeuten habe; bald darauf erfolgten aber kurz nacheinander noch zwei starke Stösse, und als Alles aufs Deck eilte, hiess es, die Maschine sei gebrochen und das Schiff könne nicht weiter.«[11]

August Petermann – außer sich vor Zorn – ließ in seinen Geographischen Mitteilungen noch einmal die Ereignisse Revue passieren. Felsenfest davon überzeugt, daß Sabotage im Spiele war, trug allein der Ort des Geschehens schon Beweiskraft für seine Annahme: »Durch einen Bruch in See wäre möglicherweise das Schiff und das Leben der Besatzung gefährdet worden; das durfte nicht sein, deswegen musste der Bruch noch auf der Elbe geschehen.« Der wirkliche Hergang des Geschehens wurde nie geklärt. Doch Petermann gab nicht auf, »wenn auch die erste Deutsche Nordfahrt bereits vor Cuxhaven in einer nördlichen

Breite von 53° 53' (merkt Euch das, Ihr Times- und Quarterly-Review-Schreiber, wenn Ihr in witzigen Artikeln das Unternehmen bespötteln wollt) zu Ende gegangen ist.«[12]

Die Ausführung einer Expedition reduzierte sich für ihn schließlich auf »eine Geldfrage«, und flugs hatte er wieder einen Plan auf dem Tisch: »Wir erachten 2 Schraubendampfer für nöthig, theils um sich gegenseitig zu unterstützen, theils um unabhängig von einander nach zwei verschiedenen Seiten Forschungen zu unternehmen und dadurch die Resultate verdoppeln zu können. Diese Dampfer können jedoch keine Kriegsschiffe sein.«[13] Hier wollte Petermann anders vorgehen als die Polarforscher anderer Länder. »Um mit Dampfschiffen in den Eisregionen Etwas zu leisten, kommt es vor Allem darauf an, dieselben so mit Kohlen zu beladen, dass sie womöglich 8 bis 10 Wochen permanent dampfen können. Diess sind aber unsere modernen Kriegsdampfer nicht im Stande. Bei ihnen ist Schnelligkeit die Hauptaufgabe, und sie besitzen deshalb alle verhältnissmässig grosse Maschinen, welche ungemein viel Kohlen konsumiren, und selbst mit Auffüllung aller disponiblen Räume könnte ein solches Schiff höchstens für drei Wochen Kohlen mit sich führen.« – »Wir können deshalb die zu einer Nordfahrt geeigneten Schiffe nur in hölzernen Schraubendampfern der Handelsmarine von 350 bis 400 Tons Gehalt mit höchstens 80 Pferdekraft finden.«[14]

Doch andere Ereignisse durchkreuzten zunächst die Pläne Petermanns. 1866 kam es zum Krieg zwischen Preußen und Österreich. Erst 1867 ging es mit Petermanns Projekt wieder voran.

Im Herbst 1867 hatte Petermann gemeinsam mit Dr. A. Breusing, dem Leiter der Steuermannschule in Bremerhaven, W. A. Freeden, dem Leiter der von ihm begründeten Norddeutschen Seewarte in Hamburg, dem Reeder A. Rosenthal, dem Physiker und Astronomen Dr. F. J. Dorst aus Jülich sowie dem Greifswalder Zoologen Prof. Dr. Buchholz einen Expeditionsplan aufgestellt. Es wurde ein Plan für eine See-Expedition mit dem Dampfer ALBERT und eine gleichzeitige Landexpedition aufgestellt. Die See-Expedition sollte »in der ganzen Breite des europäischen Nordmeeres, zwischen Grönland und Nowaja Semlä«[15] operieren und dort nach Norden vorstoßen, wo sich das Meer eisfrei zeigen würde. Für das Landunternehmen war an

23

der Ostküste Grönlands nördlich des 75. Breitengrades eine Überwinterung vorgesehen. 60 000 Taler, hatte man errechnet, würde das Unternehmen kosten.

Das erforderliche Geld hoffte Petermann vom Nationalverein zu erhalten, der den Rest der »im Deutschen Volk« gesammelten Flottengelder in Höhe von 106 580 Gulden zu vergeben hatte, die ursprünglich für den Aufbau einer Deutschen Flotte unter Preußischer Führung vorgesehen waren. Bedingt durch die politische Entwicklung waren diese Gelder frei geworden, und Petermann hoffte nun, daß man sie den »Deutschen Entdeckungsexpeditionen zur See« und damit einem vergleichbaren Zweck zur Verfügung stellen würde. Doch der Nationalverein gab die gesamte Summe dem Königlich Preußischen Marineministerium, und dieses wiederum leitete die Gelder weiter an die Marine-Invaliden-Stiftung »Frauengabe Elberfeld«.

Petermann rührte weiterhin die Werbetrommel, sammelte Gelder, speckte das Projekt ab, ließ vor allem aber nicht locker: »Es erschien mir allein schon meinen Beziehungen zur Königlich Geographischen Gesellschaft in London und meiner Stellung als Herausgeber eines angesehenen Deutschen Geographischen Journals doppelte Pflicht, diese Bestrebungen zur Erforschung unserer Erde zu sekundiren und nach Kräften fördern zu helfen.« [16]

Schließlich konnte das in Bremen gebildete Komitee für die Deutsche Nordpolarforschung tatsächlich den damals 31jährigen Kapitän Carl Koldewey beauftragen, nach Norwegen zu reisen, um dort ein geeignetes Schiff zu erwerben. Der damalige Direktor der Steuermannschule in Bremen und aktive Förderer des Vorhabens, Dr. Breusing, schlug ihn für die Leitung der Expedition vor.

Koldewey erwarb die gerade in Bergen zum Verkauf angebotene nordische Jacht GRÖNLAND für einen Preis von 3750 Talern. Die Jacht entsprach den Schiffen, die man in Norwegen sowohl zum Fisch- als auch zum Robben- und Walroßfang bei Spitzbergen verwendete. Der Schiffbaumeister Toleff Toleffsen aus Sunde, einem kleinen Ort südlich von Bergen, hatte die Jacht auf seiner Werft erbaut.

Obwohl einige Bedenken gegen die Verwendung eines so kleinen Seglers geäußert worden waren, erwies sich später die

GRÖNLAND als für die Eisfahrt sehr gut geeignet. Über seinen ersten Eindruck vom Schiff berichtete Koldewey: »Von außen gefiel mir dasselbe durch seine schöne und zierliche Bauart schon sehr und bei der näheren Besichtigung fanden wir, daß alles Holz gesund und das Schiff gut und stark gebaut war. Über die Segel- und Manövrierfähigkeit sprachen sich die Leute beim Befragen sehr lobend aus und sagten, daß das Schiff besonders scharf beim Wind liege und außerordentlich gut laviere.«[17]

Nach einigen Umbau- und Ausrüstungsarbeiten verließ die GRÖNLAND am 24. Mai 1868 Bergen, ausgestattet mit Proviant für 12 Monate und mit allem, was man damals für eine Fahrt ins Eis für erforderlich hielt.

Der für die Expedition aufgestellte Plan war folgender: »Von Bergen sollte direkt nach der Insel Jan Mayen gefahren, von dort an der Eisgrenze entlang gesteuert und zwischen 74° und 80° nördlicher Breite irgendwo nach offenen Stellen gesucht werden, um einen Zugang zur Küste [...] zu effektuiren. Einmal an der Küste sollten alle Anstrengungen gemacht werden, so weit wie möglich nach Norden vorzudringen, ohne sich mit der speziellen und genauen Aufnahme und Erforschung des Landes zu sehr aufzuhalten, wozu doch, wenn diese erste Expedition glückte, eine zweite, besser ausgerüstete, ausgeschickt werden würde. Bei dieser vorläufigen, mehr wegbereitenden Fahrt kam es ja hauptsächlich nur darauf an, zu constatiren, in welcher Richtung und wie weit sich Grönland nach Norden erstreckte, weil davon hauptsächlich die dortigen Strömungen wie auch die klimatischen und Eis-Verhältnisse um den Nordpol herum abhängen werden. Aus diesem Grunde sollte auch kein Gelehrter mitgehen, der ohnedies in dem kleinen Schiffe wohl schwerlich Platz gefunden haben würde. Gelänge es nicht, die Küste von Grönland zu erreichen, so sollte womöglich das östlich von Spitzbergen gelegene Gillisland aufgesucht werden; im Herbst sollte die Expedition aber jedenfalls nach Europa zurückkehren.«[18]

Koldewey war mit seinem Schiff zufrieden: »Es flog über die See hinweg wie eine Möwe, und obgleich es schon bei der hohen Dünung oft stark schlingerte und wir über 7 Knoten machten, so erhielten wir doch keinen Tropfen Wasser über Deck.«[19] Einigermaßen amüsiert verfolgte Koldewey zudem, wie sich einige

Mitglieder seiner Mannschaft – die Fahrt auf größeren Schiffen gewohnt – allmählich an die raschen und kurzen Bewegungen der GRÖNLAND gewöhnte: »Es war äusserst komisch, diese breiten und seegewohnten Leute zu sehen, mit welchen unglücklichen Mienen sie jede starke Bewegung des Schiffes begleiteten. Selbst Sengstacke, ein so durchwetterter und geschulter Seemann wie nur einer, hatte sich in Leh in die Riegelung gesetzt und konnte es öfters nicht unterlassen, recht angelegentlich in das Wasser zu sehen, als wenn er die Geheimnisse der Tiefe gründlich erforschen wollte.«[20]

Das wissenschaftliche Arbeitsprogramm war für heutige Verhältnisse recht überschaubar: Alle zwei Stunden wurde der Stand des Barometers abgelesen und genau in ein Journal eingetragen, ständig wurden Beobachtungen über Wind und Wetter, Farbe und Aussehen des Meeres angestellt, die Seetiefe gemessen und astronomische Ortsbestimmungen vorgenommen. Es wurde eben alles beobachtet und notiert, was nur irgend beachtenswert war.

Am 28. Mai passierte die GRÖNLAND den Polarkreis mit Kurs auf Jan Mayen. »Die Sonne ging an dem Tage nicht mehr unter«, registrierte Koldewey, und »ein monatelanger Tag stand uns bevor«.[21]

Nach tagelangem Nebel sichteten die Männer am 4. Juni die ersten Eisschollen, die, je weiter sie in Richtung Grönland vordrangen, desto dichter wurden. »Unser rasches und leichtes Vorwärtskommen hatte ein Ende, und wir sollten jetzt bald die langsame, mühevolle und gefährliche Schiffahrt zwischen ungeheuren Eisblöcken zur Genüge kennenlernen.«[22] Bald traf man auf einen zusammenhängenden Riegel von Eisschollen: »Direkt vor uns war alles so vollständig dicht, daß ein Eindringen gänzlich unmöglich war. Einige Meilen nach Süden zu schien das Eis etwas loser zu liegen, und wir steuerten deshalb längs des Packes [Packeises] nach dieser Richtung. Der Anblick dieses Eises vom Krähenneste aus war kein sehr ermunternder, indes fanden wir gegen vier Uhr morgens offene Stellen und drangen einige Meilen ostwärts vor.«[23]

Immer wieder mußte Koldewey den Kurs ändern, um einen Weg zwischen den Eisschollen zu finden. Schließlich setzten Sturm und Schneegestöber ein, der Sturm schob die Schollen immer dichter zusammen, am 9. Juni war die GRÖNLAND vom Eis eingeschlossen.

Der erste Versuch, die Küste zu erreichen, war somit mißlungen. Nachdem sich der Sturm gelegt hatte, benutzte man die Liegezeit dazu, das Schiff zu überholen und vor allem den Rumpf auszubessern. Dazu legte man das Schiff »mit Hilfe eines Flaschenzuges, den man an einem Eisblock mittels Ankers befestigt hatte, auf die Seite«.[24] Besonders am Bug hatten einige Eisenplatten, die speziell für die Polarfahrt angebracht worden waren, gelitten und mußten ausgewechselt werden.

Am 22. Juni kam die GRÖNLAND wieder frei. Koldewey ließ Segel setzen und steuerte sein Schiff an der Eisbarriere entlang nordwärts. Doch nirgendwo fand er eine Möglichkeit, zur grönländischen Küste vorzudringen.

»Das nebelige und nasse Wetter bei einer Temperatur, die beinahe fortwährend unter 0 war, das viele Umherkreuzen am Eise und die schlechten Aussichten auf Erfolge brachten eine melancholische und trübe Stimmung unter Offizieren und Mannschaft hervor. Schweigend und ernst wurde der gewöhnliche Wachdienst verrichtet, und träge und langsam schleppten sich die Tage hin. Der Zustand fing allmählich an, unerträglich zu werden, und es mußte notwendigerweise irgend etwas geschehen, was unserem Geiste wenigstens wieder etwas mehr Frische und Elastizität geben konnte. Doch was war zu tun? Am Eise entlang bis 80° Grad hinauf zu arbeiten, in alle Buchten hinein zu schnüffeln und uns das Eis gemütlich zu besehen, das erschien mir zwecklos und konnte der Wissenschaft wenig oder gar nichts nützen; an einer Stelle aber wochenlang herumzukreuzen und doch nicht in das Eis hineinkommen zu können, wollte mir weniger in den Sinn und wäre rein zum Tollwerden gewesen. Es bleibt also nichts weiter übrig, als die grönländische Küste vorläufig ganz aufzugeben und nach Spitzbergen überzusegeln.«[25]

Am 3. Juli kamen die schneebedeckten Gipfel der Südwestküste von Spitzbergen, einige Meilen nördlich des Südkaps in Sicht. Das Eis machte auch hier jeden Gedanken an eine Landung illusorisch, am Abend des 12. Juli konnte Koldewey jedoch den kleinen Hafen im Bellsund anlaufen. Er notierte: »Nach beinahe zweimonatlichem Kreuzen im Polarmeere hatten wir also zum ersten Male wieder den Anker auf dem Grunde und lagen in einem sicheren und geschützten Hafen. Wir hatten bis jetzt keine Erfolge errungen, überall waren wir zurückgeschlagen worden und von der Erreichung unseres Zieles so weit entfernt wie je; doch waren wir noch immer voll guter Hoffnung, hatten wir doch Vertrauen zu uns selbst und zu unserem Schiffe gewonnen. Auch der Mannschaft gefiel es sehr wohl im Eismeere, sie war gesund und guter Dinge und sehnt sich beinahe nach neuen Kämpfen im grönländischen Eis.«[26]

Am 15. Juli frühmorgens wurden die Anker gelichtet und Segel gesetzt. Langsam segelte die GRÖNLAND an der Küste entlang nach Norden. Drei Tage später erreichte sie die Packeisgrenze: »Nach Norden zu über dem Eise war ein heller Eishimmel, und so weit das Auge vom Krähenneste aus reichen konnte, lagen Schollen überall so dicht zusammengepackt, daß nicht eine Stecknadel dazwischen hätte zu Wasser fallen können. [...] Wir steuerten längs des Eises nach Westen und befanden uns mittags nach astronomischen Beobachtungen auf 80° 30′ nördlicher Breite und 6° 35′ östlicher Länge.«[27]

Am 23. Juli gelang es Koldewey, die Küste Grönlands aus der Ferne zu erblicken; auf der Position 73° 25′ N und 17° 22′ W erreichte das Schiff den westlichsten Punkt seiner Expedition, doch weiter konnte es nicht durch das Eis dringen. »Unsere Hoffnung, die Küste zu erreichen, war jetzt vollständig zerstört. In den letzten Tagen war es uns klar geworden, daß eine Möglichkeit dazu in diesem Jahre mit den Mitteln, die uns zur Verfügung standen, nicht mehr vorhanden war, und unter solchen Umständen würde ein längeres Verweilen im Eise nutzlos gewesen sein. Ich mußte mich daher, wenngleich mit dem größten Widerstreben, entschließen, der Küste den Rücken zu kehren, um mich aus dem Eise heraus zu arbeiten.«[28]

Im Laufe des 11. August wurde der Kurs erneut geändert. Koldewey wollte nach Spitzbergen segeln, um dort das Meer an der Nordküste des Landes zu erforschen. Doch auch hier wurde die Fahrt immer beschwerlicher, zudem stand der Winter vor der Tür. Die GRÖNLAND ging auf Heimatkurs. Am 29. September um 11 Uhr abends rasselte die Ankerkette im Hafen von Bergen aus der Klüse. Am 3. Oktober verließen sie die norwegische Hansestadt, und am 10. Oktober 1868 waren Schiff und Besatzung zurück in Bremerhaven.

Zwar war die Expedition zurückgekehrt, ohne daß eines der Ziele hatte erreicht werden können; Koldeweys Optimismus war dennoch ungebrochen: »Zwar haben wir in diesem Jahre die Ostküste von Grönland nicht erreichen können, haben es auch nicht vermocht, weiter nach Norden vorzudringen, ja kaum so weit wie andere Schiffe vor uns. Damit ist aber durchaus noch nicht konstatiert, daß eine Erreichung der Küste überhaupt nicht möglich und ein Eindringen in das arktische Zentralbecken zu Schiff zu den größten Unwahrscheinlichkeiten gehört. Ein einmaliger Versuch, und noch dazu mit unzureichenden Mitteln, will nicht viel sagen und kann als kein vollgültiger Beweis angenommen werden.«[29] Genau wie August Petermann glaubte Karl Koldewey an ein zu bestimmten Jahreszeiten eisfreies Polarmeer. Die Ursache dafür vermuteten beide in einem Ausläufer des Golfstroms.

Die Rückkehr der GRÖNLAND wurde gebührend gefeiert. Am 24. Oktober 1868 versammelten sich die Teilnehmer der Fahrt und etwa 130 Gäste im »Haus Seefahrt zu Bremen«. Auch Petermann zeigte sich optimistisch: »Wir haben dieses Jahr, bei dem ersten Anlauf unseres nautischen Unternehmens kein Glück gehabt; aber man konnte es billigerweise auch nicht mehr erwarten bei diesem aufs Bescheidenste bemessenen Versuch zur Lösung einer Aufgabe, an der sich Flotten aller fahrenden Nationen schon 300 Jahre versucht haben. Gewiß ist redlicher und ernster Wille von allen Theilnehmern gezeigt. Die Expedition hat den Pol nicht erreicht, – das wurde bei ihrer Aussendung durchaus nicht als wahrscheinlich angenommen oder hingestellt; aber das kleine Fahrzeug ist bis zu einer anständigen Polhöhe vorgedrungen. Die Expedition hat auch Ostgrönland nicht erreicht, und von hier mache ich es mir zum Vorwurf, zu viel Gewicht auf die Erfahrungen von Scoresby, Sabine und Clavering gelegt und den Plan nicht bis Nowaja Semlja ausgedehnt zu haben, da dort das Meer bei den ganz gewöhnlich vorherrschenden Ostwinden verhältnismäßig offen gewesen sein muß. Die Expedition hatte einen vorwiegend nautischen und pionirenden Charakter, und war der Hauptaufgabe nach bestimmt, u. a. zu zeigen, dass das Meer im Norden von Europa unter allen Eismeeren der Erde am meisten schiffbar sei. Die Expedition hat verdienstliche Aufnahmen von Küsten und Inseln ausgeführt, und es ist das erste Mal in der Geschichte der Geographie, dass deutsche nautische Aufnahmen die Verewigung einer Reihe deutscher Namen auf der Landkarte verstatten, und zwar in der hohen Breite zwischen 79° und 80°.«[30] Der Kartograph Petermann war also mit dieser ersten Unternehmung zufrieden; noch während die Bremer Senatoren mit feierlichen Reden der Besatzung ihre Anerkennung zollten, beschäftigten ihn Pläne für eine neue Expedition. Unmittelbar nach seiner Rückkehr nach Gotha machte Petermann sich an ihre Ausarbeitung.

Ein erstes Konzept sah vor, daß ein Dampfer eine Landexpedition nach Ostgrönland bringen sollte, die zum Ausgangspunkt einer Fahrt zum Pol werden sollte und die 1869/70 in der zentralarktischen Region zu überwintern hätte. Im Sommer 1869 sollte gleichzeitig eine See-Expedition auf einem zweiten Dampfer zwischen Grönland und Novaja Zemlja möglichst weit nach Norden vorstoßen. Dieser Plan Petermanns blieb bei den Bremer Kaufleuten, die sich für eine zweite Nordpolarfahrt einsetzten, ohne Echo. Petermann war über das Ziel hinausgeschossen, das Unternehmen geriet ins Stocken. Immer wieder versuchte Koldewey zwischen Gotha und Bremen zu vermitteln. Vermutlich hat auch er Petermann von seinem ursprünglichen Plan abgebracht.

Am 8. März 1869 versandte Petermann ein Schreiben mit einem neuen Programm: »Die Expedition besteht aus einem neu zu erbauenden Schraubendampfer und aus der Segeljacht GRÖNLAND, dem Schiffe der Pionierfahrt von 1868. Zweck und Ziel derselben ist Entdeckung und Erforschung der arktischen Zentralregion von 74° nördlicher Breite an auf der Basis der ostgrönländischen Küste. Die GRÖNLAND fungiert als Begleit- und Transportschiff und soll im Herbste dieses Jahres zurückkehren. Die Rückkehr des Hauptschiffes würde nach einer beabsichtigten Überwinterung im Spätherbst 1870 erfolgen. Neben nautischen würde diese Expedition wissenschaftliche Ziele verfolgen. Dieselbe wird unter den Befehl des Kapitäns Koldewey gestellt, der sich im vorigen Jahre in jeder Beziehung so trefflich bewährt hat.«[31]

In Bremen war inzwischen das »Comité für die zweite deutsche Nordpolfahrt« gegründet worden, das außerordentlich rege die Werbetrommel rührte und Spenden zusammenbrachte, so daß am 10. März 1869 mit dem Bau des Hauptschiffes der Expedition bei Joh. C. Tecklenborg in Geestemünde bei Bremerhaven begonnen werden konnte. Nach einer Bauzeit von nur knapp vier Wochen konnte das Schiff vom Stapel laufen und auf den Namen GERMANIA getauft werden. Es war das erste Schiff in Deutschland, das eigens für eine Forschungsfahrt gebaut wurde. Die GERMANIA besaß eine Kajüte für den Kapitän, eine für die Offiziere und Wissenschaftler sowie eine für die Besatzung. Grundsätzlich hieß es Platz sparen und jeden freien Raum nutzen. Die Kojen waren an den Wänden der Kajüten untergebracht, die Offizierskajüte erhielt Oberlicht. »Das Alles klingt zwar nicht nach dem Comfort eines Postdampfers oder der Behaglichkeit einer Studirstube, aber die Männer, die mitgingen, wussten auch, dass sie Entbehrungen mancherlei Art entgegenzogen; sie wussten, dass es an Bord nicht galt, umständliche Rechnungen und Untersuchungen anzustellen, sondern nur die Daten zu solchen Arbeiten zu sammeln; sie wussten endlich auch, dass eine zehnmal grössere Kajüte nicht die Notwendigkeit kräftigster Körperbewegungen im Freien ausschliessen würde u. s. w.«, konstatierte Koldewey.[32]

Probleme gab es bei der Frage eines geeigneten Begleitschiffes. Die ursprünglich dafür bestimmte GRÖNLAND erschien dem Bremer Comité zu klein. Petermann reagierte zunächst verärgert, wollte von einem Begleitschiff überhaupt nichts mehr wissen, doch schließlich einigte man sich und sprach sich übereinstimmend für den Erwerb eines großen Begleitseglers aus. Die Wahl fiel auf die 1864 gebaute preußische Schonerbrigg FULTON. Sie wurde bei F. W. Wencke & Co. in Bremerhaven für die Eisfahrt verstärkt und erhielt den Namen HANSA.

August Petermann hatte inzwischen die »Instruction für die zweite Deutsche Nordpolarexpedition« entworfen. In ihr hatte er ausführlich – vor allem aber kompromißlos – die Aufgaben der Reise festgelegt. In § 1 hieß es: »Zweck und Ziel der zweiten Deutschen Nordpolarexpedition ist die wissenschaftliche Erforschung und Entdeckung der arktischen Central-Region von 75° nördlicher Breite an, zunächst auf der Basis der Ostgrönländischen Küste.«[33] Auch für diese Fahrt hatte Petermann seine Überzeugung – an der er bis zu seinem Tode festhalten sollte – zu Grunde gelegt, daß am Nordpol offenes Wasser vorhanden sei. Insgesamt bestand die am 7. Juni 1868 in Gotha erlassene Fahrtanordnung aus 31 Paragraphen.

Koldewey und verschiedene Wissenschaftler – auf der GERMANIA waren Dr. Carl Nic. J. Börgen (Astronomie, Geophysik), der Engländer Dr. R. Copeland (Astronomie), der Arzt A. Pansch (Zoologie, Botanik, Anthropologie und Ethnographie) sowie der österreichische Oberleutnant Julius Payer (Geologie, Kartographie) und auf der HANSA der Arzt R. Buchwald (Zoologie, Anthropologie) und der Geologe Gustav Laube an der Expedition beteiligt – fühlten fast instinktiv, daß die Anforderungen zu weit gingen, teilweise unerfüllbar waren.

Doch Petermann ließ sich nicht einmal auf Eventualklauseln ein und bestand auf seinem Programm. Noch wenige Stunden vor dem Auslaufen der Schiffe kam es zwischen Petermann und Koldewey zum Bruch, der auch später nie wieder überbrückt werden konnte.

In Anwesenheit des Königs von Preußen verließen die GERMANIA unter Kapitän Koldewey und die HANSA unter Kapitän Hegemann am 15. Juni 1869 Bremerhaven. Doch die gemeinsame Fahrt währte nicht lange. Am 20. Juli wurden die Schiffe auf der Breite von 74° 4′ N am Ostrand des Packeises getrennt, weil man auf der HANSA ein Signal des Hauptschiffes falsch verstanden hatte. Erst nach vierzehn Monaten sollten sich die Besatzungen der beiden Schiffe in Bremerhaven wiedersehen.

Die HANSA unternahm nun allein den Versuch, die grönländische Küste zu erreichen, doch da sie nur Segel führte, war das Manövrieren zwischen den Eisschollen außerordentlich schwierig. Mitte August war zwar die Küste in Sichtweite, man glaubte sogar, sie in einer Tagesreise erreichen zu können, doch alle Versuche, weiterzukommen waren vergeblich. Am 19. September stand fest, daß es für die HANSA kein Vor noch Zurück mehr gab, das Schiff lag im Eis fest. Richard Hildebrandt, Obersteuermann der HANSA, berichtete später: »Konnten wir auch das Schiff nicht aus dieser gefährlichen Lage befreien, so mußten wir doch darauf bedacht sein, demselben so viel wie möglich Schutz gegen das pressende Eis und den Sturm zu verschaffen. Ein Theil der Mannschaft beschäftigte sich damit, die Stangen und Segel herunter zu nehmen, ein anderer, das Schiff einzudachen und endlich ein Dritter, darunter auch ich und der Steuermann Bade, ein Haus aus Patentkohlen circa 700 Schritt von unserem Schiffe entfernt auf dem großen Eisfelde aufzubauen.«[34] Kapitän Hegemann hatte den Plan für das kleine, 6 Meter lange und 4 Meter breite Haus entworfen. Als Ziegelsteine wurden Briketts aus der Versorgungsladung benutzt. »Während wir Steuerleute beschäftigt waren, die Steine vermittelst eines Schlammes von Schnee und Wasser zusammenzufügen, trugen einige Matrosen uns die Kohlen zu, so daß wir nach Verlauf von 8 Tagen unser Werk vollendet hatten, jedoch als Dach vorläufig nur eine Schneebedeckung darüber anbringen konnten.«[35]

Doch es galt nicht nur die Notunterkunft, die »auf dem großen, weiten Felde eher einem Sarge als einer menschlichen Wohnung ähnlich sah«[36], zu bauen, auch der Proviant mußte gerettet werden. Man brachte deshalb Verpflegung für zwei Monate und auch Feuerungsmaterial in das Haus. Sicherheitshalber wurden zwei der drei Boote, die die HANSA mit sich führte, in der Nähe des Schiffes auf die Eisscholle gestellt. »Oft schraubte und preßte das Eis in unserer Nähe, bei dem Schiffe selbst aber blieb dasselbe ruhig liegen, höchstens sprangen die in der Nähe liegenden Schollen und verursachten durch das gegenseitige Drängen und Pressen ein Geräusch, welches bald dem Pochen eines Hammerschlages, bald dem Bremsen einer Locomotive, bald dem Geschrei vieler Menschenstimmen glich. Wir hofften, unser Schiff würde allen diesen Gefahren Widerstand leisten können, es hatte ja auch schon manchem Sturme und mancher Pressung im Eise getrotzt.«[37]

Doch die Hoffnungen erfüllten sich nicht. Hildebrandt notierte in seinem Tagebuch: »Geschrieben Mittwoch, den 20. October 1869 im ›Hansa-Hause‹. Schon obiges Datum und der Ort zeigen an, daß wir unser Schiff verloren haben. Ich will versuchen, so ausführlich, wie möglich, den Hergang unseres Unglücks zu beschreiben; jedoch in welcher traurigen Stimmung und Lage wir uns befanden, ist kaum zu schildern.

Als wir, der Kapitän und ich, am 19. October die Notizen für unsere Tagebücher niederschreiben wollten und ich schon einmal auf das Verdeck geeilt war, um mich von der ungewöhnlich starken Bewegung und dem Schrauben des Eises zu überzeugen, wurden wir abermals gestört. Ich mußte wieder auf das Verdeck gehen. Der Sturm und das Schneegestöber ließen mich nicht sogleich die volle Gefahr, in welcher sich das Schiff befand, erkennen, ich sah jedoch, daß sich in der Nähe unserer Bordwände schon hohe Eiswälle aufgethürmt hatten. Das Stöhnen und Zittern des Schiffes sagten genug.

Die HANSA hatte von der Pressung des Eises zu leiden. Die Massen drückten das Schiff so stark zusammen, daß die Decksnähte sprangen und die Planken selbst sich bogen. Es war 1 Uhr Nachmittags, an ein Mittagessen war nicht zu denken. Wir Alle standen auf dem Verdeck, das Gesicht gegen den kalten und feinen Schnee schützend und hofften auf eine baldige Beruhigung des Eises. Laut stöhnte und bebte das Schiff, eine neue Pressung hob dasselbe trotz seiner schweren Kohlen- und Proviant-Last, langsam aus dem Wasser; immer stärker drückte das Eis und immer höher stieg die HANSA. Die hohen Eiswälle näherten sich mehr und mehr und endlich erreichten auch diese das Schiff.

Nicht nur von den Seiten, auch von vorn und hinten hatte das Schiff jetzt die Pressungen auszuhalten; gleich einem lebenden Wesen, welches sich gegen die drohende Vernichtung wehrt und sträubt, wand sich das Fahrzeug empor und befand sich jetzt wohl 14 Fuß hoch aufgeschoben. Der vordere Theil des Schiffes ragte ganz aus dem Wasser, während der Hintersteven tiefer lag.«[38]

In der Nacht vom 21. auf den 22. Oktober 1869 sank die HANSA auf 70° 52′ N und 21° W. Die vierzehn Männer blieben auf ihrer Eisscholle zurück: »Nachdem wir unseren Morgenimbiß zu uns genommen hatten, gingen wir nach der Stelle, wo unsere HANSA dereinst gelegen hatte, und da das große Boot, welches auf dem Schiffe geblieben, jedoch nicht mit untergegangen war, auf dem Wasser schwamm und theilweise schon eingefroren war, holten wir auch dieses noch auf unser Feld herauf und brachten es zu den beiden anderen Booten nach dem Hause.«[39] Den Männern blieb nichts anderes übrig, als auf ihrer Eisscholle auszuharren, die einen Umfang von 7 Seemeilen und eine Dicke von etwa 50 Fuß hatte und die langsam nach Süden trieb: »Nach mehrtägiger Arbeit hatten wir uns schon ganz gemüthlich eingerichtet, und auch das Innere des Hauses hatte ein besseres Ansehen bekommen. Wir hatten die Wände mit Decken und alten Segeln bekleidet, so daß die schwarzen Kohlen uns nicht mehr beschmutzen konnten und die ganze innere Räum-

34

lichkeit mehr erhellt wurde.«[40] Erst am 7. Mai 1870 erreichten sie
freies Wasser. Der Proviant war bereits beängstigend knapp geworden; da beschlossen sie nach 200tägiger Schollenfahrt, auf
der sie mehr als 2000 Kilometer (das entspricht einer Entfernung
Hamburg-Athen) zurückgelegt hatten, zu versuchen, mit Hilfe
der Boote besiedeltes Gebiet zu erreichen. Nach fast fünfwöchi-
ger Fahrt, bei der sie das gefürchtete Kap Farvel umrundeten,
erreichten sie am 13. Juni 1870 die Missionsstation der Herrnhuter Brüdergemeine in Friedrichsthal. Das Stationstagebuch
berichtete darüber: »Den 13. mittags erblickten wir 3 europäische
Boote von Süden kommend, und wir ahnten bald, daß es Schiff-
brüchige sein könnten von der Deutschen Nordpol-Expedition,
von der wir gehört, daß dieselbe im Sommer v. J. in 2 Schiffen auf
die Ostküste Grönlands zu kommen von Bremen war ausgelaufen. Diese Vermutung traf denn auch ein, denn bald erkannten
wir die deutsche Flagge, und als sie in der Nähe des Landes gekommen, riefen wir ihnen zu: ›Sind Sie von der Deutschen
Nordpol-Expedition.‹ Als Antwort folgte ein gewaltiges Hurra,
und ein Teil der Besatzung sprang vor Freuden in der Nähe des
Strandes ins Wasser, da die Boote in der Zeit der Ebbe nicht ganz
ans Land anlegen konnten. Sie waren nämlich der Meinung, daß
das auf ihren Karten verzeichnete und so lang und heiß ersehnte
Friedrichsthal eine Dänische Kolonie sei und da sie die Sprache
nicht kannten, als Deutsche einen kühlen Empfang erwartet hatten [wegen des preußisch-dänischen Krieges 1864, C. R.-K.].
Deswegen elektrisierte sie die Frage in ihrer Muttersprache so
sehr, so unerwartet hier deutsche Landsleute zu treffen. Wir hie-
ßen sie mit Freuden willkommen und wetteiferten miteinander,
ihnen den Aufenthalt hier so angenehm wie möglich zu machen.«[41]

Der Bericht über die Schollenfahrt der HANSA-Leute schließt
in der Hoffnung, »dem Leser die außerordentlichen Begeben-
heiten und Erfahrungen einer Reise anschaulich zu machen, die
wohl einzig in ihrer Art bleiben wird«.[42] Doch nur zwei Jahre
später ereilte die Besatzung der POLARIS ein ähnliches Schicksal.
Die POLARIS war ein Schiff von 387 Tonnen, ausgerüstet mit den
besten wissenschaftlichen Instrumenten und Lebensmitteln für
drei Jahre, befehligt von dem amerikanischen Journalisten C. F.
Hall, der sich schon durch sein mehrjähriges Leben »als Eskimo

unter Eskimos« einen Namen gemacht hatte. Der Heidelberger Emil Bessels leitete die wissenschaftlichen Arbeiten und verfaßte seinen Bericht über die Expedition, eines der wissenschaftlich wertvollsten Werke seiner Zeit.

Die Besatzung der GERMANIA hingegen, des Hauptschiffes der zweiten deutschen Nordpolarexpedition, hatte mehr Glück. Nach einigen vergeblichen Versuchen gelang es am 4. August 1868 auf 74° 19′ N und 16° 59′ W, das Packeis zu durchbrechen. Am Morgen des 5. August ließ sie erstmals die Anker auf grönländischem Grund fallen. Damit war eine Aufgabe der Expedition – die Erreichung der Küste – gelungen. Doch die Aussichten, weiter nach Norden vorzudringen, wurden zusehends schlechter. Mit 75° 30,5′ N und 17° 30′ W erreichte die Expedition ihren nördlichsten Punkt. Bis in den September hinein kreuzte die GERMANIA noch vor der Küste. Julius Payer nahm die Gelegenheit wahr, einige geologische Exkursionen durchzuführen. Dann wurde es Zeit, sich auf die Überwinterung vorzubereiten. Der »Hafen«, den Koldewey für sein Schiff suchte, mußte vor dem herandrängenden Packeis geschützt sein, aber er mußte auch gewährleisten, daß im kommenden Frühjahr die GERMANIA wieder frei käme.

Koldewey dampfte zur Sabine-Insel zurück, dorthin, wo er auch zum ersten Male geankert hatte. Am Vormittag des 13. September erreichte er den in Aussicht genommenen Überwinterungsplatz. Für die nächsten 10 Monate blieb die GERMANIA hier liegen, nur eine Tagesreise von der Stelle entfernt, an der die HANSA vom Eis eingeschlossen worden war.

Schlittentouren sollten nunmehr Erkundungsfahrten mit dem Schiff ersetzen. »Wenngleich wir aus der arktischen Literatur theoretisch einigermassen wussten, auf welche Art und Weise dergleichen Reisen auszuführen waren«, berichtete Julius Payer später, »so hatte doch keiner von uns irgendwelche praktische Erfahrung darin, weshalb auch unsere ganze Ausrüstung, wie sich später herausstellte, mangelhaft blieb.«[43] Keine 24 Stunden, nachdem die GERMANIA ihren Überwinterungsplatz gefunden hatte, brach Payer zur ersten Schlittenreise auf. Kapitän Koldewey und vier Besatzungsmitglieder begleiteten ihn. »Noch nicht sehr geübt in solchen Reisen und allen den hundert kleinen Handgriffen, die nöthig sind, um rasch mit Zeltaufschlagen und

Essenkochen fertig zu werden, brauchten wir 1½ Stunden, ehe wir uns endlich in unsere Decken wickeln konnten. [...] Obgleich die Bären jetzt zahlreich umherstrichen, hatten wir doch während der Nacht keine Wache ausgestellt und nur als Vorsicht ein geladenes Gewehr und einen geladenen Revolver mit ins Zelt genommen. Die Zeit der Ruhe auf solchen Schlittenreisen ist nothwendiger Weise, wenn man vorwärts will, äusserst kurz, und das Ausstellen einer Wache würde bei der unvermeidlichen Störung während der Ablösung die Ruhe sehr beeinträchtigen. [...] Man muß schon der bedächtigen Natur des Bären ein wenig Rechnung tragen, der doch immer erst das Zelt einreissen müsste, ehe er an uns kommen könnte.«[44]

Die Schlitten mußten von den Teilnehmern selber gezogen werden, denn Schlittenhunde hatte die GERMANIA – wie das später vor allem bei Fahrten in die Antarktis üblich wurde – nicht an Bord genommen. Dennoch wurden während der Überwinterung fünf Schlittentouren durchgeführt, die insgesamt drei Monate beanspruchten. Dabei wurden ca. 1000 Seemeilen durch unerforschtes Gebiet zurückgelegt. Am 15. April erreichte eine Schlittenexkursion den nördlichsten Punkt der Expedition. Auf 77° 1′N und 18° 50′W in etwa 1500 m Höhe bauten Julius Payer, Carl Koldewey und die beiden Matrosen Theodor Klenzer und Peter Ellinger einen Steinkegel.

Auf der Sabine-Insel und im Germania-Land wurden astronomische Gradmessungen durchgeführt, auf denen aufbauend später Alfred Wegener während der dänischen Grönland-Expedition unter Mylius-Erichsen 1906–1908 Vergleichsmessungen durchführen konnte, die ihm als Indiz für seine Kontinentalverschiebungstheorie dienten.

Während der dreiwöchigen Schlittenreise zum Ardencaplefjord stießen Julius Payer und seine Begleiter auf eine Herde von 20 Moschusochsen, eine Entdeckung, die zu den wichtigsten der Expedition zählt, denn bislang waren diese Tiere nur im Bereich der kanadischen Eismeerküste angetroffen worden.

Unmittelbar nach der Rückkehr von der ersten Schlittentour hatte man begonnen, die GERMANIA winterfest zu machen: »Das Schiff wurde abgetakelt und das ganze Deck von vorn nach hinten mit einem Dache überdeckt, das Deck außerdem noch zu einer größeren Wärmehaltung im Innern mit einer Lage Moos und Schnee versehen und außen herum eine Eis- und Schnee-mauer gebaut, so daß vom Schiffe selbst nichts mehr zu erkennen war und das ganze eher wie ein in das Eis eingebautes Haus aussah. Man konnte die kahlen Masten füglich für Schornsteine halten. Am Lande wurden zwei Observatorien gebaut, eines für magnetische und eines für astronomische Zwecke. Am letzteren wurden auch an der Nordseite die meteorologischen Instrumente angebracht, die von Mitte Oktober an stündlich abgelesen wurden.«[45]

Bis zum 22. Juli 1870 blieb die GERMANIA in ihrem Überwinterungshafen. Dann gab das Eis sie wieder frei, und Koldewey unternahm einen weiteren Versuch, nach Norden vorzustoßen. Wiederum vergeblich; auf 75° 29′ N wurde die Fahrt vom Eis beendet. Man beschloß, die Versuche, nach Norden vorzudringen, endgültig einzustellen und im Süden vielleicht noch »wertvolle« Entdeckungen zu machen. Tatsächlich sollte dieser Entschluß einen weiteren Höhepunkt der Expedition einleiten: die Entdeckung des Kaiser-Franz-Joseph-Fjordes. »Ein unbekanntes Land, das wirkliche Innere von Grönland, eröffnete sich immer schöner und imposanter unseren staunenden Augen. Zahlreiche Gletscher, Cascaden, Sturzbäche kamen von dem immer höher und höher ansteigenden Gebirge herunter.«[46]

Doch die GERMANIA mußte sich mit einer kurzen Erkundungsfahrt begnügen, der Dampfkessel des Schiffes war defekt und ließ sich trotz aller Bemühungen nicht mehr reparieren. Am 17. August wurde die Heimreise beschlossen, vier Tage später versagte der notdürftig instandgesetzte Kessel endgültig, das Feuer ging aus, unter Segeln mußte sich das Schiff seinen Weg durch den Eisgürtel bahnen. Am Abend des 11. September 1870 traf die GERMANIA nach 453 Tagen wieder in Bremerhaven ein.

Petermanns Pläne hatten sich zwar nicht erfüllt, dafür brachten die Wissenschaftler andere Ergebnisse mit. Die Sammlungen der beiden Botaniker beispielsweise vermittelten erstmals einen genaueren Einblick in die Pflanzenwelt Ostgrönlands. Es wurden 89 Gefäßpflanzen, 71 Laubmoose, 52 Flechten, 17 Algen, 5 Gattungen höherer Pilze sowie 13 endophytische Pilze gefunden. Die zoologische Sammlung hatte 218 Tierarten zusammengestellt. Aus Grundproben, die beim Loten zutage gefördert worden waren, hatte man 56 neue Tierarten isoliert. In Bremen entstand nach Rückkehr der Expedition der »Verein für die Deutsche Nordpolarfahrt«, der mit der Auswertung der Ergebnisse betraut wurde.

Im Zeitraum von 1869 bis 1870 gab es von deutscher Seite vier weitere, kleinere arktische Unternehmungen. Es handelte sich hierbei um Erkundungsfahrten und keine Polarexpeditionen; die Wissenschaft fuhr hier – wie Emil Bessels es einmal formulierte – »im Schlepptau des Handels« mit.

Aber Petermann ließ sich keine Chance entgehen, eine Fahrt nach Norden – aus welchen Gründen sie auch vorgenommen wurde – mit einer »Instruction« für wissenschaftliche Arbeiten zu versehen. Immer wieder schoß er dabei allerdings weit über das Ziel hinaus, so umfangreich waren die Programme, die er dabei entwarf. Zum Beispiel der Aufgabenkatalog, den er Emil Bessels für eine Fahrt auf dem Dampfer ALBERT des Reeders Rosenthal mitgab: »Umfahrung von Spitzbergen, Aufsuchung des Gilles Landes, Vordringen zu einer möglichst hohen Breite zwischen Spitzbergen und Nowaja Semlja, Verfolgung der sibirischen Küste; Aufsuchung von Mammutlagern.«[47] Natürlich konnten nur einige Punkte aus der Liste realisiert werden, denn der Dampfer unter dem Kommando von Kapitän Hashagen, auf dem Bessels Gast war, befand sich auf Fangfahrt. Wenn Bessels auch keine neuen Entdeckungen machte, so war Petermann insbesondere mit den ozeanographischen Messungen, die er zwischen Spitzbergen und Novaja Zemlja vornahm, zufrieden: »Hier hat der Rosenthal'sche Dampfer ALBERT zum ersten Mal den Golfstrom, oder wie man sonst den grössten und mächtigsten Äquatorialstrom, den es giebt, nennen mag, bis in hohe Breiten verfolgt und nachgewiesen.«[48]

Dem Physiker und Astronomen F. J. Dorst aus Jülich, der von Ende Februar bis Ende August 1869 die BIENENKORB von Rosenthal begleitete, erging es ähnlich wie Bessels, auch ihm hatte Petermann einen umfangreichen Aufgabenkatalog mitgegeben. Dorst sollte sich »die genaue Aufnahme der Ostküste Grönlands, die Erforschung der physikalischen Verhältnisse des Meeres sowie magnetische und meteorologische Beobachtungen«[49] zur Hauptaufgabe machen. Wegen ungünstiger Eisverhältnisse konnte das unter dem Kommando von Kapitän

Hagen stehende Schiff jedoch die Küste Ostgrönlands nicht erreichen,es blieb ihm nichts weiter übrig, als zwischen Spitzbergen und Grönland zu kreuzen. Dorst stellte dabei umfangreiche Beobachtungen über das Vorgehen und Zurückweichen des Eises an und publizierte sie später unter dem Titel »Die Eisbewegungen im Grönländischen Meer 1869«.

Im März 1870 lud Graf Waldburg-Zeil-Trauchburg den Afrikaforscher Theodor von Heuglin zu einer Reise in den Norden ein. Es sollte vornehmlich ein privater Jagdausflug werden, doch hatte der Graf seine Rechnung ohne Petermann gemacht. Da die Vorbereitungszeit sehr kurz war, wollte Heuglin sich noch ein paar Tips und Hinweise von Petermann holen. Der packte die Gelegenheit beim Schopfe und gab Heuglin eine lange Liste von Forschungsaufträgen mit auf den Weg. Die Fahrt des Grafen Waldburg-Zeil und Heuglins mit dem Schoner SKJÖN VALBORG wurde wissenschaftlich erfolgreich. Es gelang, zu bisher unbekannten Gebieten Ost-Spitzbergens vorzudringen und Schwedisch-Vorland und König-Karls-Land zu erkunden. Der Präsident der Londoner Geographischen Gesellschaft, Murchison, erklärte später, die Expedition habe die weißen Flecken auf der Karte Ost-Spitzbergens »genau und umfassend« ausgefüllt.

Für Theodor von Heuglin war das Interesse an der Arktis erwacht, und als er 1871 gefragt wurde, ob er an Rosenthals Expedition teilnehmen wolle, sagte er hocherfreut zu. Bereits acht Tage später fand er sich reisefertig in Bremerhaven ein. Wiederum hatte Petermann die Fahrtanordnung ausgearbeitet. Diesmal lautete sie: »Befahrung des Karischen Meeres, Untersuchung und geographische Bestimmung der Ob- und Jenissei-Mündungen, der Nord- und Nordostküste Sibiriens und wenn möglich die Erreichung der neusibirischen Inseln.

Der Zweck dieser Expedition, die Bereicherung der Wissenschaft durch Forschungen und geographische Aufnahmen einentheils, anderntheils jedoch soll auch dieselbe in pecuniärer Beziehung zu einer nutzbringenden gemacht werden.«[50]

Am 8. Juli legte die GERMANIA, das Schiff der zweiten Nordpolarexpedition, zu ihrer Reise ab. Aber weder das »Journal der GERMANIA«, das Eduard Stille, ein Neffe Rosenthals, während der Fahrt ins Deutsche übersetzte, noch der Reisebericht zeugen von sonderlichen Höhepunkten der Fahrt. Wissenschaftlich brachte sie mit Ausnahme einiger kartographischer Arbeiten auf Novaja Zemlja keine neuen Erkenntnisse, was nicht zuletzt an der mangelnden Kooperationsbereitschaft des Kapitäns gelegen haben mag.

In Österreich spielte Julius Payer, Teilnehmer der 2. deutschen Nordpolarexpedition, mit dem Gedanken einer eigenen Expedition. Petermann war begeistert. Eine Vorexpedition mit der IsBJÖRN, für die Weyprecht und Petermann in Gotha am 21. April 1871 den Plan festlegten, meldete außerordentlich gute Eisverhältnisse im hohen Norden. Petermann jubelte, als er von Weyprecht erfuhr: »September offenes Meer von 42° bis 60° östlicher Länge von Greenwich über 78° N. Br. verfolgt. Größte Breite 79° N auf 43° östl. Länge, hier günstige Eiszustände gegen Nord, wahrscheinlich Verbindung mit der Polynia gegen Ost, wahrscheinlich günstigster Nordpolarweg.«[51] Petermann fühlte sich bestätigt, und mit Spannung verfolgte er die Anstrengungen der Österreicher, die schließlich mit dem bei Tecklenborg gebauten Expeditionsschiff TEGETTHOFF aufbrachen. 800 Tage war die Expedition unterwegs, sie entdeckte am 30. August 1873 Franz-Josef-Land. Doch der Weg zum Pol blieb von Packeis verschlossen.

In Bremen wurde unterdessen eine dritte Nordpolarexpedition ins Auge gefaßt. Besonders engagierte sich für das Projekt Moritz Lindeman (1823–1908), der seit 1867 mit Petermann in Verbindung stand. Erfolgreich hatte er sich bei der Vorbereitung der zweiten Nordpolarexpedition engagiert, war später an der Publizierung der Ergebnisse beteiligt und veröffentlichte bei Petermann seine »Geschichte der arktischen Fischerei der deutschen Seestädte«. Im September 1870 gehörte er zu den Gründungsmitgliedern des Vereins für die deutsche Nordpolarfahrt in Bremen.

Die Idee zu einer erneuten Nordfahrt war erstmals 1871 zur Sprache gekommen. Am 11. Oktober 1871 hatte Koldewey den Auftrag erhalten, einen Plan auszuarbeiten. Vierzehn Tage später unterbreitete er sein Konzept und empfahl, die Arbeiten in Ostgrönland fortzusetzen. Dabei wies er bereits – wie später Weyprecht und Neumayer – auf eine internationale Zusammenarbeit hin und betonte, daß eine neue Expedition zeitlich zusammenfallen würde mit einer schwedischen Überwinterung in

Spitzbergen, mit russischen Forschungen nördlich Sibiriens und bei Novaja Zemlja sowie mit einem amerikanischen Unternehmen unter Hall in der Gegend des Jones-Sundes, so daß gleichzeitige meteorologische Beobachtungen an verschiedenen Punkten des Nordpolargebietes möglich wären. Der Plan wurde der Gesellschaft für Erdkunde zu Berlin unterbreitet. Doch dort wollte man zunächst die Ergebnisse der 2. Nordpolarfahrt abwarten. Als das Werk 1874 abgeschlossen war, trat Lindemann sofort wieder auf den Plan. Er war allerdings davon überzeugt, daß eine weitere Expedition nicht ohne Unterstützung des Reiches durchgeführt werden könne. Am 3. Januar 1875 wurde dem Bundesrat in Berlin der »Entwurf zu einem Plan für eine dritte Deutsche Nordpolarfahrt« unterbreitet. 300 000 Taler wurden darin aus Reichsmitteln erbeten. Vorausgesetzt, die Mittel würden rechtzeitig bereitgestellt werden, sollte die Expedition im Juni 1875 aufbrechen. Es zeichnete sich allerdings bald ab, daß der Termin nicht eingehalten werden könnte.

Wenig später setzte sich schließlich noch ein ganz anderer Gedanke durch: Auf der Versammlung deutscher Naturforscher und Ärzte in Graz hatte Carl Weyprecht angeregt, künftig statt geographischer Erkundungsfahrten international koordinierte Programme auf Forschungsstationen durchzuführen. Die vom Reichskanzleramt eingesetzte Kommission, die die Pläne einer dritten Nordpolarfahrt prüfen sollte, nahm diesen Gedanken auf. August Petermann ahnte wohl, wie die Entscheidung ausfallen würde, als er die Arbeit der Kommission als »eine unwürdige Comödie, darauf berechnet, die Sache zu Grabe zu tragen« bezeichnete. Endgültig wurde das Konzept einer dritten deutschen Nordpolarfahrt schließlich am 20. März 1876 abgelehnt.

Da sich diese Entwicklung bereits vorher abgezeichnet hatte, hatte man sich im Bremer Polarverein Gedanken über künftige Forschungsaufgaben gemacht. Man war dort zu der Überzeugung gekommen, es müsse »die Wahl auf solche Gegenden gelenkt werden, deren Erzeugnisse und Hülfsquellen bei der steten Ausdehnung des Verkehrs früher oder später auf den deutschen Handel von Einfluß werden könnten.«[52]

1875 hatte Adolf Nordenskjölds Entdeckungsfahrt zur Jenisseimündung mit dem kleinen Segler Pröven große Aufmerksamkeit erregt. Die Bremer sahen darin eine neue Chance, in dieser Region der Arktis aktiv zu werden. Bereits Ende 1875 legte Lindeman eine »Denkschrift betreffend die im Jahre 1876 zu veranstaltende Forschungsreise nach Westsibirien« vor.

Jetzt erwies es sich als vorteilhaft, daß der Rechnungsführer des Bremer Polarvereins gute Beziehungen zu russischen Kaufmannskreisen hatte. So gelang es, den russischen Großkaufmann Alexandr Sibirjakov, dem vor allem die Erschließung des nordsibirischen Seewegs am Herzen lag, für das geplante Unternehmen zu begeistern. Sibirjakov stellte eigene Mittel zur Verfügung, und so stand der Realisierung von Lindemans Projekt nichts mehr im Wege. 1876 brachen auf Geheiß Lindemans Otto Finsch und Alfred Brehm, der spätere Verfasser von »Brehms Tierleben«, in Begleitung des Kgl. Württemb. Premierleutnants Graf Karl v. Waldburg-Zeil-Trauchburg, der auf eigene Kosten mitreiste, zu ihrer Fahrt auf, die sie bis zum Altai und nach Tomsk führte. Arktisches Gebiet berührte die Fahrt am Ende der Reise, am unteren Ob.

Auf Sibirjakovs Wunsch wurde zudem die Möglichkeit untersucht, die Jamal-Halbinsel zwischen der Bajdaračkaja guba [Kara-Bucht] und dem unteren Ob mit einem Kanal zu durchstechen, eine Idee, die sich vor Ort als nicht realisierbar erwies.

Finsch und Brehm brachten umfangreiches naturwissenschaftliches und ethnographisches Material mit, das den Städtischen Sammlungen in Bremen übereignet wurde.

Im Anschluß an diese erfolgreich abgeschlossene Expedition änderte der Bremer Polarverein am 1. Januar 1877 seinen Namen in »Geographische Gesellschaft zu Bremen«. In ihrem ersten Jahresbericht stellte Moritz Lindeman fest: »Als eine unmittelbare practische Folge der von hier nach Westsibirien gesandten Expeditionen dürfen wir es bezeichnen, dass im vorigen Sommer die erste Dampferfahrt von der Weser nach dem Jenissei unternommen wurde. Die Kosten dieser commerciellen Pionierfahrt bestritt ausschließlich unser Ehrenmitglied, Herr Alexander Sibiriakoff, während die Führung des Schiffs (des Dampfers FRASER) der mit der Eismeerfahrt durch langjährige Praxis völlig vertraute Kapt. Dallmann* aus Blumenthal, Mitglied unserer Gesellschaft, übernahm.«[53] – »Bei Entwerfung des Programms

---

* Dallmann war am 17. August 1866 als erster auf Wrangel-Land gelandet.

für unsere westsibirische Expedition wurde die commercielle Bedeutung von uns besonders betont, eine Äußerung, die damals bei Vielen ein ungläubiges Lächeln hervorrief. Wir haben jetzt die Genugthuung, daß die Eröffnung eines Seehandels von Deutschland aus mit Sibirien mehrseitig in ernstliche Erwägung gezogen worden ist, und dürfte vielleicht schon in diesem Sommer sowohl die Fahrt nach dem Ob als diejenige nach dem Jenissej durch deutsche Schiffe versucht werden.«[54]

Von 1877 bis 1884 wurden von der deutsch-russischen Handelsgesellschaft zahlreiche »Commercielle Pionierfahrten«, wie Lindemann sie genannt hatte, durchgeführt. Abgesehen von einer Fahrt des Grafen Waldburg-Zeil auf dem Dampfer LOUISE, der meereszoologisches Material für das Bremer Museum mitbrachte, hatten sie allerdings kaum nennenswerte wissenschaftliche Bedeutung.

Die Aktivitäten in Bremen stagnierten, als Moritz Lindemann 1879 nach Gotha ging, um dort die Geographischen Mitteilungen des 1878 verstorbenen Petermann fortzuführen. Als nur wenige Monate später Sibirjakov einen Kapitän für seinen Dampfer NORDENSKIÖLD suchte, welcher der, wie man glaubte, vom Eis eingeschlossenen VEGA Hilfe bringen sollte, schlug Lindeman von Gotha aus H. Senckstacke vor, der als erster Offizier auf der GERMANIA gefahren war. Die Expedition wurde von dem Meteorologen A. v. Danckelmann begleitet. Die NORDENSKIÖLD war jedoch nicht sonderlich erfolgreich und erreichte nicht einmal die Beringstraße. Sie lief auf ein Felsenriff, konnte allerdings wieder klar gemacht werden, und im September 1887 erreichte sie, im Auftrag von Sibirjakov, von der Petschora-Mündung kommend, beladen mit Waren aus Sibirien, Bremen. Der VEGA hingegen gelang im Juli 1879 als erstem Schiff die Bezwingung der Nordost-Passage.

Anfang der achtziger Jahre kehrte Lindeman aus Gotha wieder an die Küste zurück. Engagiert forderte er die Bremer Geographische Gesellschaft auf, »von Neuem eine wissenschaftliche Reise zu veranstalten«.[55] Als Ziel schlug er die Küstengebiete des Beringmeeres vor. Der Vorstand der Gesellschaft stimmte zu, der Bremer Kaufmann Albrecht stand für die Kosten ein. Ausführende der Expedition wurden durch Vermittlung von Gustav Nachtigal die Brüder Dr. Arthur und Dr. Aurel Krause, Lehrer naturwissenschaftlicher Fächer an der Luisenschule in Berlin. Sie bereisten im August und September 1881 die Küste der Tschuktschen-Halbinsel und setzten ihre Reise schließlich in das südöstliche Alaska fort. Aurel Krause trug umfangreiches ethnographisches, sein Bruder Arthur naturkundliches Material zusammen, das später das Städtische Museum in Bremen erhielt.

Die letzte Expedition, die im Auftrag der Bremer Gesellschaft für Geographie durchgeführt wurde, war die Fahrt des Jenaer Zoologen Willy Kükenthal in die Gewässer um Spitzbergen. Schon im April 1886 hatte sich Kükenthal auf dem norwegischen Fangschiff HVIDFISKEN eingeschifft, »um einen allgemeinen Eindruck von der polaren Tierwelt zu erhalten«.[56] Im Herbst 1888 unterbreitete er Lindeman den Plan für eine weitere zoologisch-geographische Expedition. Durch Spenden gelang es tatsächlich, so viel Geld zusammenzubekommen, daß auch Kükenthals Assistent A. Walther an der Fahrt teilnehmen konnte.

Obwohl das Unternehmen unter keinem günstigen Stern stand – das in Tromsø für die Expedition gemietete, aber noch auf eigenen Fang ausgehende Schiff BERENTINE, »der Stolz Tromsøs«, strandete bei den König-Ludwig-Inseln, so daß die beiden Wissenschaftler nach Bergung ihrer Ausrüstung auf ein anderes Fangschiff, die CECILIE MALENE, übersteigen mußten –, brachten die beiden beachtliche Ergebnisse mit. Kükenthals Angaben trugen nicht unwesentlich zur Vervollständigung des Kartenbildes von Spitzbergen bei.

Die nächsten Fahrten, die Ende des vorigen Jahrhunderts deutsche Forscher ins Nordpolarmeer führten, waren wirtschaftlich orientiert. Sie galten der Erkundung von Fischgründen und wurden unter der Regie des Deutschen Seefischerei-Vereins durchgeführt. Im Jahre 1898 erhielt der Verein die Möglichkeit, während einer Übungsfahrt von SMS OLGA ins Nordmeer fischereiwissenschaftlichen Fragen vor Spitzbergen und der Bäreninsel nachzugehen. Das Ergebnis dieser Fahrt führte 1899 zur Gründung einer deutschen Fischerei-Versuchsstation auf der Bäreninsel und zum abermaligen Besuch der Insel durch den Deutschen Seefischerei-Verein im darauf folgenden Jahr.

1 Petermann, August: Die Erforschung der arktischen Central-Region durch eine Deutsche Nordfahrt. In: Petermann, August: Spitzbergen und die arktische Central-Region. Gotha 1865. (Petermann's Geographische Mittheilungen, Ergänzungsheft 16), S. 10.

2 Zitiert nach: Weller, Hugo Ewald: August Petermann als praktisch-organisatorisch tätiger Geograph. Bruchstück zu August Petermann und seiner Schule. Ein Beitrag zur Geschichte der Entdeckungen der Geographie und der Kartographie des 19. Jahrhunderts. Diss. Gotha 1904, S. 44.

3 Petermann, August (wie Anm. 1), S. 2.

4 Ebd., S. 9.

5 Ebd., S. 10.

6 Ebd., S. 11.

7 Ebd., S. 14.

8 Ebd., S. 15.

9 Zitiert nach: Kapitän R. Werner's vereitelte Rekognoscirungsfahrt nach Norden. In: August Petermann: Spitzbergen und die arktische Central-Region. Gotha 1865 (Petermann's Geographische Mittheilungen, Ergänzungsheft 16), S. 16.

10 Ebd., S. 17.

11 Ebd.

12 Ebd., S. 22.

13 Ebd., S. 24.

14 Ebd.

15 Koldewey, Carl: Die erste deutsche Nordpolar-Expedition im Jahre 1868. Gotha 1871 (Petermann's Geographische Mittheilungen, Ergänzungsband VI, 1869 bis 71), S. VII (Neudruck Oldenburg 1979).

16 Ebd., S. III.

17 Ebd., S. 4.

18 Ebd.

19 Ebd., S. 8.

20 Ebd.

21 Ebd., S. 9.

22 Ebd., S. 13.

23 Ebd., S. 15.

24 Vgl. ebd., S. 16.

25 Ebd., S. 21.

26 Ebd., S. 28.

27 Ebd., S. 30.

28 Ebd., S. 37.

29 Ebd., S. 54.

30 Zitiert nach: Abel, Herbert, und Hans Jessen: Kein Weg durch das Packeis. Anfänge der deutschen Polarforschung (1868–1889). Bremen 1954 (Schriften der Wittheit zu Bremen D 21), 1, S. 15.

31 Ebd., S. 18.

32 Zitiert nach Reinke-Kunze, Christine: Den Meeren auf der Spur. Geschichte und Aufgaben der deutschen Forschungsschiffe. Herford 1986, S. 20.

33 Ebd., S. 21.

34 Hildebrandt: Fahrt der Hansa. In: Zeitschrift der Gesellschaft für Erdkunde zu Berlin 1871, S. 27.

35 Ebd.

36 Ebd.

37 Ebd., S. 28.

38 Ebd., S. 28f.

39 Ebd., S. 33.

40 Ebd.

41 Zitiert nach: Meier, Gudrun: Aufzeichnungen über Grönland-Expeditionen des späten 19. Jahrhunderts in den Stationsdiarien der Herrnhuter Missionare. In: Polarforschung 6 (39), 1969, S. 260f.

42 Die zweite deutsche Nordpolarfahrt in den Jahren 1869 und 1870. 1. Band. Leipzig 1873, S. 22.

43 Die zweite deutsche Nordpolarfahrt in den Jahren 1869 und 1870. Hrsg. Verein für die Deutsche Nordpolarfahrt in Bremen. Erster Band. Erzählender Theil. Leipzig 1874, S. 350.

44 Ebd., S. 352f.

45 Koldewey, Carl: Die Fahrt der GERMANIA. In: Zeitschrift der Gesellschaft für Erdkunde zu Berlin, Band VI, S. 4.

46 Ebd., S. 13.

47 Abel, Herbert, und Hans Jessen (wie Anm. 30), S. 39.

48 Rückkehr der Palliserschen Nordpolar-Expedition; die Arbeiten von Dr. Dorst und Dr. Bessels auf den Rosenthal'schen Dampfern BIENENKORB und ALBERT. In: Petermann's Geographische Mittheilungen 15, 1869, S. 392.

49 Abel, Herbert, und Hans Jessen (wie Anm. 30), S. 39.

50 Ebd., S. 40.

51 Ebd. S. 43.

52 Zitiert nach: Abel, Herbert: »Commercielle Pionierfahrten« zur westsibirischen Eismeerküste (1876 bis 1884). In: Jahrbuch der Wittheit zu Bremen, 1978, S. 17.

53 Ebd., S. 21.

54 Ebd., S. 22.

55 Zitiert nach: Abel, Herbert, und Hans Jessen (wie Anm. 30), S. 65.

56 Kükenthal, Willy: Bericht über eine Reise in das nördliche Eismeer und nach Spitzbergen im Jahre 1886. In: Deutsche Geographische Blätter 11, 1888, S. 2.

Grönlandexpeditionen

»Die letzten Nachrichten über das Schickssal des deutschen
Grönlandforschers Professor Dr. Alfred Wegener, der seit Monaten im Eis verschollen ist, machen es mehr als sehr wahrscheinlich, daß der tapfere Mann nicht mehr unter den Lebenden
weilt. Während eine Hilfsexpedition vor wenigen Tagen drei der
Vermißten, nämlich Dr. Georgi (Hamburg), Dr. Loewe und Dr.
Sorge, wohlbehalten aufgefunden hat, sind von Wegener selbst
nur Spuren entdeckt worden: der Schlitten und die Skier. Er
selbst, der Leiter der Expedition, der die Pläne ausgearbeitet und
alle Vorkehrungen für ein gutes Gelingen getroffen hat, scheint
in eine Gletscherspalte geraten und ein Opfer seines Forscher-
dranges geworden zu sein.«[1] Das meldeten die Zeitungen in
Deutschland noch am 15. Mai 1931. In Grönland war für die übrigen Mitglieder der Expedition zu diesem Zeitpunkt die bange
Ahnung zur Gewißheit geworden: Am 12. Mai 1931 hatten
Ernst Sorge, Karl Weiken und die Grönländer Johann Davidson
und Daniel Davidson sowie Karl Villumsen das Grab Wegeners
gefunden. Der Tod Wegeners löste in Deutschland Betroffenheit
aus, und für die nächsten Jahre sollte es um die Grönlandforschung still werden. Dabei hatte gerade diese von Eis überlagerte
Insel auch auf deutsche Forscher immer wieder eine besondere
Anziehungskraft ausgeübt.

Im Jahre 982 entdeckte der Wikinger Erik der Rote Grönland
und gab ihm seinen Namen. Fünfhundert Jahre währte der Aufenthalt der Nordleute in Westgrönland, dann verlor sich ihre
Spur im Dunkel. Seit der Mitte des 14. Jahrhunderts hatte sich
die Verbindung zwischen Grönland und Europa aus verschiedenen Gründen, u. a. auch wegen veränderter klimatischer Verhältnisse immer mehr verschlechtert, bis sie schließlich völlig ab-
riß. 1410 soll die letzte Fahrt zwischen Grönland und Island
stattgefunden haben. Erst als sich Ende des 15. Jahrhunderts ein
neues Weltbild formte, erinnerte man sich an die Insel im kalten
Norden.

Den portugiesischen Seefahrern, die einen Seeweg nach Asien
suchten, wurde klar, daß eine Fahrt in der Nähe der Pole wegen

der Kugelgestalt der Erde kürzere Entfernungen von einem Erdteil zum anderen versprach als in der Gegend des Äquators. Im Norden waren die Inseln Island und Grönland von den Skandinaviern bereits entdeckt, und da es galt, das Risiko langer Hochseefahrten zu vermeiden und so weit und oft wie möglich in Landnähe zu segeln, wurden die Inseln in die Routenplanung einbezogen. Für die Portugiesen sprach nichts dafür, die Fahrt in eigener Regie, also ohne die Erfahrungen der Skandinavier in der Nordregion, durchzuführen. Die Beziehungen zum dänischen Königshaus waren seit langem gut, wirtschaftlich und politisch fürchteten die Portugiesen die Skandinavier ebenfalls nicht, so wurde König Christian I. vom portugiesischen König um die Ausrüstung einer Expedition gebeten.

Christian I. entsprach dem Wunsch, schließlich kam diese Expedition seinen eigenen Interessen durchaus entgegen, hoffte er doch, die wirtschaftlichen Beziehungen zu Grönland und den dortigen Normannensiedlungen wiederbeleben zu können.

1473 brach eine von Portugal initiierte sowie finanzierte und von Dänemark ausgerüstete Expedition auf. Von Juli bis August war sie unterwegs. Diesen Zeitraum haben Historiker heute aufgrund verschiedener Quellen für das Unternehmen eingekreist. Über die Reise selbst ist nicht viel bekannt geworden. Als gesichert hingegen gilt, daß sich unter ihren Teilnehmern auch zwei deutsche Seeleute, Dietrich Pining und Hans Pothorst, befanden, die in dänischen Diensten standen. Dietrich Pining war in Hildesheim geboren, und Hans Pothorst kam wahrscheinlich aus dem niedersächsisch-westfälischen Raum. Über die Etappen der Fahrt ist nichts überliefert. Annahmen, daß die Expedition möglicherweise über Grönland hinaus noch weiter nach Westen vorgedrungen sei und sogar das amerikanische Festland erreicht habe – rund zwei Jahrzehnte vor Kolumbus –, sind bislang Spekulation geblieben. Aus einem Brief, den 1551 der Kieler Bürgermeister Carsten Grip an den dänischen König Christian III. schrieb – eine der ganz wenigen Quellen, in der das Unternehmen überhaupt erwähnt wird –, ist zu entnehmen, daß die Expedition auf Grönland gelandet ist, und zwar an der Ostküste, in der Nähe der Klippe Hvitserk, etwa dort, wo heute die Siedlung Angmagssalik liegt.[2]

Die Entdeckungsfahrt aus dem Jahre 1473 blieb ohne Folgen;

möglicherweise haben Pining und Pothorst in den 80er Jahren des 15. Jahrhunderts noch Kaperfahrten nach Grönland durchgeführt. Der dänische König übertrug Dietrich Pining später die Statthalterschaft über einen Teil Islands; die Insel verdankt ihm zwei Verordnungen von 1490, von denen eine den Zehnten und die Armenfürsorge regelte, während die andere sich mit Fragen der Steuer und der öffentlichen Ordnung beschäftigte.

Nachrichten über die Lage an der Westküste Grönlands erhielt der dänische König von Pinings und Pothorsts Expedition jedenfalls nicht. Die Westküste wurde erst 1540 vom Hamburger Schiffer Björn Jansson erreicht; er fand dort leere Gehöfte vor, die Relikte der skandinavischen Besiedlung.

Für Grönland begann ein neuer Abschnitt, als 1721 der Däne Hans Egede in der Nähe des heutigen Nuuk (früher Godthåb) landete. Auch er war in dem Glauben gekommen, hier auf die Nachfahren Eriks des Roten zu treffen. Er gab diese Hoffnung bald auf und blieb, um den Eskimos den christlichen Glauben zu bringen. Sein Missionswerk war anfangs in Frage gestellt, da es ihm an materieller Unterstützung fehlte, auch die dänische Regierung zeigte kein Interesse an seiner Tätigkeit. Das änderte sich erst, als 1733 der pietistische dänisch-norwegische König Christian IV. der Entsendung von drei Herrnhuter Missionaren zustimmte. Sie und ihre Nachfolger haben ein eigenes Kapitel auch in der Forschungsgeschichte Grönlands geschrieben.

1761 reiste David Cranz, ein Vertrauter des Grafen Nicolaus Ludwig von Zinzendorf, der 1727 die Herrnhuter Brüdergemeine gegründet hatte, zu einer Inspektionsfahrt nach Grönland. Er blieb dreizehn Monate auf der Insel, vornehmlich in den Missionsstationen Neu-Herrnhut und Lichtenfels. Er begleitete Eskimos beim Heringsfang und besuchte ihre Siedlungen entlang der Westküste. Er kehrte am 26. August 1762 nach Europa zurück und schrieb seine »Historie von Grönland«, die nach ihrem Erscheinen bald ins Holländische, Englische und Schwedische übersetzt wurde. Rund einhundert Jahre später kam der deutsche Missionar Samuel Kleinschmidt (1806–1886) nach Grönland, der während seines 40jährigen Wirkens für die Erforschung der Eskimo-Sprache bahnbrechend geworden ist. 1851 schrieb er eine Grammatik der grönländischen Sprache und gab den Grönländern eine standardisierte Schriftsprache, eine Maß-

nahme, die es ermöglichte, nunmehr eine Zeitung herauszuge-
ben. Schon seit Ende des 18. Jahrhunderts waren schließlich
auch Privatleute aus Deutschland nach Grönland gekommen.
Der erste, der deutsche Bergmann Pfaff, war allerdings 1783–84
auf Kosten der dänischen Regierung gereist. Seine Fahrt blieb
jedoch ohne nennenswerten Erfolg.

Aus eigener Initiative kam 1796 der Mineraloge Karl Ludwig
Giesecke* nach Grönland. Die politischen Zeitumstände be-
scherten ihm einen Aufenthalt, der wesentlich länger wurde als
ursprünglich geplant. Es war dies die erste rein deutsche wissenschaftliche Polarfahrt; ein Gesuch an die grönländische und
färöische Handelsmission um Unterstützung Gieseckes war
vom dänischen König abschlägig beschieden worden. Giesecke
selbst war eine skurrile Persönlichkeit. Er war in Wien nacheinander als Jurist, Schauspieler und Theaterdichter tätig. Als solcher
soll er den Hauptteil des Librettos von Mozarts Zauberflöte
geschrieben haben, obwohl sein vorgesetzter Theaterdirektor
Schikaneder diese Ehre für sich in Anspruch nahm. Da Giesecke
an der schauspielerischen Tätigkeit auf die Dauer keinen Gefallen fand, studierte er Mineralogie und wurde Mineralienhändler.
Zum preußischen Bergrat ernannt, untersuchte er die Färöer und
reiste 1806 nach Grönland, dessen Westküste er wie kein anderer
Europäer kennenlernte. Seine Forschungen sind für die Geologie der Insel grundlegend geworden; die meisten der in West-
grönland vorhandenen Mineralien und ihre Fundstätten hat er
bestimmt. Da die Napoleonischen Kriege jeden Verkehr mit Europa unterbanden, mußte Giesecke acht Jahre in Grönland bleiben. Er erforschte seine Westküste vom Kap Farvel bis zum
Upernavik-Distrikt. Nach der Heimreise wurde er zum Professor der Mineralogie und Chemie an der Universität Dublin ernannt und starb dort 1833. Es war ihm nicht beschieden, die
Tagebücher und Notizen aus seiner Zeit in Grönland zu ver-
öffentlichen; erst in den siebziger Jahren des 19. Jahrhunderts
erkannte man ihre Bedeutung in geologischer, mineralogischer,
biologischer und anthropologischer Hinsicht.

---

* Karl Ludwig Giesecke wurde am 6. April 1761 als Johann Georg Metzler in Augs-
burg geboren. 1781 nahm er ein Jurastudium in Göttingen auf. In dieser Zeit änderte
er aus unbekannten Gründen seinen Namen.

Seit 1874 hat der dänische Staat die systematische Untersuchung der Insel in die Hand genommen und 1878 die Kommission zur geographischen und geologischen Erforschung Grönlands geschaffen. Sie hat fast jährlich wissenschaftliche Reisende ausgesandt, deren Aufgaben alle Zweige der Polarforschung umfaßten. Damit war insbesondere Westgrönland ein bevorzugtes wissenschaftliches Terrain geworden.

Die Eisverhältnisse Westgrönlands, schon seit längerer Zeit Gegenstand des Studiums dänischer Forscher, wurden mit dem auslaufenden 19. Jahrhundert auch von dem deutschen Wissenschaftler Erich von Drygalski untersucht. Die Finanzierung seiner Expeditionen lag bei der Deutschen Gesellschaft für Erdkunde in Berlin. Auf der Versammlung der Gesellschaft am 4. Oktober 1890 in Berlin teilte Prof. Freiherr von Richthofen mit, daß der Vorstand der Ritter-Stiftung beschlossen habe, die diesjährigen Zinsen nebst dem Restbetrag des Vorjahres (etwa 2600 Mark) bis zum Frühjahr 1891 zu reservieren, um damit eine Expedition zur Westküste Grönlands auszurüsten. Als Expeditionsleiter war der Geograph von Drygalski vorgesehen; dem Unternehmen schloß sich der Meteorologe Otto Baschin an.

Der Hauptzweck von Drygalskis Westgrönlandexpedition 1891 war die Untersuchung der Bewegungsverhältnisse der dortigen Gletscher und des Inlandeises nach Intensität, Periodizität und ihren physikalischen Grundlagen. Über den Hintergrund dieser Fragestellung erklärte Drygalski später: »Es galt das Polarproblem bei dem Punkte zu fassen, wo es unsere wissenschaftlichen und gewissermaßen auch unsere praktischen Interessen am nächsten berührt. Denn Grönlands Inlandeis und Grönlands Gletscher bieten den nächsten Vergleich zu den Verhältnissen dar, wie wir sie noch in der jüngsten geologischen Vergangenheit für einen großen Teil von Deutschland voraussetzen müssen.«[3]

Am 2. Mai 1891 gingen Baschin und von Drygalski in Kopenhagen an Bord der Brigg PERU, eines der acht Segelschiffe des Königlich Grönländischen Handels, die damals zusammen mit dem Dampfer HVIDBJØRN den Verkehr Grönlands mit dem Mutterland bestritten.

Sie besuchten zunächst den Jakobshavner Gletscher. Die letzte Etappe der Anreise im Umanak-Fjord legten sie in einem

Umiak, dem grönländischen Reiseboot, zurück. Am 29. Juni kamen sie in der kleinen Siedlung Umanak an. Von dort aus unternahmen sie weitere Erkundungsfahrten. Eines der Ziele ihrer Expedition war die Erkundung eines Standortes für eine wissenschaftliche Station einer Folge-Expedition. Drygalski faßte dafür den Karajak-Nunatak ins Auge, »weil sich bei ihm die für unsere wissenschaftlichen Aufgaben überaus günstige Lage mit vielen praktischen Vorteilen vereinte. Es dürfte kaum einen Ort an der Westküste Grönlands geben, von dem aus man gleich grossartige und gleich mannigfaltige Eisbildungen ebenso gut erreichen kann, wie von dem Karajak-Nunatak«[4], berichtete Drygalski seinen Geldgebern in Berlin.

Am 29. Juli traten die beiden Wissenschaftler die Heimreise an, die sie über Godhavn schließlich wieder nach Kopenhagen führte, wo die Vorexpedition am 18. September 1891 endete.

Zur Hauptexpedition brachen von Drygalski, der Biologe Dr. Vanhöffen und der Meteorologe Dr. Stade am 1. Mai 1892 in Kopenhagen auf. An der vorgesehenen Stelle errichteten sie das Stationsgebäude, und während von Drygalski und Vanhöffen noch die restliche Ausrüstung herbeischafften, begannen auf der Station bereits die meteorologischen Beobachtungen. Auf Schlittenreisen nahm Drygalski in den nächsten Monaten zahlreiche Messungen des Eises vor; auf allen seinen Touren wurde er von Dr. Vanhöffen begleitet, der biologische Beobachtungen durchführte und eine zoologisch-botanische Sammlung anlegte. In der Dunkelheit des Polarwinters, die längere Reisen verbot, unternahm Drygalski in der näheren Umgebung der Station in erster Linie physikalische Untersuchungen der Bewegung und Struktur des Eises.

Am 11. August 1893 verließ das Team die Station und begab sich nach Umanak, von wo aus es am 27. August mit der Brigg CONSTANCE nach Kopenhagen zurückfuhr.

Zu Beginn des 20. Jahrhunderts wurden Grönland und seine wissenschaftliche Erforschung Mittelpunkt der Arbeiten Alfred Wegeners, der insgesamt vier Expeditionen dorthin unternahm.

Im Jahre 1906 hatte er erfahren, daß eine dänische Expedition beabsichtigte, für zwei Jahre nach Nordostgrönland zu gehen. Kurzentschlossen fuhr er nach Kopenhagen, bot dem Expeditionsleiter Mylius-Erichsen an, die Expedition als Meteorologe zu begleiten, und wurde tatsächlich angenommen. Zusammen mit den übrigen 27 Expeditionsmitgliedern schiffte er sich am 24. Juni 1906 in Kopenhagen auf der DANMARK ein. Achton Friis, einer der beiden Maler der Expedition, porträtierte ihn auf der Seereise von Kopenhagen nach Grönland: »Ein schweigsamer Mann mit dem liebenswürdigsten Lächeln auf dem Antlitz kommt mehrmals am Tage aufs Oberdeck hinauf und liest sonderbare Instrumente ab, die in einem Schrank dicht bei der Leiter zum Deck stehen. Es ist Dr. Wegener aus Berlin, unser Meteorologe. Wenn man auf dem Oberdeck steht und ihn die Leiter heraufkommen sieht, erblickt man zuerst über der Luke einen Hut – wohl das Eigentümlichste, was man sich denken kann. Ich weiß selbst nicht, was das wunderlichste daran ist, seine Form oder seine grüne Farbe.«[5] – »Wenn man das Gesicht sieht, das dem Hut folgt, will man nicht glauben, daß Dr. Wegener ein Mann ist, der unten im Laderaum Sprengstoffe genug liegen hat, um 50 Walfängerboote unseres Typs im Laufe weniger Sekunden zum Meeresboden hinab zu senden. Ich denke an seine hundert großen eisernen Behälter mit komprimiertem Wasserstoff, der zur Füllung seiner Ballons dienen soll, wenn wir einmal an Land gekommen sind.«[6]

Die Aufgabe der Expedition war die Kartierung und Erkundung des letzten noch unbekannten Küstenabschnitts Grönlands; der Ostküste zwischen Kap Bismarck auf 77° N, bis wohin die Zweite Deutsche Nordpolarexpedition 1870 gelangt war, und Kap Bridgman auf 83° N, das der Amerikaner Peary 1900 von Norden her erreicht hatte.

Alfred Wegener war insbesondere für die meteorologischen Untersuchungen der Expedition zuständig. Seine aerologischen Experimente stellten eine Neuheit dar. Zum ersten Mal führte er im polaren Klima der Arktis Drachen- und Fesselballonaufstiege durch. Bei ca. 100 Drachen- und 25 Fesselballonaufstiegen wurden in bis zu 3100 m Höhe über der Station die Temperatur-, Wind- und Feuchtigkeitsverhältnisse der höheren Luftschichten gemessen. Die Ergebnisse verwertete Wegener in seiner Habilitationsschrift.

Zweimal überwinterte die Expedition im Standquartier bei Kap Bismarck. Von hier aus wurden Schlittenreisen nach Norden und Süden sowie nach Westen auf das Inlandeis durchgeführt. Wegener nahm während der DANMARK-Expedition an insgesamt drei großen Schlittenreisen teil.

Die erste führte ihn im November und Dezember 1906 zur Sabine-Insel. Es war die erste von Europäern durchgeführte Schlittenreise während der Polarnacht. Sie gehörte, wie Wegener später bekannte, »zu dem Phantastischsten, was es auf Erden geben kann«.[7] Am 22. November 1906 erreichte er zusammen mit Koch den Germaniahafen. Unmittelbar neben der Ruine des Observatoriums, das 1869 von den Mitgliedern der Zweiten Deutschen Nordpolarexpedition errichtet worden war, schlugen sie ihr Zelt auf. »Der Gedanke«, berichtete Wegener, »daß hier ein Häuflein Deutscher – freilich vor nunmehr schon länger als 30 Jahren – gelebt und gelitten hatte, erzeugt eine Art Heimatgefühl, trotz der 20° Kälte und trotz der gespensterhaften grotesken Beleuchtung, mit der der fahle Mondschein das fremdartige Landschaftsbild übergoß.«[8]

Vom März bis Mai 1907 nahm Wegener an einer weiteren Schlittenexpedition teil, von der er zusammen mit Gustav Gustavesen Thostrup wichtige neue Erkenntnisse über die Küstengestalt mitbrachte. Auf 80° 43′ N kehrten sie wie vorgesehen um. Bei ihrer Rückkehr erfuhren sie, daß der Expeditionsleiter Mylius-Erichsen und seine zwei Begleiter auf ihrer großen Erkundungsfahrt nach Norden den Tod gefunden hatten.

Im März und April 1908 führte Wegener eine Schlittenexpedition auf das Inlandeis; zusammen mit seinen Begleitern betrat er als erster das Königin-Louise-Land, das ein Ziel seiner nächsten Grönland-Unternehmung werden sollte.

Die Teilnahme an der DANMARK-Expedition schuf die Grundlagen für Wegeners Grönland-Arbeiten. Hier hatte er die ersten praktischen Erfahrungen gesammelt und von den polarerfahrenen Dänen gelernt. Und immer wieder hatte er sich mit dem Leben in der Polarnacht auseinandergesetzt: »In der letzten Zeit hatte ich vielfach Gelegenheit, Beobachtungen über den durch die andauernde Nacht hervorgerufenen Energielapsus, sowohl bei mir selbst als bei anderen, anzustellen. Es ist eine merkwürdige Sache damit. Es dreht sich alles um einen Punkt: man entbehrt Eindrücke. Welche Befreiung empfindet man, wenn man einmal zur Mittagszeit die Berge der nächsten Umgebung, wenn auch nur in Umrissen, erkennt, welche Unternehmenslust schöpft man aus einem einzigen solchen Anblick!«[9] – »Es ist merkwürdig, bis zu welchem Grade das Verlangen nach äußeren Eindrücken geht. Mit dem allergrößten Interesse sieht man Photos durch, die man selbst angefertigt hat, man blättert rastlos in allen möglichen Büchern. Man liebt die elende Petroleumlampe, die über dem Tisch hängt, und haßt alle Arbeit draußen in der Dunkelheit.« Und er hatte auch Zeit gefunden, Zukunftspläne zu schmieden, er träumte von einer eigenen Expedition und – von der Antarktis: »Ich freue mich oft auf eine künftige deutsche Expedition; es muß eine Freude sein, dort zu arbeiten.«[10] – »Für die Leitung einer Expedition bin ich noch zu jung, aber vielleicht könnte ich mit Drygalski [Erich von Drygalski hatte 1901–03 die erste Deutsche Südpolarexpedition geleitet, C. R.-K.] nach dem Südpolargebiet gehen und dort Schlittenreisen machen.«[11] – »Es ist merkwürdig, wie sehr mich der Gedanke an eine Südpolarexpedition gefangen nimmt. Mein Plan ist gut und sehr wahrscheinlich durchführbar. Ich habe ihn oft mit Koch besprochen und bei ihm Zustimmung gefunden. Sollte es denn für Deutsche wirklich unmöglich sein, eine erfolgreiche Polarexpedition durchzuführen? Ich glaube, daß der Entschluß, mich an dieser Expedition zu beteiligen, entscheidend für mein ganzes Leben sein wird.«[12]

Die Begegnung mit dem dänischen Polarforscher Koch führte zu weiterer fruchtbarer Zusammenarbeit, wenn auch nicht im Südpolargebiet, so doch in Grönland. Mit Koch wagte Wegener 1912–13 die Durchquerung Nordgrönlands an seiner breitesten Stelle.

Im Sommer 1912 brachte der Dampfer GODTHAAB die vier Teilnehmer Alfred Wegener, den Isländer Vigfus Sigurdsson und den Dänen Lars Larsen sowie J. P. Koch zunächst nach Island und dann nach Danmarkshavn, dem Ausgangspunkt der DANMARK-Expedition. J. P. Koch von der Vermessungsabteilung des dänischen Generalstabes, der sich bereits in Island um die Kartierung der großen Schmelzwasserflächen im Süden des Vatnajökull wie der Südzone dieses Inlandeises verdient gemacht hatte, wollte für seine geplante Durchquerung Grönlands statt der üblichen Hundeschlitten Islandponys verwenden. Das erregte damals allgemeines Aufsehen. Bei der Mylius-Erichsen-Expedition hatte sich herausgestellt, daß Hundeschlitten für Transportzwecke am Rand des Inlandeises ungeeignet waren. Deshalb wollte Koch Pferde als Zugtiere verwenden. Während der Vorexpedition galt es, die Pferde zu erproben und gleichzeitig die Reiseteilnehmer an den Umgang mit ihnen zu gewöhnen.

Diese Vorexpedition, zu der neben Koch und Wegener der dänische Botaniker Andr. Lundager gehörte, brach am 14. Juni von Akureyri aus mit 27 Pferden auf, zog über das Ódáðahraun, Islands größtes Lavafeld, und erreichte am 19. Juni 1912 den Vatnajökull, den größten Gletscher der Insel, den sie in den folgenden Tagen überquerten.

Die Hauptexpedition auf Grönland, die sich unmittelbar anschloß, verfolgte zwei Ziele: die Durchquerung des bisher unerforschten zentralen Teiles von Nordgrönland und die Überwinterung auf dem Inlandeis. Dabei sollten insbesondere dessen klimatische Verhältnisse erforscht werden. Das Unternehmen stand unter Kochs Leitung und wurde von dänischen Stellen finanziert. Wegener beteiligte sich mit 15 100 Mark, die er aus Spenden zusammengetragen hatte, an den Gesamtkosten von rd. 70 000 Mark. Weitere Teilnehmer waren nur der Isländer Vigfus Sigurdsson und der Däne Lars Larsen. Von dem seit der DANMARK-Expedtion bekannten Gebiet am Kap Bismarck aus wurde der Eisrand überwunden und die Winterstation »Borg« auf dem Storstrøm-Gletscher errichtet. Dort überwinterten die Expeditionsteilnehmer als erste Menschen auf dem Inlandeis. Es herrschten Temperaturen bis −50°C. Noch vor der Überwinterung wurde auf Schlittenfahrten das benachbarte Königin-Louise-Land aufgesucht. Bei einer dieser Touren erlitt Koch durch einen Sturz in eine Gletscherspalte einen Beinbruch, der ihn drei Monate lang ans Feldbett fesselte. Bei diesem Unfall ging zudem der Theodolit, ein unverzichtbares Meßinstrument, verloren. Die Reisenden stellten daraufhin mit Hilfe einer Wasserwaage eine Art Jakobstab her, mit dem sie Sonnenhöhen auf 1 bis 2 Bogenminuten genau bestimmen konnten.

Am 20. April 1913 wurde der Eismarsch quer über das Inlandeis zur Westküste angetreten, der anfangs stark unter den Unbilden des Wetters litt. Heftige Westwinde mit Schneetreiben erschwerten und verzögerten den Abmarsch und zwangen die kleine Gruppe, 12 Tage lang gänzlich stillzuliegen. Schließlich brach sie auf: »Vor uns lag das gewaltige Meer von Schnee des inneren Grönland. Wir waren auf offener See, konnten unseren Kurs auf gleiche Weise wie der Seemann steuern, der sein Schiff über das offene Meer von Küste zu Küste führt. Von diesem Augenblick an zogen wir sicher und gleichmäßig, aber langsam vorwärts mit einer Durchschnittsgeschwindigkeit von 15 km den Tag – gerade derjenigen Geschwindigkeit, die ich zu Hause meinen Überschlägen über Proviant und Futter zugrunde gelegt hatte«[13], berichtete Koch später in einem Vortrag in Berlin.

Im weiteren Verlauf machte sich die intentsive Sonneneinstrahlung unangenehm bemerkbar. Langsam aber stetig näherte sich die Expedition dem höchsten Punkt ihres Eismarsches, der in etwa 3000 m Höhe auf der zweiten Hälfte des Weges lag. »In dem Maße, wie wir weiter vorwärts kamen, ließ der Wind nach. In der Mitte von Grönland wurde es ganz still. Das Schneetreiben wurde von Nebel abgelöst, der namentlich am Morgen so dicht sein konnte, daß er die Sonne ganz verbarg. Die Luft war mit Feuchtigkeit übersättigt. Die Kleider und namentlich Pelzzeug und Strümpfe wurden daher beständig naß, nur bei einigen Gelegenheiten gelang es, sie einigermaßen zu trocknen. Doch erlangte die Feuchtigkeit nie so Oberhand, daß sie uns zur Plage wurde. Die Sonne belästigte uns etwas mehr. Gegen Mittag gewann sie Gewalt über den Nebel, und nach 12 Uhr schien sie uns gerade ins Gesicht. Wir waren hoch oben. Der Barometerstand zeigte weniger als 500 mm. Die Luft war so dünn, daß sie nicht vermochte, die ultravioletten Strahlen der Sonne zu absorbieren, die so schädlich auf die Haut einwirkten. Die Haut brannte uns deshalb vom Gesichte.«[14] Beim Abstieg frischte der Wind wieder auf und wehte aus Südost, so daß die fünf Schlitten mit Segeln angetrieben werden konnten. Die vier setzten ihren Weg unverdrossen fort: »Der fast vollständige Mangel an Abwechslung macht schweigsam. Eine Fuchsspur, auf die wir ungefähr in der Mitte von Grönland stießen, gab uns Stoff zur Unterhaltung für drei Tage und zu weitgehendem Nachsinnen darüber, ob vielleicht Land in der Nähe sei. Ein Schneesperling, der uns über das Inlandeis folgte, wurde als zur Reisegesellschaft gehörend betrachtet. Wenn er ein paar Tage fort war und wir ihn dann wieder vor dem Zelte zwitschern hörten, war es etwas höchst Interessantes, das wir uns mitteilten und sorgfältig ins Tagebuch aufzeichneten.«[15]

Einer Messung sahen alle Expeditionsteilnehmer jedoch besonders gespannt entgegen: »Das große Ereignis des Tages war die Berechnung der Längenbeobachtungen. Selbst wenn wir noch so müde und schläfrig waren, geschah es selten, daß meine Kameraden sich schlafen legten, bevor ich die Länge ausgerechnet hatte und sie die Bestätigung dessen erhielten, was sie von vornherein wußten, nämlich wieviele Kilometer wir noch vor uns hatten, ehe wir Land erreichten. Vielmehr war dieser ermüdende Mangel an Erlebnissen unser Glück. Wir dürsteten nach etwas, womit sich unsere Phantasie beschäftigen konnte, und suchten daher mit doppeltem Eifer in die wissenschaftlichen Probleme einzudringen, die unsere Reise bot.«[16]

Trotz der großen Anstrengungen auf dem 1200 km langen Marsch hat Wegener diese Expedition später oft als seine erfolgreichste und glücklichste Unternehmung bezeichnet. Er führte dabei zum ersten Male eingehende Untersuchungen über die Schneedecke und die obersten Firnschichten im Innern eines Inlandeises durch. Aus dieser grundlegenden Arbeit Wegeners und Kochs hat sich der Wissenschaftszweig der polaren Eis- und Schneekunde entwickelt. Während seiner Überwinterung mit Koch auf dem Storstrøm in Nordostgrönland führte er zum ersten Male eine Bohrung auf einem bewegten Gletscher des Polargebietes durch. Ihr war nur eine Bohrung von Drygalskis in einem gefrorenen Eisberg der Antarktis vorausgegangen.

Nach achtwöchiger Wanderung kam Land in Sicht, ein Nunatak – ein aus dem Eis ragender Berg. Bald danach war der Rand des Eisschildes erreicht. Von den 16 isländischen Ponys war nur noch eines am Leben. »Grauni hieß unser bestes Pferd – ein prächtiges Tier. Während der ganzen Reise war es voran gewesen und hatte die Spuren getreten, in denen die anderen Pferde nachfolgten. Immer hatte es die größte Last gehabt, und doch bekam stets Grauni einen Heusack oder eine Kiste als Zugabe auf den Schlitten, wenn eines der anderen Pferde Zeichen der Ermüdung zeigte.«[17] Grauni war das Lieblingspferd der Expedition. »So teilten wir denn unsere letzte Proviantkiste mit ihm. Grauni bekam Schiffszwieback und Biskuit, Erbsenmehl und Fleischschokolade. Als Zugabe gaben wir ihm 3 kg Nardengras, das wir für unsere Kamiken und lappischen Stiefel selbst brauchen sollten[...] Natürlich bekam Grauni zu wenig zu fressen, wir hofften aber, daß es angehen würde. Wir verlangten ja keine Arbeit von ihm. Er war nun unser Passagier und wurde hinter dem Schlitten herbugsiert. Wenn er müde wurde oder die Fahrt schnell ging, legten wir ihn auf den Schlitten auf unsere Schlafsäcke, breiteten das Zelt über ihn aus und schnürten ihn behutsam, aber sicher an die Last. Da lag er und hatte es offenbar recht gut.«[18] Doch auch Grauni überlebte die Expedition nicht. Die Überwindung des infolge der Schneeschmelze wild zerklüfteten Eises und der hoch angeschwollenen Gletscherbäche brachte zusätzliche, unerwartete Schwierigkeiten. Entkräftet erreichten die vier Männer schließlich die Küste. Der Zufall wollte es, daß Pastor Chemnitz aus Upernavik mit einem Boot unterwegs war, um seine Konfirmanden um sich zu sammeln. Er fand die Expeditionsmitglieder und brachte sie nach Prøven, das sie am 15. Juni 1913 erreichten.

Nachdem Wegener Grönland verlassen hatte, wurde es in der deutschen Arktisforschung still um die größte Insel der Erde. Erst Jahre nach dem Ersten Weltkrieg brach wieder eine deutsche Expedition nach Grönland auf: die erste Hessische Grönland-Expedition, die vom August bis November 1925 stattfand. Die Mittel waren vom hessischen Staat zur Verfügung gestellt worden. Sie war Vorexpedition für eine geplante größere arktische Unternehmung und sollte daher die Gelegenheit bieten, expeditionstechnische Erfahrungen vor Ort zu sammeln und die Ausrüstung zu erproben. Darüber hinaus verfolgte sie aber auch eigenständige wissenschaftliche Ziele.

Die Leitung lag bei Dr. Hans Krüger von der Technischen Hochschule Darmstadt, der sich durch seine Forschungen in Südafrika einen Namen gemacht hatte. Ferner nahm Prof. Dr. Fritz Klute von der Universität Gießen teil. Untersuchungsgebiete der Expedition waren der Westen und Süden Grönlands. Krüger und Klute schifften sich Ende Juli 1925 in Kopenhagen auf dem dänischen Versorgungsschiff HANS EGEDE ein. Die Fahrt führte über Godthaab nach Egedesminde, Godhavn, Jakobshavn durch das Vaigat nach Umanak. Hier verließen sie am 29. August den Dampfer, besuchten die Gegend um Katsuarsuk und Qaersut sowie die Insel Agpat und bereisten im Ruder- und Motorboot und teils zu Fuß die Gegend um Ikerasaq, Qerqertaq, Sarqaq, Ritenbek, Jakobshavn, Christianshaab, Claushavn,

Egedesminde, Qeqertarsuatsiaq, Kangatsiaq und Agto bis nach Holsteinsborg. Hier gingen sie wieder an Bord der HANS EGEDE und besuchten auf der Rückreise noch Julianehåb. Am 29. November 1925 trafen sie wieder in Kopenhagen ein.

Die Bedeutung der Expedition lag vor allem auf geographischem und geologischem Gebiet. Aufsehen erregte die Feststellung, daß die Westküste Grönlands sich seit dem letzten Rückzugstadium der letzten Eiszeit um 120 m gehoben hatte, sich allerdings seit der isländischen Kolonisation ab dem 10. Jahrhundert wieder absenkte, da schon früher nachgewiesen worden war, daß die Fußböden der Ruinen einzelner mittelalterlicher Höfe unter dem Flutniveau liegen. Darüber hinaus vermittelte die Expedition wichtige Einblicke in das Wirtschaftsleben, die Siedlungsart und die Kultur der Grönländer.

Dieser Expedition folgte 1929 die Hauptunternehmung, die 2. Hessische Expedition, die wiederum unter Krügers Führung stand. Sie wurde von der Notgemeinschaft der Deutschen Wissenschaft, der Preußischen Akademie der Wissenschaften, dem hessischen Staat und der Industrie finanziert. Neben Dr. Krüger beteiligten sich die Mineralogen Dr. Drescher aus Darmstadt und Dr. Nieland aus Heidelberg sowie der Däne A. R. Bjarre aus Kopenhagen. Sie verließen am 1. Juni 1929 Kopenhagen mit dem Ziel Prøven, wo die Gruppe bis Anfang August arbeitete. Während Drescher und Nieland anschließend nach Deutschland zurückkehrten, fuhren Krüger und Bjarre auf einem kanadischen Regierungsdampfer, der einmal im Sommer die Polizeistationen des kanadischen Archipels kontrollierte, um über die Baffinbucht zur Siedlung Nerkre in Nordostgrönland zu gelangen. Dort überstanden sie – so die letzten Nachrichten von den beiden – den Winter gut und überquerten das Inglefield-Land erfolgreich. Von dort beabsichtigten sie mit Beginn der Schlittenreisezeit im März durch Ellesmere-Land, den Eureka-Sund und Grant-Land nach Axel-Heiberg-Land zu gelangen, um dort topographische und geologische Studien durchzuführen. Doch ihre Spur verlor sich. Ein Cairn (»Steinmann«) mit wissenschaftlichen Geräten und Aufzeichnungen am Depot-Point ist alles, was man von ihnen fand.

Ganz anderer Art war die Grönland-Filmexpedition der Universum-Film AG, Berlin, die vom März bis Oktober 1926 durchgeführt wurde. Sie stand unter der Leitung von Dr. Bernhard Villinger aus Freiburg i. Br.* Weitere Teilnehmer waren Helmer Hanssen aus Tromsø, der langjährige Begleiter Amundsens auf allen seinen großen Polarexpeditionen, Waldemar Coste aus Frankfurt a. M. sowie Josef Allgeier, H. Bellingshausen, R. Angst und A. Benitz aus Freiburg. Ihr Weg führte von Tromsø über Spitzbergen nach Angmagssalik an der grönländischen Ostküste und von dort über Island wieder zurück nach Tromsø. Während der Expedition entstand der Spielfilm »Milak der Grönlandjäger«.

Von Juli bis November 1929 bereiste die Studienrätin Aenne Schmücker aus Frankfurt a. M. Westgrönland. Die Reise diente der Vorbereitung einer umfangreichen Fahrt im Jahre 1931. Entstanden war der Plan der Lehrerin, die sich vor allem für geomorphologische und kulturgeographische Studien interessierte, im Sommer 1928 während einer Islandreise.

Ende der zwanziger Jahre kreuzte schließlich auch die Meteor, das Vermessungsschiff der Reichsmarine, in dem Meeresgebiet zwischen Grönland und Island. Das Schiff unternahm hier für die Deutsche Seewarte und das Insitut für Meereskunde meteorologische und ozeanographische Messungen.

Seit Alfred Wegener mit Mylius-Erichsen 1906 und mit I. P. Koch 1912–13 in Grönland gewesen war, ließen ihn die dort zu lösenden Fragen nicht mehr los. Nicht zuletzt hoffte er, dort Beweise für seine Theorie der Kontinentalverschiebung** zu finden. Daten aus den Jahren 1913–27 hatten ergeben, daß sich

* Bernhard Villinger hatte 1913 im Rahmen der Deutsch-Arktischen Hilfsexpedition eine Schlittenexpedition längs der Nord- und Westküste von Nordostland/ Spitzbergen geleitet, um die verschollenen Mitglieder der Schröder-Stranz-Expedition zu suchen.

** Die Idee von der Drift der Kontinente war Wegener 1910 beim Betrachten einer Weltkarte gekommen. Seine Theorie ging von der Annahme aus, daß die Landmassen der Erde ursprünglich in einem einzigen Kontinent (Pangäa) zusammengeschlossen waren, der erst im Erdmittelalter (Mesozoikum) zerspalten und auseinandergedriftet sei. Wegener war mit dieser Theorie am 6. Januar 1912 auf der Jahresversammlung der Geologischen Vereinigung in Frankfurt a. M. an die Öffentlichkeit getreten. Seine Idee, daß sich die Kontinente auf der Erdkruste bewegen wie Eisschollen auf dem Wasser, stieß auf Ablehnung bei den Geowissenschaftlern. Seine Annahme schien zwar sogar dem Laien einsichtig zu sein, dennoch fehlte die Möglichkeit, sie zu beweisen, und es sollte mehr als ein halbes Jahrhundert dauern, bis sie Anerkennung und in der Theorie der Plattentektonik ihre Fortführung fand.

Nordamerika jährlich westwärts verschob. Da auch von Grönland frühere Messungen vorlagen, wäre es vielleicht möglich, so hoffte Wegener, etwaige Verschiebungen der Grönlandscholle nachweisen zu können.

Darüber hinaus bot das Inlandeis eine Fülle wissenschaftlicher Aufgaben. Noch gab es zum Beispiel keine ganzjährigen Klimabeobachtungen. Hier lagen lediglich Daten aus den Sommermonaten vor. Dabei hätten gerade komplette Beobachtungsreihen auch eine praktische Bedeutung für die Wettervorhersage, die Schiffahrt und den gerade einsetzenden transatlantischen Luftverkehr.

Als Wegener seine Forschungen im Polargebiet begann, waren Dauerstationen für die Beobachtungen von Wetter und Klima nur an leichter zugänglichen Stellen der arktischen Küsten vorhanden. Bei der Bearbeitung der Ergebnisse seiner Durchquerung Grönlands von Osten nach Westen war Wegener zu der Überzeugung gekommen, daß eilige Sommerreisen nicht ausreichten, um den Fragen der Inlandeisnatur, vom Boden des Eises bis zur Atmosphäre darüber, zu bearbeiten. Er vertrat die Meinung, daß man das Inlandeis nur von länger besetzten Stationen aus erforschen könne. Hier stimmte er mit Wilhelm Meinardus überein, der bei der Analyse der Daten der Ersten Deutschen Südpolarexpedition (1901–1903) zu demselben Schluß gekommen war. Wegeners Auffassung traf sich zudem mit Plänen von Johannes Georgi, einem seiner Schüler und späteren Mitarbeiter an der Deutschen Seewarte in Hamburg. Auch Georgi hatte den Plan einer wissenschaftlichen Station auf dem grönländischen Inlandeis ins Auge gefaßt.

So entwickelte Wegener das Projekt, das die Notgemeinschaft der Deutschen Wissenschaft erheblich unterstützte, das Inlandeis an drei Stellen zu untersuchen. Es sollten dafür drei Stationen entlang des 71. Breitenkreises errichtet werden, um dadurch zugleich ein meteorologisches Profil durch Grönland zu legen:
– die Hauptstation an der Westküste (»Scheideck«),
– die Station »Eismitte« in 3000 m Höhe auf dem Inlandeis, 400 km von der Weststation entfernt und
– die Oststation an der Ostküste am Scoresby-Sund.

Trotz der Wirtschaftskrise, in der sich Deutschland 1929 befand, erhielt die großzügig geplante Unternehmung ebenso großzügige Unterstützung. Das Präsidium der Notgemeinschaft der Deutschen Wissenschaft ging auf Wegeners Konzept ein und stellte in vollem Umfange die notwendigen Mittel zur Verfügung.

Ihr Präsident, Staatsminister Dr. Friedrich Schmidt-Ott, faßte in den »Wissenschaftlichen Ergebnissen« der Expedition 1933 die Beweggründe für die umfangreiche Förderung zusammen: »Es sollte mit dieser Expedition ein gewisser wissenschaftlicher Nachwuchs mit Polarerfahrung geschaffen und damit verhindert werden, daß Deutschland aus dem wissenschaftlichen Wettbewerb der Nationen in der Polarforschung ausschied. Es sollten ferner geophysikalische Methoden versucht werden, deren Einführung in die wissenschaftliche Forschung aussichtsreich erschien, und endlich sollten die meteorologischen Bedingungen des Inlandeises untersucht werden, von dem das Wetter Europas merklich beeinflußt wird, und das für die Pläne eines Luftverkehrs zwischen Amerika und Europa von entscheidender Bedeutung ist, während zugleich Eismassen, die von den großen Eisströmen Grönlands ins Meer entlassen werden, für die Schifffahrt eine beträchtliche Gefahr bedeuten, die das Studium dieser Eisströme berechtigt erscheinen läßt.«[19]

Tatsächlich war das Programm weit gespannt. Durch Messungen der Eisdicke an verschiedenen Punkten im Innern Grönlands sollte die Mächtigkeit des Inlandeises, dieses einzigartigen Überbleibsels der Eiszeit, bestimmt werden. Trigonometrische Höhenmessungen sollten barometrische kontrollieren, gleichzeitige Schweremessungen die Frage entscheiden, ob die grönländische Scholle sich hebe. In tiefen Schächten am Rande wie im Innern sollten in verschiedenen Tiefen die Temperaturen des Eises gemessen, die Zusammensetzung sowie das Gefüge von Eis und Firn untersucht und eine Reihe gletscherkundlicher Einzeluntersuchungen durchgeführt werden. Ferner sollten meteorologische und aerologische Langzeitmessungen von Jahresdauer ein Bild von der Beschaffenheit der Luftschichten über dem Inlandeis liefern.

1929 führte Wegener mit Johannes Georgi, Ernst Sorge und Fritz Loewe zunächst eine Vorexpedition durch. Sie hatte den Zweck, eine geeignete Stelle für den Aufstieg auf das Inlandeis zu erkunden und verschiedene Geräte zu erproben sowie die Mitglieder mit der Technik der arktischen Reisen vertraut zu machen. Ferner sollte die sogenannte seismische Methode der Eisdickenmessung erprobt werden. Als beste Zugangsroute erwies sich auf zwei Schlittenfahrten der kleine Kamarujuk-Gletscher nahe der Siedlung Umanak.

Am 4. Mai 1930 trafen die für die Weststation vorgesehenen Wissenschaftler* in der Umanak-Bucht ein. Der Fjord war aber so mit Eis verstopft, daß das Gepäck nicht ausgeladen werden konnte. Das war erst möglich, nachdem sechs kostbare Wochen verstrichen waren und 65 Dynamitsprengungen einen Weg durch das Packeis gebahnt hatten. 2500 Kisten im Gewicht von mehr als 120 000 kg waren zur Station »Scheideck«, etwa 1000 m ü. M., und zur Station »Eismitte« zu bringen. Georg Lissey berichtete später: »Alle wurden wir Transportarbeiter und schufteten vom Abendrot bis zum Morgenrot. Wir arbeiteten nämlich des Nachts. Am Tage war es zu heiß für Mensch und Tier in der brennenden, gleißenden Sonne auf dem Gletscher. Daß wir in Grönland so schwitzen sollten, hatte uns in Europa auch nicht geschwant. Uns Polarsäuglingen kam alles überhaupt recht wenig expeditionsmäßig vor. Das Ganze ähnelte sehr dem Betrieb einer Baustelle im Hochgebirge. Von wissenschaftlichen Arbeiten war nicht die Rede. Nur Transport, Transport und noch einmal Transport! Packpferde, Träger, Pferde-, Hundeschlitten und Motorboot, alles war dauernd in Bewegung.«[20]

Doch trotz aller Bemühungen befürchtete Wegener, daß der Zeitverzug nicht aufzuholen wäre, in den die Expedition bereits durch das Packeis geraten war. Sein Tagebuch zeugt von Resignation. Und hatte er vorher noch mit der Idee gespielt, seine Frau später nachkommen zu lassen, meinte er jetzt: »Ich glaube

* Wissenschaftler der Stationen:

a) Weststation und »Eismitte«: Dr. Alfred Wegener, Graz; Dr. Johannes Georgi, Hamburg; Dr. Rupert Holzapfel, Österreich; Dr. Fritz Loewe, Berlin; Dr. Ernst Sorge, Berlin; Dr. Karl Weiken, Potsdam; Dr. Kurt Wölcken, Göttingen; Kurt Herdemerten, Düsseldorf; Hugo Jülg, Linz; Georg Lissey, Hamburg; Emil Friedrichs, Hamburg; Franz Kelbl; Manfred Kraus; Curt Schif, Berlin; Vigfus Sigurdsson, Island; Jon Jonsson, Island; Gudmundur Gislason, Island; Dr. Bernhard Brockamp, Berlin;

b) Oststation: Dr. Walther Kopp, Lindenberg; Arnold Ernsting, Darmstadt; Dr. Hermann Peters, Kiel.

doch, Else soll im nächsten Jahr nicht hierherkommen. Selbst wenn sie vorzugsweise auf der KRABBE wohnt, so wird es ein schrecklich unbequemes Leben für sie. Wir würden nie oder fast nie allein sein können, wir würden Läuse kriegen. – Nein, wenn ich träume, so träume ich eigentlich von ganz anderen Dingen, von der Adria, von Ferienreisen ohne Bergbesteigungen und anderen, halbpolaren Unternehmungen. Was es mir hier leicht macht, über die verschiedenen Widrigkeiten des täglichen Lebens hinwegzukommen, das ist doch die große Aufgabe, die hier vollbracht werden soll.«[21] Noch am gleichen Tag, am 13. August, schrieb er seinem Bruder: »Das Leben hier hat manche Schattenseiten. Man würde sich überhaupt in das meiste nicht finden, wenn man nicht genau wüßte, daß man nach einer abgezählten Anzahl von Monaten wieder zu Hause ist und leben kann, wie man es für richtig hält. Und dann hört ja auch glücklicherweise die Verpflichtung zu Heldentaten auf.« – »Selbst ein Paradies büßt nach einiger Zeit seine Fähigkeit, glücklich zu machen, ein. Ich sehe den Zeitpunkt gekommen, wo es mir mit Grönland so gehen wird.«[22]

Unmittelbar nach Fertigstellung der Basisstation »Scheideck«, die letztlich aus einem behaglichen, warmen Winterhaus und den erforderlichen Nebengebäuden bestand, begann die Errichtung der Station »Eismitte«, 400 km landeinwärts, unter 71° 11′ N und in 3000 m Meereshöhe gelegen. Sie war der Ort, an dem die erste Überwinterung auf dem grönländischen Inlandeis erfolgen sollte, nachdem die Überwinterung von Koch und Wegener noch im nahen Hinterland der Ostküste stattgefunden hatte. Bei überwiegend schlechtem Wetter wurde in monatelanger angestrengtester Arbeit und auf gut markierter Wegspur das Gepäck an den Platz gebracht, an dem die Station erstehen sollte.

Für den Transport hatte Wegener in Finnland Propellerschlitten bauen lassen und leitete – so Fritz Loewe 1972 – »nach mißglückten Versuchen von Shackleton, Scott, Mawson und Byrds erster Expedition die Zeit mechanischer Antriebsmittel an der Oberfläche in die Polarforschung ein. Er benutzte zum ersten Male auf dem Inlandeis von Luftschrauben getriebene Schlitten. Wenn auch die Kinderkrankheiten eines so unerprobten Fahrzeuges im ersten Jahr die Expedition in Schwierigkeiten brachten, muß der Versuch im ganzen als erfolgreich bezeichnet werden. Allerdings sind Propellerschlitten später in der Polarforschung nicht mehr in nennenswertem Umfang benutzt worden. Dagegen verzichtete Wegener 1930 bewußt auf Flugzeuge, etwas überraschend bei seiner Vertrautheit mit der freien Atmosphäre, hatte er doch in jungen Jahren zusammen mit seinem Bruder Kurt eine Welthöchstleistung im Dauerflug mit einem Ballon aufgestellt. Die Gründe waren teils geldlicher Art, teilweise fürchtete er, daß der Schwerpunkt der Expedition zu sehr auf die fliegerische Seite fallen würde. Ja, er verbat sich sogar einen Fliegerbesuch durch andere bei der Expedition, weil er fürchtete, daß Flugzeuge mit ihrer scheinbar mühelosen Raumüberwindung die gleichzeitig an der Oberfläche entlangkriechenden Schlittenabteilungen entmutigen könnten.«[23]

Der Leiter der Station »Eismitte«, Johannes Georgi, brach am 15. Juli 1930 mit elf schwer beladenen Hundeschlitten auf. Drei Schlitten wurden von Expeditionsteilnehmern geführt, die übrigen acht von Grönländern. Es war das erste Mal überhaupt, daß Grönländer das von ihnen gefürchtete und daher gemiedene Inlandeis betraten. Nach 16 Tagen erreichten Georgi und seine Helfer ihr Ziel, zwei Tage nach der Ankunft, am 1. August, begann Georgi mit den meteorologischen Arbeiten, um das Sommerwetter noch zu erfassen. Am 1. Oktober traf Ernst Sorge in »Eismitte« ein.

»Eismitte« war eine in den Firn gegrabene Höhle, die immer mehr erweitert und schließlich bis auf 20 m vertieft wurde. »Schlafkojen aus Firn waren beim Ausschachten gleich stehengelassen worden. Der Zugang zur Firnhöhle wurde durch 3 Vorhänge aus Säcken, Gummi- und Renntierfellen abgeschlossen. Unser erster und stärkster Eindruck war der, als ob wir in einer Krypta aufgebahrt lägen. Alles weiß wie Marmor, unsere Lager rechtwinklig wie Marmorsockel von Sarkophagen. Zauberhaft blau schimmerte von oben der letzte Rest des Tageslichtes durch die Firndecke. Dazu das matte Licht einer kleinen Lampe, die das Gewölbe geisterhaft unwirklich erhellte«, notierte Ernst Sorge kurz nach dem Einzug in das kalte Domizil.[24]

Der Einsatz der Propellerschlitten, die die Namen SCHNEESPATZ und EISBÄR erhalten hatten, war schließlich schwieriger als erwartet. Am 5. September wurden sie nach einigen Erprobungen für eine erste Fahrt zur Einrichtung eines Depots eingesetzt. Das Ergebnis war nicht sehr ermutigend. Am 6. September 1930 notierte Wegener: »Die Führer verloren auf dem glatten Eis ziemlich die Führung über die Schlitten, die nach rechts und links schleuderten, und zu halten war nicht, denn wir hatten bei Leerlauf eine ›Affenfahrt‹. Die Spalten waren verschneit, der Schnee lag darin tiefer als die Eisoberfläche. Es war unmöglich abzudrehen, dann wären die Schlitten seitwärts hineingerutscht. Also gab es nur eines: Hinüber mit Gas! Es ging gut, aber es war eine gefährliche Sache. Etwa vier solcher gefährlicher Spalten waren zu kreuzen, an der einen sahen wir in der Spur des voranfahrenden Schlittens schwarze Löcher. Wir atmeten auf, als wir wieder auf die weiche Schneefläche kamen. Es hätte leicht schief gehen können. Auf dem Rückweg haben wir für die 80 km nur 2½ Dunke [Petroleumkannen] Benzin gebraucht. Ab ½ 10 Uhr war es Nacht. Wegzeichen hätten wir da nicht mehr gesehen, doch glänzte die Schlittenspur gegen den hellen Abendhimmel.

Was nun? Jetzt ist die Katastrophe da. Es ist unmöglich, die zentrale Firnstation in der vorgesehenen Weise auszurüsten.«[25] Trotzdem wurde pausenlos versucht, die Depots weiter in Richtung. »Eismitte« vorzutreiben. Curt Schif berichtete später: »Nun begannen wir zu fahren, was das Zeug hielt. Bei jedem annehmbaren Wetter brummten die Motoren, klapperten die Kufen über die Schneewehen, und die Schlitten ächzten unter ihren Lasten, daß sich die Achsen bogen. Buchstäblich zu nehmen! Die Hinterachsen beider Schlitten hatten zuletzt verzweifelte Ähnlichkeit mit einem Flitzbogen. Aber darauf konnten wir keine Rücksicht nehmen. Für uns gab es jetzt nur noch die Parole: Last fahren, hinein nach »Eismitte«, so schnell wie möglich, ehe der Winter da ist.«[26] Am 17. September hatten sie die Lasten bereits bis auf 200 Kilometer vorgeschoben. Doch letztlich waren alle Bemühungen vergeblich, hoher Neuschnee und Gegenwind verhinderten jegliches Vorwärtskommen der Schlitten in Richtung Osten, in Richtung »Eismitte«.

Die Station blieb äußerst unzureichend versorgt. Um ihre Aufrechterhaltung überhaupt sicherzustellen und damit den wichtigsten Teil des Expeditionsprogramms einhalten zu können, entschloß sich Wegener, mit der vierten Hundeschlittenreise selber nach »Eismitte« zu fahren.

Die gerade während Wegeners Aufbruch am 21. September zurückgekehrte dritte Hundeschlittenreise hatte zudem einen Brief von Georgi mitgebracht, in dem er erklärte, er und Sorge würden am 20. Oktober »Eismitte« mit Handschlitten verlassen und zu Fuß zur Weststation zurückkehren, wenn bis dahin nicht vor allem weiteres Petroleum herbeigebracht sein würde. Wegener wußte, wie gefährlich eine solche Reise für die beiden sein würde. Er brach zusammen mit Fritz Loewe und 13 Grönländern auf, doch nur wenige Tage später scheiterte die Reise der 15 Schlitten am schlechten Wetter. Am 2. Oktober mußte Wegener sich endgültig entschließen, fast alle Nutzlast zurückzulassen und den Grönländern die Umkehr zu gestatten. Nur Fritz Loewe und Rasmus Villumsen begleiteten ihn weiter.

Am 30. Oktober 1930 erschienen die drei mit fast leeren Schlitten in »Eismitte«. Fast 40 Tage hatten sie für den Weg benötigt.

Mit der erlangten Gewißheit, daß die Besatzung der Station trotz allem außer Gefahr war und in ihrer Firnhöhle sicher überwintern konnte, trat Wegener mit Rasmus bereits am 1. November in der Polarnacht bei −54 °C den Rückweg zur Weststation an.

Die Situation in »Eismitte« schilderte Georgi in einem Brief, den er am 28. November 1930 an eine befreundete Hamburger Familie schrieb: »Ihr Brief wurde mit einigen anderen Anfang d. Monats von Wegener selbst hierher gebracht, auf einer abenteuerlichen Schlittenreise, die mit 15 beladenen Schlitten im Westen losging, wegen unerwartet schlechten Wetters durch Umkehren der grönländischen Teilnehmer weiter reduziert wurde und mit 3 leeren Schlitten, ohne Proviant u. Brennstoff, bei −54° am 30. 10. hier eintraf – Wegener, Loewe und der Grönländer Rasmus –, eine in der Grönlandforschung unerhörte Leistung bei dieser Witterung und späten Jahreszeit. Wir beide, Sorge und ich, hatten uns schon Anfang Oktober, als die Temperatur im Zelt nachts auf −35° sank, diesen Temperaturen durch die Flucht entzogen und uns 3 m tief in den Firn eingegraben. Diese ›Eishöhle‹ war als vorübergehender Aufenthalt gedacht. Sie muß unser Aufenthalt bis zum nächsten Sommer bleiben, weil durch den Zusammenbruch der 15-Schlitten-Kolonne neben vielen mehr oder weniger lebenswichtigen Bedürfnissen auch unser Winterhaus, in Hamburg mit so großer Mühe gebaut, ›auf der

Strecke‹ geblieben ist. So ist die Überwinterung ungleich primitiver, damit körperlich und seelisch aufreibender, als wir dachten und als es sonst bei Überwinterungen Brauch war. Immerhin ist der Mangel an Petroleum, der uns meist bei $-10°$ Raumtemperatur zu arbeiten bzw. im Schlafsack zu vegetieren zwingt, und so naturgemäß die Arbeit ungemein hemmt, leichter zu ertragen als der Umstand, daß bei der erwähnten Reise mein Kamerad Loewe sich beide Füße erfroren hat und, da die Rückreise mit Wegener und Rasmus eine unmittelbare Lebensgefahr nicht nur für ihn, sondern auch für die beiden anderen bedeutet hätte, in diesem Zustand hier zurückgelassen werden mußte. Keine medizinischen Kenntnisse, kein Buch mit Anweisungen für den Fall, kein Chirurg, Besteck, kein Betäubungsmittel, ein Minimum an Verbandzeug und Desinfiziens. – Das war eine verzweifelte Lage. Das bisherige Ergebnis: Ihm mit dem Taschenmesser sämtliche Zehen (außer 5. und 4. links) zu amputieren, in der Hoffnung, daß die Zersetzung trotz der ungeheuerlichen Wunden und unserer mehr als bescheidenen Hilfsmittel nicht auf die Füße oder gar noch weiter übergreift – so müssen wir hier unter einer sehr erheblichen Vorbelastung überwintern, die wir nicht vorher in Rechnung stellen konnten. Hinzu kommt die quälende Ungewißheit, ob Wegener und Rasmus glücklich zur Küste zurückgelangt oder vielleicht auch auf dem Rückmarsch der unbarmherzigen Kälte zum Opfer gefallen sind, sowie der Mangel eines – ebenfalls irgendwo unterwegs liegengebliebenen Radioapparates. So sind wir in der Tat bis zur 1. Schlittenreise 1931, wahrsch. im kommenden Mai/Juni, also 7–8 Monate, völlig von der Welt abgeschnitten. Natürlich zweifeln wir keinen Augenblick daran, daß wir auch so diese Zeit überstehen werden. Nur etwas anders als wir dachten.«[27]

Georgi, Sorge und Loewe überlebten die nächsten Monate. Doch als die lange Winternacht zu Ende war und die erste Schlittenexpedition von »Scheideck« kam, ahnte man das Schicksal von Wegener und Rasmus, die nie in der Weststation angekommen waren. Eine Suchexpedition unter Ernst Sorge fand dann auch auf halbem Wege zwischen beiden Stationen aus der Eisdecke aufragende Skier. Sie bezeichneten Wegeners Schneegrab. Wahrscheinlich war er infolge Überanstrengung an Herzschwäche gestorben, und Rasmus hatte ihn mit rührender Sorgfalt bestattet. Von dem Grönländer selbst, der nur 21 Jahre alt geworden war, fehlte jede Spur. Wahrscheinlich war er mit seinem Hundegespann in einer Gletscherspalte verunglückt; mit ihm waren auch Wegeners Aufzeichnungen verloren gegangen.

Die Expedition setzte ihre Arbeiten bis zu dem vorgesehenen Ende fort, nachdem Alfred Wegeners Bruder Kurt, ebenfalls Geophysiker und Meteorologe, die Leitung übernommen hatte.

Die Ergebnisse der Expedition formten das Bild vom Aufbau Grönlands: Es stellt eine riesige Mulde mit bis zu 4000 m hohen Randgebirgen dar, die mit einer schwach gewölbten Eismasse gefüllt ist. Diese Eismasse erreicht in der Mitte des Landes eine Höhe von 3000 m bei einer Mächtigkeit von etwa 2000 m. Georgi hatte kontinuierlich die meteorologischen Daten bestimmt und festgehalten, somit konnten zum erstenmal ein klimatologischer Querschnitt bis zu großen Höhen mit voller Jahresreihe meteorologischer Messungen ermittelt sowie wichtige glaziologische Feststellungen gemacht werden.

Auf der Oststation wurde von H. B. Peters zusätzlich zu den meteorologischen und aerologischen Arbeiten eine kleine archäologische Sammlung zusammengetragen, die er dem Museum für Völkerkunde in Berlin übergab. Wie auch andere Expeditionen im Gebiet des Scoresby-Sunds war er auf Spuren einer früheren, für die Arktis relativ dichten Besiedlung gestoßen. Von ihr zeugten noch die prähistorischen Wohnstätten und Grabplätze mit Schmuck, Gebrauchsgegenständen und Skeletten.

Von 1948 bis 1951 leitete P. E. Victor eine französische Expedition auf das grönländische Inlandeis, dessen gründliche geophysikalische Erforschung Hauptanliegen des Unternehmens war und deren Arbeiten auf den Ergebnissen der Wegenerschen Expedition fußten.

»Irgendwer reichte mir sein Fernglas. Es sind nun fast 20 Jahre her, daß dieser Ort verlassen wurde. »Eismitte« müßte sich wohl so 15 m unter unseren Füßen befinden. Nichts von den wenigen oberirdischen Anlagen konnte über so viele Jahre halten. Und doch, als ich das Glas nahm und begann, die Gegend rings herum abzusuchen, kam niemandem, auch mir nicht, der Gedanke, dies lächerlich zu finden, obwohl es gewiß nutzlos war. Wir alle schwiegen, mit pochendem Herzen suchte ich den Horizont ab.

Als ich das Fernglas senkte und unser Schweigen beendete, fragte mich einer: ›Nun? Nichts?‹ ›Nein‹, antwortete ich. ›Nichts... gar nichts‹.«[28]

Nach einer Vorexpedition 1948 wurde 1949 am Platz von Alfred Wegeners Station »Eismitte« die Station »Centrale« (»Eismitte II«) eingerichtet. Sie konnte sich in den internationalen Wetterdienst einschalten und hatte außerdem eine reiche Ausbeute an meteorologischen und aerologischen Beobachtungen zu verzeichnen. In den drei Sommermonaten der Expeditionsjahre wurden auf ausgedehnten Weasel-Fahrten u. a. Schweremessungen und seismische Eisdickenbestimmungen über fast ganz Grönland hinweg vorgenommen. Sie ergaben Eismächtigkeiten von bis über 3000 m. Die schon angenommene Schüsselform des Felsuntergrundes wurde bestätigt.

Wegeners Expeditionsmitglieder Ernst Sorge und Fritz Loewe kehrten schon im Sommer 1932 als Mitglieder der Deutschen Universal-Dr.-Fanck-Expedition nach Grönland zurück. Ziele des Unternehmens waren Filmaufnahmen und wissenschaftliche Untersuchungen von Fjorden und Eisbergen. Zu dem 38köpfigen Team gehörten neben den beiden Wissenschaftlern u. a. der Regisseur Albert Fanck, der Flieger Ernst Udet, die Schauspielerin Leni Riefenstahl sowie drei Bergführer aus den Alpen. Als Berater vor Ort fungierte der Polarforscher Knud Rasmussen. Die Gruppe schiffte sich in Hamburg an Bord des 2000-t-Frachters BORODINO mit drei Eisbären und zwei Seehunden von Hagenbeck, die man für die Filmaufnahmen einsetzen wollte, ein. Nach zehntägiger Seefahrt erreichte sie ihr Ziel, die Insel Umanak. Im Laufe der Sommermonate entstanden der Spielfilm »SOS Eisberg« und Szenen für die Filmkomödie »Nordpol ahoi«.

Während der Dreharbeiten übernahm Loewe die Leitung der Radiostation in Umanak. Die Freizeit nutzte er, um mit seiner Frau zusammen wissenschaftlich zu arbeiten. Er beobachtete regelmäßig das Wetter und untersuchte die physikalischen und chemischen Eigenschaften des Meerwassers.

Ernst Sorge hingegen untersuchte den bis dahin unbekannten großen Eisfjord Westgrönlands und kartierte ihn mit seiner 2000 m übersteigenden Hochgebirgsumrandung. Einen Schwerpunkt seiner Arbeiten bildete die Untersuchung des Umiamako-

und des Rink-Gletschers. Seine Messungen am Umiamako-Gletscher ergaben, »daß der Gletscher jeden Tag ziemlich genau 5,20 m vorrückt. Das ist ungefähr zehnmal so schnell wie die schnellsten Gletscher der Alpen, aber dennoch gehört der Umiamako noch lange nicht zu den ganz schnellen grönländischen Gletschern«.

Höhepunkt seiner Arbeiten wurde für Sorge die Beobachtung des Rink-Gletschers. Von einem Zeltlager des Filmteams in Nugatsiaq machte er sich allein in einem Faltboot auf den mehrtägigen Weg durch den Kangerdluk-Fjord zum Gletscher. Unterwegs nutzte er die Zeit für verschiedene Messungen: »Mitten auf dem Fjord hielt ich an, um noch vor meiner Landung eine Lotung zu machen. Die besondere Steilheit der Fjordwände ließ auf eine große Fjordtiefe schließen. Mit der neuen Winde ging das Loten wie am Schnürchen. Ich ließ den Faden einfach ablaufen, legte die Hände in den Schoß und zählte nur, wie die Schleifen, die die Fadenlänge angaben, nacheinander in der Tiefe verschwanden. Erst bei 1060 m blieb die Winde stehen, das war eine Freude, denn damit war eine neue Rekordtiefe gemessen. Die bisher bekannte größte Tiefe in den grönländischen Fjorden war 1055 m (Upernavik-Eisfjord, 100 km weiter nördlich). Das Hochwinden dauerte eine halbe Stunde, dabei merkte ich deutlich die Strömung im Fjord, denn mein Faltboot wurde durch den Zug der Leine immer an derselben Stelle festgehalten, während die Eisschollen mitsamt den oberen Wasserschichten sich fjordauswärts bewegten. Darum mußte ich alle paar hundert Meter mit dem Hochwinden anhalten und das Boot um die vorübertreibenden Eisfelder herumführen, um dann dahinter wieder weiterzukurbeln. Die Leine darf dabei nicht zu dicht an das Eis herankommen, da sie sonst von dem scharfkantigen Eis bald durchgescheuert wird und zerreißt.«[29] In dem Bewußtsein, daß sich die Faltbootfahrt allein schon wegen dieser Tiefenlotung gelohnt hatte, fuhr Ernst Sorge schließlich weiter auf den Gletscher zu.

Etwa zweieinhalb Kilometer vor seiner Front fand er einen geeigneten Lagerplatz, zog sein Boot etwa vier Meeter hoch auf den Felsen und kletterte, nur mit den Meßgeräten gewappnet, weiter hinauf. In aller Eile stellte er schließlich den Theodoliten auf und beobachtete durchs Fernrohr die vor ihm liegende Gletscherfront: »Da begann ein Schauspiel, wie ich es noch nie in meinem Leben gesehen hatte und wie es wohl überhaupt nur selten ein Mensch zu sehen bekommt. Die senkrechte Gletscherfront begann sich langsam zu heben. Es dauerte eine ganze Weile, bis ich das bemerkte. Zuerst hatte ich nur das unsichere Empfinden, daß sich irgend etwas in dem Anblick des Gletschers änderte, ohne daß ich aber wußte, ob es an mir lag oder an dem Gletscher selbst.«[30] Gespannt verfolgte Sorge das Geschehen weiter. »Auf einmal ereignete sich etwas, das mir mit dem eben Beobachteten in gar keinem Zusammenhang zu stehen schien. Nämlich weit hinten, etwa 500 m hinter der Front, schossen Wasserstrahlen explosionsartig bis zu drei- oder vierfacher Fronthöhe, also etwa 300 m, empor. Diese Riesenfontänen waren auf einer mindestens 1500 m langen Reihe angeordnet, die etwa parallel zur Front verlief.«[31] Fasziniert beobachtete Sorge das Kalben des Rink-Gletschers. Seine Messungen ergaben, daß die Kalbungswellen an dieser Stelle – 2½ km vor der Gletscherfront – zwischen Wellenberg und Wellental – eine Höhe von 12–14 m hatten, in der Nähe der Front waren sie nach seiner Schätzung 30 m hoch, »also viel höher als die größten Ozeanwellen.«[32] Für Ernst Sorge war es dann allerdings äußerst unangenehm, daß die Flutwelle sein Faltboot weggerissen hatte. Es blieb ihm nichts weiter übrig als zu warten, daß das Filmteam ihn vermissen und suchen würde. Nach einigen Tagen wurde er dann tatsächlich von Udet entdeckt und aus seiner Lage befreit. Die Wartezeit hatte Sorge mit weiteren Messungen überbrückt. »Zusammen mit den Schätzungen der Breite und Dicke des Eisstückes ergab sich, daß der Gletscher bei dieser einzigen Kalbung 500–600 Millionen cbm Eis in den Fjord geworfen hatte. Von dieser ungeheuren Eismenge kann man sich nur eine Vorstellung machen, wenn man sie mit bekannten Größen vergleicht. Sie ist z. B. größer als die gesamte Häusermenge von Groß-Berlin.«[33] Geschwindigkeitsmessungen ergaben für den Rink-Gletscher, der mit über 100 m Fronthöhe zu den höchsten der Erde gehört, rund 20 m täglichen Vorrückens im größten Teil der Frontbreite. Fanck filmte später das Kalben des Gletschers, er drehte 42 km Filmaufnahmen, die den Vorgang in seinen verschiedenen Phasen dokumentierten.

1933 hatte Norwegen Gebietsansprüche an der grönländischen Ostküste angemeldet, der Internationale Gerichtshof in Den Haag erkannte jedoch Dänemarks Überhoheit über ganz Grönland an, Norwegen zog sich zurück. Nach diesem politischen Sieg war Dänemark bereit, neu zu seiner Verantwortung für die Kolonie zu stehen. In die folgende Zeit fallen drei Expeditionen Lauge Kochs, zwei kleinere Unternehmungen 1929 und 1930 sowie eine größere Expedition 1931 bis 1934, die in Teilgruppen noch bis 1938 durchgeführt wurde. Letztere verfügte über zwei Dampfer, 12 Motorboote, zwei Flugzeuge, die damit zum ersten Male in Ostgrönland eingesetzt wurden, und über zahlreiche Schlitten und Zughunde. Unter ihren 105 Teilnehmern, darunter 24 Fachgelehrten, Fischern und Jägern, befanden sich auch die deutschen Forscher Curt Teichert, Hans Frebold und Hans Poser. Die Expedition untersuchte das Küstengebiet zwischen 70° und 82° Nord. Dabei wurde es bis zum Rande des Inlandeises von dänischen und norwegischen Fliegern flugkartographisch aufgenommen.

1938 kehrte ein weiterer Mitarbeiter Alfred Wegeners nach Grönland zurück: Kurt Herdemerten. Mit dem dänischen Schiff GERTRUD RASK hatte er Kopenhagen am 20. Mai 1938 verlassen und erreichte nach 26tägiger Fahrt Egedesminde, den Stützpunkt der Expedition. Es begleiteten ihn der Student H. R. Knoepsel und der Arzt Dr. Magerstedt. Die Expedition widmete sich ornithologischen Fragen, insbesondere ging es darum, die Lebensbedingungen des Polarfalken zu ergründen. Es war die letzte Expedition, die vor Ausbruch des Zweiten Weltkrieges auf Grönland durchgeführt wurde.

Anmerkungen

1 Professor Wegener verschollen. In: Hamburger Fremdenblatt vom 16. Mai 1931.
2 Kiedel, Klaus-Peter: Eine Expedition nach Grönland im Jahre 1473. In: Deutsches Schiffahrtsarchiv 3, 1980, S. 115–140.
3 Drygalski, Erich v.: Über die im Auftrage der Gesellschaft ausgeführte Vorexpedition nach West-Grönland. In: Verhandlungen der Gesellschaft für Erdkunde 18, 1891, S. 445.
4 Drygalski, Erich v.: Grönlandexpedition der Gesellschaft für Erdkunde zu Berlin 1891–1893. Bd. 1. Berlin 1897, S. 14.
5 Zitiert nach: Jacobshagen, Volker: Alfred Wegener 1880–1930. Leben und Werk. Ausstellungskatalog Berlin 1980, S. 23.

6 Ebd.

7 Zitiert nach: Wutzke, Ulrich: Der Forscher von der Friedrichsgracht. Leben und Leistung Alfred Wegeners. Leipzig 1988, S. 42.

8 Ebd.

9 Ebd., S. 44.

10 Ebd.

11 Ebd., S. 45.

12 Ebd.

13 Koch, J. P.: Unsere Durchquerung Grönlands 1912–1913. In: Zeitschrift der Gesellschaft für Erdkunde zu Berlin, 1914, S. 47.

14 Ebd., S. 48.

15 Ebd.

16 Ebd.

17 Ebd., S. 49.

18 Ebd., S. 49f.

19 Zitiert nach: Wegener, Kurt: Geschichte der Expedition. Leipzig 1933 (Kurt Wegener [Hrsg.]: Deutsche Grönlandexpedition Alfred Wegener. Wissenschaftliche Ergebnisse 1), S. VII.

20 Wegener, Else (Hrsg.): Alfred Wegeners letzte Grönlandfahrt. Die Erlebnisse der deutschen Grönlandexpedition 1930/31 geschildert von seinen Reisegefährten und nach Tagebüchern des Forschers. Leipzig 1932, S. 37.

21 Schwarzbach, Martin: Alfred Wegener und die Drift der Kontinente. Stuttgart 1980 (Große Naturforscher 42), S. 43.

22 Ebd., S. 44.

23 Loewe, Fritz: Alfred Wegener und die moderne Polarforschung. In: Polarforschung 42, 1972, S. 1f.

24 Wegener, Else (wie Anm. 20), S. 166.

25 Wegeners Tagebuch. Abschrift Staatsbibliothek Hamburg. Sign. B/16410, S. 175 bis 176.

26 Wegener, Else (wie Anm. 20), S. 73.

27 Schwarzbach, Martin (wie Anm. 21), S. 45.

28 Victor, Paul-Emile: Wegener. In: Polarforschung 40, 1970, S. 2.

29 Sorge, Ernst: Mit Flugzeug, Faltboot und Filmkamera in den Eisfjorden Grönlands. Erlebnisse mit Knud Rasmussen und Ernst Udet. Berlin 1933, S. 77.

30 Ebd., S. 80.

31 Ebd.

32 Ebd., S. 83.

33 Ebd.

Svalbard – Land der kalten Küste

Svaldbard – das Land der kalten Küste, so nennen die Norweger den Archipel im hohen Norden. »Tor zur Arktis«, das war Spitzbergen für den Polarforscher Fridtjof Nansen. Zahlreiche Expeditionen haben um die Jahrhundertwende den Archipel zu einem Stützpunkt ihres Aufbruchs zum Nordpol gemacht. Der Schwede Andrée und der Amerikaner Wellman haben die Däneninsel als Startbasis für ihre Ballon- beziehungsweise Luftschiffexpedition gewählt, der Italiener Nobile und der Norweger Amundsen hingegen vertäuen ihre Luftschiffe in Ny-Ålesund. Noch heute, da der Pol längst erobert ist und routinemäßig täglich von Linienmaschinen überflogen wird, ist Spitzbergen Ausgangspunkt für wissenschaftliche Expeditionen ins Nordpolarmeer. Aber auch die Inselwelt selber ist in jedem Sommer Ziel von Geologen, die hier der Geschichte unseres Planeten nachgehen, oder von Biologen, die die arktische Flora und Fauna untersuchen.

Die Inselgruppe Svalbard liegt im nördlichen Eismeer zwischen dem 74. und 81. Breitengrad. Sie umfaßt fünf größere und mehrere kleinere Inseln.

Wikinger haben als erste – so der derzeitige Kenntnisstand – die Inseln erreicht und ihnen auch den heute offiziellen Namen Svalbard gegeben. In isländischen Chroniken findet sich für das Jahr 1194 eine entsprechende Eintragung: »Svalbarði fundinn« – die kalte Küste entdeckt. Kürzer ist wohl kaum eine große geographische Entdeckung in der Literatur beschrieben worden. Doch die Inselwelt geriet in Vergessenheit, bis 1596 der Holländer Willem Barents sie wiederfand. Er nannte die unvermutet auftauchende Küste, die er für einen Teil Grönlands hielt, Spitzbergen. Jahrhundertelang galt der Holländer als ihr Entdecker, bis die Russen schließlich behaupteten, einer der ihren, der Seefahrer Savva Loškin, sei schon 72 Jahre früher, nämlich 1524, dort gewesen. Als die wenigen Überlebenden der Barents-Expedition hingegen zu Hause von den Walherden erzählten, die sie in den Gewässern um den Archipel angetroffen hatten, wurde die Inselwelt für das ferne Europa interessant. In den Amsterdamer Kontoren begriff man bald, welche Möglichkeiten sich da boten. Der aus Walspeck gewonnene Tran war damals weitverbreitetes und begehrtes Beleuchtungsmittel. Und die elastischen Walbarten korsettierten als Fischbein haltlos gewordene Damen- und Herrenfiguren. So begann die schonungslose Jagd auf die größten Meeressäuger der Erde. Die Holländer gründeten sogar auf der Amsterdaminsel im Nordwesten von Westspitzbergen eine Sommerstadt, Smeerenburg (Transtadt), mit Walkochereien und Verarbeitungsgebäuden. In den Jahren 1620 bis 1635 kamen jährlich etwa 2300 Fangschiffe mit ca. 15 000 Mann Besatzung hierher. Ihnen folgten Abenteurer und Gaukler sowie eine Anzahl jener Damen, auf deren Bereitwilligkeit eine Männergesellschaft so ungern verzichtet. Auf dem Höhepunkt der Walfängerzeit kam es zwischen Engländern, Holländern und Dänen zu Auseinandersetzungen um die besten Fangplätze. Am Ende war der Grönlandwal praktisch ausgerottet, Smerenburg verfiel.

Auch deutsche, namentlich hanseatische Schiffe tauchten damals im Nordpolarmeer auf. Der arktische Walfang der deutschen Seestädte ist unter dem Namen der Grönlandfahrt bekannt, da man Spitzbergen damals für einen Teil Grönlands hielt. Oft mußten die reichbeladenen Seekarawanen – in der Blütezeit des spitzbergischen Walfangs segelten jährlich 50 bis 60 Schiffe aus der Elbe- und Wesermündung nach Norden – von Kriegsschiffen begleitet werden. Die gegenseitige Handelseifersucht der verschiedenen Nationen und der Streit um die besten Fanggründe, die »Goldminen des Nordens«, wie man sie nannte, führten zu ständigen Reibungen und wiederholt zu regelrechten Seeschlachten. Und die Hamburger Konvoischiffe haben zum Schutz ihrer Walfänger so manchen harten Strauß ausfechten müssen.

Den Walfängern verdanken wir heute erste Berichte über den hohen Norden. Gelegentlich hat der eine oder andere zur Feder gegriffen und seine Erlebnisse aufgeschrieben. Der erste deutsche* gedruckte Bericht dieser Art stammt von Fridrich Mar-

---

* Bereits 1561 war in Hamburg, gedruckt bei Joachim Löw, ein Gedicht von Gories Peerse erschienen. »Van Yßlandt«. Es umfaßt 269 Verse in niederdeutscher Sprache und beschreibt – wie der Titel verspricht – Island.

tens. Als Schiffsbarbier und Chirurgus hatte er auf dem Walfänger JONAS IM WALFISCH angeheuert und segelte unter dem Schiffer Peter Petersen der Friese am 15. April 1671 elbabwärts.

Detailliert berichtet Martens über den Betrieb auf einem Fangschiff. Aber sein Buch ist mehr als nur der Augenzeugenbericht einer Spitzbergen- oder Grönlandfahrt aus früher Zeit, sondern es vermittelt auch Eindrücke von der Inselwelt der Arktis, denn Martens hat »bey dieser Gelegenheit Gottes sonderbahre Vorsehung an diesen kalten Orten betrachtet«, und »nicht allein von Tag zu Tage das Gewitter [in fast allen alten Walfangjournalen bis weit ins 19. Jh. hinein für »Wetter« gebraucht] und des Poli Höhe angezeichnet, sondern auch von Spitzbergens Erdreich, Meer, Eyse und Lufft, auch Wind, Schnee, Regenbogen, Kräutern, Thieren, insonderheit vom Walfisch und dessen Fang nach dem Leben alsobald auff der Reise frisch abgerissen.«[1] Bis auf 81° N kam JONAS IM WALFISCH in der Fangsaison 1671, dann verhinderte das Eis die Weiterfahrt. Vom Eis war Martens besonders beeindruckt, es war für ihn die wichtigste Erscheinung der Polargebiete, und er unterschied bereits scharf zwischen Land- und See-Eis. »Die größten Eißberge werden da gesehen. Von diesen Eißbergen brechen große Stücke, die im Meer treiben, welche an der Dicke das ander Eiß weit übertreffen. Solcher Eißbergen habe ich einen gesehen, der war also schön von der See aufgearbeitet wie eine Capell mit gewölbten Fenstern und Pfeilern gezieret. An den Thüren und durchlöcherten Stücken, welche wie Fenster anzusehen, hiengen voller Eißzapffen, inwendig war die schöneste blaue Farbe zu sehen, diese Capell war größer als unser Schiff, in der Höhe etwas höher als hinten der oberste Schiffboden. Wie tieff diese Eißscholle unter Wasser lag, kan ich nicht eigentlich wissen.«[2]

Immer wieder versucht er, Naturphänomene nicht nur zu beschreiben, sondern auch zu erklären: »Wir sehen ferners in Spitzbergen / daß das Meer / wie die andern Wasser bey Vermehrung der Kälte einen Dampf von sich gibt / welcher Dampf in der Luft zu Regen oder Schnee wird / und riechet wie der Nebel oder heiß Wasser.

Ein Spitsbergisch Angemerck ist auch dieses / daß / wann in der Luft viel Dampf oder Nebel gesehen wird / und solcher Dampf fast Augenblicklich entstehet bey klahrem Sonnenschein ohne Wind und andern Ursachen / die Kälte sich zu mindern pflegt: wann aber von solchen Dunsten die Luft überhäuffet / so vertheilen sich die Wolcken / und Halten lange an mit beständigem Wind. Solchen Dampf sehen wir in der Luft / der wie Schweiß sich an die Kleider oder Haare anhänget.«[3]

Detailliert und ausführlich berichtet Martens über Tiere und Pflanzen, erklärt ihre Namen. Vor allem aber zeichnet er auch, was er gesehen hatte, und fügt die Darstellungen seinem Bericht bei. Das Werk von Fridrich Martens ist über Deutschlands Grenzen hinaus berühmt geworden, und seine »Spitzbergische oder Grönländische Reisebeschreibung« wurde in vier Sprachen übersetzt. 1680 erschien sie in Venedig und Bologna in italienischer Sprache, 1694–95 wurde sie ins Englische übertragen, 1715 erschien in Amsterdam eine französische Edition; eine holländische Übersetzung erschien gleich in mehreren Ausgaben: 1685, 1710, zwischen 1728 und 1759 sowie 1770.

Gemeinhin verfolgten die Walfänger natürlich kommerzielle Interessen, und die wissenschaftliche Erforschung Spitzbergens begann recht eigentlich erst zu Beginn des 19. Jahrhunderts. Die ersten physikalisch-geographischen Beiträge lieferte 1758 die Forschungsreise des schwedischen Gelehrten A. R. Marti sowie die Reisen des Vaters und Sohnes W. Scoresby in den Jahren 1802–1822. Geologische Forschungen unternahm als erster der Norweger B. Keilhau, der 1827 mit der deutschen Expedition von Barto von Löwenigh nach Spitzbergen kam.

Barto von Löwenigh war Kreissanitätskommissar. In Burtscheid, einem kleinen Ort in der Nähe von Aachen, bekleidete er das Amt des Bürgermeisters. Er entstammte einer gutsituierten Familie von Textilfabrikanten, die ihm – er war noch nicht dreißig – auch seine Reise nach Norwegen finanzierte, sollte er sich doch auf einer Fahrt entlang der norwegischen Küste über die dortigen kommunalpolitischen Verhältnisse informieren.

In Drontheim lernte Löwenigh einen jungen, fast gleichaltrigen norwegischen Wissenschaftler kennen, Dr. Balthasar Matthias Keilhau, einen »Geognosten«, wie er sich nannte, einen Kenner von Gesteinen, der an der nordnorwegischen Küste Material sammelte.

Vom russischen Konsul in Hammerfest mietete Löwenigh die

Abb. 1: Die Besatzung der Grönland *in Polarkleidung. Sitzend von links: Johann Werdelmann, Schiffszimmermann (Neufahr bei Vegesack), Camp Wagener, Matrose (Norden, Ostfriesland), Friedrich Rössing, Matrose (Emden). Stehend von links: Paul Tilly, Matrose (Minden), Daniel Heinrich Büttner, Matrose (Bremen), Peter Iversen, Matrose (Appenrade), Gerhard de Wall, Matrose (Delft, Holland).*

Abb. 2: »Abfahrt der zweiten deutschen Polarexpedition von Bremerhaven am 15. Juni 1869.« Holzstich nach Carl Fedeler.

Abb. 3: Dr. August Petermann, Initiator der deutschen Nordpolarfahrten.

Abb. 4: Carl Koldewey, Kapitän der GRÖNLAND und der GERMANIA.

Abb. 5: P. Hegemann, Kapitän der HANSA.

Abb. 6: Dr. Emil Bessels begleitete den Dampfer ALBERT auf Fangfahrt ins Nordpolarmeer.

Abb. 7: Eisbärenjagd.

Abb. 8: Erlegter Moschusochse.

Abb. 9: Der Untergang der HANSA.

Abb. 10: Die Männer der HANSA.

Abb. 11: Die Schiffe ALBERT und BIENENKORB des Reeders Rosenthal.

Abb. 12: Die JOACHIM HINRICH, das Schiff der Spitzbergenexpedition von Konsul Berna, 1861 beim Verlassen des Hamburger Hafens.

Abb. 13: In der Messe der JOACHIM HINRICH.

Abb. 14: »Studium an Deck« der JOACHIM HINRICH.

Abb. 15: »Eine Nordpolarfahrt der Zukunft.« Zeitungsillustration um 1880.

Abb. 16: Deutsche Arktisstation im Kingua-Fjord. Astronomisches Observatorium.

Schaluppe DIE HOFFNUNG, die von einer siebenköpfigen Besatzung gesegelt wurde, und er lud Keilhau ein, ihn auf seiner weiteren Fahrt zu begleiten. Am 16. August verließ DIE HOFFNUNG – für das Schiff war es bereits in jenem Sommer die dritte Fahrt nach Norden – den Hafen. Die Voraussetzungen für diese recht späte Fahrt ins Eismeer – die Walfänger und Robbenfänger brachen gewöhnlich im Mai und Juni auf – waren 1827 dennoch günstig; es war ein weitgehend eisfreier, milder Sommer.

Lange blieben Löwenigh und Keilhau an Deck sitzen, bis auch das Nordkap schließlich ihren Blicken entschwand. Der folgende Tag brachte Regen und Nebel, Keilhau berichtete später: »Ich befand mich sehr unwohl, die Luft in unserer Kajüte war so schlecht, dass alle silbernen Sachen in wenigen Stunden gelb anliefen.«[4]

Am Nachmittag des 19. August schreckte der Ruf »Land!« Keilhau hoch. »Mir war es anfangs unmöglich, etwas anderes als eine Nebelmasse zu entdecken, die über dem Meere im Nordwesten ruhte, allein die Umrisse zweier Vorgebirge traten so bestimmt hervor, dass ich nicht länger zweifelte. Es war fast gänzliche Windstille, aber eine günstige Strömung trieb uns langsam an die Insel heran, die sich nach Verlauf einiger Stunden ganz aus den Nebelwolken entwickelte.«[5]

Am folgenden Tag landeten sie auf der Bäreninsel. Während ihres Aufenthaltes – genau genommen war es nur ein Abstecher – sammelten die beiden Männer Mineralien und Fossilien und trugen vor allem meteorologische Angaben zusammen. Aufschlußreich war ein Gespräch mit einer Gruppe von Walfängern, die die zweite unfreiwillige Überwinterung hinter sich hatten.

Die Walfänger berichteten, daß das Wetter bis Mitte November mild gewesen sei. Schnee, der nachts gefallen war, schmolz am Tage wieder. Zu Weihnachten war Regen gefallen. Im übrigen hatten Mondschein und Nordlicht die Polarnacht so stark erhellt, daß in der Woche des Weihnachtsfestes noch siebzig Walrosse erlegt werden konnten. Selbst im Februar hatten die Walfänger noch im Freien arbeiten können. Auf derselben Breite herrschte in demselben Jahr auf der Melville-Halbinsel des kanadisch-arktischen Archipels eine derartige Kälte, daß die Quecksilbersäule wochenlang gefroren blieb. Die Temperatur stieg dort nie über −40 °C, wie man später erfuhr!

Die Wetterdaten von der Bäreninsel waren damals eine kleine Sensation. Die Wirkung des Golfstromes reichte also offenbar weiter nach Norden, als man angenommen hatte. Und was Keilhau über den geologischen Aufbau der Bäreninsel beobachtet hatte, war »ganz eines erfahrenen Naturforschers würdig«, meinte zumindest der deutsche Geograph Leopold von Buch.[6]

Von der Bäreninsel segelten Löwenigh und Keilhau nach Südspitzbergen weiter, überrascht waren sie, auf Spitzbergen Siedlungen von russischen »Altgläubigen« anzutreffen. (Die Sekte der Raskolniki, wie man sie nannte, hatte sich von der russischorthodoxen Kirche abgespalten und wurde in Rußland verfolgt. Viele ihrer Mitglieder waren vor der Zwangsbekehrung geflohen, einige wählten als Exil den hohen Norden; Raskolniki tauchten seit dem 17. Jahrhundert auf Spitzbergen und Novaja Zemlja auf.) Am 25. September schließlich traten Löwenigh und Keilhau den Heimweg an und erreichten Hammerfest gerade rechtzeitig vor dem Einbruch des Winters.

Barto von Löwenigh verfaßte über seine Erlebnisse in der Arktis drei Reisebriefe, von denen der zweite aus Spitzbergen vom 19. September 1827 datiert. Sie blieben als Privatdruck in niedriger Auflage weitgehend unbekannt. Keilhaus Buch, das in Kristiania (Oslo) durch einen Brand in der Druckerei bis auf wenige Exemplare vernichtet wurde, blieb ähnlich wirkungslos.

Allerdings veröffentlichte der Geologe Leopold von Buch (1774–1853), Professor in Freiberg/Sachsen, 1836 eine Monographie über die Geologie der Bäreninsel, in der er sich fast ausschließlich auf das von Keilhau gesammelte Material berief und es damit der Fachwelt erschloß. Ein paar Jahre später entdeckte August Petermann auf einer Studienreise nach Norwegen übrigens eines der wenigen Exemplare des Keilhau-Buches und publizierte Auszüge daraus zusammen mit den Reisebriefen Löwenighs im Jahre 1865 in seinen Geographischen Mitteilungen.

Keilhau wurde bald nach Beendigung seiner Reise Professor der Geologie an der Universität Kristiania. Barto von Löwenigh hingegen blieb bis zum Herbst 1834 Bürgermeister seiner Heimatgemeinde. Fünfeinhalb Jahre später mußte sein Familienunternehmen den Betrieb einstellen. Der ehemalige Bürgermeister führte ein zurückgezogenes Leben als Privatgelehrter, wie man es damals nannte.

Zu Beginn des 19. Jahrhunderts setzte auch in anderen Ländern Interesse an Spitzbergen ein. Führend war Schweden, das über 30 Expeditionen unter A. Nordenskiöld, de Geer, A. Nathorst u. a. unternahm. Vor allem ging es dabei um geologische Arbeiten; schwedische Wissenschaftler entdeckten die dortigen Steinkohlevorkommen und bestimmten damit die weitere Geschichte dieses Archipels maßgeblich.

Besondere Bedeutung erhielt Löwenighs Fahrt für August Petermann im Jahre 1865 bei der Ausrüstung seiner ersten Nordpolarexpedition. Den Bericht über die deutsche Nordfahrt im Jahre 1827 nahm er als Beweis, »wie leicht nach Norden in Richtung meines Planes vorzudringen ist, und mit wie wenig Mitteln und Zeitaufwand wichtige wissenschaftliche und andere Resultate zu erreichen sind. Denn man muss bedenken, dass Herr v. Löwenigh auf seiner kleinen Vergnügungsfahrt in seiner kleinen Schaluppe dem Pol näher gekommen ist, als alle die grossen Englischen Expeditionen zur Aufsuchung Franklin's, und eine eben so hohe Breite erreicht hat als Kane und Haynes mit ihren Schiffen (etwa 78¾) und dass ihm diese Fahrt, von Hammerfest aus, gewiss nur ein Paar hundert Thaler gekostet hat.«[7]

Nach Löwenighs Fahrt vergingen allerdings fast drei Jahrzehnte, bis eine deutsche Expedition sich nach Norden wandte. 1861 besuchte Georg Berna aus Frankfurt a. M. auf dem Schoner JOACHIM HINRICH die norwegische Küste bis zum Nordkap, ferner Jan Mayen und Island. Außer Berna nahmen der Zoologe Carl Vogt, der Schweizer Geologe A. Gressly, der Maler H. Hasselhorst und der Arzt A. Herzen teil.

Die Fahrt war wichtig für die Erforschung von Jan Mayen. Zweimal gelang es der Expedition zu landen. Man erkannte, daß die Insel aus basaltischer Lava aufgebaut ist. Die Beobachtungen und Informationen, die man mitbrachte, fanden vor allem Interesse, als sich Österreich 1882 entschloß, während des Internationalen Polarjahres hier eine Station zu errichten. Der Bericht, den der Zoologe Carl Vogt über diese Reise verfaßte, gilt als die erste deutsche wissenschaftliche Reisebeschreibung, welche über Norwegen hinaus in das Polarmeer und über Jan Mayen nach Island führt.

1868 schließlich kreuzte Carl Koldewey mit der GRÖNLAND während der ersten Deutschen Nordpolarfahrt vor der Küste

Spitzbergens, und im Kriegsjahr 1870 unternahm Graf Karl von Waldburg-Zeil einen Jagdausflug nach Svalbard, auf dem er von seinem Landsmann, dem Afrikaforscher Theodor von Heuglin, begleitet wurde.

Ende des 19. Jahrhunderts war es zwar mit dem Walfang bei Spitzbergen längst vorbei, doch es tauchten neue Spekulationen um die wirtschaftliche Nutzung der Region auf. In Petermanns Mitteilungen findet sich 1892 folgender Hinweis: »Mit einer mindestens an Leichtfertigkeit streifenden Reklame sucht Kapitän Wilh. Bade*, der an der zweiten deutschen Polarexpedition 1869/70 teilgenommen hatte, und seitdem durch zahlreiche Vorträge in weiten Kreisen sich bekannt gemacht hat, Propaganda zu machen für eine Beteiligung Deutschlands an der Ausbeutung des nördlichen Eismeeres. In einer Reihe von Vorträgen in westdeutschen Städten suchte er nachzuweisen, daß ein bedeutender Gewinn zu erwarten sei durch Beteiligung an der nordischen Fischerei und Thrantierjagd, durch Ausbeutung der in Westspitzbergen vorhandenen Kohlenlager sowohl zur Heizung der Fangschiffe als auch zur Ausfuhr nach Norwegen und Nordrußland.«[8]

Einen Gegner hatte Bade in Prof. W. Kükenthal aus Jena, der von seinen Reisen die Erfahrung mitbrachte, »daß von einem Fischreichtum an den Küsten von Spitzbergen nicht die Rede sein kann, daß die Jagd auf Thrantiere, die sich bereits stark vermindert haben, durchaus nicht lukrativ und eine Konkurrenz mit den erfahrenen und abgehärteten norwegischen Fangmännern aussichtslos ist, endlich, daß die Ausbeutung der Kohlenlager, wenn überhaupt möglich, recht teuer sich gestalten würde.«[9]

Mit dem ausklingenden 19. Jahrhundert nahmen touristische Unternehmungen in den hohen Norden zu; einige Reisende brachten ihre Eindrücke später zu Papier, wie etwa Georg Wegener, der 1896 an einer »Gesellschaftsfahrt« von Kapitän

---

* Kapitän Bade unternahm Ende des 19. Jahrhunderts eine Reihe von Fahrten in den hohen Norden, u. a. leitete er 1891 eine Reise mit Leo Cremer und Graf Zeppelin aus Stuttgart auf der AMELY unter Kapitän Mahlstede nach Spitzbergen. An dieser Fahrt nahm auch Kapitän Hegemann, der während der 2. Deutschen Nordpolarfahrt die HANSA befehligt hatte, als Gast teil.

Bade mit dem Schiff ERLING JARL teilgenommen hatte, um u. a. den Aufstieg des schwedischen Polarforschers Andrée zu seiner Nordpolarfahrt im Ballon zu sehen, und der dabei die Rückkehr der FRAM erlebte.*

1898 unternahm die von Theodor Lerner** organisierte deut-

* Den Wert dieser touristischen Reisen und Berichte für die Wissenschaft hat Hermann Rüdiger 1912 untersucht. Er wollte die Bedeutung polarer Touristenexpeditionen für die Erweiterung der Kenntnisse über diese Region nicht gänzlich verwerfen und kam zu dem Schluß: »Ich denke beispielsweise an interessante Gipfelbesteigungen, die 1905 im Hinterland der Klaas-Billen-Bai im Eisfjord Spitzbergens durch A. Hacker und zwei Begleiter ausgeführt wurden. Ich verweise auch auf die reiche Literatur, die sich rasch im Anschluß an die Touristenreisen nach Spitzbergen und Grönland entwickelt hat und neben vielem Minderwertigen manche reife Frucht enthält. – Bedenklich ist es nur, wenn polare Touristen und Sportsmänner sich in wissenschaftliches Mäntelchen umhängen und ihre Jagdexpeditionen zu Schlacht- und Schießexpeditionen ausarten lassen. Gegen derartige Unternehmen ist H. Wichmann als Redakteur von ›Petermanns Mitteilungen‹ von jeher aufs schärfste zu Felde gezogen, so z. B. gegen eine Jagdexpedition, welche im Sommer 1909 der Wiener Architekt R. Kmunke nach Ostgrönland und Spitzbergen unternahm, so auch gegen die Nordpolarexpedition auf dem MATADOR unter Kapitänleutnant a. D. D. O. Bauendahl im Jahre 1900 [...] Gewiß, Petermann nahm jeden noch so kleinen Baustein zur Erweiterung unserer Kenntnisse der arktischen Natur freudig an, überschätzte seine Bedeutung auch wohl gern, nur um die polare Sache zu fördern. Heute ist die Polarforschung kritischer geworden: Sie verlangt nicht allein kühnen Forschermut und die besten Vorsätze, sondern vor allem wissenschaftlichen Ernst und positive Leistungen.«[10]
** Auf dieser Fahrt besuchte Lerner auch die Bäreninsel. Fridtjof Nansen berichtet über dessen recht seltsamen Aufenthalt auf der Insel in seiner Spitzbergen-Monographie: »Der Journalist Theodor Lerner hatte offenbar Lust bekommen, Großgrundbesitzer zu sein. Zum ersten Male kam er im Jahre 1898 hierher und stellte Pfähle und Steine mit den deutschen Farben rings um ein kleines Stück Land auf, hier oben am Rande des Abgrundes. Es war ganz wertlos, beherrschte aber beide Aufgänge, den vom Südhafen wie den vom Walroßhafen. Er brachte ein Plakat an mit der Inschrift ›Privateigentum der deutschen Staatsangehörigen Theodor Lerner und Hugo Rüdiger, 13. Juni 1898‹.

Im Juni 1899 kam Lerner wieder und nahm nun den größten Teil der Insel in Besitz, unter anderem alle Häfen, die einigermaßen brauchbar waren, und alle Plätze mit den zugänglichsten Kohleschichten. Daß er auch Grundstücke nahm mit Häusern, die von Norwegern errichtet waren, worin sie überwintert hatten, um Jagd zu treiben, und die auch weiterhin Norwegern gehörten, machte für ihn keinen Unterschied. [...] Einen Sommer lang regierte Lerner als Alleinherrscher auf der Insel. Mit drei Trabanten, alle mit Magazingewehren bewaffnet, er selbst obendrein mit einer Mauserpistole, zog er als gewaltiger Krieger in seinem Reich umher und fiel alle drohend an, die dort ankerten oder sich unterstanden, den Fuß an Land zu setzen [...] Aber Lerners Triumphe gingen über die Vertreibung friedlicher Fangmänner und Reisender hinaus. Er überwand auch einen russischen Kreuzer. Die russische Regie-

sche zoologische HELGOLAND-Expedition unter Korvettenkapitän Rüdiger einen Vorstoß nach Spitzbergen und zum König-Karl-Land, wobei sie bis zu der vorher lediglich von Nordenskiöld gewonnenen Breite von 81° 42′ vordrang, und 1908 führte Nansens früherer Begleiter Johansen mit Theodor Lerner eine Binneneiswanderung durch die nordwestliche Halbinsel durch.

Wie groß das Interesse an diesem Archipel im hohen Norden schließlich geworden war, zeigt, daß als Sonderveranstaltungen des XI. Internationalen Geologen-Kongresses, der 1910 in Stockholm stattfand, eine achttägige Exkursion nach Spitzbergen durchgeführt wurde. Unter der Führung des schwedischen Wissenschaftlers Prof. Dr. Baron Gerard de Geer beteiligten sich daran 70 Forscher – darunter sechs Frauen (!) – aus England, Frankreich, Deutschland, Rußland, Norwegen und Schweden. Bei diesem ersten »gemeinsamen wissenschaftlichen Ausflug« galt es vor allem, die geologischen Verhältnisse Spitzbergens kennenzulernen. Die Gruppe schiffte sich am 28. Juli 1910 in Narvik auf dem eigens für die Exkursion gecharterten schwedischen Tourendampfer AEOLUS ein; am folgenden Tag erreichten sie Tromsø, am 31. Juli passierten sie den »Vorposten« Spitzbergens, die Bäreninsel, und am 2. August fuhr AEOLUS im Zickzackkurs an der Treibeiskante entlang, um eine Durchfahrt

rung, unbekannt aus welchem Grunde, vielleicht aus Furcht vor der neuen Lernerschen Großmacht, sandte im Juli 1899, um die russische Flagge zu hissen, den Kreuzer SVETLJANA unter Kapitän Abaza nach der Insel, wo sich Reste alter russischer Niederlassungen befanden. Der Kreuzer kam am 21. Juli nach dem Russenhafen, nördlich vom Walroßhafen, wo es Spuren alter russischer Hütten gibt. Kapitän Abaza wollte hier die russische Flagge hissen. Aber Lerner kam mit seinen drei Trabanten herangestürmt, bis an die Zähne bewaffnet, und drohte mit den ernsten Folgen, falls die Flagge gehißt würde.

Es kam nicht zu einer ›direkten Aktion‹. Aber die Verhandlungen endeten damit, daß die Russen abzogen, ohne die Flagge zu hissen, wieder an Bord gingen und nach der Nordseite der Insel fuhren, fort aus Lerners Herrschaftsbereich. Sie fanden dort ein Paar russische Stiefel an einem Skelett in einem Grab und hißten hier die russische Flagge.« Doch dann schien »der Winter im Eismeer dem mutigen Mann mehr Schrecken eingeflößt zu haben als selbst die Kanonen eines russischen Kreuzers und als der Deutsche Seefischerei-Verein«. Letzterer hatte auf der Bäreninsel eine kleine Versuchsstation errichtet und distanzierte sich entschieden. Ebenso unvermittelt, wie Lerner auf der Insel erschienen war, verließ er sie wieder. »Im August brach er plötzlich auf und reiste nach Deutschland zurück. Er hoffte, seine Leute könnten sich auch ohne ihn über den Winter forthelfen. Aber siehe da, sie konnten es nicht, und im Oktober wurden auch sie heimgeholt.«[11]

nach Spitzbergen zu finden. Im Abendlicht des 2. August tauchte die Silhouette auf; der Berliner Wissenschaftler Felix Wahnschaffe notierte: »Man glaubte, ein Hochgebirge wie die Alpen vor sich zu haben, aber eingetaucht bis zu den Gletscherenden in das Meer. Bei der großen Klarheit der Luft konnten wir die ganze Westküste auf eine Länge von fast 400 km übersehen; ein märchenhaft schöner Anblick.«[12] Doch neben den Kongreß-Teilnehmern fieberte noch eine andere kleine Gruppe der »kalten Küste« entgegen: Wilhelm Filchner mit seinen sechs Begleitern nebst Polarhund Björn. Filchner war der Einladung de Geers gefolgt, ihn auf der Überfahrt von Nordnorwegen zu begleiten, denn er plante, eine kleinere Expedition durchzuführen. Das Unternehmen war als Vorexpedition für seine Antarktisexpedition gedacht. Da alle Mitglieder seines wissenschaftlichen Stabes Neulinge im Polargebiet waren, sollte ihnen Spitzbergen sozusagen als Übungsgelände dienen, um erste arktische Erfahrungen zu sammeln. De Geer hatte Filchner die bis dahin noch unbegangene Westost-Durchquerung vom Adventfjord zur Moonbucht als Teststrecke vorgeschlagen. In der Gletscherwelt Spitzbergens bekamen sie tatsächlich eine erste Vorstellung davon, was es hieß, im Polargebiet auf sich allein gestellt zu sein, aber die gut dreiwöchige Expedition verlief fahrplanmäßig, wie Filchner später bilanzierte, nur die Presse war wieder einmal besser informiert. Als Filchner und seine Mitstreiter in Tromsø die erste Zeitung kauften, waren sie verblüfft: Auf den ersten Seiten stand in Fettdruck zu lesen, daß seine Spitzbergenexpedition verschollen und untergegangen sei.

Das Jahr 1911 war für die Geschichte der deutschen Polarforschung auf Spitzbergen sehr ereignisreich. Es deutete sich bereits an, daß Spitzbergen bevorzugtes Arbeitsfeld für polare und glaziologische Spezialuntersuchungen werden sollte.

Der Münsteraner Wissenschaftler Wilhelm Meinardus arbeitete im Juli und August auf Spitzbergen, während Herzog Ernst von Sachsen-Altenburg mit einigen Begleitern das Gletschermassiv zwischen dem Eisfjord (Billefjord) und dem Wijdefjord (Ostfjord) überquerte. Der Geograph der Expedition, Groll, stellte das gewaltige Eisplateau zwischen den beiden Fjorden, das nur von wenigen Felszacken überragt wird, glaziologisch zwischen einen normalen Alpengletscher und das Inlandeis, wie es z. B. Grönland bedeckt.

Darüber hinaus wurde 1911 ein neues wissenschaftliches Konzept auf Spitzbergen realisiert. Bereits in den Sommern 1906 und 1907 hatte H. Hergesell, einer Einladung des Fürsten von Monaco folgend, die Gelegenheit genutzt, auf Spitzbergen aerologische Forschungen auszuführen. Die Entwicklung der Luftschiffe hatte in Deutschland das Interesse an aerologischen und geophysikalischen Forschungen geweckt. Doch bislang kannte man Spitzbergen nur während der Sommermonate. Und so wertvoll auch Messungen über die Sommerperiode hin waren, wollte man jetzt Daten während eines ganzen Jahres sammeln. Voraussetzung dafür war eine feste, ständig arbeitende Station. Mit der finanziellen Unterstützung des Kaisers, des Deutschen Reiches und des Preußischen Kultusministeriums konnte im Sommer 1911 erstmals der Versuch gewagt werden, eine Station auf Spitzbergen einzurichten.

Im Adventfjord bestand damals gerade seit ein paar Jahren eine amerikanische Kohlenmine, die sommers wie winters in Betrieb war. So schien es fast selbstverständlich, in ihrer Nähe, wo man auf Hilfe und Unterstützung rechnen konnte, eine Meßstation zu errichten. Die Aufgabe, die Station einzurichten und dort als erste Wissenschaftler zu arbeiten, hatten Dr. Georg Rempp aus Straßburg und Dr. Arthur Wagner aus Wien übernommen. Am 23. Juli kamen sie mit dem norwegischen Kohlendampfer ALMA in Longyear City an, die Ausrüstung folgte am 4. August mit dem Motorkutter DOGEREN. Die Kohlengesellschaft Arctic Coal Co. wies ihnen Wohn- und Arbeitsräume zu. Doch so verlockend der Gedanke zunächst gewesen war, die Station in der Nähe einer Siedlung zu errichten, als so unpraktisch erwies er sich letztlich in der Wirklichkeit. Die wissenschaftlichen Arbeiten mußten doch in erheblicher Entfernung von der Siedlung vorgenommen werden, und Unterstützung durch die Kohlengesellschaft blieb auch aus, da die Arbeiter eine andere Hauptbeschäftigung hatten. Dennoch war die Station vom 24. Juli 1911 bis zum 14. Juli 1912 besetzt.

Für die nächste Meßsaison strebte man allerdings Modifikationen an. Eine wissenschaftliche Fahrt der POSEIDON des Deutschen Seefischerei-Vereins wurde genutzt, eine neue Station aufzubauen. Das Schiff nahm daher neben der neuen Überwinterungsmannschaft Baumaterial für ein Haus mit. Im am Westufer des Krossfjords gelegenen Ebeltofthafen wurde ein geeigneter Platz gefunden. Dr. Kurt Wegener aus Göttingen und Dr. Max Robitzsch aus Marburg bauten die Station gemeinsam mit zwei Helfern auf. H. Hergesell hatte mittlerweile international weitere Kontakte geknüpft, und es sollten in der Arktis weitere Meßstationen errichtet werden, betrieben von russischen, dänischen und amerikanischen Wissenschaftlern. Das deutsche Observatorium auf Spitzbergen bestand bis zum Ausbruch des Ersten Weltkrieges. Nachdem Ende September 1912 der letzte Postdampfer die Station besucht hatte, begann die Überwinterung von Kurt Wegener und seinem Team: »Wohl noch niemals hat eine so kleine Expedition von nur 2 Gelehrten und 2 Gehilfen abgeschlossen in so hoher Breite überwintert. Freilich lag in der gleichen Zeit an der Ostküste Grönlands eine dänische Expedition von sehr ähnlicher Zusammensetzung aus dem dänischen Hauptmann Koch, meinem Bruder Dr. Alfred Wegener und zwei Gehilfen bestehend; aber diese vier Mann waren mit dem vertraut, was ihnen bevorstand, weil sie bereits in der Arktis als Mitglieder größerer Expeditionen überwintert hatten. Bei uns dagegen handelte es sich durchweg um eine unerfahrene Mannschaft, von der z. B. nur einer des Schneeschuhlaufens kundig war, und welche die Lebensbedingungen, denen sie entgegenging, nur aus Büchern und Schilderungen kannte.«[13] Jeder hatte in der Station seinen kleinen Raum für sich, die Mahlzeiten wurden gemeinsam eingenommen, »über alle Fragen, worum es sich handelte, wurde wie sich dies von selbst ergab, gemeinsam bei den Mahlzeiten oder abends nach dem Abendessen beraten.«[14] – 19 Drachenaufstiege, 98 Fesselballon- und 275 Pilotballonaufstiege trugen wesentlich bei zum Gelingen des wissenschaftlichen Programms.

Zur gleichen Zeit fand die glücklose Schröder-Stranzsche Expedition* auf Spitzbergen statt. Anfang Februar 1913 wurden

---

* Die Schröder-Stranz-Expedition 1912/13 wurde nach ihrem Leiter Herbert Schröder benannt. Er entstammte einer alten Bremer Patrizierfamilie und wurde am 9. Juni 1884 auf Stranz in Westpreußen, dem Rittergut der Eltern, geboren. Nach dem Militärdienst machte er einige Seereisen und unternahm schließlich einen Ritt

die Arbeiten auf der Station durch die Katastrophe dieser Expedition in Mitleidenschaft gezogen und die Überwinterer zu einer Hilfsexpedition veranlaßt.

Eigentlich sollte die Expedition, die Herbert Schröder 1912 nach Spitzbergen führte, nur eine Vorexpedition für spätere weitere Unternehmungen werden. Als »Muster« für eine geplante Arktis-Expedition diente ihm das Vorgehen Filchners, dessen Südpolarexpedition erst kurz zuvor Europa verlassen hatte. Genau wie Filchner versprach sich auch Schröder von einer Vorexpedition nach Spitzbergen einigen Nutzen. Dr. Wedemeyer – Beinahe-Expeditionsmitglied – erinnerte sich später: »Vor allem glaubte er zeigen zu müssen, daß er und sein Stab befähigt wären, etwas zu leisten.«[15] Dahinter stand, daß Schröder-Stranz, ein in der Polarforschung bis dahin unbeschriebenes Blatt, potentielle Geldgeber für künftige Unternehmungen von seiner Kompetenz überzeugen wollte. Das geographische Ziel der Vorexpedition blieb lange unbestimmt, da Schröder sich dabei an den zur Verfügung stehenden Mitteln orientieren mußte. Lebensmittel und Kleidung für diese Vorexpedition wurden von Berliner und Hamburger Firmen geliefert. Als Kapitän eines Expeditionsschiffes gewann er Alfred Ritscher, der auch später an der Hauptexpedition teilnehmen sollte. Während der Vorbereitungen der Vorexpedition absolvierte Ritscher allerdings gerade eine Fliegerausbildung in Johannisthal, er hatte also gar keine Zeit, sich um die Vorbereitungen zu kümmern. Hinzu kam, daß er sich bei einem Sturz mit dem »Flugapparat« schwere Rückenverletzungen zuzog. Ohne jegliche Polarerfahrung bereitete Schröder-Stranz das Unternehmen allein vor.

Unmittelbar nach Ritschers Genesung fuhren die Teilnehmer der Vorexpedition nach Tromsø, um sich ein geeignetes Schiff zu besorgen. Dr. Wedemeyer berichtete später: »Von den in Tromsø liegenden Schiffen erwies sich jedoch keins als brauchbar. Zufällig kehrte im letzten Augenblick der Motorschoner

durch Argentinien von Bahia Blanca bis Buenos Aires. 1907 trat er in das Colbergsche Grenadierregiment Nr. 9 in Stargard ein. Als Offizier dieses Regiments durchquerte er allein die Halbinsel Kola. In dieser Zeit faßte er den Plan, die Nordostpassage nutzbar zu machen und damit die Schätze Nordsibiriens für Europa zu erschließen. Vorbilder von Schröder-Stranz waren Amundsen und Filchner.

STERLING von einer Nordlandreise zurück. Das Schiff war allen Schiffen im Hafen weit überlegen und wurde deshalb zum Expeditionsschiff ausgewählt. Die Hoffnungen, die man darauf setzte, hat es jedoch nur zum Teil erfüllt. Schon bei der in Eile vorgenommenen Probefahrt zeigte sich, daß der Motor nicht immer gehorchte. Auf diesen Übelstand darf wohl ein Teil des Fehlschlages der Expedition zurückzuführen sein. Durch das Versagen des Motors ist Zeit verloren gegangen, und gerade der Zeitverlust sollte zum Verhängnis werden.«[16] Dennoch wurde unter begeisterten Reden das Schiff in HERZOG ERNST umgetauft, und man hißte in Anwesenheit des deutschen Konsuls die Reichsflagge.

Das Ziel und die Aufgaben dieser Vorexpedition hatte Schröder in einem Brief vom 3. Juli 1912 niedergelegt: »Die Studienreise wird unternommen, um die Wissenschaftler der Expedition ineinander einzuarbeiten und das Material an Fahrzeugen, wissenschaftlichen Instrumenten, ebenso wie den Proviant auf seine Güte für die Hauptexpedition im nächsten Jahre auszuprobieren. Es soll unter jeder Bedingung eine Einschließung während des Winters vermieden werden, da ich als Leiter der Expedition, ebenso wie die Herren der wissenschaftlichen Abteilungen hier in Berlin, bei den Vorbereitungen unbedingt notwendig sein werde.

Wenn die Gelegenheiten zu einer längeren Schlittenexpedition günstig sind, so wird eine besondere Schlittenabteilung versuchen, vom Osten Spitzbergens bis zur Nordwestspitze vorzudringen, das ist schlecht gerechnet, ein Weg von ungefähr 400 km. Wenn ich eine Höchstleistung von 10 km pro Tag für die Schlittenexpedition rechne, so kann bei guter wissenschaftlicher Ausnutzung in vierzig Tagen die Schlittenexpedition beendet sein.

Das Schiff geht jedoch an die meist bis Januar offene Nordwestküste Spitzbergens und geht unter keiner Bedingung, auch bei den günstigsten Eisverhältnissen, an der Nordküste Spitzbergens entlang, um die Expedition früher aufzunehmen. Dies ordne ich an, da die Nordküste auch bei den günstigsten Eisverhältnissen innerhalb eines halben Tages vom Eise blockiert werden kann, wenn der Wind nach Norden herumspringt.«[17] Den Expeditionsmitgliedern – zehn Deutschen und fünf Norwegern, unter ihnen ein Eislotse – teilte Schröder-Stranz jedoch seinen endgültigen Plan erst am 1. August in Tromsø mit.

Durchaus sachkundige Beratung war vorhanden gewesen. Ursprünglich hatte ein norwegischer Meteorologe und Geophysiker die Expedition begleiten sollen, aber als er hörte, daß die Abreise erst im August sein würde, trat er zurück. Dieser Zeitpunkt schien ihm zu spät zu sein. Er riet dem Expeditionsleiter, den Aufbruch auf das nächste Jahr zu verschieben, denn bei einem so späten Auslaufen würde eine Überwinterung unvermeidlich werden. Und dafür war die Expedition nur unzureichend ausgerüstet.

Doch da Schröder noch immer keine größeren Geldbeträge für eine Hauptexpedition zusammenbekommen hatte, wollte er potentiellen Geldgebern wohl imponieren. Er war der Meinung, auch für die beteiligten Wissenschaftler würde die Durchquerung des damals noch völlig unbekannten Nordostlands von Süden nach Norden wichtige Aufschlüsse bringen. Die Reise sei zwar gefährlich, aber nicht unmöglich, erklärte er nun in Tromsø. Das Schiff sollte die Schlittenpartie bis an den Rand des Packeises bringen, dann Spitzbergen von Süden aus umschiffen und sie an der Hinlopenstraße wieder aufnehmen.

Hermann Rüdiger, der später einen umfangreichen Bericht schrieb und der in der Gruppe der einzige war, der sich zumindest theoretisch – nämlich in seiner Doktorarbeit – mit der Arktis beschäftigt hatte, notierte folgendes über die Situation: »Es müßte immerhin wegen der vorgerückten Jahreszeit nicht nur mit der Möglichkeit, sondern sogar mit der Wahrscheinlichkeit einer Überwinterung gerechnet werden. Das war für die meisten von uns, die wir nicht darauf vorbereitet waren, eine höchst unliebsame Überraschung, aber deswegen im letzten Moment umkehren, dazu mochte sich keiner entschließen. Lieber gab man sich der Hoffnung hin, daß es eben doch anders käme«[18]; mit Ausnahme von Dr. Wedemeyer und Dr. Kohl, die in diesem Augenblick zurücktraten. Dr. Wedemeyer fühlte sich den Gefahren nicht gewachsen, und Dr. Kohl wollte unbedingt im November in Berlin zurück sein und fürchtete um seine Termine.

Am 5. August 1912 verließ die Expedition schließlich Tromsø. Die HERZOG ERNST dampfte an der Bäreninsel vorbei bis zur Packeisgrenze. Da sich aber keine Möglichkeit bot, die Schlittengruppe abzusetzen, fuhr das Schiff zurück, um die Südspitze Spitzbergens herum, an der Westküste entlang bis zum Magdalenefjord, wo man noch mit dem Vergnügungsdampfer VIKTORIA LUISE zusammentraf. Schließlich gelang es, bis 3 sm östlich vom Nordkap auf Nordostland vorzudringen. Am 14. August 1912 auf 80° 30' N und 21° 17' O wurde die Schlittenabteilung, zu der Expeditionsleiter Schröder-Stranz, Kapitänleutnant Sandleben, Dr. Mayr und Schröders Privatsekretär Schmidt gehörten, mit ihren Schlitten und 16 Hunden auf das Packeis gesetzt. »Man hatte nicht einmal Zeit zu warten, wie sich diese Abteilung entwickeln würde, denn das Schiff mußte der drohenden Eismassen wegen schleunigst flüchten. Man hatte verabredet, als Merkzeichen des eingeschlagenen Weges Bambusstangen aufzurichten. Die Lernersche Hilfsexpedition hat im Sommer 1913 vergeblich nach solchen Stangen gesucht, über den Verbleib der Schlittenabteilung ist nichts bekannt«, berichtete Dr. Wedemeyer später.[19]

Der ursprüngliche Plan sah vor, daß die HERZOG ERNST nun zum Krossfjord auf Westspitzbergen fahren sollte, um dort die Mitglieder der Schlittenexpedition in Empfang zu nehmen. Bis zum 15. Dezember sollte das Schiff warten, dann aber in jedem Fall die Heimreise antreten. Der Plan war zum Scheitern verurteilt, da es keine freie Fahrrinne mehr für das Schiff gab.

Am 20. September schließlich setzte Kapitän Ritscher das Schiff in der Treurenbergbucht (Sorgefjord) auf den Strand, um so seinem sicheren Untergang durch Eispressungen vorzubeugen. In einem Vortrag in Berlin berichtete er 1916 über die weiteren Ereignisse: »Wir Expeditionsmitglieder [3 norwegische Besatzungsmitglieder blieben beim Schiff zurück, C. R.-K.] verließen es dann wegen Mangels an zugänglichen Lebensmitteln mit der Absicht, wenn möglich die Ansiedlung in Adventbay zu Fuß zu erreichen und dort den Winter zu verbringen.«[20] Auf diesem Marsch, der von Anfang an sehr beschwerlich war, erfror sich Hermann Rüdiger einen Fuß. Er blieb zusammen mit dem Maler Christian Rave, der ihn pflegen wollte, in einer 1910 von einem norwegischen Pelzjäger erbauten Hütte zurück, während A. Ritscher zusammen mit drei Begleitern zum Adventfjord marschieren wollte, um Hilfe zu holen. Am 8. Oktober 1912 verließen sie die Hütte.

Der Marsch führte die kleine Gruppe über das hoch aufgetürmte Packeis des Wijdefjords, das zudem von Ebbe und Flut auseinandergerissen war und den Männern große Umwege aufzwang. Die Marschdauer war vom Tageslicht bestimmt, und das war zu dieser Jahreszeit kurz, nur noch 2–3 Stunden schien die Sonne, und spätestens um 5 Uhr war es zu dunkel zum Weitermarschieren. Ihnen blieb nichts anderes übrig, als im Schlafsack im Schnee zu übernachten. Erst am neunten Marschtag erreichten sie am Kap Petermann wieder eine Hütte. Vier Tage blieben sie dort, um Schlitten zu bauen, die Ausrüstung zu verbessern und Reiseproviant aus in der Hütte gefundenen Nahrungsmitteln herzustellen. Schließlich brachen sie wieder auf, kamen aber nicht weit. Gletscherspalten, die ins Bodenlose reichten, steile Moränenwände, Südweststurm, Schneetreiben und schneidende Kälte zwang sie zur Umkehr zur Hütte am Kap Petermann. Ausgehungert, zermürbt, zerschlagen und enttäuscht erreichten sie sie. Die Aussicht, den Weg weiter fortzusetzen, war wegen des Wetters gering. Am 18. Dezember machten sie sich erneut auf den Weg, doch bereits einen Tag später brach der Maschinist Eberhard entkräftet zusammen. Ritscher schickte ihn zusammen mit den beiden Norwegern zurück zum Schiff: »Wir trennten uns am 19. Dezember abends um 8 Uhr. Der Proviant für mich und meine Hündin Bella bestand aus drei faustgroßen Stücken gekochtem Rentierfleisch, das bei der herrschenden Kälte von 20 bis 30 Grad natürlich steinhart gefroren war. Außerdem hatte ich noch 4 Kilo rohe Graupen bei mir, von denen ich mir festliche Mahlzeiten zu bereiten gedachte, wenn ich irgendwo unterwegs eine Hütte anträfe. Hütten hoffte ich bestimmt im Boden und am Ausgange der Dickson-Bay zu finden.

Die Einsamkeit nach der Trennung von meinen Gefährten bedrückte mich sehr, dazu kamen die Grübeleien über das Schicksal der anderen Expeditionsmitglieder, die sich nun nach und nach in sechs verschiedene Gruppen aufgeteilt hatten.«[21]

Um schneller voranzukommen, hatte Ritscher sein Gepäck so weit wie möglich reduziert, selbst seinen Schlafsack hatte er zurückgelassen. »Aber schon bei der ersten Rast empfand ich das Fehlen des Schlafsackes sehr. Um mich während meiner Ruhepausen gegen das Erfrieren zu schützen, kratzte ich um mich her den Schnee zusammen, rollte mich wie ein Igel auf und deckte die Beine mit Schnee zu. Meinen Taschenwecker steckte ich in die innere Handfläche unter die Handschuhe, legte die Hand ans Ohr, zog den Segeltuchrucksack über den Kopf und band ihn über der Brust fest zu. So fühlte ich mich einigermaßen warm. Der Wecker wurde so gestellt, daß er nach 10 bis 15 Minuten ablaufen mußte. Nach dieser Zeit wanderte ich weiter.«[22]

Alle drei bis vier Kilometer machte Ritscher auf diese Weise Pause. 15 bis 20 Kilometer schaffte er so innerhalb von 24 Stunden. Die Hoffnung, die Hütte am Dicksonfjord zu finden, erfüllte sich nicht, er fand nur noch das Fundament. Was er nicht ahnte, war, daß eine neue Hütte nur zwei Kilometer entfernt stand. Es herrschten Temperaturen von $-27\,°C$ bis $-39\,°C$. Nur der Gedanke an das Ziel, die Siedlung Longyearbyen, hielt Ritscher am Leben. »Dort gab es Ruhe, Essen, Trinken und mindestens ein trockenes Strohlager in durchwärmtem, gedecktem Raum. In meiner überreizten Phantasie begann ich, schlemmerhafte Menüs zusammenzustellen, und ich flog förmlich über das Eis, um so bald wie möglich in den Besitz der herrlichen Gerichte zu kommen. Das war am 24. Dezember.«[23] Das größte Hindernis war schließlich noch der Eisfjord, den er am 26. Dezember morgens um vier Uhr erreichte: »Der offene Wasserstreifen war am Kap Thordsen nur noch 200 m breit und abgebrochene dünne Schollen trieben darauf herum. Von Scholle zu Scholle springend, erreichte ich jenseits eine zusammenhängende Jungeisdecke. Sie bog sich unter meinen Füßen. Stehenbleiben hieß Durchbrechen, Druchbrechen war gleichbedeutend mit Ertrinken oder Erfrieren. Das einzige, was mich davor bewahren konnte, war laufen. Laufen und immer laufen. Mein entkräfteter Hund hatte Mühe, mir zu folgen.«[24]

Unaufhaltsam lief Ritscher weiter. Auch eine etwa einen Meter breite, sich durch den gesamten Fjord ziehende Wasserrinne konnte ihn nicht mehr aufhalten: »Mit einem Satz sprang ich hinüber und... das Eis brach und schlug über mir zusammen. Beim Versuch, wieder auf das Eis zu kommen, brach es Stück für Stück ab, erst nach wohl 10 Minuten langen vergeblichen Versuchen faßte ich haltbares Eis, und es gelang mir, mich auf die Oberfläche zu ziehen. Es waren heute 36 Grad Kälte. Um das unausbleibliche Erfrieren der Füße hinauszuschieben, wollte ich wenigstens die Strümpfe auswringen. Dabei erfror mir die rechte

Hand. Kaum konnte ich den linken Strumpf und Stiefel, die im Moment steinhart gefroren waren, wieder anziehen. In der sitzenden Stellung waren auch meine Kleider in den wenigen Minuten wie Blech gefroren. Die einzige Rettung war, alles irgend Entbehrliche abzuwerfen und durch eiliges Laufen mich vor dem Erfrieren zu schützen.«[25] Ritscher lief um sein Leben. Am 27. Dezember morgens um halb drei Uhr erreichte er den Adventfjord. In den zurückliegenden 7½ Tagen hatte er 210 km Luftlinienentfernung zurückgelegt, in der nur durch Mondschein erhellten Polarnacht, davon allein 55 Kilometer in den letzten 22 Stunden, 6½ Tage ohne Nahrung und Lagerfeuer. In einem Vortrag in Berlin faßte er statistisch sachlich zusammen: »Die Gesamtdurchschnittsleistung über Gletscher, Gebirge und Packeis war 28 km in 24 Stunden.«[26]

Die Ankunft des halberfrorenen, halbverhungerten Mannes verbreitete sich in Longyearbyen wie ein Lauffeuer. Doch die Wasserrinne im Eisfjord hatte sich noch weiter geöffnet, erst am 19. Januar konnte eine Hilfsexpedition aufbrechen. Sie bestand aus vier erfahrenen Männern mit 13 Hunden, darunter auch Ritschers Hündin Bella. Nach einem Tag kehrte der Hilfstrupp unverrichteter Dinge zurück. Der Eisfjord hatte sich als unüberwindliches Hindernis erwiesen.

Am 24. Januar 1913 startete die Hilfsmannschaft einen zweiten Versuch, aber nach drei Wochen kehrten zwei Männer erfolglos zurück und mußten ihrerseits um Hilfe für die zurückgebliebenen Kameraden bitten. Von Longyearbyen aus konnte kein weiterer Versuch zur Rettung der Schröder-Stranz-Expedition mehr gemacht werden. Es fehlte an Hunden und Ausrüstung.

Vom Krossfjord brach am 21. Februar 1913 vom deutschen Observatorium eine Hilfsexpedition unter Kurt Wegener auf. Darüber hinaus lösten die telegrafischen Hilferufe Ritschers zwei große Hilfsexpeditionen aus, von denen die eine unter dem norwegischen Hauptmann Staxrud Ende Mai die Zurückgebliebenen, Dr. Hermann Rüdiger und den Maler Christian Rave, rettete. Die beiden hatten sich, nachdem Ritscher sie in der Hütte zurückgelassen hatte, im November auf den Weg zum Schiff gemacht, das sie nach einem für den Verletzten Rüdiger qualvollen Marsch am 1. Dezember erreichten. Aufopfernd sorgte Rave weiter für Rüdiger, der sich kaum bewegen konnte und nur im Schreiben seines Tagebuches Ablenkung fand. Die Nachforschungen nach den übrigen Expeditionsmitgliedern blieben erfolglos. An diesen Nachforschungen beteiligte sich auch die zweite deutsche Hilfsexpedition unter Theodor Lerner. Ritscher selber wurde am 17. Juni 1913 in das Krankenhaus von Tromsø eingeliefert. Als jedoch von Hauptmann Staxrud die telegrafische Mitteilung kam, daß er das Expeditionsschiff HERZOG ERNST am 29. Juli »aus dem Eise der Treurenburg Bay gesprengt« und am 5. August nach Greenharbour gebracht hatte, machte Ritscher sich als Passagier auf einem Dampfer auf den Weg dorthin. Anschließend brachte er die HERZOG ERNST nach Tromsø zurück und übergab das Schiff dort dem deutschen Konsul zur Regelung aller darauf ruhenden Ansprüche der Eigentümer und der Mannschaft. Hermann Rüdiger und Christian Rave waren am 21. Juni 1913 wieder zurück in Hamburg. Seinen Vortrag in Berlin beendete Ritscher mit dem Fazit: »Meine eigene Erfahrung und das, was ich von anderen Unternehmungen in Spitzbergen aus neuester Zeit weiß und gesehen habe, läßt mich zum Schluß die Hoffnung aussprechen, daß man endlich bei Expeditionen nach Spitzbergen und bei dort beabsichtigten Überwinterungen den Gedanken fallen läßt, man könne den Verhältnissen dort oben auch ohne peinlichst gewissenhafte Vorbereitungen entgegentreten. So herrlich, wie in den Sommermonaten Juli und August Spitzbergen von Bord des Touristendampfers aus anmutet, so furchtbar und gefahrvoll ist das Land, wenn die viermonatliche Polarnacht es in Dunkelheit einhüllt, wenn die eisigen Stürme durch das Land fegen und meterdicke Schneemassen jeden Lebenskeim ersticken.«[27]

Vom wissenschaftlichen Programm war so gut wie nichts geblieben, auch wenn Hermann Rüdiger sich noch unter schwersten Bedingungen bemüht hatte, wenigstens Wetterdaten zu sammeln: »Mit dem 9. Dezember begannen wieder die meteorologischen Beobachtungen, die ich seit dem Beginn der Expedition besorgt hatte, auch während der Schlittenreise und in den sieben Wochen an der Wijde-Bai. Nur in der Zeit des Rückmarsches zum Schiff und während der ersten Woche an Bord fielen sie fort, und diese bedauerliche Lücke kennzeichnet aufs beste den Ernst dieses Abschnittes: Wir hatten keine Zeit, das Wetter zu beobachten, sondern wir mußten gegen seine Unbilden um unser Leben kämpfen, und an Bord zurückgekehrt, vergaßen wir über dem Ruhebedürfnis zunächst die Wissenschaft. Jetzt besorgte Rave die Beobachtungen, während mir nichts weiter übrig blieb, als sie aufzuzeichnen.«[28]

Von den insgesamt fünfzehn Teilnehmern, die 1912 in Tromsø aufgebrochen waren, kehrten nur sieben zurück, von den zehn deutschen nur drei, und von diesen zwei als Invaliden. Das Schicksal der übrigen Expeditionsteilnehmer ließ sich bisher nicht rekonstruieren, obwohl vereinzelt Hinweise gefunden wurden.*

Im Sommer 1937 fuhr der norwegische Kapitän Amandus Wilhelmsen aus Tromsø mit seinem Sohn zum Duvefjord an der Nordküste des Nordostlandes. Die Handels- og Sjøfartstidende berichtete über seine Fahrt in der Ausgabe vom 8. September 1937: »Der junge Wilhelmsen ging am Duvefjord an Land, um nach Holzresten zu suchen, aus denen er ein Boot für seinen neun Monate alten Sohn bauen wollte. Er fand zunächst Segeltuchboot und Schlafsack, holte dann seinen Vater, und beide durchsuchten die Überreste des Lagers.«[29] Sie fanden verschiedene Holzteile, die von einem Boot stammten, Patronen, ein Fernrohr, ein Messingschild sowie Reste von Kochgeschirr.

Da seine Funde in Deutschland so großes Aufsehen erregt hatten, kehrte Wilhelmsen im Juli 1938 noch einmal zurück, um sich näher umzusehen. Darüber berichtet die Zeitung Tromsø vom 17. August 1938: »Das Lager muß zu einer späten Zeit des Jahres aufgeschlagen sein, da es sich unterhalb eines kleinen Hügels befand und wahrscheinlich auf Schnee oder Eis aufgeschlagen sein wird. Ebenso hat sich gezeigt, daß gleich am Lager ein Bach sich befand, und es ist nicht ausgeschlossen, daß dieser Bach im Laufe der Zeit einige Sachen vom Lager mit sich ins Meer geführt haben kann.«[30] Auch dieses Mal brachte Wilhelmsen Fundstücke mit.

Diese Gegenstände wurden in Ny-Ålesund zunächst von dem

---

* Leonid Breitfuß berichtete 1925: »Im Sommer 1917 hat ein norwegischer Fangmann Eilefsen an der Ostseite der Wijdebai eine Leiche und Tagebücher usw. gefunden. Aus den Aufzeichnungen geht hervor, daß es sich um die Leiche des Botanikers der Expedition, Dr. Moeser, handeln mußte.«[31]

norwegischen Spitzbergenforscher Adolf Hoel verwahrt und dann von Ernst Hermanns Fieseler-Storch-Expedition nach Oslo gebracht. Weder schriftliche Aufzeichnungen noch menschliche Überreste waren gefunden worden. Alles deute darauf hin, so versicherte damals Wilhelmsen, daß das Lager, das er entdeckt hatte, seinerzeit in bester Ordnung verlassen und nur unnötiges Gepäck zurückgelassen worden war.

Der Erste Weltkrieg unterbrach alle wissenschaftlichen Aktivitäten deutscher Forscher auf Spitzbergen. Erst 1925 wurden hier Deutsche wieder aktiv, und zwar fanden gleich zwei voneinander unabhängige Expeditionen im Sommer dieses Jahres statt.

Die erste Hamburgische Spitzbergen-Expedition führte im Juli und August 1925 zum Eisfjord. Dabei unternahmen der Kustos am Mineralogisch-Geologischen Staatsinstitut und Privatdozent an der Universität Hamburg, Professor Dr. K. Gripp, sowie Dr. Emmi Todtmann von demselben Institut bodenkundliche Untersuchungen. Mitbeteiligt an dem Unternehmen war der Hamburger Biologe D. G. A. Meyer. Die Folge dieser Studien war die zweite Hamburger Spitzbergen-Expedition im Sommer 1927, die in erster Linie dem Studium von Moränen und ihrer Entstehung galt. Teilnehmer waren wiederum Prof. Dr. K. Gripp und Dr. Emmi Todtmann, ferner Dr. H. Knothe vom Geographischen Institut der Universität Breslau und der Breslauer Geographiestudent C. Schott. Ermöglicht wurde die Expedition durch Unterstützungen der Notgemeinschaft der Deutschen Wissenschaft, der Hochschulbehörde und der Wissenschaftlichen Stiftung in Hamburg sowie der dortigen Geographischen Gesellschaft. Anfang Juni 1927 nahm die Expedition in der Nähe der holländischen Kohlengrube Barentsburg* ihre Studien auf. Sie erstreckten sich neben der Beobachtung der Schneeschmelze insbesondere auf eine umfassende Vermessung eines Teils der Endmoräne des Grönfjord-Gletschers sowie anderer typischer Moränenabschnitte, um ihre Formen mit denen eiszeitlicher Moränen in Norddeutschland vergleich zu können. Im Juli und August 1927 konnten insgesamt 20 weitere Gletscher besucht werden. Dabei fand man auch sehr wertvolle Versteinerungen. Am 8. September schließlich traf die Expedition

---

* Barentsburg wurde erst 1932 an die Sowjetunion verkauft.

wieder in Hamburg ein. Ihre Arbeiten ergaben wichtige Aufschlüsse über die Moränenbildung, die auch zur Erklärung von eiszeitlichen Landschaften Norddeutschlands herangezogen werden konnten.

Im Jahre 1925 war auch der Kieler Wissenschaftler Dr. Max Grotewahl nach Spitzbergen aufgebrochen. Er unternahm eine als Übungsexpedition konzipierte Fahrt, die vor allem dem Training von Expeditionsteilnehmern sowie der Instrumentenerprobung diente, die aber durchaus auch eigenständige wissenschaftliche Ziele verfolgte. Das Programm war recht umfangreich; es umfaßte botanische und zoologische Arbeiten, Gezeitenbeobachtungen sowie Küstenaufnahmen, Vertonungen, Lotungen und photogrammetrische Landesaufnahmen.

Neben Dr. Grotewahl nahmen der Zoologe Dr. Jupitz aus München, Dr. Ankersen aus Nürnberg als Hilfskraft bei Vermessungsarbeiten und der Kameramann F. Biller aus München an dem Unternehmen teil. Es war eine private Expedition, die allerdings von der Reichsmarine, der Expeditionsabteilung des Auswärtigen Amtes, der Geographischen Gesellschaft und der Naturhistorischen Gesellschaft in Nürnberg unterstützt wurde.

Das Unternehmen begann am 28. Juli. Die Expedition schlug am Magdalenefjord ihr Hauptlager auf, von wo aus Exkursionen mit Faltboot und Schlitten unternommen wurden.

Zu den wichtigsten Exkursionen gehörten eine Durchquerung von Nordwestspitzbergen vom Magdalenenfjord zum Liefde- und Raudfjord sowie eine Faltbootfahrt zum Virgohafen auf der Däneninsel. »Dabei wurden von den noch unbekannten Gebieten stereophotogrammetrische Geländeaufnahmen gemacht sowie fünf Gipfel und Pässe bei Erstbesteigungen ihrer Höhe und Lage nach durch Siedethermometer versuchsweise trigonometrisch genau vermessen. Ferner wurden im inneren Teil der Magdalenenbucht ausgedehnte Lotungen vorgenommen und eine vollständige Gezeitenmessung über eine ganze Mondperiode durchgeführt, wie sie bisher für das Eismeer um Spitzbergen gefehlt hatte. Die Lotungen ergaben das Vorhandensein eines ausgezeichneten Naturhafens mit Tiefen bis zu 138 m – eine vollständige Karte ist erstellt worden – während die Gezeitenmessung neben ihrer wissenschaftlichen Bedeutung für die Schiffahrt wichtige Rückschlüsse auf die Gezeitenfolge der nach dieser Richtung hin noch wenig erforschten nördlichen Nordsee und der anschließenden Gebiete des nördlichen Eismeeres ermöglichte.«[32] Die zoologischen und botanischen Sammlungen wurden später an Institute in München und Nürnberg gegeben. Schwierigkeiten tauchten allerdings beim Rücktransport der Expeditionsteilnehmer auf. Max Grotewahl berichtete darüber: »Infolge der äußerst schlechten Wetterlage hatte der Kapitän des Dampfers GENERAL SAN MARTIN Bedenken, uns abholen zu können. Auf seine Mitteilung hin war die Marine sofort bereit, eine Hilfsexpedition nach uns auszusenden. Das Fischereischutzboot ZIETHEN, mit dem Herr Kapitän Ritscher als Sachverständiger mitgesandt worden war, nahm uns in der Magdalenenbucht auf und brachte uns nach Wilhelmshaven.«[33]

Die in Westspitzbergen gesammelten Erfahrungen bestärkten Grotewahl darin, sein nächstes Unternehmen in Nordostland durchzuführen. Die Expedition hatte ein Nachspiel: Die wissenschaftlichen Ergebnisse veranlaßten Dr. Grotewahl zur Einrichtung eines »Archivs für Polarforschung«. Aus ihm sollte, so der Wunsch des Gründers, einmal ein Institut für Polarforschung entstehen!

Im Juli und August 1927 arbeiteten die drei Göttinger Wissenschaftler Blanck, Mortensen und Giesecke am Eisfjord in Spitzbergen. Sie gingen vornehmlich bodenkundlichen Fragen nach. Ihre Arbeit wurde unterstützt durch die Notgemeinschaft der Deutschen Wissenschaft und die Göttinger Gesellschaft der Wissenschaft.

Spitzbergen – wie überhaupt die arktischen Regionen – stießen Ende der zwanziger Jahre auch in einer breiten Öffentlichkeit auf Interesse. Im April, Mai und Juni 1929 fand die Spitzbergen-Expedition der Hom-Film-A. G., Berlin, statt. Ihre Haupteinsatzgebiete waren das nördliche Barentsmeer und die Westküste Spitzbergens vom Eisfjord bis hinauf zur Amsterdaminsel. Leiter der Expedition war der durch seine Filme »Der Heilige Berg« und »Der Kampf ums Matterhorn« bekannt gewordene Diplom-Ingenieur Luis Trenker aus Bozen. Weitere Teilnehmer der Filmexpedition waren die Kameraleute Willi Winterstein, von Borsody und Franz Eigner, die fünf Norweger Lars Hansen, Hogne Hansen, Lars Nielsen, Eigil Lindberg und

Henry Schmidt, die Italiener Nunzio Malasomma und Mario Bonnard als Regisseur und künstlerischer Beirat, die Bergführer Hugo Lehner und Roland Rossi, sowie Eva von Berne, Dr. Holsboer, Dr. Ebersberg, Nico Turoff, Aribert Mog, Arno Kozur, Paul Siebert und der Fotograf Eugen Klagemann. Die Expedition ist in der breiten Öffentlichkeit dadurch bekannt geworden, daß einige ihrer Mitglieder im Packeis tagelang verschollen waren. Das Ergebnis der Expedition war neben einem Kulturfilm und zahlreichen umfangreichen photographischen Aufnahmen der Spielfilm »Der Ruf des Nordens«.

Zu Beginn der dreißiger Jahre war ein geradezu sprunghafter Anstieg von Expeditionen aus vielen Ländern in Spitzbergen zu verzeichnen. Auch die Zahl deutscher Expeditionen nahm zu. Allerdings waren es oft kleine Unternehmen mit ein oder zwei Teilnehmern, die nicht selten auf Privatinitiativen zurückgingen, wie etwa die Reise von Hermann Ritter und M. Schwarzlose, die im Juli 1931 von Hamburg aus mit dem Touristenschiff MONTE ROSA zum Kongsfjord gereist waren und in Ny-Ålesund an Land gingen, ausgestattet mit Ausrüstung und Verpflegung für ein Jahr. Sie stellten zunächst im inneren Fjord eine Winterhütte auf und unternahmen anschließend eine Reihe mehrtägiger Gletscherwanderungen. Dabei wurden im Kongsfjord und auf der Brøgger-Halbinsel meteorologische und glaziologische Messungen durchgeführt. Ende Juli erfolgte schließlich die Heimreise.*

Auf Privatinitiative ging auch die Reise des Münsteraner Geographen W. Dege zurück, der 1935 das Phänomen des Auftaubodens im Gebiet des Eisfjords besonders in Hinsicht auf die Veröffentlichungen von Prof. Gripp aus dem Jahre 1925 kritisch untersuchen wollte. Die Reise, auf der er von dem Studenten Hans Koch begleitet wurde, der seinerseits mikroklimatische Untersuchungen anstellen und Material für eine Staatsexamensarbeit sammeln wollte, wurde vom geographischen Seminar der Universität Münster unterstützt. Eine umfangreiche Fossilien-

---

* Einer breiten Öffentlichkeit brachte 1938 die Malerin Christiane Ritter die Schönheiten Spitzbergens nahe. Sie hatte Anfang der dreißiger Jahre zusammen mit ihrem Mann Hermann Ritter in der Hütte Grohuk überwintert; ihr Buch »Eine Frau erlebt die Polarnacht« wurde sehr erfolgreich.

sammlung, die zusammengetragen wurde, schenkten die zwei nach ihrer Rückkehr dem Geologischen Institut der Universität Münster. Letztlich diente ihre Reise der Vorbereitung eines größeren Unternehmens, das 1936 in der »Spitzbergen-Expedition Deutscher Studenten« zustande kam. Der ursprüngliche Plan der Expedition war, eine Anzahl junger Wissenschaftler aus höheren Semestern und verschiedener Disziplinen zu einer gemeinsamen, möglichst vielseitigen und umfassenden Forschungsarbeit zusammenzubringen. Große Schwierigkeiten ergaben sich allerdings bei der Finanzierung, so daß man fast ausschließlich auf eigene – sehr beschränkte – Mittel angewiesen war. Es blieb eine kleine Expedition, bei der jeder der vier Teilnehmer sich an den Kosten mit etwa 1000 Mk beteiligte. Ihre Mitglieder waren: Wilhelm Dege aus Münster als Geograph, Dr. W. Jung aus Freiburg i. Br. als Biologe, H. Koch aus Münster als Geograph und Dr. E. Schenk aus Bonn als Geologe. Am 2. Juli schiffte sich die Gruppe in Narvik auf dem kleinen norwegischen Eisbrecher LYNGEN nach Spitzbergen ein. Nach einer Fahrt entlang der Küste Spitzbergens erreichten sie am 9. Juli die Packeisgrenze. »Die ganze Nordküste Spitzbergens war blokkiert. Kleine Fischkutter steckten mitten im krachenden Eistreiben«[34], berichtete später E. Schenk. Die LYNGEN machte kehrt und setzte das Wissenschaftlerteam an der Küste von Albert-I-Land ab. 14 Tage lang unternahm es hier verschiedene Exkursionen, dann holte es die LYNGEN am 23. Juli wieder ab und brachte die Teilnehmer zur nächsten Station, der Hütte eines Fuchs- und Eisbärenfängers am Gråhuk. Sie stellten ein Wetterhäuschen für meteorologische Beobachtungen auf, Koch machte eine topographische Aufnahme der Küstenzone um Gråhuk, und man unternahm mehrere Wanderungen, wobei Dege und Koch u. a. das Andréeland durchquerten. Wie verabredet nahm die LYNGEN die vier Wissenschaftler am 3. September zur Heimreise auf.

Unter Leitung von Dr. H. Rieche fand sich 1937 eine Gruppe von acht Wissenschaftlern zusammen, die in der Zeit vom 5. Juli bis 16. August 1937 meteorologische, ornithologische, bodenkundliche, glaziologische und magnetische Messungen im Gebiet des Hornsundes in Südspitzbergen durchführte. Dieses Gebiet war eines der bis dahin unbekanntesten, weil expeditionstechnisch schwierigsten Gebiete Spitzbergens. 1938 konnte

Expeditionsleiter Rieche mit einer z. T. anders zusammenge-
setzten Gruppe die Arbeiten am Hornsund weiterführen. Dabei
wurden von Dr. W. Pillewizer an den Gletschern des Hornsundes
und des Kongsfjord Bewegungsmessungen vorgenommen. Er
wandte zum ersten Male in Spitzbergen die Methode der photo-
grammetrischen Geschwindigkeitsmessung an, die eine Registrierung selbst geringfügiger Bewegungen ohne Betreten der
häufig stark zerrissenen Gletscher gestattet. Expeditionsleiter
Rieche sollte die Ergebnisse seiner Arbeiten allerdings erst 1970
publizieren können.

1938 unternahm auch Wilhelm Dege zusammen mit seiner
Frau seine bereits dritte Spitzbergen-Expedition. Ihn interessierte dabei vor allem die Frage, welche Kräfte im eisnahen
Gebiet Spitzbergens an der Formung der Landoberfläche tätig
sind. Den jungen Dresdener Maler Eduard Binder, der sich Dege
in Spitzbergen anschloß, bat er, »einmal die so oft und so wesentlich wechselnden Farbstimmungen in der arktischen Land-
schaft in Aquarellen festzuhalten.«[35] Mehr als 50 gelungene
Farbstudien des Nordwestens von Spitzbergen vom Kongsfjord
bis zur Amsterdaminsel brachte der Künstler seinerzeit mit nach
Hause.

Im Jahre 1937 waren erstmalig von deutschen Fischdampfer-
reedereien Schiffe zur Westküste Spitzbergens entsandt worden,
wo äußerst günstige Fangergebnisse erwartet wurden. Auf insgesamt sieben Reisen im Juli, September und Oktober 1937 wurden 710 000 kg Fische gefangen, wovon allein 85 % auf Kabeljau
entfielen. Im Jahre 1938 wurden zwei weitere Reisen nach Spitzbergen ausgeführt, die rund 206 000 kg brachten, wovon 88 %
Kabeljau waren. Gefischt wurde auf Tiefen von etwa 400 m südlich von Prinz-Karls-Vorland und östlich und westlich von Südspitzbergen. »Natürlich wird es sich hier stets um eine Sommer-
fischerei handeln, die noch den Nachteil einer langen Anreise
hat, aber dennoch wohl günstige Aussichten bietet«[36], folgerte
Alfred Willer, Fischereireferent im Reichsernährungsministe-
rium, aus den Testfahrten. Auch während des Zweiten Weltkrieges arbeiteten deutsche Wissenschaftler auf Spitzbergen. Ihre
Aktivitäten wurden allerdings erst nach der Kapitulation
Deutschlands im Mai 1945 allgemein bekannt. Sie waren in den
hohen Norden geschickt worden, um Wetterdaten zu sammeln,

an denen nicht zuletzt auch die deutsche Luftwaffe und Marine interessiert waren. Durch die Kriegsereignisse war Deutschland vom internationalen Austausch synoptischer Wetterbeobachtungen ausgeschlossen, so daß der deutsche Wetterdienst versuchen mußte, sich selber Informationen zu beschaffen. Franz Nusser hat später wiederholt auf wissenschaftlichen Kongressen darüber berichtet: »Ihrer Entstehung nach waren die deutschen Arktisstationen der Kriegsjahre vor allem Wetterstationen, aber es war der ausdrückliche Wunsch der vorgesetzten Stellen, daß neben dem eigentlichen Wetterdienst noch andere wissenschaftliche Untersuchungen angestellt wurden, je nach der Einstellung und Eignung der an dem Unternehmen teilnehmenden Wissenschaftler, die sich hauptsächlich aus Geographen zusammensetzten.«[37] So sammelte beispielsweise R. Knoespel in dieser Zeit umfangreiches biologisches Material, das später in ein Prager Museum kam. Allerdings sind viele Unterlagen später verloren gegangen. Ein besonders abenteuerliches Schicksal erlitten die Teilnehmer der Station »Haudegen«. Sie war bei Kriegsende schlicht und einfach vergessen worden. »Doch das störte uns nicht«[38], berichtete Wilhelm Dege, der Leiter des Wettertrupps, später. Proviant und Ausrüstung ließen sie keine Not leiden, und die wissenschaftlichen Untersuchungen, an denen der Geograph arbeitete, waren längst nicht abgeschlossen. Doch schließlich kam man dem verlorenen Trupp doch auf die Spur. Dege berichtet über dieses kuriose Kriegsende: »Die norwegische Marine schickte uns zu unserer Abholung und Gefangennahme ganze sieben Robbenschläger unter der Führung ihres Schiffers Ludwig Albertsen aus Tromsø. Sie hätte nicht geschickter sein können, denn diese Männer spielten keineswegs die Sieger, sie waren Kameraden, und hier behandelten sie uns auch so. In der Frühe des 4. September kapitulierte ich vor Albertsen. Der Schiffer war gehalten, diese Kapitulation von mir zu verlangen. Da wir beide nicht wußten, wie ›man so was macht‹, wurde es eine sehr seltsame Kapitulation, nicht nur wegen des späten Zeitpunktes. Sie endete in einer großen militärischen Übung, bei der wir den Norwegern unter dem rücksichtslosen Einsatz aller unserer Waffen und Sprengstoffvorräte zeigten, wie wir sie empfangen haben würden, wenn sie vor dem 8. Mai gekommen wären. Die schießfreudigen norwegischen Robbenjäger waren so begeistert über den Feuerzauber, daß sie bald hinter unseren Maschinengewehren lagen und mithalfen, den ›gelandeten Feind‹ zu vernichten. Am 5. September wurden die wissenschaftlichen Arbeiten beendet.«[39] Deges Aufzeichnungen wurden zwar zunächst beschlagnahmt, aber im Sommer 1952 erhielt er seine privaten und ein Jahr später auch seine dienstlichen Aufzeichnungen zurück und begann mit der Auswertung. Doch nicht alle Unterlagen waren bei Kriegsende in die Hände der Norweger geraten; und das ahnte man in Oslo durchaus. Das Unternehmen »Haudegen« hatte somit ein Nachspiel: Vom 7. bis 19. August 1985 unternahm das norwegische Verteidigungsmuseum der Küstenwacht eine Spitzbergen-Expedition, um Überreste deutscher Wettertrupps zu bergen. Vorrangiges Ziel war das Einsatzgebiet des Wettertrupps »Haudegen« am Rijpfjord. Vom Ankerplatz vor der alten Stationshütte in der Wordiebucht aus wurden sämtliche Depots dieses Wettertrupps mit dem Bordhubschrauber aufgesucht. Von deutscher Seite nahmen an der Expedition Franz Selinger aus Ulm und Prof. Dr. Eckhardt Dege vom Geographischen Institut der Universität Kiel teil, der Sohn des damaligen Leiters des Wettertrupps »Haudegen«. Während der Expedition konnten u. a. das in einem Versteck hinterlegte Tagebuch des Wettertrupps, die Feldbücher von Wilhelm Dege sowie die vollständigen Ergebnisse der meteorologischen Terminbeobachtungen einschließlich der 140 durchgeführten Radiosondenaufstiege geborgen werden. Anschließend wurden im Süden Westspitzbergens noch eine 1943 von der deutschen Luftwaffe aufgestellte automatische Wetterstation vom Typ »Kröte« geborgen sowie die Überreste der Luftwaffen-Wetterstationen »Landviker« (1944/45) in der Strombucht Südspitzbergens und »Taaget« (1944/45) auf der Bäreninsel inspiziert. Ein Teil der geborgenen Expeditionsreste ist seit dem 1. September 1989 in den Räumen des Svalbardmuseums in Longyearbyen ausgestellt.

Anmerkungen

1 Zitiert nach: Oesau, Wanda: Hamburgs Grönlandfahrt auf Walfischfang und Robbenschlag vom 17.–19. Jahrhundert. Glückstadt, Hamburg, 1955, S. 29.

2 Ebd., S. 30.

3 Martens, Fridrich: Spitzbergische oder Groenlandische Reise Beschreibung gethan im Jahr 1671. Hamburg 1675, S. 39.

4 Die Deutsche Nordfahrt des Herrn Barto v. Löwenigh im Jahre 1827. In: August Petermann: Spitzbergen und die arktische Central-Region. Gotha 1865 (Petermann's Geographische Mittheilungen, Ergänzungsheft 16), S. 43.

5 Ebd., S. 44.

6 Ebd., S. 39.

7 Petermann's Geographische Mitteilungen, Ergänzungsheft 1. Gotha 1865, S. VII f.

8 Geographische Monatsberichte. Polargebiete. In: Petermann's Geographische Mitteilungen 38, 1892, S. 175.

9 Ebd., S. 176.

10 Rüdiger, Hermann: Deutschlands Anteil an der Lösung der polaren Probleme. Ein Beitrag zur Geschichte der Polarforschung. Diss. Erlangen 1912, S. 24.

11 Nansen, Fridtjof: Spitzbergen. Leipzig 1922, S. 26 f.

12 Wahnschaffe, Felix: Die Exkursion des XI. Internationalen Geologenkongresses nach Spitzbergen. In: Zeitschrift der Gesellschaft für Erdkunde zu Berlin, 1910, S. 641.

13 Wegener, Kurt: Das Observatorium in der Crossbai 1912/1913. In: Hergesell, H. (Hrsg.): Das Deutsche Observatorium in Spitzbergen. Beobachtungen und Ergebnisse I. Straßburg 1914 (Schriften der Wissenschaftlichen Gesellschaft in Straßburg 21), S. 25.

14 Ebd., S. 28.

15 Zitiert nach: Staxrud, A., und Kurt Wegener: Die Expedition zur Rettung von Schröder-Stranz und seinen Begleitern. Geschildert von ihren Führern. Im Auftrage des Komitees »Hilfe für deutsche Forscher im Polareis«. Berlin 1914, S. VI.

16 Ebd., S. VIII.

17 Ebd.

18 Rüdiger, Hermann: Die Sorge-Bai. Berlin 1913, S. 8.

19 Staxrud, A. (wie Anm. 15), S. XI.

20 Ritscher, Alfred: Wanderung in Spitzbergen im Winter 1912. In: Zeitschrift der Gesellschaft für Erdkunde zu Berlin, 1916, S. 16.

21 Ebd., S. 22.

22 Ebd.

23 Ebd., S. 24.

24 Ebd., S. 26.

25 Ebd.

26 Ebd., S. 27.

27 Ebd., S. 33.

28 Rüdiger, Hermann (wie Anm. 10), S. 136.

29 Zitiert nach: Rüdiger, Hermann: Die Überreste der Schröder-Stranz-Expedition. In: Petermanns Geographische Mitteilungen 85, 1939, S. 162.

30 Ebd.

31 Breitfuß, Leonid: Die Erforschung des Polargebietes Russisch-Eurasiens. See-

und Landreisen während der Jahre 1912–24. Gotha 1925. (Petermanns Geographische Mitteilungen, Ergänzungsheft 188), S. 38.

32 Grotewahl, Max: Über eine Expedition nach Spitzbergen. In: Zeitschrift der Gesellschaft für Erdkunde zu Berlin, 1926, S. 381 f.

33 Ebd.

34 Schenk, E.: Bericht über die Spitzbergen-Expedition Deutscher Studenten 1936. In: Polarforschung 7, 1937, 1, S. 7.

35 Dege, Wilhelm: Vorläufiger Bericht über meine Spitzbergenfahrt 1938. In: Petermanns Geographische Mitteilungen 85, 1939, S. 162.

36 Willer, Alfred: Die deutsche Hochseefischerei und ihre Fanggründe. In: Zeitschrift der Gesellschaft für Erdkunde zu Berlin, 1942, 5/6, S. 232.

37 Nusser, Franz: Die deutschen Arktisstationen in den Jahren 1940–1945. In: Deutscher Geographentag 1948, 6, S. 121.

38 Dege, Wilhelm: Wettertrupp Haudegen. Eine deutsche Arktisexpedition 1944/45. Wiesbaden 1954, S. 270.

39 Ebd., S. 276 f.

Die Erforschung der Arktis aus der Luft

»Bis an die Zähne sozusagen bewaffnet mit allem, was uns gegen Eis und Kälte schützen sollte, zogen wir aus, gerüstet, einen Kampf mit Packeis und beißenden Winden aufzunehmen. Aber in Wirklichkeit durften wir, nachdem wir einige Hindernisse, die uns an der Eingangspforte zur Arktis vom Wettergott entgegengeschleudert wurden, ohne viel Mühe überwunden hatten, unter leuchtendem Himmel in wohliger Wärme dahinsegeln über Gletscher, Fels und Vereisung, die uns durch die Phantastik der Szenerie in gleicher Weise gefangen nahmen wie durch das stolze Bewußtsein, daß dabei zum Teil nie Geschautes uns seine Geheimnisse offenbaren mußte. Welch wunderbare Perspektive für wissenschaftliche Polarforschung und für Reisende, wenn es immer so gehen könnte.«[1] Begeistert erinnerte sich Hugo Eckener an die Fahrt des GRAF ZEPPELIN im Jahre 1931 in die Arktis. Doch die Verwendung von Luftschiffen sollte nur eine kurze Episode in der Geschichte der deutschen Polarforschung darstellen: Die technische Entwicklung hatte ihren Einsatz hier schon überholt, bevor der GRAF ZEPPELIN auf seine große Fahrt ging.

Die Idee, die Arktis aus der Luft zu erkunden, war allerdings nicht ganz neu. Bereits der Brasilianer Bartholomeu Lorenço de Gusmão, ein aus der Gesellschaft Jesu entlassener »Kleriker mit niederen Weihen«, der am 8. August 1709 in Lissabon vor den Augen des versammelten Hofstaates ein kleines Luftschiff, die PASSAROLA, durch Entzünden eines Feuers hatte emporsteigen lassen, wies in einem Schreiben an König Karl V. darauf hin, daß die den Polen am nächsten gelegenen Gebiete auf diese Art entdeckt werden könnten.

Doch es verstrich mehr als ein Jahrhundert, bis derartige Projekte zur Sprache kamen, die zumindest eine leidliche technische Basis hatten. Zum ersten Male wurde ein »Luftapparat« während der Expedition der französischen Korvette LA RECHERCHE verwendet, die 1838–40 unter Leitung von Gaimard Spitzbergen erforschte und Aufstiege von Fesselballonen für meteorologische Beobachtungszwecke vornahm. Im Jahre 1845 legte

Dupuis-Delcour ein Projekt vor, den Nordpol per Ballon zu erreichen. Später folgten ähnliche Vorschläge von Marchel (1863), Gustave Lambert (1870) und unabhängig voneinander 1871 die Pläne von Tridout und Silbermann.

Eines der originellsten Projekte unterbreitete 1863 der Realschullehrer Dr. E. Meißel, dessen »Aerostat« eine Kombination aus Heißluft- und Gasballon war. Nach dem Prinzip des Heißluftballons wollte Meißel die Flughöhe regulieren und auf diese Weise die für die Fahrt zum Pol günstigen Luftströmungen nutzen. Eine auf Luftdruckänderungen reagierende automatische Regulierung des Brenners sollte unbeabsichtigtes Sinken verhindern. Gasverlust wollte Meißel mit Ammoniak ausgleichen, den er in kondensierter Form in der Gondel mitführen wollte. 12 Expeditionsmitglieder sollten, versorgt mit einem Proviantvorrat für 40 Tage, in St. Petersburg starten. Der Plan war technisch nicht ausgereift und blieb Papier, da sich auch kein Geldgeber fand.

Die Bedeutung von Beobachtungen aus der Luft für die Polarforschung erkannte als erster Julius Payer, Teilnehmer der österreichischen Nordpolexpedition 1872–74, die Franz-Josef-Land entdeckte. Er sah vor allem in der Eisaufklärung das Haupteinsatzgebiet von Luftfahrzeugen: »Es folgt daraus, von welch großer Wichtigkeit die Verwendung von Luftballons für die Zwecke der arktischen Schiffahrt wäre, und daß es höchst gewinnbringend sein müßte, mit einem Ballon, zur Höhe selbst nur einiger hundert Fuß, vom Schiff aus emporzusteigen. Unzweifelhaft wird das erste Schiff, welches imstande ist, von diesem Hilfsmittel Gebrauch zu machen, hieraus außerordentliche Vorteile ziehen.«[2] Payer ging sogar noch einen Schritt weiter: »Es wäre ratsam, die Versuche zur Erreichung des Poles so lange von der arktischen Forschung auszuschließen, bis wir statt der ohnmächtigen Fahrzeuge des Meeres die der Luft dahin senden können.«[3]

In Deutschland wies Generalpostdirektor Heinrich Stephan in einem 1874 gehaltenen Vortrag im wissenschaftlichen Verein zu Berlin über »Weltpost und Luftfahrt« auf die sich beim Luftschiffeinsatz in der Polregion ergebenden Forschungsmöglichkeiten hin: »Hat man doch schon jetzt, bei den noch unvollkommenen Hülfsmitteln, allen Ernstes den Vorschlag gemacht, die

Expedition an den Nordpol, welcher der Seeschiffahrt wohl stets verschlossen bleiben wird, im Ballon auszuführen. Ein ganz detaillirter Plan dieses Unternehmens ist unlängst in einer von der aeronautischen Gesellschaft in Paris zu diesem Zwecke eingesetzten besonderen Commission geprüft und für ausführbar befunden worden. Die Elemente der Berechnung sind kurz folgende: 10 Mann Besatzung: 1200 Kilo; Instrumente und Waffen: 500 Kilo; Compensationsseil, welches, wenn der Ballon sich senkt, auf der Erde schleppt und ihn durch die sogleich eintretende Erleichterung wieder steigen macht: es ist etwa 500 bis 600 Meter lang und wiegt 500 Kilo; Anker und Tauwerk 600 Kilo; verdeckte Gondel, zugleich auch als Segelboot und als Schlitten zu gebrauchen: 800 Kilo; Lebensmittel für 3 Monate: 4000 Kilo; Ballast 4000 Kilo; statt des Ballastes könnten übrigens weitere Lebensmittel mitgenommen werden, die man sparsam auswerfen würde; Gewicht des Netzes und des Compensators, eines starken, luftgefüllten Wulstes, der über dem Ballon angebracht ist und ihn verhindern soll über eine bestimmte Höhe, nämlich 800 m hinaus zu steigen, damit man durch Ventil-Oeffnen kein Gas einbüßte. Hiernach würde der mit Wasserstoffgas zu füllende Ballon 18 000 Cubikmeter enthalten müssen. Alle Einrichtungen würden darauf berechnet sein, daß das Gas sich mehrere Monate darin hielte. Die polare Temperatur würde dabei nur günstig wirken; die Ausdehnungen des Gases durch die Wärme sind in der That so bedeutend, daß der Ballon unter der Wirkung der intensiven Sonnenstrahlen bisweilen mit einem Satze um 1500 Meter steigt. Die Expedition würde im Sommer, während die Sonne dort beständig am Horizont steht, und also Nachtfahrten nicht zu machen sind, ausgeführt werden. Auch die Regelmäßigkeit im Winde in den arktischen Regionen betrachtet man als einen günstigen Umstand. Die Gondel ist mit abnehmbarem Kiel und eisernen Schlittenkufen versehen. Hunde zum ziehen würden mitgenommen. In der mit Schafpelzen gefütterten Gondel würde durch Lampen eine angemessene Temperatur erhalten werden können; man hat berechnet, daß, wenn draußen das Thermometer selbst auf 35° unter Null sinke, in der Gondel vermöge jener Hilfsmittel doch noch auf eine Temperatur von +5° gerechnet werden könne. Ein Schiff von 800 Tonnen würde die Ballonhülle, die Besatzung, sowie die zur

Bereitung des Wasserstoffes erforderlichen 50 000 Kilogr. Eisenfeilspäne und 80 000 Kilogr. Schwefelsäure etwa bis zum 70. Breitengrade transportiren. Dort würde der Ballon gefüllt und die Expedition ginge vor sich. Man hätte von dort bis zum Pol und zurück noch 5–600 geographische Meilen zurückzulegen, da die Ballonroute Krümmungen machen wird. Bei einem mittleren Durchschnitt der Windschnelle von etwa 3 Meter in der Secunde würden täglich 30 Meilen zurückgelegt, so daß bei diesen günstigen Verhältnissen die Hin- und Rückreise in 20 Tagen ausgeführt werden könnte. Man hat sie aber auf drei Monate berechnet. Bei der Rückkehr würde man sich in der ersten bewohnten Gegend, die man anträfe, niederlassen. – Seit den Zeiten Elisabeth's von England beschäftigt das Problem der Nordpol-Expeditionen den menschlichen Geist; mit den bisherigen Mitteln und Anstalten der Ausführung hat es schon viele Menschenleben gekostet, und scheint auf den gewöhnlichen Wegen dennoch unlösbar zu sein. Wie leicht würde das Luftschiff über die undurchdringlichsten Eisfelder hinwegfliegen! Die sonst schreckenverbreitenden Gletscherriesen würden von der Gondel des Luftschiffers aus ein entzückendes Panorama bilden, und alle Geheimnisse und Wunder der arktischen Welt sich den erstaunten Blicken aufthun! Man denke sich die Pracht eines Nordlichts über diesen Eispalästen bei dem weiten Horizont, den eine Ballonhöhe von 2500 Fuß gewährt! Wirklichkeit würde werden was bisher Zauber der Phantasie war. – Außer für die polaren Expeditionen ist auch für die Erforschung der unersteiglichen Vulkane und sonstiger Berggipfel die Verwendung des Luftschiffes in Anregung gekommen.«[4]

Dieser Vortrag traf vor allem bei Graf Zeppelin auf offene Ohren und wurde für seine Pläne zur wichtigen Inspiration.

Der erste, der ein Luftschiff in der Arktis einsetzte, war der Amerikaner Wellman. Doch erst nach den Luftfahrten der NORGE und der ITALIA befaßte man sich auch in Deutschland näher mit dem Plan einer wissenschaftlichen Polarfahrt mit dem Luftschiff.

Im Jahre 1907 waren die Zeppelinschen Luftschiffe so weit entwickelt, daß sie die sichere Fläche des Bodensees verlassen und weite Flüge über Land durchführen konnten. Im Oktober 1907 unternahm der Meteorologe H. Hergesell gemeinsam mit dem Grafen Zeppelin einen ersten ausgedehnten Überlandflug: »Das Luftschiff führte uns von seiner Aufstiegstelle bei Manzell, direkt in das württembergische Land hineinsteuernd, zunächst über die mit grünen Wäldern bestandenen Moränenhügel des Nordufers dahin. Wir fuhren in nur geringer Höhe über das Land, kaum hundert Meter hoch. Zu unseren Füßen glitten Dörfer, Flüsse, Hügel vorüber; wie eine große, im Detail ausgeführte Meßtischplatte der Landesaufnahme lag die Gegend unter uns. Wir flogen, jetzt größere Höhen erstrebend, das Schussental nordwärts; über Ravensburg, Weingarten und noch weiter nördlich zog unser Luftschiff dahin. Bald wieder südwärts steuernd, machten wir kehrt, um die südlichen Gestade des Sees bei Lindau und Bregenz und nachher das Rheintal zu erreichen. Bei diesem Fluge, der zum erstenmal vom Luftschiff aus die wechselnden geographischen Verhältnisse einer ausgedehnten Landfläche unter uns zeigte, entstand in uns der Plan, die Schiffe des starren Systems auch für die Lösung wissenschaftlicher Aufgaben, besonders für geographische Zwecke, in den Dienst zu stellen bzw. auszubauen und weiter zu entwickeln. Auch die Möglichkeit, andere Aufgaben wissenschaftlicher Natur mit dem Luftschiff zu lösen, stieg damals bereits in meinem Geiste auf.«[5]

Im Winter 1907/08 kam es zwischen Graf Zeppelin und der trigonometrischen Abteilung des Großen Generalstabs zu dem Übereinkommen, Zeppelinsche Luftschiffe im Rahmen einer Expedition für wissenschaftliche Zwecke zu nutzen. Nach längeren Überlegungen fiel die Wahl des Expeditionsgebietes auf die arktischen Regionen nördlich von Spitzbergen.

Zwei Aufenthalte 1906 und 1907, in denen H. Hergesell das arktische Klima untersucht hatte, ließen ihn zu der Überzeugung kommen, »daß gerade der arktische Sommer die denkbar günstigen Bedingungen für lange Fahrten eines Luftschiffes darbiete. Herrscht doch während des vierundzwanzigstündigen Tages in jenen hohen Breiten im Sommer eine nahezu gleichmäßige Temperatur, gleichmäßige Bestrahlung, Bedingungen, welche für die Fahrtdauer eines Luftschiffes von wesentlicher Bedeutung sind.«[6] 1909 schließlich wurde ein Arbeitsausschuß gebildet, der die Details des Unternehmens konzipierte und dessen Hauptaugenmerk darauf gerichtet war, herauszufinden, wo ein Luftschiff in den arktischen Gebieten fahren und landen könne.

Man wollte die Eignung Spitzbergens erkunden, verschiedene Buchten und Fjorde daraufhin untersuchen, ob und in welcher Weise sie für eine Verankerung und Unterbringung eines Luftschiffes geeignet wären. Schließlich war Spitzbergen damals »durchaus nicht mehr das unbewohnte Land, als welches es noch den meisten bekannt ist; abgesehen von zahlreichen Jagdexpeditionen finden sich hier große, mit Dampf arbeitende Walfischkochereien und vor allen Dingen eine Kohlenmine, die über einhundert Arbeiter beschäftigt. Die schwierige Frage mußte durch die Studienfahrt entschieden werden, ob man Luftschiffhäfen in die Nähe solcher menschlichen Ansiedlungen legen muß, oder ob die natürlichen Vorzüge eines Hafens den Ausschlag geben sollten. Hiermit hängt zusammen die Entscheidung der Frage, ob große Luftschiffhallen zu erbauen sind oder nicht.«[7]

Nicht ganz einfach war die Auswahl eines Expeditionsschiffes, zumal man die Fahrt mit der Bearbeitung einer Reihe wissenschaftlicher Aufgaben verbinden wollte. Zunächst wurde die Zusammenarbeit mit dem Reichsforschungsdampfer POSEIDON des Reichsamts des Innern erwogen. Die POSEIDON war für wissenschaftliche, ozeanographische Untersuchungen dem deutschen Seefischereiverein überwiesen worden und hatte sich bereits bei der Durchführung von Expeditionen bewährt. Eine Besichtigung indessen, so berichtete Hergesell, ergab »daß der Dampfer, wenn auch in der Ausführung wissenschaftlicher Arbeiten sehr geeignet, dennoch in seinen Räumlichkeiten viel zu beschränkt sei, um ihn mit Erfolg zur Lösung der vielen in Betracht kommenden Aufgaben benutzen zu können.«[8] Um so dankbarer war der Arbeitsausschuß, als der damalige Direktor des Norddeutschen Lloyd, Heineken, auf den Plan trat und den augenblicklich nicht in Fahrt befindlichen Lloyddampfer MAINZ für die Expedition anbot.

Der Entschluß, die Fahrt mit einem verhältnismäßig großen Dampfer auszuführen – die MAINZ war mit 3204 BRT vermessen, hatte zwei Schrauben und Maschinen von 1500 PS –, machte es notwendig, ein kleineres, bewegliches, stabiles Schiff, das für die Eisfahrt geeignet war, auf die Expedition mitzunehmen. Denn die MAINZ war nicht eisgängig. Ein solches Schiff fand man schließlich in Nordnorwegen. Auf Anraten des Konsuls von Tromsø wurde die FÖNIX, »ein zwar schon mehrere Dezennien altes, aber noch gut erhaltenes Holzschiff«, umgebaut. »Für die wissenschaftlichen Unternehmungen der Expedition wurden außerdem noch mehrere Laboratorien gebaut, so eines für die ozeanographischen, ein weiteres für die aerologischen Untersuchungen. Vor allen Dingen aber wurden die photographischen Einrichtungen mit besonderer Liebe behandelt. Hier wurden zwei Untersuchungsräume gebaut, die mit allen Einrichtungen, Lüftigung, künstlicher Ventilation, süßem Wasser usw. versehen waren, um die photographische Kunst in jeder Weise (in schwarz und in Farbe) ausüben zu können.«[9]

Die MAINZ, an der die Fahrten zwischen Bremen und Südamerika nicht eben spurlos vorüber gegangen waren, ließ der Norddeutsche Lloyd in Bremerhaven überholen. Dem Wunsch der Wissenschaftler entsprechend, hatte man einige Laborräume eingerichtet. Und auch für das leibliche Wohl war gesorgt worden: »Auf dem Vorschiff, im Schutz der hohen Back, sah es aus wie auf einem holsteinischen Herrenhof. In einem geräumigen Stall standen zwei mild blickende Ochsen mit glänzenden Stirnen in den preußischen Farben gezeichnet – eine sinnige Huldigung für einen Teil der Passagiere –; daneben hausten wohl einquartiert des Kleinviehs zahlreiche Scharen, vom wolligen Hammel bis zum rosigen Schwein und des Geflügelhofes buntes Gewimmel, unschuldsvoll weiße Gänse, quakende Enten und wohlgenährte Hühner. Und als Symbol der friedlichen Häuslichkeit und des Behagens an Bord strich die weißbunte, runde Schiffskatze Lisbeth mit ihren zwei munteren Babys herum.«[10]

Am 30. Juni 1910 traf die MAINZ in Kiel ein, um die Expeditionsteilnehmer an Bord zu nehmen; am 2. Juli 1910 legte sie ab und fuhr durch den Kaiser-Wilhelm-Kanal in die Nordsee. In Brunsbüttel gingen die Tagesgäste von Bord, und dann hieß es Kurs Nord. Am 11. Juli schließlich traf die MAINZ in Tromsø mit der FÖNIX zusammen. Als drittes Schiff war zudem noch die Kieler Staatsyacht CARMEN an dem Unternehmen beteiligt, die ihre sommerliche Übungsfahrt in die Spitzbergen-Gewässer verlegt hatte und die Expedition begleitete.

Zu den wissenschaftlichen Aufgaben, die auf der Expedition durchgeführt wurden, gehörten eine Reihe von ozeanographischen Arbeiten, die von Erich von Drygalski und Prof. Reich vorgenommen wurden und bei denen es vor allem darum ging, die physikalischen Verhältnisse des Meeresbeckens, welches durchfahren wurde, zu erforschen. So gehörten eine Sigsbeesche Lotmaschine, Thermometer, Wasserflaschen zur wissenschaftlichen Ausrüstung. Ferner wurden meteorologische und aerologische Studien vorgenommen, die in erster Linie mit Ballonaufstiegen durchgeführt wurden. Darüber hinaus nahm Erich von Drygalski, der bereits 1892 umfangreiche Gletscherstudien auf Grönland unternommen hatte, Vergleichsbeobachtungen der Gletscher vor. Besonders angetan war Drygalski von der Ausstattung der Expedition: »Wenn ich diese Fahrt mit meinen früheren Reisen vergleiche und mich erinnere, daß ich z. B. in Grönland zunächst ganze Tage rudern mußte, um an die Orte meiner wissenschaftlichen Arbeiten zu kommen, während mich jetzt ein Motorboot in kurzer Zeit dorthin brachte, wo es etwas zu tun gab, dann sehe ich eben, wie die reichen Hilfsmittel dieser Spitzbergenfahrt bei ihrer zweckmäßigsten Disposition eine große Zeitersparnis bedeutet haben.«[11] Am 16. Juli erreichte die Expedition den Eisfjord und wenig später den Adventfjord mit der Kohlengrubensiedlung Longyearbyen, die zu diesem Zeitpunkt noch den amerikanischen Namen Longyear City trug.

Im Adventfjord wurden die entscheidenden Versuche der Expedition unternommen. Dabei ging es vor allem darum, in Erfahrung zu bringen, wie und unter welchen Bedingungen ein Luftschiff auf dem Polareis ohne äußere Hilfe niedergehen und mit welchem Aufwand man es dabei verankern konnte. Dabei zollte Drygalski, der die Versuche beobachtete, Graf Zeppelin und seinem Ingenieur Lau Anerkennung, und zwar »sowohl was die Schnelligkeit der Verankerung betraf – durch eiserne Bolzen, die mit Hilfe eines Bohrers in das Eis getrieben wurden –, wie die Haltbarkeit. Sie ist mit dem Fesselballon und auch mit den kräftigen Schiffswinden der Mainz geprüft worden und dann umgerechnet in Windkräfte, die bei dem Zeppelin-Ballon in Wirksamkeit treten können, und es ergab sich, daß sie für einen Ballon von der Größe des Zeppelin-Ballons auch bei starkem Sturme genügt.«[12]

Im Kongsfjord erfolgten Fesselballonaufstiege. Auch dabei wurden wiederum Verankerungen getestet, diesmal an Land, die allerdings erheblich schwerer anzubringen waren als vorher auf dem Eis. Sie fanden bei schönstem Wetter statt und wurden schließlich zum Volksfest. Graf Zeppelin hatte allen Teilnehmern der Expedition versprochen, einmal mit dem Fesselballon aufsteigen zu dürfen, und löste jetzt sein Versprechen ein, was zur Folge hatte, daß er fast die ganze Nacht beschäftigt war und in der Gondel blieb, um eine Gruppe nach der anderen 100 oder 200 m emporsteigen zu lassen.

Am Ende dieser Expedition war Graf Zeppelin von der Einsetzbarkeit seiner Luftschiffe in der Arktis überzeugt: »Freilich, um Forschungen mit dem Luftschiff von Spitzbergen aus zu unternehmen, müssen erst die Luftschiffe von Deutschland aus dorthin gelangen. Über die Frage, wie das zu machen ist, haben sich schon viele für mich den Kopf zerbrochen. Die Lösung lautet einfach: Sie fliegen dorthin. Daß und wie sie das können, werden ihre hoffentlich in nicht allzu ferner Zeit von Hamburg ausgehenden Flüge aller Welt klar machen.«[13]

Bestätigt war letztlich auch Fridtjof Nansen, der schon vor dem Unternehmen H. Hergesell in einem Brief vom 16. Oktober 1909 aus Lysacker bei Oslo mitgeteilt hatte: »In rein geographischer Hinsicht werden solche Reisen mit guten Luftschiffen sehr viel und sehr wichtiges leisten können, auch ohne ›Landungen‹ zu unternehmen. Sie werden die Verteilung von Land und Wasser (auf der Oberfläche) verhältnismäßig genau feststellen können und werden uns eine ausgezeichnete Übersicht über die Topographie der noch unbekannten Polargegenden geben können, die von größter Bedeutung für die Diskussion der Zirkulationsprobleme usw. des Wassermeeres wie auch des Luftmeeres sein wird.« – »Während solcher Luftreisen kann man auch die Ausbreitung und Beschaffenheit des Polareises in den verschiedenen Teilen des Polarmeeres ausgezeichnet studieren, was auch von Bedeutung für die Zirkulationsprobleme des Meeres ist.

Falls man mit dem Luftschiff auf dem Treibeis auf verschiedenen Stellen ›landen‹ kann, wird man ozeanographische Untersuchungen (durch Lotungen, Nehmen von Wasserproben, Tiefseetemperaturen in verschiedenen Tiefen usw.) von besonders großem Wert ausführen können. Zwar wird Amundsen während seiner Trift mit dem Eise ausgezeichnete Gelegenheit haben, hochwichtige ozeanographische Untersuchungen auszuführen, aber das wird nur entlang einer Linie sein, und Observationsreihen an anderen Stellen (durch Luftschiffahrten) werden

117

seine Beobachtungen wunderschön komplettieren und werden uns die Möglichkeit geben, einen vollständigen Überblick über die ozeanographischen Probleme des Polarbeckens zu erhalten, und da dieses Meer solche interessanten physischen Verhältnisse darbietet, wird es von Bedeutung für die Meeresforschung im ganzen.

Dazu kommen noch die wichtigen Untersuchungen der polaren Atmosphäre in verschiedenen Höhen; aber darüber werde ich gewiß nicht sprechen, es hieße Eulen nach Athen tragen. Meiner Meinung nach kann die Bedeutung dieser Untersuchungen im Luftmeere dort oben unmöglich überschätzt werden.«[14]

Doch der Erste Weltkrieg unterbrach alle weiteren Pläne einer Arktisfahrt mit einem Luftschiff. Den Gedanken Zeppelins und seiner Vorläufer über die Brauchbarkeit von Luftschiffen zu wissenschaftlichen Zwecken und Forschungen griff im Jahre 1919 Hauptmann W. Bruns auf, wenn auch in ganz anderem Sinne. Es waren weniger wissenschaftliche Momente, die den Anstoß zu seinen Plänen gaben, sondern praktische Verkehrserwägungen. Ihm stand als Ziel die Möglichkeit eines transarktischen Luftschiffverkehrs vor Augen, von Europa nach dem pazifischen Becken. »Ein solcher Verkehr würde gestatten, die Strecke Amsterdam – Kopenhagen – Petersburg – Archangelsk – Nome – Unimak – Yokohama bzw. Vancouver – San Francisko in rund 5 bis 6 Tagen zurückzulegen.«[15] Auf einer Sitzung der »Naturforschenden Gesellschaft« forderte er die Prüfung der notwendigen Voraussetzungen für eine solche Verkehrsverbindung. Eine Denkschrift, die Bruns deutschen Wissenschaftlern vorlegte, veranlaßte eine Gruppe von interessierten Luftfahrtfachleuten, Technikern und Wissenschaftlern zur Bildung eines Ausschusses, der die Möglichkeit einer Luftschiff-Verkehrslinie über das Nordpolargebiet hinweg prüfen sollte. Aus diesem Ausschuß ging am 7. Oktober 1924 die »Internationale Studiengesellschaft zur Erforschung der Arktis mit dem Luftschiff (Aeroarctic)« hervor, deren Präsident Fridtjof Nansen wurde. Bruns übernahm das Amt des Generalsekretärs. Die Gesellschaft umfaßte Mitglieder aus rund 20 Staaten. Obwohl den ersten Anstoß also der Brunssche Verkehrsplan gegeben hatte, traten die wissenschaftlichen Probleme der Arktis doch bald so sehr in den Vordergrund, daß die Gesellschaft sich jetzt ausschließlich mit diesen beschäftigte und die wirtschaftliche und verkehrstechnische Seite ausklammerte.

1924 wurde von der Gesellschaft die Denkschrift »Das Luftschiff als Forschungsmittel in der Arktis« veröffentlicht, die viele meteorologische Daten über die Arktis enthielt.

Vom 10. bis 12. November 1926 fand in Berlin unter Vorsitz von Prof. Fridtjof Nansen die erste ordentliche Versammlung der Studiengesellschaft statt, an der zahlreiche prominente Wissenschaftler teilnahmen. Schon früh hatte sich gezeigt, daß eine Arktisexpedition mit einem Luftschiff nicht allein von Deutschland würde getragen werden können, das durch den Ersten Weltkrieg und seine Folgen geschwächt war. Im Jahre 1928 lag zum ersten Male ein umfangreiches wissenschaftliches Programm vor, das auf Sitzungen in Leningrad und Berlin behandelt wurde.

Im Frühjahr 1930 sollte die Arktisfahrt des GRAF ZEPPELIN nach den Vorstellungen der Aeroarctic schließlich Wirklichkeit werden. Die wissenschaftliche Leitung sollte bei Fridtjof Nansen liegen, die Führung des Luftschiffes bei Hugo Eckener. Der Plan sah vor, daß Anfang April 1930 das Luftschiff GRAF ZEPPELIN in Friedrichshafen zu einer insgesamt dreiwöchigen Fahrt starten sollte. In Leningrad sollten unter anderem 30–40 Polarhunde an Bord genommen werden, die im Falle einer Notlandung die Expedition retten sollten. Der Plan sah danach den Beginn der eigentlichen Arktisfahrt vor, die nach den Vorschlägen von W. Bruns drei Einzelfahrten umfaßte. Von Leningrad würde die Fahrt über Murmansk nach Franz-Josef-Land gehen. Man wollte die überflogenen Teile aerogeodätisch mit Hilfe stereophotogrammetrischer Aufnahmen vermessen. Von dort sollte die Fahrt weitergehen zur grönländischen Nordküste, wo die Hauptaufgaben dieser ersten Expedition lagen: »Man beabsichtigt nämlich, mit Hilfe von Echolotungen aus der Luft, die genaue Grenze zwischen Tiefsee und Flachsee, den sog. Schelfrand, zu bestimmen. Zu diesem Zweck wird zur Zeit eine besondere Apparatur konstruiert, die an einem etwa einhundert Meter langen Kabel vom Luftschiff herabhängt. Sobald das Luftschiff bei seiner Fahrt auf offene Wasserstellen trifft, senkt es seinen Apparat in das Wasser und mißt nach dem bekannten Verfahren der Echolotungen die jeweilige Meerestiefe.«[16] Auf diese Weise sollten auch längs des kanadischen Schelfrandes eine große Anzahl von Lotungen durchgeführt werden. Anschließend würde das Luftschiff über Point Barrow nach Nome fahren, wo es fünf Tage bleiben würde, um seine Betriebsstoffe zu ergänzen. Daran sollte sich eine »Schleifenfahrt« anschließen, die der ozeanographischen und geographischen Erkundung der unbekannten Arktis zwischen Point Barrow und dem Pol dienen sollte. Anschließend würde das Luftschiff für eine neuerliche fünftägige Pause nach Nome zurückkehren.

Auf der Rückfahrt von Nome nach Leningrad war die Vermessung des asiatischen Schelfrandes geplant. Während der ganzen Fahrt, die fast 10 000 km über unbekanntes Gebiet führen sollte, würde das Luftschiff in ständiger Verbindung mit den Funkstationen in Spitzbergen, Point Barrow und Leningrad bleiben. Von wichtigen geographischen Beobachtungen wollte man schon während der Expedition Bilder über Kurzwelle übermitteln.

Doch selbst die Popularität Fridtjof Nansens vermochte es nicht, das Projekt voranzutreiben. Immer wieder wurde die geplante Fahrt hinausgezögert. »Nicht nur, weil Geldmittel fehlten«, erinnert sich Ludwig Kohl-Larsen, »es war auch in Deutschland unter der Bevölkerung der Gedanke einer polaren Fahrt des GRAF ZEPPELIN nicht gerade populär. Deutschland besaß nur ein einziges Luftschiff, welches man zu einer solchen Fahrt hätte einsetzen können. Das Luftschiff Z.R. III war 1924 nach Amerika geliefert worden. Der Luftschiffbau Zeppelin und an seiner Spitze Dr. Eckener mußten sich den verständlichen Wünschen der Aeroarctic gegenüber ablehnend verhalten, eben weil man nur ein Luftschiff hatte.«[17] Dazu kam, daß auch die Versicherung des Luftschiffes für diese Fahrt auf erhebliche Schwierigkeiten stieß.

Erst 1931 konnten alle Widerstände überwunden und der alte Traum des Grafen Zeppelin Wirklichkeit werden. In den Jahren 1930/31, als Grönland geradezu ein Tummelplatz verschiedener Expeditionen war, wurde die Fahrt mit dem Zeppelin schließlich in Angriff genommen, durchgeführt im Auftrag der Aeroarctic. Ihr Präsident Fridtjof Nansen sollte die Expedition allerdings nicht mehr erleben, er war am 13. Mai 1930 gestorben; Dr. Hugo Eckener hatte sein Amt übernommen.

Das Luftschiff GRAF ZEPPELIN wurde für die Fahrt entsprechend umgerüstet, die bequeme Kabineneinrichtung, die den Passagieren das Reisen auf dem GRAF ZEPPELIN so angenehm machte, wich einer spartanischen Einrichtung für die an der Fahrt teilnehmenden Wissenschaftler mit ihren Instrumenten und Geräten für die geplanten Forschungsarbeiten, Experimente und Messungen sowie der Notausrüstung für die insgesamt 46 Mann, die an Bord des Luftschiffes sein würden.

Mitte Mai 1931 wurde der Öffentlichkeit der Plan der Aeroarctic vorgestellt, der zu diesem Zeitpunkt noch ein spektakuläres Treffen zwischen dem GRAF ZEPPELIN und einem Unterseeboot am Pol vorsah. Der in Australien geborene Polarforscher Sir Hubert Wilkins wollte im Sommer 1931 mit seinem U-Boot NAUTILUS von Spitzbergen aus zum Pol vorstoßen und versuchen, dort aufzutauchen, um mit dem Luftschiff Kontakt aufzunehmen. Der Vorschlag Wilkins' fand die Unterstützung der amerikanischen Hearst-Presse, die auch den Aktivitäten des Luftschiffs GRAF ZEPPELIN wohlwollend gegenüberstand. Es hätte einen wesentlichen Teil der Finanzierung durch den mächtigen amerikanischen Verleger bedeutet, wenn das Unternehmen geglückt wäre, aber das U-Boot erlitt bereits im Atlantik mehrmals Maschinenschaden, so daß beschlossen wurde, den Plan aufzugeben. Man arbeitete ein vollkommen neues wissenschaftliches Programm für den GRAF ZEPPELIN aus, eine Fahrt zum Pol war nun nicht mehr vorgesehen. Auch wurde die endgültige Reiseroute nicht von vornherein festgelegt, sondern sollte sich flexibel den Wetterbedingungen anpassen, was für die Fahrt von Vorteil sein sollte.

Die Fahrtleitung lag bei Hugo Eckener, die Leitung des wissenschaftlichen Programms hatte nach dem Tode Nansens der sowjetische Geologe R. Samoilowitsch, der Retter der Nobile-Expedition, übernommen. Die Besatzung bestand aus 31 Mann und 15 deutschen, russischen, schwedischen und amerikanischen Expeditionsteilnehmern, darunter auch dem Schriftsteller Arthur Koestler.

Die Aufgabe, die Polarausrüstung des Luftschiffes für die Arktisfahrt zu besorgen, hatte der polarerfahrene Arzt Dr. Ludwig Kohl-Larsen übernommen.

Vor allem mußten die 46 Teilnehmer der Expedition auch im

Falle einer unvorhergesehenen Landung mit dem Nötigsten ausgestattet sein. 12 rote Polarzelte sollten notfalls ersten Schutz geben und gleichfalls für Rettungsmannschaften einen Markierungspunkt bilden. Ferner beschaffte Kohl-Larsen 23 Nansenschlitten: »Diese Schlitten, die eine Länge von 2,40 m und eine Höhe von 0,18 m bei einer Breite von 0,55 m hatten, sollten – da wir keine Hunde mitnahmen – im Ernstfalle von uns selber gezogen werden. Sie kamen, wenigstens meiner Auffassung nach, nur in Frage bei einer Notlandung, in der Nähe der Küste bei tragfähigem Meer- oder Buchteis, also für kurze Wanderungen, ferner bei eventuellen Lagerverlegungen und Jagdbeutezügen, wo sie von großem Vorteil gewesen wären. Wenn sonst in Sitzungen oder Gesprächen das Wort ›Eismarsch‹ fiel, so habe ich es persönlich immer abgelehnt, wenn es in dem Sinne gebraucht wurde, daß 46 Menschen über lange, polare Eisstrecken nach einer Station oder einer sibirischen Siedlung wandern sollten.«[18] Doch man wappnete sich nicht nur für einen Landaufenthalt, sondern auch für eine Notlandung auf See: »Hier waren die sogenannten Möwenfloßboote das gegebene Hilfsmittel. Wir hatten fünf Boote mit, von denen jedes 12 Mann und den Teil der Ausrüstung, der zu diesem gehörte, aufnehmen konnte. Es sind die gleichen Boote, die viele Reedereien, soviel ich weiß, als Rettungsboote verwenden. Von ovaler Form haben sie bei einem Gewicht von 130 kg eine Länge von 5,5 m und eine Breite von 1,85 m. Ihr Schlauchdurchmesser beträgt 60 cm.«[19] Der ganze Notproviant war in 115 wasserdichten Säcken von je 24 kg Gewicht verpackt. Ihre Größe war mit 50 cm Länge, 40 cm Breite und 35 cm Höhe an die Schlittenmaße angepaßt.

Das Gesamtgewicht der Notproviantausrüstung betrug 2760 kg. Sie war für 46 Menschen auf 2 Monate berechnet, und zwar nach Kohl-Larsens Meinung mehr als ausreichend: »Doch waren die Rationen so reichlich bemessen, daß auf den Mann pro Tag 855 g kamen. Wie mir Ellsworth sagte, hätten sie bei ihrer Notlandung auf dem Eise in 87° 43′ 42″ Nord nur etwa 300 g Proviant täglich zu verzehren gehabt, so daß man, ohne Optimist zu sein, mit den 2760 kg vier Monate und länger für 46 Menschen hätte auskommen können.«[20]

Die gesamte Polarausrüstung mit Notproviant hatte ein Gewicht von 4617 kg. Dazu kam noch der Fahrtproviant mit

500 kg. Ferner wurde der GRAF ZEPPELIN mit 12 000 kg Benzin, 1800 kg Oel, 600 kg Trinkwasser, einer eingebauten photographischen Ausrüstung sowie erdmagnetischen und meteorologischen Instrumenten beladen. Zudem führte er 120 kg Post mit sich. So hob das Luftschiff mit 31 Tonnen Zuladung ab.

Die Fahrt des GRAF ZEPPELIN begann am 24. Juli 1931 in Friedrichshafen und ging zunächst einmal bis nach Berlin. Wachkapitän Hans von Schiller erinnert sich an die erste kurze Etappe: »In Berlin machten wir am Ankermast von Staaken fest, um die letzten Teile der Polarausrüstung an Bord zu nehmen. In der Annahme, daß wir für unsere Expedition auch Polarhunde mitnähmen, hatte ein Spaßvogel neben dem Ankermast einen Pfahl eingeschlagen, der eine Tafel mit den Worten: ›Nur für Polarhunde‹ trug.«[21] Am 25. Juli startete das Luftschiff morgens um 5 Uhr. Die Fahrt führte über Königsberg, Riga, Reval, Helsingfors nach Leningrad. Um 19 Uhr lag GRAF ZEPPELIN am Ankermast auf dem vier Kilometer außerhalb der Stadt befindlichen Flugfelde »Komendantskij aerodrom«. Die halbe Nacht hindurch mußten nun noch Wasserstoff und Benzin nachgefüllt werden, für die Besatzung gab es ein freundliches Gastessen. Eine kleine Gruppe der Wissenschaftler zog dem offiziellen Empfang eine Stippvisite in Leningrad vor. In einer nicht nur sprichwörtlichen Nacht- und Nebelaktion überredeten sie den Fahrer eines Militärwagens zu einer kurzen Fahrt durch die Stadt an der Newa. Hier in Leningrad stießen auch die russischen Teilnehmer zu der Expedition.

Am frühen Morgen des 26. Juli verließ der GRAF ZEPPELIN Leningrad mit Kurs nach Norden. »An den Kaianlagen von Archangelsk, einem Holzstapelplatz erster Ordnung, sahen wir zwei der bekannten großen russischen Eisbrecher liegen: LENIN und KRASSIN.«[22] Die zu erforschenden Polargebiete waren vom russischen Polarforscher Professor Samoilowitsch festgelegt worden, hier vor Ort bestimmte Dr. Eckener je nach Wetterlage den endgültigen Kurs. Von der Fahrt des Luftschiffes waren die Wissenschaftler begeistert: »Es ist eine wundervolle Stille auf dem Schiff. Die Sirene eines Dampfers unter uns ruft begeistert in den Morgen. Wir hören sonst nichts als die Propeller des eigenen Schiffes, an die man sich gewöhnt hat. Es ist nicht so auf dem GRAF ZEPPELIN, daß man auf der Fahrt selbst sein eigenes Wort nicht versteht, wie man sich das meistens vorstellt, weil man vom Land aus schon weit im voraus das Nahen des Riesen hört. Im Gegenteil, es plaudert sich leichter und verständlicher als in jedem Abteil eines D-Zuges.«[23] Und auch die Besatzung kann die Fahrt genießen. »Wir fuhren nordwärts nach Franz-Josephs-Land, um einem Schlechtwettergebiet auszuweichen, und fanden auf der ganzen Fahrt bis auf geringe Ausnahmen schönste Sichtverhältnisse. Am Abend desselben Tages erreichten wir schon die Polarregion. Die von der Wache abgelöste Besatzung begab sich in ihre Hängematten. In ihnen lagen, da man mit Polartemperaturen rechnete, bereits die Rentierfellschlafsäcke, aus denen aber einer nach dem anderen nach kurzer Zeit wieder herausschlüpfte.«[24]

Die Expedition hatte Glück. Die niedrigste Temperatur, die auf der ganzen Fahrt gemessen wurde, war plus 5 Grad. Die Besatzung konnte ohne Heizung in normaler Kleidung die ganze Fahrt über arbeiten. Begeistert schildert Hans von Schiller seine ersten Eindrücke von der Polarregion: »Das Farbenspiel war, da es nicht Nacht wird um diese Jahreszeit, ungewöhnlich schön. Das Eis blitzte und blinkte in allen Farben, Seehunde, Robben, Walfische, ja Walrosse und einmal sogar Eisbären konnte wir beobachten. Sie flüchteten stets bei der Annäherung des Schiffes mit einem Sprung ins Wasser.«[25]

Die Wissenschaftler an Bord hatten ein umfangreiches Arbeitsprogramm zu absolvieren. Einen wichtigen Platz nahmen magnetische Forschungsarbeiten ein. Die erdmagnetische Kommission der Aeroarctic hatte zwei Aufgaben zu lösen: Die bisherige Kenntnis des Erdmagnetismus für die Navigation des Luftschiffes einzusetzen und die Erforschung des Erdmagnetismus in der Arktis weiterzuführen. Dazu kamen regelmäßige meteorologische Beobachtungen und eine Reihe von geographischen Arbeiten.

Trotz der wissenschaftlichen Geräte und der Zahl von fast fünfzig Menschen an Bord vermittelte der GRAF ZEPPELIN »das Gefühl der Heimeligkeit wie auf Passagierdampfern, die reiche Menschen mit sich führen«.[26] So empfand es zumindest Ludwig Kohl-Larsen: »Meine Kabine, die 2,20 m lang und schätzungsweise 1,80 m breit und 2,40 m hoch war, dünkte mir ein kleines Himmelreich. Ich teilte sie mit dem Amerikaner Ellsworth. [...]

Das zur Kabine gehörige Mobiliar bestand aus zwei übereinander liegenden Betten. Man muß sie so nennen, da es sich auf der weichen Federung gleich gut wie in einem wirklichen Bett schlafen läßt. Mögen in normalen Passagierzeiten Kamelhaardecken und weiße Überzüge das Bild freundlicher gestalten, auf unserer Fahrt fehlten sie mit Recht. Ein über 1 m langes Fenster aus Cellonglas gibt dem Raume Helligkeit und gute Sicht nach draußen. […] Vor ihnen ist ein Tisch eingebaut, und man könnte hier einen Roman und Gedichte in aller Ruhe und Behaglichkeit schreiben. Seitlich von ihm kann man an einem Haken eine ganze Kleidergarnitur aufhängen.«[27] Wunschlos glücklich war der Chronist allerdings nicht: »Aber liebe Menschenfreunde, etwas fehlt, was uns die Erde gestattet und dort unten vielen Menschen Labsal und Notwendigkeit ist. Nikotinfreunde der ganzen Welt, Ihr versteht mich. Was soll man tun? Während der ganzen Fahrt ist das Rauchen verboten!! Wir wußten es alle. Wir haben unseren Namen unter ein Schriftstück gesetzt, ehe man uns als Menschenfracht mitnahm. Daß es aber so hart sein würde für uns, für mich, der aus dem Vollen zu schöpfen gewohnt war, nein, das hatte ich nicht gewußt. Das herrliche, harmlose Gift ist auf GRAF ZEPPELIN abgeschafft, und ich kann nur von Vollkommenheit sprechen, wenn eine kleine Ecke in dem stolzen Bau, nicht größer als ein Postsack, meinetwegen mit Asbestwänden versehen, zum Refugium eines Nikotinmenschen werden könnte. Dann würde mir alles, Wolken, Seen, kurz jede Minute noch tausendmal schöner vorkommen.«[28]

Am 27. Juli erreichte der GRAF ZEPPELIN Franz-Josef-Land. In der »Stillen Bucht« der Hookerinsel traf er verabredungsgemäß mit dem russischen Eisbrecher MALYGIN zusammen. Es war eine kurze, nicht ganz risikolose Begegnung. Kurz und knapp berichtete darüber Besatzungsmitglied Hans von Schiller, der alle Hände voll zu tun hatte: »Wir landeten zwischen den Eisschollen auf dem Wasser. Ein Boot des Dampfers kam bei uns längsseits. Postsäcke mit Philatelistenpost wurden übergeben und empfangen, während uns ein leichter Wind gegen die Schollen trieb. Es bumste gehörig an der Bordwand der Gondel. So entschloß sich Eckener schnell, wieder in sichere Höhen zu gehen.«[29]

Kohl-Larsen konnte das Geschehen unbelastet von jeglicher

Aufgabe beobachten: Um 17.20 Uhr machte er in seinem Tagebuch folgenden Eintrag: »Wenig Eis bei Einfahrt zur Hookerinsel. In den Wasserarmen und Buchten liegen goldene Farben, Felsen und Eis nehmen sie für Augenblicke auf, um im nächsten Augenblick wieder bleich und farblos zu verglühen. Lichte Himmelsbänder stehen im Westen über der Einöde.«[30]

Und dann sahen die Passagiere an Bord des GRAF ZEPPELIN den Eisbrecher MALYGIN unter sich, »sehen ihn wie vor Erregung eine schwarze Rauchsäule ausstoßend, erblicken auf einem schwarzen Vorland ein paar winzige Häuser, gespannte Taue mit Flaggen und Wimpeln und wissen, daß unter 80 Grad 19 Minuten 2 Sekunden Nord ein paar Dutzend Menschen der nördlichsten meteorologischen Station mit Sehnsucht und Bangen auf unser Schiff gewartet haben«.[31]

Und um 17.53 Uhr schwebte das Luftschiff »bei der angenehmen Temperatur von 5 Grad«[32] in 250 m Höhe über der MALYGIN, die in losem Treibeis in der Tichaja-Bucht, der Stillen Bucht im Nordwesten der Hookerinsel lag. Kohl-Larsen beobachtete: »Wie ein großer Vogel durch die Luft kreuzt, um eine Klippe, einen Ruheplatz oder eine Futterstelle zu entdecken, unruhig und mit spähenden Lichtern, so fuhr in langem Schweben und Kurven GRAF ZEPPELIN über die Stille Bucht, aus der die Sirenen und ein begeisterter Menschenhaufen an Bord des Eisbrechers noch immer nicht verstummen wollten.

Wir waren jetzt in 200 m Höhe über MALYGIN und man spähte fortgesetzt nach der günstigsten Landestelle, die wegen des raschen Postaustausches nicht sehr entfernt vom Schiffe liegen sollte. So unscheinbar das Eis auch aus der Höhe aussah, es war aber doch vorhanden, und man wußte wie die Trümmer, wenn man sich ihnen erst genähert hat, zu Kolossen von unberechenbarer Stoßkraft anwachsen würden. Und dann lag GRAF ZEPPELIN in wunderbarer Ruhe bereits über der See. Die Propeller hatten nach 2613 km Fahrt ihre Schläge eingestellt.«[33] Eines der Schlauchboote wurde klar gemacht, da kam bereits ein Boot von der MALYGIN schwer beladen mit Post und Menschen und ging bei GRAF ZEPPELIN längsseits. »Pelzgekleidete Männer, ein Dutzend Köpfe etwa. Man begrüßte sich gegenseitig vom Luftschiff zum Boote, vom Boote zum Luftschiff.«[34] Unter den Männern im Boot erkannte Kohl-Larsen auch General

Nobile, der dann von Ellsworth herzlich begrüßt wurde. Doch Eisstücke trieben auf das Luftschiff zu, Eile war geboten: »So standen die nächsten Minuten unter akuter Hochspannung. Es war keine Rede mehr von langen Begrüßungen und Erzählungen, und es war auch keine Zeit, einen der fremden Gäste, die draußen im Boot standen, an Bord zu nehmen. Ich verstaute auch wieder meinen Blinker mit der langen Fischschnur in meiner Tasche, mit der wir Dr. Eckener möglichst einen Dorsch, auf alle Fälle einen Fisch zum Abendessen besorgen wollten.«[35]

18.45 Uhr zeigte die Uhr, als die Wasserung des GRAF ZEPPELIN beendet war. So hatte die Begegnung gerade eine Viertelstunde gedauert. Minuten, über die Hugo Eckener später sagte: »So stand ich wie auf Kohlen, während die Post mit dem MALYGIN ausgetauscht wurde, und beschleunigte den Aufstieg so viel wie möglich.«[36]

Von Franz-Josef-Land aus ging die Fahrt des GRAF ZEPPELIN weiter, nordostwärts wurde das noch unerforschte Nordland angesteuert. Cl. Aschenbrenner machte mit seiner Panoramakamera zahlreiche Bilder. Das Material der Luftaufnahmen war so reichhaltig, daß schließlich auch eine erste Karte der Inselgruppe entstand. Doch die Westküste Nordlands lag im Nebel, man mußte auf das Überfahren dieser Gegend verzichten, vor allem auf den Besuch bei der russischen Radiowetterstation von Urvancev, die ein Jahr zuvor dort von der SEDOV auf den Kameneviseln abgesetzt worden war. Hans von Schiller notierte: »Leider konnten wir infolge Nebels die ›Insel der Einsamkeit‹ nicht finden, auf der uns Professor Wiese erwartete, der dort schon seit dem vorigen Jahr Untersuchungen vornahm. Man hatte uns für ihn in Leningrad Post und Kuchen mitgegeben, die wir nun nicht loswerden konnten.«[37]

Die Fahrt des GRAF ZEPPELIN wurde fortgesetzt, ebenso das wissenschaftliche Programm. Große Teile der Inseln wurden vermessen, und der russische Forscher Molčanov führte mit der von ihm erfundenen Radiosonde Aufstiege eines Spezialballons durch: Dazu benutzte man im Laufgang des Luftschiffs eine Handpumpe, um aus den darüberliegenden Wasserstoffzellen Gas in den Ballon zu pumpen. Nachdem man den GRAFEN abgestoppt hatte, um den Fahrtwind auszuschalten, wurde aus einer eigens angebrachten Klappe der Ballon, mit einem Sandsack beschwert, herabgelassen. Er besaß eine Art Selbstauslöser, der den Sandsack nach etwa einer Minute abwarf. Der Ballon konnte nun frei bis auf 14 000 Meter steigen, wobei er alle 3 Minuten auf dem Radiowege Signale über Temperatur, Höhe, Wind und Feuchtigkeit abgab. Vom ZEPPELIN wurde eine mit einer Uhr versehene Sonde hinabgelassen, welche die gleichen Daten bis fast zum Meeresspiegel aufzeichnete. Auf diese Weise erhielt man ein Profil der Atmosphäre.

Die Rückreise des GRAF ZEPPELIN führte über Kap Čeljuskin und die Tajmyrhalbinsel, Kap Dickson, Novaja Zemlja von Nord nach Süd nach Archangelsk, Leningrad und Berlin.

Samoilowitsch zog Bilanz: »Während seiner Fahrt legte das Luftschiff von Leningrad bis zum Franz-Josef-Land eine Strecke von 2613 km zurück und deckte diese Entfernung in 34 Stunden 35 Minuten. Von Franz-Josef-Land bis Berlin sind es 7466 km, die das Luftschiff in 70 Stunden 52 Minuten gedeckt hatte. Somit dauerte der Flug insgesamt 105 Stunden und 17 Minuten, und in dieser Zeit war eine Strecke von 10 700 km zurückgelegt worden. Diese Zahlen sprechen schon an und für sich davon, was für ein ausgezeichnetes Mittel ein Luftschiff des Types LZ 127 ist, nicht nur für wissenschaftliche Beobachtungen, sondern auch für Transportzwecke in den arktischen Gebieten.«[38]

Die Fahrt des Luftschiffes fand allgemeine Würdigung: In nur acht Tagen war unter angenehmen und ruhigen Arbeitsbedingungen ein wissenschaftliches Material zusammengebracht worden, das sonst nur von mehreren Expeditionen in mindestens zweijähriger angestrengter Arbeit hätte gesammelt werden können. Der Flug hatte gezeigt, daß ein Luftschiff tatsächlich ein ideales Transportmittel in der Arktis ist. Nach Friedrichshafen zurückgekehrt, erklärte Lincoln Ellsworth den wartenden Reportern: »Es war ein wundervoller Traum, es ist ein Traum, daran zu denken, daß wir vor sieben Tagen in die Arktis fuhren und heute wieder an dem blauen Gestade des schönen Bodensees weilen dürfen.«[39]

Dennoch sollte die Arktisfahrt ein einmaliges Unterfangen bleiben. Der GRAF ZEPPELIN ging zurück in den Passagierverkehr und stand vorerst nicht mehr zur Verfügung. Am 6. Mai 1937 bedeutete die Katastrophe von Lakehurst, die Vernichtung von LZ 129 HINDENBURG, das Ende der Ära der Luftschiffe.

Während der GRAF ZEPPELIN Anfang August 1931 in Friedrichshafen wieder für seine Passagierfahrten nach Südamerika vorbereitet wurde, lag in List auf Sylt ein neues Flugzeug, das auf seinen ersten Arktisflug wartete: die D-2053, ein Dornier-Wal.

Nur wenige Monate vorher hatte Wolfgang von Gronau bewiesen, daß ein gut ausgerüstetes Flugboot, das keine Start- und Landebahnen brauchte, über die Arktis von Europa nach Nordamerika fliegen konnte. Dabei hatte er eine – wenn auch nicht die günstigste – arktische Großkreisroute beflogen, denn dem in der Arktis aufragenden Haupthindernis, dem grönländischen Inlandeis war er wohlweislich ausgewichen. Sein bahnbrechender Flug, behauptete Gronau bei seiner Ankunft in New York, sei lediglich ein Übungsflug mit einem schon etwas veralteten Flugboot gewesen.

Das schwierigste Problem einer Flugverbindung zwischen Europa und Amerika war Grönland, diese 2650 Kilometer lange, 1100 Kilometer breite, von hohen kahlen Bergen eingefaßte, mit einer bis zu 3400 m dicken Eisdecke überzogenen Insel. Bis dato war sie noch nie überflogen worden, und niemand wußte, ob Flugzeuge die zur Überquerung der Eiskappe notwendigen Höhen erreichen und den dort mit Geschwindigkeiten von bis zu 300 Stundenkilometern tobenden Stürmen widerstehen könnten. Im August 1931 startete Gronau erneut, um auch diese Herausforderung anzunehmen. Er hatte von der deutschen Regierung den Auftrag, unter anderem die klimatischen Bedingungen für eine regelmäßige Flugverbindung nach Amerika zu erkunden. Zum gründlichen Studium der Wetterlage war der Meteorologe der Verkehrsfliegerschule, Dr. Heinz Baumann, mit dem Schiff nach Godthaab vorausgeschickt worden. Wolfgang von Gronau startete mit seinem Wal am 8. August 1931 in List auf Sylt. Via Reykjavik nahm er Kurs auf den Scoresby-Sund in Ostgrönland. Fast zur gleichen Zeit war auch der amerikanische Pilot Parker Cramer mit dem kanadischen Funker Oliver Pacquette unterwegs, der von Detroit über das Grönlandeis nach Kopenhagen fliegen wollte. Am 5. August 1931 schafften sie die schwierigste Etappe der gesamten Route und flogen in 3000 m Höhe von West nach Ost über das grönländische Inlandeis. Nach nur fünf Stunden erreichten sie die Ostküste der Insel. Wenige Tage nach diesem Triumph flogen sie nach Island und den

Faröern weiter. In Kopenhagen kamen sie allerdings nie an. Ob der Flugzeugmotor versagte oder Cramer wegen eines Sturmes notwassern mußte, wird für immer ein Geheimnis bleiben. Wolfgang von Gronau erfuhr vom Erfolg und Schicksal der Konkurrenten bei seiner Zwischenlandung in Reykjavik.

Am 13. August 1931 traf Gronau dann mit seinem Wal in der kleinen Siedlung Angmagssalik an der ostgrönländischen Küste ein. Nach einer Schlechtwetterpause von zwei Tagen kamen am 15. August positive Wettermeldungen vom Meteorologen Baumann an der Westküste, und um 12.20 Uhr startete Gronau zusammen mit dem zweiten Piloten Zimmer, dem Funker Albrecht und dem Bordmonteur Haack in Scoresbysund. Der Start gestaltete sich wegen des Treibeises im Fjord schwierig, zumal der Wal voll belastet war und nahezu Windstille herrschte. Nur mühsam gewann das Flugzeug die notwendige Höhe, um das 3000 Meter hohe Küstengebirge und das Grönlandeis zu überfliegen. Wiederholt mußte Gronau den Kurs ändern, um vor der Maschine aufragenden Gipfeln auszuweichen, die nicht kartographiert waren. Dann nahte eine neue Gefahr: »Es ging in niedrige Wolken, Dunst und Schnee hinein. Die Höhe des Flugzeuges über dem Eis war überhaupt nicht mehr zu erkennen. Vereisung setzte ein, obwohl wir den Schauern nach Möglichkeit ausbogen. Die schwarze Wand vor uns war beklemmend. Plötzlich meldete Albrecht, die Antenne schleppe im Schnee. Dabei hatten wir geglaubt, mindestens 200 m über dem Eis zu sein. Jeden Augenblick konnten wir Bodenberührung haben. Zwei Stunden, eine unendlich lange Zeit voller Angst und Spannung, dauerte das schlechte Wetter. Dann lachte auf einmal die Sonne wieder. Endlich hatten wir den höchsten Punkt des Inlandeises im Blindflug überwunden. Das Gelände fiel langsam ab.«[40] Nach einer Flugzeit von 9 Stunden und 55 Minuten und einer Entfernung von 1670 km landete Gronau um 20.15 Uhr in Sukkertoppen. Am nächsten Tag ging der Flug weiter nach Godthaab, wo das Flugteam vom Landvogt begrüßt wurde: »Der Dr. Baumann, Ihr Meteorologe, hat heute Nikotinvergiftung. Er ist doch sonst ein sehr sparsamer Raucher, aber gestern, als den ganzen Tag keine Funknachrichten mehr von Ihnen kamen, da hat er eine dänische Zigarre nach der anderen geraucht, und als Sie sich dann schließlich meldeten, wurden vor freudiger Erregung noch zwei weitere verpafft.«[41]

Gronau beendete seinen bahnbrechenden Flug am 1. September in Chicago. Als er von Journalisten zur kommerziellen Nutzung einer arktischen Großkreisroute befragt wurde, schien er noch immer nicht recht überzeugt zu sein. Das Grönlandeis könne jeden Piloten verschlingen, der das Pech habe, auf seinen glitzernden Weiten notlanden zu müssen. Es gebe dort nur Nebel und Westwind, Eis und Einsamkeit, fügte Wolfgang von Gronau hinzu. Das während des Fluges gewonnene meteorologische Beobachtungsmaterial übergab er Heinz Baumann, der es im folgenden Jahr im Archiv der Deutschen Seewarte als »Beiträge zur Meteorologie des Luftweges über Grönland« zugänglich machte. Die größte persönliche Ehrung für ihn war, »daß das Gebirge, das wir bei der Überquerung des grönländischen Inlandeises entdeckt hatten, hinfort meinen Namen tragen sollte: ›Gronau Nunataker.‹« [42]

Seit 1932 wurden von dänischer und norwegischer Seite Kartierungsflüge zur Erforschung Grönlands durchgeführt. Dabei kam es gleich zu Beginn dieser Arbeiten zu einem norwegisch-deutschen Gemeinschaftsunternehmen, bei dem erstmals Nordostgrönland aufgenommen wurde. Die Flüge wurden mit einem Lockheed-Vega-Hochdecker mit einem Wright-Whirlwind-Motor durchgeführt. Die Maschine konnte für 20 Stunden Betriebsstoff mitnehmen. Als zusätzliche Maschine für Aufklärungszwecke stand noch ein kleineres Flugzeug zur Verfügung. Von deutscher Seite wurden die Aufnahmegeräte gestellt, die in der Deutschen Versuchsanstalt für Luftfahrt in Berlin unter Leitung von Prof. Dr.-Ing. O. Lacmann in das Flugzeug eingebaut wurden. Die Hansa-Luftbild stellte einen Fotografen zur Verfügung, der während der Expedition in norwegische Dienste trat. Insgesamt wurden während des Unternehmens zehn Aufnahmeflüge absolviert mit zusammen 37½ Flugstunden und 6000 Flugkilometern. Es wurden über 2000 Meßbilder aufgenommen, die ein Gebiet von 30 000 km² umfaßten. Die Hälfte dieses Gebietes war bis dahin vollkommen unbekannt gewesen. Das gewonnene Material wurde in Deutschland ausgewertet, dabei wurden drei Kartenbilder erarbeitet.

War der Flug Gronaus über Grönland sozusagen Selbstzweck zur Erkundung einer Flugroute, bei der neue meteorologische Erkenntnisse für die Grundlagenforschung nur Zugabe waren, ging es bei einem anderen Unternehmen wenige Jahre später um die Verwendungsfähigkeit eines Flugzeuges im Rahmen von wissenschaftlichen Meßprogrammen.

Als Vorexpedition für weitere geplante Unternehmungen mit einem Flugzeug begab sich der Geograph Ernst Herrmann 1937 nach Spitzbergen. »Spitzbergen-Expedition – Dr. Herrmann 1937« nannte er das Unternehmen, bei dem er von Harald Vollmer begleitet wurde. Es ging zunächst einmal darum, sich vor Ort umzusehen, sozusagen Land und Leute kennenzulernen und geeignete Plätze für geplante Depots und Benzinlager zu erkunden. »Wir überqueren mit Handschlitten die Gletscher von der Claas Billenbai im Eisfjord bis zur Wijdebucht und fahren weiter in Klepper-Faltbooten bis in die Gegend von Kap Petermann. Dabei kann das Gelände zwischen Eisfjord und Wijdebucht durch Marschaufnahmen kartiert werden« [43], berichtete Expeditionsleiter Herrmann.

Ein Jahr später, 1938, kehrte er nach Spitzbergen zurück. Gleich zwei Flugexpeditionen sollten in diesem Jahr in Spitzbergen ihren Ausgangspunkt haben. Der Däne Lauge Koch startete am 10. Mai mit einem Dornier Wal mit dem deutschen Piloten R. Mayr* im Kongsfjord. Der Flug brachte zwar nähere Kenntnisse über die Geographie des Pearylandes, aber Nebelbänke und Wolkenfelder behinderten das Unternehmen doch erheblich. Diesen Schwierigkeiten wollte Ernst Herrmann bewußt aus dem Wege gehen und verfolgte ein anderes Konzept: »Mein Plan war, ein Flugzeug zu verwenden, das nicht nur einen Überflug gestattet, sondern mit dem ich vor allem landen könne. Ende 1935 bemühte ich mich um einen Hubschrauber, dessen Stabilität und Reichweite aber auch heute noch nicht für die Arktis ausreicht. Aber im Frühjahr 1937 erhielt ich die Zusage, bald das neue Flugzeug, den Fieseler Storch für meine Zwecke erproben zu können.« [44]

Und so waren Ernst Herrmann und Harald Vollmer im Juli 1937 nach Spitzbergen aufgebrochen, um die örtlichen Verhältnisse zu erkunden und sich vor allem nach einem eisgängigen Schiff für eine Hauptexpedition umzusehen.

---

* Wenige Monate später nahm R. Mayr als Pilot an der SCHWABENLAND-Expedition in die Antarktis teil.

Zu Beginn des Jahres 1938 wurde Ernst Herrmann vom damaligen Reichsluftfahrtministerium (RLM) ein Fieseler Storch mit Pilot, Flugzeugmechaniker und Betriebsstoff leihweise zur Verfügung gestellt. Pilot der Expedition war Fritz Utech, der damals als Flugzeugentwicklungs- und Erprobungsingenieur sowie als Testpilot bei der Erprobungsstelle der Luftwaffe in Rechlin tätig war. Als Flugzeugmechaniker nahm Ernst Alisch von derselben Dienststelle an dem Unternehmen teil.

Das Flugzeug wurde von der Firma Fieseler eigens für die Expedition umgerüstet. Es erhielt Schneekufen, einen Zusatztank unter dem Rumpf, der die Flugdauer auf vier Stunden erhöhte, sowie eine Notausrüstung. Darüber hinaus wurden die Oberseiten des Rumpfes und der Tragflächen gelb angestrichen, um die Sichtbarkeit des Flugzeuges in Notfällen zu erhöhen. Über die weiteren Vorbereitungen berichtet Fritz Utech: »Nach Fertigstellung des Storchs und einer kurzen Überprüfung flog ich ihn mit Dr. Herrmann als Begleiter von Rechlin nach Hamburg. Das Wetter war scheußlich, als wollte es uns einen Vorgeschmack geben für das, was uns in er Arktis erwartete. Aber es war der letzte Termin. In Hamburg wurde der Storch Hals über Kopf auf den norwegischen Dampfer Lynx verladen, Bestimmungsort Trondheim.«[45] Wenige Tage später flogen Herrmann, Utech und Alisch nach Norwegen hinterher. Von Trondheim ging es auf dem Kohlendampfer Ingerto nach Longyearbyen, das sie am Pfingstsonntag erreichten. Auf der kleinen Halbinsel Hotellnes bei Longyearbyen schlugen sie ihre Zelte auf, um auf ein eisgängiges Schiff zu warten. Nach der Vorexpedition sah Herrmann die Chance, hier ein Schiff für seine Expedition zu chartern, als gut an, schließlich kamen in den Sommermonaten doch zahlreiche Schiffe nach Longyearbyen, um Kohle zu laden.

Die Wartezeit sollte mit Beobachtungsflügen zu verschiedenen Gletschern und Tälern der Umgebung überbrückt werden. Da der Schnee bereits geschmolzen war, montierte man dem Storch wieder Räder an, doch Unternehmungen außerhalb des kleinen »Flugplatzes« in Longyearbyen auf aufgeweichtem Tundraboden waren tückisch: »Die Räder sanken zu tief ein, und das Flugzeug wurde ruckartig unter hoher Beanspruchung für das Fahrwerk abgebremst.«[46] So unterließ man Außenlandungen, um das Hauptvorhaben im Packeis nicht zu gefährden, und schließlich mußte auch noch Ausschau nach einem geeigneten Schiff gehalten werden. »Das Warten wurde schon langweilig«, fand Fritz Utech, »als nach etwa zwei Wochen ein großer breitschultriger Mann in unser Zeltlager kam, der an unserem Vorhaben interessiert zu sein schien. Es war Kapitän Alfred Hansen aus Tromsø. Er war gerade mit seinem Robbenfangschiff vom Packeis zurückgekommen, hatte einen schlechten Fang und wollte noch etwas dazu verdienen. Der Name seines Schiffes Vårglimt hatte einen poetischen Klang. Vår ist im Norwegischen Frühling und Glimt bedeutet das erste Blinken der Sonne nach der langen Polarnacht. Das Schiff war 30 m lang, von etwa 100 Tonnen Verdrängung, hatte als früheres Segelschiff zwei ungewöhnlich hohe Masten, war ganz aus Holz gebaut mit doppelter Beplankung und wurde von einer Dampfmaschine von ganzen 10 PS angetrieben. Bei 50 Stundenkilometern Gegenwind fuhr es rückwärts mit voller Kraft voraus, wie wir später feststellten.« [47] Zwar erschien das Schiff zu klein für das Unternehmen, doch nachdem Kapitän Hansen »geschworen hatte, daß es wie eine Ente schwimmen und kein Wasser übernehmen würde«, wagte man den Versuch, der sich allerdings schon gleich zu Anfang als schwierig erwies: »Das Aufladen des Flugzeugrumpfes bei 50 Stundenkilometern Wind, vom Kai über ein großes Schiff hinweg auf den kleinen Vårglimt, wo er aber immer noch nicht passen wollte, verursachte einiges Kopfzerbrechen und entsprechende Gemütsausbrüche. Erst nach Entfernung der Wanten am Vårglimt konnte der Rumpf auf das Vordeck abgesetzt werden. Mit den Tragflächen ging es ähnlich. Auf dem Vårglimt sah es recht abenteuerlich aus, fast wie auf einem Seeräuberschiff im Kino, überall auf Deck standen Gewehre herum, die Seeleute hatten die Taschen voll Munition, Eisbärenschädel und Felle lagen in den Ecken. Die 11-köpfige Besatzung waren jedoch keine Filmgestalten, sondern Männer, die ihr Handwerk verstanden und auf die man sich verlassen konnte.« [48] Doch schließlich war alles verstaut, die Vårglimt nahm Kurs Nord. Auf 81° N und 14° O fand man eine für Starts und Landungen mit dem Fieseler Storch geeignete Eisplatte. Das Schiff legte an, das Flugzeug wurde entladen, und schließlich konnte Utech am 4. Juli 1938 seinen ersten Flug mit dem Fieseler Storch über das Packeis unternehmen: »Unter mir die unendliche Fläche des Polarmeeres, strahlend weiß. Unsere Eisplatte war umgeben von vielen anderen von allen möglichen unregelmäßigen Formen. Sie waren vielfach getrennt durch offene Wasserflächen, die im Kontrast zur Schneebedeckung der Platten, dunkelblau erschienen. Wir befanden uns am südlichen Rand des Packeises, nach Norden schoben sich die Eisplatten dichter zusammen mit schmaleren Wasserrinnen dazwischen, bis sie am Horizont in eine einzige weiße Fläche übergingen.«[49] Die Landung verlief glatt, das eigentliche Arbeitsprogramm der Expedition konnte beginnen. Es erfolgte eine Reihe von Flügen über das Packeis und Landungen auf Eisschollen, wenn sie glatte Schneeflächen von wenigstens 50 m aufwiesen. Nach der Landung auf einer Eisplatte wurden dann verschiedene wissenschaftliche Arbeiten vorgenommen. Vom Rande der Packeistafeln wurden mit einem Behm-Lot Meerestiefen gemessen und mit Kippthermometern Wassertemperaturen bestimmt. Die nördlichste Landung erfolgte auf 81° 50′ N und 20° 30′ O. Insgesamt dauerte das Programm 10 Tage, den VÅRGLIMT noch länger zu chartern wäre zu teuer geworden, aber der Fieseler Storch hatte sich bewährt: »Die Landungen und Starts bereiteten keine besonderen Schwierigkeiten. Bremsen an den Kufen und eine Einrichtung, die das Festsaugen und Anfrieren der Kufen im Stand verhindert hätten, wären willkommene Verbesserungen gewesen. Damit war eines der Hauptziele der Expedition erreicht, nämlich zu zeigen, daß systematische Landungen auf dem Packeis mit einem STOL-Flugzeug (STOL: Short Take-Off and Landing) möglich sind und daß der Fieseler Storch dazu hervorragend geeignet war.«[50]

Die »Station Packeis«, wie sie die Position ihres vertäuten Schiffes genannt hatten, wurde schließlich wieder verlassen, die VÅRGLIMT brachte die Expedition nach Ny-Ålesund, wo noch eine Reihe von Flügen über die Gletscher des Kongsfjords unternommen wurden, bei denen Ernst Herrmann Eisrandlagen, Moränen u. ä. untersuchte. Als am 27. Juli Kapitän Michaelsen von der GENERAL VON STEUBEN des Norddeutschen Lloyd anbot, die Expeditionsmitglieder nach Bremerhaven mitzunehmen, trennten sich die Wege der Expeditionsteilnehmer: Ernst Herrmann blieb noch bis zum September 1938 auf Spitzbergen, Utech und Alisch kehrten mit dem Storch und der Ausrüstung nach Deutschland zurück. »In Bremerhaven montierten wir den Storch gleich neben dem Schiff, starteten vom Kai und flogen direkt zur Erprobungsstelle Rechlin.«[51]

Ernst Herrmann bilanzierte in seinem Bericht: »Zu den wichtigen Ergebnissen dieser Expedition gehört die erfolgreiche Erprobung einer neuen Methode in der Polarforschung: die ersten systematischen Landungen auf den Packeistafeln des Nordpolarmeeres.

Diese Methode wird auch in Zukunft erfolgreich sein können, und von jetzt ab wird es möglich sein, große Strecken des Polarmeeres mit beliebigen kurzen oder weiten Sprüngen gewissermaßen ›hüpfend‹ zurückzulegen. Bei jeder Landung können dann die notwendigen Untersuchungen vorgenommen werden. In Verbindung mit einer Schiffsbasis an der Eisgrenze und größeren Flugzeugen zur Anlage von Depots auf dem Packeis kann der Fieseler-Storch in verhältnismäßig kurzer Zeit die noch immer vorhandenen ›weißen Flecke‹ des Nordpolarmeeres eingehend erforschen.«[52] – Ernst Herrmann wandte sich in der Folgezeit dem Südpolarmeer zu und nahm an der SCHWABENLAND-Expedition 1938 teil.

Während des Zweiten Weltkrieges wurden Flugzeuge in der Arktis lediglich zur Feststellung meteorologischer Daten eingesetzt. Die Einbeziehung Nordeuropas in das Kriegsgeschehen hatte auch den Wetterdienst vor neue Tatsachen gestellt. Einerseits sollten Marine und Luftwaffe bei ihren Aufgaben und Unternehmungen, die sie bis über die Grenzen der Arktis hinaus führten, beraten werden, andererseits verursachte der Ausfall aller Wettermeldungen der arktischen Stationen eine einschneidende Erschwernis der Wetteranalyse. Den Ausfall der Wettermeldungen so gut wie möglich auszugleichen, bestimmte die deutsche Tätigkeit in der Arktis während des Krieges.

Mit drei verschiedenen Vorgehensweisen versuchte man, Wetterdaten zu beschaffen:
– Einsatz von Flugzeugen der Wettererkundungsstaffeln,
– Einsatz von schwimmenden und landfesten bemannten Stationen,
– Einsatz von unbemannten automatischen Wetterstationen auf Land und See.
Die Wettererkundung war Aufgabe der Luftwaffe. Bereits im

Sommer 1938 hatte der Generalstab der Luftwaffe in Berlin-Gatow eine »Großraum-Wettererkundungs-Staffel aufgestellt, die die Aufgabe hatte, geeignete Methoden der Wetterbeobachtung zu entwickeln und außerdem Meteorologen als Beobachter und Navigatoren für Langstreckenflüge auszubilden. Mit Ausbruch des Krieges im September 1939, als regelmäßige Meldungen des internationalen Wetternachrichten-Netzes nur noch aus befreundeten oder neutralen Staaten kamen, erhielten die Wettererkundungsflüge einen besonderen Stellenwert.«[53]

Die Wetterflieger starteten täglich zu festen Routen über den Atlantik, nach Island und Grönland, bis nach Jan Mayen, sehr selten bis Novaja Zemlja. Zu den Aufgaben berichtet Werner Schwerdtfeger: »Die Besatzung bestand stets aus einem Flugzeugführer, einem Meteorologen, einem Funker und einem Bordmechaniker. Während des Fluges meldete der Meteorologe ständig alle wesentlichen Wetterelemente: Wolkenart, -menge, -untergrenze, -obergrenze, Niederschläge, Vereisung, Böigkeit, Sicht über und unter den Wolken. In gewissen Abständen wurde der Luftdruck dicht am Boden (bzw. dem Meeresspiegel) gemessen und dazu die Windrichtung und Windstärke beobachtet. Um dies alles möglichst lückenlos durchzuführen, war ein häufiger Höhenwechsel notwendig; bei manchen Flügen mußte die Wettermaschine sechs- bis achtmal bis 3000 oder 5000 m steigen und immer wieder bis auf 10 oder 20 m über Wasser herabgehen. Am Wendepunkt wurde regelmäßig ein Aufstieg von 10 bis 20 m bis 5500 oder gar 7000 m durchgeführt, um die Temperatur und Feuchtigkeit der Luft in allen Höhen mit besonderen Registrierinstrumenten zu messen.«[54]

Für diese Aufgaben entstand eine neue Einheit: die Wetterkette Nord mit drei Flugzeugen und 15 Mann Personal, darunter drei Flugzeugführer, drei Meteorologen, Bordfunker, Mechaniker und Flugzeugwarte. Ab 15. April 1940 wurden die ersten Einsätze von Sylt aus gestartet, bereits wenige Tage später erfolgte eine Verlegung der Wetterflieger nach Aalborg im nördlichen Dänemark, und am 8. Mai 1940 kam der Verlegungsbefehl nach Norwegen, wo der endgültige Standort in Værnes, 30 Kilometer östlich von Trondheim, bezogen wurde. Die Erkundungsflüge gingen je nach Wetterlage 800 bis 1200 Kilometer, gelegentlich noch weiter, über See. Dabei setzte die Wetterstaffel

Nord (Westa 5) zweimotorige Flugzeuge der Typen He 111 und Do 17 ein, später wurde auch die Ju 88 für diese Flüge eingesetzt. Im Februar 1943 begann ferner ein regelmäßiger Flugbetrieb der Wetterkette Nord vom Flugplatz Banak, am Südende des Porsangerfjordes, 120 km südlich vom Nordkap. Im Herbst desselben Jahres wurde sie in die Wetterstaffel 6 (Westa 6) umgewandelt, die jedoch weiter mit der Mutterstaffel in Værnes in Verbindung stand.

Das meteorologische Tagesinteresse stand bei diesen Arktisunternehmen im Vordergrund. Dr. Rupert Holzapfel von der Klimaabteilung des Deutschen Wetterdienstes erinnerte sich 1950 in einem Artikel: »Jedoch wurde von allen beteiligten Stellen darauf Wert gelegt, nicht nur die Hauptaufgabe zu erfüllen, sondern darüber hinaus die gegebenen Möglichkeiten zu einer intensiven allgemeinen wissenschaftlichen Arktisforschung zu benutzen, wobei dem Interesse und der Initiative der beteiligten Wissenschaftler völlig freie Hand gelassen wurde, soweit es sich mit dem täglichen Dienst vereinbaren ließ.«[55] Leider sind durch die Kriegsereignisse ein großer Teil der Beobachtungen sowie auch fertige Berichte und Manuskripte verloren gegangen.

Bis zum November 1944 haben die Wettererkundungsstaffeln 5 und 6 mehr als 1000 Flüge durchgeführt.

Von deutscher Seite aus wurde dann rund vier Jahrzehnte lang kein Flugzeug mehr in der Arktis eingesetzt. Erst als die Bundesrepublik Deutschland Anfang der achtziger Jahre die POLARSTERN in den hohen Norden schickte, hatte sie Hubschrauber an Bord, zu deren Hauptaufgaben die Unterstützung des Schiffes bei der Fahrt im Eis gehörte, so wie einst Payer es sich vorgestellt hatte.

Anmerkungen

1 Zitiert nach: Kohl-Larsen, Ludwig: Die Arktisfahrt des GRAF ZEPPELIN. Berlin 1931, S. 9.
2 Payer, Julius: Die Österreich-Ungarische Polarexpedition. Wien 1876, S. XLII.
3 Ebd., S. LXII.
4 Stephan, Heinrich: Weltpost und Luftschiffahrt. Berlin 1874, S. 68–70.
5 Miethe, Adolf, und H. Hergesell (Hrsg.): Mit Zeppelin nach Spitzbergen. Berlin 1911, S. 4–5.

6 Ebd., S. 6.

7 Ebd., S. 9.

8 Ebd.

9 Ebd., S. 14.

10 Ebd., S. 19.

11 Drygalski, Erich v.: Die Zeppelin-Studienfahrt nach Spitzbergen und ins nördliche Eismeer im Sommer 1910. In: Zeitschrift der Gesellschaft für Erdkunde zu Berlin 1911, S. 4.

12 Ebd., S. 10.

13 Miethe (wie Anm. 5), S. 291.

14 Ebd., S. 281.

15 Zitiert nach: Kohl-Larsen (wie Anm. 1), S. 13.

16 Die bevorstehenden Erkundungs- und Forschungsfahrten der Aeroarctic im Frühjahr 1930 mit dem GRAF ZEPPELIN. In: Arktis 2, 1929, S. 26.

17 Kohl-Larsen (wie Anm. 1), S. 14.

18 Ebd., S. 50.

19 Ebd.

20 Ebd., S. 51 f.

21 Schiller, Hans v.: Zeppelin. Aufbruch ins 20. Jahrhundert. Bonn 1988, S. 92.

22 Ebd.

23 Kohl-Larsen (wie Anm. 1), S. 56

24 Schiller (wie Anm. 21), S. 92.

25 Ebd.

26 Kohl-Larsen (wie Anm. 1), S. 103.

27 Ebd., S. 103 f.

28 Ebd., S. 101 f.

29 Schiller (wie Anm. 21), S. 92 f.

30 Kohl-Larsen (wie Anm. 1), S. 128 f.

31 Ebd., S. 129.

32 Ebd.

33 Ebd., S. 130.

34 Ebd., S. 131.

35 Ebd., S. 133.

36 Berson, A., R. L. Samoilowitsch und L. Weickmann: Die Arktisfahrt des Luftschiffes GRAF ZEPPELIN im Juli 1931. Gotha 1933 (Petermanns Geographische Mitteilungen, Ergänzungsheft 216), S. 8.

37 Schiller (wie Anm. 21), S. 93.

38 Samoilowitsch, R. L.: Die Flüge in den Polargebieten und die Arktisfahrt des Luftschiffes GRAF ZEPPELIN 1931. In: Berson (wie Anm. 36), S. 28.

39 Kohl-Larsen (wie Anm. 1), S. 197.

40 Gronau, Wolfgang v.: Weltflieger. Erinnerungen 1926–1947. Stuttgart 1957, S. 100.

41 Ebd., S. 105.

42 Ebd., S. 124.

43 Herrmann, Ernst: Wege zum Nordpol. Forscher und Abenteurer im ewigen Eis. Braunschweig 1940, S. 270.

44 Herrmann, Ernst: Das Nordpolarmeer. Das Mittelmeer von morgen. Berlin 1949, S. 292.

45 Utech, Fritz, persönliche Mitteilung.

46 Ebd.
47 Ebd.
48 Ebd.
49 Ebd.
50 Ebd.
51 Ebd.
52 Herrmann (wie Anm. 43), S. 273.
53 Schwerdtfeger, Werner, und Franz Selinger: Wetterflieger in der Arktis 1940 bis 1944. Stuttgart 1984, S. 7.
54 Ebd., S. 14.
55 Holzapfel, Rupert: Deutsche Polarforschung 1940/45. In: Polarforschung 3 (21), 1951, S. 85.

Robbenfang und Venusdurchgang

»Am 17ten Vormittags paßierten wir den Antarctischen Zirkel und traten in den eigentlich kalten Himmelsstrich der südlichen Hemisphäre, der bis dahin noch allen Seefahrern verschlossen geblieben war. Einige Tage zuvor hatten wir eine neue Art von Sturmvogel von brauner Farbe, mit weißem Bauch und Rumpf, und mit einem großen weißen Fleck auf den Flügeln gezeichnet, angetroffen. Da es schien, als gehörten sie hier zu Hause, so nannten wir sie die antarktischen Sturmvögel. Um 5 Uhr nachmittags sahen wir mehr als dreyßig große Eis-Inseln vor uns, und am Gesichtskreise einen starken weißen Schein in der Luft, der noch mehr Eis prophezeite. Kurz nachher paßierten wir durch viel kleines Bruch-Eis welches löcherig, schwammigt und schmutzig aussahe, und sich endlich so sehr aufhäufte, daß die wellenförmige Bewegung des Meeres dadurch gehindert ward, und die See nun ganz eben zu seyn schien, ohnerachtet der Wind noch eben so frisch blies als zuvor, über dieses Bruch-Eis hinaus erstreckte sich so weit das Auge vom Mast reichen konnte, ein unabsehliches Feld von festem Eise gegen Süden. Da es solchergestalt unmöglich war, auf diesem Striche weiter zu gehen, so ließ Capitain Cook jetzt, da wir 67 Grad 15 Minuten südlicher Breite erreicht hatten, beyde Schiffe umwenden und gegen Nordost zu Nord steuern.«[1] Georg Forster war gerade 19 Jahre alt, als er im Januar 1773 an Bord der RESOLUTION unter James Cook bis in die Antarktis vordrang. Zusammen mit seinem Vater Reinhold, für den er naturkundliche Zeichnungen anfertigte, begleitete er den Weltumsegler. Ein Jahr später erreichte die Expedition während eines zweiten Vorstoßes in die Antarktis bei 71° 10′ S und 106° 54′ W ihre südlichste Position. Noch nie zuvor war ein Schiff so weit nach Süden vorgedrungen. Die Fahrt führte am Packeisrand entlang, vorbei an Eisbergen, die zum Greifen nahe waren. »Da es aber unmöglich war weiter vorzudringen; so kehrten wir um, wohlzufrieden mit unserer gefährlichen Expedition und völlig überzeugt, daß sich kein Seemann die Mühe geben werde, weiter zu gehen.«[2] Die Forsters waren überzeugt, »daß der ganze Südpol bis auf 20 Grad, mehr oder weniger, mit festem Eise bedeckt ist, und daß nur die äußersten Enden oder Spitzen davon jährlich durch Stürme abgebrochen, durch die Sonne geschmolzen und im Winter wieder ersetzt werden«.[3] Sonderlich fasziniert waren sie von diesem südlichen Reiseabschnitt nicht, im Gegenteil. Die sie umgebenden zahlreichen Eisberge stellten »einen großen und fürchterlichen Anblick dar. Es schien, als ob wir die Trümmer einer zerstörten Welt, oder nach den Beschreibungen der Dichter gewisse Gegenden der Hölle vor uns sähen [...] Die Fahrt gegen Süden war ein ewiges und im höchsten Grade langweiliges Einerley.«[4] Trotzdem führten sie ihre Reisenotizen gewissenhaft weiter, wobei sie der Südsommer begünstigte: »Während unseres Aufenthaltes [...] hatten wir fast keine Nacht, und ich finde in meines Vaters Journal viele Stellen, die wenige Minuten vor Mitternacht, bey Sonnenschein, geschrieben sind. Auch heute Nacht war die Sonne so kurze Zeit unter dem Horizont, daß wir immer eine helle Dämmerung behielten. Maheine [der neuseeländische Begleiter, C. R.-K.] erstaunte über dies Phänomenon und wollte kaum seinen Augen trauen. Alle Bemühungen, ihm die Sache zu erklären, waren umsonst; und er versicherte uns, er dürfe nicht hoffen bey seinen Landsleuten Glauben zu finden, wenn er ihnen bey seiner Zurückkunft die Wunder des ›versteinerten Regens, und des beständigen Tages‹ erzählen werde.«[5] Georg Forster schrieb über diese Weltumsegelung der Jahre 1772–75 einen ausführlichen Bericht. Er veröffentlichte ihn zunächst 1777 in englischer Sprache als ›A voyage round the world«, eine deutsche Ausgabe folgte 1778/80. Georg Forsters Arbeit wurde Vorbild für eine neue literarische Form, den wissenschaftlichen Reisebericht.

Auch James Cook hatte inzwischen seinen Bericht gemacht und prophezeit: »Die Gefahr, der man begegnet, wenn man eine Küste in diesen unbekannten und eisigen Regionen erforscht, ist so gross, dass ich behaupten möchte: Niemand wird jemals wagen, weiter vorzudringen, als ich es vermochte, und Länder, die vielleicht südlicher liegen, werden niemals erforscht werden. Dicke Nebel, Schneestürme, starke Kälte und alles, was die Schiffahrt gefährlich macht, tritt einem entgegen; alle diese Schwierigkeiten werden noch bedeutend vergrössert durch das unbeschreiblich furchtbare Aussehen des Landes, eines Landes, das von der Natur dazu verurteilt ist, nie die Wärme eines Sonnenstrahles zu fühlen, sondern unter ewigem Schnee und Eis begraben zu liegen.«[6] Doch die »Terra australis incognita«, jenes unbekannte Südland, wie der Geograph Claudius Ptolemäus es einst genannt hatte, zog Seefahrer vieler Nationen geradezu magisch an. Yves Joseph de Kerguelen-Tremarec, Fabian Bellingshausen, Edward Bransfield, schließlich James Weddell oder John Biscoe sind nur einige, die die Entdeckungsgeschichte des Südpolargebietes geschrieben haben. Die Ehre allerdings, den Ehrgeiz der Entdecker von ausschließlich geographischen Gesichtspunkten weg auf darüber hinausgehende wissenschaftliche Bahnen zu lenken, gehört dem Weltreisenden und Gelehrten Alexander von Humboldt sowie dem Göttinger Mathematiker Friedrich Gauß. Im Jahre 1834 hatten sie den Göttinger »Magnetischen Verein« gegründet, dem sich 50 Observatorien in aller Welt anschlossen, um gemeinsam und gleichzeitig das magnetische Feld der Erde zu beobachten. Darüber hinaus hatte Gauß 1838 die Lage des magnetischen Südpols errechnet. Doch Humboldt und Gauß reichte die Anzahl der Beobachtungen, vor allem auf der Südhalbkugel, bei weitem nicht aus. 1836 wandte sich Humboldt nach England, und es gelang ihm tatsächlich, die Royal Society dazu zu bewegen, das Beobachtungsnetz zu erweitern, und man rüstete sogar eine Expedition aus, um den berechneten magnetischen Südpol aufzusuchen. Auch in anderen Ländern griff eine Welle der Antarktis-Euphorie um sich; England, Frankreich und die Vereinigten Staaten von Nordamerika begannen schließlich den Wettlauf auf den antarktischen Kontinent, zum magnetischen Südpol. Erfolgreich waren vor allem die Vorstöße des Engländers James Clarke Ross. Er umsegelte die Antarktis, drang bis 78° 10′ S vor und näherte sich dem magnetischen Pol nach seiner Rechnung bis auf 160 Seemeilen. Die Inklination der Magnetnadel erreichte schon 88° 40′ S. Aber im September 1843 kehrte er schließlich unverrichteter Dinge wieder nach England zurück. Für das südliche Polarmeer folgten Jahre der Ruhe, aller Augen richteten sich auf die Arktis, wo es galt, den verschwundenen Franklin zu suchen.

In Deutschland trat zwar am 24. Juli 1864 Georg Neumayer mit seinem Ruf nach einer wissenschaftlichen Südpolarexpedition auf den Plan, mit der er an die Arbeiten Humboldts anknüpfen wollte. Sein Ruf verhallte jedoch zunächst ungehört, noch war die Zeit für derartige Forschungsunternehmen nicht reif.

»Für die Schatulle ihrer Majestät ist kein Benefiz zu erwarten«[7], hatte zwar James Cook in England berichtet. Doch gerade die wirtschaftlichen Interessen waren es, die die Menschen erneut in die Antarktis lockten. Nach der Rückkehr von Ross war mehr als 30 Jahre lang keine Expedition mehr in den Gewässern der Antarktis gewesen, dann aber ging Kapitän Eduard Dallmann mit der GRÖNLAND 1873/74 auf Südkurs, nicht zu Forschungszwecken, sondern um Robbenfelle heimzubringen.

Die GRÖNLAND war das erste Segeldampfschiff in antarktischen Gewässern. Initiator der Fahrt war der Direktor der Deutschen Polarschiffahrtsgesellschaft, Albert Rosenthal, ein Mann, von dem der Promotor der Nordpolarforschung, August Petermann, sagte, »dass er unter allen Freunden und Helfern dieser Sache mehr für die deutsche Forschung am Nordpol gethan habe, als Kaiser und Reich.«[8] Am 22. Juli 1873 ging die GRÖNLAND von Hamburg aus in See. Das Schiff nahm zuerst Kurs auf die Azoren, dann auf die Kapverdischen Inseln. Sie lief Porto Praya auf Santiago an, ebenso Brava – hier wurde noch ein Teil der Mannschaft angeheuert. Von Kap Hoorn aus nahm Dallmann endgültig Kurs auf das südliche Eismeer.

Am 18. November 1873 erreichte die GRÖNLAND die Südshetland-Inseln. Aus den Fluten tauchte die Nordküste der King-George-Insel auf. Felsenriffe und blinde Schären machten die Fahrt gefährlich.

Die felsigen Inseln waren »mit hundert bis tausend Fuß hohem Schnee bedeckt, welcher an den Küsten senkrecht abgebrochen ist«.[9] Erst am 21. November konnte man auf Robbenjagd gehen, die allerdings erfolglos endete, sah man doch nur »hunderttausende von brütenden Penguinen«. In den folgenden Wochen hielt sich Dallmann weiter bei den Südshetland-Inseln auf. Das Wetter war sehr wechselhaft; es herrschte durchschnittlich 15 Stunden pro Tag Schneegestöber oder Nebel, Sturm und Regen, nur selten war die Luft klar. Zweimal geriet das Schiff auf Felsen, kam aber beide Male wieder frei, ohne größeren Schaden genommen zu haben.

Dallmann traf auch auf andere Robbenfänger, »so hatten drei

Fahrzeuge auf der Livingstoninsel Leute und Sachen gelandet und auf den Seal Rocks fand man den Kapitän Appelmann vom Schoner THOMAS HUNT aus Stonington, welcher sich mit 5 Mann in einer Höhle stationiert, und im Laufe von 15 Tagen 66 Robben bekommen hatte.«[10]

Dallmann hatte vorgehabt, bei den Südshetland-Inseln Robben zu jagen. Da die Ausbeute gering war, sah er sich weiter südlich um und wurde, wie so viele seiner Berufskollegen, zum Entdecker. Am 30. Dezember 1873 landete er an der Westküste von Trinity-Land, das d'Urville für eine von der Festlandküste durch den Orleans-Kanal abgetrennte Insel hielt. Von hier nach Südwesten erstreckte sich unbekanntes Gebiet, in dem sich rund fünfzig Jahre zuvor eine Reihe von Robbenfängern mit wechselndem Glück herumgetrieben hatte. Auf ihre Angaben war so gut wie kein Verlaß. Dorthin fuhr nun Eduard Dallmann. Am 8. Januar 1874 tauchte die Silhouette der Küste auf. Dallmann notierte im Tagebuch: »Morgens aufhellend, sahen Land im Osten [...] Wind abnehmend, gegen p. 6 h schön und klar, furen unter Dampf auf Grahams Land zu; 7 h befanden uns zwischen Klippen und Riffen, die nahe unter der Küste lagen. Boote ab. Die Küste endete an den meisten Stellen in einer, merere hundert Fuss hohen, senkrechten Schnee- oder Eismauer, fortwährender Donner erfüllte die Luft, der vom Bersten des Eises herzurüren schien. Unzälige Klippen waren hier, die schöne Bassins bildeten, zu denen schmale Passagen fürten, die aber häufig durch Eisberge gesperrt waren. An der Seeseite brandete das Meer furchtbar, aber in den Bassins war das Wasser ganz schlicht, so dass wir ser leicht landen konnten. Unser Landungsplatz befand sich auf ca. 64° 45′ S, die Länge ist wegen Unzuverlässigkeit des Chronometers und Mangel an Beobachtungen nicht anzugeben. Von Pelzrobben keine Spur, einige Secchunde und Penguins.«[11]

Am 10. Januar befand sich die GRÖNLAND zwischen Klippen, »die hier an der Küste in erstaunlicher Menge lagen. 2 Boote an Land, fanden eine tiefe Bucht, in der eine Menge Klippen und kleine niedrige Inseln lagen, auch einige blinde Klippen. Das Wasser hatte eine schmutzig braune Farbe, die von unzäligen kleinen Tieren herzurühren schien; sahen eine Menge Humpback und Sulphurbottom. Die Bucht endete in einer Strasse oder Förde, die sich so weit erstreckte, als das Auge reichte und im blauen Himmel endete, er verkündet hier fast immer Wasser. Das Land machte den Eindruck, als ob es nur aus Inseln bestände; denn wir sahen über demselben noch mehrere Streifen blauen Himmel, die Strassen oder Förden zu verkünden schienen. Das Land war, wie überall im Süden, hoch und gebirgig, die Küste zwischen den Kaps von einer hohen senkrechten Eismauer eingeschlossen, von der häufig grosse Teile mit donneränlichem Geräusch abbrachen und ins Wasser fielen. Penguine und Seehüner schienen bedeutend abzunehmen, dagegen waren hier eine grosse Menge der sogenannten Schaggs [Tauchergänse?]; Seehunde und Seeleoparden fanden nur einzelne. Gegen a 11 h dampften etwas von der Küste ab und setzten Segel.«[12]

In der Nacht fielen einige leichte Schneeschauer, doch das Wasser war glatt und ruhig. Die GRÖNLAND fuhr an der Küste entlang. Sie bahnte sich ihren Weg »zwischen zerschlagenem Eise, das von hier anfing, einen dichten Gürtel um die Küsten zu bilden und sie für Boote unerreichbar zu machen«.[13] Dallmann kam bis 64° 55′ S und hätte vielleicht noch weiter fahren können, aber er war kein Entdecker, sondern Robbenfänger. Die GRÖNLAND blieb allerdings auch nicht von den Problemen verschont, die Fahrten im Eismeer damals nur zu leicht drohten: Skorbut. In Dallmanns Tagebuch heißt es am 21. Januar:

»8 Mann scorbutkrank; holten Penguine massenweise an Bord; die Kranken erhielten kein anderes Fleisch als Penguinfleisch, auch mussten sie viel Blut trinken.«[14] Diese alten Hausmittel der Wal- und Robbenfänger zeigten sich auch bei der Besatzung der GRÖNLAND als sehr wirksam.

Ferner lief das Schiff ständig Gefahr, vom Eis zerdrückt zu werden: »Jan. 23 a. 1½ h kamen in schweres Packeis, konnten mit Dampf und Segeln nicht wieder aus ihm heraus kommen; mit langer Zeit erforderlicher Arbeit furen wir soweit in das Eis, dass die Dünung schwächer wurde und wir vor schweren Stössen geschützt waren; so lange wir uns in der starken Dünung befanden, die das schwere Eis mit grosser Kraft gegen das Schiff warf, bekam dieses furchtbare Stösse, nur so stark gebaute Schiffe wie GRÖNLAND konnten derartigen widerstehen.«[15] Schließlich gelang es, das Schiff zu wenden, Dallmann steuerte westwärts aus dem Eis. Er registrierte zwar einige Robben, aber zunächst galt es freizukommen. Eine besonders schwere Bewährungsprobe hatte die GRÖNLAND noch einmal am 18. Februar zu bestehen: »Zählten 7 Eisberge um uns herum, dann hüllte sich wieder Alles in f. p. 10 h passirten an der Luvseite eines grossen Eisberges in nicht der halben Schiffslänge Entfernung von ihm; die zurückschlagende Welle fiel auf unser Deck, das Schiff wurde wie ein Ball hin und her geworfen. Wir versuchten, rasch die Fock zu setzen, allein ehe es gelang, hatten wir den Berg passirt und war derselbe wieder im Nebel verschwunden. In dem Nebel bot der Eisberg mit den an ihm hoch hinauf schlagenden und mit Donner brechenden Wellen einen grausigen Anblick, der selbst das Herz eines mutigen Mannes in Galop setzen konnte. Nachts und Morgens etwas heller, Wd. W. N. W 7 – 8.« [16] Mit zunehmender Dunkelheit wurde die Navigation schwieriger, vor allem wegen der Eisberge. Stürme kündeten den nahen Winter an, Dallmann beschloß, die Heimreise anzutreten. Nach einem 10tägigen Aufenthalt in Port Stanley auf den Falkland-Inseln fuhr er weiter nach Montevideo. Am 30. Mai passierte er Fernando Noronha, am 15. Juli die Kanarischen Inseln. Am 25. Juli 1874 schließlich traf er wieder in Hamburg ein. Das Ergebnis von Dallmanns Fahrt war enttäuschend. Die Inselwelt im Norden von Grahamland ist, so versicherte er, an Pelzrobben und See-Elefanten nicht reich genug, um die Ausrüstung von Dampfschiffen zu lohnen. Seine Auftraggeber verzichteten auf die Ausrüstung einer weiteren Fahrt ins Südpolarmeer.

Nur wenige Tage, nachdem Dallmann am 4. März die Antarktis verlassen hatte und auf Heimatkurs gegangen war, begannen in Deutschland die Vorbereitungen für eine wissenschaftliche Expedition, die, wenngleich nicht in hohen Breiten, so aber zumindest im subantarktischen Bereich aktiv werden sollte. Fast ein Jahrzehnt hatte Dr. Georg Neumayer nun schon zur Erforschung der Antarktis aufgerufen, als endlich die Gestirne im wahrsten Sinne des Wortes für eine Expedition günstig standen. Ein astronomisches Ereignis führte dazu, daß deutsche Forscher erstmals zumindest im antarktischen Randgebiet arbeiten konnten. Für den 9. Dezember 1874 erwartete man den Vorübergang der Venus vor der Sonne, einen Vorgang, der zur damaligen Zeit vor allem deswegen besondere Bedeutung hatte, weil man hoffte, auf Grund von astronomischen Messungen die Entfernung der Sonne von der Erde genauer bestimmen zu können.

Der Venusdurchgang des Jahres 1874 wurde mit besonderer Spannung erwartet, da er in großen Teilen Südostasiens, in Australien, Neuseeland und in der Antarktis sichtbar sein würde und eine große Zahl unterschiedlicher Messungen zu erwarten war. Dieses Ereignis wurde zum auslösenden Moment für die Expedition der GAZELLE. Die Fahrt war in ihrer Gesamtkonzeption als Pendant zur britischen CHALLENGER-Expedition angelegt, jener Expedition, die das Zeitalter moderner Meeresforschung begründet hatte, und führte das Schiff auf eine zweijährige Weltreise, aber ein wesentlicher Programmpunkt war die Beobachtung des Venusdurchganges auf den Kerguelen-Inseln. Einen geeigneten Standort erkundete 1874 auf einer Vorexpedition Kapitän Reibnitz mit der ARCONA.

Am 21. Juni 1874 verließ die GAZELLE den Kieler Hafen, sie umfuhr Skagen, nahm in Plymouth wenige Tage später noch Lotgeschirr und Tiefseethermometer an Bord und lief am 3. Juli von dort zu ihrer großen Fahrt aus. Sie erreichte schließlich nach schwerer Sturmfahrt mit dichtgerefften Mars- und Schratsegeln und mit Maschinenkraft am 26. Oktober die Accessible-Bai auf Kerguelen und somit das für die deutsche Expedition ausgewählte Terrain.

Zu dieser Zeit war eine zweite deutsche Wissenschaftlergruppe schon längst dabei, am Port Ross auf der nördlichen Hauptgruppe der Auckland-Inseln ihr Stationshaus zu errichten. Die ALEXANDRINE, eine französische Bark, hatte die Expeditionsmitglieder samt 82 Kisten, in denen sich alles Notwendige befand – einschließlich der eisernen, zerlegbaren Beobachtungstürme –, bereits am 15. Oktober abgesetzt.

Die Ereignisse auf Kerguelen hat der stellvertretende Leiter der Expedition, Professor Dr. Ladislaus Weinek, Direktor der Sternwarte in Prag, in einem spannenden Reisebericht festgehalten, mit dem er ganz bewußt den Alltag der ersten deutschen Station in der Antarktis für eine breitere Öffentlichkeit schildert. Nach der Ankunft der GAZELLE galt es zunächst, den Standort für das Wohnhaus und die Observatorien exakt festzulegen: »Eine freie Aussicht nach Nordosten sollten sie haben, da der Sonnendurchgang in den Vormittagsstunden stattfinden sollte und die Sonne auf den Kerguelen den Mittag auf der Nordseite des Horizontes erreicht. Der Boden mußte leicht zu bearbeiten sein, das Gelände sollte geschützt vor den meist äußerst heftigen Westwinden liegen, und natürlich sollte der Standort nicht allzuweit vom Ankerplatz der GAZELLE entfernt sein, da ja alles geschleppt werden mußte.«[17] Man wählte schließlich den Fuß eines von der Bucht nicht weit entfernten Felsenhügels in der Nähe eines kleinen Wasserlaufes, »teils für kulinarische, teils für photographische Zwecke«.[18] Besondere Sorgfalt galt dem Bau des Observatoriums, »das aus zwei Eisentürmen mit drehbaren Oberteilen und einem Verbindungsgange bestand, der photographische Turm für die Sonnenaufnahmen, ebenfalls aus Eisen und mit rotierendem Dache und die daran schließende Dunkelkammer; dazu kamen mehrere kleinere Bauten für magnetische, meteorologische und Flutbeobachtungen, endlich die verschiedenen, für die stabile Aufstellung der Instrumente notwendigen Pfeiler«.[19] Alles in allem war es eine rechte Plackerei, die schweren Kisten mit den Instrumenten und den eisernen Teilen der Observatorien an den brandungsumtobten, vom Seetang schlüpfrig gewordenen Klippen zu landen und sie die morastige Anhöhe hinaufzuschleppen, zumal eisige Winde mit Regen- und Schneeböen wechselten. Am 12. November konnte das Expeditionshaus eingeweiht werden, und die Wissenschaftler vertauschten die schwankenden Planken der GAZELLE mit ihrer neuen Behausung. Schließlich verließ das Schiff die Station, um Küstenvermessungen vorzunehmen. Die Station war für die nächsten drei Monate auf sich selbst gestellt. »Als aber nach Vollendung der kleinen Ansiedlung die GAZELLE zur Küstenvermessung und Erforschung Kerguelens aufbrach und der Blick vom Fenster tagelang die leere Bucht traf, überkam uns doch ein Gefühl der Einsamkeit. Stieg nicht zugleich die Sorge auf, daß unserem Schiffe an den versteckten Klippen der Insel ein Unfall zustoßen oder möglicherweise das hölzerne Haus durch irgendeine Unvorsichtigkeit ein Raub der Flammen werden könnte?«[20]

Doch das Gefühl der Verlassenheit legte sich, zumal auf derselben Insel, wenngleich ein paar Tagesmärsche entfernt, eine englische und eine amerikanische Forschergruppe ihr Camp aufgeschlagen hatten. Hauptaufenthaltsort für die Stationsmitglieder war das Wohngebäude: »Das Haus, welches, wie erwähnt in seinen Teilen fertig von Kiel aus mitgenommen wurde und nur an Ort und Stelle zusammengeschlagen zu werden brauchte, war der zu erwartenden Stürme wegen aus stärkstem Holze gezimmert. Es bestand aus vier kleinen Stuben, die wir mit zwei uns zugeteilten Offizieren der Gazelle zu je zweien bewohnten, einem größeren zweifenstrigen Raume als Arbeitszimmer und der Küche. In letzterer und im Dachraume wohnten unsere Burschen, außerdem zwei Matrosen als Köche, deren einer für uns, der andere für die Mannschaft sorgte, und ein Hüter der am Lande zur Weide freigelassenen Tiere, welche die Gazelle aus Kapstadt mitgeführt hatte. Die Bevölkerung des Hauses betrug derart 17 Personen. Im Innern desselben waren die massiven Balken der Decke, ebenso wie die Bretter der Wände mit freundlichen Tapeten bekleidet; außen an der Windseite und auf dem Dache geschah dies mit Segeltuch, das geteert und mit Sand bestreut wurde, um die Nässe möglichst abzuhalten. Auf der einen Seite des Daches erhob sich zu stattlicher Höhe die Flaggenstange, von welcher jeden Sonntag und bei besonders festlichen Gelegenheiten weithin sichtbar das deutsche Banner wehte, auf der anderen westlichen Seite schnurrte geschäftig der Windmesser, dessen Zählwerk im Bodenraume untergebracht ist.«[21] Abwechslung im Stationsalltag brachten die Tierbeobachtungen; fasziniert waren die Wissenschaftler vor allem von den putzigen Pinguinen, von den faulenzenden See-Elefanten, von den gefräßigen Möwen und Sturmvögeln und von den schmackhaften Schneehühnern.

Man versuchte auch »verschiedene Sämereien« einzubürgern. Mit unterschiedlichem Erfolg: »Es wurden zwei Eichen gepflanzt, welche aber ebensowenig wie eine Tannensaat, die von Kapstadt herrührte, fortkommen dürften; Hafer und Gerste gingen nach vier Wochen auf, Radieschen und Brunnenkresse nach 14 Tagen, deren zarte Pflänzchen aber leider von Vögeln vernichtet wurden.«[22] Einen Tag vor dem Venusdurchgang kehrte schließlich die Gazelle zurück.

Auch bei der zweiten Gruppe auf den Auckland-Inseln wurde das Ereignis mit Spannung erwartet. Der 9. Dezember zeigte sich allerdings nicht gerade von einer erfolgversprechenden Seite: »Grau und trübe brach der Morgen an, das Barometer war gefallen, dichter Nebel lagerte über den Inseln und bei der ausnahmsweise herrschenden Windstille war wenig Aussicht auf Aufklaren vorhanden. Indessen ging noch Alles über Erwarten gut; um 1 Uhr sollte der Vorübergang der Venus stattfinden, um 12 Uhr erhob sich ein schwacher Wind, der den Nebel verscheuchte und unmittelbar vor dem Phänomen den Wolkenschleier vor der Sonne zerriss. Wenn auch der Eintritt der Venus in die Sonnenscheibe nicht gut beobachtet werden konnte, so waren doch im Allgemeinen die Verhältnisse so günstig, wie man sie nur erlangen konnte. Die Astronomen erhielten am Heliometer sechs vollständige Sätze zu 16 Einstellungen und mehrere Beobachtungen für den inneren und äußeren Kontakt beim Austritt; die Photographen nahmen 115 Aufnahmen, 95 mit trockenen und 20 mit nassen Platten. Während der ganzen Erscheinung war der Himmel meist nur in der Gegend der Sonne klar, kaum eine Viertelstunde nach dem Austritt der Venus war wieder Alles mit Wolken bedeckt.«[23] So hielt die Gruppe der Wissenschaftler auf den Auckland-Inseln das Ereignis in ihrem Bericht fest.

Auch auf Kerguelen waren die Beobachtungen gelungen, und man ging nun daran, noch die genauen Ortsbestimmungen der Station vorzunehmen. Die Nachricht vom Erfolg der Expedition sollte so schnell wie möglich nach Berlin gelangen; ein Offizier der GAZELLE unternahm daher einen dreitägigen Fußmarsch zur amerikanischen Wissenschaftlergruppe, die sich bereits im Aufbruch befand und früher als das deutsche Team wieder Kontakt mit der Zivilisation haben würde.

Noch einmal verließ die GAZELLE schließlich die Station, um ihre Vermessungsfahrt fortzusetzen. Weihnachten und Silvester war man auf Kerguelen unter sich: »Der 31. Dezember, der letzte Tag des für uns bedeutungsvollen Jahres, sollte wieder fröhlich schließen. Auf einem großen Stück Segeltuch, welches vordem als Überzug des photographischen Turmes fungierte und bei einem Sturme zu Schaden gekommen war, wurde eine grausige Wolfsschlucht gemalt und diese abends im großen Wohnzimmer aufgestellt. Zur Feier wurden die Lichter verlöscht, und vor dem Bild, das durch die bläulich flackernde Spiritusflamme noch grauenhafter aussah, erblickte man den Mechaniker und Photographen in phantastischem Kostüme, beschäftigt mit dem Schmelzen des Bleies. Auf dem Tische dampft der Zaubertrank, eine Bowle, die etwas zu stark geraten, gewiß allen in gutem Andenken steht. Sie wurde auch bald durch Champagner abgelöst. Um Mitternacht, als durch Zahlen konstatiert worden, daß das neue Jahr begonnen habe (in Berlin war es erst 8 Uhr 13 Minuten abends) erhoben wir die gefüllten Gläser.«[24]

Nach 30 Tagen, am 22. Januar 1875, kehrte die GAZELLE schließlich zur Station zurück; es galt Abschied zu nehmen. Das Wohnhaus sollte nach einer ersten Überlegung auf der Insel als Zufluchtsort für Robben- und Walfänger zurückgelassen werden. »Schließlich machte sich aber doch die Ansicht geltend, daß jene, keineswegs ideal angelegten, Besucher bei dem gänzlichen Mangel an Feuerungsmaterial auf Kerguelen das schöne hölzerne Haus kaum schonen dürften und es daher ratsamer erschiene, dieses selber zu verwenden. Darum sollte es zersägt auf die GAZELLE geschafft und dort entweder für die Küche oder für eine halbtägige Fahrt unter Dampf benützt werden. Das kleine meteorologische Häuschen sollte aber unter allen Umständen zurückbleiben, wozu es mit einem Stein- und Mooswall umgeben und mit starken Tauen an Pflöcken festgezogen wurde.«[25] Man versah es mit der Aufschrift SMS GAZELLE, dem Datum und den Koordinaten 70° 10′ O und 49° 8′ S.

Dr. Wineks Bericht schließt: »Zur Erinnerung an die deutsche Venusexpedition weist diese Halbinsel ferner eine Wittstein-Spitze, Bobzin-Insel, eine Krille-Spitze auf, während die Börgen-Inseln in der Nähe der Stosch-Halbinsel liegen und Dr. Studer, durch ein Studer-Tal bedacht wurde. Auch die kleinen Tiere, die in den Süßwasserläufen Kerguelens von Dr. Studer entdeckt wurden, tragen die Namen Macrothrix Börgeni, Alona Wineki, Pleuroxus Wittsteini, Cyclops Bobzini und Cyclops Krillei.«[26]

Am 25. Februar erreichte die GAZELLE Mauritius, und die Wege der Stationsbewohner und des Expeditionsschiffes trennten sich. Während die GAZELLE ihre Reise um die Welt fortsetzte, schifften sich Dr. Winek und seine Kollegen auf dem französischen Dampfer TIBRE ein und erreichten Ende März Europa.

In Deutschland hatte Dr. Georg Neumayer zwar inzwischen weiter die Werbetrommel für eine Südpolarfahrt gerührt, aber zu einer wissenschaftlichen Expedition, die ausschließlich Arbeiten in der Antarktis gewidmet war, kam es im 19. Jahrhundert von deutscher Seite nicht. Dabei waren die Erwartungen, die die

Wissenschaftler an eine derartige Expedition stellten, groß, schließlich hatte man noch immer nur äußerst vage Vorstellungen von der Antarktis, wie ein Vortrag von Prof. W. Kükenthal aus Jena im Jahre 1892 betonte: »Das große Problem der Südpolarforschung ist seit Ross' denkwürdiger Reise vor nunmehr fünfzig Jahren nicht wieder in Angriff genommen worden, trotzdem von den verschiedensten Seiten der Nutzen, ja die Notwendigkeit einer solchen Fahrt für die Naturwissenschaften dargelegt worden ist.

Von einer Südpolarexpedition erhofft die Geographie nichts geringeres als die Feststellung der Thatsache, ob es einen sechsten, den antarktischen, Kontinent giebt oder nicht. Die Art der Verteilung von Wasser und Land auf der Erde wird dadurch erst genauer bestimmt. Die Südpolarregion ist ferner das größte Gebiet der Schnee- und Eiswirkungen, und ein Vergleich mit denen des Nordpols wird die Geographie der Pole überhaupt erst fest begründen. Auch andere allgemeine geographische Fragen, des Erdmagnetismus, der Klimatologie, der Meeresströmungen werden durch eine solche Fahrt ihrer Lösung entgegengebracht werden. Die Bestimmung der genauen Oberflächengestalt unseres Planeten kann erst erfolgen, wenn im antarktischen Gebiete Pendelbeobachtungen angestellt werden.

Die Geologie erwartet davon eine Lösung des Eiszeitenproblems, sowie eine Bereicherung der Vulkangeologie, und von ähnlicher großer Bedeutung wird eine Südpolarfahrt für die biologischen Wissenschaften werden. Die voraussichtliche Entdeckung vieler neuer Tierformen ist dabei ganz nebensächlich gegenüber der Frage nach der Herkunft der Faunen überhaupt, erst durch die Erforschung der antarktischen Meeresfauna läßt sich eine auf breiter Basis stehende Tiergeographie der Meere begründen. Die schon jetzt konstatierte Ähnlichkeit zwischen arktischer und antarktischer Fauna und deren teilweise Übereinstimmung mit der Fauna der Tiefsee ist auf ihre Ursachen zurückzuführen. – Von grundlegender Bedeutung ist auch die Frage, ob sich in den antarktischen Ländern Fossilien vorfinden, und welcher Art sie sind. Wie die Nordpolländer als Entwickelungszentren von Faunen und Floren angesehen werden, so müßte sich etwas ähnliches auch für die Gebiete des Südpols herausstellen, auch hier müßte, wie einst im hohen Norden, ein warmes Klima geherrscht haben.«[27] Der Jenaer Professor konnte nicht ahnen, daß er und seine Kollegen schon bald neue Informationen erhalten würden, wenngleich nicht durch eine wissenschaftliche Expedition.

Zu Beginn der neunziger Jahre richteten sich die begehrlichen Augen der Industrie erneut nach Süden. Vor allem die englischen Jutefabriken benötigten Wal-Tran in großen Mengen zum Einweichen der Jutefasern. Die Jagdgründe im Norden waren erschöpft und ausgeplündert, der Grönlandwal begann auszusterben. Da besann man sich auf Schilderungen von James Ross, der nach seiner dritten Reise von einem ungewöhnlichem Walreichtum an der Ostküste von Joinville-Land berichtet hatte. Von Dundee in Schottland, dem Hauptsitz der englischen Juteindustrie, sandte die Dundee-Whale-Fishing-Company im September 1892 vier Dampfer in die neuen Jagdgründe, die BALAENA, DIANA, POLARSTAR und ACTIVE. Die Schiffe brachten jedoch nicht die erhoffte Beute heim, die schottische Walfangflotte fuhr kein zweites Mal wieder dorthin. Zur gleichen Zeit hatte die mit hamburgischem Kapital betriebene norwegische Reederei »Oceana« den Walfänger JASON – jenes Schiff, mit dem Fridtjof Nansen 1888 nach Grönland gefahren war – für eine Expedition ins Südpolarmeer ausgerüstet und an die Ostküste von Joinville-Land geschickt. Das Schiff wurde von Kapitän Carl A. Larsen, einem Norweger, geführt. Aber auch Larsen war nicht erfolgreicher als die schottische Konkurrenz, seine Fahrt brachte weder wirtschaftlich noch wissenschaftlich vorzeigbare Ergebnisse. Wesentlich reicher an wissenschaftlichen Ergebnissen war die zweite Fahrt Larsens im folgenden Winter 1893–94, die er wiederum mit der JASON unternahm. Diesmal fuhr er im Verbund mit zwei weiteren Schiffen in die Antarktis. Die Gesellschaft »Oceana« sandte den Dampfer CASTOR unter Kapitän Morten Pedersen und die HERTHA unter Kapitän Eversen zum Wal- und Robbenfang in die Antarktis. Es war sozusagen ein erstes deutsch-norwegisches Gemeinschaftsprojekt: Alle drei Schiffe fuhren unter norwegischer Flagge, aber mit deutschem Kapital.

Kapitän Pedersen beschränkte sich darauf, auf Robbenfang zu gehen, aber Kapitän Eversen unternahm, wie zwei Jahrzehnte zuvor Eduard Dallmann, einen Abstecher nach Südwesten. Am 21. November 1893 erreichte er 76° 12′ W und 69° 11′ S. Am folgenden Tag sichtete er das von Packeis umgebene Alexander-land. Doch den Zusammenhang dieser Insel mit Grahamland untersuchte er nicht.

Die Fahrt der JASON allerdings wurde durch die überraschenden geographischen Entdeckungen, die Kapitän Larsen machte, von entscheidender Bedeutung für die Entwicklung der Südpolarforschung. Und die Sammlung von Fossilien, die er mitbrachte, warf ein ganz neues Licht auf die Vorgeschichte dieser Region. Am 18. November 1893 landete Larsen wie bereits ein Jahr zuvor am Kap Seymour. Er berichtete später darüber: »Das Land ist hügelig und hat Höhen und tiefe Thäler. Einzelne von diesen Höhen sind kegelförmig und bestehen aus Sand, Cement und kleinen Steinen, hin und wieder sieht man versteinertes Holz, ebenso fand man einzelne Nester von Seevögeln auf den Höhenrücken. An dieser Stelle fanden wir noch eine Art Landvogel aus der Familie der Raubvögel, der unserem einheimischen Habicht ähnlich ist. Er liess sich nieder und frass Vogeleier.«[28] Kapitän Larsen ging ungefähr eine Viertelmeile landeinwärts, immer häufiger fand er versteinertes Holz. »Das Holz sieht aus als könne es eine Art Laubholz sein. Man erkennt die Borke mit den Zweigen und die Jahresringe der Stämme, die schräge in der Erde standen. An anderen Stellen fanden wir aus Sand und Cement gebildete Kugeln, die auf Pfeilern derselben Art lagen. Wir sammelten an mehreren Stellen ungefähr 50 dieser Kugeln; sie sahen so aus, als ob sie von Menschenhand geformt wären.«[29] Diese Pfeiler und Kugeln stellten sich als verwitterter Basalt heraus. »Wir stiegen hinauf bis zu einer Stelle, wo Pinguine ihren Brutplatz hatten. An dieser Stelle befanden sich tausende von ihnen. Ihre Nester bestehen aus kleinen Steinen und Vogelknochen.«[30] Erst spät am Abend kehrte Larsen zum Schiff zurück: »Es war ein großartiger Anblick, den bei Sonnenuntergang das schwarze, nackte Land im Vordergrunde im Gegensatz zu dem schneebedeckten Lande im Hintergrunde, das vom Meer aus langsam bis zu einer Höhe (Haddington-Berg) von 7050 Fuss ansteigt, bot.«[31]

Am 13. Dezember traf dier JASON die beiden anderen Schiffe. Wirtschaftlich brachte die Fahrt keinen Erfolg, und die Reederei schickte keine weiteren Schiffe nach Grahamland.

Um so größer war die »geographische Ausbeute« der JASON-

Fahrt. Außer verschiedenen Inseln hatte Larsen die Rückseite von Grahamland, die noch nie gesehene Ostküste entdeckt. Soweit es ihm möglich war, versuchte er zu fixieren, was er gesehen hatte.

Die Wissenschaft reagierte aufgeregt, bewiesen die Funde Larsens doch, daß der dicke Eispanzer nicht immer vorhanden gewesen sein konnte. Alles deutete nun darauf hin, daß auch der antarktische Kontinent im Laufe der Erdgeschichte tiefgreifenden geologischen und klimatischen Veränderungen ausgesetzt gewesen sein mußte. Wo jetzt Schneestürme rasen, hatten einst tropische Baumfarne und Schachtelhalmgewächse gewuchert.

Anmerkungen

1 Forster, Georg: Reise um die Welt. Frankfurt am Main 1967, S. 124.
2 Ebd., S. 469.
3 Ebd.
4 Ebd., S. 464 f.
5 Ebd., S. 463.
6 Vgl. Cook, James: Entdeckungsfahrten im Pacific. Die Logbücher der Reisen von 1768 bis 1779. Hrsg. A. Grenfell Price. Tübingen und Basel 1971, S. 271.
7 Vgl.: Antarktis. Letzter Schatz. In: Der Spiegel, 20. 6. 1983, S. 30.
8 Zitiert nach: Petersen, Johannes: Die Reise des JASON und der HERTHA in das Antarktische Meer 1893/94 und die wissenschaftlichen Ergebnisse dieser Reisen. In: Mittheilungen der Geographischen Gesellschaft in Hamburg 1891–92, S. 247.
9 Kükenthal, Willy: Eine deutsche Südpolarfahrt. In: Deutsche Geographische Blätter 15, 1892, S. 103.
10 Ebd.
11 Schück, Adolf: Die Entwickelung unserer Kenntnisse der Länder im Süden von Amerika. In: Verhandlungen des Vereins für naturwissenschaftliche Unterhaltung zu Hamburg 5, 1882, S. 130.
12 Ebd., S. 130 f.
13 Ebd., S. 131.
14 Ebd., S. 134.
15 Ebd.
16 Ebd., S. 135.
17 Weinek, Ladislaus: Die Reise der deutschen Expedition zur Beobachtung des Venusdurchganges am 9. Dezember 1874 nach der Kerguelen-Insel und ihr dortiger Aufenthalt. MS 1887. (ND Prag 1911), S. 36.
18 Ebd.
19 Ebd., S. 37.
20 Ebd., S. 42.
21 Ebd., S. 41.

22 Ebd., S. 55.
23 Zitiert nach: Reinke-Kunze, Christine: Den Meeren auf der Spur. Geschichte und Aufgaben der deutschen Forschungsschiffe. Herford 1986, S. 30.
24 Weinek (wie Anm. 17), S. 53.
25 Ebd., S. 54.
26 Ebd., S. 55.
27 Kükenthal (wie Anm. 9), S. 101.
28 Zitiert nach Petersen (wie Anm. 8), S. 251.
29 Ebd., S. 251 f.
30 Ebd., S. 252.
31 Ebd., S. 253.

Abstecher
einer wissenschaflichen Weltreise

»Wer in die Antarktis einen Einblick erhält, dem hat sie es für das ganze Leben angetan«[1], behauptete der Biologe Karl Chun in seiner Antrittsrede als Rektor der Universität Leipzig am 31. Oktober 1907. Deutlich war seine Faszination über die Begegnung mit dem Südpolarmeer im November/Dezember 1898 in seinen Ausführungen, die er unter das Thema »Die Erforschung der Antarktis« gestellt hatte, für seine Zuhörer zu spüren. Unter den verschiedenen Regionen der Erde, die er kennengelernt hatte, hatte keine »einen so tiefen Eindruck hinterlassen, wie jenes gewaltige Südmeer mit seinen vom ständigen Weststurm zu unerhörter Höhe aufgetürmten Wogen und dem über ihm bleigrau verhängten Himmel. Vergessen sind die Mühen und Sorgen der unheimlichen Fahrt bei plötzlich hereinbrechendem Nebel an der Grenze des Packeises, und in der Erinnerung haftet das Gedenken an vergletscherte Inseln mit tief einschneidenden Fjorden, an blau schillernde, von der Brandung umtoste Eisberge, welche Sturmvögel umflattern und Pinguine beleben.«[2]

Ursprünglich hatte Chun seinerzeit nur eine bescheidene meeresbiologische Reise im Gebiet der Kanarischen Inseln geplant. Doch seine oberste Dienststelle, das Preußische Kultusministerium, verwies ihn 1897 an das Reichsamt des Innern, »weil dort ein großer etatsmäßiger Überschuß für eine weiter reichende Expedition verfügbar sei«.[3] Chun traf tatsächlich mit seiner Idee auf offene Ohren. Noch war der Ruhm der englischen Korvette CHALLENGER nicht verklungen, jenes Schiffes, das 1872–1876 in wissenschaftlichem Auftrag die Welt umsegelt und damit das Zeitalter der Meeresforschung initiiert hatte. Als Karl Chun 1897 in Deutschland mit seinen Expeditionsplänen an die Öffentlichkeit trat, war es gerade zwei Jahre her, daß in England unter großem Aufsehen der 50. Band der wissenschaftlichen Berichte der CHALLENGER-Fahrt erschienen war. In den Plänen Chuns sahen sowohl Kaiser Wilhelm II. wie auch die Minister eine Chance, ebenfalls im Ausland mit einer Forschungsexpedition Aufsehen zu erregen, und Chuns Kostenvoranschlag wurde von Amts wegen (!) um das Zwölffache erhöht. Chun konnte weitergehende Reisepläne fassen. Und als die für die Fahrt eigens umgebaute vormals von der Hamburg-Amerika Linie eingesetzte VALDIVIA am 31. Juli 1898 im Hamburger Hafen schließlich die Leinen loswarf, lag eine Weltreise vor ihr: Die Expedition sollte in weitem Bogen Afrika umrunden, auf einer kursorischen Fahrt im östlichen Atlantischen Ozean meeresbiologische Untersuchungen ausführen und dann eine umfangreiche Erforschung des Indischen Ozeans vornehmen. Zwischen den beiden Abschnitten aber sollte ein Vorstoß in höhere südliche Breiten erfolgen. Nach einer schweren südhemisphärischen Eisperiode 1892–1897 war ein Vordringen der Expedition bis etwa 54° oder 55° Süd geplant, eine Erwartung, die durch die Fahrt der VALDIVIA bis über 64° südlicher Breite beträchtlich übertroffen wurde. Der Abstecher in das Südpolarmeer, dessen Kurs Kapitän Krech und Expeditionsleiter Karl Chun endgültig erst absteckten, nachdem sie die Arbeiten im Atlantischen Ozean erfolgreich beendet und den Hafen von Kapstadt erreicht hatten, wurde zu einem der Höhepunkte der gesamten Tiefsee-Expedition.

Im Schein der aufgehenden Sonne hatte die VALDIVIA am 13. Oktober 1898 Kapstadt nach siebentägiger Liegezeit verlassen und nahm Kurs auf die Antarktis, auf einer Route, die seit fünfzig Jahren kein Schiff mehr befahren hatte. Es widerstrebte Expeditionsleiter Karl Chun einerseits, dem Kurs der CHALLENGER zu folgen, die 15 Jahre zuvor ebenfalls von Südafrika ins Südpolarmeer ausgelaufen war. Andererseits galt seine Neugierde einer Inselgruppe, die als »Bouvet-Inselgruppe« in den Seekarten eingezeichnet war. Seine Neugierde hatte gute Gründe. Die Bouvet-Insel war am 1. Januar 1739 von Bouvet de Lozier unter 54° Süd und 4° 20′ Ost als »Cap de la Circoncision« gesichtet worden. Allerdings konnte Bouvet den insularen Charakter nicht mit Sicherheit feststellen, und er glaubte, ein vereistes Vorgebirge des unbekannten südlichen Kontinents vor sich zu haben.

Über 150 Jahre hatte sich die von Winden umstürmte, gewöhnlich in Nebel gehüllte und von mächtigen Eisbergen flankierte Bouvet-Insel der Erforschung widersetzt. 1772/73 und

1775 versuchte James Cook – vergeblich – die Insel wiederzufinden. Auch James Clarke Ross schaute erfolglos nach der Insel aus. Immerhin hatten Anfang des 18. Jahrhunderts zwei Kapitäne auf Walfängern, die im Dienst der Londoner Firma Enderby standen – nämlich Lindsay (1808) und Norris (1825) – bestätigt, daß in der von Bouvet bezeichneten Region eine bzw. zwei Inseln lägen, und sie schmückten die Seekarten mit den neuentdeckten Inseln Lindsay Island, Liverpool Island, Thompson Island und den Felsenriffen der »Chimnies«. Neben der geographischen Aufgabe reizte Chun die Möglichkeit, hier ein vollkommen unbekanntes Gebiet des Meeresbodens zu erkunden und »die Grundfauna in jenem Gebiet zu erbeuten, welches ein Bindeglied zwischen der uns wohlbekannten Fauna der Magelhaes-Straße und den Kerguelen abgibt«.[4]

Da die VALDIVIA sich in den voraufgegangenen Monaten als gutes Expeditionsschiff bereits bewährt hatte, beschloß man, eben diesen neuen Versuch zur Auffindung der Bouvet-Insel zu starten, ein Unternehmen, das letztlich doch mühsamer war als angenommen. Das zunächst gute Wetter hielt nicht lange an, und bald mußte die VALDIVIA mit ihrem hellen Tropenanstrich Stürme von Windstärke 10 abreiten. Dem Sturm folgten Regen-, Hagel- und schließlich Schneeschauer. Nach einer kurzen Wetterberuhigung setzte Nebel ein, just in dem Moment, als sich die VALDIVIA der vermuteten Position der Bouvet-Inselgruppe näherte. Als am Morgen des 25. November mitten zwischen den angeblichen Landsichtungen von Bouvet, Lindsay und Norris eine Tiefe von 3458 m gelotet wurde, schwand die Hoffnung zusehends, die Inseln nachweisen zu können. Nach stürmischen Tagen und schlaflosen Nächten gab Kapitän Krech jetzt seinem Unmut über die unsicheren Bestimmungen der alten Seefahrer »in kräftig seemännischer Weise Ausdruck«.[5] Zusammen mit Expeditionsleiter Chun kam er schließlich überein, »daß nur noch bis Sonnenuntergang die Suche nach den wie verzaubert erscheinenden Inseln mit westlichem Kurs fortgesetzt werden sollte, als 20 Minuten nach 3 Uhr unser erster Offizier mit dem Ausruf: ›Die Bouvet's liegen vor uns‹ das ganze Schiff in Aufregung brachte.«[6]

Jeder, der irgend Zeit hatte, stürmte auf die Brücke. »Schroffe und hohe Abstürze gegen Norden, mächtige bis zum Meeres-

Abb. 17: Arktisstation im Kingua-Fjord. Universal-Instrument.

Abb. 18: Die deutsche Arktisstation im Kingua-Fjord (Cumberland-Golf) während des Internationalen Polarjahres 1882.

Abb. 19: Zeppelin-Expedition 1910: Prinz Heinrich an der Ballonwinde.

Abb. 20: Kapitän Bade, 2.Offizier der HANSA, rührt in den 90er Jahren des vorigen Jahrhunderts die Werbetrommel für die nordische Fischerei.

Abb. 21: HERZOG ERNST, das Schiff der Schröder-Stranz-Expedition nach Spitzbergen 1912.

Abb. 22: Die Besatzung der HERZOG ERNST. Oben: Julius und Jörgen Jensen. Davor: Kapitän Ritscher, Eislotse Sternsen, Einar Rotvold und der Koch Stave.

Abb. 23: Schröder-Stranz-Expedition, 15. August 1912: Nördlich vom Nordostland – eine Stunde vor dem Abschied der Schlittenexpedition, die nie wieder gesehen wurde.

Abb. 24: Alfred Wegeners Motorschlitten »Schneespatz«.

Abb. 25: Das Expeditionsschiff GUSTAV HOLM liegt im Eis fest. Zum erstenmal im Polareis benutzte man als Zugtiere isländische Ponys, die gerade ausgeladen werden.

Abb. 26: Alfred Wegener, während der dänischen Mylius-Erichsen-Expedition in Grönland. Zeichnung von Achton Friis.

Abb. 27: Alfred Wegeners Grab im grönländischen Eis.

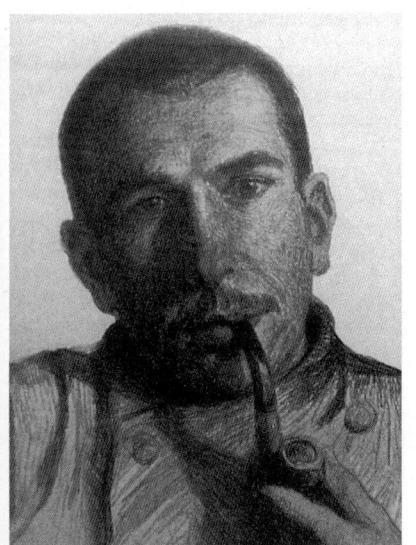

Abb. 28: Während seines zweiten Amerikafluges 1931 überquerte Wolfgang von Gronau
Grönland mit dem Dornier-Wal D 2053.

Abb. 29: Pause während der Triebwerksreparatur in Godthaab 19. bis 27. August 1931.
Rechts im Bild: Wolfgang von Gronau.

Abb. 30: Ende Mai 1938 kehrten der spätere Lufthansa-Kapitän Rudolf Mayr und Oberfunkermaschinist Franz Preuschoff von ihrer Arktisexpedition nach Spitzbergen, Grönland und Pearyland mit dem dänischen Polarforscher Dr. Lauge Koch nach Deutschland zurück. Das Foto zeigt sie gemeinsam mit ihren Frauen auf dem Flughafen Berlin Tempelhof.

Abb. 31: Wettertrupp »Haudegen« 1944/45 in Nordostland/Spitzbergen. Die Station in der Wordiebucht.

Abb. 32: 1938 wurden Möglichkeiten des Einsatzes des Fieseler Storch in der Polarforschung getestet.

Abb. 33: 1962 brachte das Forschungsschiff METEOR (Stralsund) eine Wissenschaftlergruppe nach Spitzbergen.

spiegel abfallende Gletscher, ein gewaltiges Firnfeld, welches sanft geneigt im Süden mit einer Eismauer im Nebel endet, die Kämme der Höhen in Wolken versteckt – das war der erste Eindruck, den wir von der seit 75 Jahren verschollenen und von drei Expeditionen vergeblich gesuchten Insel empfingen.«[7] Im Windschatten der Insel, wo die VALDIVIA gegen den steifen Nordwest geschützt war, wurden ozeanographische und biologische Arbeiten vorgenommen. Fünf Dredgezüge in einer Tiefe von 400 bis 600 m förderten eine reiche Fauna zu Tage. Man war erstaunt über die Pracht der teilweise blutrot gefärbten See-Anemonen, über ein »Heer« von See- und Schlangensternen, zarte Muscheln, Käferschnecken und bizarr gestaltete Krebse.

Kapitän Krech und Navigationsoffizier Kapitän Sachse, der zum Wissenschaftlerstab gehörte, bestimmten die Position der Insel mit 54° 26′ 4″S und 3° 24′ 2″O. Detailliert wurde zudem auch der Vulkancharakter der 80 qkm großen Insel beschrieben, die bis zu 935 m aufsteigt, mit Eis bedeckt ist und steil zum Meer abfällt. Die geographische Lage der Insel wurde 28 Jahre später von der METEOR auf ihrer großen Atlantischen Expedition bestätigt. Ebenso wie für die VALDIVIA war auch für die METEOR die Fahrt in dieses Gebiet der Antarktis lediglich ein Teilaspekt der gesamten Forschungsfahrt. Die Suche der VALDIVIA-Expedition nach Liverpool Island, wie Norris eine zweite Insel genannt hatte, verlief hingegen erfolglos, so daß man bereits an Bord der VALDIVIA davon ausging, daß es sich um ein und dieselbe Insel handelte: die Bouvet-Insel.

Am 28. November verließ die VALDIVIA die Bouvet-Insel und setzte ihre Fahrt durch die antarktischen Gewässer fort; sie erreichte zwei Tage später die Treibeisgrenze. »Die Treibeisfelder setzten sich aus zum Teil stark zertrümmerten Schollen zusammen, zwischen denen gelegentlich größere, himmelblau gefärbte Eisstücke trieben. Ihre aus dem Wasser hervorragende Partie war oft bizarr gestaltet und gewährte der Phantasie den freiesten Spielraum zu Vergleichen mit Statuen, Tieren und Gerät.«[8] Immer wieder stoppte die VALDIVIA für Arbeiten der Wissenschaftler. Es gefriert einem fast das Blut in den Adern bei der Schilderung: »Es war stets ein großartiger, aber auch mit mannigfachen Beklemmungen verbundener Moment, wenn die keineswegs für die antarktischen Eisverhältnisse berechnete VAL-

DIVIA mit Volldampf gegen die Eisfelder anfuhr, erst direkt vor ihnen stoppte und sich nun durch die krachenden Schollen ihren Weg bahnte. Wir waren allerdings so vorsichtig, uns die schmalsten Stellen der Treibeisfelder zu derartigen Experimenten herauszusuchen, die recht verhängnisvoll hätten ausfallen können, wenn die Kraft des Schiffes durch den Andrang der Schollen gebrochen worden wäre, und wir mitten im Eise die Maschine hätten in Bewegung setzen müssen. Wesentlich erleichtert wurde unser Vorhaben durch einen ›Eisbrecher‹, welchen der talentvolle Koch aus zwei Flaschen Portwein und einer Flasche Cognac herstellte. War die Lage besonders kritisch, so verwendete man als Punsch zwei Flaschen Cognac und eine Flasche Portwein. Schon in der ersten Nacht vom 30. November auf den 1. Dezember waren wir genötigt, unter mannigfachen Kursänderungen mehrmals die Felder zu durchfahren, und schwerlich dürften bei dem unheimlichen Krachen und Knirschen an den Wandungen des Schiffes die Insassen Schlaf gefunden haben.«[9]

Doch immerhin gelang es, etwa 2½ Wochen lang ungefähr dieselbe südöstliche Fahrtrichtung beizubehalten und »auf einer Strecke von nahezu 50 Längengraden die Treibeisgrenze während des südlichen Sommermonats festzulegen.«[10]

Das wichtigste Ergebnis der Fahrt der VALDIVIA entlang der Eisgrenze war der Nachweis eines tiefen antarktischen Meeres. Von 17 Lotungen, die zwischen der Bouvet-Insel und Enderbyland vorgenommen worden waren, wiesen 11 eine Tiefe zwischen 5000 und 6000 m aus, weitere fünf zwischen 4000 und 5000 m und nur eine in der Nähe der Bouvet-Insel eine Tiefe von 3080 m. Damit waren alle bisherigen Ansichten und Annahmen über das Tiefenrelief des antarktischen Ozeans überholt und erfuhren nun eine Berichtigung. Vor der Fahrt der VALDIVIA hatten lediglich 15 Tiefenzahlen südlich des 50. Breitengrades vorgelegen. Die Expedition der VALDIVIA fügte ihnen 29 Lotungen hinzu und führte die damals herrschende Vorstellung ad absurdum, daß das antarktische Becken relativ seicht sei. In ähnlicher Weise hatte Nansen die Theorie, das Nordpolarmeer müsse flach sein, als falsch widerlegt.

Darüber hinaus wurden zahlreiche Meßreihen über die Temperaturverhältnisse des antarktischen Meeres gemacht, und man untersuchte und beschrieb das antarktische Plankton.

Besonders fasziniert waren Wissenschaftler und Besatzungsmitglieder von Farbe und Form der Eisberge. Auch sie waren natürlich häufig Untersuchungsgegenstand: »Es wurden Schüsse abgefeuert, mit der Sekundenuhr genau die Zeit zwischen Knall und Echo kontrolliert und dann mit dem Sextanten die Höhe des Eisberges gemessen. Eine einfache Rechnung ergab den Nachweis, daß mancher der von uns gesehenen Eisberge die beträchtliche Höhe von nahezu 60 m erreichte.«[11]

Einer der größten von der Besatzung der VALDIVIA gesichteten Eisberge war 54 m hoch und 575 m breit. »Die bisherige Darstellung vermag nun freilich keinen Begriff von der überwältigenden Pracht zu geben, welche diese antarktischen Kolosse darbieten. Kein Maler ist imstande, diese wundervollen Schattierungen des Blau wiederzugeben, wie sie in der Nähe eines Eisberges zum Ausdruck gelangen. Ein feiner Dunst scheint über dem ganzen zu liegen, hier und da treten blendende, schneeweiße Flächen hervor, während die Spalten, Grotten und Amphitheater in allen Abstufungen bis zum tiefsten Kobaltblau schimmern. Das den Eisberg bespülende Wasser nimmt die Färbung von Kupfervitriol an und hebt sich scharf ab von dem bei bedecktem Himmel grau erscheinenden Meere. Dabei geben die bizarren Formen der stark zersetzten Eisberge der Phantasie ständigen Spielraum; man sucht ihre Gestalt aus der Wirkung der zerstörenden Kräfte zu erklären und wird nicht müde, diese Festungen mit ihren Zinnen, diese Dome und steil anstrebenden Türme, diese Amphitheater und wild zerklüfteten Eisberge vor dem staunenden Auge vorüberziehen zu lassen. Sie werden belebt von Pinguin-Kolonien, die sie als Standquartier bei ihren Reisen durch das antarktische Gebiet ausnutzen und umflogen von Sturmvögeln und Albatrossen, welche in der Brandung des Eisberges ein günstiges Jagdgebiet finden.«[12]

In den frühen Morgenstunden des 14. Dezember auf 60° südlicher Breite 54° östlicher Länge hatte die VALDIVIA bei einem steifen Nordostwind und hohem Seegang ein gut befahrbares Meer vor sich. Da entschloß sich Kapitän Krech zu einem letzten energischen Vorstoß nach Süden. Karl Chun hat rückschauend später in einem Vergleich die Stimmung dieser Stunden an Bord geschildert: »Man denke sich zwei Schachspieler, welche sich zu einer Partie zusammensetzen. Der eine ist der Mensch, der andere die Natur mit ihren ehernen Gesetzen. Die letztere zieht an und tut immer den denkbar besten Zug. Der Ausgang liegt auf der Hand. Aber wie der erstere sich wehrt und in die Absichten des Gegners einzudringen versucht, um die Partie nicht von vornherein aufzugeben und erst nach langer Zeit sich besiegt zu erklären, das ist sein Verdienst.«[13] 48 Stunden lang konnte Kapitän Krech den Südkurs der VALDIVIA beibehalten. 250 Seemeilen, die Luftlinienentfernung Hamburg–Stuttgart, wurden dabei zurückgelegt. Auf 64° 14,3′ südlicher Breite und 54° 31,4′ östlicher Länge zwang von drei Seiten ankommendes Packeis die VALDIVIA zu schleuniger Umkehr. Doch nur wenige Stunden später, noch unweit der südlichsten Position, begann einer der für alle Forscher an Bord ergebnisreichsten Tage dieser Tiefsee-Expedition überhaupt: Aus Tiefen von gut 4000 m hoben sie Proben vom Meeresgrund, die Plankton- und Vertikalnetze brachten reichliche Fänge, und man hievte schließlich aus einer Tiefe von 4636 m einen fünf Zentner schweren Block roten Sandsteins mit deutlichen Gletscherschliffen an Bord, einen Zeugen kontinentaler Vergangenheit. Kaum waren die Arbeiten allerdings beendet, setzten erneut Stürme ein, die in den folgenden Tagen an den Nerven zerrten und alle Arbeiten behinderten: »Die Luken waren geschlossen, und in den Laboratorien sah es wunderlich genug aus. Mit dreieckigen Klötzchen hatte man Gläser und Flaschen festgeklemmt; Mikroskope, Lupen und all den Kleinkram, dessen der Beobachter bedarf, waren angeschraubt und mit Lappen und Watte umwickelt. Das Schiff stampfte.«[14] So hatte man zumindest Zeit genug, sich auf die bevorstehende Weihnachtsfeier vorzubereiten: »Das Piano erhielt neue Saiten aus Lotdraht; der aus grünem Papier und Stäben gefertigte Christbaum wurde an der Decke des Salons festgebunden, während die Mannschaft einen ebensolchen in der Kombüse mit Konfekt und Würsten dekorierte. Man mußte darauf verzichten, die Geschenke, zarte Erinnerungen an die schwachen Seiten der Mitglieder, säuberlich auszubreiten und war froh, wenn man sie unversehrt aus den Rocktaschen hervorholen konnte. Gar bald rollten sie, untermischt mit Pfannkuchen, die der Koch unter schwierigen Verhältnissen bereitet hatte, auf dem Boden zu nicht geringer Befriedigung unseres Dachshundes ›Dacki‹. Immerhin lernte man bald, auf das Wohl der Angehörigen, die über 100 Breitegrade entfernt unserer gedenken mochten, so anzustoßen, daß nicht der ganze ›Eisbrecher‹ in die Weste des Gegenüber floß.

Weniger Erfolg hatte der Photograph mit seinem Versuche, diesen denkwürdigen Weihnachtsabend mit Blitzlicht aufzunehmen. Er sauste mitsamt seinem Apparate in die andere Ecke, das Magnesium ging in der Luft los, und schreiend ob des Spukes brannte der Neger durch. Nicht viel besser war der Leiter der Expedition dran, den man mit Stricken, die bald rissen, an das Klavier festgebunden hatte, damit er unter Zitherbegleitung des Kapitäns dem Abend die Weihe gäbe. Zwar gingen Piano, Zither und Okarina stets um einen halben Ton auseinander, aber bei dem heulenden Sturme klang es recht harmonisch.«[15]

In den frühen Morgenstunden des 25. Dezember 1898 erreichte die VALDIVIA die Kerguelen-Inseln, das letzte Ziel dieses Fahrtabschnittes. Nur vier Tage blieben den Wissenschaftlern, einen Eindruck von der Tier- und Pflanzenwelt dieser Inselgruppe zu gewinnen, dann lichtete die VALDIVIA den Anker und nahm Kurs auf den Indischen Ozean. Das antarktische Intermezzo der Tiefsee-Expedition 1898 war beendet.

Anmerkungen

1 Chun, Karl: Die Erforschung der Antarktis. Leipzig 1907, S. 3.
2 Ebd.
3 Schott, Gerhard: Eine Dampferreise im südlichen Eismeer vor 45 Jahren. In: Seewart 1944, 1/2, S. 44.
4 Chun, Carl: Aus den Tiefen des Weltmeeres. Schilderungen von der Deutschen Tiefsee-Expedition. Jena 1900, S. 164.
5 Ebd., S. 168.
6 Ebd.
7 Ebd., S. 169.
8 Ebd., S. 179.
9 Ebd., S. 180.
10 Ebd.
11 Ebd., S. 188 f.
12 Ebd., S. 202.
13 Schott (wie Anm. 3), S. 48.
14 Chun (wie Anm. 4), S. 229.
15 Ebd., S. 230.

Die Erste Deutsche Südpolarexpedition
1901–1903

An einem kalten Dezemberabend des Jahres 1883 hatte Freiherr von Richthofen, Hochschullehrer in Leipzig, wieder einmal seine Studenten zu einem Gespräch eingeladen. Thema des Abends waren das Südpolargebiet und der Stand seiner Erforschung. Unter den Teilnehmern befand sich auch ein junger Mann, der zu diesem Zeitpunkt nicht ahnen konnte, daß er einmal viele Monate in dieser Region verbringen würde: Erich von Drygalski. Doch bis dahin sollten noch fast zwanzig Jahre ins Land gehen. Zu Beginn der achtziger Jahre des vorigen Jahrhunderts bot die Antarktisforschung nicht viel mehr als theoretischen Unterrichtsstoff für Geographieseminare an deutschen Universitäten, die sich vornehmlich auf die Berichte ausländischer Fahrensleute wie Forscher stützten. Dabei hatte man die Notwendigkeit wissenschaftlicher Studien in der Antarktis durchaus erkannt. So erfuhr Drygalski in dem abendlichen Gespräch: »Ich hörte, daß die Erforschung des Südpolargebiets an wissenschaftlicher Bedeutung den Forschungen in allen anderen Erdräumen vorangeht und daß dieses bei dem bevorstehenden Ende des zweiten Zeitalters der Entdeckungen bald noch das einzige Feld für grundlegende Forschungen bietet, weil hier auch die ersten Feststellungen über die Verteilung von Wasser und Land noch fehlten.«[1] Aber die jungen Leute unterhielten sich mit ihrem Lehrer auch über die Schwierigkeiten, die sich der Erforschung der Antarktis in den Weg stellten. Bewohntes Land liege weit entfernt, es gäbe daher keine Stützpunkte, die, wie in der Arktis, als Versorgungsbasis oder Zufluchtsstätte dienen könnten. Die weitere Diskussion an diesem Abend führte zu der Überlegung, daß eine Südpolarexpedition günstigerweise mit mindestens zwei Schiffen durchgeführt werden müßte, von denen eines im Notfall als Rettungsinsel dienen könne. Aus all dem folge, daß die Kosten einer Forschungsreise ins Südpolarmeer so hoch sein würden, »daß daneben die Kosten anderer Forschungsreisen verschwänden.«[2] In der Tat waren aus diesem Grund bislang auch alle Unternehmungen dieser Art gescheitert,

zu denen vor allem der Promotor der deutschen Antarktisforschung, Georg Neumayer, der Direktor der Deutschen Seewarte, nun schon seit Jahren aufrief.

Die Idee für eine Südpolarexpedition war bei Neumayer bereits früh entstanden: »Schon als ich im Jahre 1856 zum zweiten
Male nach Australien reiste, und zwar mit der Absicht und dem
Auftrage in Melbourne ein Observatorium für die verschiedenen
Zweige der Physik der Erde zu gründen, hegte ich den Wunsch,
in Verbindung mit diesem Unternehmen auch eine Expedition
nach den Süd-Polar-Regionen ausführen zu können. Es sollte
das neu errichtete Observatorium eine Basis für die physikalische Erforschung jener Gegenden abgeben, wie dies ausdrück-
lich in einer an Se. Majestät den König Maximilian II. von
Bayern, der dem Unternehmen sein Interesse und seine Unterstützung zugewendet hatte, gerichteten Denkschrift hervorge-
hoben wurde. Umstände verschiedenster Art gestatteten eine
Durchführung dieser Idee während meines Aufenthaltes in
Australien nicht, und meine eingehenden Studien über die Süd-
Polar-Frage konnte ich nur in einer Reihe von Vorträgen, die in
den Wintermonaten 1862 in Melbourne abgehalten wurden, ver-
werthen. Als ich im Jahre 1864 nach Europa zurückgekehrt war,
regte ich in massgebenden Kreisen das Interesse für Süd-Polar-
Reisen an und brachte deren Bedeutung bei Gelegenheit der
Geographen-Versammlung in Frankfurt am Main [23. Juli 1865]
vor ein größeres wissenschaftliches Publikum.«[3] Auf eben dieser
Versammlung hatte Dr. August Petermann zu seiner Nordpolar-
expedition aufgerufen; Neumayer war aufmerksamer Zuhörer,
ließ sich aber von dem Gedanken leiten, »dass es nicht weise sein
würde, durch das gleichzeitige Betreiben zweier Unternehmen
von solcher Ausdehnung deren Durchführung zu gefährden, zu-
rückzutreten, nachdem ich meinen Standpunkt in Bezug auf Polar-Expeditionen überhaupt präcisirt hatte. Keineswegs wollte
ich damit zu erkennen geben, dass ich Reisen nach den Nord-
Polar-Regionen in Beziehung auf ihre Bedeutung für die Wissenschaft den Vorrang vor jenen nach den Süd-Polar-Regionen ge-
stattete, es sollte vielmehr nur die Gefahr der Zersplitterung der
Kräfte, die in unserem Vaterlande so lange eine für seine Bestrebungen verderbliche Rolle gespielt, abgewendet werden.«[4]
Neumayer vermied künftig Konfrontationen mit Befürwor-

tern der Arktisforschung, insbesondere mit Petermann, trat jedoch weiterhin für ein deutsches Engagement in der Antarktis ein. Bedeutsam waren sein Auftritt vor der Naturforscherversammlung zu Innsbruck im Jahre 1869 und seine Denkschrift an den Internationalen Geographenkongreß in Rom 1879. Insbesondere auf den Geographenkongressen warb er für den Plan einer antarktischen Expedition, hielt Vorträge über Fragen der Polarforschung und des Erdmagnetismus*. Stets hatte er ein aufmerksames Publikum vor sich.

Doch im Hinblick auf die Realisierung seiner Pläne konnte er lediglich kleine Erfolge verbuchen. Selbst die Expedition der GAZELLE, deren Fahrt 1874 von Neumayer vorbereitet wurde, war nur ein Etappenziel. Er entfaltete eine enorme agitatorische Tätigkeit. »Es ist sein Verdienst, daß die Frage auf wissenschaftlichen Kongressen ständig wiederkehrte und daß sie, davon ausgehend, auch in weiteren Kreisen, denen der Südpol zunächst gänzlich fern lag, überhaupt eine Frage war. Gern wurden G. v. Neumayers Vorträge gehört und haben vielerorten Begeisterung für den begeisterten Redner erregt. Wenn andererseits für die Sache ein praktischer Erfolg nicht anstand, so lag dieses auch daran, daß dem Redner selbst die wirkliche Ausführung einer Expedition von dem Wirken für die Idee einer solchen innerlich getrennt lag; er freute sich der Stimmung, die ihm nach seinen Reden entgegenschlug, doch zeigte er Überraschung und fast Abneigung, wo ihm Vorschläge und Handeln entgegentraten, und konnte solche auch mit Eifer bekämpfen«, kritisierte 1904 Erich von Drygalski.[5]

Drygalskis Bemerkung wirft ein neues Licht auf die langen vergeblichen Bemühungen Neumayers um eine Südpolarexpedition! Ein außerpersönlicher Grund für das Nichtzustandekommen einer Expedition war die damalige ökonomische und politische Situation in Deutschland.

---

* Georg Neumayers Arbeiten schlossen sich unmittelbar an die Arbeiten Alexander von Humboldts (1769–1859) und Carl Friedrich Gauß' (1777–1855) an. Im Jahre 1834 hatten diese den Göttinger »Magnetischen Verein« gegründet, dem sich 50 Observatorien in aller Welt anschlossen, um gemeinsam und gleichzeitig das magnetische Feld der Erde zu beobachten. Darüber hinaus hatte Gauß eine Methode entwickelt, die gesammelten Daten auszuwerten und auf einer Karte darzustellen. 1838 berechnete er die Lage des magnetischen Südpols.

Als der deutsch-amerikanische Multimillionär Henry Villard 1888 für eine Antarktisexpedition 600000 Goldmark anbot, wenn das Deutsche Reich die andere Hälfte dazugäbe, wähnte Neumayer sich fast am Ziel seiner Wünsche. Aber Bismarck lehnte ohne Kommentar ab. Neumayer, der nach wie vor für eine weitere antarktische Unternehmung warb, wirkte wie ein einsamer Rufer in der Wüste. Eine Wende in der Haltung Deutschlands gegenüber einer wissenschaftlichen Südpolarexpedition zeichnete sich erst Mitte der 90er Jahre ab. Im März 1894 hielt ein junger Wissenschaftler in der Bremer Geographischen Gesellschaft einen engagierten Vortrag, »welcher von den Problemen Grönlands zu denen des Südpolargebietes hinüberführte«: Erich von Drygalski, soeben von zwei großen Grönlandexpeditionen zurückgekehrt. Es ging ihm, »wie wohl jedem jüngeren Forschungsreisenden. Die starken Eindrücke, die ich in Grönland gehabt, die Lust am freien Schaffen in der Natur, die Erfahrung, daß manches Problem, welches in der Studierstube nach Büchern und Beschreibungen vergeblich gewälzt wird, in der lebendigen Anschauung der Natur überhaupt keine Zweifel birgt, und eine gewisse Unruhe, die nach der Rückkehr von längerer Forschungsreise in die Alltäglichkeiten des Lebens wohl jeden erfaßt, drängten mich zu neuen Plänen, die ebenso naturgemäß wieder zum ewigen Eise gerichtet waren.«[6]

Weiteren Auftrieb erhielt die Antarktisforschung auf dem XI. Deutschen Geographentag im April 1895, der ebenfalls in Bremen stattfand. Nacheinander traten Neumayer und Drygalski als Redner auf. Unmittelbar im Anschluß an ihre Vorträge wurde der Antrag gestellt, der »XI. Deutsche Geographentag in Bremen wolle in voller Würdigung der Wichtigkeit der antarktischen Forschung für Geographie und Naturwissenschaft einen Ausschuß ernennen, dessen Aufgabe es ist, über die Möglichkeit der baldigen Entsendung einer deutschen wissenschaftlichen Südpolarexpedition zu beraten und günstigstenfalls die Ausführung in die Wege zu leiten«.[7] Trotz anfänglichen Widerspruchs, »an dem sich auch G. v. Neumayer beteiligte«[8], wurde dem Vorschlag stattgegeben, und am 19. April 1895 konstituierte sich die Deutsche Kommission für Südpolarforschung. Ihr Vorsitzender wurde Georg Neumayer. Insgesamt sechsmal tagte die Kommission in den folgenden Jahren: 1895 in Bremen und zweimal in

Berlin, im März 1896 wiederum in Berlin, Ostern 1897 in Jena und im Februar 1898 in Leipzig. Die Beratungen drehten sich vor allem um zwei Punkte: um Art und Umfang der Expedition und um die Beschaffung der Geldmittel. Über den ersten Punkt schieden sich die Geister: Während Neumayer bei seiner Ansicht blieb, eine solche Expedition müsse mit z w e i Schiffen ausgeführt werden, waren andere, zu denen auch Erich von Drygalski gehörte, zu der Überzeugung gekommen, eine Südpolarexpedition wäre auch mit einem Schiff durchführbar.

Nichtsdestoweniger erreichte Neumayer auf dem Sechsten Internationalen Geographenkongreß in London, der am 26. Juli 1895 begann, einen glänzenden Erfolg. In der englischen Hauptstadt hatten sich rund 1500 Geographen aus der ganzen Welt versammelt. Prominente Polarreisende gaben sich ein Stelldichein. So waren unter den Gästen zum Beispiel Sir Joseph Hooker und Admiral Ommaney, die beide an den Ross-Expeditionen 1839 und 1843 teilgenommen hatten, daneben Größen der Nordpolarforschung wie General Greely, Julius Payer, Sir Clements Markham und Sir John Murray.

Auf Vorschlag Neumayers beschloß die Versammlung: Die Erforschung der antarktischen Regionen sei die wichtigste aller noch unausgeführten geographischen Arbeiten, und den wissenschaftlichen Gesellschaften der ganzen Welt werde dringend empfohlen, alle Hebel in Bewegung zu setzen, um diese Arbeit noch vor Schluß des Jahrhunderts zu beginnen!

Diese Resolution brachte Leben in die seit einem halben Jahrhundert zugunsten des Nordpolargebietes vernachlässigte Antarktisforschung. Neumayer, der seit fast einem Menschenalter den Kreuzzug zum Südpol gepredigt hatte, sah sich bestätigt. Sein Ruf »Auf zum Südpol!« wurde nun gehört.

Auf dem Internationalen Geographenkongreß in Berlin einigte man sich schließlich auf ein Programm; ein gemeinsames Südpolarjahr zeichnete sich am Horizont ab. Immer klarer hatte sich die Auffassung herauskristallisiert, daß eine Nation allein die Eiswüste Antarktis nicht erschließen könne, sondern daß es gemeinsamer Anstrengung mehrerer Staaten bedürfe. So kam es, daß 1901 drei Expeditionen fast gleichzeitig aufbrechen sollten: am 6. August 1901 eine englische, am 11. August eine deutsche und am 16. Oktober eine schwedische.

Die englische Expedition stand unter der Schirmherrschaft der Royal Society, deren Präsident Sir Clements Markham rund 2 Millionen Mark für die Expedition auftreiben konnte. Für die Expedition wurde die Discovery gebaut, ein schnell segelndes, eisgängiges Schiff. Expeditionsleiter und Kapitän war Robert Falcon Scott, zu seinen Begleitern gehörten Ernest Shackleton als Offizier und Dr. Edward Wilson als Schiffsarzt. Ziel der Expedition war der schon fast unbestrittene Stammplatz Englands, Neuvictorialand, das Ross entdeckt hatte und Borchgrevink mit englischem Geld zu erforschen begonnen hatte.

Die schwedische Expedition, die von Dr. Otto Nordenskjöld, einem Neffen des berühmten schwedischen Polarforschers Adolf Erik von Nordenskiöld, der als erster ganz Asien umschifft hatte, geführt wurde, sollte mit dem Walfänger Antarctic unter Kapitän Larsen auf der atlantischen Seite der Antarktis arbeiten.

Noch zwei weitere Expeditionen brachen schließlich in den ersten Jahren des 20. Jahrhunderts in die Antarktis auf, eine französische unter Charcot und eine schottische unter Bruce.

Die Welle der Begeisterung für die Antarktisforschung war also auch nach Deutschland übergeschwappt. Auf der 1898 in Leipzig abgehaltenen Sitzung der Deutschen Südpolarkommission wurde Erich von Drygalski, dessen Berichte über seine Grönlandexpeditionen kurz zuvor erschienen waren, einstimmig zum Leiter einer Expedition gewählt. Auch der Plan für die Fahrt stand bald fest: »Die Expedition beabsichtigt mit einem Schiff in das Südpolargebiet vorzudringen, dort an passender Stelle zu überwintern, während der Überwinterung Stationsarbeiten auszuführen, im Frühjahr einen Vorstoß mit Schlitten auf das zusammenhängende Südpolareis gegen den Erdpol hin zu unternehmen, im Südherbst darauf die gefundenen Küsten gegen den magnetischen Pol hin zu verfolgen, um womöglich die Westseite vom Viktorialand zu erforschen und sodann durch das Packeis zurückzukehren. Als Ort des Vordringens empfiehlt sich am meisten der Meridian der Kergueleninseln, 1) weil dort noch niemals ein ernster Vorstoß versucht ist, 2) weil die magnetischen Arbeiten der Expedition dort die sicherste Fundierung durch das Observatorium von Melbourne in Australien und durch das Tropenobservatorium von Mauritius erhalten,

3) weil die ozeanographischen Arbeiten diejenigen der GAZELLE und der jetzt bevorstehenden Deutschen Tiefsee-Expedition unter Chun fortsetzen und wesentlich ergänzen würden, 4) weil die jetzt bei den Kerguelen beobachteten Eisaufbrüche für die nächsten Jahre dort günstige Verkehrsverhältnisse erwarten lassen.«[9] Damit hatte man die von Neumayer vorgeschlagene Route akzeptiert.

Ende 1898 war zwar das Grobkonzept einer Antarktisexpedition erstellt, aber noch fehlte die materielle Grundlage völlig. Die Kommission für Südpolarforschung versuchte zwar, die nötigen Geldmittel durch Spendenaufrufe zu erhalten, aber letztlich kamen auf diesem Wege nur 35 791 Reichsmark zusammen, ein Betrag, für den man weder ein Schiff kaufen noch ausrüsten konnte.

Die letzte Möglichkeit, eine finanzielle Basis für das Unternehmen zu schaffen, war eine Eingabe beim Kaiser, der schließlich bereits Drygalskis Grönlandexpedition und auch der Tiefsee-Expedition der VALDIVIA wohlwollend gegenübergestanden hatte. Am 1. Mai 1899 erfolgte die sehnlichst erwartete Antwort auf die Eingabe, »daß Seine Majestät der Kaiser und König wiederholt Allerhöchst Sein besonderes Interesse für die Angelegenheit bekundet und auf den Vortrag des Stellvertreters des Reichskanzlers zu genehmigen geruht habe, daß die Kosten einer im Jahr 1901 zu entsendenden Südpolarexpedition durch den Reichshaushalt angefordert werden.«[10] Der Reichstag genehmigte für das Rechnungsjahr 1899 die Geldmittel in Höhe von 1 200 000 Mark; jetzt konnte der Bau eines Polarforschungsschiffes in Auftrag gegeben werden. Damit betrachtete die Kommission für Südpolarforschung ihre Aufgabe als erfüllt und löste sich auf dem XIII. Deutschen Geographentag auf, nicht ohne zuvor Neumayer für seinen nunmehr dreißigjährigen Einsatz für die Antarktisforschung zu danken.*

Die nautische Abteilung des Reichsmarineamtes übernahm die Aufgabe, den Bau des Schiffes zu realisieren, über die Be-

---

* Welche Anerkennung Neumayer im Ausland genoß, wird in einer Äußerung von Roald Amundsen deutlich: »Niemals hat die antarktische Forschung einen wärmeren, edleren und höherdenkenden Verteidiger gehabt, als ihn. Und solange ›Antarktika‹ besteht, wird der Name Neumayer für immer damit verbunden sein.«[11]

dingungen, die ein solches Forschungsschiff zu erfüllen hätte, berichtet der an der Bauleitung beteiligte Marineoberbaurat Kretschmer: »Zur Ausführung der deutschen Südpolar-Expedition ist ein Schiff erforderlich, das ein starker, festgegliederter Holzbau sein muß, da sich hölzerne Schiffe zur Fahrt im Eise am besten bewährt haben, und da auch eine einwandfreie Ausführung der wichtigsten magnetischen Arbeiten die thunlichste Einschränkung des Gebrauchs von Eisen oder Stahl bei dem Schiffsbau verlangt. Hierzu tritt die größere lokale Festigkeit, die ein geeignet hergestellter Holzbau gegenüber Stahl- oder Eisenschiffen besitzt, und die Möglichkeit leichterer Ausbesserungen bei Havarien.« [12]

Vorbild für den Bau der GAUSS war Nansens FRAM, mit einem entscheidenden Unterschied: »Wegen der heftigen Stürme und der schweren See der südlichen Meere, welche nach den bisherigen Berichten erst innerhalb des Eises ruhiger werden, muß das Schiff vor Allem hervorragend seetüchtig sein. Aus diesem Grund darf es nicht die Form von Nansens FRAM besitzen, wie es Nansen selbst auf dem Internationalen Geographentag in Berlin aussprach, weil diese lediglich geeignet war, Eispressungen zu begegnen und zwischen Eismassen so beansprucht zu werden, daß die pressenden Eismassen es nach oben schieben mußten, so daß es sich auf dem Eise selbst lagern konnte. Diese Schiffsform, so praktisch und genial erfinderisch sie gewählt war, mußte naturgemäß ein Schiff ergeben, das sich nicht dazu eignete, schwere See zu ertragen.

Die auch bei dem Südpolarschiff für die Fahrt durch das Eis nothwendige Stärke wird sich vollkommen durch innere starke Holzabsteifungen erreichen lassen, welche ja dem FRAM seine allgemeine und lokale Widerstandsfähigkeit gegen Eisdruck und Eisverschiebungen gegeben haben. Diese lassen sich auch bei der für das Südpolarschiff nothwendigerweise anders gewählten Form herstellen, so daß dasselbe an Stärke dem FRAM in keiner Weise nachstehen wird.« [13]

Im Juli 1899 versandte die Kommission ihre Ausschreibung an die Werften Tecklenborg in Bremerhaven, AG Weser in Bremen, Thyen in Brake, Howaldt in Kiel, an die Flensburger Schiffswerft und an die Werft Johannsen in Danzig. Bis zum 21. Oktober 1899 erwartete die Kommission die Angebote mit:

»a) Konstruktionsriß;

b) Längsschnitt, Oberdeck, Zwischendeck, Stauungsplan, verschiedene Querschnitte usw.;

c) Hauptspant im Querschnitt mit Angabe der Verbandtheile und eingeschriebene Maße;

d) Berechnung der Stabilität für die volle Besatzung und Ausrüstung durch Angabe der metacentrischen Höhe für die Anfangsstabilität und für das leere Schiff ohne Proviant, Kohlen und Material;

e) Zeichnungen der Maschinenanlage, aus der die Anordnung der Maschine mit Hülfsmaschinen, der Kessel und Kohlenbunker erkennbar sind;

f) Zeichnung der Kesselkonstruktion«.[14]

Der Preis sollte sowohl für ein »kupferfest« als auch für ein »eisenfest« gebautes Schiff abgegeben werden. Die Werft, die den Zuschlag erhielt, sollte das Schiff schließlich in fünf Raten bezahlt bekommen:

»1. Zwei Zehntel innerhalb von vierzehn Tagen nach beiderseitiger Vollziehung des abzuschließenden Vertrages;

2. Zwei Zehntel, wenn das Schiff in Spanten steht;

3. Zwei Zehntel, wenn das Schiff abgelaufen und zur Abnahme von Kessel und Maschine bereit ist;

4. Zwei Zehntel nach zufriedenstellender Abnahme der Probefahrt;

5. Zwei Zehntel nach der endgültigen Uebernahme des Schiffes.«[15]

Der Termin für die Fertigstellung des Schiffes war mit dem 1. Mai 1901 vorgegeben. Unter den drei rechtzeitig eingegangenen Angeboten erschien das Konzept der Howaldtswerke in Dietrichsdorf bei Kiel das geeignetste, und der Bau des Schiffes wurde ihnen übertragen.

Mitte Mai wurde der Kiel des neuen Polarschiffes mit der Baunummer 371 gestreckt. Bereits Ende September desselben Jahres standen die Spanten, und im Dezember war auch die Beplankung fertig. Ab Oktober 1900 gehörte der HAPAG-Kapitän Hans Ruser und ab 1. Januar 1901 der Obermaschinist Stehr zur Bauaufsicht.

Die GAUSS war ein Dreimast-Marssegelschoner, d. h. der Fockmast war als Vollmast mit doppelten Marsrahen getakelt, der Großmast mit Baumsegeln und Dreikant-Toppsegeln. Masten und Rundhölzer (Rahen, Bäume, Gaffeln) waren entweder aus Pitchpineholz oder möglichst aus astfreien Kiefern und nicht mit einem Farbanstrich versehen, sondern geölt. Um Kohlen und auch entsprechenden Bunkerraum zu sparen, sollte die Segelkraft vor allem während langer Reisetage ausgenutzt werden. Für Manöver am Eisrand erhielt die GAUSS eine Dreifach-Expansionsmaschine. Mit Maschinenantrieb erreichte sie eine Geschwindigkeit von etwa 6 Knoten. »Die Maschinenkraft der GAUSS ist für die Fahrt im Eise jedenfalls als genügend anzusehen gewesen. Die Anwendung einer stärkeren Maschine dürfte auch kaum zu empfehlen sein, da mit derselben der Kohlenverbrauch wachsen würde und infolgedessen das Schiff wiederum größere Dimensionen annehmen müßte, um einen genügenden Kohlenvorrat zu fassen, wodurch die Manövrierfähigkeit des Schiffes im Eise ungünstig beeinflußt werden müßte«[16], schrieb Alfred Stehr in seiner Beschreibung der GAUSS. Da die Expedition in der Antarktis ein umfangreiches Forschungsprogramm absolvieren sollte, wurde auf die Auswahl der teilnehmenden Wissenschaftler besonderer Wert gelegt. Außer dem Expeditionsleiter von Drygalski nahmen weitere vier Fachwissenschaftler teil: der Zoologe und Botaniker Prof. Dr. Ernst Vanhöffen* von der Universität Kiel, der Arzt und Bakteriologe Dr. Hans Gazert, der Geologe und Chemiker Dr. Emil Philippi vom Königlichen Museum für Naturkunde der Universität Berlin und der Meteorologe und »Magnetiker« Dr. Friedrich Bidlingmaier vom Polytechnikum in Dresden. Die Teilnahme des Geographen Wilhelm Meinardus scheiterte an seinem Familienstand: es wurden nur unverheiratete Männer zugelassen.

Darüber hinaus hatte die Expedition dem bekannten Geographen und Arktisforscher Carl Koldewey, dem Leiter der ersten und zweiten deutschen Nordpolarexpedition, die Teilnahme an dem Unternehmen angeboten. Er lehnte jedoch ab, als er erfuhr, daß Hunde und Hundeschlitten mitgeführt werden sollten.

Auch die Schiffsbesatzung sollte zu wissenschaftlichen Hilfs-

---

* Dr. Ernst Vanhöffen hatte Drygalski bereits auf dessen zweiter Grönlandexpedition 1892–1893 begleitet und als wissenschaftliches Mitglied an der Deutschen Tiefsee-Expedition 1898–1899 an Bord der VALDIVIA teilgenommen.

arbeiten herangezogen werden. So hatte sich Kapitän Ruser vor der Reise Grundkenntnisse in astronomischen Beobachtungen angeeignet. Der 1. Maschinist Alfred Stehr hatte sich auf den Umgang mit Sprengmitteln und die Handhabung von Fesselballons vorbereitet, der 2. Offizier Ludwig Ott hatte in Potsdam einen Kurs für astronomisch-geodätische Arbeiten absolviert. Auch das Präparieren von Vogelbälgen und andere technische Arbeiten zur Unterstützung des Forschungsprogramms wurden von Besatzungsmitgliedern vorgenommen.

Der Stapellauf der Gauss am 2. April 1901 erregte bei zahlreichen Wissenschaftlern in ganz Deutschland Aufsehen, und in den Folgemonaten konnte man sich auf der Werft kaum des Besucheransturmes erwehren. Ende Mai begannen die Probefahrten auf der Ostsee, die zur Zufriedenheit verliefen. Auch nach Ablauf der Expedition bestätigte Drygalski: »Er war das beste Polarschiff, das bisher existiert hat, ohne diesbezüglich Vergleiche hier im einzelnen durchführen zu wollen. Er lag fest in der See und hielt sich vortrefflich im Sturm, ohne dabei mehr zu schlingern als in gleicher Lage jedes andere Schiff. Selbst bei den schweren Seen und Weststürmen der höheren südlichen Breiten hatte er trotz des stark beladenen Zustandes nicht übermäßig viel Wasser an Deck. Im Eis war er wuchtig und stark genug, um dicke Schollen zu brechen und sich mit sicherem Gang seinen Weg zu bahnen. Stoßen und Reiben der Schollen machten ihm nichts, nur die Farbe wurde abgekratzt, und auch aus Pressungen ging er unbeschädigt hervor. Im Innern war er behaglich und wohnlich eingerichtet und bot nach Zahl und Art für die Expedition die geeigneten Räume.« – »Die Lage des Schiffes in hoher See war gut und sogar die Beste gewesen, wenn seine Belastung nicht zu schwer war und zu tief lag; wir hatten aus diesem Grund immer dafür gesorgt, daß auch das Zwischendeck und das Deck nicht ohne Last waren, weil der Gauss schwerere Last nur im Unterraum am wenigsten ertrug.«[17]

Beim Bau des Schiffes hatte man auf die Erfahrungen Nansens zurückgegriffen, und auch bei der Ausrüstung der Gauss hörte man auf den erfahrenen Norweger. Man wollte den Expeditionsteilnehmern den Aufenthalt an Bord so angenehm wie möglich gestalten, hatte sich doch seit der erfolgreichen Expedition der Fram die Überzeugung herumgesprochen, daß eine freundliche Atmosphäre in einer angenehmen Umgebung sich positiv auf die Arbeiten einer Forschungsfahrt auswirkten. Dr. Vanhöffen reiste eigens nach Norwegen, um sich mit Nansen zu beraten. Ein wesentlicher Teil der Polarausrüstung wurde in Kristiania, dem heutigen Oslo, eingekauft, so z. B. die Schneeschuhe, die Schlitten und das Hundegeschirr sowie die Spezialkleidung für alle Teilnehmer.

Die Fahrtanordnung für die Südpolarexpedition war kurz und knapp. Dem unbeirrbaren Glauben Neumayers folgend, daß man vom Indischen Ozean aus über Kerguelen tief nach Süden vorstoßen könne, sollte die GAUSS das Polargebiet zwischen 60° und 90° O erforschen. Weitere Vorgaben machte die Reichsregierung Fahrtleiter Erich von Drygalski nicht, einzelne Entscheidungen seien jeweils vor Ort zu treffen. Eine Ergänzung erfuhr das Programm sozusagen im letzten Moment: Nach langem Hin und Her hatte man beschlossen, auf den Kerguelen-Inseln ein Observatorium einzurichten, das wenigstens für ein Jahr bestehen bleiben sollte, ein Programmpunkt, den Fahrtleiter von Drygalski allerdings nur für zweitrangig ansah: »Ich hielt die Station wohl für wichtig, legte ihr aber doch nicht den grundlegenden Wert bei, daß ich die Arbeiten auch der Hauptexpedition in ihrem Werte hiernach bemaß. Ich glaubte und glaube bis heute, daß alle Beobachtungen in der Antarktis für sich allein schon fundamentalen Wert besitzen, der durch Beobachtungen auf Kerguelen und durch internationale Kooperation wohl noch gesteigert werden kann, aber in seinem Erfolge nicht dadurch bedingt ist. Waren doch die als unerläßlich geforderten Anschlußbeobachtungen der Station auch nur magnetischer und meteorologischer Art, während alle anderen Forschungen in der Antarktis schon für sich allein und für jeden Ort in ihrem vollen Wert bestanden. So war es mir verständlich, daß die älteren Entwürfe einer deutschen Südpolarexpedition, welche erdmagnetisch-meteorologische Arbeiten zu den wesentlichen, wo nicht alleinigen Bestandteil ihres Programms erhoben hatten, der Kerguelenstation diese bestimmende Bedeutung beilegten und in der Folge auch in den Beratungen des deutschen Beirats zur Geltung brachten; ich konnte mich aber nicht entschließen, bei dem erweiterten Forschungsplane unserer Expedition auf Meteorologie und Erdmagnetismus den Plan der Expedition allein zu begründen und die Kerguelenstation für unerläßlich zu halten, da ich die genannten Wissenszweige wohl für überaus wichtig, aber doch nur für gleichberechtigt mit Biologie, Ozeanographie und anderen Forschungsrichtungen hielt.

Dieses war der Grund, weswegen die Kerguelenstation in meinen ersten Entwürfen nicht enthalten gewesen ist, desgleichen auch nicht in meinem Entwurf der Immediataeingabe an Seine Majestät den Kaiser, meinen ersten Vorträgen bei der Reichsregierung und Denkschriften an den Deutschen Reichstag. Wenn ich später aber, und zwar um Ostern 1900, den erdmagnetisch-meteorologischen Wünschen die Aufnahme der Station in mein Programm einräumte, so geschah es in voller Würdigung der großen Wichtigkeit der Station für diese Disziplinen, aber doch in der Überzeugung, daß sie nur ein Teil der Expedition blieb, welcher für deren ganzes Wesen darum nicht fundamental war.«[18]

Ein großer Teil der wissenschaftlich-technischen Ausrüstung für diese Station wurde mit dem Lloyddampfer KARLSRUHE nach Sydney gebracht und von dort mit dem vom Norddeutschen Lloyd gecharterten Dampfer TANGLIN zu den Kerguelen-Inseln gebracht. Drei der insgesamt fünf Mitglieder der Stationsbesatzung begleiteten die Ausrüstung.

Am Vormittag des 11. August 1901 legte die GAUSS in Kiel ab. Auf offizielle Feierlichkeiten verzichtete man zwar wegen des Todes der Kaiserin tags zuvor, aber die im Hafen liegenden Schiffe hatten über die Toppen geflaggt. In Rendsburg verließen Freunde und Verwandte das Schiff. Ein letztes Mal stoppte die GAUSS am Morgen des 12. August 1901 beim Feuerschiff ELBE 3. Die letzten Kisten und Kästen mußten ordentlich verstaut werden, Kajaks und Schlitten wurden festgelascht. Man bespannte die Lotmaschine mit Draht und eichte das Chronometer. In den Mittagsstunden des 15. August wurde der Anker gelichtet, und wenig später begann der wissenschaftliche Betrieb: Lotungen, Temperaturmessungen des Wassers und der Luft, Planktonuntersuchungen und meteorologische Beobachtungen gehörten zum täglichen Arbeitspensum der Wissenschaftler.

Porto Grande auf den Kapverdischen Inseln und Kapstadt waren Stationen auf dem Weg des Schiffes in die Antarktis. Die GAUSS besuchte die Crozet-Inseln und nahm Kurs auf die Kerguelen-Inseln, wo sie von den Expeditionsmitgliedern Luyken, Ensensperger und dem Matrosen Wienke erwartet wurden. Die drei hatten bereits das Stationshaus errichtet, unter großen Schwierigkeiten allerdings, wie jetzt die Besatzung der GAUSS erfuhr. So hatten die drei nur wenig Hilfe beim Entladen wie beim Bau des Hauses gehabt. Fast die ganze Mannschaft der TANGLIN litt an Beriberi. Diese Krankheit sollte Monate später auch das Schicksal der kleinen Gruppe der Kerguelenstation entscheiden: Dr. Ensensperger starb daran, Dr. Werth erkrankte schwer. Aber zu diesem Zeitpunkt befand sich die GAUSS schon viele Monate in ihrem Winterlager im Eis.

Die GAUSS bunkerte auf Kerguelen Kohlen, und man legte schließlich den Plan für eine Hilfsexpedition fest, falls bis zum 1. Juni keinerlei Nachricht vom Schiff vorläge.

Am 31. Januar 1902 verließ die GAUSS die Kerguelen-Inseln in Richtung Antarktis. Schwerer als bei der Ausreise in Kiel – sie war fast überladen und hatte vor allem auch eine nicht unerhebliche Deckslast an Holz und anderem Baumaterial für die geplanten Stations- und Beobachtungshütten – verließ sie die Bucht. Auch das lebende Inventar hatte um die 40 Polarhunde zugenommen, die an Bord der TANGLIN nachgereist waren und die sich »an allen möglichen erlaubten und unerlaubten Stellen des Schiffes in munterem Leben bewegten«.[19] Eine letzte Unterbrechung brachte wenige Tage darauf, am 3. Februar 1902, eine Stippvisite auf der Heard-Insel. Diese Insel war seit 1853 bekannt und war bereits einige Male besucht worden, so auch 1873 von der ARKONA. Sieben Stunden dauerte der Aufenthalt, der bei schönem Wetter begann und dessen Aktivitäten durch einsetzenden Schneefall beendet wurden. Bei einbrechender Dunkelheit verließ man das Eiland.

Am 13. Februar stieß die GAUSS unter 61° 58′ S und 95° 8′ O auf das erste Scholleneis. Bereits zwei Tage später bahnte sich das Schiff seinen Weg in Waken und Rinnen zwischen schweren Schollen hindurch. »Bei Bemühungen, einem kleinen Eisberg auszuweichen, den wir am nachmittag bei der Fahrt nach Westen passiert hatten und der uns nun mit dem östlichen Winde gefolgt war, wurde das Schiff am 22. Februar 1902 um 4 Uhr früh von dem von Osten her schnell herandringenden Scholleneis besetzt. Am Morgen des 22. Februar befanden wir uns in fester Lage, von schweren Schollen umbaut, den Bug nach Süden gerichtet, und sind so fast ein volles Jahr bis zu unserer Befreiung verblieben.«[20]

Als sich nach 3 Tagen der Schneesturm legte, wurde der Blick auf das Inlandeis im Süden frei, und im Osten entdeckte man in der Entfernung von nur einem Kilometer eine größere Wake und in weiterer Entfernung sogar offenes Meer. Die Besatzung versuchte mit Sprengungen, das Schiff frei zu bekommen, aber es gelang nicht: »Abgrabungen um das Schiff herum hatten zur Folge, daß es sich wenige Meter vorwärts und rückwärts bewegen konnte; doch eine Verschiebung der Schollen und eine Öffnung von fahrbaren Rinnen und Waken konnte nicht erzielt werden.«[21]

Besatzung und Wissenschaftler begannen, sich auf die Überwinterung vorzubereiten. Im Laufe der nächsten Wochen wurden verschiedene Beobachtungshütten aufgebaut: aus Eisquadern und Korkplatten entstanden zwei magnetische Observatorien, ein paar hundert Meter weiter wurde das astronomische Observatorium aufgestellt, eine meteorologische Hütte bekam ihren Platz, und zwei Eislöcher am Bug und Heck der Gauss wurden für das Herablassen von Netzen freigehalten. Der Tagesrhythmus war in der Folgezeit vor allem von verschiedenen wissenschaftlichen Messungen bestimmt.

Wesentliche Teile des Forschungsprogramms waren durch die vor der Fahrt getroffenen, internationalen Vereinbarungen zur Erforschung der Antarktis vorgegeben.

»Die Arbeiten auf einer polaren Winterstation unterscheiden sich wesentlich von den entsprechenden in unserem Klima«, berichtete später der Arzt und Bakteriologe Dr. Gazert. »Dem Biologen friert der Fang ein, ehe er ihn in Sicherheit hat, und um überhaupt Netze und Reusen auslegen zu können, müssen die Löcher im Eise immer wieder von dem Schnee und Eis befreit werden, welche Stürme und Kälte hier ablagerten. Als der Geologe sich im Winter dem Studium des Wassers in verschiedener Tiefe widmen wollte, setzte der stark durchkältete Wasserschöpfer schon beim Hinablassen Eis an. Hatte man ihn aber vorher erwärmt, so fror das Wasser, wenn man es im Freien ablassen versuchte. Es blieb nichts anderes übrig, als jedesmal den schweren Wasserschöpfer ins Schiff mit hineinzunehmen, und dann dauerte es noch geraume Zeit, bis die gefrorenen Ventile wieder in Ordnung waren.«[22]

Schlimmer als die Kälte waren jedoch die Stürme: »Die Thermometer zum Messen der Eistemperatur wurden tief verschüttet und erst nach Aufhören des Schneesturms durch die Sorgfalt des Obermaschinisten Stehr nach längerem Suchen wieder gefunden und neu gesetzt. Viermal täglich waren auch in diesen Zeiten weitere Gänge zu den magnetischen Observatorien notwendig, welche Dr. Bidlingmaier und sein Gehilfe Reuterskjöld, an einem Kabel sich entlangfühlend, mit aufopfernder Pflichttreue vollführt haben. Auch zur astronomischen Hütte war für diese Zeiten ein Kabel gespannt, da sie zum Vergleich der Chronometer einmal täglich besucht werden mußte. Denn in solchen Stürmen ohne Leitkabel zu gehen, war unmöglich. Selbst aus unmittelbarer Nähe war dann häufig von dem Schiff nichts mehr zu sehen. Der Leichtmatrose Stjernblad verlor am 26. April 1902 auf dem Rückweg von dem kaum 10 m entfernten Klosettraum die Richtung. Er wurde rechtzeitig vermißt, von der gesamten Besatzung, die sich durch Leinen verbunden hatte, gesucht und auch glücklich an dem Fuß der nur 40 m vom Schiff entfernten meteorologischen Hütte gefunden, von der er sich zum Glück nicht mehr entfernt hatte, als er auf sie stieß.«[23]

Wie die englische Expedition unter Robert Scott, so hatte auch die GAUSS eine Ballonausrüstung an Bord. Die Königlich Preußische Luftschifferabteilung in Berlin hatte der Expedition eigens einen Fesselballon zur Verfügung gestellt. Die Nacht vom 28. auf den 29. März 1902 war sternenklar, am Morgen des 29. – Karsamstag – schien die Sonne bereits in aller Frühe, und es herrschte absolute Windstille. Das war der richtige Zeitpunkt für einen Ballonaufstieg. Die Ballonhülle, die einen Durchmesser von 9 Metern hatte, wurde ausgebreitet, und Alfred Stehr begann mit dem Füllen des Ballons. Die GAUSS führte dafür eigens 450 Stahlzylinder mit Wasserstoff mit. Für eine Ballonfüllung von 300 m^3 wurden 65 Flaschen benötigt. Ganze 104 Minuten benötigten Stehr und seine Helfer, um den Ballon aufzurüsten. Eine beachtliche Leistung bei immerhin −20 °C. Dann war es soweit, Erich von Drygalski stand im Korb. Langsam ließen ihn die zwölf Männer aufsteigen, die den Ballon hielten. In einer Höhe von nur 50 m sah Drygalski bereits den Gaußberg, und bis in eine Höhe von 100 Metern konnte er noch jedes ganz leise gesprochene Wort verstehen. In 500 m war ihm schließlich so warm, daß er die Handschuhe auszog und der Pudelmütze eine leichte Mütze ohne Ohrenschutz vorzog, die ihm aber herunterfiel, wie übrigens auch einige Thermometer, so daß die Temperaturbestimmungen unvollständig bleiben mußten. Drygalski war dennoch begeistert: »Die Rundsicht aus 500 Metern Höhe war grandios.«[24] Zwei Stunden blieb er in luftiger Höhe, dann zog die Bodenmannschaft ihn wieder hinab. Noch am gleichen Tag stiegen Kapitän Ruser und anschließend der Geologe Philippi auf, der zahlreiche Aufnahmen machte. Mit dem letzten Strahl der Sonne stand auch Philippi wieder auf dem Eis. Die Überlegung, den Ballon über Nacht stehen zu lassen, wurde verworfen, da man einen raschen Wetterumschwung nicht ausschließen konnte.

Ein Zufall führte im Mai 1902 dazu, daß man endlich einem Leck in der Nähe des Brunnenschachtes der GAUSS auf die Spur kam. Seit der Abfahrt in Kiel hatte es Sorgen bereitet, jetzt endlich konnte es abgedichtet werden. Von nun an brauchten die Pumpen, die bis dahin jeden Tag etwa drei Stunden betrieben worden waren, nicht mehr zu laufen. Eine Maßnahme, die insbesondere dem Kohlenvorrat zugute kam. Allerdings wurde es nun dunkel im Schiff, auf elektrisches Licht wurde gleichfalls verzichtet. Dafür begann Alfred Stehr zusammen mit einigen Besatzungsmitgliedern einen Windgenerator zu montieren, der zur Ausrüstung des Schiffes gehörte. In Verbindung mit einem Akkumulator sollte er zum Betrieb von 16 elektrischen Lampen reichen. Am 3. Juli erstrahlte zum erstenmal das von ihm erzeugte elektrische Licht im Schiff, aufkommende Freude war allerdings verfrüht. Der Wind war unbeständig, und die Regulierungsvorrichtungen der Anlage unzulänglich. Die Lampen waren mal hell, mal dunkel, und schon bald verloschen sie ganz; man griff auf Tranlampen zurück.

Viel Freizeit blieb den Männern der GAUSS nicht. Immer wieder mußte das Schiff aus hohen Schneewehen ausgegraben werden. Die Enge der Räumlichkeiten legte ohnehin Beschränkungen auf. Es wurde viel gelesen, und die beiden Skatklubs »Eintracht« und »Blanke Zehn« trugen verbissen Meisterschaften aus.

Der Arzt Dr. Gazert notierte: »Nur wenige und geringfügige Gesundheitsstörungen waren zu verzeichnen, zu denen schlechter Schlaf, Appetitlosigkeit und nervöse Reizbarkeit gehörten. Wunden heilten ohne Eiterung, aber äußerst langsam; ebenso wuchsen Haar und Bart nur langsam nach. Einen Katarrh hatten wir nicht mehr beobachtet, seitdem wir die Zivilisation hinter uns hatten, und lernten ihn erst wieder in Kapstadt kennen, trotzdem Durchnässungen, besonders im Sommer, häufig waren.«[25] Aufgrund der Wetterverhältnisse waren Außenbordaktivitäten selten. In den Wintermonaten löste ein Schneesturm den nächsten ab. »Gute Tage gab es nur wenige, und so spielte sich denn diese Zeit das ganze Leben im Innern des Schiffes ab. Die Tätigkeit ist nur gering und die, die man sich künstlich schafft, bringt wenig Befriedigung. Es fehlt an Zerstreuung und geistiger Erfrischung; Gemütsdepressionen und seelische Störungen der verschiedensten Art sind häufig. Mir ist nun verständlich geworden, daß bei Polarüberwinterungen gar nicht selten Geisteskrankheiten vorgekommen sind; wir sind gottlob davon verschont geblieben. Man kann ruhig behaupten, daß die psychischen Strapazen einer Polarüberwinterung die körperlichen übertreffen, ja, daß eine Schlittenreise mit ihren starken, körperlichen Anstrengungen durch die Abwechslung, die sie dem Geiste bietet, eine angenehme Unterbrechung des monotonen Lebens ist.«[26]

Insgesamt wurden sieben solcher Schlittenreisen durchgeführt, Ziel war vor allem das etwa 90 Kilometer entfernte Festland und hier insbesondere der Gaußberg. An seinem Fuß errichtete bereits die erste Schlittengruppe ein Eishaus und stellte meteorologische Instrumente auf. Die Expedition wies den vulkanischen Ursprung dieses Berges nach. Es war der erste Nachweis ehemaliger vulkanischer Tätigkeit auf dem Festland der Antarktis.

Im Februar 1903 begann das Eis, in dem die GAUSS gefangen lag, sich vom Festland zu lösen und nordwärts zu treiben. Im März kam das Schiff schließlich wieder frei. Dabei hatte auch ein wohldurchdachter Trick geholfen: Immer wieder hatte man vom Schiff zum nächsten Stück offenen Wassers einen Weg mit Asche bestreut. Diese Asche absorbierte genügend Sonnenwärme, um einen beinahe 2 Meter breiten Kanal aufzuschmelzen, so daß das Schiff schließlich am 8. Februar aus seinem eisigen Gefängnis freikam. In der nächsten Zeit versuchte die GAUSS, sich vorsichtig durch das Scholleneis einen Weg nach Westen zu bahnen. Drygalski ließ das Schiff so weit wie möglich in Küstennähe nach Westen steuern, um anschließend einen neuen Vorstoß nach Süden zu wagen. Er hoffte dadurch, zwischen 75° und 80° O die Küste noch einmal zu erreichen und damit zur Frage der Erstreckung des Landes in diesem Gebiet der Antarktis einen neuen Beitrag zu liefern bzw. die Frage nach dem Zusammenhang zwischen Wilkes-Land und Kemps-Land zu lösen. Nach zweimonatigem Treiben im Scholleneisgürtel wurde der Entschluß gefaßt, die Antarktis zu verlassen. Die Umkehr erfolgte unter 64° 58′ S und 79° 33′ O. Eine Entscheidung, die an Bord eine von Drygalski nicht erwartete Reaktion auslöste. Er notierte: »Die Mannschaft war im Eise bis zuletzt bester Stimmung und voller Unternehmenslust – jetzt, wo es in den sicheren Hafen geht, schlägt das um – meistens Resignation, gelegentlich auch Reizbarkeit beherrschen die Stimmung, die das Bedauern erkennen läßt, daß wir das Eis verlassen müssen.«[27]

Drygalski hatte vor, zunächst nach Kapstadt zu fahren, um von dort über den Erfolg des Unternehmens Nachricht nach Deutschland zu senden. Dann sollte das Schiff auf einer der Inseln im südlichen Indischen Ozean den Winter abwarten und im Frühjahr erneut nach Süden zur Erkundung weiterer Gebiete in die Antarktis reisen. Drygalski plante dort eine zweite Überwinterung.

Am 11. Mai 1903 gab es für die Besatzung der GAUSS ersten Kontakt mit der Außenwelt. Sie erlebte »eine freudige Überraschung durch die Sichtung des ersten Schiffes seit dem 21. Dezember 1901. Es erschien am Nachmittag gerade unter der Sonne und wurde bald darauf von einem zweiten gefolgt. Wir konnten hieraus schließen, daß wir uns jetzt auf der üblichen Segelroute nach Afrika befanden. Am folgenden Morgen war das erste Schiff schon an uns vorübergelaufen; doch das andere, dessen Kurs wir dem unseren noch hatten anpassen können, kam in die Nähe, so daß wir es ansprachen. Wir signalisierten zunächst, ob es in der Welt wesentliche Neuigkeiten gäbe, worauf die ebenso natürliche Antwort kam ›Nichts von Bedeutung‹, denn daß man es bei uns mit Leuten zu tun hatte, die seit 1½ Jahren von der Welt nichts gehört hatten, konnte man auf dem anderen Schiff natürlich nicht wissen.«[28] Und mit dieser Antwort wollte man sich an Bord der GAUSS auch nicht begnügen, Kapitän und Expeditionsleiter setzten kurzentschlossen mit dem Beiboot über und staunten: »Wir fanden in dieser norwegischen Bark GRACIA ein schönes, langes, reinliches Schiff mit weitem freien Deck und Holzladung im Innern, das uns wie ein Salonschiff dünkte, nachdem wir so lange in unseren beengten und berußten Räumen geweilt hatten. Der Kapitän hatte Frau und Kinder bei sich, und ihre Wohnräume waren wohl so groß, wie die von uns 32 Mann zusammen.«[29] Vom norwegischen Kapitän erfuhren sie nun zumindest von der glücklichen Heimkehr der FRAM von ihrer zweiten Reise unter Sverdrups Leitung.

Am 1. Juni 1903 – genau am vorher vereinbarten Termin – flatterte in Berlin im Reichsamt des Innern das Telegramm »GAUSS in Sicht« aus Durban auf den Tisch, und am folgenden Tag folgte die Nachricht: »Alles wohl, Schiff vorzüglich bewährt.« Am 9. Juni lief die GAUSS im Hafen von Simonstown ein. Noch während der Liegezeit in Südafrika hoffte Drygalski, im kommenden Frühjahr erneut in die Antarktis aufbrechen zu können. Aber am 2. Juli erhielt er aus Berlin die amtliche Anweisung, mit der GAUSS die Heimreise anzutreten.

Am 24. November erreichte die GAUSS Brunsbüttel. Nur wenige Schaulustige hatten sich eingefunden und standen nun winkend am Ufer. »Um 12 Uhr waren wir in Kiel und gingen an Land; es war ein herrlicher klarer Wintertag. Der Hafen war leer, weil die Flotte zu einer weiteren Übungsfahrt unterwegs war.«[30] Mit diesen dürren Worten, die die Enttäuschung über das mangelnde Interesse nur schwer verbergen, schloß Erich von Drygalski seinen umfangreichen Reisebericht »Zum Kontinent des eisigen Südens«.

Wenige Tage blieben zur Auflösung der Expedition. »Am Abend des 1. Dezember habe ich selbst mit den Letzten die GAUSS verlassen, nachdem ich bis zu diesem Tage noch an Bord gewohnt hatte, was in den öden Räumen kein Vergnügen war. Der Abschied war schwer, da an dem Schiff die Arbeit vieler Jahre und die Erinnerung an unvergeßliche Erlebnisse hing. Jetzt hausten Fremde in seinen Räumen und eine ungewohnte Ordnung.«[31] Das Schicksal der GAUSS war längst entschieden. Wenige Tage später wurde das Schiff nach Geestemünde gebracht. Im April 1904 sandte die kanadische Regierung den Kapitän J. E. Bernier nach Bremerhaven, um die GAUSS zu erwerben und nach Quebec zu überführen. Für einen Kaufpreis von 75 000 Dollar wechselte sie den Besitzer, der ihr den neuen Namen ARCTIC gab.*

Die Wissenschaftler der GAUSS kehrten an die Schreibtische zurück und begannen, ihre Fahrtberichte abzufassen. 105 Mitarbeiter waren bis 1931 damit beschäftigt, 22 Bände zu füllen.

Der breiten Öffentlichkeit hingegen, aber auch den Politikern und Verwaltungsbeamten fehlten spektakuläre Ereignisse oder Entdeckungen. Immer wieder versuchten sich die Expeditionsteilnehmer zu rechtfertigen: »Unsere Zeit wünscht Sensationelles, man wünscht Erzählungen von Gefahren und Abenteuern. Auch wir haben solche erlebt, aber wir sind nicht hinausgezogen, um sie zu suchen und die Welt dann darüber zu unterhalten, sondern um den Geheimnissen der Antarktis nachzuforschen. Wir haben das getan und auch mit vollem Erfolg getan.«[32] Doch die heimliche Hoffnung, die mancherorts gehegt worden war, Drygalski oder seine Begleiter würden zum Pol marschieren, hatte sich zerschlagen – Mäzene und Förderer wandten sich anderen Unternehmungen zu.

* Zu Beginn unseres Jahrhunderts war auch der spätere Präsident der Notgemeinschaft der deutschen Wissenschaft, Friedrich Schmidt-Ott, als hoher Beamter im Kultusministerium mit der Antarktisexpedition befaßt. In seinen 1952 verfaßten Memoiren schreibt er: »Für Drygalskis Expedition wurde ein besonders zweckmäßiges Schiff nach seinen Angaben gebaut, die GAUSS. Als vor ihrer Abfahrt der Internationale Geographenkongreß 1899 in Berlin stattfand, stieg beim Festmahl im Zoologischen Garten Fridtjof Nansen auf den Tisch, um ein Hoch auf die Deutsche Südpolar-Expedition auszubringen. Da verschiedene Nationen damals gleichartige Fahrten vorbereiteten, fragte ich ihn, weshalb er gerade die deutsche genannt habe. Er erwiderte: ›Sie haben den Mann, das ist die Hauptsache‹. Leider war dem ausgezeichneten Führer v. Drygalski der Erfolg nicht beschieden, da das Schiff zu früh am Südpolarkontinent festkam. [...] Auf die gewissenhafte Anfrage Drygalskis, der richtiger draußen geblieben wäre und im folgenden Jahr einen neuen Vorstoß versucht hätte, hatte ein inzwischen neueingetretener Referent des Reichsamts [des Inneren] die Rückberufung der Expedition und sogar den Verkauf des Schiffes durchgesetzt, wodurch künftiger Südpolarforschung unerfreulich das Ziel gesetzt wurde.«

Anmerkungen

1 Drygalski, Erich v.: Zum Kontinent des eisigen Südens. Deutsche Südpolar-Expedition. Fahrten und Forschungen der GAUSS 1901–1903. Berlin 1904, S. 1.

2 Ebd.

3 Neumayer, Georg: Die Erforschung des Süd-Polar-Gebiets. Berlin o. J., S. 3.

4 Ebd., S. 4.

5 Drygalski (wie Anm. 1), S. 11.

6 Ebd., S. 2.

7 Friedrichsen, L.: Der Sechste Internationale Geographen-Kongress in London. In: Mitteilungen der Geographischen Gesellschaft in Hamburg 1896, S. 5.

8 Drygalski (wie Anm. 1), S. 3.

9 Die geplante Deutsche Südpolarfahrt. In: Deutsche Geographische Blätter 1898, S. 45.

10 Drygalski (wie Anm. 1), S. 13.

11 Zitiert nach: Kretzer, Hans-Jochen: Windrose und Südpol. Leben und Werk des großen Pfälzer Wissenschaftlers Georg von Neumayer. Bad Dürkheim 1983, S. 24.

12 Kretschmer: Die deutsche Südpolarexpedition. In: Marine-Rundschau 11, 1900, 1, S. 659.

13 Ebd.

14 Ebd., S. 661.

15 Ebd.

16 Stehr, A.: Das Südpolarschiff GAUSS und seine technischen Einrichtungen. In: Erich v. Drygalski. Deutsche Südpolar-Expedition 1901–1903. 1. Band. Berlin, Leipzig 1921, S. 26.

17 Drygalski (wie Anm. 1), S. 79.

18 Drygalski, Erich v.: Zum Kontinent des eisigen Südens. Leipzig 1989, S. 40.

19 Die Deutsche Südpolar-Expedition auf dem Schiff GAUSS unter Leitung von Erich von Drygalski. Bericht über die wissenschaftlichen Arbeiten seit der Abfahrt von Kerguelen bis zur Rückkehr nach Kapstadt 31. Januar 1902 bis 9. Juni 1903 und die Tätigkeit auf der Kerguelen-Station vom 1. April 1902 bis 1. April 1903 (Veröffentlichungen des Instituts für Meereskunde und des Geographischen Instituts an der Universität Berlin 5), Berlin 1903, S. 1.

20 Ebd., S. 8 f.

21 Ebd., S. 9.

22 Gazert: Die Deutsche Südpolarexpedition, ihre Aufgaben, Arbeiten und Erfolge. Leipzig 1904, S. 8.

23 Die Deutsche Südpolar-Expedition (wie Anm. 19), S. 16 f.

24 Drygalski (wie Anm. 1), S. 273.

25 Gazert (wie Anm. 22), S. 11.

26 Ebd., S. 10.

27 Drygalski (wie Anm. 1), S. 545.

28 Ebd., S. 561.

29 Ebd.

30 Ebd., S. 658.

31 Ebd., S. 660.

32 Gazert (wie Anm. 22), S. 31.

Die Zweite Deutsche Antarktische
Expedition 1911 / 12

»Heute weiß ich, daß sich Polarerfahrungen nicht in einigen Monaten oder Jahren erwerben lassen, sondern daß über diese nur ein in Eis ergrauter Forscher oder Seemann verfügt, der sein ganzes Leben in den weißen Gefilden des Nordens oder Südens verbracht hat.«[1] Wilhelm Filchner war sehr nachdenklich geworden, als er sich Ende der zwanziger Jahre an seine Südpolarexpedition 1911 zurückerinnerte. Eine Expedition, an die er voller Elan herangegangen war.

Nachdem es im Anschluß an die Erste Deutsche Südpolarexpedition in Deutschland um die Polarforschung ruhig geworden war, hatte im Frühjahr 1910 der Geophysiker und bayerische Kürassieroffizier Wilhelm Filchner, damals gerade 31 Jahre alt und just von der Universität Königsberg zum Ehrendoktor ernannt, die Initiative ergriffen und unterbreitete der Gesellschaft für Erdkunde in Berlin seine Idee einer neuen deutschen Forschungsfahrt. International war es für die Antarktisforschung ein bewegtes Jahr – der Engländer Scott ging mit der TERRA NOVA auf Fahrt, der Norweger Amundsen mit der FRAM, der Franzose Charcot mit der POURQUOI PAS?, der Australier Mawson bereitete eine Expedition vor, selbst der Japaner Shirase rüstete die KAINAN MARU für eine Forschungsreise aus. Den letzten Anstoß für Filchner, mit seinen Plänen, die ihn schon einige Zeit bewegten, am 5. März 1910 an die Öffentlichkeit zu treten, hatte ein Vortrag des englischen Polarforschers Shackleton in Berlin gegeben.

Begeisterte Zustimmung fand Filchner nicht zuletzt bei dem schwedischen Polarforscher Otto Nordenskjöld und bei Albrecht Penck. Beide waren persönlich anwesend, als er seine Pläne in Berlin präsentierte. »Es ist unzweifelhaft, daß die antarktischen Gegenden in diesem Augenblick für eine Forschungsexpedition die wichtigsten Probleme darbieten, unter denen allerdings die Erreichung des Südpols an Bedeutung besonders stark gegen zwei andere zurücksteht: erstens die Erforschung der allerinnersten Teile des Südpol-Kontinents, und zweitens die Feststellung der Beziehungen zwischen den westantarktischen und ostantarktischen Landmassen«[2], pflichtete Nordenskjöld dem Vortragenden bei.

Filchner plante eine Expedition in das Weddell-Meer und zog einen Durchstoß durch Antarktika in Erwägung. »Diese Durchquerung war natürlich an der schmalsten Stelle der Antarktis beabsichtigt und zwar zwischen der Ross-See und der Weddell-See, welche beide sehr tief in den Südkontinent hineingreifen.«[3] Filchner wollte eine Antwort auf die Frage finden, ob beide Meeresbuchten die Antarktis nur stark einschnüren oder ob eine durchgehende, wenn auch völlig vereiste, Meeresverbindung die kleinere Westantarktis von der viel größeren Ostantarktis vollständig trennt. An dieser Frage schieden sich damals die Geister. Ernest Henry Shackleton, John Murray und der schottische Polarforscher W. Bruce vertraten die Meinung, daß Antarktika ein zusammenhängender Kontinent sei. Andere, unter Führung von Fridtjof Nansen, nahmen an, es gäbe keinen Kontinent in der Antarktis, sondern nur eine Anzahl von unter einer Eiskappe liegenden Inseln. Eine dritte Gruppe schließlich, zu der Penck, Nordenskjöld und Markham gehörten, glaubte, daß Antarktika durch einen mit Eismassen ausgefüllten Meeresarm, der sich vom Ross-Meer zum Weddell-Meer hindurchzieht, getrennt sei.

»Man löst diesen gordischen Knoten am besten dadurch, daß man selbst nach Antarktika geht und feststellt, welche von diesen Theorien die richtige ist«, meinte Filchner.[4]

Es sollte allerdings noch mehr als ein Vierteljahrhundert vergehen, bis der Knoten schließlich gelöst wurde. Ende der vierziger Jahre erklärte der Polarforscher Finn Ronne* »daß nach den Ergebnissen seiner Expedition mit sehr großer Wahrscheinlichkeit damit zu rechnen sei, daß die Antarktis ein einziger Kontinent sei, der nicht durch vereiste Wasserstraßen zerteilt würde«.[5]

---

* Finn Ronne, ein gebürtiger Norweger, hatte 1947 eine amerikanische Expedition in die Westantarktis geleitet. Die Expedition hatte ihre Hauptbasis in der Margueritebucht. Im November und Dezember unternahmen die drei beteiligten Expeditionsflugzeuge zahlreiche Fernflüge, drei davon führten damals rund 2000 km südwärts in den Kontinent hinein und erfaßten weite Räume, die bis dahin noch nicht eingesehen waren. Filchners ursprünglicher Plan einer Durchquerung der Antarktis wurde sogar erst im Geophysikalischen Jahr 1957 von der Commonwealth Transantarctic Expedition unter Fuchs und Hillary realisiert.

Filchner ließ von Anfang an keinen Zweifel daran, daß seine Expedition recht aufwendig werden würde. Das Unternehmen hatte seiner Meinung nach nur einen Sinn, »wenn sich Mittel finden würden, um zwei Expeditionen zugleich, eine von der Weddell-See und eine von der Ross-See her zu unternehmen. Die Kosten der Expedition sind bei Verwendung eines Schiffes, eines Walfischfängers, auf 1,2 Millionen Mark veranschlagt, bei zwei Schiffen auf 2 Millionen Mark.«[6]

Ein Schiff sollte mit dem Haupttrupp im Weddell-Meer möglichst weit nach Süden vorstoßen und eine Schlittenabteilung weiter vorausschicken. Das andere Schiff sollte vom Ross-Meer aus eine Hilfsabteilung nach Süden vortreiben, mit der Aufgabe, die vom Weddell-Meer herkommende Schlittenabteilung zu treffen und aufzunehmen. Zwischen den Schiffen sollte eine Funkverbindung bestehen.

Dieser Plan stieß zwar vor allem bei der Presse auf großen Beifall, nur vor den Kosten scheute man zurück. Und da zur gleichen Zeit Graf Zeppelin mit Plänen für eine Luftschiff-Nordpolar-Expedition an die Öffentlichkeit getreten war, bot man Filchner sogar eine Beteiligung an dessen Unternehmen an; Filchner wollte jedoch in die Antarktis und schlug das Angebot aus. Eine kurze Reise nach Spitzbergen initiierte er hingegen selber im Sommer 1910; dabei galt es, die Teilnehmer an der geplanten Südpolar-Expedition zu schulen und Material zu testen. Befürwortung und Unterstützung für sein Vorhaben fand Filchner schließlich auch in England. »Da ich Scott keine Konkurrenz machen wollte, hatte ich mich mit ihm in einer persönlichen Aussprache in London kurz vor seiner Abreise rasch zu unserer beiderseitigen Zufriedenheit verständigt.«[7]

Um seine Kompromißbereitschaft zu unterstreichen, wählte er eine unverfängliche Bezeichnung für seine Unternehmung: »Entsprechend dem Plane der Expedition hatte ich mit Absicht von dem Wort ›Südpolar-Expedition‹ Abstand genommen und dafür ›Antarktische Expedition‹ gewählt, um gleich von Anbeginn zu betonen, daß es sich bei diesem Unternehmen nicht um die Erreichung des Südpoles handelte, sondern vor allem um die Lösung des Problems des Verhältnisses von West- zu Ostantarktika.« – »Die Hauptaufgabe der ›Deutschen Antarktischen Expedition‹ war also die wissenschaftliche Erforschung des Südkontinents, im besonderen des südöstlich von Südamerika gelegenen Teiles, des ›Weddell-Meer-Gebietes‹. Daneben gab es noch eine ganze Reihe kleinerer Aufgaben zu lösen: die Erforschung der ozeanographischen Verhältnisse im Weddell-Meere, der meteorologischen und erdmagnetischen Verhältnisse, die Untersuchung der Bodenproben der Tiefseelotungen, die Klärung des geologischen Aufbaues des Südkontinents, das Studium von Fauna und Flora und noch vieles mehr.«[8] Filchner hatte sich mit führenden Polarforschern seiner Zeit – neben Scott mit Shackleton, Frithjof Nansen und Helland Hansen – ausführlich beraten.

Der Besuch bei Scott hatte auch den letzten Anstoß gegeben, den Umfang seiner Expedition zu reduzieren. Aus London zurückgekehrt, berichtete er in Berlin: »Nun ist die Stelle, wohin das zweite Schiff hätte entsendet werden müssen, bekanntlich der Schauplatz der neuesten englischen Südpolar-Expedition von Robert F. Scott, und es kam die Erwägung, ob sich nicht ein entsprechendes Zusammenwirken mit dieser erzielen ließe. In einem solchen Falle konnte dann das zweite Schiff wegfallen. Dank dem Entgegenkommen von Robert F. Scott, dem Leiter der englischen Expedition, erfüllte sich diese Hoffnung. Ich gedenke also mit nur einem Schiffe und zwar in die Weddell-See zu gehen.«[9]

Bei Prinzregent Luitpold von Bayern fand Filchner mit seinem Vorhaben offene Ohren, ebenso beim Kaiser. Mit Hilfe einer Lotterie konnte er das notwendige Geld für die Expedition in überraschend kurzer Zeit aufbringen.

Ein geeignetes Expeditionsschiff fand Filchner in Norwegen. Ein Mitarbeiter der Reederei Woltereck & Robertson, die bereits 1892/93 die JASON ausgerüstet hatten, machte Filchner auf das Schiff BJØRN, ein Schwesterschiff von Shackletons ENDURANCE, aufmerksam. Es war im Jahre 1905 auf der Schiffswerft Risør in Lindstøl für den Reeder Christen Christensen gebaut worden. Es war, wie Filchner berichtet, aus lange gelagertem, sehr gutem Holz gebaut. Woltereck & Robertson halfen auch bei den Verkaufsverhandlungen, und ein Mitarbeiter reiste einige Male nach Sandefjord, dem Heimathafen der BJØRN. Filchner hatte durchaus Konkurrenz: Auch Shackleton liebäugelte mit dem Schiff, allerdings scheute er schließlich vor der verlangten Kaufsumme zurück, beriet Filchner aber. Auf Anraten Shackletons ließ Filchner noch in Norwegen einige Umbauarbeiten vornehmen: Auf der Werft Framnæs in Sandefjord wurde der Schiffsrumpf verstärkt, ferner wurde ein Schraubenbrunnen eingebaut, durch den die Schraube an Deck geholt werden konnte, eine bei Eisfahrt notwendige Vorsichtsmaßnahme. Außerdem ließ Filchner das Poopdeck verlängern, so daß zusätzlicher Platz für den Einbau von 20 Kabinen, einer Messe, das Kartenhaus und die Kommandobrücke geschaffen wurde.

Filchner wollte zunächst auch den norwegischen Kapitän Jørgenson engagieren, einen eiserfahrenen Seemann, doch dann gab er – wenn auch nur zögernd – dem Wunsch nach, einen deutschen Kapitän zu verpflichten. Drygalski schlug ihm den Hapag-Kapitän Vahsel vor, der bei der ersten deutschen Südpolarexpedition auf der Gauss Antarktis-Erfahrungen gesammelt hatte. In seinen Memoiren erinnert sich Filchner später: »Nicht eben leichten Herzens stimmte ich dem Vorschlag zu, Vahsel forderte als erstes Kraft seines neuen Postens die Ermächtigung, seinen nautischen Stab selbständig zusammenzustellen. Ich gab auch dafür meine Stimme und mußte später erfahren, wie bitter sich eine voreilige Zusage rächen kann. Vahsel hatte es nun völlig in der Hand, ihm ergebene Mitarbeiter, meist Bekannte aus der Zeit der Südpolarfahrt mit der Gauss, auszusuchen, und von Anbeginn der Expedition stand ich einer geschlossenen Mehrheit gegenüber.«[10]

Aus Kostengründen ließ Filchner in Sandefjord auf Anraten Kapitän Vahsels jedoch nur die notwendigen Holzarbeiten vornehmen, dann nahm das Schiff Kurs auf Deutschland. Nach einer stürmischen Überfahrt traf es am 19. Januar 1911 bei Blohm & Voss in Hamburg ein. Hier lag das Schiff bis zum 20. April. Während dieser Zeit wurden der Hauptkessel und die Maschine umgebaut, Hilfskessel, Lenzpumpe, Verdampfer und Lichtanlagen installiert, die Steuerung verändert und das ganze Schiff grundüberholt. Die Dampfmaschine der Deutschland – diesen Namen hatte das Expeditionsschiff in der Zwischenzeit erhalten – wurde von einer Leistung von 210 PS auf 300 PS umgerüstet. Viele Unternehmen in Deutschland unterstützten die Expedition materiell und organisatorisch.

Am 26. März war die Deutschland soweit, daß eine Besichtigung durch den damaligen Herzog von Sachsen-Anhalt, einen von Filchners eifrigsten Förderern, sowie durch den Senat der Freien und Hansestadt Hamburg erfolgen konnte.

Nach dem Umbau bot die DEUTSCHLAND 34 Besatzungsmitgliedern und Wissenschaftlern Platz. Den Offizieren und Wissenschaftlern standen Einzelkabinen zur Verfügung: »Die Wohnräume waren so angeordnet, daß die Messemitglieder im Hinterschiffe, in dem auf dem Hauptdeck errichteten Aufbau, untergebracht wurden, die Mannschaft aber im Logis vorn im Zwischendeck. Dieses erhielt einen Raum mit 16 Kojen und einen Waschraum, einen Ofen, mehrere Schränke und das Spind mit dem Bootsmannsgut. Von den Messemitgliedern hatte jeder seine eigene Kabine, da sich die meisten Herren viel mit schriftlichen Arbeiten beschäftigten. Dieses Einkabinensystem ist gerade für eine langandauernde Treibfahrt von besonderem Nutzen, da sich jeder nach Belieben in seine Kammer zurückziehen kann und die bei Polarreisen unausbleiblichen persönlichen Spannungen dadurch selten einen gefährlichen Grad erreichen dürften.«[11]

Der Geologe, der Meteorologe, der Ozeanograph und der Zoologe hatten im Labor je einen eigenen Arbeitsplatz erhalten. Aus Sicherheitsgründen erhielt das Schiff einen Kohlenvorrat und Proviant für 3 Jahre.

Die DEUTSCHLAND führte je eine Reserveschraube aus Nikkelstahl und aus Eisen sowie ein Reserveruder mit. Ferner erhielt das Schiff zwei Rettungsboote und ein Motorboot mit einer 7-PS-Maschine, das für Transporte zwischen dem Schiff und einer zu errichtenden Station dienen sollte.

Speziell zum Schutz gegen das Eis war auf der äußeren Plankenlage aus Föhrenholz eine zweite Holzhaut befestigt, die sich aus 8,5 cm starken und 20 cm breiten Planken zusammensetzte. Diese »Eishaut« wurde nur aufgenagelt, damit sie bei starker Eispressung abgerissen werden konnte, ohne daß ein Leck entstand. Sie war dort am stärksten, wo das Schiff den größten Druck auszuhalten hatte: an den Seiten und am Heck, zum Kiel verjüngten sich die Planken. Dort wo die Eishaut mit dem Eis in Berührung kommen würde, bestand sie aus dem widerstandsfähigen südamerikanischen »Greenheart«-Holz.

Der Proviant war – wie gesagt – für drei Jahre bemessen. Der gesamte Vorrat an Nahrungsmitteln wurde eingeteilt in Proviant für das Schiff, für die Basisstation und für die Schlittenreisen. Allein an Schiffsproviant waren an Bord:

1080 kg Salzfleisch,

1607 kg gesottenes Rindfleisch,

1712 kg Roastbeef,

2140 kg Holsteinisches Rindfleisch,

8850 kg Weizenmehl,

3682 kg Roggenmehl,

3200 kg Hartbrot,

1075 kg Kakao,

3850 kg Butter,

1509 kg Schmalz,

1605 kg Reis,

6425 kg Zucker und

4266 kg Milch.

Zur Expeditionsausrüstung gehörten außerdem Kajaks, Zelte, Schlitten und Schlafsäcke. Um auf dem Inlandeis Proviantdepots anlegen zu können, waren in Birmingham nach dem Modell von Scotts Südpolarexpedition – mit dessen Einverständnis – Autoschlitten bestellt worden. Bei der Ablieferung in Buenos Aires stellte sich allerdings heraus, daß gewünschte Änderungen nicht ausgeführt worden waren. Filchner verzichtete auf ihren Einsatz.

Für die Schlittenreisen wollte Filchner mandschurische Ponys verwenden, die in Harbin eingekauft und unter erheblichen Schwierigkeiten über Berlin nach Hamburg gebracht wurden, wo die acht Tiere, bevor sie verschifft werden konnten, bei Hagenbeck Unterkunft fanden, ebenso wie die 75 Polarhunde, die Dr. König eigens in Grönland erstanden hatte. Die Tiere sollten erst in Südgeorgien von der DEUTSCHLAND übernommen werden, doch zunächst staunte man nicht schlecht über den Appetit, den die Pferde entwickelten: innerhalb von drei Wochen hatten die Vierbeiner drei Wiesen radikal abgegrast.

Die Ausrüstungszeit hatte Filchner dazu genutzt, den nautischen und wissenschaftlichen Stab zusammenzustellen. Zu seinem Stellvertreter bestellte er den Geographen Dr. Seelheim, als Astronom konnte er seinen Freund Dr. Erich Przybyllok gewinnen. Sachverständiger für die Schlittenreisen wurde der Alpinist Dr. Felix König aus Graz. Ferner beteiligten sich der Meteorologe Erich Barkow, der Ozeanograph Wilhelm Brennecke und der Geologe Fritz Heim. Darüber hinaus verpflichtete Filchner zwei Ärzte, Dr. Ludwig Kohl, der die Expedition nur bis Grytviken begleitete, und Dr. Wilhelm von Goeldel.

Am 3. Mai 1911 brach die DEUTSCHLAND von Hamburg nach Bremerhaven auf, um Proviant zu übernehmen. Am Morgen des 4. Mai gab der Senat der Stadt in der Lloydhalle in Bremerhaven ein Abschiedsfrühstück. Am späten Nachmittag legte die DEUTSCHLAND schließlich ab, vom Lloyd-Schlepper VORWÄRTS mit geladenen Gästen weserabwärts geleitet.

»Die ›Deutsche Antarktische Expedition‹ erhielt vor der Abfahrt das Recht zugebilligt, an Bord des Polarschiffes DEUTSCHLAND die Reichsdienstflagge zu führen. Meine Freunde und ich waren damals als unwissende Landratten über die Zubilligung dieses Rechtes sehr erfreut, brachte diese doch dem Schiff und damit der Expedition gewisse Vorteile, die sich besonders beim Anlaufen der Häfen ergaben. Durch die Verleihung der Reichsdienstflagge war die DEUTSCHLAND auf die Dauer der Expedition dem Reichsmarineamt unterstellt. Erst später im Verlauf der Reise zeigte sich, daß diese Unterstellung die Dispositionsfreiheit der Expeditionsleitung beeinträchtigte und Differenzen im Gefolge hatte. Auch erhielt das nautische Moment durch die Verleihung der Reichsdienstflagge an die DEUTSCHLAND ein Übergewicht. Ähnlich wie bei der Gründung des Vereins ›Deutsche Antarktische Expedition‹ hatte somit der Expeditionsleiter unter den neugeschaffenen Umständen Kompetenzen preisgegeben und in erwähntem Sinne seine Stellung enger umgrenzen lassen. Dies mußte naturgemäß im Verlauf der Expedition zu Meinungsverschiedenheiten führen, um so mehr, als nach dem Gesetze, d. i. nach der deutschen Seemannsordnung, der Kapitän an Bord eines Schiffes als unumschränkter Herrscher fungiert!« [12]

Für die Überfahrt nach Buenos Aires waren vier Monate veranschlagt, schließlich sollten umfangreiche ozeanographische Arbeiten vorgenommen werden. Filchner beschloß, diese Zeit noch in Berlin zu bleiben und später nachzureisen. Die wissenschaftliche Leitung dieses ersten Fahrtabschnittes lag in den Händen von Dr. Seelheim. Und während sich Filchner an seinem Schreibtisch in Berlin wieder dem leidigen Papierkrieg widmete, richtete man sich an Bord häuslich ein und gewöhnte sich an einen Tagesrhythmus, wie er auch auf einem modernen Polarforschungsschiff noch heute typisch ist: »Das Leben auf dem Schiff vollzog sich vom ersten Tage an mit jener Regelmäßigkeit, wie sie auf allen Seefahrten üblich ist. Früh um sechs Uhr gab es Kakao mit Gebäck und um 8 Uhr das erste Frühstück, das aus einem warmen Gang Brot, Butter, Marmelade und Kaffee bestand. Die Hauptmahlzeit wurde mittags um 12½ Uhr eingenommen, meist Suppe, Fleisch und Gemüse, Kompott oder zuweilen auch eine Mehlspeise. Am Sonntag und am Donnerstag war die Speisenfolge etwas reichlicher. Der Donnerstag galt als Seemannssonntag. An diesen beiden Tagen wurde der Kaffee unmittelbar nach dem Essen eingenommen, während er an den übrigen Tagen erst um 3½ Uhr verabreicht wurde. Diese Kaffeestunde war besonders beliebt, die Haupttagesarbeit war um diese Zeit meist schon getan, und wir hatten daher Zeit für ein behagliches Plauderstündchen. Gerade beim Kaffee wurden die ernsten und wissenschaftlichen Diskussionen geführt, wie das in dem Kreise einer Reihe von Gelehrten, die nahe verwandte Fächer vertraten und alle im Dienste einer gemeinsamen wissenschaftlichen Aufgabe standen, nur zu begreiflich war. Um 6 Uhr wurden wir bereits wieder in die Messe gerufen, es wurde die letzte Mahlzeit verabreicht, bei der es wie am Morgen einen warmen Gang und dann Aufschnitt und Tee gab. Am Sonntag und Donnerstag erhielt jeder von uns noch eine Flasche Bier.«[13]

Nebenbei hatte jeder genug zu tun. Es galt, Tagebuch zu führen, Briefe zu schreiben, sich für die nächsten wissenschaftlichen Arbeiten vorzubereiten, denn schließlich sollte ein umfassendes wissenschaftliches Programm abgewickelt werden: »Täglich wurden meteorologische Beobachtungen gemacht. Es wurde Plankton gefischt, die Wassertemperatur bestimmt, die Verdunstung gemessen, die Wasserfarbe ermittelt und dergleichen mehr. […] Meist begannen diese Arbeiten um 8 Uhr morgens und dauerten dann bis Nachmittag.«[14]

Doch es lief an Bord der DEUTSCHLAND während dieser Überfahrt nicht alles so harmonisch ab, wie man nach diesen Zeilen annehmen möchte. »Die lange Seefahrt hatte doch etwas Ermüdendes, Abspannendes. Es hatte sich auch an Bord eine gewisse Nervosität entwickelt, die leicht zu Mißhelligkeiten, zu Zank und Streit unter den Beteiligten führte«, berichtete Dr. Seelheim. »Daraus erklären sich auch die häufigen Reibereien, die bei größeren Expeditionen vorkommen. ›Expeditionskoller‹ könnte man diese oft bis zum Krankhaften gesteigerte Nervosität nennen. Sie kann natürlich auch die Schaffenskraft der Mitglieder vermindern; ihre Überwindung fordert oft einen ziemlichen Aufwand von Willenskraft.«[15] Es muß vor allem auch zu Meinungsverschiedenheiten zwischen dem wissenschaftlichen Fahrtleiter und dem Kapitän gekommen sein. Wilhelm Filchner – nunmehr kurz vor Montevideo an Bord der CAP ORTEGAL – erhielt einen Funkspruch mit der Kündigung von Kapitän Vahsel.

Filchner sah sich an Bord der CAP ORTEGAL, die von Kapitän Ernst Rollin geführt wurde, nach einem Ersatzmann um. Schließlich sagte der Erste Offizier der CAP ORTEGAL, Alfred Kling – er wird später einmal Offizier auf Graf Luckners SEEADLER werden – zu, den Posten von Vahsel zu übernehmen.

Am 7. September 1911 zogen die Schlepper CYCLOPE und GOLIATH die DEUTSCHLAND in den Hafen von Buenos Aires. Der erste für den Ozeanographen und Zoologen überaus erfolgreiche Fahrtabschnitt der DEUTSCHLAND war damit zu Ende. Mehr als 10000 Seemeilen waren zurückgelegt, rund 100 ozeanographische Stationen absolviert worden. In Buenos Aires war auch das Geplänkel zwischen dem Fahrtleiter und Kapitän Vahsel wieder beigelegt, zumal Seelheim die Expedition verließ und in Brasilien in den Konsulatsdienst eintrat. Alfred Kling nahm zwar nun nicht Vahsels Stelle ein, wurde aber nautisches Mitglied der DEUTSCHLAND.

Während die DEUTSCHLAND noch Pferdefutter, Ballasteisen und Wasser übernahm, machte am 14. September ein zweites Polarschiff am selben Kai fest: die FRAM. Unter Kapitän Nilson hatte sie, nachdem sie Roald Amundsen am Nordrand des Ross-Meeres abgesetzt hatte, den antarktischen Kontinent halb umfahren, um in der argentinischen Hafenstadt Proviant und Treibstoff zu übernehmen. Es kam zu freundschaftlichen Begegnungen der Besatzungen.

Am 3. Oktober nahm die DEUTSCHLAND die Polarhunde an Bord, die Pferde sollten später durch Alfred Kling mit einem argentinischen Dampfer nach Südgeorgien gebracht werden. Am 4. Oktober 1911 verließ die DEUTSCHLAND unter Assistenz der Schlepper AJAX und AQUILES den Hafen von Buenos Aires. Das nächste Ziel hieß Grytviken auf Südgeorgien.

Auf der Fahrt dorthin waren mehrere wissenschaftliche Stationen geplant. Als am Morgen des 16. Oktober die 100. Tiefseelotung vorgenommen werden sollte, wurde Filchner gemeldet, daß Schiffsarzt Dr. Kohl gerade eine »Blinddarmattacke« überstanden hätte. Einen Tag später war eine Operation nicht weiter aufzuschieben: »Sein Kollege schritt unter Assistenz des Kapitäns und des I. Offiziers, Dr. Königs und des Stewards unverzüglich zur Operation; sie währte 1 ½ Stunden. Die Messemitglieder waren während dieser Zeit auf Deck versammelt, wo sie ihr Mittagsmahl einnahmen, und ab und zu spähte eines zum Oberlicht in den Operationssaal hinunter, um über das Fortschreiten der Arbeit, die auf unserem Eßtisch ausgeführt wurde, Nachricht zu geben. Endlich kam die erlösende Mitteilung, daß die Operation mit Erfolg durchgeführt und der Verband angelegt sei. Der Kranke wurde wieder in seine Koje gebracht.«[16] Glücklicherweise war die See während der Operation spiegelglatt und ruhig. Die Maschine war während der Zeit gestoppt. Dem Kranken galt nun die rührende Fürsorge der ganzen Besatzung: »An Bord herrschte, um den Kranken nicht zu stören, von jetzt ab Ruhe wie in einem Krankenhause. Die Messe war geräumt worden. Wir schlichen auf Fußspitzen, die Mahlzeiten wurden stillschweigend und rasch eingenommen, und auch die Hunde schienen etwas Außergewöhnliches zu ahnen; denn sie verhielten sich auffälligerweise recht ruhig. Mit 3 anderen Herren teilte ich mich in die Nachtwache bei dem Kranken, und von Dr. Kohls Kabine zur gegenüberliegenden Seite wurde mit Hilfe eines Gletscherseils ein primitives Läutewerk eingerichtet, das aber seinen Zweck recht wohl erfüllte.«[17] In acht Tagen hatte man gehofft, Grytviken zu erreichen, es kam jedoch anders: Ein Unwetter brach herein, die DEUTSCHLAND stampfte, und schwere Seen gingen über Deck. Filchner notierte: »Armer Dr. Kohl! Die See ist grob. Das Schiff rollt stark und schöpft Wasser. Eine Sturzsee nach der anderen fegt über Deck. Eine von Norden kommende Dünung verstärkt zu allem Überfluß noch den Seegang. Die Krankenwache hält den Kranken in seiner Koje fest, kann aber nicht verhindern, daß dieser plötzlichen, ruckartigen Bewegungen ausgesetzt ist. Mit der rechten Hand hält sich der Kranke am Metallring des Bullauges fest, das während des hohen Seeganges verschlossen blieb. Die Luft in der Kammer ist abscheulich! Der Äthergeruch will nicht weichen!«[18]

Doch schließlich kam Südgeorgien in Sicht. Die DEUTSCHLAND wurde von Kapitän Larsen* in Empfang genommen.

Trotz der Unterbrechung der wissenschaftlichen Arbeiten und der Verkürzung des Programmes waren die Wissenschaftler an Bord mit den bisherigen Ergebnissen der Fahrt zufrieden. Insgesamt wurden bis hier 101 Tiefseelotungen vorgenommen, sie gaben wichtige Aufschlüsse über die Lage und Tiefe der atlantischen Längsschwelle und ergänzten die Kenntnisse über die Beschaffenheit des Meeresbodens. Zusätzlich zu den Lotungen waren Messungen über die Verteilung der Temperatur, des Salzgehaltes und des Sauerstoffgehaltes in den einzelnen Schichten von der Oberfläche bis zum Boden vorgenommen worden, und als »eines der Hauptergebnisse sei die Entdeckung eines Tiefenstromes in 1500–2000 m Tiefe erwähnt, der vom Atlantischen Ozean nach Süden vordringt.«[19]

Einen halben Monat währte die Unterbrechung der Expedition in Südgeorgien. Kapitän Larsen stellte einen Dampfer, mit dem man Exkursionen unternahm. Die deutsche Station des Jahres 1882/83 wurde aufgesucht, und eine Gruppe unternahm mit der DEUTSCHLAND einen Abstecher zu den Inselvulkanen Leskov, Vysokoj, Candlemas und Zavadovski, den sogenannten nördlichen Südsandwich-Inseln.

Der Aufenthalt wurde durch den Tod des dritten Offiziers überschattet, der mit einem Boot verunglückte. »Ein böses Omen für das, was uns in höheren Breiten begegnen sollte«, sinnierte Filchner.[20]

---

* Dr. Ludwig Kohl mußte aufgrund seiner Erkrankung von der weiteren Teilnahme an Filchners Expedition Abstand nehmen. Der Norweger Carl Larsen, der 1892/93 die Seymour-Insel mit der JASON besucht hatte, war Kapitän von Nordenskjölds ANTARCTIC, die am 10. Januar 1903 bei der Paulet-Insel an der Grahamküste gesunken war. 1904 gründete er die Walstation Grytviken und entwickelte sie zu einem wichtigen Walfangzentrum. Kohl heiratete übrigens später eine Tochter Carl Larsens und nannte sich Kohl-Larsen. 1928 unternahm er eine Südgeorgienexpedition, und 1931 war er Teilnehmer der Arktisfahrt des Luftschiffes GRAF ZEPPELIN.

Am 10. Dezember 1911 verließ die DEUTSCHLAND Grytviken. Filchner gab folgende Direktive: »Die DEUTSCHLAND geht mit Südkurs von Süd-Georgien aus an den Eisrand und folgt diesem nach Osten bis zu einer geeigneten Eintrittspforte in die Weddell-See. In tiefem Wasser bleibend, soll eine möglichst hohe Breite erreicht werden.«[21] Eine Ergänzung im Expeditionsakt besagte ferner: »Herr Vahsel hat in Übereinstimmung mit dem Leiter, Herrn Filchner, die Absicht, im weiteren Verlauf der Fahrt den Kurs über Weddells südlichsten Punkt hinweg zu nehmen. Über ›Landung‹ behält sich die Leitung weiteres vor.«[22] Und gerade hierin scheint eine wesentliche Diskrepanz zwischen Expeditionsleiter Filchner und Kapitän Vahsel gelegen zu haben. Während Vahsel möglicherweise vor allem daran gelegen war, mit der DEUTSCHLAND so weit wie möglich in das südliche Weddell-Meer vorzudringen, ging es dem ebenso ehrgeizigen Filchner um die Durchsetzung der geplanten Überlandunternehmung. Der Konflikt, der hieraus resultierte und für die Expedition katastrophale Folgen hatte, wurde noch genährt durch persönliche Unzulänglichkeiten. Auf der einen Seite Wilhelm Filchner, der sich nur schwer in das Nebeneinander von Schiffs- und Expeditionsleitung zu fügen vermochte, und auf der anderen Seite ein – wie sich während der Fahrt erwies –, schwer an Syphilis erkrankter Kapitän.

Schon bald nach dem Auslaufen aus Grytviken sank die Stimmung an Bord auf den Nullpunkt. Es bildeten sich zwei Gruppen an Bord, die Partei des Kapitäns und einige wenige, die sich auf die Seite des Expeditionsleiters stellten. Filchner hat die Atmosphäre in seinem persönlichen Tagebuch festgehalten: »25. Dezember 1911: Ich habe gearbeitet. Mittags wie gestern besonders gutes Essen und eine Flasche Rotwein. [...] Abends tranken die Herren Grog. Heim jedesmal betrunken, aber gutartig.

26. 12. 1911: Ich halte mich sehr zurück, ist viel besser für Leiter.

7. Januar 1912: [...] Göldel und König können sich nicht recht vertragen. Schöner Tag. [...] Kapitän abends bei mir, geplaudert.

9. Januar 1912: [...] Ob wohl der Schuft T. gegen mich intrigiert! [...]

15. Januar: Ich schneide Lorenzen, dem es sichtlich an Takt

fehlt und den ich für einen Intriganten halte. Böser Geist an
Bord.

20. Januar: Przybyllok morgens durch König mit nassem
Schwamm geweckt worden, er dann aus Wut Königs Tür eingeschlagen mit Bergschuh. Hernach tat er, als ob nichts gewesen
wäre.

22. Januar 1912: Kapitän hat wieder seine Abstinenzerschei-
nungen.«[23]

Ende Januar 1912 erreichte die Expedition Coatsland und
folgte der Küstenlinie nach Westen. Bei 135° W entdeckte Filchner überraschend das Gegenstück zur großen Ross-Barriere. Es
gelang sogar, an ihr 350 Kilometer entlang zu fahren, aber dann
schob sich die Barriere nach Norden vor, und ein Irrgarten von
schwimmenden Eisbergen zwang zum Rückzug. An seinem
Plan, auf dem Inlandeis eine Winterstation aufzubauen, hielt
Filchner unverändert fest, selbst wenn Kapitän Vahsel immer
wieder abriet. Schließlich entschieden sie sich, auf einem – wie
die Lotungen ergaben – auf Grund liegenden Eisberg eine Station zu errichten und von dort aus weiter auf das Inlandeis vorzudringen: »Bevor einer Landungsaktion nähergetreten wurde,
war es vonnöten, festzustellen, ob dieser Teil des Schelfeises auf
Grund aufsitzt, also nicht schwimmt. Der Kapitän, den ich mit
dieser wichtigen Untersuchung betraute und der zu diesem
Zweck verschiedene Lotungen ausführte, meldete mir, daß der
Teil des Schelfeises, der zur Landung ausersehen war, an dieser
Stelle auf Grund aufsitze, daß der Eislotse Björvik eine solche
Landung gutheiße und die Bucht einen idealen Überwinterungs-
platz für die DEUTSCHLAND bilde. Ich entschied mich also auf
Grund dieses günstigen Bescheids zur Errichtung der festen Sta-
tion.«[24]

Am Morgen des 9. Februar zeigte sich die Bucht, in der der
Stationseisberg lag, wie er kurzerhand getauft worden war, von
ihrer besten Seite. Vahsel erklärte sich schließlich sogar bereit,
mit der DEUTSCHLAND unmittelbar am Eisrand anzulegen, um
das Entladen zu erleichtern. Aus Sicherheitsgründen hielt er allerdings die Schiffskessel unter Dampf. Drei Männer blieben als
Wache im Maschinenraum zurück, alle übrigen Besatzungsmitglieder halfen beim Entladen. 80 Kubikmeter Holz, 13 Rollen
Dachleinwand, 3 Kisten Eisennägel, 1 Kiste Messingnägel, ein

Faß Klebemasse, 2 Kisten mit Glasscheiben, Eisenplatten, 2 Rollen Linoleum, 1 Leiter und 1 Herd – das waren die wesentlichen Teile, aus denen in den nächsten Tagen trotz Sturms und schlechten Wetters langsam das Stationshaus entstand. Am 13. Februar 1912 wurde Richtfest gefeiert, »fand bei Bier, Zigarren und Schokolade in Eile ein kurzes Dachstuhlfest statt. Auch das charakteristische Strohzeichen am Giebel des ›Neubaues‹ fehlte nicht.«[25] Vier Tage später war der letzte Handgriff getan. Doch sollten nur noch Stunden vergehen, bis eine Springflut die ganze Arbeit vernichtete. »Es war am nächsten Tage, einem herrlichen schönen Sonntagmorgen, gegen 4 Uhr, als ein Krachen anhub, ähnlich einzelnen Kanonenschüssen. Das wäre ja an und für sich nichts Außergewöhnliches gewesen, da dieser Lärm nach den Angaben des ersten Bootsmannes in jeder der letzten Nächte eingesetzt hatte. Um 6 Uhr morgens machte der Matrose Hoffmann die gleiche Wahrnehmung, nach seinen späteren Äußerungen krachte es, ›als ob ein Dutzend Kanonen abgeschossen worden wären‹. Eine Stunde später aber setzte ein Spektakel ein, ›wie wenn hunderte von schweren Geschützen auf einmal abgefeuert worden wären‹. [...] Ich wurde erst gegen 6 Uhr 30 durch den Kapitän mit dem aufgeregten Zuruf geweckt: ›Alles Eis der Bucht ist in Bewegung, der Stationseisberg hat sich gedreht!‹ Einen Moment lang ist mir, als ob ich träumte, dann begriff ich den tiefen Ernst der Situation.«[26]

Der Stationseisberg hatte sich selbständig gemacht. In aller Eile begann eine Rettungsaktion für den Bautrupp, der in einem Zelt auf dem Stationseisberg übernachtet hatte. Alle arbeiteten fieberhaft. Und trotz einer Mittagstemperatur von 18 Grad Kälte konnte – bis auf das Bauholz – alles zurück auf die DEUTSCHLAND gebracht werden. Als einer der letzten verließ Filchner die Überreste des Stationshauses: »In seinem Innern hatte ich einen Zettel angeschlagen und darauf das Ereignis der Springflut vermerkt unter Angabe des Datums und der Position: 77° 45′ Süd, 34° 34′ West. Eisberge reisten oft sehr weit und ich wollte fahrende Seeleute nicht im Unklaren lassen. Vielleicht schwamm der Berg bis in die Zone der braven Westwinde und der Dampferlinien. Ein Holzhaus auf treibendem Eisberg würde bestimmt auffallen.«[27] Wie Filchner später rekonstruierte, hatten die von der Flutwelle losgesprengten Schelfeismassen eine

Oberflächenausdehnung von 600 km², also eine etwas größere als diejenige des Bodensees.

Mit einem Schlag waren Filchners wesentliche Expeditionspläne zunichte gemacht. Doch damit nicht genug: »Zu meinem Entsetzen teilte mir Kling noch während der Katastrophe mit, daß ihm Björvik eben berichtet habe, daß er von Vahsel nie um seine Meinung gefragt worden war, sondern daß Björvik vielmehr den Kapitän vor dem Stationseisberg dringend gewarnt hätte.«[28]

Auch die weitere Fahrt der DEUTSCHLAND sollte nicht von Erfolg gekrönt sein. Aus dem zähen, heimtückischen Jungeis im Weddell-Meer bildete sich zusehends Pfannkuchen- und Treibeis. Am 15. März 1912 schließlich war das Schicksal der DEUTSCHLAND entschieden. Das Schiff war im Weddell-Meer eingefroren. »Die Drift kann beginnen«, notierte Filchner, und Kapitän Vahsel ließ die Feuer im großen Kessel ausgehen und hielt nur noch den kleinen Kessel in Betrieb, um die Maschine im Falle eines sehr unwahrscheinlichen Aufgehens des Eises sofort in Bereitschaft zu haben.

»Unser Schicksal ist entschieden; es besteht kein Zweifel mehr, wir sind im Weddell-Meer eingefroren, und die Drift hat bereits begonnen. [...] Der Winter hält seinen Einzug. [...] Wer weiß, welchem Schicksal wir entgegengehen? [...] Wohin wird die Drift uns führen?«[29] Zu dieser Ungewißheit kamen die wachsenden Spannungen an Bord, von denen Eintragungen in seinen persönlichen Tagebüchern zeugen: »23. März: Spreche nur mit König, Przybyllok und Kling.

12. April 1912: [...] Erfahre von Kling, daß Kapitän über mich sehr despektierlich gesprochen habe und alle Schuld wegen Nichtlandung auf mich schiebt.

18. April: [...] Ich bin recht kaputt durch diese ewigen Dratschereien und traue bald niemandem mehr.«[30]

Nach 14 Tagen war das Eis dick genug, um auch außerhalb des Schiffes wissenschaftliche Arbeiten zuzulassen. Man errichtete ein halbes Dutzend Stationshütten für meteorologische und erdmagnetische Messungen. Die Polarhunde und Pferde wurden von Bord gebracht. Sie waren froh, der Enge der Käfige auf dem Schiff entweichen zu können. Die Wissenschaftler setzten ihre gewohnte Arbeit fort. Der Meteorologe ließ Kastendrachen mit

Meßinstrumenten steigen, der Astronom führte Kimmhöhenbeobachtungen durch, der Ozeanograph nahm durch das Loch, das er ins Eis gehackt hatte, ständig Lotungen vor und fischte nach Plankton. Der Geologe zog Proben vom Meeresboden empor. Da sich das Eis in ständiger Bewegung befand, gelang es, umfangreiches Material zu sammeln.

»Nach dem Abendessen beschäftigte sich jedermann nach eigener Wahl. Eine wertvolle Bibliothek stand zur Verfügung. [...] Nur derjenige, der aus eigener Erfahrung weiß, was es bedeutet, in einer kleinen Kammer auf einem eingefrorenen Schiff Hunderte von Tagen im Polarwinter zuzubringen, kann nachfühlen, wie wertvoll es ist, abwechslungsreiche geistige Nahrung zu haben. Ich persönlich habe mich eigentlich nie gelangweilt, da die Expeditionsarbeiten und die Vorbereitung der Publikation ein gut Teil der Zeit beanspruchten. Ein vom Bibliographischen Institut in Leipzig geschenktes großes Konversationslexikon war allseits als unentbehrlicher Ratgeber beliebt und wurde viel benutzt. Der Maschinenassistent Müller hat es sogar während der Driftfahrt fertig bekommen, das Lexikon von A bis Z nebst Ergänzungsband durchzulesen.«[31] So schilderte Filchner die Bordatmosphäre während der Drift im offiziellen Fahrtbericht. Im Tagebuch hingegen heißt es zum Beispiel für den 28. Mai: »Diese Saufereien an Bord sind ein Krebsübel an Bord, der Kapitän ist immer dabei.«[32] Und schließlich fließt auch in den offiziellen Expeditionsbericht eine Andeutung ein: »Psychologisch ist es verständlich, daß uns, die wir eben das Mißgeschick bei unserem Landungsversuch durchlebt haben, eine Treibfahrt besonders ungelegen kam, so daß zum Teil eine gedrückte Stimmung Platz griff.«[33] Forscherdrang und der Wunsch, der trüben Atmosphäre an Bord zu entfliehen, veranlaßten Filchner schließlich zu einem »Sonderunternehmen«, bei dem er von Dr. König und Alfred Kling begleitet wurde.

Auf einer Schlittenreise wollte Filchner jenes Land suchen, das der englische Kapitän Morell 1823 entdeckt zu haben glaubte. Am 23. Juni 1912 brachen die drei Männer mit zwei Schlittengespannen zu ihrer abenteuerlichen Fahrt auf. Sie hatten keinerlei Erfahrungen im Umgang mit den Hunden, die ihrerseits mehr als ungestüm waren. Gelegentlich rasten sie – wenn sie Wind von irgendwelchen weit entfernten Robben und Pinguinen bekamen – mit den Schlitten im Schlepptau davon und veschwanden in der Finsternis. Einmal konnten die Männer sie nur einfangen, weil sich die Schlitten zwischen zwei Eishügeln verklemmt hatten. Zweimal brachen Wale in zugefrorenen Wasserrinnen durch das Eis, um Atem zu schöpfen. Dicht neben den Schlittengespannen schoß eine heiße dampfähnliche Sprühfontäne in die Höhe, die unter den Hunden Panik hervorrief: »Es schien einen Augenblick, als ob der Teufel aus der Hölle gefahren wäre, um uns samt unseren Schlitten zu verschlingen«[34], beschrieb Alfred Kling später einen solchen Moment. Schließlich erreichte die kleine Gruppe jenes Gebiet, wo das Morell-Land gesichtet worden war. Durch ein Eisloch ließen sie ihr 75 Kilogramm schweres Lot in die Tiefe fallen. Gut 1200 Meter Draht zog es in die Tiefe, dann brach der Draht, aber immerhin hatten sie jetzt die Gewißheit, daß das gesuchte Morell-Land an der angegebenen Position nicht vorhanden sein konnte, sondern unter ihnen sich mindestens 1000 Meter tiefes Wasser befand. Am 30. Juni kehrten Filchner, König und Kling von ihrem 157 Kilometer langen Ausflug zurück.

An der Atmosphäre an Bord hatte sich nichts geändert. Für den 5. September beispielsweise notierte Filchner: »Schließe mich ganz ab von allen. Falsche Bande.«[35] Schließlich fürchtete er sogar um sein Leben: »17. Oktober: Nachts schlief ich auf der Bank im Zimmer, damit mich G. nicht durch die Wand schießen kann. Ich hatte zugesperrt und Gewehr und Patronen neben mir. […] Dem Koch schärfte ich Vorsicht in der Küche ein.«[36]

In den Morgenstunden des 26. November 1912 gab das Eis die DEUTSCHLAND endlich wieder frei. Eine 264tägige Gefangenschaft war zu Ende. Kapitän Vahsel hat dieses Ereignis nicht mehr erlebt. Er war am 8. August gestorben. »Herzwassersucht und Nierenleiden« war die Diagnose des Schiffsarztes. An der verfahrenen Bordatmosphäre änderte sich allerdings dadurch nichts mehr. Wilhelm Filchner übergab das Schiff – den gesetzlichen Bestimmungen gemäß – dem dienstältesten Seemann, dem ersten Offizier Wilhelm Lorenzen, der die DEUTSCHLAND aus den Eisfeldern herausführen sollte. Die Feindseligkeiten gingen bald weiter. Am 13. August 1912: »Morgens schickte ich Lorenzen ein Ordrebuch zum Unterschreiben, er unterschrieb mit ›Kapitän‹. Ich strich dies rot durch. Darauf kam Off. Müller während Messung zu mir und stellte mich diesbezüglich. Lorenzen sagte er, liegt oben in Messe bewußtlos, geht womöglich ein vor Aufregung! Ich solle hinaufkommen, er fühle sich tief gekränkt. – Ich ging hinauf, v. G. [von Goeldel, der Bordarzt, C. R. – K.] war bei ihm in Kammer und sagte mir, vor Mittag sei L. [Lorenzen] nicht zu sprechen, denn sein Zustand erlaube es nicht. In letzter Zeit hätten sich die Aufregungen zu sehr gehäuft!! [...] Um 12 Uhr ging ich nicht zu ihm, sondern schickte Przyb. [Przybyllok] [...] Müller wollte nicht zum Essen kommen und die anderen auch nicht. Die ganze Bande erklärt sich sofort solidarisch, wenn man einen von ihnen angreift! Komplott im wahren Sinne des Wortes.«[37]

Am 19. Dezember erreichte die Expedition Südgeorgien. Der offizielle Reisebericht klingt versöhnlich und läßt den Leser vermuten, daß sich die Wogen an Bord zu guter Letzt doch noch geglättet haben. Wilhelm Filchner erklärte die Expedition in Südgeorgien für unterbrochen, er hoffte zu diesem Zeitpunkt noch, mit einer weiteren Fahrt seine ursprünglichen Pläne realisieren zu können. Teilnehmer, die an einer zweiten Reise nicht teilzunehmen beabsichtigten, sollten von Grytviken aus ihre Heimreise antreten. Eine sofortige Rückkehr der Deutsch-land ins Eismeer war allerdings unmöglich, da vorher das im Eis beschädigte Ruder ersetzt werden mußte. So ging die Deutschland unter Alfred Kling, den Filchner auch als Schiffsführer für einen zweiten Vorstoß in die Antarktis vorgesehen hatte, zunächst einmal nach Buenos Aires, während die ausgeschifften Expeditionsteilnehmer auf dem Transportdampfer Harpon folgten. In Buenos Aires stellte Filchner die Deutschland der Argentinischen Regierung zur Verfügung für die Ablösung der der »Oficina meteorologica Argentina« gehörenden Station in Südgeorgien, eine Aufgabe, die trotz des beschädigten Ruders problemlos im Februar und März 1913 absolviert werden konnte. Auf dieser Fahrt der Deutschland wurde zudem festgestellt, daß die Lage der Südorkney-Inseln auf den Seekarten nicht richtig angegeben und daß ferner eine Reihe für die Schiffahrt gefährlicher Klippen nicht verzeichnet waren. Der dreitägige Aufenthalt in der Scotia-Bucht wurde dafür benutzt, den Proviant für die neue Stationsbesatzung zu laden und einige Ausflüge zu machen. Alfred Kling berichtete später darüber: »Dabei zeigte mir der Stationsleiter eine interessante Entdeckung: In einem Schieferberg war ein mächtiger versteinerter Baumstamm von 3 m Durchmesser horizontal eingelagert. Die einzelnen Jahresringe waren deutlich zu erkennen.«[38] Ein Vertreter Hagenbecks, den Kling von Buenos Aires mitgebracht hatte, nutzte den Aufenthalt, für den Tierpark in Stellingen Seehunde und Pinguine zu fangen.

Filchner eilte unterdessen an Bord des italienischen Dampfers Principessa Mafalda nach Europa, um eine zweite Antarktisexpedition mit der Deutschland in die Wege zu leiten.

Mitte der fünfziger Jahre beschrieb Filchner die Ereignisse der Deutschen Antarktischen Expedition in seinen »Feststellungen«* noch einmal. Diesmal heißt es allerdings: »Bei der Einfahrt in den britischen Hafen von Grytviken brach ein Tumult an Bord aus. Es hallte Schmährufe auf mich. Nachdem das Schiff am Landungsplatz festgemacht hatte, kam der britische Polizeichef an Bord und stellte sich mir zur Verfügung, um die tobenden Menschen festzunehmen. Mit Rücksicht auf die deutsche Flagge bat ich, von einem solchen Schritt abzusehen. Der taktvolle Brite gab meiner Bitte nach.

Bei der an Bord herrschenden Stimmung war es ausgeschlossen, im Herbst 1912 zum Inlandeis des entdeckten ›Prinzregent Luitpoldlandes‹ zurückzukehren und dort, gestützt auf die bisherigen Erfahrungen, von neuem eine Landung zum Inlandeis durchzuführen.

Der mir befreundete Leiter der norwegischen Walfangstation in Grytviken, Kapitän Larsen, half mir, die feindlichen Parteien zu trennen. Ich blieb mit meinen Getreuen an Bord, während die Opposition an Land gebracht wurde. Ich setzte Kling als Kapi-

---

* Die »Feststellungen« wurden auszugsweise erstmals von Gottlob Kirschmer 1985 zusammen mit weiterem Material über die Antarktis-Expedition 1911/12 in einer Dokumentation publiziert. Filchner selbst hatte bestimmt: »Ich habe im Laufe meines Lebens einige tausend Seiten Manuskripte verfaßt, die auf dem Wege der Publikation durch Verleger der Weltöffentlichkeit in Buchform von meinen verschiedenen Forschungen Kenntnis vermittelt haben. Was ich im folgenden niederzuschreiben unternehme, ist für mich selbst ungewohnt und erstmalig, und diese Feststellungen sollen nach meinem Tode der Weltöffentlichkeit zugänglich gemacht werden; denn sie hat ein Recht darauf, über mein Leben und mein Werk und vor allem über die Umstände, unter denen ich meine Lebensarbeit geleistet habe, die volle Wahrheit zu erfahren.«[39]

tän des Polarschiffes ein mit dem Auftrag, nach Buenos Aires zu fahren und im Anschluß daran die im Expeditionsprogramm vorgesehene Auslotung der Dincklage-Untiefen vorzunehmen und dann das Schiff nach dem Heimathafen zu bringen, wo es mit Einwilligung des Komitees der Deutschen Antarktischen Expedition an Dr. König als Leiter der österreichischen Polarexpedition abgegeben werden sollte.«[40]

König hatte das nötige Geld für eine Forschungsfahrt zusammenbekommen können und plante mit seinem Unternehmen, die Arbeiten der Deutschen Antarktischen Expedition fortzusetzen. Unter Nutzung der Kenntnisse der von Filchners Expedition festgestellten meteorologischen und hydrographischen Verhältnisse des Weddell-Meeres wollte er wieder in deren östlichen Teil bis zum südlichsten Punkt vorstoßen, den Filchner erreicht hatte, möglichst unter Erkundung der noch unbekannten Küstenstrecken zwischen Coatsland und Prinz-Luitpoldland. Hier sollte das Schiff an einer geeigneten Stelle überwintern. Man wollte eine Station einrichten und auf insgesamt drei Schlittenreisen den Rand des Weddell-Meeres erforschen. König lud Filchner ein, an seiner Expedition teilzunehmen. Filchner lehnte ab: »Mein Bedarf an ›Antarktischem‹ war vorläufig gedeckt. Außerdem hatten mich viele Erfahrungen überzeugt, daß wirklich große Erfolge im Polareis nur Angehörigen solcher Nationen beschieden sind, bei denen Polarforschung Tradition ist, also Skandinaviern, Russen, Engländern, Kanadiern. Ich beschloß, mich wieder meinem eigentlichen Arbeitsgebiet zuzuwenden. Das war Zentral- und Ostasien.«[41]

König ließ die DEUTSCHLAND nach Pula überführen. Sie wurde dort gründlich überholt und lag zur Abfahrt bereit, als sie von der österreichischen Kriegsmarine konfiziert wurde. König wurde – wie fast alle Expeditionsteilnehmer – zum Militärdienst eingezogen. Im ersten Weltkrieg verliert sich schließlich auch die Spur des Schiffes. Als Minensucher eingesetzt, soll es in der Adria schwer beschädigt und schließlich gesunken sein.

Für Filchner war die Fahrt mit der DEUTSCHLAND eine schwere Enttäuschung. Von einem ursprünglichen Plan – dem Vorstoß auf das Inlandeis – hatte er so gut wie nichts verwirklichen können. Statt dessen wurde allerdings der Verlauf der Drift akkurat vermessen und umfangreiches ozeanographisches Material gesammelt. Die exakten Messungen, die die DEUTSCHLAND mitbrachte, waren die ersten Aufzeichnungen von der Drift des Packeises. Der Münsteraner Professor Wilhelm Meinardus hat die umfangreichen Daten, die die Expedition gesammelt hatte, bearbeitet.

Anmerkungen

1 Filchner, Wilhelm: In China. Auf Asiens Hochsteppen. Im ewigen Eis. Rückblick auf fünfundzwanzig Jahre Arbeit und Forschung. Freiburg i. Br. 1930, S. 87.

2 Plan einer deutschen antarktischen Expedition. In: Zeitschrift der Gesellschaft für Erdkunde zu Berlin 1910, S. 155.

3 Filchner, Wilhelm: Zum sechsten Erdteil. Die zweite deutsche Südpolarexpedition. Berlin 1922, S. 4.

4 (Wie Anm. 2), S. 155.

5 Sauer, Walter: Bericht über die amerikanische Ronne-Expedition in die Westantarktis 1947/48. In: Polarforschung 17, 1947, S. 164.

6 (Wie Anm. 2), S. 153.

7 Filchner (wie Anm. 3), S. 6.

8 Ebd.

9 Filchner, Wilhelm: Die Deutsche Antarktische Expedition. In: Zeitschrift der Gesellschaft für Erdkunde zu Berlin 1910, S. 424.

10 Filchner, Wilhelm: Ein Forscherleben. Wiesbaden 1950, S. 99.

11 Filchner (wie Anm. 3), S. 32.

12 Ebd., S. 36 f.

13 Ebd., S. 38.

14 Ebd., S. 40.

15 Ebd., S. 44.

16 Ebd., S. 55.

17 Ebd.

18 Ebd., S. 56.

19 Ebd., S. 61.

20 Ebd., S. 127.

21 Ebd., S. 139.

22 Ebd.

23 Kirschmer, Gottlob: Dokumentation über die Antarktisexpedition 1911/12 von Wilhelm Filchner. München 1985. (Deutsche Geodätische Kommission bei der Bayerischen Akademie der Wissenschaften E 23). S. 89–91.

24 Filchner (wie Anm. 1), S. 110.

25 Filchner (wie Anm. 3), S. 240.

26 Ebd., S. 245 f.

27 Ebd., S. 253.

28 Zitiert nach: Kirschmer (wie Anm. 23), S. 41.

29 Filchner (wie Anm. 3), S. 291.

30 Kirschmer (wie Anm. 23), S. 94–97.

31 Filchner (wie Anm. 3), S. 294.
32 Kirschmer (wie Anm. 23), S. 100.
33 Filchner (wie Anm. 3), S. 292.
34 Zitiert nach: Filchner (wie Anm. 3), S. 344.
35 Kirschmer (wie Anm. 23), S. 110.
36 Ebd., S. 113.
37 Ebd., S. 108.
38 Zitiert nach: Filchner (wie Anm. 3), S. 399.
39 Kirschmer (wie Anm. 23), S. 24.
40 Ebd., S. 47.
41 Filchner (wie Anm. 10), S. 136.

METEOR auf Südkurs

Ein schweres Gewitter war am 27. Dezember 1926 über Buenos Aires niedergegangen und hatte die im Südhafen liegenden Öltanks in Brand gesetzt. Als am nächsten Tag das Forschungsschiff METEOR den Hafen verließ, waren noch der Feuerschein und eine hohe in den Himmel ragende, breite schwarze Rauchsäule bis zur La Plata-Mündung hinaus zu beobachten. Doch die Männer auf der METEOR hatten nicht viele Blicke dafür übrig; auf dem Forschungsschiff hatte der Alltag wieder begonnen. Bereits zweimal war die METEOR, seit sie am 16. April 1925 in Wilhelmshaven zur großen Atlantischen Expedition aufgebrochen war, in der argentinischen Stadt gewesen, um Proviant und Brennstoff zu bunkern. Mit ihrer Forschungsfahrt wollten die Wissenschaftler an Bord den Atlantik systematisch mit einem Netz von Stationen überziehen, auf denen sie Daten über diesen Ozean gewinnen wollten. Insgesamt zweieinhalb Jahre sollte die Meßkampagne dauern. Das war das Konzept von Expeditionsleiter Alfred Merz*.

Beim Auslaufen aus dem La Plata wurden sechs ozeanographische Stationen im Mündungsgebiet und darüber hinaus noch vier weitere nach See zu durchgeführt, um einen Überblick zu gewinnen, wie weit und in welchem Maße sich der Einfluß des Rio de La Plata in hydrographischer, chemischer, biologischer und geologischer Beziehung bemerkbar macht. Die Fahrt der METEOR führte weiter nach Puerto Madryn, wo ein Zusammentreffen mit dem Schulkreuzer BERLIN verabredet war. »Der Kreuzer BERLIN hatte die Westküste Südamerikas bereist«, erinnerten sich der damalige zweite Offizier Hans Ahlmann und Funker Paul Herzig noch in einer Rundfunksendung des NDR im Sommer 1987, und sie schwärmten: »Die aus 14 Deutschen bestehende Kolonie ließ es sich nicht nehmen, die Besatzungen

---

* Alfred Merz, der Initiator der großen Atlantischen Expedition, erlebte die Vollendung seines Lebenswerkes allerdings nicht. Er verstarb am 16. August 1925 in Buenos Aires im Alter von nur 45 Jahren. Kapitän Fritz Spieß führte die Reise nach seinen Plänen weiter.

der beiden Schiffe mit dem landesüblichen Asado, einem Hammelbraten am Spieß, zu bewirten.«[1]

Anschließend verließ die METEOR den Hafen und nahm Kurs auf die Magellanstraße, in die sie am 11. Januar 1927 einlief. Dort wurden verschiedene Echolotungen vorgenommen, und am Mittag des 12. Januar erreichte die METEOR die Reede von Punta Arenas. Für die Fahrt durch das Gebiet um Feuerland erhielt Kapitän Fritz Spieß die neuesten chilenischen Seekarten, als Lotse bot sich der ortskundige Kommandant des Vermessungsschiffes PORVENIR an, Korvettenkapitän Arroyo, der sich auf der METEOR für drei Tage einschiffte und das Schiff bis Ushuaia am Beagle-Kanal brachte. Als Dank für dieses Entgegenkommen wurden dem Hydrographischen Amt der chilenischen Marine die Ergebnisse der in den Feuerland-Kanälen vorgenommenen Lotungen zur Verfügung gestellt. Am 21. Januar schließlich lichtete die METEOR den Anker und fuhr im Kielwasser der PORVENIR dem Pazifik entgegen. Wenig später trennten sich die beiden Schiffe. Bereits im Hafen von Buenos Aires hatte die METEOR noch einmal Nachschub genommen, Kohlen und alle Lasten voll Material und Proviant, und war nun gerüstet für den folgenden Fahrtabschnitt, das Profil V, das in Kapstadt enden sollte, eine Fahrt von immerhin 11 Wochen.

Eine Reise, über die Kapitän Fritz Spieß später sagte: »Die südlichste, längste und interessanteste Profilfahrt V* ergab in dem wenig erforschten Bereich der Antarktis eine Fülle wertvollen Beobachtungsmaterials auf allen wissenschaftlichen Gebieten. In bezug auf große Natureindrücke unbekannter landschaftlicher Schönheiten steht sie an erster Stelle aller von METEOR im Atlantischen Ozean unternommenen Fahrten, da sie durch die Feuerland-Kanäle, in das antarktische Eismeer, zu den Südshetland-Inseln, nach Süd-Georgien und zur Bouvet-Insel führte.«[2] Doch es war auch eine nicht ganz sorgenfreie Fahrt.

Die wissenschaftlichen Fragestellungen dieses Profils waren dieselben wie auf den übrigen 12 Profilen. Es ging um die Che-

---

* Profil (Definition): Bestimmung der Vertikalverteilung variabler Meßgrößen (Temperatur, Salzgehalt usw.) im Meerwasser entlang der Fahrtroute eines Forschungsschiffes oder an einer vorher festgelegten Meßposition.

mie des Meerwassers, also um seinen Sauerstoffgehalt und die Nährstoffe, um das Plankton, die Bodengestalt sowie um die Zirkulation der Luftmassen über dem Ozean. Reizvolle Abwechslung brachten die Besuche der Walfangstationen auf Deception-Island und Grytviken in Südgeorgien. In Grytviken lagen auch, in Säcken gestapelt, die von einem Segler aus Buenos Aires gebrachten 250 t Kohle für die METEOR.

Trotzdem war die Kohle die größte Sorge auf diesem Profil. Bereits auf einer Vorexpedition der Deutschen Atlantischen Expedition, die die METEOR vom 20. Januar bis zum 17. Februar 1925 im Gebiet der Kanarischen Inseln durchgeführt hatte, hatte sich gezeigt, daß der Kohleverbrauch der METEOR höher war als erwartet. Damals war zwar der Einbau einer Dieselmotorenanlage erwogen worden, doch die Zeit zwischen dem Ende der Probefahrt und dem Auslauftermin zur eigentlichen Expedition ließ diesen Umbau nicht mehr zu. Ein Vorgehen, das Kapitän Spieß insbesondere hier auf dem südlichsten Profil in arge Bedrängnis bringen sollte.

Von Südgeorgien ging die Fahrt der METEOR weiter zur Bouvet-Insel. Sie wurde dabei immer wieder von Stationen unterbrochen, auf denen die Wissenschaftler Messungen vornahmen und auf denen zusätzlich zu den Echolotungen auch Drahtlotungen erfolgten. Die größte Tiefe wurde mit 8264 m gemessen, sie erhielt die Bezeichnung Meteor-Tiefe. Am Morgen des 20. Februar kam schließlich die in tiefhängende Wolken gehüllte Bouvet-Insel in Sicht, und man stellte fest: »Die von uns bestimmte geographische Breite der Insel zeigte gegen die Beobachtungen der VALDIVIA einen Unterschied von nur 0,7 Sm, also eine gute Übereinstimmung.«[3] Auch die METEOR versuchte noch die auf alten Seekarten eingetragene, bereits von der VALDIVIA vergeblich gesuchte Thompson-Insel zu finden, man lotete an der vermuteten Position statt dessen eine Tiefe von 1579 m.

Schließlich beendete die METEOR die Arbeiten im Bereich der Bouvet-Insel, Kapitän Spieß mußte mit dem Kohlevorrat haushalten, das Schiff begann den geplanten Vorstoß nach Süden. Diese Fahrt auf ungefähr 5° östlicher Länge hatte den Zweck, die morphologischen und hydrographischen Verhältnisse im Südpolarmeer möglichst bis zur Packeisgrenze zu erkunden. Für

Kapitän Spieß wurde das ganze allerdings zu einem Rechenexempel: »Schon eine genaue Vorausberechnung der Kohlenvorräte ergab, daß wir mit unserem zum letzten Male in Südgeorgien ergänzten Kohlenbestand trotz größter Einschränkungen schwerlich den Antarktischen Kontinent erreichen, sondern im günstigsten Falle nur etwa bis 65° Südbreite würden vorstoßen können. Bei einem täglichen Verbrauch von 14 t Kohlen und einer Marschgeschwindigkeit von 7–8 Sm/St über den Grund würde der Kohlenbestand auf 63°S 220–223 t und auf 65°S 210–215 t betragen haben.«[4] Und Kapitän Spieß mußte noch fünf geplante wissenschaftliche Stationen mit einer Dauer von je acht Stunden sowie drei Stationen zu je vier Stunden und vier Stationen von je einer Stunde Dauer einplanen. Seine Berechnungen ergaben schließlich, daß der südlichste Punkt bei etwa 64°S liegen würde, womit er recht behalten sollte. Am 25. Februar 1926 machte die METEOR ihre südlichste Station, und wenig später notierte Kapitän Spieß: »Auf 63° 51′ S und 5° 16′ O mußte ich mich schweren Herzens entschließen, kehrtzumachen. Bei den günstigen Wetter- und Eisverhältnissen hätten wir mit einem um 50 t höheren Kohlenbestand in zwei Tagen bis 69°S vorstoßen können, um dort vermutlich die Packeisgrenze zu erreichen und vielleicht Festlandeis zu sichten.«[5] Doch Kapitän Spieß mußte die Fahrt nach Süden hier abbrechen, wollte er nicht die Durchführung des wissenschaftlich wichtigen Schlußteiles des Profils V oder sogar die sichere Rückkehr des Schiffes nach Kapstadt oder Port Elizabeth gefährden. Es wurde zunächst sogar erwogen, im Interesse der Kohlenersparnis auf die Stationen ganz zu verzichten oder sie zumindest einzuschränken, doch hatte der Vorstoß nach Süden im Rahmen des Merzschen Expeditionsplanes nur dann einen Sinn, wenn die geplanten 15 Stationen möglichst lückenlos durchgeführt wurden, dienten sie doch der Erforschung des Wasseraustausches zwischen dem Indischen und Atlantischen Ozan. Obwohl ein großer Teil der energieverbrauchenden Anlagen wie Rudermaschinen (es wurde mit Handruder gesteuert), Lüftung, Heizung usw. abgestellt worden war, zwangen starke nordöstliche Gegenwinde, noch vier der planmäßig vorgesehenen Stationen ganz ausfallen zu lassen und den Bogen in den Indischen Ozean etwas abzuflachen. Mit einem Kohlenrest von 15 t, der unerläßlichen Reserve für einen Tag, erreichte die METEOR Kapstadt.

73 Tage hatte die METEOR für das Profil V, das eine Gesamtlänge von 8210 sm hatte, benötigt, die 14 Hafentage dieses Fahrtabschnittes eingerechnet.

Wissenschaftlich gesehen war das Profil V ein großer Erfolg. Die Forscher hatten umfangreiches Beobachtungsmaterial gewonnen, das wertvolle Unterlagen für die Kenntnis der Entstehung der antarktischen Ströme und des Wasseraustausches des Atlantischen mit den Nachbarozeanen, ferner für die Lösung der Fragen der Verteilung der Organismen, der chemischen Eigenschaften, der Topographie und der Geologie des Antarktischen Meeres sowie seiner Meteorologie ergab. Besonders umfangreich waren die Echolotungen. Auf der gesamten Strecke des Profils wurden insgesamt 7546 Echolotungen ausgeführt, während auf derselben Strecke in deutschen Seekarten bisher nur 662 Tiefenangaben vorlagen.

Abgesehen von diesem Vorstoß der Deutschen Atlantischen Expedition des Forschungsschiffes METEOR in die Antarktis war die deutsche Südgeorgien-Expedition des Jahres 1928/29 die einzige deutsche Unternehmung, die Wissenschaftler in diese südlichen Breitengrade führte. Geleitet wurde die Expedition von Dr. Kohl-Larsen, der die deutsche Südpolarexpedition mit der DEUTSCHLAND aus gesundheitlichen Gründen hatte vorzeitig verlassen müssen. Auf dieser Expedition wurde Dr. Ludwig Kohl-Larsen von seiner Frau Margit sowie dem Alpinisten und Kameramann Albert Benitz aus Littenweiler bei Freiburg begleitet. Finanziert wurde das Unternehmen durch eine Beihilfe der Notgemeinschaft der Deutschen Wissenschaft sowie durch private Mittel.

Die Expeditionsmitglieder schifften sich am 18. August 1928 in Sandefjord in Norwegen auf dem argentinischen Walfängertransportschiff HARPON ein. Nach einer kurzen Unterbrechung in Las Palmas, wo die HARPON ihre Kohlenvorräte ergänzte, erreichten sie am 18. September 1928 das Ziel ihrer Reise, die Walfangstation Grytviken, die Kohl-Larsens 1924 verstorbener Schwiegervater zu Beginn des Jahrhunderts aufgebaut hatte.

Erstmalig benutzten Kohl-Larsen und seine Begleiter auf Südgeorgien Zelte als Standlager. Sie sollten es ermöglichen, innerhalb relativ kurzer Zeit möglichst viele Punkte zu besuchen.

Am 29. September brach die kleine Gruppe von der Walfangstation auf und ließ sich von der TIBURON zu der im Westen der Insel gelegenen Coalbucht bringen. Die Fahrt ging an der Nordostküste entlang, und am späten Nachmittag war die Bucht erreicht, der Anker konnte ausgeworfen werden, und man begann mit dem Entladen des Expeditionsgepäcks.

Die Gruppe hatte sich ein recht umfangreiches Arbeitsprogramm vorgenommen. Neben regelmäßigen meteorologischen Messungen wurden zahlreiche biologische Beobachtungen gemacht. Ferner loteten sie die Coalbucht, an der sie ihr Lager aufgeschlagen hatten, aus, »eine Arbeit, die sich wegen hindernder Fallwinde auf mehrere Tage erstreckte. Von einem kleinen, schwerfälligen Prahm wurden im ganzen 65 Lotungen vorgenommen«, berichtete Kohl-Larsen später.[6]

Höhepunkt war eine fünftägige Schlittenreise, die in der Zeit vom 5. bis 9. November unternommen wurde und die dem Team eine erste Vorstellung vermittelte, wie schwierig es sein konnte, auf Südgeorgien zu »reisen«. Schneestürme ließen sie nicht recht vorwärts kommen, und »da wir durch den Absturz eines Teilnehmers den größten Teil unseres Proviants verloren, waren wir außerdem dem härtesten Hunger ausgesetzt.«[7] Auf der Schlittenreise wurden Flechtenmaterial und Gesteinsproben gesammelt, und »wenn es das Wetter zuließ, konnte man einen Filmstreifen nach dem anderen unserem subantarktischem Tierfilme einreihen, dessen Fertigstellung uns gleich den anderen Arbeiten angelegen sein mußte, weil niemals vorher eine Filmkamera auf der Insel gearbeitet hatte.«[8] Am 19. November traf das Walboot TIBURON wieder in der Coalbucht ein und brachte die Gruppe am nächsten Tag zu ihrem zweiten Lagerplatz an der »Bucht der Inseln« an der Nordostküste, wo sie den größten Teil der gesamten Expeditionsdauer zu verbringen gedachte. Neben biologischen Beobachtungen galt ihre Aufmerksamkeit hier den Gletschern.

Am Tag vor Weihnachten sollte ein Boot sie wieder abholen und nach Grytviken bringen, wo sie die Weihnachtstage verbringen wollten, aber mitten in der Hauptfangzeit blieb es aus, und die Expedition mußte »in Ungewißheit bis zum 7. Januar ausharren«[9], bis schließlich die Tiburon sie abholte. Aus Sorge, das Boot zu verpassen, trauten sie sich in den Wartetagen nicht, eine größere Exkursion zu unternehmen.

Vom 7. bis 16. Januar blieb die Gruppe in Grytviken, um einerseits Filme zu entwickeln und darüberhinaus eine Inlandwanderung vorzubereiten. Diese Wanderung wurde von der Station Husvik aus unternommen, zu der sie an Bord des norwegischen Schiffes Fleurus fuhren, eines kleinen Dampfers, der damals unregelmäßig von Südamerika aus zu den Falklandinseln und nach Südgeorgien verkehrte.

Zwölf Tage war die Gruppe hier unterwegs; sie erkundete auf ihrer Wanderung vornehmlich die Gletscher in dieser Region. Auch hier hatte man wieder mit den Unbilden des Wetter zu kämpfen: »Die Nacht vom 23. zum 24. Januar brachte uns einen Orkan mit heftigem Schneefall, und wenn wir auch unser Zelt tief eingegraben hatten, waren wir doch dem furchtbaren Wetter preisgegeben. Wir mußten am 24. Januar den ganzen Tag wetterfest liegen und konnten kaum das Zelt verlassen. Stürme von gleicher Heftigkeit hielten uns auch am 25. Januar an gleicher Stelle fest. Jede dritte Stunde mußte einer von uns hinaus, um die nassen Schneemassen, die auf das Zelt drückten, wegzuschaufeln.«[10]

Eine zweite, längere Wanderung wurde anschließend noch von Grytviken aus unternommen. Das Institut für Bodenseeforschung in Staad bei Konstanz hatte für diese Exkursion Planktonnetz und Dredge zur Verfügung gestellt, und da man über ein Klepperboot verfügte, wurde auf dieser Tour eine Reihe von Inlandseen erkundet. Besonders erfreut war man über die Begegnung mit Rentieren südlich der Walfangstation: »Auf unserer Wanderung hatten wir viele Geweihe von Rentieren gefunden, was uns nicht unerwartet kam, da wir wußten, daß Kapitän C. A. Larsen im Beginn seiner Tätigkeit im Jahre 1908 ein Dutzend Rentiere aus dem norwegischen Lappland mitgenommen und hier ausgesetzt hatte. Der Erfolg war ein ausgezeichneter. Jetzt beleben 400 bis 500 Tiere das am meisten geeignete Gelände zwischen Ostcumberland-, Neufortuna- und Georgsbucht, und wir haben in der Zeit unseres Aufenthaltes hier viele Tiere gesichtet.«[11]

Ende Februar ließ sich die Expedition von dem Robbenfangschiff Diaz zur Annenkov-Insel bringen, einer kleinen, der Südwestküste Südgeorgiens vorgelagerten Insel. Auch hier wurden Gesteinsproben und Fossilien gesammelt, aber besonders angetan war die Gruppe vom reichen Tierleben der bislang unberührten Insel.

Den Abschluß der gesamten Expedition bildete vom 31. März bis 7. April von Grytviken aus eine Umrundung der Insel mit dem Robbenfangschiff Diaz. Die fortgeschrittene Jahreszeit machte schließlich das Übernachten in Zelten immer unangenehmer, und da sich auch die Besatzung der Walfangstation mit der zu Ende gehenden Saison zur Heimreise rüstete, bereitete auch die Expedition ihre Abreise vor. Kameramann Benitz reiste wie geplant mit dem Transportschiff Bugen zurück, da das Filmmaterial möglichst schnell nach Deutschland gebracht werden sollte. Kohl-Larsen und seine Frau folgten wenige Tage später und waren Ende Juni 1929 wieder in Deutschland zurück. Das umfangreiche gesammelte wissenschaftliche Material wurde an verschiedene Institute weitergeleitet. Nach Rücksprache mit der Notgemeinschaft der Deutschen Wissenschaft und mit Erich von Drygalski wurden das zoologische Material und die Gesteinsproben der Senckenbergischen Naturforschenden Gesellschaft in Frankfurt a. M. übergeben, das Flechtenmaterial erhielt ein Wiener Wissenschaftler, und das Planktonmaterial ging an das Institut für Bodenseeforschung in Staad bei Konstanz, teils zur eigenen Bearbeitung oder zur Weiterleitung an die entsprechenden Fachwissenschaftler.

In einer breiten Öffentlichkeit wurde diese Expedition insbesondere durch den Tier- und Landschaftsfilm »Roah-Roah« bekannt.

Anmerkungen

1 Herzig, Paul: Persönliche Mitteilung.
2 Spieß, Fritz: Das Forschungsschiff und seine Reisen. Berlin, Leipzig 1932 (Albert Defant [Hrsg.]: Wissenschaftliche Ergebnisse der Deutschen Atlantischen Expedition auf dem Forschungs- und Vermessungsschiff Meteor 1925–1927, Band 1), S. 153.
3 Ebd., S. 186.
4 Ebd., S. 189f.

5 Ebd., S. 192.
6 Kohl-Larsen, Ludwig: Die deutsche Südgeorgien-Expedition 1928/–29. In: Zeitschrift der Gesellschaft für Erdkunde zu Berlin 1930, S. 324.
7 Ebd., S. 326.
8 Ebd.
9 Ebd., S. 330.
10 Ebd., S. 344 f.
11 Ebd., S. 337.

Die Deutsche Antarktische Expedition
1938/39

»Ich hielt am Himmel Ausschau, ob nicht irgendwo ein Ausweg
in offenes Wasser in der Nähe sei. Mit dieser Orientierung am
Himmel hat es seine eigene Bewandtnis. Bei außerordentlicher
Klarheit der Atmosphäre in der Arktis und Antarktis spiegelt
sich das Eis am Wolkenhimmel wider. Besonders deutlich ist der
Reflex am Himmel, wenn dieser mit einer dünnen Schicht Schäf-
chenwolken bedeckt ist. Aber nicht nur der Reflex am Himmel
deutet uns die Nähe des Eises an, sondern in der Antarktis hat
das Packeis noch einen anderen Vorboten, den Schneesturmvo-
gel, – ›Petrelle‹ genannt. Trifft man auf seinem Südkurs mehrere
dieser Vögel an, so kann man mit ziemlicher Sicherheit rechnen,
daß die Entfernung zum Packeis keine 100 sm mehr beträgt.«[1]
Viele Jahre hatte Kapitän Otto Kraul sich bei seinen Fahrten in
den Polargegenden auf diese natürlichen Hinweise verlassen.
Auf der Fahrt der SCHWABENLAND im Südsommer 1938/39, auf
der er als Eislotse den Expeditionsleiter Alfred Ritscher und den
Kapitän der SCHWABENLAND, Alfred Kottas, bei den Fahrten im
Eis beriet, hatte er noch ein anderes Hilfsmittel, auf das er zu-
rückgreifen konnte: die Beobachtungen der Piloten der beiden
Flugboote, der 10-t-Dornier-Wale, die hier in der Antarktis auf
dieser Expedition die wesentlichen wissenschaftlichen Arbeiten,
die photographische Aufnahme eines bislang unbekannten Gebietes, durchführen sollten und dem Eislotsen dabei eine Fülle
von Informationen mitbrachten.

Die Expedition der SCHWABENLAND war die letzte größere
Unternehmung von deutscher Seite, die im Südpolargebiet vor
Ausbruch des Zweiten Weltkrieges durchgeführt wurde. Es war
eine Expedition, die allerdings nicht ausschließlich wissenschaftliche, sondern vielmehr wirtschaftliche und politische Hinter-
gründe hatte.

In den zwanziger Jahren waren in den Gewässern um die Antarktis die Schiffe der Walfänger erschienen, eine Nation folgte
der anderen, und letztlich waren auch Japan und Deutschland
aufgetaucht. Im Rahmen der Autarkiebestrebungen des Dritten

Reiches wollte sich Deutschland in der Fettversorgung vom Ausland unabhängig machen.

1934 war die »Erste deutsche Walfang-Gesellschaft« und 1935 die »Walter Rau Walfang A. G.« gegründet worden. Zunächst hatte in Deutschland kein geeignetes Walfangschiff zur Verfügung gestanden. Da wurde im Januar 1936 der Auftrag für den Umbau des Fracht- und Fahrgastschiffes WÜRTTEMBERG an die Werft Blohm & Voss in Hamburg vergeben. In einer bis dahin im Schiffbau noch nie dagewesenen Aktion verbreiterte man das Schiff um vier Meter. Dazu wurde das gesamte Schiff zweimal in Längsrichtung auseinandergeschnitten, sämtliche Querspanten und Verbände in der Nähe der Nähte wurden durchtrennt. Die Seitenwände wurden nach außen gedrückt, auf jeder Seite zwischen Mittelteil des Schiffs und linker und rechter Seitenwand zwei Meter lange Zwischenstücke in die Verbände eingefügt und der Schiffsboden sowie das Deck entsprechend ergänzt. Nach neun Monaten war die Werft mit den Umbauten fertig; aus dem ehemaligen Fahrgast- und Frachtdampfer war das Walfangmutterschiff JAN WELLEM geworden. Am 26. September 1936 lief es mit den sechs Fangbooten TREFF I bis TREFF VI zur ersten Fangexpedition aus. Schon in der nächsten Saison beteiligten sich außer der JAN WELLEM von deutscher Seite aus die Walfangmutterschiffe WALTER RAU, UNITAS, SÜDMEER sowie die beiden von Norwegen gecharterten Kochereien SKYTTEREN und C. A. LARSEN am Fang.

Carl Kircheiß berichtete in der Zeitschrift »Polarforschung« über die Situation des deutschen Walfangs[2]:

»Fangjahr 1936–37: eine eigene Kocherei mit 6 Fangbooten und zwei gecharterte Kochereien mit 12 Fangbooten.

Fangjahr 1937–38: vier eigene Kochereien mit 30 Fangbooten und zwei gecharterte Kochereien mit 14 Fangbooten.

Fangjahr 1938–39: fünf eigene Kochereien mit 38 Fangbooten und zwei gecharterte Kochereien mit 14 Fangbooten.

Im Jahre 1939 setzte sich die deutsche Walfangflotte aus

sieben Walfangmutterschiffen und 53 Fangbooten zusammen. Es handelte sich um folgende Schiffe:

Walfangmutterschiff JAN WELLEM 11 776 BRT mit 8 Fangbooten.

> Eigentümer: Henkel & Cie. G.m.b.H., Düsseldorf, bereedert durch Erste Deutsche Walfang Gesellschaft m.b.H., Hamburg.

Walfangmutterschiff WALTER RAU 13 750 BRT, mit 8 Fangbooten.

> Eigentümer: Walter Rau, Neußer Ölwerke A.G., Neuß/Rhein.

Walfangmutterschiff UNITAS 21 846 BRT mit 8 Fangbooten.

> Eigentümer: Jürgens van den Bergh Margarine Verkaufsunion G.m.b.H., Berlin. Verchartert und bereedert durch Unitas Deutsche Walfanggesellschaft m.b.H., Hamburg.

Walfangmutterschiff SÜDMEER 8153 BRT mit 6 Fangbooten.

> Eigentümer: Deutsche Ölmühlenrohstoff G.m.b.H., Berlin. Bereedert durch Hamburger Walfangkontor G.m.b.H., Hamburg.

Walfangmutterschiff C. A. LARSEN 13 246 BRT mit 6 Fangbooten.

> Eigentümer: Blaahval A/S Oslo, Norwegen. Charterer: Margarine-Rohstoff-Beschaffungsgesellschaft, Berlin. Bereedert durch Hamburger Walfangkontor G.m.b.H., Hamburg.

Walfangmutterschiff SKYTTEREN 12 350 BRT mit 7 Fangbooten.

> Eigentümer: Hvalfangstselskapet Skytteren A/S, Tönsberg. Charterer: Margarine-Rohstoff-Beschaffungsgesellschaft, Berlin. Bereedert durch Hamburger Walfangkontor G.m.b.H., Hamburg.

Walfangmutterschiff WIKINGER 14 526 BRT mit 8 Fangbooten.

Eigentümer: Ölmühlenkonsortium, Berlin. Bereedert durch Hamburger Walfangkontor G. m. b. H., Hamburg.
Die Ergebnisse der verschiedenen Fangzeiten, soweit sie die Gewinnung von Walöl betreffen, waren folgende:

> Fangzeit 1936–37 . . . ca. 34 000 t Walöl
> Fangzeit 1937–38 . . . ca. 91 000 t Walöl
> Fangzeit 1938–38 . . . ca. 86 000 t Walöl.«

Insgesamt waren in der Fangsaison 1938/39 in der Antarktis 35 Walfangmutterschiffe mit 286 Fangbooten aus verschiedenen Ländern unterwegs. Auf verschiedenen Walfangschiffen gingen Wissenschaftler ozeanographischen, meteorologischen oder biologischen Fragen nach. Das Institut für Walforschung in Hamburg gab darüber hinaus den Fangdampfern Beobachtungstagebücher mit. Auf diese Weise wollte man die bis dahin nicht genau bekannte Zusammensetzung des Walbestandes ergründen.

Die Erschließung neuer Fanggebiete war der Hintergrund für die Expedition der SCHWABENLAND, die auf eine Initiative von Staatsrat Helmut Wohlthat zurückging. Alfred Ritscher, der Expeditionsleiter, berichtete darüber später in seinem Expeditionsbericht: »Ihr Ziel war es, durch einen Erkundungsvorstoß in die antarktischen Gewässer und in das Innere des antarktischen Kontinents, Deutschland ein Mitbestimmungsrecht und seinen gebührenden Anteil bei der kommenden Aufteilung der Antarktis unter den Großmächten zu sichern und damit die Voraussetzungen für das ungeschmälerte Recht des Reiches auf ungestörte Ausübung des für seine 80 Millionen Menschen lebenswichtigen Walfangs zu schaffen.«[3]
Die wissenschaftlichen Arbeiten sollten dabei an die Forschungen Erich von Drygalskis sowie Wilhelm Filchners anknüpfen.
Für viele Teilnehmer auf der SCHWABENLAND hatte die Expedition recht unvermittelt begonnen: Flugkapitän Rudolf Mayr erinnerte sich später: »Anfang Oktober 1938 wurde uns von der Deutschen Lufthansa mitgeteilt, daß wir für eine Sonderaufgabe vorgesehen waren. Zwei Besatzungen wurden für die beiden 10-t-Wale PASSAT und BOREAS zusammengestellt.«[4] Alfred Rit-

scher*, der Expeditionsleiter werden sollte, hatte eine entsprechende Nachricht am 26. Juli 1938 im Urlaub im Harz erhalten. Am 1. August sagte er in Berlin seine Teilnahme zu. In den nächsten Wochen wurde das wissenschaftliche Expeditionsprogramm erarbeitet. Ritscher hat es seinen späteren Berichten über die Reise vorangestellt:

»Ihre Zielsetzung war in der Hauptsache:

auf dem Gebiet der Geographie: Gewinnung einer Landkarte des Küstengebietes im Arbeitsabschnitt durch photogrammetrische Vermessung aus der Luft,

auf dem Gebiet der Meteorologie: die Wetterberatung der Flugzeuge und Erforschung der höheren Schichten der Atmosphäre,

auf dem Gebiet der Ozeanographie: Reliefaufnahmen des Meeresbodens mittels Echolotungen, Oberflächenbeobachtung mit dem Sundschöpfer, Temperaturmessungen, Durchführung hydrographischer Serien,

auf dem Gebiet der Geophysik: Kern- und Staubzählungen, Strahlungsmessungen, Messungen der Deklination, Inklination, Horizontalintensität auf Eis und Land,

auf dem Gebiet der Biologie: Beobachtungen über Vorkommen von Walen, Robben, Vögeln, Planktonfänge und Sammlung von Erfahrungen über die Nahrungsauswahl und Nahrungsaufnahme der Walkrebschen,

auf dem Gebiet der Nautik: Erprobung nautischer Geräte und Tabellen, Kimmtiefenmessungen, Nachprüfung von Angaben in den deutschen Seekarten, Herstellung von Küstenansichten für Seehandbücher.«[5]

Um dieses umfangreiche Programm überhaupt durchführen zu können, sollten modernste Hilfsmittel eingesetzt werden. Und das waren damals schwimmende Flugzeugstützpunkte.

1934 war es der Deutschen Lufthansa als erster Luftfahrtgesellschaft der Welt gelungen, 15 Jahre nach der ersten Atlantiküberquerung mit einem Flugzeug durch Charles Lindbergh, die beiden Kontinente Amerika und Europa auf dem Luftweg miteinander zu verbinden. Der erste planmäßige Transozeanflug

---

* 1912 war Alfred Ritscher an der Schröder-Stranz-Expedition auf Spitzbergen als Kapitän des Expeditionsschiffes HERZOG ERNST beteiligt gewesen.

der Welt am 3. Februar 1934 ging über folgende Route: Berlin, Stuttgart, Sevilla, Bathurst, Natal, Rio, Buenos Aires. Planmäßige Beförderungsdauer auf der 11369 km langen Strecke: 5 Tage. Der Atlantik-Cross selbst begann in Bathurst/British Gambia. Das einzig geeignete Flugzeug für diese Etappe war der Dornier-Wal, allerdings konnte auch er den Atlantik nicht im Direktflug überqueren. Die Brennstoffergänzung im Flug, die die Lufthansa erprobte, bereitete unter den damaligen Bedingungen zu große Schwierigkeiten. Eine Lösung brachten hier die »schwimmenden Inseln«, die mit Hilfe eines Schleppsegels und eines Krans ein gelandetes Flugzeug aufnehmen, betanken und anschließend mit Hilfe eines Katapultes wieder starten konnten. Das erste Schiff, das damals zu einem solchen Stützpunkt umgebaut worden war, war der NDL-Dampfer WESTFALEN, der, ausgerüstet mit einem Schleppsegel und einer Heinkel-Großflugzeug-Schleuderanlage, seinen Dienst aufnahm. »Vollgetankt steht der 10-t-Wal TAIFUN auf der Schleuderbahn des Katapults. Die beiden BMW-Motoren werden angelassen und laufen warm. Kurzer Vollgaslauf der 600-PS-Motoren – sonores Dröhnen liegt über dem Deck der WESTFALEN. Festgeschnallt sitzen die vier Männer in ihrem Flugboot auf ihren Plätzen, der Flugkapitän und der zweite Pilot im geschlossenen Cockpit. Die Motoren werden noch einmal auf Leerlauf gedrosselt. Der Flugzeugführer verständigt sich durch Zeichen mit dem Katapultmeister: alles klar. Brüllend drehen die beiden Luftschrauben mit aller Kraft, das 18 m lange Flugboot zittert und bebt. Der Flugkapitän schaltet die Signallampe ein, vor dem Bedienungsmann des Katapultes leuchtet ein Licht auf: das Zeichen ›klar zum Start‹. Er gibt das Verstandenzeichen zurück, auch im Cockpit leuchtet eine Lampe auf, und das heißt: ›Abschuß in wenigen Augenblicken‹. Deck und Schleuderbahn müssen, trotz der Bewegung des Schiffes, im Augenblick des Startes genau horizontal liegen.

Der Abzugshebel wird umgelegt, ein leichtes Rucken geht durch das Flugboot, die Anfangsbeschleunigung auf den ersten Metern der Schleuderbahn. Getrieben von fauchender Preßluft mit einem Druck von 100 atü, jagt der Schlitten mit dem Wal über die 31,6 m lange Startbahn, bis ihn mit scharfem Ruck die Bremsen festhalten und die Stützen, auf denen der Wal ruht, fallen – mit 150 km/h schwebt das Flugboot über dem Wasser, wird kleiner und schneller.«[6]

Neben der WESTFALEN übernahm 1934 die Lufthansa auch die SCHWABENLAND (von der DDG Hansa) und ließ sie umbauen. Darüber hinaus wurden zwei Neubauten, die OSTMARK und die FRIESENLAND, in Dienst gestellt. 309 Flüge absolvierten die Flugzeuge der Deutschen Lufthansa in den Jahren 1934 bis 1937 im Südatlantikflugdienst, sie legten dabei 2 420 416 Flugkilometer zurück.

Auf eben diese Technik setzte auch die »Dritte Deutsche Antarktische Expedition«. Unterstützung fand sie bei der Deutschen Lufthansa, die ihren Flugzeugstützpunkt WESTFALEN mit 2 Dornier-10-t-Walen zur Verfügung stellte. Als Abreisetag wurde der 15. Dezember 1938 ins Auge gefaßt, so daß das Schiff im südlichen Sommer in der Antarktis arbeiten könnte. Doch bereits Ende August 1938 zeigte sich, daß die notwendigen Umbauarbeiten an der WESTFALEN, die in Rio de Janeiro vorgenommen werden sollten, so umfangreich sein würden, daß nicht mit ihrer rechtzeitigen Fertigstellung zu rechnen war. Der Direktor der Deutschen Lufthansa, Freiherr von Gablenz, schlug daher den Flugzeugstützpunkt SCHWABENLAND als Expeditionsschiff vor. Doch auch dieses Schiff mußte zuvor repariert und vor allem für die Eisfahrt umgerüstet werden, schließlich war die SCHWABENLAND bei ihrem Bau für die Tropenfahrt konzipiert worden. Ohne weiteren Schutz würde der Schiffsrumpf den Belastungen nicht standhalten.

So sollte das Schiff in der gesamten Länge einen Eisschutzgürtel erhalten, die Bordwand mußte von innen mit zusätzlichen Quer- und Längsspanten versteift werden, der vordere Heizkessel sollte durch einen größeren ersetzt, der Laderaum zum Tieftank für die zusätzliche Aufnahme von Treibstoff umgerüstet werden. Die Luken sollten eiserne Lukendeckel erhalten. Vor den Bug kam ein »Schuh« aus Stahl. In den unteren Räumen des Schiffes wurden 50 000 leere Fässer verstaut, die Zwischenräume mit Faschinen [Reisigbündeln] ausgefüllt und schließlich die Luken zum Zwischendeck zugeschweißt. Nach diesen Vorsichtsmaßnahmen sollte selbst ein Leck das Schiff nicht zum Sinken bringen können. Der Umbau kostete eine Million Mark, das war genau ein Drittel der Summe, die für die gesamte Expedition vorgesehen war. Das Umbauprogramm stützte sich, zumindest soweit es die Belange der Eisfahrt anging, auf Pläne und Angaben von Kapitän Otto Kraul, der in mehr als zwanzigjähriger Fahrenszeit als Walfänger und Walfangleiter die Arktis wie die Antarktis kennengelernt hatte. Auf der JAN WELLEM hatte er die Fangexpedition 1936 geleitet.

Die größte Schwierigkeit bestand allerdings zunächst darin, eine Werft zu finden, die das umfangreiche Arbeitspensum in der vorgegebenen kurzen Zeit absolvieren würde. Als einzige war schließlich die Deutsche Werft bereit, den Auftrag zu übernehmen, unter der Voraussetzung, daß man ihr zusätzlich 104 Mitarbeiter – Schweißer, Nieter, Brenner, Stemmer, Dreher, Schiffbauer, Kessel- und Kupferschmiede – stellte.

In der Nacht vom 27. auf den 28. Oktober 1938 traf die SCHWABENLAND in Hamburg ein und wurde am 1. November eingedockt. Während auf der Werft in Tag- und Nachtschichten auf Hochtouren gearbeitet wurde, trafen sich die Teilnehmer der Expedition im November 1938 anläßlich einer für sie veranstalteten Sonderaufführung des Antarktisfilms von Byrd in der Urania in Hamburg. Insgesamt nahmen 82 Wissenschaftler, Techniker und Besatzungsmitglieder – letztere eine 54 Mann starke Gruppe, gestellt vom Norddeutschen Lloyd – an der Expedition teil. Zu den Wissenschaftlern gehörten zwei Meteorologen, ein Geograph, ein Geophysiker, ein Biologe und ein Ozeanograph. Die dritte Gruppe bestand aus den Flugzeugbesatzungen mit dem notwendigen technischen Personal.

Tatsächlich war die SCHWABENLAND nach sechs Wochen reisefertig. Noch eine Woche vor ihrer Abfahrt war allerdings ungeklärt, unter welcher Flagge die Expedition fahren sollte. Kapitän Ritscher schrieb später darüber: »Es stellte sich nämlich heraus, daß weder die Deutsche Lufthansa A. G., noch der Norddeutsche Lloyd, noch die Kaiser-Wilhelm-Gesellschaft sich in der Lage sahen, als Reeder für die Unternehmung anzutreten. Schließlich wurde zur Trägerin der Expedition die Deutsche Forschungsgemeinschaft e. V., Berlin, bestellt.«[7] Da die Forschungsgemeinschaft über keine Hausflagge verfügte, entwarf Alfred Ritscher kurzerhand eine Flagge, »die die Farben der See- und Luftfahrt in sich vereinigte: ihr blaues Mittelfeld war oben und unten mit je einem gelben Randstreifen eingefaßt«[8].

Am 15. Dezember 1938, morgens um 8 Uhr, verließen die letzten Werftarbeiter, Maler, Zimmerleute, Nieter und Schweißer just in dem Augenblick über das Backbordfallreep das Schiff, als die Probefahrtgäste aus den Motorbarkassen über das Steuerbordfallreep an Bord stiegen. Während der Fahrt elbabwärts zeigte sich, daß die Arbeit der letzten Wochen nicht vergebens gewesen war, und am nächsten Tag, am 16. Dezember, wurden die restliche Schiffsausrüstung und die beiden Flugzeuge übernommen. Ausgerüstet mit Proviant für 1½ Jahre, konnte die Expedition beginnen.

Der Ausreisetag, Sonnabend, der 17. Dezember 1938, war für Hamburg mit ungewöhnlicher Kälte von −13 °C angebrochen. Heller Sonnenschein vom wolkenlosen Himmel lag über dem Hafen. Eislotse Kraul fand: »So war man am Tag der Abreise recht dazu geneigt, in der Messe den Abschiedsschmerz mit einem Grog zu stillen. Ich saß aber allein vor meinem Glase, denn die übrigen Expeditionsmitglieder waren noch damit beschäftigt, ihre Ausrüstungsgegenstände und die umfangreichen Weihnachtspakete zu verstauen.«[9]

Abends um 20.30 Uhr war die SCHWABENLAND auf der Höhe von Cuxhaven, und im Dunkeln der sternklaren Nacht nahm sie Kurs auf die Nordsee. Am 20. Dezember wurde Ushant, 11 Tage später der Äquator und am 2. Januar 1939 Ascension Island passiert. Ohne weiteren Aufenthalt fuhr die SCHWABENLAND dem Südpolarmeer entgegen.

Die Anreise nutzte man dazu, sich auf die Aufgaben der Expedition vorzubereiten. Dazu gehörte auch die Information der einzelnen Gruppen über ihre jeweiligen Tätigkeiten und Vorhaben. So wurde eine Vortragsreihe eingerichtet, die in jeder Woche ein bis zwei Vorträge aus allen Arbeitsgebieten vorsah. Der Schiffsarzt sprach über Vorbeugung von Frostschäden und über deren Behandlung, der Eislotse über die Handhabung von Booten in Treib- und Packeis, die Wissenschaftler über ihre Arbeitsfelder, die Piloten über Katapultstart und Wiederaufnahme der Flugboote. Am 15. Januar 1939 tauchte die Bouvet-Insel auf, davor trieb verloren ein Eisberg. Er war der erste, dem die Expedition begegnete, und sicherlich auch der am meisten fotografierte.

Am 19. Januar 1939, morgens um 4.30 Uhr, war ein silberweißer Dunststreifen voraus am Horizont zu erkennen: der Eisblink. Die SCHWABENLAND war in ihrem Arbeitsgebiet.

Die beiden Flugzeuge BOREAS und PASSAT wurden zum Probeflug klargemacht, und »als gegen Mittag das Schelfeis voraus im Südwesten in Sicht kam und am Abend erreicht wurde, zerriß Motorendonner die Stille dieser Gegend der Antarktis, die sonst nur durch das Heulen der Orkane, das Gepolter der sich übereinanderschiebenden und -türmenden Eismassen, das Bellen der Robben, das ebenso ulkige wie unmelodische Trompeten der Pinguine und das Schreien anderer Seevögel unterbrochen wird.«[10] Der Flugzeugführer meldete, daß das Eisfeld vor dem Schiff durch eine Wake von der Schelfeiskante getrennt war, und daß auf ihr noch ein weiteres Vordringen nach Westen möglich sei. Nach Aufnahme des Flugzeuges entschied die Expeditionsleitung, diesem Hinweis zu folgen.

Auf 4° 15′ W und 69° 10′ S schließlich wurden die Maschinentelegraphen der SCHWABENLAND auf »stop« gelegt und die BOREAS für den Start vorbereitet. Das von Zeiß-Jena konstruierte Zwei-Reihen-Bildmeßgerät wurde eingerichtet. Diese Kamera, von der nur zwei Exemplare gebaut worden sind, ermöglichte kartographische Aufnahmen aus der Luft mit einer vorher nie erreichten Genauigkeit. Besondere Sorgfalt legte man auf die sachgemäße Verstauung für eine Notlandung. Die Piloten kontrollierten noch einmal die Ausrüstung, die u. a. zwei Zelte, vier Schlafsäcke, einen Schlitten, einen Kurzwellensender und Proviant für 28 Tage enthielt. Dann kletterte die Flugbesatzung – Pilot, Funker und Fotograf – in die Maschine, dick vermummt in Pelzkombinationen, denn auch in der Maschine würden während des Fluges Minusgrade herrschen. Das Treibstoffgemisch war bereits früher auf seine Tauglichkeit bei großer Kälte geprüft worden. Am 20. Januar, morgens um 4.40 Uhr, startete das Katapult die Maschine zum ersten Fotoflug nach Süden, das wissenschaftliche Hauptprogramm, die Erkundung des antarktischen Sektors zwischen 10° W und 20° O hatte begonnen. Dieses Gebiet sollte zunächst nur aus der Luft eingesehen und fotografiert werden, da dieser ersten Expedition später weitere folgen würden, die anhand der inzwischen angefertigten Karten Einzeluntersuchungen durchführen sollten.

Der Flugplan war genau festgelegt. Die BOREAS sollte vom

Schiff aus 880 km rechtweisend Süd steuern, dann 30 km rechtweisend Ost und dann den Rückweg mit rechtweisend Nordkurs parallel zum Hinflug nehmen. An diesen Flug würden sich die weiteren Flüge derart anschließen, daß die zu umfliegenden Rechtecke sich ostwärts aneinanderreihen würden. Das Flugzeug stand in ständiger Funkverbindung mit der SCHWABENLAND, alle fünfzehn Minuten lief auf dem Schiff eine Meldung über Position und besondere Vorkommnisse ein. Der erste Fernflug verlief ohne Zwischenfall; um 12.30 Uhr wasserte die Maschine wieder neben der SCHWABENLAND.

Es war eisernes Gesetz, daß sich die Flugzeuge mit den Starts immer ablösten. So war eine Maschine ständig an Bord. Doch jetzt nach Rückkehr der BOREAS sollte die PASSAT ihren ersten Sonderflug durchführen. Während die BOREAS noch unterwegs war, hatte sich die Eislage um die SCHWABENLAND herum bedrohlich verändert. Anhaltender nördlicher Wind hatte das Eis um das Schiff zusammengeschoben. Die Wake, durch die die SCHWABENLAND westwärts in das Eisfeld eingedrungen war, hatte sich geschlossen, ringsum war von Bord aus kein Ausweg mehr zu erkennen. Das inzwischen zurückgekehrte Fernflugzeug bestätigte, daß das Schiff vom Eis eingeschlossen war, aber noch schien eine gewundene Wake einen Ausweg ins freie Wasser zu bieten. Die PASSAT, die bislang auf dem Katapult gestanden hatte, brach zu einem Eiserkundungsflug auf und lotste schließlich die SCHWABENLAND in wiederholten Anflügen aus dem Eis heraus, in einer nur aus der Luft zu erkennenden, 20 sm langen offenen Wasserstraße. Um ähnlich bedrohliche Situationen künftig zu vermeiden, begnügte man sich fortan damit, die SCHWABENLAND möglichst hart an die Eiskante zu legen und sich den Rücken eisfrei zu halten. Trügerische Waken, die in das Eis hinein lockten, wurden lieber gemieden.

Am nächsten Morgen startete die PASSAT zum zweiten Fotoflug der Expedition. Die Besatzung unter Flugkapitän Mayr erreichte 74½° S. Doch als bei diesem Flug die Temperatur auf unter −14 °C fiel, bemerkte Mayr, daß die Trimmvorrichtung des Flugzeugs sich immer schwerer bedienen ließ. Nach Rückkehr an Bord versuchte man sofort Abhilfe zu schaffen. Am 23. Januar wurde das Wetter schlechter, Schneetreiben setzte ein, und östliche und nördliche Winde brachten starke Dünung mit sich, so daß für die Flugzeuge Vereisungsgefahr und Bruchrisiko bei der Wasserung und Wiederaufnahme bestand.

Die erste Flugperiode der SCHWABENLAND-Expedition schloß mit der Erkundung von rund 250 000 km^2 Gelände, von dem rund 140 000 km^2 zusammenhängend mit mehrfacher Überlappung fotografiert worden waren.

Die Schlechtwetterperiode verschaffte der Katapultbesatzung eine Verschnaufpause. In der voraufgegangenen Flugperiode hatten sie sich mit drei bis vier Stunden Schlaf pro Tag begnügen müssen. Allein die Vorbereitungen für jeden einzelnen Katapultstart verlangten etwa eine Stunde Vorbereitungszeit. »Hatte der geklappt, mußte das zweite Flugzeug aus dem sogenannten ›Versaufloch‹ herausgekurbelt und auf das Katapult überführt werden, ein Arbeitsgang von rund vier Stunden. Inzwischen waren dann die Vorbereitungen für die Wiederaufnahme des Fernflugzeuges zu machen; dann erfolgte der Katapultabschuß für den Sonderflug; dann kam das Fernflugzeug zurück, wurde mit dem Kran an Bord geholt und in das ›Versaufloch‹ hinabgekurbelt und festgezurrt. Etwas später kam dann das zweite Flugzeug vom Sonderflug zurück, wurde nach dem Aufhieven als Fernflugzeug für den nächsten Morgen auf das Katapult gesetzt und für den Start am nächsten Morgen vorbereitet.«[11]

Am 28. Januar begann sich das Wetter zu bessern, am Abend erreichte die SCHWABENLAND die nächste Position für einen Flugzeugstart: 69° 46′ S, 1° 13′ O, den südlichsten Punkt, den bis dahin je ein Schiff erreicht hatte, und Flugkapitän Schirmacher machte sich zum Start fertig: »Nach 6 Tagen vergeblichen Wartens, am 29. Januar 1939, endlich mal wieder Flugwetter. Unsere Maschine BOREAS stand startbereit auf der Katapultbahn. Wir hatten diesmal wegen der kürzeren Flugzeit weniger Brennstoff getankt, um eine größere Flughöhe zu erreichen. Denn die Berge, die weiterhin im Osten festgestellt worden waren, schienen noch weit höher emporzuragen als die bisher im Westen erkundeten Gebirge. Die Wettervorhersage war günstig. Langsam liefen unsere Motoren warm, und um 5.45 Uhr wurden wir von der SCHWABENLAND abgeschossen.«[12] Es war ein Flug bei herrlichem Sonnenschein und blauem Himmel. »Unser Funker Gruber hatte reichlich Betätigung durch die Abgabe der Berichte. Empfindlich störte ihn bei seiner Flugtätigkeit die Kälte, die sich mit der Länge der Flüge immer empfindlicher bemerkbar machte. Der Maschinist Loeser, der sich vorn im Führersitz aufhielt, beobachtete den Lauf der Motoren, kletterte jede Stunde einmal in die Gondeln, was bei den angetroffenen Temperaturen kein Vergnügen war. Zwischendurch half er im Skizzieren des Geländes aus und war weiterhin eifrig bemüht, die immer wieder zufrierenden Scheiben aufzukratzen.«[13]

Insgesamt führten BOREAS und PASSAT 15 Flüge aus, acht Flüge zur Küstenerkundung und sieben »Fotoflüge«, Fernflüge, die der luftphotogrammetrischen Vermessung dienten. Mehr als zwei Wochen lang hatte sich die SCHWABENLAND währenddessen nach Osten vorgearbeitet. Als das Flugboot PASSAT zum siebenten Fernflug startete, lag das Schiff auf fast 15° O. Die Funkmeldungen der PASSAT trafen regelmäßig ein. Sie enthielten die üblichen Angaben: Höhe, Temperatur, Standort usw. Doch dann brachte der Schiffsfunker die Meldung Nr. 14. Sie lautete: »9 h 10 Min. 3500 m, −23°, 71° 13′ S; 14° 45′ O, 13 Sm. Motore meckern. Kurs gewechselt auf 225 r. w. Fliegen Nordkante des Gebirges entlang.«[14] Wie schon auf den früheren Flügen gab es vor allem Probleme mit der Trimmung. Die Meldungen wurden immer beunruhigender. Meldung Nr. 17 um 10 Uhr: »Motoren niesen hin und wieder, da Gemisch zu kalt ist. Außenthermometer scheint nicht richtig anzuzeigen, da sich Temperatur überhaupt nicht verändert. Außentemperatur muß mindestens −30 sein.«[15]

Und schließlich kam die Meldung Nr. 21: »10 h 55 m 4150 m, −31°, stark böig; Maschine kaum zu halten, außerdem sehr schwanzlastig. Fliegen diesen Kurs bis zum Ostrand des Gebirges, dann Umkehr zum Schiff.«[16]

Die Meldungen hatten auf der SCHWABENLAND große Besorgnis ausgelöst. Jeder wußte, was es bedeutete, wenn die Maschine notlanden müßte. Das zweite Flugboot, die BOREAS wurde startklar gemacht. Sie sollte so schnell wie möglich der Besatzung der PASSAT zu Hilfe kommen, falls der Pilot das Flugboot irgendwo auf dem Eis aufsetzte. Für diesen Fall verfügte die Expedition über 60 Fallschirme, mit denen man Proviant, Heizmaterial, Werkzeug und sonstige Hilfsmittel abwerfen konnte. Ob allerdings noch im selben Südsommer die notgelandeten Flieger hätten geborgen werden können, war sehr fraglich. Sie müßten wahrscheinlich überwintern und bis zur Befreiung durch eine neue Expedition ausharren. Bange Minuten vergingen. Dann kam die erlösende Meldung Nr. 26: »12.17 Uhr Trimmung bei −14 Grad wieder ok.«[17]

Nach der Rückkehr des Flugbootes brach Kapitän Ritscher die Fernflüge ab. Die Trimmung der PASSAT war an Bord nicht zu reparieren, und das Forschungsprogramm war ohnehin nahezu erfüllt. Am 6. Februar 1939 um 15.10 Uhr begann für die SCHWABENLAND die Heimreise.

Auf dem langen Weg über den Atlantik wurden umfangreiche ozeanographische Untersuchungen vorgenommen und die ersten Berichte geschrieben. Am 11. April 1939 legte die SCHWABENLAND an der Pier in Cuxhaven an. Nun erst begann die eigentliche Auswertung des umfangreichen Materials. 11 600 Luftaufnahmen im Format 18×18 cm zeigen $350\,000$ km² vermessenes und darüber hinaus $250\,000$ km² eingesehenes Gebiet. Man gab ihm den Namen Neuschwabenland. Seine Größe entspricht etwa der Flächenausdehnung von Frankreich, Belgien, Holland und Luxemburg.

Im östlichen Teil von Neuschwabenland entdeckte einer der beiden Piloten die nach ihm benannte Schirmacher-Seenplatte. Es handelt sich dabei um seltsame Seen mit offenem Wasser, deren Entstehung noch ungeklärt ist. Möglicherweise werden sie von warmen Quellen vulkanischen Ursprungs gespeist, oder es sind Becken, in denen sich Schmelzwasser der Gletscher gesammelt hat. – Aus den Sedimentationsschichten dieser Seen wollen Wissenschaftler künftig die Klimageschichte der Antarktis ergründen.

Unmittelbar nach Rückkehr der SCHWABENLAND wurde mit der Vorbereitung einer neuen Expedition für 1939/40 begonnen. Sie sollte der Erprobung wissenschaftlicher Geräte und geeigneter Flugzeuge mit größerer Trag- und Steigfähigkeit sowie mit größerem Aktionsradius dienen. Für diese Flugzeuge war auch eine automatische Steuerung vorgesehen, um die Besatzung während des Fluges zu entlasten und eine ausgeglichenere Kursführung zu erreichen. Darüber hinaus sollte die Fotoausrüstung um eine dritte Reihenmeßbild-Kammer ergänzt werden.

»Ein leichter Flugzeugtyp (Hubschrauber auf Kufen)«[18], so hatte Ritscher gehofft, sollte die Verbindung zwischen den drei

Camps, die man errichten wollte, aufrechterhalten. Die wissenschaftlichen Arbeiten auf den drei Stationen, für die man etwa vier bis sechs Wochen Zeit veranschlagte, sollten Meteorologen, Glaziologen, Geologen, Geographen und ein Biologe ausführen. Der Kriegsausbruch verhinderte die Ausführung des Plans. Im Oktober 1939 wurden die Expeditionsvorbereitungen eingestellt.

Anmerkungen

1 (Kraul, Otto:) Käpt'n Kraul erzählt. 20 Jahre Walfänger unter argentinischer, russischer und deutscher Flagge in der Arktis und Antarktis. Berlin 1939, S. 231.

2 Kircheiß, Carl: Vom deutschen Walfang. In: Polarforschung 2 (15), 1945, S. 9–11.

3 Deutsche Antarktische Expedition 1938/39 mit dem Flugzeugstützpunkt der Deutschen Lufthansa AG MS Schwabenland. Wissenschaftliche und fliegerische Ergebnisse 1. Leipzig 1942, S. 2.

4 Flüge über der unerforschten Antarktis. In: Deutsche Antarktische Expedition (wie Anm. 3), S. 231.

5 Vorbericht über die Deutsche Antarktische Expedition 1938/39. Annalen der Hydrographie und Maritimen Meteorologie 1939, 8, Beiheft, S. 9.

6 Deutsche Lufthansa AG (Hrsg.): Die Geschichte der Deutschen Lufthansa 1926–1984. Dortmund 1984, S. 47 f.

7 Wie Anm. 3, S. 14.

8 Ebd.

9 Kraul (wie Anm. 1), S. 225.

10 Wie Anm. 5, S. 13.

11 Ebd., S. 16.

12 Wie Anm. 4, S. 245.

13 Ebd., S. 246.

14 Begleitmaterial zur Hörfunksendung »Mit dem Flugboot über Antarktika« vom 25. September 1950. Hamburg (NDR).

15 Ebd.

16 Ebd.

17 Ebd.

18 Ritscher, Alfred: Vor zehn Jahren. In: Polarforschung 2 (18), 1948, S. 31.

Auftakt moderner Polarforschung:
Internationale Polarjahre

Die frühsommerlichen Sonnenstrahlen, die in den letzten Maitagen des Jahres 1882 durch die hohen Fenster des neuen Gebäudes der Deutschen Seewarte in Hamburg fielen, trafen auf eine Menge von Kisten und Kästen mit den unterschiedlichsten Aufschriften. Auf den Fluren, in den Zimmern – überall stapelten sie sich. Es herrschte ein Durcheinander, wie es in den sonst so schmucken, ordentlichen Räumen des gerade vor wenigen Monaten eingeweihten Gebäudes nicht üblich war.* Aus ganz Deutschland waren sie in den letzten Tagen hier eingetroffen, Kisten mit allen möglichen Geräten, Theodoliten aus Berlin, Astronomische Uhren aus Hamburg, Chronometer aus Bremerhaven, Apparaturen für magnetische Messungen aus München. Die Räume der Seewarte glichen einem riesigen Warenlager für Meßinstrumente. Auf allen Gängen wurde gezählt, geprüft, gepackt. Geschäftig klappten Türen. Dr. Georg Neumayer, Direktor der Seewarte, der Unruhe verabscheute, weil sie ihn bei der Arbeit störte, ertrug das Durcheinander in seinen Diensträumen dennoch gelassen. Fast schien es, als wäre der für gewöhnlich sehr ernste, manchmal beinahe bitter wirkende Mann in den letzten Tagen sogar ein wenig freundlicher, wenn er durch die Räume ging. Und er hatte einen guten Grund: Das Durcheinander wurde verursacht von zwei Wissenschaftlergruppen, die in wenigen Tagen Hamburg verlassen sollten, um mit ganz gegensätzlichen Kursen – die einen wollten in den hohen Norden, die anderen in die kalten Südregionen unseres Planeten – dennoch gemeinsam an einem wissenschaftlichen Programm zu arbeiten. Es waren die deutschen Teilnehmer des Internationalen Polarjahres 1882/83, die sich bereit machten zum Aufbruch in den Kingua-Fjord auf Baffin Island respektive nach Südgeorgien, um dort für ein Jahr im wahrsten Sinne des Wortes Station zu beziehen und wissenschaftliche Messungen vorzunehmen.

* Die Deutsche Seewarte war bis zu ihrem Umzug im September 1881 in den Räumen des Seemannshauses in Hamburg untergebracht.

Dabei war zunächst gar nicht so sicher gewesen, daß Deutschland sich beteiligen würde, obwohl die Anregung zu diesem ersten internationalen wissenschaftlichen Unternehmen in den Polarregionen auf den Darmstädter Carl Weyprecht zurückging: »Angesichts des immer reger werdenden Interesses für die arktische Forschung und der Bereitwilligkeit, mit der Regierungen und Private immer wieder die Mittel für neue Expeditionen liefern, ist es wünschenswert, diejenigen Prinzipien aufzustellen, nach welchen dieselben ausgesendet werden sollen, um sie den verwendeten großen Opfern entsprechend nutzbringend für die Wissenschaft zu gestalten, und ihnen jenen abenteuerlichen Charakter zu benehmen, der das große Publikum wohl reizen, der Wissenschaft aber nur schaden kann.«[1]

Engagiert trat Carl Weyprecht am 18. September 1875 auf der 48. Versammlung deutscher Naturforscher und Ärzte in Graz mit seinem Vortrag über »Grundprinzipien der arktischen Forschung« auf. Seine eigene Expedition mit der TEGETTHOFF lag noch kein Jahr zurück. Dabei war es auf seiner Expedition nicht darum gegangen, eine möglichst hohe Breite zu erreichen, sondern das bereiste Gebiet naturwissenschaftlich zu erkunden; während der ganzen Reise hatte Weyprecht zusammen mit den Schiffsoffizieren ein umfangreiches meteorologisches, ozeanographisches und erdmagnetisches Meßprogramm durchgeführt, und zwar in zweistündigen, Tag und Nacht durchlaufenden Meßreihen.

Doch schon bald nach seiner Rückkehr erkannte Weyprecht, »so interessant aber alle diese Beobachtungen sind, so besitzen sie doch trotz der endlosen Zahlenreihen nicht jenen hohen wissenschaftlichen Wert, der unter anderen Umständen erreicht werden könnte. Sie geben nur ein Bild der extremen Wirkungen der Naturkräfte im arktischen Gebiete, aber über ihre Ursachen, über das ›Warum‹ sind wir ebenso im Dunkeln wie vorher, und der Grund liegt allein darin, daß die gleichzeitigen vergleichenden Beobachtungen fehlen. Die rein geographische Forschung, die arktische Topographie, welche bis jetzt bei allen Polar-Expeditionen im Vordergrund gestanden hat, muß gegenüber diesen großen wissenschaftlichen Fragen in den Hintergrund treten.«[2] Erstmals in der Öffentlichkeit hatte Weyprecht diesen Gedanken in seiner Wiener Rede vom 18. Januar 1875 geäußert, und er gab damit seiner Forderung nach einer Änderung der »bisherigen« Polarforschung Ausdruck, nämlich »die notwendige Umstellung der Polarforschung von den vereinzelten und dauernd den Ort wechselnden Forschungsfahrten auf Forschungswarten von wenigstens einjähriger Dauer auf Polarschiffen oder festen Stationen.«[3] Alle bisherigen Expeditionen hatten jede für sich gearbeitet; wenn es sich traf, daß mehrere Expeditionen zur gleichen Zeit im hohen Norden weilten, fehlte der gemeinsame Arbeitsplan, so daß ihre Beobachtungen – wenn überhaupt – nur ganz allgemein vergleichbar waren. So wertvoll nun auch die jeweiligen Expeditionsergebnisse über die einzelnen meteorologischen oder erdmagnetischen Verhältnisse sind, die die zahlreichen Expeditionen mitbrachten, man erkannte, daß ein wirklicher Fortschritt in der Erkenntnis der Ursachen und des Zusammenhangs der Erscheinungen erst durch das Zusammenwirken vieler an verschiedenen Orten erzielt werden konnte.[*]

Sechs Thesen stellte Weyprecht dann schließlich in seinen »Grundprinzipien der arktischen Forschung« auf:

»1. Die arktische Forschung ist für die Kenntnis von Naturgesetzen von höchster Wichtigkeit.

2. Die geographische Entdeckung in jenen Gegenden hat nur insofern höheren Werth, als durch sie das Feld für die wissenschaftliche Forschung im engeren Sinne vorbereitet wird.

3. Die arktische Detail-Topographie ist nebensächlich.

4. Der geographische Pol hat für die Wissenschaft keine größere Bedeutung, als jeder andere in höheren Breiten gelegene Punkt.

5. Die Beobachtungsstationen sind ohne Rücksicht auf die Breiten um so günstiger, je intensiver die Erscheinungen, deren Studium angestrebt wird, auf ihnen auftreten.

6. Vereinzelte Beobachtungsreihen haben nur einen relativen Werth.«[4]

In den folgenden Jahren setzte sich Carl Weyprecht in un-

---

[*] Aus dieser Überlegung heraus wurde durch die Bemühungen Humboldts und Gauß' im Jahre 1835 der Magnetische Verein ins Leben gerufen, und derselbe Gesichtspunkt bewog die englische Regierung im Jahre 1839 zur Aussendung der berühmten Expedition unter Sir James Clarke Ross, deren eine Hauptaufgabe die Errichtung magnetischer Observatorien in St. Helena, Kapstadt und Hobart war.

zähligen Vorträgen vor Institutionen und Gesellschaften, auf Kongressen und Tagungen für diese Auffassung ein. Es war sein Bestreben, möglichst viele Staaten zu einer gemeinsamen polaren Anstrengung zu bewegen. Zustimmung fand Weyprecht bei August Petermann und vor allem bei Georg Neumayer, der seit 1875 erster Direktor der Deutschen Seewarte in Hamburg war. Neumayer hatte seinerseits bereits am 25. Februar 1874, also noch während Weyprecht mit seinen Männern sich im hohen Norden zur Heimreise rüstete, in einer Rede vor der Afrikanischen Gesellschaft in Berlin neue Grundsätze einer künftigen Polarforschung formuliert. Auch seiner Meinung nach sollten anstelle von vereinzelten relativ kurzen Expeditionen ins ewige Eis feste Observatorien errichtet werden, an denen über längere Zeiträume möglichst gleichzeitige Beobachtungen und Messungen angestellt würden.*

Das rastlose Wirken Weyprechts zeigte schließlich Erfolge. Von allen Seiten wurde anerkannt, daß dies der richtige Weg sei, einen wesentlichen Fortschritt in den geophysikalischen Disziplinen zu erlangen. Und auf dem 2. Internationalen Meteorologenkongreß 1879 in Rom wurden erste Schritte eingeleitet und auf seiner Plenarsitzung am 22. April der internationalen systematischen Polarforschung hohe wissenschaftliche Bedeutung

* »So hätte ich Ihnen denn im Norden, wie im Süden, auch die Wege bezeichnet, welche die grösste Wahrscheinlichkeit für eine erfolgreiche Bearbeitung der Probleme, die ich in ihrem inneren Zusammenhange zu beleuchten hatte, darbieten. Ich habe bei einigen behandelten Punkten ein besonderes Gewicht auf die Gleichzeitigkeit der Forschungen gelegt und bin, von solchen Gesichtspunkten geleitet, auch der Ansicht, dass auf den bezeichneten Wegen gleichzeitig und im Einklange, d. h. in gemeinsamer wissenschaftlicher Organisation vorgegangen werden müsste, um im Herzen der Polarregionen in Observatorien, die während einer längeren Periode in Thätigkeit zu sein hätten, die verschiedenen Aufgaben der Physik unserer Erde zu bearbeiten. Da es sich hierbei vorzugsweise um die Förderung der Probleme des Erdmagnetismus und der Polarlichter handelt, ist es wichtig, dass der richtige, der ergiebigste Moment gewählt werde, und als solcher stellt sich die nächste Maximal-Periode magnetischer Thätigkeit und der Polarlichter-Erscheinung 1881/82 sofort dar, welche zugleich auch sehr nahe heran rückt an die Zeit der zweiten Wiederkehr des Vorüberganges der Venus vor der Sonnenscheibe in unserem Jahrhundert, welcher in hohen südlichen Breiten mit Vortheil beobachtet werden kann. Wollen wir hoffen, dass alle gebildeten Nationen alsdann ebenso, wie sie sich jetzt rüsten, um in gegenwärtigem Jahre einer so grossen wissenschaftlichen Pflicht zu genügen, zur Förderung unserer Probleme sich rüsten werden.«[5]

zugesprochen. Man sprach die Empfehlung zur Errichtung von Observatorien aus, in denen gleichzeitige stündliche meteorologische und magnetische Messungen vorgenommen werden sollten. Diese Beobachtungsstationen sollten sowohl in der Arktis als auch in der Antarktis eingerichtet werden. Damit war der von Weyprecht anfänglich nur für die Nordhemisphäre formulierte Vorschlag – auf Antrag Neumayers – bereits in diesem frühen Stadium auch auf die Südhemisphäre ausgedehnt worden. Weitere Einzelheiten sollten auf einer Tagung in den Räumen der neu errichteten Deutschen Seewarte in Hamburg festgelegt werden. Hier trafen sich am 1. Oktober 1879 Vertreter aus Deutschland, Dänemark, Frankreich, den Niederlanden, Norwegen, Österreich, Rußland und Schweden. Am 5. Oktober 1879 gründeten sie die Internationale Polarkommission, zu deren Präsident Georg Neumayer gewählt wurde. Man einigte sich auf ein gemeinsames Beobachtungsprogramm: Das wissenschaftliche Meßprogramm konzentrierte sich in erster Linie auf die Komponenten des Magnetfeldes der Erde, meteorologische Beobachtungen (Temperatur, Windstärke und -richtung und relative Feuchte), außerdem sollten Gestalt, Form und Farbe der Polarlichter beobachtet und nach Möglichkeit auch astronomische und ozeanographische Beobachtungen angestellt werden. Die später dann von der Internationalen Polarkommission festgelegten Richtlinien für das Arbeitsprogramm sahen vor: »Die stündlichen magnetischen und meteorologischen Beobachtungen können nach beliebiger Zeit angestellt werden, nur sollen die magnetischen Beobachtungen an den Termintagen (1. und 15. jeden Monats) durchaus nach Göttinger mittlerer bürgerlicher Zeit gemacht werden.«[6]

Die Durchführung des Programms war für 1881/82 anberaumt. Diese Zeitplanung wurde allerdings bereits auf der zweiten Konferenz der Internationalen Polarkommission, die vom 7. bis 9. August 1880 in Bern tagte, verschoben. Man sah voraus, daß die Vorbereitungen nicht rechtzeitig abgeschlossen werden konnten; darüber hinaus war auch die Besetzung von acht Stationen – das war nach einem Vorschlag Weyprechts die Mindestzahl, sollte das Unternehmen sinnvoll sein – zu diesem Zeitpunkt noch nicht gesichert. Durch das Hinausschieben des Termins hoffte man noch weitere Regierungen zu einer Beteiligung veranlassen zu können. Auf der Berner Konferenz war die Besetzung von Stationen definitiv von Dänemark, Norwegen, Österreich und Rußland zugesagt worden. Neuer Termin für die Durchführung des Internationalen Polarjahres war 1882/83. Man kam überein, daß die »obligatorischen« Beobachtungen für das Internationale Polarjahr »möglichst früh nach dem 1. August 1882 beginnen und möglichst spät nach dem 1. September 1883 enden«[7] sollten.

Am 1. August 1881 tagte die Kommission zum dritten Male, diesmal in St. Petersburg. Hier wurde das Programm für die Beobachtungen endgültig verabschiedet. Zu diesem Zeitpunkt zeichnete sich ab, daß in der Arktis acht Stationen definitiv besetzt werden würden. Ferner hatten Frankreich und Deutschland bekundet, daß sie wahrscheinlich auch in der Antarktis eine Station einrichten würden. Die deutsche Arktisstation sollte ihren Standort in Ostgrönland finden.

Nach der Petersburger Konferenz 1881 begannen die Vorbereitungen nun auch in Deutschland auf Hochtouren zu laufen. Während man im Ausland bereits an der Ausführung der Pläne arbeitete, war in Deutschland noch wenig geschehen. »Die anderen Nationen waren daher mit ihren Vorbereitungen fast fertig, ehe Deutschland anfing«[8], klagte Kommissionsmitglied Börgen.

Die Schwierigkeiten hatten schon bei der Beschaffung der nötigen Geldmittel begonnen. Bereits im März 1880 hatten die beiden deutschen Delegierten der Internationalen Polarkommission, Prof. Dr. Neumayer und Kapitän zur See Freiherr von Schleinitz, dem Reichskanzler eine Denkschrift eingereicht, in der sie die Notwendigkeit einer deutschen Beteiligung begründeten und die entstehenden Kosten mit 300 000 Mark für zwei Stationen veranschlagten. Doch Reichskanzler Bismarck lehnte ab.

Erst als am 27. April 1881 im Reichstag auf Antrag der Abgeordneten Thilenius, Virchow u. a. beschlossen wurde, dem Reichskanzler »zum Zwecke der Beteiligung Deutschlands an der internationalen Polarforschung die Summe von 300 000 Mark zur Verfügung zu stellen«[9], wendete sich das Blatt. In zweiter Lesung wurde dieses Geld schließlich Anfang Dezember 1881 genehmigt, und nun zögerte auch die Reichsregierung nicht länger, eine Kommission einzuberufen, die die Expedition vorbereiten sollte.

Abb. 34: Während des Internationalen Polarjahres 1882 wurde auf Südgeorgien eine deutsche Station eingerichtet.

Abb. 35: Mitglieder der Station in Südgeorgien 1882. Von links: Mechaniker A. Zschau, Koch Fürth (stehend), Assistent Dr. Clauß, stellvertretender Leiter Dr. P. Vogel, Segelmacher Wienschläger (stehend) und Expeditionsleiter Dr. Carl Schrader.

Abb. 36: Carl Friedrich Gauß berechnete 1838 die Lage des magnetischen Südpols.

Abb. 37: Georg von Neumayer, Initiator der deutschen Südpolarforschung.

Abb. 38: Erich von Drygalski (1901).

Abb. 39: Kapitän Hans Ruser (1901).

Abb. 40: 1898 arbeitete die VALDIVIA *auf ihrer Tiefsee-Expedition einige Wochen im Südpolarmeer.*

Abb. 41: Besatzung der VALDIVIA *mit Kapitän Krech.*

Abb. 42: Die GAUSS, das Expeditionsschiff der Südpolarexpedition 1901-03, wurde in Kiel gebaut.

Abb. 43: Die DEUTSCHLAND, *ex* BJÖRN, *Filchners Expeditionsschiff, war 1905 auf der Schiffswerft Risör in Lindestöl (Norwegen) gebaut worden.*

Abb. 44: 1911 leitete der Asienforscher Wilhelm Filchner die zweite deutsche Südpolarexpedition.

Abb. 45: Konteradmiral a.D. Dr. h.c. Fritz Spiess (1881-1959), Kommandant des Forschungs- und Vermessungsschiffs METEOR, während der Deutschen Atlantischen Expedition, Präsident der deutschen Seewarte (1934 - 1945).

Abb. 46: Auf ihrem südlichsten Fahrtabschnitt passierte auch die METEOR während der Atlantischen Expedition 1924-27 das Südpolarmeer.

Abb. 47: MS SCHWABENLAND. Der Flugzeugstützpunkt der Deutschen Lufthansa brachte die wesentlichen technischen Voraussetzungen für die Aufgaben der Antarktisexpedition 1938 mit.

Abb. 48: Am 3. Februar 1934 hatte die Deutsche Lufthansa den planmäßigen Luftpostdienst nach Südamerika eröffnet. Der Südatlantik wurde zwischen Bathurst/Westafrika und Natal/Brasilien mit dem Flugboot Dornier Wal »Taifun« überquert. Das Foto zeigt das Flugboot beim Start vom Katapult eines Stützpunktschiffes. Diese Technik war die Voraussetzung der Antarktisexpedition 1938.

Abb. 49: Ein Dornier 10-Tonnen-Wal wird mit Hilfe des Krans an Bord des Motorschiffes SCHWABENLAND genommen.

Abb. 50: Die Buddenbrock-Kette im Mühlig-Hoffmann-Gebirge.

Abb. 51: Flugboot BOREAS im antarktischen Eis.

Abb. 52: Eisgrotte in der Nähe der Station »Georg Forster«.

Abb. 53 und Abb. 54: Drei Monate lebte der Potsdamer Meteorologe Dr. Günter Skeib mit zwei sowjetischen Wissenschaftlern in einem Zelt auf der Drygalski-Insel. Aufbau des Zeltes.

Abb. 55: 1960 nahmen Wissenschaftler der damaligen DDR an einer sowjetischen Antarktisexpedition teil. Transport- und Versorgungsschiffe waren damals die OB und die KOOPERACIJA.

Abb. 56: Seit 1978 führten Wissenschaftler der ehemaligen DDR an den Seen in der Schirmacher-Oase isotopen-hydrologische Untersuchungen durch.

Abb. 57: Dr. Günter Skeib in der Laboratoriumshütte in »Mirnyj«.

Abb. 58: Kolonie von Adeliepinguinen auf Ardley nahe der Station »Bellingshausen«. Im Hintergrund die Beobachtungshütte der DDR-Biologen.

Abb. 59: ATT-Schlepper und Transportschlitten für den Schlittenzug zur Schirmacher Oase, wo 1976 das »Basislabor der Akademie der Wissenschaften in der Schirmacher Oase« errichtet wurde.

Abb. 60: Schmelzwasserrinne auf dem Schelfeis. Im Hintergrund der Nordhang de Schirmacher-Oase.

Abb. 61: Gebäude der Container-Station und des Antennenfeldes in der Schirmacher-Oase.

Abb. 62: 1987 erhielt die Station der DDR-Wissenschaftler den Namen »Georg Forster«.

Abb. 63: Pendelt zwischen den Polen: das Forschungsschiff POLARSTERN.

Abb. 64: 1990/91 überwinterte erstmals in der »Georg-von-Neumayer-Station« ein Frauenteam: Hintere Reihe von links: Grazyna Luzecki, Ulrike Wyputta, Monika Puskeppeleit, Estella Weigelt, Elisabeth Schlosser. Vordere Reihe von links: Susanne Korhammer, Monika Sobiesiak, Ursula Weigel.

Diese Kommission, der Prof. Bezold (München), Prof. Dr. Börgen (Wilhelmshaven), Prof. Dr. Förster (Berlin), Prof. Dr. Helmholtz (Berlin), der spätere Generalkonsul in Tunis, Dr. Nachtigal, Prof. Dr. Neumayer (Hamburg), Dr. Schreiber (Chemnitz) und Dr. Werner Siemens (Berlin) angehörten, trat am 12. Dezember 1880 im Hydrographischen Amt in Hamburg zusammen. Auf den Sitzungen vom 12. bis 16. Dezember 1880 wurde endgültig festgesetzt, daß Deutschland zwei Stationen einrichten sollte, die im Gebiet des Atlantischen Ozeans liegen würden, eine im nördlichen und eine im südlichen Polargebiet.

Als Standort der Nordstation wurde Ostgrönland, der Schauplatz der zweiten deutschen Nordpolarexpedition von 1869/70, und für den Süden die Insel Südgeorgien ins Auge gefaßt. Die Wahl der Station auf Südgeorgien wurde möglich, nachdem die Kaiserliche Admiralität zugesagt hatte, daß die gedeckte Korvette MOLTKE diejenigen Expeditionsmitglieder, die mit einem Schiff der Hamburg-Südamerikanischen Dampfschifffahrtsgesellschaft nach Montevideo reisen würden, von dort nach Südgeorgien bringen und daß nach Beendigung der Arbeiten wiederum ein Schiff der Marine die Expedition von dort abholen würde.

Schwieriger gestaltete sich der Transport der Expeditionsmitglieder in den Norden. Man hatte zunächst auf die »Opferwilligkeit namentlich der grossen Hamburger Kaufleute«[10] gesetzt, aber eben damit hatte man sich verschätzt. Neumayer versuchte, Hamburger Handelshäuser zur Hergabe von Mitteln zu bewegen, um die Fahrt mit einem eigenen Dampfer zu unternehmen. Er hatte keinen Erfolg. Dr. Börgen berichtete schließlich: »Die Jahreszeit war inzwischen schon ziemlich vorgerückt und es wurden Dampfer gar nicht oder zu so hohen Preisen angeboten, dass eine Charterung völlig ausgeschlossen war. Es blieb endlich nichts anderes übrig, als die GERMANIA, das Expeditionsschiff der zweiten deutschen Polarexpedition von 1869/70, welches mittlerweile in ein Segelschiff umgewandelt worden war, und als solches schon zwei Fahrten nach dem Cumberland-Sund gemacht hatte, zu kaufen.«[11] Den Plan, die Beobachtungsstation in Ostgrönland einzurichten, gab man auf, das Fahrtgebiet wurde als zu schwierig ausgeschlossen, zumal für ein Dampfschiff keine Mittel zur Verfügung standen. So wurde »die Anlage der

Station in Cumberland-Sund definitiv ins Auge gefasst«.[12] Falls der Sund auf Grund von Eis unzugänglich wäre, sollte Upernavik angesteuert werden.*

Während die logistischen Probleme mühevoll gelöst wurden, erfuhr das Programm eine nicht unerhebliche Erweiterung. Der Meteorologe Dr. Wladimir Köppen hatte darauf aufmerksam gemacht, daß zwischen den arktischen Stationen und den nächsten meteorologischen Stationen auf dem nordamerikanischen Festlande eine große Lücke vorhanden sei, die überbrückt werden könne, wenn man die Missionsstationen der Herrnhuter Brüdergemeinde in Labrador in das Beobachtungsnetz einbeziehe. So beschloß man hier zusätzlich sechs meteorologische Stationen II. Ordnung einzurichten, auf denen deutsche Missionare unter Anleitung des Freiburger Privatdozenten L. Koch regelmäßige Beobachtungen durchführen sollten.

Man war übereingekommen, daß jede Station mit zwei Astronomen oder Physikern als Chef und Stellvertreter, einem Arzt, drei Assistenten und einem Mechaniker sowie vier Leuten »zur Bedienung« besetzt werden sollte.

Anfang Mai 1882 trafen sich die Mitglieder der »Nordexpedition« unter Dr. W. Giese vom Physikalischen Institut der Berliner Universität in Hamburg mit der Südexpedition unter dem Astronomen C. Schrader aus Braunschweig in Wilhelmshaven, um gemeinsam weitere Vorbereitungen zu treffen. Mitte Mai trafen die beiden Expeditionsgruppen schließlich im Seewartengebäude in Hamburg zusammen. Während dieser Zeit wurde die GERMANIA auf ihrer Bauwerft Tecklenborg in Bremerhaven

---

* Neben organisatorischen Fragen spielten bei der Standortwahl wissenschaftliche Kriterien eine Rolle: Die Station sollte an einer Stelle errichtet werden, an der man aufschlußreiche wissenschaftliche (insbesondere meteorologische und erdmagnetische) Daten zu messen erwartete, andererseits sollte sich die deutsche Station sinnvoll in das Netz der übrigen einfügen. Nachdem das Ostgrönlandprojekt aufgegeben worden war, erwog man Jan Mayen als Standort, da aber eine österreichisch-ungarische Expedition zu diesem Zwecke dorthin entsandt werden sollte, mußte man auch diesen Plan fallen lassen. Schweden hatte sich für die Besetzung Spitzbergens mit einer Station entschieden, Rußland besetzte die Lena-Mündung und Möllerbucht auf Novaja Zemlja, Holland entschloß sich für den Dickson-Hafen, Norwegen besetzte Bosekop (Finmarken), Dänemark Godthaab, die Vereinigten Staaten Point Barrow und Lady Franklin Bay, während England und Kanada sich für Fort Rae entschieden.

noch umgebaut, um die große Menge an Ausrüstungsgegenständen der Expedition aufnehmen zu können. Dr. Börgen konstatierte schließlich zufrieden: »Trotz der ausserordentlichen Beschränktheit des Raumes wurde doch Dank der vorzüglichen Stauung und dadurch, dass eine ziemlich hohe Deckladung genommen wurde, Alles hineingebracht, ohne dass etwas Wesentliches hätte zurückgelassen werden müssen.«[13]

Am 28. Juni morgens um 4 Uhr verließ die GERMANIA unter Leitung von Kapitän Mahlstede mit den Mitgliedern der »Nordexpedition« die Elbe. Am 1. August erreichte sie Kap Mercy am Eingang in den Cumberland-Sund. Dichtes Treibeis verhinderte ein Weiterfahren: »So trieben wir denn bis zum 12., immer in Sicht der hohen, schroff an das Meer abfallenden Vorgebirge, in bald geringerer, bald größerer Entfernung von ihnen. Schon diese Formationen zeigten den völlig öden Charakter der ganzen Gegend.«[14] Schließlich gelang es der GERMANIA am 12. August, in den Sund einzulaufen. Sie segelte die Nordostküste entlang und erreichte nach fünf Tagen die dort gelegene schottische Walstation.

Nach kurzem Zwischenstopp ging die GERMANIA noch einmal unter Segel, um einen endgültigen Stationsstandort zu suchen. »Die Passage in diesem Fjord ist mit großen Schwierigkeiten verknüpft, da das Fahrwasser am Eingange ganz ausserordentlich schmal ist und in diesem Engpass, der auf beiden Seiten durch zwar nicht sehr hohe, aber jäh in die See abfallende Felswände begrenzt wird, eine ausserordentlich starke Gezeitenströmung (6–8 sm) läuft, so dass ein Schiff wie die GERMANIA nur bei sehr günstiger Windrichtung oder unter Zuhülfenahme von Böten, welche das Schiff bugsiren (wie wir es in der That theilweise thun mussten) die Durchfahrt bewirken kann.«[15] Und das war nicht ganz ungefährlich: »Plötzlich faßt der aus den Engen kommende Ebbestrom das Schiff und da hilft kein Rudern mehr, unwiderstehlich werden die Boote mit zurückgerissen und die GERMANIA treibt gegen die Felsen! – Der Anker geht nieder, – er hält nicht! – der zweite Anker rasselt hinab – auch er schrammt auf den Felsen mit unheimlichem Geräusche nach, was an der Kette an Bord, wird nachgesteckt – endlich, endlich, fast handbreit vom steilen Felsenufer kommt das Schiff zum Stehen. Noch eine Minute und die GERMANIA wäre verloren gewesen. – So mußten wir in äußerst gefährdeter Lage die Nacht verbringen, noch um 2 Uhr Nachts brachten wir den Reserveanker im Boot an die gegenüberliegende Küste und holten, so weit möglich, die GERMANIA mit einer starken Trosse vom Felsen ab, dem wir aber noch immer so nahe waren, daß wir mit langen Bootshaken denselben erreichen konnten.«[16]

25 bis 30 Seemeilen vom Eingang des Fjordes erreichte die GERMANIA schließlich am 24. August den Stationspunkt, auf 66° 36′ Nord 67° 13′ West, und noch am gleichen Tag wurden die ersten astronomischen und erdmagnetischen Bestimmungen an Land vorgenommen, dann begann man mit der Errichtung der Hütten. Am 7. September wurde die Station bezogen, und einen Tag später ging die GERMANIA auf Heimatkurs. Sie war am 23. Oktober in Hamburg zurück. Die Stationsbewohner hingegen hatten am 15. September begonnen, ihre regelmäßigen Messungen vorzunehmen, und damit pendelte sich auch der Lebensrhythmus auf der Station ein. Der normale Arbeitstag auf der Station begann um 7 Uhr mit dem Frühstück. »Hatte man des Nachts Wache gehabt, so war das Aufstehen manchmal schwierig, aber es konnte im Interesse der namentlich unter unseren Verhältnissen dringend nothwendigen Ordnung nicht für Einzelne die Mahlzeit verschoben werden, und es mußte durchaus der Grundsatz festgehalten werden, dass derjenige, welcher nicht zur rechten Zeit erschien, seine Ansprüche verwirkt hatte, sofern nicht der Dienst als Ursache der Abhaltung ins Feld zu führen war.« Sehr oft kann das allerdings nicht der Fall gewesen sein, denn weiter wurde berichtet: »Schon nach wenigen Monaten unseres Aufenthaltes in Kingua-Fjord ergab eine vorgenommene Wägung eine durchschnittliche Zunahme des Körpergewichts von 2–4 Pfund pro Mann.«[17] Dennoch gab es Klagen, so »konnte die Vertheilung des mitgegebenen Proviants nicht ganz so erfolgen, wie es für uns am zweckmäßigsten wäre, da die Ansprüche einiger der Herren durchaus nicht immer mit den Umständen in Einklang zu bringen waren, wie es vernünftigerweise hätte der Fall sein sollen«.[18] Doch abgesehen von diesen »kleinen« Unstimmigkeiten verlief das Leben auf der Station reibungslos. Besondere Ereignisse im Alltag der Station waren zwei Schlittenreisen im Mai 1883, die den Zweck hatten, die Umgebung der Station zu erkunden, geologische Untersuchungen

durchzuführen und soweit wie möglich das Gebiet kartographisch aufzunehmen.

Eine weitere Unterbrechung im Stationsalltag stellten die Polarlichtbeobachtungen dar: »Es gewährten uns die Polarlichterscheinungen häufig einen wundervollen Anblick. Ringsum die tiefe Ruhe der Polarnacht, höchstens unterbrochen durch das ferne Krachen des berstenden Eises, und am sternklaren Himmel fort und fort wechselndes, scheinbar regelloses Dahinfluten der prächtigen Lichtentwicklungen. – Bald scheint ein aus feinsten Strahlen gewebter Vorhang anmuthig drapiert von den Sternen herab zu wallen, dessen leichter Faltenwurf wie von sanftem Winde bewegt, in jedem Momente einen anderen Anblick gewährt. – Kaum ist die eine Erscheinung über dem Haupte dahin gezogen, so verschwindet sie ebenso lautlos, wie schon vorher wieder eine andere entstanden. – Bald ist der ganze Himmel wie mit wehenden Elfenschleiern bedeckt und die wogenden Lichtstreifen vereinigen sich dann häufig zu fächerförmigen Strahlenkronen um den Ort des magnetischen Poles.«[19]

Am 8. September 1883, einen Monat später als geplant, wurde die Gruppe von der GERMANIA wieder abgeholt. An Bord war ein weiterer Wissenschaftler, Franz Boas, damals gerade 25 Jahre alt, der in den kommenden Monaten geographische und ethnographische Arbeiten in Baffinland durchführen wollte. Im Jahr darauf würde ein Walfangschiff ihn wieder abholen und in die Vereinigten Staaten bringen. Boas, der Geographie und Naturwissenschaften studiert hatte und in Kiel 1881 bei dem Ozeanographen Otto Krümmel mit einer Arbeit über »Beiträge zur Kenntnis der Farbe des Wassers« promoviert hatte, wurde während dieser Reise durch seine Berührung mit den Eskimos zum Ethnologen.*

Die Mitglieder der deutschen Polarstation waren nach der langen Wartezeit auf die GERMANIA sehr erleichtert: »Nun gelangten wir auch endlich in den Besitz der Briefe und Zeitungen aus

---

* Boas kehrte 1885 nach Deutschland zurück, habilitierte sich in Berlin für Geographie und nahm eine Anstellung am Berliner Museum für Völkerkunde an. Später führte er eine Forschungsreise zu den nordwestamerikanischen Küstenindianern durch und siedelte dann in die Vereinigten Staaten über. 1899 wurde er Professor an der Columbia-Universität. Er widmete seine Studien vor allem den amerikanisch-asiatischen Kulturzusammenhängen.

der Heimath! Jeder hatte auf einige Zeit jetzt mit sich selbst zu thun, um alle die Grüße und Berichte der fernen Lieben wieder und wieder zu lesen.« – »Von allgemeinen Neuigkeiten aus der civilisierten Welt erregte am meisten unser Interesse der große vulkanische Ausbruch des Krakatau,* der ja nachmals in der wissenschaftlichen Welt noch so viel ›Staub aufgewirbelt‹ hat.« – »Die mit uns gleichzeitig in Kekkerten anwesende Brigg KATHARINE nahm eine Kopie unserer Beobachtungsbücher, welche in den letzten Monaten auf der Station angefertigt worden war, mit nach Schottland, um so für den Fall eines Unglücks wenigstens die wichtigsten Resultate gesichert zu wissen.«[20]

Am Abend des 15. Oktober 1883 passierte die GERMANIA Helgoland. Georg Neumayer war der Expedition entgegengefahren und begleitete sie nun elbaufwärts. Morgens um 4 Uhr am 17. Oktober ging die GERMANIA auf der Höhe von St. Pauli vor Anker.

Auch die beiden anderen am Internationalen Polarjahr beteiligten deutschen Expeditionen verliefen wie geplant. Die Südexpedition war am 2. Juni 1882 mit der RIO in See gestochen, und als letzter trat schließlich Dr. Koch seine Reise nach Labrador zu den Missionsstationen an. Er schiffte sich auf dem jährlich von London nach Labrador fahrenden, der Herrnhuter Missionsgemeinschaft gehörenden Bark HARMONY ein. Hamburg hatte er am 7. Juli 1882 verlassen, und er erreichte die HARMONY am 14. Juli in Stromness auf den Orkney-Inseln. Am 10. August kam er im Hafen von Hofenthal an. Während Dr. Koch bereits in den Missionsstationen die meteorologischen Meßgeräte aufstellte, war die MOLTKE unter Kapitän Pirner mit den Mitgliedern der Südexpedition auf dem Weg nach Südgeorgien. Wohlbehalten hatten die Expeditionsteilnehmer unter Dr. Carl Schrader mit der RIO Montevideo erreicht und sich anschließend auf der MOLTKE eingeschifft, die sie zu ihrem endgültigen Ziel bringen sollte. Sie nutzten die ersten Tage, um sich an Bord umzu-

---

* Der Krakatau ist eine vulkanische Insel in der Sunda-Straße zwischen Sumatra und Java. Durch den Ausbruch von 1883 wurde die Insel gesprengt und von 30,5 auf 10,5 km² verkleinert; eine gewaltige, bis 36 m hohe Flutwelle richtete besonders auf Java und Sumatra furchtbare Verheerungen an und wurde bis Südamerika, Réunion und Mauritius verspürt. 40 000 Menschen kamen um. Eine 70 m hohe Aschenschicht bedeckte die Insel.

sehen und einzuleben: »Der Aufenthalt an Bord des Kriegsschiffes bot uns viel Neues und Interessantes, Kommandant und Offizierscorps kamen uns in liebenswürdigster Weise entgegen. Die MOLTKE ist eine gedeckte Korvette, ein großes, stolzes Schiff mit 400 Mann, einem Kapitän zur See, einem Korvettenkapitän, 16 Offizieren, 2 Aerzten und Beamten, führt 20 24 cm resp. 15 cm Geschütze, eine Maschine mit 6 Kesseln und 24 Feuern. Die Stürme machten sich bald recht bemerkbar und hatten dieselben eine ungewöhnliche Stärke. Am 4. August z. B. ging alles darunter und darüber, es hielt kein angeschraubter Tisch mehr, Ofen und Ofenschirme, Gläser, Teller fielen durcheinander und wir eben Skat spielende Herren fanden uns plötzlich zu dreien auf dem Boden sitzend, ein Ensemble, welches zu ungeheurer Heiterkeit Anlaß gab.«[21]

Nach der zum Teil stürmischen Überfahrt erreichten sie Südgeorgien. Einen geeigneten Ankerplatz fanden sie in der Royal-Bucht, wo die Station über dem »Moltke-Hafen« errichtet wurde. Jetzt erwies sich die große Zahl von Besatzungsmitgliedern als vorteilhaft: »Der Bau der Holzhäuser, des Viehstalles und der eisernen Drehkuppel ging rasch von Statten, da wir meist über 100 Mann an Land hatten, welche den oft 1 ½–2 m tiefen Schnee wegschaufelten, das darunter befindliche Eis wegpickten, Entwässerungsgräben zogen und Steine und Sand vom Strande zur Fundierung der 22 Instrumentenpfeiler holten.«[22]

Nachdem die Station fertig war, ließ die MOLTKE die Expedition am 3. September 1882 allein zurück, natürlich nicht ohne zünftige Verabschiedung. »Nach einem solennen Abschiedsessen am 2. September erhielten wir an Land den Abschiedsbesuch des Kapitäns und des Offizierscorps; das Bild seiner Majestät des Kaisers wurde im Salon aufgehängt und nach einem herzlichen Lebewohl fuhren die Herren an Bord; gegen 5 Uhr mittags wurden die Anker gelichtet und die Korvette dampfte langsam aus der Bai in die offene See hinaus. Wir bestiegen noch schnell eine benachbarte Anhöhe mit weiter Aussicht auf die See.«[23] Dann war die Gruppe allein, der Alltag begann, der dem der Nordstation in vielem ähnlich war: »Unser tägliches Leben war nach einem gemeinschaftlichen Plane geregelt. Wir hatten einen Proviantmeister, welchem die Buchführung über den Proviantverbrauch, die Bestimmung der Mahlzeiten sowie die Anweisung des Kochs zufiel, dann einen Weinvorstand, welcher alle Getränke, die jeder einzelne dem pro Monat vorgesehenen Quantum zu entnehmen berechtigt war, verbuchte. Diese beiden Ämter wurden alle vier Monate durch Wahl neu besetzt. Außerdem erwähne ich noch eine mir obliegende Beschäftigung: die Buchführung über das gesamte Inventar, Küchengeschirr, Mobiliar, Instrumente, Werkzeuge, Taue, Holz, Petroleum, Lampen und Cylinder u. A. – Die Mahlzeiten bestanden aus einem guten Frühstück mit Kaffee oder Thee, Lachs, Häring oder Schinken, sowie Butter und Brot. Außer dem mitgenommenen Hartbrot hatte der Koch wöchentlich zweimal schwarzes und weißes Brot zu backen. Um 12 Uhr kam das zweite Frühstück mit einer ausgiebigen, schmackhaften Speise, dann Kaffee. Abends um 7 resp. 6 Uhr folgte das Mittagessen, welches aus Suppe, zweierlei Fleischspeisen, öfter auch noch einer Mehlspeise und darauf folgendem Thee bestand. Unser Koch war ein Meister in seiner Kunst. Gute Weine und Getränke, z. B. siebnerlei Bier, fehlten nicht; wenngleich letzteres auch nur in homöopathischen Dosen genossen werden konnte, so war unsere Verpflegung, welche auf 16 Monate berechnet war, doch eine vorzügliche zu nennen. Wir brachten noch Proviant und Getränke mit nach Hamburg zurück.

Außerdem hatten wir eine etwa 150 Bände zählende wissenschaftliche Bibliothek und (Dank der Güte so vieler Freunde aus nah und fern) eine noch zahlreichere belletristische. Die Hauptabwechslung brachten immer erstens die Exkursionen zu Wasser und zu Land, und zweitens die Geburts- und Feiertage. Für die Wasserfahrten stand uns ein in Hamburg gebautes vortreffliches Walfischfängerboot zur Verfügung.«[24]

Neben den international vereinbarten Messungen, die am 16. September 1882 begannen, legten die Wissenschaftler der Südstation umfangreiche botanische, zoologische und geologische Sammlungen an. So hatte man beispielsweise 52 Arten von Landpflanzen gefunden. Darunter waren die Laubmoose mit 20 Arten am zahlreichsten, ferner wies die Sammlung 12 Arten von Blütenpflanzen aus. Die Flechten waren mit etwa 10 Arten vertreten. Darüber hinaus brachte man verschiedene Süßwasseralgen und sogar einen kleinen Hutpilz mit. Mehr als 50 Arten Meeresalgen waren in Spiritus konserviert. Besonders stolz war man allerdings auf die zoologische Sammlung, die Vogelskelette, Federn, Felle usw. enthielt und allein 18 Kisten füllte.

Der Ausbruch des Krakatau, von dem die Mitglieder der Nordexpedition erst bei ihrer Rückkehr erfuhren, wurde in Südgeorgien direkt registriert. Im Expeditionsbericht heißt es dazu: »Die Erdbebenwellen beginnen etwa am 27. August um 2 h 25 m pm.«[25]

Kurz darauf, am 1. September 1883, kam die deutsche Kriegskorvette MARIE unter Kapitän Krokisius, um die Mitglieder der Expedition wieder abzuholen. »Die letzten Tage unseres Aufenthaltes bestanden aus Arbeit Tag und Nacht. Wenn man bedenkt, daß vom 2. September morgens angefangen, alle Instrumente demontiert, eingepackt und die Zinkkisten verlötet, der noch übrige Proviant, Wein, Rum, Bier, das Mobiliar an Dekken, Matratzen, Bettzeug, nachts oft bis 3–4 Uhr morgens unsere Privatsachen eingepackt wurden und am Abend des 4. September alles – 207 Kisten – an Bord der Korvette verstaut war, dann wird wohl jedermann die Arbeitsleistung, welche in dieser Zeit jedem oblag, verstehen«,[26] berichtete später E. Mosthaff. Am 5. September – »mittags um 2« – verließen sie Südgeorgien: »Ein eigentümliches Gefühl bewegte wohl die meisten, als wir die nun verlassenen Hütten der Station allmählich verschwinden sahen, wo wir ein Jahr zugebracht, und trotz der Freude über das Zurückkehren in die civilisierte Welt konnte auch ein wehmütiges Gefühl des Schwindens von dem Orte seinen Platz finden. Die herrlichen Gletscher und Firnen blieben noch lange sichtbar; gegen Abend war auch der letzte Streif unserer Insel verschwunden und bald wird es auch dort in der Einsamkeit heißen: ›Ihre Dächer sind zerfallen‹.«[27]

Der Chronist sollte recht behalten. Fast 30 Jahre später, im Oktober 1912, besuchten Teilnehmer der Zweiten Deutschen Antarktisexpedition unter Wilhelm Filchner, die mit der DEUTSCHLAND Kurs auf die Antarktis genommen hatten, mit dem eigens für diesen Ausflug geliehenen Walfangschiff UNDINE die Station. Der an der Filchnerschen Expedition beteiligte Astronom Przybyllok beabsichtigte hier sogar erneut Messungen vorzunehmen. Nachdem er die erste Nacht in einem Zelt in der Nähe verbracht hatte, begann er, »die Station unserer Vorgänger aus dem Jahre 1882/83 zu prüfen, das Ergebnis war aber ein recht unerfreuliches; die Beobachtungshäuser waren durch Wind und Wetter zerstört, sogar die Beobachtungspfeiler waren umgestürzt, erhalten war nur die eiserne Drehkuppel. Das Wohnhaus war noch am besten imstande, aber bis über 2 m hoch mit Schnee ausgefüllt, der durch das schadhafte Dach eingedrungen war. Allein ein kleines ›Zimmer‹, wenn man diesen euphemistischen Ausdruck gebrauchen darf – der ehemalige Proviantraum – schien sich einigermaßen für eine Wohnung zu eignen. Da das Wetter heute ruhiger geworden war, hatte die UNDINE nochmals die Bucht aufgesucht und zu unserer Arbeitshilfe auf einige Stunden ein paar Matrosen gelandet. Der Zimmermann besserte zunächst das Dach mit einigen Wellblechplatten aus, während wir daran gingen, aus dem Innern mit Schaufel und Eispickel den zusammengefrorenen Schnee zu entfernen. Auf dem Fußboden freilich blieb eine mehrere Zoll starke Eisschicht haften, über die wir einen Bretterfußboden legten. Auch das Fenster wurde notdürftig abgedichtet mit Hilfe von zwei leidlich erhaltenen Fensterflügeln, die sogar 4 unzerbrochene Scheiben enthielten. An einer Wand befanden sich noch Regale, die zu 3 Kojen umgewandelt wurden. Nachmittags verließ die UNDINE wieder die Royal-Bay«.[28] Dr. Przybyllok blieb zurück und arbeitete hier bis zum 31. Oktober 1912.

Auch die METEOR ging auf ihrer großen Atlantischen Expedition am 8. Februar 1926 im Moltke-Hafen von Südgeorgien vor Anker. Kapitän Spieß berichtete darüber: »Bei Dunkelwerden wurde die Royalbucht unter Sturm und Regen erreicht und im Moltke-Hafen geankert. Der seit einigen Tagen wehende starke Südostwind ließ schwere See in die Royalbucht hineinstehen, und an den folgenden Tagen stand an der ganzen Küste des Moltke-Hafens hohe Brandung. Trotzdem wurde an der einzig möglichen Stelle, am Sandstrand von ›Scheveningen‹ bei dem Whalertal etwa eine Stunde mühsamen Weges von den Expeditionsgebäuden entfernt, unter Schwierigkeiten eine Landung unternommen, indem von dem außerhalb der Brandung verankerten Kutter auch das Dingi mit einer Leine durch die Brandung gefiert und ebenso zum Kutter geholt wurde. Eine Untersuchung der Station der Deutschen Südpolarexpedition ergab folgendes: Das große Wohnhaus ist bis auf den Boden abgebrannt, die anderen Gebäude stark zerstört, das Gitterwerk der

Drehkuppel der Sternwarte noch gut erhalten. Die gemauerten Beobachtungspfeiler sind umgeworfen, bis auf einen, der für die beabsichtigte Längen- und Breitenbestimmung vorgesehen wurde, die Wasserstandsmarken, Fixpunkte sind noch vorhanden und in gutem Zustande, das Podest für den Gezeitenschreiber gut erhalten. In einer zerbrochenen Flasche wurde ein von Dr. Schrader unterschriebenes Dokument, sowie eine Zeitung aus dem Jahre 1882 gefunden. Auf dem Rückwege an Bord wurde der Krokisiusberg erstiegen, um die beiden dort von der Südpolarexpedition niedergelegten Extremthermometer abzulesen. Die Stelle, durch rote Farbe sowie einen umgefallenen Flaggenmast gekennzeichnet, wurde gefunden, aber kein Thermometer, dafür eine Blechdose mit Karten der Herren Dr. Felix König und Dr. W. v. Goeldel, die beiden Mitglieder der Filchnerschen Expedition.«[29]

Dr. Schrader und die Mitglieder der Expedition des Internationalen Polarjahres hatten am 25. September 1883 mit der MARIE Montevideo erreicht, und im November trafen sie schließlich mit der Nordexpedition in Hamburg zusammen. Inzwischen hatte auch Dr. Koch Abschied von Labrador genommen: »Und mir selbst wurde ebenfalls nach einem 13monatigen Aufenthalte, der manchem civilisierten Menschen durchaus nicht verlockend erscheinen mag, eigentümlich ums Herz, als die unwirtliche Küste im September vorigen Jahres langsam am westlichen Horizonte meinen Blicken entschwand. Am 6. Oktober 1883 betrat ich nach einer Abwesenheit von 16 Monaten wohlbehalten wieder die Londoner Docks, erstaunt und bedrückt zugleich durch die Menschenmenge auf den Straßen, den Komfort und den Luxus der ungeheuren Stadt.«[30]

Die gesammelten Daten und Beobachtungen des Internationalen Polarjahres wurden zur Auswertung an zahlreiche Institute geschickt, in Deutschland gingen sie nach Breslau, Göttingen und München.

Weyprecht, der den Plan des Polarjahres initiiert hatte und die österreichische Station auf Jan Mayen hatte leiten sollen, erlebte den Erfolg seiner Arbeit nicht mehr. Er starb am 29. März 1881.

Genau 50 Jahre nach dem ersten Polarjahr fand vom 1. August 1932 ab ein zweites Internationales Polarjahr (1932/33) statt. Die Initiative zu diesem bis dahin wohl größten Unternehmen seiner Art ging wiederum von deutscher Seite aus. Johannes Georgi, ein Mitglied der Wegenerschen Grönlandexpedition von 1930, sprach den Gedanken aus, den die Seewarte sofort aufgriff. 49 Staaten, von denen allerdings nur 14 in der Arktis selbst Stationen anlegten, beteiligten sich. Das durch Weltkrieg und Inflation gehandikapte Deutschland konnte sich jedoch nur mit einer privaten Station in Arsuk (Südgrönland) beteiligen. Der inzwischen erheblich fortgeschrittenen Entwicklung der Meteorologie und Geophysik und ihrer zunehmenden Bedeutung für Wissenschaft und Praxis Rechnung tragend, war ein sehr umfangreiches Arbeitsprogramm vorgesehen, das – wie schon fünfzig Jahre zuvor – nur in internationaler Zusammenarbeit durch gleichzeitige, nach einheitlichen Vorschriften angestellte Beobachtungen zu lösen war. Jede Stunde und am 1. und 15. jeden Monats sogar alle fünf Minuten fanden Ablesungen statt. Und selbstverständlich genügten nicht nur Beobachtungen auf der Erdoberfläche. »Wir müssen vielmehr auch Messungen in höheren Luftschichten vornehmen, müssen senkrechte Schnitte durch die Atmosphäre mittels Pilotballon-, Drachenaufstiegen und Luftsonden vornehmen, d. h. die Luftmassen als Ganzes, als ›Körper‹ betrachten. Luftelektrische und Strahlungsmessungen, Beobachtungen von Nordlicht und der Zusammenhänge zwischen magnetischen Störungen und Nordlicht sind ebenfalls erwünscht«,[31] schrieb Max Grotewahl, einer der beiden deutschen Beobachter, in der Zeitschrift »Polarforschung«. Das Programm der deutschen Teilnehmer, Dr. Grotewahl aus Kiel und Dr. Kern aus Breslau, umfaßte dabei folgende Punkte: »1. Meteorologische Messungen; 2. Nordlichtbeobachtungen zusammen mit der dänischen Station in Julianehaab; 3. Magnetische Messungen; 4. Strahlungsmessungen«.[32] Die Wissenschaftler waren am 9. Oktober 1932 mit dem Schiff JULIUS THOMSEN der »Kryolith-Mine und Handelsgesellschaft« in Kopenhagen aufgebrochen und erreichten Ivigtut auf Grönland am 21. Oktober. Ursprünglich sollte die deutsche Station in der Siedlung Arsuk liegen, doch vor Ort entschlossen sich Grotewahl und Kern, auf die Außenschäre Kajartalik (61° 10′ N; 48° 31′ W) zu gehen, da hier die meteorologischen Beobachtungsmöglichkeiten besser waren: »Kajartalik eignet sich ausgezeichnet für meteorologische Beobachtungen«, notierte Max

Grotewahl. »Infolge der flachen, schildkrötenartigen Form und der Lage im Meer – genügend entfernt von der Küste – entstehen fast keine lokalen Einflüsse (keine Änderung der Windrichtung, -stärke, Temperatur usw.); der ausgezeichnete Naturhafen (7–15 m tief) ist geschützt gegen alle Winde; nur bei Südwest-Sturm entsteht etwas Dünung.

3 ½ m unter dem höchsten Punkt der Insel (26 m) ist das Stationshaus errichtet worden. Es besitzt einen Beobachtungsturm, der 4,30 m hoch ist, so daß man von seiner Peilscheibe aus (mit Azimuteinteilung) einen durch die Insel ungehemmten freien Blick zum Horizont hat.

Die Station ist für vier Mann z. Zt. derart eingerichtet, daß jeder seine eigene Koje und seinen eigenen Arbeitsplatz hat.

50 m nördlich des Hauses steht die Thermometerhütte, 150 m südwestlich das eisenfreie magnetische Haus. Dieses ist mit Einsteigeschacht (bei hoher Schneelage im Winter) und mit einem als Lichtschleuse wirkenden Vorraum gebaut, so daß photographische Registrierungen möglich sind. Als Baumaterial für Stationshaus und magnetische Hütte sind Steine verwandt worden (auf der Insel selbst gebrochen); die Innenverkleidung, Dach und Dachstock sind aus Holz. Die Steinwände verjüngen sich nach oben, um strebepfeilerartig zu wirken und um einen besseren Wandabfluß zu gewährleisten. Die größte Dicke der Mauer – im unteren Teil der den Stürmen am meisten ausgesetzten Ostwand – beträgt 2,50 m; das Haus hat sich widerstandsfähig erwiesen, gegenüber den stärksten Orkanen im Winter.«[33] Ferner besaß die kleine Station noch ein 5 m langes, flachgehendes Ruderboot mit 2-PS-Motor und ein Faltboot mit einem Außenbordmotor. Vor allem aber unterschieden sich die Stationen des Polarjahres 1932 von ihren Vorgängerinnen 50 Jahre zuvor durch eine Einrichtung: »Die Station besitzt z. Zt. einen 4-Röhrenempfänger, der ausgezeichneten Empfang mit Europa, Kanada und den U. S. A. gewährleistet«,[34] berichtete Grotewahl.

Im Frühjahr erhielt das Stationsteam Verstärkung. Am 6. Mai 1933 hatten sich die Wissenschaftler Dr. Burkert und Frank Albrecht, die auf der grönländischen Station noch einige Sonderbeobachtungen vornehmen wollten, in Kopenhagen auf der HANS EGEDE eingeschifft. In den Sommermonaten des Jahres 1933 gelang es den nunmehr vier Wissenschaftlern, einen 250 Kilometer langen Küstenstreifen – zum Teil mit dem Faltboot – magnetisch zu erfassen.

Alle fünfzig Jahre, so war das Konzept, sollten künftig solche Polarjahre durchgeführt werden. Es kam anders. Vor allem die geophysikalischen Disziplinen hatten in unserem Jahrhundert solche Fortschritte gemacht, daß es nicht sinnvoll schien, mit einem neuen gemeinsamen Projekt so lange zu warten. Am 5. April 1950 schlug der amerikanische Wissenschaftler Lloyd Berkner im Gespräch mit dem englischen Geophysiker Sydney Chapman während eines Abendessens im Hause eines gemeinsamen Freundes ein neues, ein drittes »Polarjahr« vor. In dem belgischen Atmosphärenforscher Marcel Nicolet fanden sie einen dritten im Bunde.

Im »Internationalen Rat der Wissenschaftlichen Gesellschaften« (ICSU = International Council of Scientific Unions), der einen internationalen wissenschaftlichen Dachverband darstellt, fiel ihr Vorschlag auf fruchtbaren Boden. Der ICSU beauftragte einen Sonderausschuß, das Comité Special de l'Année Géophysique Internationale (CSAGI), ein Programm für das Internationale Geophysikalische Jahr zu erstellen. Die Aufgabe des IGY (International Geophysical Year) bestand in der eingehenden Untersuchung der Erde als Planet, in der auf über den ganzen Erdball verteilten Stationen Messungen der Luft- und Wasserhülle vorgenommen werden sollten.

Das IGY dauerte 18 Monate, vom 1. Juli 1957 bis zum 31. Dezember 1958. Wissenschaftler unterschiedlicher Disziplinen aus 67 Nationen waren an den Forschungen beteiligt.

Die Bundesrepublik Deutschland partizipierte am meereskundlichen Forschungsprogramm des Internationalen Geophysikalischen Jahres 1958. Es waren insgesamt fünf große ozeanographische Forschungsprogramme geplant, an denen rund 40 Länder mitarbeiteten. Durch die Unterstützung der Deutschen Forschungsgemeinschaft, des Bundesministeriums für Ernährung, Landwirtschaft und Forsten sowie des Bundesministeriums für Verkehr konnte sich die Bundesrepublik Deutschland mit dem Fischereiforschungsschiff Anton Dohrn und dem Vermessungs- und Forschungsschiff Gauss an einem dieser Programme, dem Polar-Front-Survey (Polarfront-Programm) im nördlichen Nordatlantischen Ozean, beteiligen.

Schon in der Vorbereitungsphase des IGY hatte sich abgezeichnet, daß sich Argentinien, Australien, Belgien, Chile, Frankreich, Großbritannien, Japan, Neuseeland, Norwegen, Südafrika, die UdSSR und die USA an den wissenschaftlichen Arbeiten in der Antarktis beteiligen würden; andererseits kristallisierte sich bereits bei diesen Vorbereitungen heraus, daß die vorgesehenen 18 Monate des Programms ohnehin nur den Beginn intensiver wissenschaftlicher Arbeiten auf diesem Kontinent darstellen könnten. Auf Initiative des International Council of Scientific Unions konstituierte sich 1958 in Den Haag eine Kommission, die sich ausschließlich mit den wissenschaftlichen Arbeiten in der Antarktis befaßte. 1961 erhielt sie ihren heutigen Namen »Scientific Committee on Antarctic Research« (SCAR, Wissenschaftliches Komitee für Antarktisforschung). SCAR ist bis heute das wichtigste Gremium für die Koordination der Antarktisforschung. Hier werden wissenschaftliche Programme vorbereitet, internationale Zusammenarbeit koordiniert, Informationen ausgetauscht oder auch logistische Probleme angesprochen. Ferner hat SCAR beratende Funktion bei den Regierungen der Vertragsstaaten. Die DDR und die Bundesrepublik Deutschland wurden 1981 Mitglieder von SCAR.

Die Arbeit des Internationalen Geophysikalischen Jahres hatte noch etwas anderes gezeigt: Es war möglich gewesen, nationale Ansprüche während dieser Monate zugunsten von wissenschaftlicher Kooperation zurücktreten zu lassen. Die Tatsache, daß eine große Anzahl von Folgeprojekten entstand, löste Überlegungen aus, ein Übereinkommen vorzubereiten, das auch künftig die Fortsetzung und die Freiheit gemeinsamer Forschung sichern und die Antarktis friedlicher Nutzung vorbehalten sollte. Diese Erwägungen führten letztlich dazu, daß 1959 der Antarktisvertrag entstand, der am 23. Juni 1961 in Kraft trat. Die Bundesrepublik Deutschland wurde am 3. März 1981 Mitglied der Konsultativrunde des Antarktisvertrages, die DDR am 5. Oktober 1987.

Anmerkungen

1 Die internationale Polarforschung 1882–1883. Die Deutschen Expeditionen und ihre Ergebnisse. Band 1. Berlin 1891, S. 7f.

2 Zitiert nach: Tiggesbäumker, Günter: Carl Weyprecht 1838–1881. In: Polarforschung 51 (2), S. 216f.

3 Ebd., S. 217.

4 Wie Anm. 1, S. 9.

5 Neumayer, Georg: Auf zum Südpol! 45 Jahre Wirkens zur Förderung der Erforschung der Südpolarregion 1855–1900. Berlin 1901, S. 165.

6 Wie Anm. 1, S. 12.

7 Ebd.

8 Börgen, Carl: Die internationalen Polarexpeditionen. In: Deutsche Geographische Blätter 5, 1882, S. 291.

9 Ebd., S. 291–92.

10 Ebd., S. 293.

11 Ebd., S. 294.

12 Ebd.

13 Ebd., S. 298.

14 Bemerkungen über den Cumberland-Sund und seine Bewohner. In: Deutsche Geographische Blätter 6, 1883, S. 347.

15 Ebd., S. 348.

16 Zitiert nach: Panzram. Heinz: Einhundert Jahre internationale Polarforschung. Unveröff. MS.

17 Wie Anm. 1, S. 69.

18 Ebd.

19 Ebd., S. 76.

20 Ebd., S. 81.

21 Mosthaff, E.: Reise nach Süd-Georgien. In: Deutsche Geographische Blätter 7, 1884, S. 114.

22 Ebd., S. 115.

23 Ebd.

24 Mosthaff, E.: Leben und Arbeiten in der Station. In: Deutsche Geographische Blätter 7, 1884, S. 146.

25 Die internationale Polarforschung 1882–1883. Die Beobachtungs-Ergebnisse der deutschen Stationen. Band 2. Süd-Georgien und das magnetische Observatorium der Kaiserlichen Marine in Wilhelmshaven. Berlin 1886, S. LVI.

26 Mosthaff, E.: Die Rückreise. In: Deutsche Geographische Blätter 7, 1884, S. 150.

27 Ebd., S. 151.

28 Zitiert nach: Filchner, Wilhelm: Zum sechsten Erdteil. Die zweite Deutsche Südpolar-Expedition. Berlin 1922, S. 99.

29 Spieß, Fritz: Die METEOR-Fahrt. Forschungen und Erlebnisse der Deutschen Atlantischen Expedition 1925–27. Berlin 1928, S. 197.

30 Koch, K. R.: Die Küste Labradors und ihre Bewohner. In: Deutsche Geographische Blätter 7, 1884, S. 163.

31 Grotewahl, Max: Bericht über die Arbeiten der deutschen Polarstation 1932/33. In: Polarforschung 3, 1933, 1, S. 10.

32 Grotewal, Max: Erster Bericht von unserer deutschen Polarstation 1932–33. In: Polarforschung 2, 1932, 2, S. 2f.

33 Grotewahl, Max: Die deutsche Polarstation Kajartalik. In: Polarforschung 4,
   1934, 2, S. 3 f.
34 Ebd., S. 4.

Polarforschung der DDR

Am Morgen des 1. Februar 1960 herrschte antarktisches Sommerwetter über dem Gebiet der sowjetischen Forschungsstation »Mirnyj«. Die helle Sonne, das blendende Weiß des Schnees und der küstennahen Eisberge stachen dem Meteorologen Dr. Günter Skeib geradezu in die Augen, als er aus seiner Hütte kletterte. Nur langsam konnte er sich an das gleißende Licht gewöhnen. Schließlich ließ er seinen Blick hinüberwandern zum Liegeplatz der beiden Schiffe OB' und KOOPERACIJA. Doch der Platz, wo die beiden Versorger noch am Abend zuvor gelegen hatten, war leer. »Ich hatte es mir vorher oft in Gedanken ausgemalt, wie wir Überwinterer an der Küste stehen würden, mit gemischten Gefühlen den scheidenden Schiffen nachschauend. Irgendwie ›dramatisch‹ müßte die ganze Stimmung sein; doch nun waren die Schiffe einfach weg. Kein Sirenengeheul hatten wir bei unserem gesunden Schlaf vernommen, keine roten Leuchtkugeln gesehen – nichts.«[1] So begann die erste Überwinterung eines Forscherteams aus der DDR in der Antarktis.

Das Internationale Geophysikalische Jahr (IGY) 1957/58 hatte das Interesse der Wissenschaftler in der DDR wachgerufen, aktiv in der Polarforschung mitzuarbeiten. Bereits in den Anfangsphasen der Planung hatten sie ihr Interesse bekundet, am IGY mit Expeditionen teilzunehmen. So war seinerzeit zunächst die Kooperation mit einer französischen Grönlandexpedition beabsichtigt, und darüber hinaus sollte eine astrophysikalische Gruppe in die Walfischbucht nach Südafrika entsandt werden. »Beide Vorhaben scheiterten an der damaligen gespannten politischen Situation«,[2] resümierte später Bodo Tripphahn, der in den folgenden Jahren mit der Organisation zahlreicher Expeditionen befaßt sein sollte. Unerwartet jedoch wurde auf einer Konferenz in Moskau den DDR-Wissenschaftlern der Vorschlag unterbreitet, sich mit eigenen Forschungsprogrammen an Expeditionen der UdSSR zu beteiligen.

So waren schließlich auf fünf Meßfahrten des sowjetischen Forschungsschiffes MICHAIL LOMONOSOV Wissenschaftler aus der DDR mit an Bord. Ferner erhielt die DDR die Möglichkeit, mit zwei Gruppen, bestehend aus Geodäten, Photogrammetern, Hydrologen und Meteorologen, an Expeditionen der Usbekischen Akademie der Wissenschaften in den Pamir und der Kasachischen Akademie der Wissenschaften in den Tienschan teilzunehmen. Die Expeditionen gingen vorwiegend glaziologischen Fragestellungen nach. Beide Unternehmungen gelten als »erste Schule der jungen DDR-Wissenschaft« zur Vorbereitung auf die künftige Polarforschung.

Die Leitung der deutschen Wissenschaftler innerhalb der usbekischen Expedition hatte der Geodät Dr. Georg Dittrich vom Zentralen Geologischen Institut in Berlin. Seine Gruppe arbeitete im Gebiet des Fedčenko-Gletschers an topographischen und glaziologischen Spezialkarten mit. Die Leitung der Gruppe innerhalb der kasachischen Expedition lag bei dem Meteorologen Dr. Günter Skeib. Diese Gruppe hatte die Aufgabe, im Gebiet von Saliski Alatau, vornehmlich am Tujuksu-Gletscher, neben der Arbeit an Spezialkarten hydrologische und meteorologische Forschungen auszuführen, aufgrund derer Aussagen über das Mikroklima des untersuchten Bereiches sowie den Wärme- und Strahlungshaushalt möglich sein sollten. Dabei konnte sich die Gruppe auf die Vorarbeiten von Prof. Richard Finsterwalder von der Technischen Universität München stützen, der 1928 auf einer deutsch-sowjetischen Pamir-Expedition das Gebiet des Fedčenko-Gletschers photogrammetrisch aufgenommen und kartiert hatte.

An diese mittelasiatischen Expeditionen knüpfte die Zusammenarbeit zwischen Wissenschaftlern aus der DDR und der Sowjetunion in der Antarktis nahezu nahtlos an.

Noch während die zwei Expeditionen unterwegs waren, so erinnerte sich Bodo Tripphahn später, »erreichte uns im Nationalkomitee für das Internationale Geophysikalische Jahr eine Anfrage des Geophysikalischen Komitees der UdSSR, ob die DDR sich an den sowjetischen Antarktisexpeditionen beteiligen möchte«.[3] Eine Chance, die sich die Wissenschaftler nicht entgehen ließen. Man einigte sich schließlich darauf, an der 5. Sowjetischen Antarktis-Expedition (SAE)* 1959–61 mit drei For-

* SAE: Die Sowjetunion versieht ihre Antarktisexpeditionen seit 1955 mit einer lau-

schern teilzunehmen, die in der Station »Mirnyj«[*] überwintern sollten. Zur Vorbereitung des Programms und zur Abstimmung von Detailfragen fand im Frühjahr 1959 eine Besprechung mit den Mitarbeitern des Arktischen und Antarktischen Forschungsinstituts (AANII) in Leningrad statt, an dem u. a. Dr. Günter Skeib, der als Leiter der kleinen Überwinterungsmannschaft vorgesehen war, Bodo Tripphahn und der Leiter des Bereiches Antarktisforschung im Leningrader Institut, Prof. Michail Somow, teilnahmen.

Schließlich war es soweit: Mit dem Schließen des letzten Kistendeckels und dem Anbringen von Plomben durch die Zollverwaltung waren die Vorbereitungen beendet. Die Ausrüstungsgegenstände der ersten Wissenschaftlergruppe der DDR, die in der Antarktis auf der sowjetischen Station »Mirnyj« überwintern sollte, wurden 1959 in Wismar auf einen Fischkutter verladen. Zu einem genau festgelegten Zeitpunkt traf er sich vor der Schleuse Kiel-Holtenau mit dem sowjetischen Schiff Kooperacija[**], das drei Tage zuvor in Leningrad mit den drei deutschen Wissenschaftlern an Bord ausgelaufen war. Während der Wartezeit vor der Schleuse, auf der Kieler Förde, wurde die Ausrüstung der Expedition von der Kooperacija übernommen.

Die Wissenschaftler hatten sich für ihren ersten Aufenthalt in der Antarktis vor allem drei Arbeitsschwerpunkte vorgenommen: Der Meteorologe Christian Popp bestimmte mit einem elektro-optischen Spektrometer, das auf der Laboratoriums-

---

fenden Nummer. Dabei gehören sämtliche Aktivitäten sowjetischer Wissenschaftler auf allen sowjetischen Antarktisstationen jeweils zu einer Expedition.

[*] »Mirnyj« wurde von der 1. Sowjetischen Antarktisexpedition im Südsommer 1955/56 errichtet und am 13. Februar 1956 eröffnet. »Mirnyj« diente als Hauptstation für alle sowjetischen Antarktisexpeditionen, bis im Jahre 1962 »Molodežnaja« an der Küste des Enderbylandes, ein modernes Observatorium, Hauptstation der UdSSR in der Antarktis wurde.

[**] Kooperacija: 1928 in Leningrad gebaut, war bis 1937 als Passagierschiff zwischen Leningrad, Helsinki, Stockholm, Kopenhagen, London und Le Havre eingesetzt. Im Zweiten Weltkrieg war sie Lazarettschiff. 1948–1952 wurde das Schiff in Wismar generalüberholt und anschließend in der Arktisfahrt eingesetzt. Am 25. November 1956 lief die Kooperacija zu ihrer ersten Reise in die Antarktis aus, um die Überwinterer der ersten sowjetischen Expedition in »Mirnyj« abzulösen. Vom 27. August bis 8. Oktober 1958 durchfuhr die Kooperacija als erstes Passagierschiff der Welt den nördlichen Seeweg von Archangel'sk bis Vladivostok.

hütte seinen Platz gefunden hatte, den Ozongehalt der höheren Atmosphäre; sein Kollege Joachim Kolbig ermittelte den Ozon- und den Kohlendioxidgehalt in der bodennahen Luft mit chemischen Methoden; Dr. Skeibs Hauptaufgabe war die Untersuchung des Strahlungshaushaltes der antarktischen Inlandeisoberfläche. Fernziel derartiger Meßreihen war eine Strahlungsbilanz der Antarktis.

Darüber hinaus sollte die erste Polarmannschaft neben exakten wissenschaftlichen Ergebnissen auch praktische Erfahrungen über die Arbeitsweise und besonderen Schwierigkeiten einer antarktischen Expedition sammeln.

Während der Expedition bot sich Günter Skeib zusätzlich die Möglichkeit, 14 Wochen auf der Drygalski-Insel ergänzende meteorologische Messungen durchzuführen. Vom 19. Mai bis zum 6. August 1960 überwinterte er dort gemeinsam mit zwei sowjetischen Kollegen in einem Zelt, der Außenstation »Mir«. Zusammen mit den Messungen zweier weiterer Außenstationen, »Družba« und »Pobeda«, entstand so ein genaueres Bild vom Wetterablauf im Küstenbereich von »Mirnyj«, in dem erstmals der Einfluß der katabatischen Windsysteme des Inlandeises auf die Küstenregion berücksichtigt wurde. Die Insel, auf der Skeib 1960 zeltete, war von Erich von Drygalski 1902 auf der ersten deutschen Südpolarexpedition entdeckt worden. Am 21. Februar hatte er von Bord der GAUSS aus eine völlig vereiste Erhebung gesichtet, die er als übergletschertes Land deutete. Allerdings hat Drygalski die Insel, die seinen Namen trägt, nie betreten. 1957/58 war die Drygalski-Insel von sowjetischen Wissenschaftlern eingehender erforscht worden: »In Wirklichkeit besteht sie nur aus einem riesigen, auf dem Meeresboden festgefrorenen Eissockel von annähernd elliptischer Grundfläche. Ihre Durchmesser betragen 20 bzw. 13 km.«[4] Hier also schlugen Günter Skeib, der Aerologe Saša Smirnov und Pavel Kutuzov ihr Zelt auf. Für den Wissenschaftler aus Deutschland begann eine Reihe neuer Erfahrungen. Nach den Wochen in der festen Station erlebte er die Antarktis nun sozusagen »hautnah«: »Als wir nachts in unseren Schlafsäcken liegen, braust der Wind mächtig über die Bergkappe der Insel. Er rüttelt das Zelt, dessen Gestänge beängstigend quietscht und ächzt. Immer wieder wachen wir von dem Lärm auf.«[5] Schwierig wird auch die

Zubereitung des ersten Frühstücks: »Irgendwie fingere ich aus einem Lattenverschlag zehn Eier heraus. Sie sind so eiskalt, daß ihre Schalen schmerzhaft an den Fingerspitzen kleben bleiben. Nun fehlt nur noch etwas Butter, und die notwendigsten Zutaten für das Frühstück wären vorhanden. Aber mit dem Messer ist nicht ein Krümel von dem festgefrorenen Butterklotz abzubekommen. Da greife ich von der morgendlichen Kälte angespornt, zur Axt und schlage munter drauflos, daß schließlich die Buttersplitter nur so durch die Luft sausen. Schließlich gelingt es mir, ein größeres Stück abzuklauben. Natürlich sind auch die Brote steinhart gefroren. Sie müssen in den Zeltfirst gehängt werden, wo sie in einigen Stunden auftauen.«[6]

Am 21. Mai 1960 um ein Uhr mittags machte Skeib die erste aus einer Serie von Wetterbeobachtungen auf der Drygalski-Insel, die von nun an regelmäßig, selbst bei den scheußlichsten Wetterlagen, vorgenommen werden mußten. Abwechslung brachte nur ein kurzer Wissenschaftleraustausch: Pavel Kutuzov hatte im Juni seine Temperaturmessungen des Eises beendet, er wurde von einem Flugzeug aus »Mirnyj« abgeholt, an seine Stelle im Camp auf der Drygalski-Insel trat nun ein sowjetischer Geologe.

Am 6. August war für alle drei der Aufenthalt auf der Insel beendet, ein Flugzeug aus »Mirnyj« holte das Team ab. Doch die Wiedersehensfreude war kurz, die Flugzeugbesatzung war seltsam wortkarg, auf dem Rückflug erfuhr Skeib schließlich die Gründe: »In der Nacht vom 2. zum 3. August war in der meteorologischen Station von »Mirnyj« ein Brand ausgebrochen. Es war jene Nacht, in der ein wütender Orkan, der heftigste des ganzen Polarwinters 1960, über »Mirnyj« und die Davis-See dahinraste. Jeder Versuch, den Brand wirkungsvoll zu bekämpfen, war hoffnungslos. In dieser Nacht kamen acht Polarforscher ums Leben.«[7] Unter ihnen war auch der Meteorologe Christian Popp.

Günter Skeib setzte seine Arbeiten auf der Station »Mirnyj« fort, bis schließlich am 1. Januar 1961 mit dem Auftauchen der Obʹ die Überwinterung in »Mirnyj« – nicht allerdings der Aufenthalt in der Antarktis – zu Ende ging. Während sich die zweite Überwinterungsmannschaft der DDR in »Mirnyj« einrichtete, nahmen Joachim Kolbig und Günter Skeib noch an einer mehrwöchigen, 8000 km langen Fahrt der Oʙ' durch das Südpolarmeer teil.

In den folgenden Jahren haben Wissenschaftler aus der DDR diskontinuierlich auf sowjetischen Antarktisstationen gearbeitet. Diese Anfänge der Polarforschung der DDR charakterisierte Prof. Heinz Kautzleben, ehemaliger Direktor des Zentralinstituts für Physik der Erde der Akademie der Wissenschaften der DDR, folgendermaßen: »Die erste Periode, welche etwa die sechziger Jahre umfaßt, stand entscheidend im Geiste des Internationalen Geophysikalischen Jahres, der Internationalen Geophysikalischen Kooperation und des gerade abgeschlossenen Antarktisvertrages. Sie wurde wesentlich beeinflußt dadurch, daß die DDR in jener Zeit von zahlreichen Staaten diplomatisch noch nicht anerkannt und von der Arbeit in der UNO und den zwischenstaatlichen internationalen Organisationen noch ausgeschlossen war. In jener Periode ging es um die Erringung der gleichberechtigten Teilnahme der DDR-Wissenschaft an der internationalen wissenschaftlichen Zusammenarbeit.«[8]

Dabei haben sich gewisse Forschungsschwerpunkte herauskristallisiert. Seit Beginn der Beteiligung an sowjetischen Antarktisexpeditionen wurden zahlreiche meteorologische Aufgaben bearbeitet. 1959/61 waren dies neben der Mitarbeit im Routinedienst der meteorologisch-aerologischen Abteilung in »Mirnyj« Messungen des Ozongehalts und des Kohlendioxidgehalts der bodennahen Luft und der radioaktiven Substanzen. Darüber hinaus wurde der Jahresgang des Gesamtozongehaltes der Atmosphäre durch Messungen mit einem Dobson-Spektrometer bestimmt.

Die DDR-Meteorologen der 6. SAE (1960/62) setzten die Arbeiten ihrer Vorgängergruppe nahtlos fort. Zum selbständigen Forschungsprogramm der Meteorologen gehörte unter anderem die Messung der direkten Sonneneinstrahlung über dem Inlandeis. Letztlich galt es, eine Antwort auf die Frage zu finden, ob der Festlandeispanzer allmählich abschmilzt oder ob die Eisdecke in der Antarktis zunimmt; eine Problemstellung, die auch heute noch zu den Kernfragen von Polarforschern in aller Welt gehört. Dazu nahm Stephan Klemm, Meteorologe vom Instrumentenamt des Meteorologischen Dienstes, u. a. gemeinsam mit dem Leiter der meteorologischen Abteilung, Vassilij Šljachov, an sechs Nachtmeßflügen von jeweils acht bis zehn Stunden Dauer teil, um die nächtliche effektive Ausstrahlung über dem Eiskontinent zu ermitteln.

Ferner wurden Eisbohrungen an vier Meßstellen auf dem Festeisgürtel in Abständen von etwa einem Kilometer niedergebracht.

In die Periode der 6. Sowjetischen Antarktisexpedition gehörten die Errichtung der neuen Antarktisstation »Novolazarevskaja«* in der Schirmacher-Oase (Prinzessin-Astrid-Küste), in deren Nähe sich später auch DDR-Wissenschaftler mit einem eigenen Camp niederlassen sollten, sowie der Bau zweier Landebahnen auf dem Kontinentaleis. Am 15. Dezember 1961 starteten in Moskau zwei Turboprop-Flugzeuge IL-18 und AN-10 zum Flug in die Antarktis. Nach Zwischenlandungen in Taschkent, Neu Dehli, Rangun, Jakarta, Darwin, Sydney, Christchurch auf Neuseeland und der amerikanischen Antarktisstation »McMurdo« erreichten sie »Mirnyj« nach zehn Tagen und einer Strecke von 26 000 km.

Ein geodätisches Meßprogramm, mit dem man Informationen über die Fließgeschwindigkeit des Eises erhalten wollte, führte dazu, daß während der 7. SAE (1961–1963) die beiden Wissenschaftler Dr. Georg Dittrich und Georg Schwarz den ersten selbständigen Schlittenzug einer Forschergruppe aus der DDR in der Antarktis durchführten, zu dem sie am 17. Februar 1962 aufbrachen. Er führte von »Mirnyj« aus auf einem meridionalen Kurs 100 km in südliche Richtung. Sieben Wochen war das Team unterwegs, wobei es eine geodätische Traverse aufbaute, die aus einem Netz trigonometrischer Signalpunkte bestand, deren Koordinaten und Höhenlagen auf dem Rückweg bestimmt wurden. Auf einem zweiten Schlittenzug, der vom 5. Oktober bis zum 13. November durchgeführt wurde, wurden die Punkte erneut vermessen, drei Jahre später, auf der 10. SAE erfolgte eine dritte Bestimmung der Punkte. Aus den Datenreihen insgesamt ergaben sich erste Informationen über die Fließgeschwindigkeit des Inlandeises dieser Region.

Ferner nahm in diesem Überwinterungszeitraum Joachim Engels an einer Expedition der Ob' teil, er betätigte sich als Wol-

---

* Ersatz für »Lazarevskaja«.

kenfotograf und konnte am Ende der gesamten Expedition etwa 26 000 Aufnahmen, die in der Station und auf dem Schiff entstanden waren, auswerten.

Zu Beginn der sechziger Jahre wandte sich das Interesse der Polarforscher der DDR auch wieder nach Norden. Im Sommer 1962 veranstaltete das Nationalkomitee für Geodäsie und Geophysik der DDR eine glaziologische Expedition nach Spitzbergen, die die Vergletscherung am Hornsund untersuchen sollte. Die Leitung der Expedition hatte Prof. Dr. Wolfgang Pillewizer aus Dresden, der damit seine Arbeiten während der Deutschen Spitzbergen-Expedition von 1938, die im gleichen Gebiet gearbeitet hatte, fortsetzen konnte.

Vor der Küste Spitzbergens wurden allerdings ungewöhnlich ungünstige Eisverhältnisse angetroffen, wie sie letztmals 1929 beobachtet worden waren. Trotz dreimaligen Versuchs und trotz Eisaufklärung durch einen sowjetischen Hubschrauber aus Barentsburg gelang es dem Forschungsschiff PROFESSOR PENCK nicht, den Hornsund, das vorgesehene Expeditionsgebiet, anzulaufen. Es wurde ein neues Arbeitsgebiet in Nordwestspitzbergen, der zu der Zeit eisfreie Kongsfjord, aufgesucht.

In der Zeit vom 24. Juni bis zum 15. August wurden dort ausgedehnte Kartierungen durchgeführt, geomorphologische und ökologische Studien im periglazialen Bereich vorgenommen und auch ein geplantes Ionosphärenforschungsprogramm erfolgreich abgewickelt. Letzteres wurde in einer eigens dafür errichteten Station in der Nähe der Siedlung Ny-Ålesund durchgeführt. Dort stand nicht nur elektrischer Strom aus der Bergwerksanlage zur Verfügung, sondern es fanden sich auch besonders günstige Möglichkeiten zur Befestigung von Antennen an dem 35 m hohen Luftschiffmast, der dort noch aus der Zeit der Polflüge Amundsens und Nobiles steht. Die Ionosphärenuntersuchungen in diesen hohen Breitengraden dienten dem Studium der Ausbreitungsbedingungen von Lang- und Mittelwellen während des Polartages.

Bei den Auswertungen ergab sich eine Reihe weiterer Fragen, so daß das Nationalkomitee für Geodäsie und Geophysik der DDR bei der Akademie der Wissenschaften zu Berlin vom Juni 1964 bis zum Sommer 1965 eine weitere Expedition in den Kongsfjord schickte. Dieses Mal diente das Expeditionsschiff

METEOR als Transportmittel zwischen Stralsund und Spitzbergen.

Nach Beendigung dieses Aufenthaltes auf Spitzbergen wurde es allerdings wieder stiller um die Arktisforschung der DDR; das Interesse richtete sich nun verstärkt auf die Antarktis.

Die Hauptaufgabe der beiden Geodäten der 8. SAE (1962 bis 1964) war die Bestimmung eines astronomischen Punktes im Gebiet der Station »Vostok«, d. h. für einen wohldefinierten zu markierenden Punkt sollten geographische Länge und Breite mit größtmöglicher Genauigkeit festgelegt werden. Mit einer Wiederholungsmessung nach etwa fünf bis zehn Jahren sollten Erkenntnisse über die Bewegung des Eises in der Nähe der Station »Vostok« gewonnen werden. Noch 1963 hatten Glaziologen keinerlei Vorstellung über die zu erwartende Größenordnung der Werte. Aus der Vergleichsmessung ergab sich schließlich, daß sich das Stationsgebiet mit einer Geschwindigkeit von 3,6 m im Jahr in südöstlicher Richtung bewegt.

1964 wurden im Enderbyland die Ortsveränderungen einer Reihe weiterer Punkte auf der Eiskappe bei »Molodežnaja« bestimmt und flossen letztlich in ein umfangreiches geodätisch-glaziologisches Meßprogramm ein, das zwischen 1972 und 1978 an den Hayes- und Campbell-Gletschern weitergeführt wurde.

Während der 10. SAE, die in den Zeitraum 1964–1966 fiel, hatten sich Wissenschaftler aus der DDR die Bearbeitung einer sehr traditionellen wissenschaftlichen Fragestellung vorgenommen. Zwischen Potsdam und den sowjetischen Basisstationen »Mirnyj« und »Molodežnaja« wurden Schwereverbindungen mit Relativpendeln gemessen. Ein besonderes Ziel der Experimente war die Untersuchung der Korrelation zwischen den beobachteten Gezeitendaten einerseits und meteorologischen Daten und Meeresspiegelschwankungen andererseits. Damit setzten sie eine Tradition fort, die bereits seit 1870 zu den Arbeitsfeldern der Geodäsie in Potsdam gehörte und die letztlich zu einer genauen Bestimmung der physikalischen Figur unserer Erde und ihre gesetzmäßigen Veränderungen führt.[*]

***

[*] Die theoretischen Grundlagen zur Bestimmung der Erdfigur aus astronomischen, geodätischen und Schweremessungen schufen bereits im 18. und 19. Jahrhundert die Franzosen Clairault (1713–1765) und Laplace (1749–1827) sowie der Ire Stokes

Auch frühere deutsche Polarexpeditionen haben relative Schwerebestimmungen durchgeführt. Der deutschen Südpolarexpedition von 1901 bis 1903 unter Leitung von Erich von Drygalski stellte das Geodätische Institut in Potsdam ein Pendelgerät zur Verfügung, mit dem im Gebiet des von Drygalski entdeckten Gaußberges, etwa 500 km von der späteren Station »Mirnyj« entfernt, Schweremessungen durchgeführt wurden. Und auch während Alfred Wegeners Grönland-Expedition 1930/31 führte Karl Weiken Schwerkraftmessungen längs eines Profils über das grönländische Inlandeis durch.

Die 13. SAE (1967–1969), an der wiederum Wissenschaftler aus der DDR teilnahmen, fand während eines Sonnenfleckenmaximums statt. Und da es in solcher Zeit zu starken Korpuskeleinbrüchen in die Atmosphäre der Erde kommt, waren die Arbeiten auf dem Gebiet der solar-terrestrischen Physik angesiedelt. Mit den im Observatorium für Ionosphärenforschung Kühlungsborn vorbereiteten Geräten wurde in »Mirnyj« das Verhalten der Ionosphäre, vor allem ihrer tieferen Schichten, untersucht. Zu diesem Zweck haben Dr. Hartwig Gernandt vom Observatorium in Lindenberg und Dr. Peter Glöde Signale der geophysikalischen Satelliten S 66 und Explorer 37 empfangen, um die Elektronenkonzentration in etwa 100 km Höhe zu ermitteln.

Ferner wurde erstmals von Wissenschaftlern aus der DDR eine Wetterbildempfangsanlage in »Mirnyj« betrieben, die Informationen über See-, Eis- und Wetterverhältnisse in einem großen Gebiet lieferte. Die Akademie der Wissenschaften der DDR hatte diese Wetterbildempfangsanlage, die von 1967 bis 1969 und seit 1976 im DDR-Basislabor in der Schirmacher-Oase eingesetzt wurde, für den APT-Betrieb im 137-MHz-Band entwickelt. Das gewonnene Bildmaterial wurde der SAE zur täglichen synoptischen Analyse, zur Erstellung von Flugwetterprognosen und für die Eisberatung der Expeditionsschiffe zur Verfügung gestellt. Mit der Weiterentwicklung der Technik und mit

(1819–1903). Als in der zweiten Hälfte des vorigen Jahrhunderts Schwerkraftmessungen durch die Entwicklung von Pendelapparaten in größerem Umfang ausgeführt werden konnten und damit auch die Bemühungen um die Erforschung der Erdfigur verstärkt wurden, war es der langjährige Direktor des Geodätischen Instituts in Potsdam, Friedrich Robert Helmert (1843–1917), der die ersten weltweiten Untersuchungen zur Bestimmung der Erdfigur wesentlich mitgestaltete.

dem Betrieb neuer Satelliten wurde die Bildqualität in den letzten Jahren verbessert.

»Wer nicht in ›Vostok‹ war, der war nicht in Antarktika«, das zumindest behaupteten die Mitarbeiter dieser sowjetischen Inlandstation.* Dr. Martin Manfred Schneider vom Zentralinstitut für Physik in Potsdam war während der 14. SAE der erste deutsche Wissenschaftler, der am Kältepol der Erde überwinterte. Hier wurden 1960 −88,3 °C gemessen. Dr. Schneider brauchte »nur« −82,8 °C auszuhalten; und im Hochsommer des Jahres 1969 kletterte das Thermometer auf −23 °C. Doch nicht allein die Kälte macht den Menschen hier zu schaffen. »Vostok« liegt 3488 über NN. Die Luft ist dünn, im Durchschnitt beträgt der Luftdruck 620 hPa. »Wir sollten die Höhe gleich spüren. Es sind keine 150 m bis zum Stationsgebäude. Als Witja [Witja Bažanov, der Stationsarzt] und ich dort ankommen, fliegt uns der Atem. Sauerstoffmangel. Damit hat jeder fertigzuwerden. Aber man muß vorsichtig Luft holen. […] Uns wird Ruhe verordnet, damit wir uns an den geringen Luftdruck gewöhnen. Anzeichen der Höhenkrankheit treten bei jedem Neuankömmling auf. Zunächst ist das körperliche Leistungsvermögen herabgesetzt. Schon nach unbedeutender Anstrengung ringt man nach Luft, der Puls hämmert in den Schläfen, bisweilen stellen sich Verdauungsbeschwerden und Nasenbluten ein. Schlimm ist die quälende Schlaflosigkeit trotz völliger Übermüdung. Nach einigen Tagen, bei manchen erst nach Wochen, hat sich der Organismus an die neuen Lebensumstände angepaßt. Jetzt versteht man die Notwendigkeit gründlicher ärztlicher Untersuchung vor dem Überwintern im Herzen der Antarktis.« [9]

* Die Station »Vostok« wurde während der 2. SAE unter Leitung des späteren Direktors des Arktischen und Antarktischen Forschungsinstituts in Leningrad, Prof. Alexej Fedorovič Trešnikov, gegründet. Sie nahm im Dezember 1957 ihre wissenschaftlichen Arbeiten auf. Das Inlandeis ist in diesem Gebiet 3700 m dick. Es liegt unter dem Meeresspiegel auf dem Felsgrund auf. Alles, was zum Auf- und Ausbau der Station benötigt wurde, mußte aus »Mirnyj« mit Schlittenzügen oder Flugzeugen herangebracht werden. Diese ins Innere des Kontinents vorgeschobene sowjetische Forschungsstation wurde nach dem Flaggschiff der 1. Russischen Südpolarexpedition benannt, die unter der Leitung von Bellingshausen und Lasarev stand. Mit der VOSTOK lief die Schaluppe MIRNYJ aus dem damaligen Petersburg aus und umsegelte den antarktischen Kontinent, der 1820 von Bellingshausen zum ersten Male gesichtet worden war.

Anfang März 1969 verließ das letzte Flugzeug »Vostok«, und auch der Schlittenzug hatte sich wieder auf den Weg zur Küste begeben. Nun bestand nur noch Funkverbindung mit der Außenwelt. Die nächsten Nachbarn im ewigen Eis waren auf den amerikanischen Stationen »Amundsen-Scott« am Südpol und »McMurdo«, beide jeweils 1000 km entfernt, dazwischen nichts als Eis und Schnee, kein Lebewesen, kein Fels. Auch Schneider schlug eine Tafel an den »Wegweiser des Heimwehs«, einen Pfosten – wie es ihn übrigens auf nahezu jeder Station gibt –, der über die Entfernung zum Heimatort der Überwinterer Auskunft gibt. Nach Freiberg zu seiner Familie waren es 15 587 km. »Ein Spaßvogel hat ein besonderes Schild angebracht: ›Zur Sonne 149 500 000 km‹.«[10] In »Vostok« baute sich Schneider nach der Eingewöhnungsphase eine Meßhütte auf, in der er in den folgenden Monaten gravimetrische Messungen vornahm.

In der ersten Phase der Antarktisforschung der DDR wurde 1969 das Zentralinstitut für Physik der Erde in Potsdam führend; hier liefen die Fäden der Polarforschung der DDR zusammen; hier wurde die Beteiligung der Wissenschaftler-Teams an den sowjetischen Antarktisexpeditionen konzipiert und verantwortet; hier wurden Ende der achtziger Jahre auch die ersten eigenen Expeditionen der DDR vorbereitet, bei denen die Forscher allerdings nach wie vor auf die logistische Unterstützung durch die UdSSR rekurrierten.

Die zweite Phase der Antarktisforschung der DDR umfaßt die zweite Hälfte der siebziger Jahre, den Zeitraum von 1974 bis 1980. Seit ihrem Beginn haben an jeder SAE – sowohl an den Überwinterungen als auch an den Arbeiten in der Sommersaison – Wissenschaftler (und nach Errichtung der eigenen Forschungsbasis auch Techniker) aus der DDR teilgenommen. Am Beginn dieser Phase stand der Beitritt der DDR zum Antarktisvertrag am 19. November 1974. Ihr Ende markiert der Beitritt der Akademie der Wissenschaften der DDR am 9. September 1981 zum SCAR. Ihr wesentliches Merkmal ist die Ausweitung der Polarforschung in verschiedenen Disziplinen sowie die beginnende Kontinuität bei der Teilnahme an Expeditionen.

Die DDR war lange die einzige Nation, die erhebliche Forschungsarbeiten durchführte, aber nicht zugleich stimmberechtigtes Mitglied der Konsultativstaaten war. Sie hat diesen Status im Herbst 1987 erhalten. Wesentliche Erweiterung erfuhr das Antarktisforschungsprogramm der DDR in der zweiten Periode zunächst durch die Aufnahme geologischer Arbeiten. An der 19. SAE (1973–1975) arbeitete Prof. Joachim Hofmann von der Bergakademie in Freiberg auf der sowjetischen Sommerstation »Sodružestvo«, die 1971 am östlichen Rand des Amery-Schelfeises errichtet worden war.

Er beteiligte sich als Feldgeologe an einem Kartenwerk, das von SCAR in Auftrag gegeben worden war. Nach einer Pause von drei Jahren nahmen Geologen aus der DDR an der 22. bis 27. SAE teil. Dabei führten sie strukturgeologische Arbeiten in den Gebirgsregionen um das Filchner-Schelfeis aus.

Für die 20. SAE hatten Mitarbeiter des Forschungsinstituts für Bioklimatologie des Meteorologischen Dienstes der DDR, des Forschungsinstituts für Balneologie und Kurortwissenschaft, Bad Elster, und der Medizinischen Akademie Erfurt ein medizinisches Programm erarbeitet, das während der 24. SAE zwar wieder aufgenommen, aber danach nicht mehr weiter verfolgt wurde.

Einen Wendepunkt in der Geschichte der Polarforschung der DDR markiert die 21. SAE (1975–1977). Damals wurde in der Nähe der sowjetischen Station »Novolazarevskaja« eine eigene Forschungsbasis errichtet. Dabei baute man 20-Fuß-Transportcontainer zu Wohn- und Arbeitsräumen aus. Das aus diesen Container-Einheiten bestehende Basislabor besitzt eine eigene Diesel-Elektro-Station mit je zwei 45-kVA- und 38-kVA-Aggregaten und bietet bis zu zehn Überwinterern Platz.

Gegenüber der traditionellen Bauweise sah man vor allen folgende Vorteile des Container-Systems:

»– Vorbereitung und Ausbau der Container vor der Expedition ermöglicht schnellen Aufbau des Basislabors durch Verbund der Grundeinheiten;
– schnelle Be- und Entladung des Expeditionsschiffes;
– Transporte der Container über Schnee, Eis und Geröll möglich;
– Einzelcontainer als mobile Feldstation verwendbar;
– Möglichkeit des schnellen Umbaus;
– stabile Fundamentsgründung durch die verwendeten Schlitten.«[11]

Als Standort wurde die Schirmacher-Oase gewählt, eines der wenigen im Sommer eisfreien Gebiete in der Antarktis. Die Oase war 1938 auf der SCHWABENLAND-Expedition entdeckt worden und trägt den Namen des Piloten Schirmacher. Aufgrund der klimatischen Bedingungen sowie wegen ihrer Lage am Rand der südlichen Polarlichtzone schien die Schirmacher-Oase als Standort einer Forschungsbasis geeignet. In künftigen Forschungsarbeiten sollten vor allem die komplizierten Wechselwirkungen zwischen der Magnetosphäre und der Ionosphäre sowie die Dynamik der polaren Hochatmosphäre erfaßt werden.

Für den Aufbau der Container hatte man eine Stein- und Felsfläche am östlichen Rand der Oase ausersehen. »Die meßtechnischen Forderungen, die bei der Wahl des Aufstellungsortes ionosphärischer Beobachtungsgeräte zu beachten sind, machten eine 800 bis 1000 m weite Entfernung von der sowjetischen Station notwendig. Das hat in der Antarktis sofort zur Konsequenz, daß eine relativ selbständige Einrichtung entsteht«,[12] erläuterte der Physiker Hartwig Gernandt, der den Aufbau vor Ort leitete.

Im September 1975 fuhr das Motorschiff SARATOW der Deutschen Seereederei mit seiner nicht alltäglichen Fracht von 150 Tonnen Expeditionsgepäck an Bord von Rostock nach Leningrad. In der Stadt an der Neva wurde die Ausrüstung umgeladen auf die KAPITAN MARKOV aus Wladiwostok, und schließlich verließ das DDR-Team zusammen mit den Kollegen der 21. SAE am 21. Oktober 1975 den Hafen von Leningrad. Am 23. November erreichte das Schiff den Südpolarkreis, und am 9. Februar 1976 begann das Entladen der Fracht an der Eisbarriere. Zehn sowjetische Polarforscher aus der Station »Novolazarevskaja« halfen dabei, und dann ging es daran, die Fracht etwa 100 Kilometer über das Eis zum Standort zu ziehen. Hartwig Gernandt notierte in seinem Tagebuch: »14. Februar 1976 12.35 Greenwich-Zeit. Start des Schlittenzuges. Viel Schnee. Die weiße Oberfläche erscheint wie ein erstarrter See. Wir sehen zum letzten Mal das offene Meer. Von 12.35 Uhr bis 18.35 Uhr haben wir 55 km hinter uns gebracht. Gleich nach der Abfahrt mußten zwei Zugeinheiten zurückgelassen werden, da ein ATT-Schlepper allein die schweren Schlitten nicht ziehen konnte. Nun ziehen jeweils zwei ATT drei Schlitten und das mit sehr viel

Mühe, das heißt 900 PS Zugkraft schaffen es nur ganz langsam.« Nach 55 Kilometern befand sich ein Zwischenanklager, das erste Etappenziel. Die ATT-Schlepper fuhren zurück, um die beiden zurückgelassenen Zugeinheiten von der Küste zu holen. Hartwig Gernandt war froh über die Pause: »Der Lärm der ATT-Motoren während der Fahrt war furchtbar. Nach dem Anhalten dröhnte es in den Ohren. Jetzt, da wir auf die anderen warten, herrscht absolute Stille, aber auch sie ist schmerzhaft – merkwürdigerweise.«[13]

Am nächsten Tag ging die Fahrt weiter, die Nähe der Schirmacher-Oase machte sich schließlich bemerkbar. Die Aufheizung des rotbraunen Gesteins durch die Sonneneinstrahlung führt dazu, daß die erwärmte Luft noch im Umkreis von 40 Kilometern auf die Schneeoberfläche wirkt und das Eis auftaut, so daß Flüsse und Seen entstehen. Um 20 Uhr erreichte der Konvoi schließlich dieses Gebiet. »Die Schlepper tauchen tief in das Wasser ein. Unsere Schlitten schwanken und drohen umzukippen. Erhebliche Belastung. Die Traktoren eingebrochen. Abkoppeln. Herausziehen mit Hilfe der Schlepper. Dabei reißt ein Zughaken am Traktor. Es ist zum Verzweifeln. Der Weg ist schwierig und wird immer schlimmer [...] 22 Uhr. Wieder ein Traktor eingebrochen. Diesmal steht er völlig im Wasser.«[14] Eislöcher, Rinnen machten der Kolonne das Durchkommen schwer. Immer wieder mußten Umwege gesucht werden. Am Morgen des 16. Februar 1976 kurz vor zwei Uhr war der Konvoi noch 20 Kilometer von der Station entfernt. »Die Fahrt ist entsetzlich. Die Traktoren brechen alle paar hundert Meter ein.« Die Gruppe gönnte sich lediglich eine kurze Rast, dann ging es wieder weiter. Mühsam kämpfte sie sich Meter für Meter vor. »Irgendwann sind wir da. Es soll 24 Uhr gewesen sein, erfahre ich am nächsten Tag. Wir sind total erschöpft und übermüdet. 36 Stunden, fast ohne Pause, haben wir für die letzten 40 km gebraucht.«[15]

Die Montage der Forschungsbasis auf 70°47′ S und 11°51′ O konnte beginnen, jetzt »wurden die Container, die auf stabilen Schlitten fest verankert waren, auf der planierten Geröllfläche zusammengezogen und aneinandergefügt. Die Schlitten dienten gleich als Fundament. Aus den etwa 6 m langen und 2,50 m hohen und breiten Containern entstanden so die einzelnen Zimmer für unser Haus, die durch einen Korridor verbunden wurden. Eine solche Stationsvariante war in der Antarktis noch nie errichtet und erprobt worden.«[16] Acht Wochen später, gerade rechtzeitig bevor der erste starke Schneesturm über das Gebiet raste, war die Station fertig, das wissenschaftliche Arbeitspensum konnte beginnen.

Noch in derselben Überwinterungssaison 1976 wurde am DDR-Basis-Laboratorium bei »Novolazarevskaja« ein komplexes Hochatmosphären-Forschungsprogramm als Beitrag zu den globalen Forschungsprogrammen »Internationale Magnetosphärenstudie«, »Struktur und Energetik der Strato- und Mesosphäre« und »Antarktisches und südhemisphärisches aeronomisches Jahr« aufgenommen.

Die Installation einer eigenen Forschungsbasis war allerdings nur eine zusätzliche Aktivität, die der Zusammenarbeit mit den sowjetischen Antarktisexpeditionen keinen Abbruch tat. Bereits auf der folgenden 22. SAE (76/78) erarbeitete der Geologe Hans-Jürgen Paech, von der Station »Družnaja« ausgehend, ein umfangreiches Programm im Gebiet der Shackleton Range.

Darüber hinaus begannen 1977 außerhalb der SAE auch fischereibiologische Untersuchungen. Seither wurden von der DDR im Zusammenhang mit Fangreisen jährlich fischereibiologische Untersuchungen in antarktischen und subantarktischen Gewässern in der Nähe von Südgeorgien, der Südorkney-Inseln, den Südshetland-Inseln, der Joinville-Insel, der Elephant-Insel, der antarktischen Halbinsel, der Bouvet-Insel und der Livingston-Insel durchgeführt. Diese Forschungen bezogen sich sowohl auf antarktische Fische als auch auf Krill und Untersuchungen ihrer Biologie, Nahrung, Horizontal- und Vertikalverteilung sowie tageszeitliche Periodizität, Populationsgröße und -konzentration in Abhängigkeit von den hydrographischen Bedingungen und auch die Erprobung von Fang- und Verarbeitungstechnologien für Krill.

Die DDR wurde 1980 Gründungsmitglied der Konvention über die lebenden Ressourcen in den antarktischen Gewässern.

Mit dem Beitritt zu SCAR im Jahre 1981 setzte die dritte Phase der Antarktisforschung der DDR ein, die durch eine nochmalige Ausweitung der Forschungsaktivitäten gekennzeichnet war.

Bereits auf der 25. SAE (1979–1981) wurde von seiten der

DDR mit biologischen Arbeiten in der Umgebung der Station »Bellingshausen« auf der King-George-Insel begonnen. Seither haben regelmäßig zwei Wissenschaftler (in der Sommersaison auch vier) aus der DDR in der Region um die Maxwell Bay, gearbeitet. Dabei geht es um die Sammlung von faunistisch-ökologischen, populationsstatistischen, reproduktions-statistischen, ökologisch-ethologischen und parasitologischen Daten von Vögeln und Robben. Dazu wurde eine Reihe von Vögeln mit Ringen der ornithologischen Station »Hiddensee« gekennzeichnet und typisches Verhalten von Vögeln und Robben auf Film- und Tonbandaufnahmen festgehalten.*

1987 schließlich erhielt das Basislabor der Akademie der Wissenschaften der DDR in der Schirmacher-Oase einen Namen. Das Neue Deutschland meldete am 29. Oktober 1987: »Die DDR-Antarktisforschungsstation »Georg Forster« ist jetzt offiziell eröffnet worden. Im Auftrag des Präsidenten der Akademie der Wissenschaften der DDR übergab Akademiemitglied Prof. Dr. Heinz Kautzleben, Leiter des Forschungsbereiches Geo- und Kosmoswissenschaften und Direktor des Zentralinstituts für Physik der Erde, die in der Schirmacher-Oase gelegene Station an den Leiter der 1. Antarktisexpedition der DDR, Reiner Frey. Stationseröffnung und Durchführung der ersten selbständigen Antarktisexpedition der DDR sind Ergebnis und bisheriger Höhepunkt der erfolgreichen Teilnahme von DDR-Wissenschaftlern an der Erforschung der Antarktis seit 1958.«[17] Seither wurden hier drei eigenständige Expeditionen durchgeführt.

Das Rahmenprogramm der Antarktisforschung der DDR für den Zeitraum 1986–1990 umfaßte folgende Aktivitäten:
»1. Fortsetzung der Arbeiten in der Nähe der sowjetischen Station »Novolazarevskaja«: Die Station »Georg Forster« nahe der sowjetischen Station »Novolazarevskaja« wurde als Überwinterungsbasis von jeweils mindestens 6 Überwinterern pro Jahr genutzt. Dabei wurden ausgewählte Stationsprogramme sowie Feldarbeiten in der Schirmacher-Oase und ihrer Umgebung durchgeführt. Die Schwerpunkte lagen auf den Gebieten Geomagnetismus, Ionosphärenphysik,

---

* Diese biologischen Arbeiten werden bis heute weitergeführt.

Meteorologie, Isotopenphysik, Geologie und Glaziologie. 1985 wurde hier ein seither kontinuierlich durchgeführtes Ozonmeßprogramm gestartet, das ganzjährig die vertikale Ozonverteilung erfaßt. Die Meßergebnisse dienten zur Erfassung der Dynamik des Ozonlochs.

2. Biologische Arbeiten in der sowjetischen Station ›Bellingshausen‹: Das eigenständige Biologieprogramm der DDR auf der King-George-Insel zur Untersuchung langfristiger Verhaltens- und Bestandsveränderungen von Schlüsselpopulationen der antarktischen Tierwelt unter dem Einfluß antropogener und klimatologischer Faktoren sowie von Veränderungen in der Nahrungskette wurde seit 1979 kontinuierlich fortgesetzt und soll auch künftig weitergeführt werden.

3. Geologische Arbeiten auf der Antarktischen Halbinsel bzw. im Gebiet des Lambertgletschers: Neben den geologischen Arbeiten in der Umgebung der Station »Novolazarevskaja« war jeweils ein DDR-Geologe integriertes Mitglied sowjetischer Erkundungsexpeditionen auf der Antarktischen Halbinsel bzw. im Gebiet der Beaver-Oase.«[18]

Von 1960 bis 1990 haben rund 150 Wissenschaftler aus der DDR in der Antarktis gearbeitet.

Die Wiedervereinigung Deutschlands am 3. Oktober 1990 brachte auch für die Polarforscher der neuen Bundesländer Veränderungen mit sich. Schon zu Beginn des Jahres 1990 fanden Gespräche zwischen dem Zentralinstitut für Physik der Erde in Potsdam und dem Alfred-Wegener-Institut (AWI) in Bremerhaven statt. Man war sich schnell einig, daß es wenig sinnvoll wäre, die tragfähigen Konzepte der ostdeutschen Wissenschaftler aufzugeben. Zudem ergänzten deren wissenschaftliche Programme das Forschungsspektrum des Alfred-Wegener-Instituts. So wurde die Beteiligung des Alfred-Wegener-Instituts am Biologieprogramm, das von der Forschungsstelle für Wirbeltierforschung im Tierpark Berlin getragen wird, vereinbart. Das Institut in Bremerhaven übernimmt die Kosten für Transport, Unterkunft und Verpflegung der vier Wissenschaftler, die in der Nähe der Station »Bellingshausen« arbeiten und zu denen nunmehr auch ein Biologe des AWI gehört.

Ferner sollen auf der Station »Georg Forster« vier Forschungsprogramme weitergeführt werden:

– die Analyse von Schnee-, Eis-, Wasser- und Luftproben mit chemischen und isotopenphysikalischen Methoden;
– die Beobachtung des Erdmagnetfeldes;
– geodätische Messungen, die durch Messungen der Erdgezeiten ergänzt werden und
– die vertikale Sondierung des atmosphärischen Ozons bis in 32 Kilometer Höhe.

Nicht unproblematisch ist allerdings das Schicksal der Station »Georg Forster« selbst. Zwar sind an ihrem Standort auch Wissenschaftler der alten Bundesländer interessiert, doch sie bedarf dringender Erneuerung, und über ihre Zukunft werden möglicherweise vor allem finanzielle Kriterien entscheiden.

Dennoch – so hoffen die Polarforscher der alten wie der neuen Bundesländer – werden sich in der Antarktisforschung gerade durch internationale Kooperationen weitere Möglichkeiten auch für die Durchführung aufwendiger Feldprogramme ergeben. Eine Untersuchung von See-Sedimenten in der Schirmacher-Oase könnte beispielsweise zu einem derartigen Gemeinschaftsunternehmen werden. Aus dem Sediment der etwa 180 Seen dieser Region lassen sich Informationen zur Klimageschichte der letzten 10 000 Jahre ablesen, die aufschlußreich sein können für künftige Klimamodelle. Und es gibt sogar schon Überlegungen, den Bau einer gemeinsamen sowjetisch-deutschen Forschungsstation ins Auge zu fassen.

Anmerkungen

1 Skeib, Günter: Orkane über Antarktika. Forschungsarbeit in Schnee und Eis. Leipzig 1961, S. 61.
2 Tripphahn, Bodo: Aus der Werkstatt der Expeditionen. In: Lange, Gert (Hrsg.): Bewährung in Antarktika. Antarktisforschung der DDR. Leipzig 1982, S. 201.
3 Ebd., S. 202.
4 Skeib, Günter: Gefangene der Insel. In: Lange (wie Anm. 2), S. 11.
5 Ebd.
6 Ebd., S. 11 f.
7 Ebd., S. 15.
8 Kautzleben, Heinz: 25 Jahre DDR-Antarktisforschung. Symposium zur Antarktisforschung der DDR, Garwitz 1984 (Geodätische und Geophysikalische Veröffentlichungen 1, 12), 1985, S. 3.
9 Schneider, Manfred: Ein Jahr im Innern des Kontinents. In: Lange (wie Anm. 2), S. 76.

10 Ebd.

11 25 Years Research Activities of the GDR in the Antarctic (Geodätische und Geophysikalische Veröffentlichungen 1), Sonderheft 1984, S. 48.

12 Gernandt, Hartwig: Ein Observatorium entsteht. In: Lange (wie Anm. 2), S. 148.

13 Ebd., S. 146.

14 Ebd.

15 Ebd., S. 147.

16 Ebd., S. 148.

17 DDR-Antarktisstation offiziell eröffnet. In: Neues Deutschland vom 29. Oktober 1987.

18 Vgl. Symposium zur Antarktisforschung der DDR (wie Anm. 8), S. 7.

Polarforschung in der
Bundesrepublik Deutschland

»POLARSTERN hat am 5. 8. 87, 12.00 Uhr UTC 86° 10.8′ N 22°
04′ E als nördlichsten Punkt dieser Reise erreicht (auf der Nord-
flanke des Nansen-Gakkel-Rückens). Die nördlichste Stationsarbeit wurde mit Hilfe des Helikopters bei 86° 21,8′ N 23° 09.8′
(Beprobung der Schnee- und Eisdecke auf Sediment) und 86°
21,8′ N 23° 09.8′ E (Gravimetrie) ausgeführt.«[1] Mit dieser Eintragung hielt Prof. Dr. Jörn Thiele, Geologe an der Christian-
Albrechts-Universität in Kiel und wissenschaftlicher Fahrtleiter
auf dem dritten Fahrtabschnitt der vierten Antarktisexpedition
in seinem Fahrtbericht den Rekord des deutschen Forschungsschiffes POLARSTERN fest. Nur noch 400 Kilometer trennte die
POLARSTERN vom Nordpol. »Ein Durchbruch bis zum Nordpol wäre mit beträchtlichem Zeit- und Energieaufwand wahrscheinlich möglich, war aber von vornherein angesichts der
wissenschaftlichen Angaben des Schiffes nicht vorgesehen«, erklärte das Alfred-Wegener-Institut für Meeres- und Polarforschung gegenüber der Presse.[2]

An dem vom AWI koordinierten Projekt zur Erforschung der
ozeanographischen, biologischen, geophysikalischen und geologischen Eigenschaften des arktischen Ozeans nahmen
103 Männer und Frauen aus 13 Ländern teil. An Bord arbeiteten
Forschergruppen aus 15 Instituten aus Deutschland, den USA,
Kanada, Frankreich, England, Norwegen, Schweden und der
Schweiz, um die Geheimnisse eines der letzten unbekannten
Meeresgebiete der Erde zu lüften. Bis zu dieser Expedition
wußte man z. B. nicht, ob Umweltgifte auch in den kalten Wassermassen dieser Tiefseebecken zu finden sind, wie die arktische
Packeisgrenze driftet, welche Tier- und Pflanzenwelt die Mee-
resbecken bewohnt und in welchen geologischen Zeiträumen
sich das kalte Klima an den Polen der Erde entwickelt hat.

Im Anschluß an die Rekordfahrt wurde die POLARSTERN im
Trockendock von Blohm & Voss genauestens untersucht. Mit
angespannten Gesichtern machten Kapitän Heinz Jonas und
Mitglieder seiner Besatzung unmittelbar nach dem Eindocken

einen ersten Rundgang und inspizierten den Schiffskörper. Schon bald war ihren Gesichtern Erleichterung abzulesen. Das Schiff hatte seine Rekordfahrt ohne jeden Schaden überstanden.

Damit hatte es, nachdem es bei dem unmittelbar vorangegangenen Winter-Weddell-See-Projekt erfolgreich im Packeis operiert hatte, eine weitere Bewährungsprobe bestanden. Unter diesen Voraussetzungen konnte man sogar darangehen, eine Fahrt der POLARSTERN zum Nordpol ins Auge zu fassen; ein Plan, der während der Arktisexpedition 1991 mit Fahrtleiter Dr. Dieter Fütterer vom AWI realisert werden konnte. Am 7. September 1991 um 10.35 Uhr erreichte die POLARSTERN unter Kapitän Grewe während ihres Forschungsprogramms, das zusammen mit der schwedischen ODEN durchgeführt wurde, als erstes konventionell betriebenes Schiff den Pol.

Unterdessen war 1986 in Bremerhaven der Aufbau des Alfred-Wegener-Instituts mit der Einweihung der Räume abgeschlossen worden, und die Arbeiten auf der »Georg-von-Neumayer-Station« zeigten fast schon Routine. Die Polarforscher aus der Bundesrepublik Deutschland hatten mit ihren Programmen und Projekten international den Anschluß an die Polarforschung gefunden.

Der Neubeginn der Polarforschung in der Bundesrepublik Deutschland hatte nur langsam eingesetzt. So war eine Beteiligung am Internationalen Geophysikalischen Jahr 1957/58 nur durch zwei Fahrten der deutschen Forschungsschiffe ANTON DOHRN und GAUSS im Februar/Mai und August/September 1958 im Rahmen des Polarfahrt-Programmes des IGY im nördlichen Nordatlantischen Ozean möglich. Trotzdem hatten in einer Zeit, als es in der Bundesrepublik Deutschland noch kein Polarforschungsprogramm gab, viele Wissenschaftler nicht resigniert und sich um eine Beteiligung an ausländischen Forschungsprojekten und -programmen bemüht; sie versuchten, im Rahmen ihrer Möglichkeiten in ihren Instituten Fragen der Polarforschung zu bearbeiten, alte Verbindungen zu ausländischen Kollegen zu pflegen und neue anzuknüpfen. Insbesondere im süddeutschen Raum wurde weiterhin in Zusammenarbeit mit österreichischen und Schweizer Fachkollegen alpine Eisforschung betrieben.

Zu den ersten Wissenschaftlern, die nach dem zweiten Weltkrieg ihre vor Jahren begonnenen Arbeiten auch in den Polarregionen fortsetzten, gehörte Prof. Dr. Bernhard Brockamp aus Münster. 1952 war der ehemalige Teilnehmer der Alfred-Wegener-Expedition an der Westfälischen Wilhelms-Universität Dozent für Geophysik geworden. Nur wenige Jahre nach dem Krieg arbeitete er daran, eine Polarexpedition auf das grönländische Inlandeis zu organisieren, und über lange Zeit waren seine Veröffentlichungen den Problemen und Programmen einer Grönland-Expedition gewidmet. Auf eine Einladung aus den USA konnte er 1957 schließlich zum erstenmal nach 27 Jahren wieder an einer Inlandeisexpedition teilnehmen; sie führte ihn nach Thule. Er hatte schon sehr früh die fachliche Verbindung mit Paul Emile Victor, dem Chef der Expéditions Polaires Françaises, der 1948 bis 1953 die ersten motorisierten französischen Grönlandexpeditionen durchgeführt hatte, aufgenommen. Während des E. G. I. G.* leitete Brockamp die geophysikalischen Messungen, die die von der Wegener-Expedition 1930 und den französischen Expeditionen ausgeführten Echolotungen verdichten und durch seismische und gravimetrische Tiefenmessungen die Beziehung zwischen dem Verlauf des Felsuntergrundes und der Eisoberfläche klären sollten.

Dabei erhielt auch eine größere Zahl deutscher Wissenschaftler, finanziell getragen von der Deutschen Forschungsgemeinschaft, wieder die Möglichkeit, sich an der praktischen Polarforschung zu beteiligen. Diese Wiederaufnahme Deutschlands in die aktive Polarforschung auf internationaler Ebene war nicht zuletzt Brockamps Verdienst. Das Forschungsprojekt fand 1967/68 seine Fortsetzung, wiederum waren Wissenschaftler aus der Bundesrepublik Deutschland dabei vertreten.

In den sechziger Jahren beteiligte sich eine Reihe von Wissenschaftlern aus der Bundesrepublik Deutschland weiter an aus-

---

* Im Anschluß an die Tagung der Internationalen Union für Geodäsie und Geophysik (U. G. G. I.) 1954 in Rom wurde auf Initiative Frankreichs und der Schweiz die Internationale glaziologische Grönlandexpedition (Expédition Glaciologique Internationale au Groenland, E. G. I. G.) ins Leben gerufen, an der sich fünf Länder beteiligten: Dänemark, Deutschland, Frankreich, Österreich und die Schweiz. Die wissenschaftliche Organisation lag bei einem internationalen Direktionskomitee, die Expéditions Polaires Françaises unter Leitung von P. E. Victor wurden mit der technischen Durchführung beauftragt. Victor war gleichzeitig Expeditionsleiter.

ländischen Projekten, man versuchte aber auch bereits, eigene Forschungsreisen zustande zu bringen.

Seit 1961 unternahm H. J. Schweizer vom Institut für Paläontologie in Bonn insgesamt fünf Expeditionen in verschiedene Gebiete Spitzbergens und der Bäreninsel. 1968 begann auch das Geologisch-Paläontologische Institut der Universität Hamburg unter H. Lehmann dort seine Arbeit. 1971 ermöglichte die Deutsche Forschungsgemeinschaft Dr. Dietbert Thannhäuser vom Institut für Geographie und Länderkunde der Universität Münster einen Aufenthalt am Boothia Isthmus in Kanada, den er zu pflanzensoziologischen Untersuchungen nutzte. Wenig später hielt sich R. German vom Institut für Geologie und Paläontologie der Universität Tübingen in der ostkanadischen Arktis zu wissenschaftlichen Untersuchungen auf. Im Rahmen des International Astro-Geo-Project Spitzbergen 1968–1970 arbeitete Prof. Dr.-Ing. Manfred Bonatz vom Institut für Theoretische Geodäsie der Universität Bonn auf dem Archipel. In den Jahren 1959, 1960 und 1967 leitete Dr. Julius Büdel vom Geographischen Institut der Universität Würzburg die drei geomorphologisch orientierten Stauferland-Expeditionen auf der Barentsinsel, der Edge-Insel und dem König-Karls-Land in Südost-Spitzbergen. In Zusammenhang mit den Expeditionen 1960 und 1967 wurden auch botanische Untersuchungen vorgenommen; 1967 beteiligte sich das Naturkundliche Museum Karlsruhe. Der Stauferland-Unternehmung folgten kleinere Projekte mit geomorphologischen Fragestellungen.

Seit 1963 arbeiteten Gruppen des Zoologischen Instituts der Universität Erlangen-Nürnberg auf Spitzbergen. Im Jahre 1966 forschte G. Sommerhoff vom Geographischen Institut der Universität München auf dem Südost-Grönland-Schelf; 1971/72 führte W. Fürbringer vom selben Institut Feldarbeiten zur Sedimentologie des Colville-Deltas in Alaska durch. 1973 untersuchte Klaus Eberhard Bleich von der Universität Hohenheim Bodenmuster im kanadischen Archipel, um Daten zu erhalten für die Interpretation fossiler Böden in Süddeutschland und um zur Paleoökologie der archäologischen Stätten auf der Banks-Insel in Westkanada beizutragen, die aus der Zeit vor der Dorset-Kultur stammen.   Zu Beginn der siebziger Jahre regte die AG Weser, Bremen, eine Untersuchung des Meereises im kanadischen Archipel an, um die in der Planung befindlichen eisbrechenden Großraumschiffe zu optimieren. Die Fahrt des Tankers MANHATTAN hatte bewiesen, daß die Passage großer Schiffe durch das arktische Eis prinzipiell ohne Eisbrecherunterstützung möglich war, aber die Fahrt hatte auch gezeigt, daß technische Verbesserungen nötig waren, um künftig diesen Weg nutzen zu können.

Im Frühjahr 1972 trafen sich kanadische Wissenschaftler von der Brock University, St. Catharines, mit deutschen Kollegen von der Universität Münster in St. Catharines / Ontario, um ein Forschungsprogramm für Meereisuntersuchungen aufzustellen. Dieses Canadian Arctic Channel Project wurde im März 1972 als deutsch-kanadisches Gemeinschaftsunternehmen festgeschrieben. Dabei sollten für den Schiffbau wichtige Einflußfaktoren vor Ort erfaßt werden. Als Untersuchungsgebiet wurde wegen seiner guten Zugänglichkeit der Eclipse Sound zwischen North Baffin Island und Bylot Island in der Nähe von Pond Inlet, N. W. T., in der kanadischen Ostarktis gewählt. Die wissenschaftliche Verantwortung lag auf kanadischer Seite bei J. Terrasmae und P. Peach von der Brock University und auf deutscher Seite bei F. Thyssen und H. Kohnen von der Universität Münster.

Die Expedition, die 25 Wissenschaftler und Techniker umfaßte, dauerte von Anfang Mai bis Ende Juni 1972. Das Schwergewicht der Messungen lag auf für den Schiffbau wichtigen eisphysikalischen Fragen wie Festigkeit, Elastizität, Reibung des Eises auf Metall, im Eis auftretende Drücke und elektrische sowie elektromagnetische Eigenschaften. Die eisphysikalischen Messungen wurden durch geodätische, geologische, petrologische, meteorologische und ozeanographische Untersuchungen ergänzt. Die für die Durchführung der Expedition erforderlichen finanziellen Mittel stellte das Bundesministerium für Bildung und Wissenschaft bereit.

Anwendungsorientiert waren auch die Arbeiten des Eisdienstes des Deutschen Hydrographischen Instituts (DHI). Dieser Dienst nahm seine Tätigkeit mit Gründung des DHI 1945 auf und führte dabei die seit 1896 unternommenen Eisbeobachtungen der Deutschen Seewarte fort. Heute laufen im Bundesamt für Seeschiffahrt und Hydrographie (BSH), dem Nachfolger des

DHI, Informationen von 85 bundesdeutschen Beobachtungsstationen im Bereich der Nord- und Ostsee zusammen. K. Koslowski und K. Strübing sammeln dabei Informationen über das Meereis und verfolgen den Weg von Eisbergen.

Mitte der sechziger Jahre begann H. Kaminski, Direktor des Instituts für Weltraumforschung der Stadt Bochum, die seit 1963/64 auf polaren Bahnen die Erde umkreisenden Wettersatelliten zu nutzen, um die Bestimmung von Eis-, Meereis- und Schneebewegungen in der Arktis aus Satellitenbildern abzulesen und somit die Lücke der Beobachtungen während der Polarnacht zu schließen.

Satellitenaufnahmen der Jahre 1966–1973 dienten auch I. Haupt vom Institut für Meteorologie der Freien Universität Berlin als Grundlage für das Studium der Eisbedingungen und ihrer Wechselbeziehung zur allgemeinen Zirkulation. Den Einfluß der arktischen Regionen auf Klimamodelle untersuchte H. Flohn vom Institut für Meteorologie der Universität Bonn.

Das DHI in Hamburg nahm – insbesondere seit der Indienststellung des Forschungsschiffes METEOR 1964 – an ozeanographischen Programmen teil, die im Grenzbereich atlantischer und subpolarer Wassermassen Untersuchungen vornahmen. Eines der größten Programme war Overflow 1973, an dem 13 Forschungsschiffe aus acht Ländern arbeiteten. Neben der METEOR nahmen von bundesdeutscher Seite noch die WALTHER HERWIG und das Fischereischutzboot MEERKATZE II teil. Beteiligte Institute waren die Bundesforschungsanstalt für Fischerei, das DHI sowie die Institute für Meereskunde in Kiel und Hamburg.

Im Jahre 1976 wurden von Bord der METEOR bathymetrische, gravimetrische und erdmagnetische Messungen im Seegebiet zwischen Reykjanes-Rücken und Grönlandschelf vorgenommen, 1979 führten radiologische Untersuchungen das Schiff ins Nordmeer.

Mitte der siebziger Jahre beteiligten sich Wissenschaftler der Institute für Geophysik und Meteorologie der Technischen Universität Braunschweig, des Instituts für Geophysik der Universität Münster, des Instituts für Ionosphärenphysik im Max-Planck-Institut für Aeronomie, Lindau/Harz, des Instituts für Geophysik der Universität Göttingen, des Geophysikalischen Observatoriums Fürstenfeldbruck der Universität München, des Instituts für Stratosphärenphysik im Max-Planck-Institut für Aeronomie, Lindau / Harz, des Instituts für Meteorologie und Geophysik der Universität Frankfurt und des Astronomischen Instituts der Universität Tübingen an der Internationalen Magnetosphärenstudie (IMS).

Siedlungs- und wirtschaftsgeographische Fragestellungen untersuchte E. Treude vom Institut für Geographie der Universität Münster 1965 in Labrador. Und als einer der wenigen Ethnologen, die sich in den Polarregionen aufhielten, arbeitete L. Müller-Wille vom Institut für Völkerkunde der Universität Münster 1973/74 in Nordskandinavien und Kanada.

Es war Professor Bernhard Brockamp aus Münster noch möglich gewesen, als Beobachter einer amerikanischen Expedition in die Antarktis zu gehen. Wissenschaftlich gearbeitet hat er dort nicht mehr. Allerdings versuchten bald jüngere Wissenschaftler zusammen mit amerikanischen Kollegen, auch einen Fuß auf den weißen Kontinent zu setzen.

Im Südsommer 1964/65 nahm der Münchner Wissenschaftler Dr. Hubert Miller die Chance wahr, geologische und glaziologische Studien in der Westantarktis vorzunehmen. Er arbeitete auf der chilenischen Station »Bernardo O'Higgins«. 1970/71 unternahm Dr. Heinz Kohnen zusammen mit seinem amerikanischen Kollegen Dr. Charles R. Bentley im Rahmen eines von der U.S. National Science Foundation finanzierten Projektes seismoglaziologische Untersuchungen nahe der »Byrd-Station« vor.

Die Situation für die Polarforscher in der Bundesrepublik Deutschland änderte sich gravierend, als zu Beginn der 70er Jahre der Club of Rome die »Grenzen des Wachstums« aufzeigte, und die Endlichkeit der Rohstoffreserven in der »Ölkrise« für jedermann spürbar wurde. Darüber hinaus trafen die Folgen der 3. Seerechtskonferenz (1973–1982), auf welcher der Grundsatz von der Freiheit der Meere aufgegeben wurde, ein küstenarmes Land wie die Bundesrepublik Deutschland in besonderer Weise.

In der Bundesrepublik Deutschland, wie auch anderswo, besann man sich auf die Antarktis und das Südpolarmeer. Man setzte auf mögliche Fischressourcen und wollte sich rechtzeitig ein Mitspracherecht bei Entscheidungen über die Zukunft der Antarktis und deren Rohstoffe sichern.

Als Ergebnis von Überlegungen und Diskussionen, die Biologen um die künftige Ernährung anstellten, wurde im Oktober 1975 das Fischereiforschungsschiff WALTHER HERWIG in die Antarktis geschickt. Die Wissenschaftler untersuchten auf dieser ersten Fahrt eines deutschen Forschungsschiffes in das Südpolarmeer nach dem Zweiten Weltkrieg vor allem die Lebensbedingungen des Krills.*

Die Fahrt der WALTHER HERWIG galt einer möglichen künftigen Nutzbarmachung dieser Eiweißreserven für die menschliche Ernährung, aber sie sollte auch dazu beitragen, Daten und Informationen über das antarktische Ökosystem zusammenzutragen, also einen Baustein für eine Bestandsaufnahme bilden. Längst wußte man, daß Eingriffe des Menschen ein natürliches Ökosystem zerstören können.

Japanische und sowjetische Trawler hatten bereits in den sechziger Jahren im Südpolarmeer die kommerzielle Fischerei aufgenommen. Die Koordination der ersten Krill-Expedition, der sich im Oktober 1977 eine zweite Fahrt anschloß, lag in den Händen der Bundesforschungsanstalt für Fischerei** und des Instituts für Meereskunde in Kiel.

Während die erste Krill-Expedition durchgeführt wurde, sammelten Geologen der Bundesanstalt für Geowissenschaften

* Der Begriff Krill stammt aus dem Norwegischen und bezeichnet »Walfutter«. Obwohl hierzu eine große Art planktonfressender Krebstiere gehört, wird Krill heute allgemein als Name für die Spezies »Euphausia superba« verwendet, die größte und bei weitem häufigste Art der »Euphausiden«. Es handelt sich um ein bis zu 6 cm langes, krabbenähnliches Tier, das von Phytoplankton und von organischen Abbaustoffen lebt.

** Die Bundesforschungsanstalt für Fischerei ist eine nachgeordnete Dienststelle des Bundesministeriums für Ernährung, Landwirtschaft und Forsten. Ihr Aufgabengebiet umfaßt alle zur Lösung der Probleme der Fischwirtschaft notwendigen Forschungen von der Produktion bis zur Verarbeitung unter Berücksichtigung aller Zweige der Küsten- und der Hochseefischerei, zum Teil auch der Binnenfischerei. Ein wesentlicher Arbeitsbereich ist die biologische Überwachung der Nutzfischbestände des Meeres. Die Ergebnisse dieser Untersuchungen bilden eine Entscheidungshilfe für die Fischereipolitik des Bundes, vor allem bei Verhandlungen in den internationalen Fischereikonventionen und für bilaterale Abkommen. Weitere Aufgaben sind Fangplatzerschließungen und die Entwicklung neuer Fischereitechniken. Zunehmende Bedeutung gewinnen Untersuchungen über Einflüsse verschiedener Formen der Meeresverschmutzung auf die Nutzfischbestände.

und Rohstoffe (BGR)* aus Hannover 1976 ebenfalls erste Antarktiserfahrungen durch die Beteiligung an einem längerfristigen Forschungsprojekt der Universität Kansas im Transantarktischen Gebirge.

Im Südsommer 1977/78 begannen die offshore-geophysikalischen Arbeiten der BGR. Von Bord des Forschungsschiffes Explora, das von der Prakla-Seismos AG gechartert worden war, untersuchten Geologen unter der Fahrtleitung von Prof. Dr. Hinz im Frühjahr 1978 den antarktischen Festlandsockel in der nördlichen und östlichen Weddell-Meer.

Die Fahrt diente dem Ziel, wissenschaftliche Grundlagenforschung über die Struktur der an die Antarktis angrenzenden See-

---

* Nach dem Zweiten Weltkrieg wurde in Hannover das Amt für Bodenforschung gegründet, aus dem 1958 die Bundesanstalt für Bodenforschung (seit 1975: Bundesanstalt für Geowissenschaften und Rohstoffe – BGR) und 1959 das Niedersächsische Landesamt für Bodenforschung (NLfB) hervorgingen. Die BGR gehört zum Bundesministerium für Wirtschaft, das NLfB zum Niedersächsischen Ministerium für Wirtschaft, Verkehr und Technologie. Die Ämter beschäftigen etwa 1200 Mitarbeiter und unterstehen einem Präsidenten.

Die Untersuchungsergebnisse der Forschungsarbeiten der geowissenschaftlichen Dienste dienen dazu
– bisher nicht bekannte Vorkommen von Bodenschätzen zu orten, zu bewerten und wirtschaftlich zu nutzen,
– Böden zu beurteilen, zu erhalten und sinnvoll zu bewirtschaften,
– Grundwasser zu erschließen und vor schädlichen Beeinflussungen zu schützen,
– die Umwelt aus geowissenschaftlicher Sicht zu schützen,
– die geotechnische Sicherheit von Bauwerken über- und untertage zu garantieren.

Die BGR treibt – so ihre Zielsetzung – »angewandte geowissenschaftliche Forschung im Bereich zwischen Grundlagenforschung und solchen Untersuchungen, die auf eine industrielle Gewinnung von Bodenschätzen ausgerichtet sind. Sie trägt damit ohne kommerzielles Eigeninteresse dazu bei, die Lücke zwischen diesen beiden Untersuchungsrichtungen zu schließen«. Sie hat die Aufgabe, in weltweiten geowissenschaftlichen Untersuchungen zur »Daseinsvorsorge und Sicherung der Rohstoffversorgung« der Bundesrepublik Deutschland beizutragen. Hierzu gehören die wissenschaftliche und wirtschaftliche Auswertung von Forschungen in zahlreichen geowissenschaftlichen Disziplinen. Die BGR arbeitet an der Erkundung und Ausbeutung mineralischer Rohstofflagerstätten im Ausland (auch im Rahmen der deutschen Entwicklungshilfe) mit und betreibt rohstoffbezogene Meeresforschung. Sie berät die Bundesrepublik und die deutsche Wirtschaft, aber auch ausländische Institutionen, in allen geowissenschaftlichen Fragen und fördert die internationale wissenschaftliche Zusammenarbeit.

Die geowissenschaftliche Erforschung des antarktischen Kontinents durch die BGR »dient primär der Klärung seiner Entstehung, aber auch der Frage, ob er für die Menschheit nutzbar sein kann«.[3]

gebiete zu betreiben. Die möglichen Ergebnisse der Forschungsfahrt sollten, sofern geeignet, als deutscher Vorschlag in das
Deep Sea Drilling Project* eingebracht werden.

Dabei galt es nicht nur für die Wissenschaftler, sondern auch
für die Besatzung, sich ein neues Gebiet zu erarbeiten. Kapitän
Krause berichtete später: »Am 8. Dezember 1977 waren wir mit
der EXPLORA von Bremen ausgelaufen und über Rio Grande do
Sul nach Ushuaia an der Südspitze Argentiniens gefahren. Dort
liefen wir am 5. Januar aus. Nach 3 Tagen Überfahrt durch die
Drake-Passage waren wir gerade 18 Stunden am Vermessen, als
wir Eisberge und Treibeis in größerer Anzahl ausmachten. Wir
waren immerhin erst auf 61° 35′ S, östl. der South Orkneys. In
Ushuaia hatte man uns erzählt, das Eis beginne erst weiter südlich. Vertrauend auf diese Meldung fuhren wir natürlich ruhig
weiter. Und plötzlich waren wir mitten drin. Vom Eis umgeben.
Ich glaube, so schnell haben wir unsere Meßgeräte noch nie ein-
geholt. Einige Meilen weiter östlich versuchten wir es noch ein-

---

* Das Deep Sea Drilling Project wurde 1983 beendet. Es hat u. a. wesentliche Beweise geliefert, daß die Ozeanböden mit rund 200 Millionen Jahren erdgeschichtlich
junge Gebilde sind, gemessen am Erdalter von rund 4 Milliarden Jahren. Das Projekt
wurde abgelöst vom Ocean Drilling Program (ODP), einem internationalen Tiefseebohrprogramm, das insbesondere vier Themen nachgeht:
– Entstehung und Entwicklung der ozeanischen Erdkruste,
– Entwicklung des inneren geologischen Aufbaus von Kontinentalrändern und ozea-
  nischer Erdkruste,
– Entstehung und Entwicklung von marinen sedimentären Abfolgen,
– Ursachen der langzeitigen Veränderungen von Atmosphäre, Hydrosphäre, Eis-
  kappen, Biosphäre und Erdmagnetfeld.
Die deutschen Arbeiten werden von der BGR in Hannover koordiniert. For-
schungsbasis ist das Bohrschiff JOIDES RESOLUTION.
Im Rahmen dieses Programms haben Wissenschaftler aus der Bundesrepublik
Deutschland zweimal im antarktischen Bereich gearbeitet. Auf dem Fahrtabschnitt
Leg 113 der JOIDES RESOLUTION von Januar bis März 1987 wurden Bohrungen im
nordöstlichen Weddell-Meer vorgenommen, um Aufschlüsse übr die Sedimenta-
tionsgeschichte dieses Gebietes zu erhalten. Die Auswahl des Bohrplatzes beruhte
zum großen Teil auf sehr intensiven geophysikalischen Untersuchungen, die auf
zwei deutschen Expeditionen mit FS EXPLORA und FS POLARSTERN durchgeführt
worden waren. Weiterhin wurde auf dem Leg 114 in der Prydz-Bucht, südlich von
Kerguelen gebohrt.
In der Arktis arbeitete die JOIDES RESOLUTION auf dem Leg 119–120 in der Baffinbucht, Labrador-See. Bohrungen in hohen Breiten sollen auch künftig weiter
betrieben werden, eine wichtige Etappe wird dabei in Zukunft das Bohren im Eis
sein.

mal, und das Glück war uns hold. Wir konnten sehr weit nach Süden vordringen. Einige Tage später überfuhren wir auf der Suche nach freiem Wasser bereits den 70. Breitengrad. [...] Es sollte nicht das letzte Mal sein. Wir arbeiteten uns weiter nach Osten vor. Ursprünglich war eine Vermessung eines Teils der Weddell-See geplant, aber wir fanden nur Eis von ⅛–⅝ Bedeckung vor. Für seismische Arbeiten unmöglich. Die Arbeiten an Bord der Explora konzentrierten sich nun auf die Vermessung vor der Königin-Maud-Küste.«[4]

Ende Januar wurde ein zweiter Vorstoß ins Weddell-Meer unternommen, und Kapitän Krause war überrascht, wie schnell sich die Eisverhältnisse geändert hatten. Auch jetzt traf die Explora zwar auf große Eisfelder, die umfahren werden mußten, aber die geplanten Profile konnten eingehalten werden.

Die Explora erreichte schließlich mit 74° 12′ S und 27° 18′ W den südlichsten Punkt ihrer Expedition. Doch für weitere Rekorde war keine Zeit, der antarktische Winter stand bevor, und noch galt es, einige Profile zu fahren. Krause: »Vielleicht hätten wir sonst versucht, noch weiter nach Süden vorzudringen. Denn mit unserem modernen Schiff und den derzeitigen Navigationsmöglichkeiten wäre dies sicher möglich gewesen. Mit knapp 6000 Profilkilometern Seismik, Magnetik und Gravimetrie in der Tasche kehrten wir dem Kontinent Antarktis am 6. Februar den Rücken.«[5]

Eine neue Gelegenheit, ihren »Rekord« zu brechen, sollte die Explora schon bald erhalten. 1979/80 absolvierte sie ihren zweiten Antarktiseinsatz. Auch diesmal galt die Aufmerksamkeit der Geologen dem antarktischen Festlandsockel, allerdings wurde diesmal die Struktur und Mächtigkeit der sedimentären Ablagerungen am Kontinentalabhang im Ross-Meer untersucht. Mit Hilfe seismischer, gravimetrischer und magnetischer Methoden wurden Sedimentmächtigkeiten von über 6000 Metern festgestellt. In den verschiedenen Schichten des Sediments ist zum einen die Geschichte des Kontinents und seiner Vereisung gleichsam gespeichert, andererseits können Geologen aus der Struktur der Sedimente auf Rohstofflager – etwa Erdöl oder Gas – schließen. Zu den navigatorischen Höhepunkten der Fahrt zählte am 7. Februar 1980 das Erreichen der Position 78° 12′ 48″ S und 175° 10′ 14″ W. Die Explora befand sich damit auf der südlichsten Position, die bis dahin ein deutsches Forschungsschiff erreicht hatte.*

Alle diese Expeditionen, die seit Mitte der siebziger Jahre unternommen worden waren, sollten keine einmaligen Reisen bleiben. Die Bundesrepublik Deutschland strebte ein längerfristiges Engagement in der Polarforschung und insbesondere in der Antarktisforschung an. Dafür wurden die politischen Voraussetzungen geschaffen, als am 5. Oktober 1978 die Bundesregierung beschloß, über die seit dem 18. Januar 1978 bestehende einfache Mitgliedschaft der Bundesrepublik Deutschland im Antarktisvertrag hinaus die Aufnahme als Teilnehmer an der Konsultativrunde des Antarktisvertrages anzustreben.

Zu diesem Zweck beauftragte die Bundesregierung den Bundesminister des Auswärtigen und den Bundesminister für Forschung und Technologie, in Abstimmung mit den beteiligten Ressorts die für die Aufnahme erforderlichen Voraussetzungen zu schaffen.

Der Bundesminister für Forschung und Technologie wurde angewiesen, ein Programm Antarktisforschung vorzubereiten und dem Kabinett vorzulegen. Ein Jahr später entschied die Bundesregierung am 12. Dezember 1979 über das Antarktisforschungsprogramm. Es war zusammen mit der Deutschen Forschungsgemeinschaft, den Universitäten, Max-Planck-Instituten und der Industrie erarbeitet worden und umfaßte folgende Punkte:
1. Errichtung einer Forschungsstation in der Antarktis,
2. Bau eines Polarforschungs- und Versorgungsschiffes,
3. Durchführung von Forschungsexpeditionen in der Antarktis,
4. Intensivierung polarbezogener Forschungs- und Entwicklungsarbeiten in der Bundesrepublik Deutschland und
5. Gründung eines Instituts für Polarforschung.

Zur gleichen Zeit diskutierten Wissenschaftler bereits die Frage eines möglichen Standortes für die Antarktisstation. Ihre Wahl fiel auf den atlantischen Sektor der Westantarktis, in das

* Auf einer dritten Antarktisexpedition 1982 im Auftrag des Institut Français du Pétrole (IFP) überbot sie auch diesen Rekord. Sie erreichte am 6. Februar 1982 bei der Bay of Whales vor der Ross-Schelfeiskante die Postition 78° 20′ 21″ S und 165° 13′ 28″ W.

Gebiet des Filchner-Schelfeises. Damit hatten sie sich, wie Heinz Kohnen, Leiter des Bereiches Logistik im Alfred-Wegener-Institut in Bremerhaven, es formulierte, die »Eigernordwand der Antarktis« als Feld künftiger Aktivitäten ausgesucht. Es gab dafür eine Reihe guter Gründe. Zunächst wollten sie in wissenschaftliches Neuland vorstoßen. Diese Bedingung war im südwestlichen Weddell-Meer mehr als in anderen antarktischen Gebieten gegeben. Aufgrund der Schwere des Packeises zählt diese Region zu den unzugänglichsten Territorien der Antarktis. Auf dem westlichen und zentralen Filchner-Schelfeis hatte es noch keine Forschungsstation gegeben, und auch Expeditionen hatten dieses Gebiet bislang kaum berührt. Außerdem kamen bei der Auswahl des Standorts Gebiete, die politisch brisant waren, wie etwa die Antarktische Halbinsel, wo sich die zur Zeit im wahrsten Sinne des Wortes auf Eis gelegten territorialen Ansprüche gleich dreier Nationen, Argentiniens, Chiles und Großbritanniens, überlappten, als Standort für eine deutsche Polarstation nicht in Frage.

Das Hauptargument für die Wahl des atlantischen Sektors war jedoch, daß hier fast alle beteiligten Disziplinen – mit Ausnahme der Geologen in Hannover – gute Voraussetzungen finden würden. Die Meteorologen wollten die atmosphärische Zirkulation, den Energieaustausch und den Transport von Spurenstoffen über den Südatlantik untersuchen. Kaum eine andere Gegend der Antarktis eignet sich so gut für die Atmosphärenphysiker, Beschaffenheit und Dynamik der Magnetosphäre an sogenannten konjugierten Punkten zu beobachten.[*] Der Energieaustausch zwischen Ozean, Eis und Atmosphäre, der gleichermaßen Glaziologen, Meteorologen und Ozeanographen interessiert, ist im Weddell-Meer beobachtbar. Darüber hinaus ist das Filchner-Schelfeis mit einer Fläche von über 500 000 km² nach dem Ross-Schelfeis das größte antarktische Schelfeis. Die großen Schelfeisgebiete stellen die Hauptausflußbereiche des Inlandeises dar und sind für Massenbilanzen von entscheidender Bedeutung.

Wissenschaftler aus der Bundesrepublik Deutschland haben

---

[*] Konjugierte Punkte sind die Ein- und Austrittspunkte magnetischer Feldlinien, die in Kanada und auf dem antarktischen Schelfeis liegen.

daher das Filchner-Schelfeisprojekt angeregt, eine internationale Studie, die der Erforschung des Massenhaushaltes und der Eisdynamik des Filchner-Schelfeises gewidmet ist.

Da nun »der Bau einer Station nicht vom grünen Tisch aus geplant werden kann«,[6] ging im Südsommer 1979/80 eine Expedition ins Weddell-Meer. Es beteiligten sich Wissenschaftler der Universitäten Braunschweig und Münster, der Bayerischen Akademie der Wissenschaften, der Hamburgischen Schiffbau-Versuchsanstalt, des Instituto Antártico Argentino und der Universität Bergen. Da das AWI noch nicht bestand, wurde das Unternehmen von der Industrie ausgerüstet und logistisch betreut. Als Schiff diente die kleine eisverstärkte norwegische POLARSIRKEL, die auch zwei Hubschrauber mit sich führte. Silvester 1979 erreichte das Schiff bei Kap Norvegia den antarktischen Kontinent. Zwei Tage später, beim Besuch der englischen Station »Halley Bay«, konnten die deutschen Polarforscher sich vor Ort auch über Probleme einer Forschungsstation im Eis informieren. Anschließend wurde von »Halley Bay« aus die Schelfeiskante vermessen, der Frontbereich der antarktischen Küste vom Greenwich-Meridian bis zur Antarktischen Halbinsel erkundet. Es war die wohl erste vollständige Aufnahme der Filchner-Barriere.

Die Eisverhältnisse des Sommers 1979/80 waren sehr günstig, und auf 77° S 50° W fand man im Januar 1980 das für eine künftige Station geeignete Terrain, das es nun intensiver zu untersuchen galt. »Am 7. Januar 1980 wurden das Stationsmaterial, die Wohnkabine, die Kettenfahrzeuge und Schlitten entladen«, erinnerte sich Fahrtleiter Kohnen. »Nicht ohne Stolz konnte dem Auftraggeber, dem Bundesminister für Forschung und Technologie, über Norddeich Radio die Erfolgsmeldung durchgegeben werden.«[7] Wenig später kundete ein großes »F« (für »Filchner-Station«) am Eisrand von einer kleinen Ansiedlung im Hinterland. Doch Sorgen bereitete dem Erkundungsteam die Frage, ob dieser Platz tatsächlich in jedem Jahr von einem Versorgungsschiff gleich gut wieder zu erreichen sein würde. Deshalb wurde auch das regelmäßig zugängliche Ekström-Schelfeis im Februar 1980 als Ausweichplatz für einen Stationsaufbau vermessen, ein Vorgehen, das sich als richtig erweisen sollte. Auf der Fahrt hatten sich somit zwei mögliche Standorte ergeben:

Der erste lag auf dem Filchner-Ronne-Schelfeis am Südrand des Weddell-Meeres bei 77° 10′ S und 50° 40′ W, während der zweite sich am nordöstlichen Ausgang des Weddell-Meeres in der Nähe der Atka-Bucht auf 70° 36′ S und 8° 20′ W befand.

Aber auch in Deutschland liefen die Vorbereitungsarbeiten für die Errichtung einer Antarktisstation auf Hochtouren. Der Bundesminister für Forschung und Technologie, der die erforderlichen Mittel zur Verfügung stellte und den Auftrag für die Standortsuche vergeben hatte, erteilte den Auftrag zum Bau der ersten deutschen Antarktis-Forschungsstation.

Entwurf und Planung der Station lagen bei der Firma Dorsch Consult GmbH in München. Lieferung, Transport und Montage der Station wurden am 4. Mai 1979 öffentlich ausgeschrieben. Bei der Abgabe der Angebote ergab sich allerdings, daß sie weit über den vom BMFT vorgegebenen Kostenrahmen hinausgingen. Eine Reduzierung des geplanten Umfanges und eine neue Ausschreibung wurden erforderlich. Ende Januar 1980 erhielt die Hamburger Ingenieurbaufirma Christiani & Nielsen AG den Zuschlag für 14,6 Mill. DM auf ihr Angebot. Für Detailplanung, Fertigung, Einkauf, Montage und Anlieferung zum Schiff verblieben entgegen der ursprünglichen Planung nur noch neun Monate.

Es gab noch weitere Änderungen, wie Dietrich Enß, Projektleiter für den Transport und Aufbau der Station, berichtet: »Zum Zeitpunkt der Bestellung ging der Auftraggeber noch davon aus, daß die Station nach ihrer Errichtung im ersten antarktischen Winter stillgelegt wird. Die Besetzung mit Wissenschaftlern und Wartungspersonal sollte dann in der zweiten Saison 1981/82 erfolgen, nachdem die Station ihren endgültigen Aufbauzustand erreicht haben würde. Im Verlauf der weiteren Planung wurde allerdings entschieden, die Station soweit zu vervollständigen, daß eine sichere Überwinterungsmöglichkeit für eine ›Kernmannschaft‹ bereits im ersten Jahr gegeben wäre. Mit der sicherheitstechnischen Überwachung der gesamten Anlage war der Germanische Lloyd in Hamburg betraut.«[8]

Die Nutzungsdauer der Station war von vornherein auf etwa 11 Jahre angelegt. Zwei Faktoren waren dafür maßgebend: einerseits die Zeitspanne, die der Stationsort für den Weg zum Schelfeisrand und damit zum unvermeidlichen Abbruch benötigt, und andererseits die zusätzliche Begrenzung für »unterirdische« Stationen, die sich aus der pro Jahr um etwa 60 cm zunehmenden Belastung durch Schneeüberdeckung ergibt.

In der Konzeption griff man auf ein Konstruktionsprinzip zurück, das sich in polaren Gebieten bewährt hatte und sowohl in der englischen Nachbarstation »Halley Bay« als auch in der südafrikanischen Station »Sanae« angewendet worden war: Gebäude-Container werden in einer Röhre aus Wellblech vor direkten Wettereinflüssen geschützt. Die Stahlröhre nimmt dabei auch die Kräfte aus dem sie umgebenden Schnee auf. Die Luftschicht zwischen den Containern und der Röhre bewirkt einen Temperaturausgleich.

Im November 1980 liefen das eisbrechende Forschungsschiff POLARSIRKEL, das Frachtschiff GOTLAND II und der Hochseebergungsschlepper TITAN zum Bau der ersten Forschungsstation der Bundesrepublik Deutschland in der Antarktis aus. Dichte Eisfelder behinderten jedoch die Fahrt der Schiffe. Nur 170 Kilometer vor dem zuvor erkundeten Ziel, kurz vor dem Passieren der sowjetischen Sommerstation »Družnaja«, war der Weg durch eine unbezwingbare Eisbarriere versperrt. Da der vorgesehene Landepunkt nicht termingerecht erreichbar war, wies das BMFT die Expedition an, den Ausweichstandort in der rund 1450 km nordnordöstlich gelegenen Atka-Bucht vor dem Ekström-Schelfeis anzulaufen. Am 19. Januar 1981 erreichten die Schiffe den neuen Standort. Das Entladen begann, und am Bauplatz wurde ein Camp für die 42köpfige Baumannschaft errichtet. Trotz schlechten Wetters mit Schneedrift und Windgeschwindigkeiten bis 6 m/s gewann die Baumannschaft den Wettlauf gegen die Zeit. Am 24. Februar 1981 konnte Richtfest gefeiert werden, gleichzeitig erhielt die Station den Namen »Georg-von-Neumayer-Station«. Anfang März 1981, kurz vor dem Einbruch des Südwinters, war die Station bei 70° 37′ S, 8° 22′ W nach 40 Tagen mit 20 000 Arbeitsstunden betriebsfertig.

Die Station besteht aus zwei je 50 Meter langen Stahlblechröhren von 7,5 m Durchmesser. Innen stehen – zu Blöcken zusammengefaßt – isolierte Wohn- und Laborcontainer. An wissenschaftlichen und technischen Einrichtungen sind die meteorologische Meßstation, das geophysikalische Observatorium, Stromgeneratoren, Trink- und Abwasseranlage, Küche mit Vorratsraum, Funkzentrale, Werkstatt und Belüftungsanlage zu nennen. Daneben gibt es Schlaf- und Wohnräume für bis zu 30 Personen, eine Arztstation, eine Überlebensstation und Treibstofflager. Die Baukosten beliefen sich auf 15 Mio. DM. Die Station wurde am 3. März vom Germanischen Lloyd technisch abgenommen, am gleichen Tag, an dem die Bundesrepublik Deutschland als 14. Staat in die Konsultativrunde des Antarktisvertrages aufgenommen wurde. Damit war sie neben den zwölf ursprünglichen Vertragsstaaten * und Polen nunmehr mitverantwortlich für das Schicksal des 6. Kontinents.

Als erste Überwinterungsmannschaft blieben Anfang März 1981 fünf Männer in der Station zurück. Die erste Versorgungsfahrt zur »Georg-von-Neumayer-Station«, die im Dezember 1981 die Atka-Bucht erreichte, wurde mit einem gecharterten Schiff, der norwegischen POLAR QUEEN durchgeführt. Das Schiff erreichte nach zwanzig schwierigen Tagen durch Pack- und Preßeis auf derselben Fahrt das Filchner-Schelfeis, wo die »Filchner-Station« als Sommerstation ausgebaut wurde.

Während im Südsommer 1981/82 die »Georg-von-Neumayer-Station« gebaut wurde, beteiligten sich die Forschungsschiffe WALTHER HERWIG und METEOR innerhalb des langfristigen internationalen Projektes BIOMASS (Biological Investigations of Marine Antarctic Systems and Stocks) an dem Gemeinschaftsprojekt FIBEX (First International BIOMASS Experiment). Das war das erste internationale Projekt, an dem sich Wissenschaftler aus der Bundesrepublik Deutschland so maßgeblich beteiligten. Da die METEOR ihr wissenschaftliches Personal zweimal, die WALTHER HERWIG einmal wechselte, konnten über 100 Forscher an dem Vorhaben partizipieren. Darüber hinaus hatten in kleinerem Maßstab Ozeanographen und Biologen auch bei der An- und Abreise der POLARQUEEN die Chance, ergänzende meereskundliche Messungen vorzunehmen. Kernstück des Programms war eine »Volkszählung des Krills mit hydroakustischen Methoden«, wie Prof. Hempel es ausdrückte, die unter der Federführung der Bundesforschungsanstalt für Fischerei und des Instituts für Meereskunde stattfand.

---

* Argentinien, Australien, Belgien, Chile, Frankreich, Großbritannien, Japan, Neuseeland, Norwegen, Sowjetunion, Südafrika und USA.

Im Jahr 1982 nahmen Biologen und Ozeanographen an einem Gemeinschaftsunternehmen des British Antarctic Survey und des Alfred-Wegener-Instituts an Bord des RRS JOHN BISCOE teil, und Ende 1982 konnten die Wissenschaftler schließlich mit der POLARSTERN auf Fahrt gehen. Damit war auch die zweite Grundvoraussetzung für die künftige deutsche Polarforschung geschaffen. Gut vier Jahre hatte man daran gearbeitet, dieses »Traumschiff der Forschung«, wie die Medien es feierten, zu konzipieren und zu bauen.

Ende 1978 hatte die »Koordinationsgruppe Antarktisschiff« einen Katalog von Anforderungen vorgelegt, die an ein Polarforschungs- und Versorgungsschiff zu stellen waren. In Zusammenarbeit mit Wissenschaftlern verschiedener Fachdisziplinen wurde darauf aufbauend der Ausschreibungsentwurf entwickkelt, der folgende Grundanforderungen an das Schiff enthielt:

– als Versorgungsschiff eigenständige Belieferung der Antarktisstation mit Treibstoff und festen Gütern,
– Einsetzbarkeit als schwimmende Forschungsstation für langfristige Beobachtungen sowohl im Eis als auch im eisfreien Wasser,
– Fähigkeit, 1 m dickes Eis mit 5 kn zügig zu durchfahren und 2 m dickes Festeis durch Rammen zu brechen,
– Einsatzfähigkeit für wissenschaftliche Aufgaben bei Temperaturen bis −30 °C,
– Betriebsfähigkeit des Schiffes als Transporteinheit bis −50 °C,
– Möglichkeit, mit dem eingefrorenen Schiff bei Temperaturen bis −50 °C und entsprechendem Eisdrücken zu überwintern,
– wettergeschützte Arbeitsmöglichkeiten,
– Minimieren von Eisansatz durch Spritzwasser, »Black Frost« etc. an exponierten Bauteilen,
– Schwingungsarmut und niedriger Geräuschpegel in allen Arbeitsräumen und
– Geräteaufstellung so, daß Horizontal- und Vertikalbeschleunigungen durch Eisrammen und Seeschlag einwandfrei überstanden werden.

Bereits in der Planungsphase wurden zahlreiche Modellversuche im Eistank der Hamburgischen Schiffbau-Versuchsanstalt GmbH (HSVA) vorgenommen. Dabei ging es u. a. darum, die geeignete Schiffsform zu finden. Beherrschender Gedanke war, eine Form zu entwickeln, die sowohl einen geringen Eisbrechwiderstand hat als auch nach Möglichkeit keine Eisschollen in den Propellerbereich gelangen läßt. Zur gleichen Zeit fanden im Windkanal der TU Berlin Rauchversuche statt, die der Optimierung der Schornsteinform und der Festlegung ungestörter Meßstellen für die Luftchemie dienten. Anhand eines Arbeitsmodells wurde darüber hinaus die Anordnung der Winden auf dem Arbeitsdeck festgelegt.

Am 30. Juli 1980 vergab der damalige Bundesforschungsminister Volker Hauff den Bauauftrag für das Polarforschungsschiff an die Arbeitsgemeinschaft Howaldtswerke-Deutsche Werft AG in Kiel und die Werft Nobiskrug GmbH in Rendsburg. Die weiteren Ereignisse folgten schnell aufeinander. Am 22. September 1981 war Kiellegung des Schiffes, bereits am 25. Januar 1982 konnte der Bau mit der Nr. 707 von Anna-Barbara von Bülow, der Ehefrau des damaligen Bundesforschungsministers, getauft werden. Nach der Ausrüstung in Rendsburg lief die POLARSTERN Ende November zur Werftprobefahrt aus, am 9. Dezember wurde das Schiff übergeben, und am 27. Dezember 1982 nahm es erstmals Kurs auf sein künftiges Arbeitsgebiet, die Antarktis.

Da die POLARSTERN jedoch recht spät im Jahr Kurs Süd genommen hatte, war für die Forschungsaktivitäten der Saison 1982/83 zusätzlich das norwegische Schiff POLARBJØRN gechartert worden. Es erreichte am 2. Januar 1983 mit der neuen Überwinterungsmannschaft die Atka-Bucht und fuhr anschließend zum Riiser-Larsen-Schelfeis, dem Ausgangspunkt geologischer Arbeiten. Unterdessen lief die POLARSTERN am 31. Januar 1983 die »Georg-von-Neumayer-Station« an; sie brachte Versorgungsgüter und eine Baumannschaft, die den Ausbau der Station vornahm. Im Anschluß daran führte das Schiff ein multidisziplinäres wissenschaftliches und technisches Forschungsund Erprobungsprogramm im inneren Weddell-Meer durch.

Als die POLARSTERN am 23. April 1983 wieder in ihrem Heimathafen Bremerhaven festmachte, konnte Fahrtleiter Prof. Dr. Gotthilf Hempel zufrieden feststellen: »FS POLARSTERN hat sich auf seiner ersten Expedition als Polarforschungsschiff bewährt. Das Schiff wurde von fast allen an mariner Polarforschung beteiligten Disziplinen, mit Ausnahme der marinen Geophysik und Fischereiforschung, erprobt. Dabei traten keine grundsätzlichen Fehler in der Konzeption zutage. In mancher Hinsicht übertraf das Schiff sogar die Erwartungen der Wissenschaftler.«[9]

In Bremerhaven kündete währenddessen ein großes Schild an einem Bauzaun in der Nähe des Alten Hafens von der Entstehung des neuen Polarinstituts.

Die Idee, ein Polarforschungsinstitut einzurichten, war nicht neu. Bereits in den zwanziger Jahren hatte Max Grotewahl in Kiel von einem Institut geträumt, in dem die Fäden zusammenliefen, in dem wissenschaftliche Erfahrungen einzelner Expeditionen gesammelt, ausgewertet und vor allem weitergegeben werden konnten; von einem Institut, das zudem Expeditionen logistisch betreuen konnte. Auch nach dem zweiten Weltkrieg hatten deutsche, österreichische und Schweizer Wissenschaftler im Rahmen der Grönlandforschung für die Errichtung eines Polarinstituts im deutschsprachigen Raum plädiert. Doch erst in den siebziger Jahren sollte der Plan Wirklichkeit werden.

Die Freie Hansestadt Bremen hatte sich frühzeitig um die Ansiedlung des Instituts bemüht. Es traten Bewerber hinzu, vor allem Hamburg, Kiel und Münster. Die Standortfrage sorgte schließlich auch für Schlagzeilen in der Presse. Der Journalist Günter Haaf skizzierte die Problematik in der Wochenzeitung Die Zeit: »Zwei Bewerber sind nach den Vorausscheidungen übriggeblieben: Kiel und Bremen / Bremerhaven. Die Landeshauptstadt des CDU-regierten Schleswig-Holstein hält neben den wissenschaftlichen Assen eine Reihe anderer Trümpfe in der Hand, darunter sofort verfügbare Institutsräume, Lagerhallen und einen Schiffsanlegeplatz für das ebenfalls geplante deutsche Polarforschungsschiff. Die sozialdemokratisch geführten Hafenstädte an der Wesermündung haben zwar mit der jungen Bremer Universität und dem in Bremerhaven sitzenden Institut für Meeresforschung weniger wissenschaftliche Asse zur Hand, verfügen aber mit ihrer Küstenlage, ihrer schiffbau- und raumfahrttechnikorientierten Industrie sowie ernstzunehmenden regionalpolitischen Aspekten über manche gute Karte.« – »Bei dem Polit-Poker geht es für die beteiligten Länder inzwischen um Einsätze in Höhe von rund zehn Millionen Mark, immerhin fünfzig Prozent des zu erwartenden Gewinns, nämlich den 20

Millionen Mark Investitionen für das Polarinstitut (eine Hälfte will der Bund tragen). Doch es geht auch um Arbeitsplätze und um wissenschaftlichen Ruhm – vor allem um die vermutlich rasch reifenden wissenschaftlichen Früchte des neuen deutschen Interesses an der Antarktis.«[10]

Der Wissenschaftsrat befaßte sich mit der Standortfrage, und Ende 1979 entschied die Bundesregierung zugunsten der Seestadt Bremerhaven.*

Im Jahre 1980 wurden die rechtlichen Grundlagen für das Polarinstitut geschaffen.

Mit dem Ziel, die Beiträge der Bundesrepublik Deutschland zur Antarktisforschung abzustimmen und sie zu unterstützen, sowie mit der Aufgabe, eigene Forschung zu betreiben, wurde am 15. Juli 1980 in Bremerhaven das Alfred-Wegener-Institut für Polarforschung (AWI) gegründet. Die Satzung wurde ein Jahr später am 13. Juli 1981 beschlossen.

Das AWI ist eine Großforschungseinrichtung in der Bundesrepublik Deutschland. Es wird zu 90 % vom Bund und zu 10 % von der Freien Hansestadt Bremen gefördert. Es hat die Aufgaben,

– selbständig Forschung zu betreiben, vor allem im Rahmen von Programmen, die auf Kontinuität und internationale Kooperation bauen;
– eine leistungsstarke Logistik für die Polarforschung in der Bundesrepublik Deutschland aufzubauen;
– die nationale Koordination von Forschungsvorhaben durchzuführen und
– als Kontaktstelle für internationale Zusammenarbeit, insbesondere im multinationalen Rahmen, zu dienen.

Bis zum Abschluß der Baumaßnahme hatte sich die Freie Hansestadt Bremen verpflichtet, dem Institut Arbeits- und Laborräume zur Verfügung zu stellen. So waren die ersten Mitarbeiter des Instituts zunächst in den Hochhauskomplex des

---

* In Kiel wurde 1982 das Institut für Polarökologie gegründet. Es faßt die verschiedenen an der Universität vorhandenen Aktivitäten der Polarforschung zusammen. Im Haushalt der schleswig-holsteinischen Landesregierung waren für das neue Institut im Gründungsjahr 600 000 DM für Sachaufwendungen und neun Planstellen vorgesehen.

Columbus-Centers eingezogen. Der Bau des Institutsgebäudes begann am 9. Dezember 1982, am Tag der Indienststellung der POLARSTERN.

Dabei oblag Prof. Oswald Mathias Ungers die Aufgabe, das künftige Institut »in einer städtebaulich exponierten Lage in Bremerhaven zu planen. Das hierfür vorgesehene Grundstück liegt am Zugang zum historischen Stadtkern unmittelbar gegenüber dem Alten Hafen, und es bildet gleichzeitig den Abschluß und die Spitze einer der markantesten Nachkriegsbauten in Bremerhaven, des Columbus-Centers«. – »Ausgehend von den historischen Gegebenheiten ergaben sich bei der Planung für die Bebauung des Grundstückes für das Polarinstitut zwei wesentliche Gesichtspunkte. Einmal schien es zur Wahrung der räumlichen Kontinuität des Stadtgrundrisses notwendig zu sein, die Trasse der Linzer Straße bis zum Alten Hafen durchzuführen, um den Blick auf den Hafen, die SEUTE DEERN und das Schifffahrtsmuseum freizugeben. Damit gleichzeitig verbunden war ein zweites Planungskriterium, nämlich die Wiederherstellung und Ergänzung der traditionellen Blockstruktur des Stadtgrundrisses an dieser Stelle. Die beiden Kriterien bestimmten städtebaulich gesehen die eigentlichen Grundvoraussetzungen für den Entwurf.« Daneben traten funktionale Kriterien: »Das Programm für das Polarinstitut umfaßt vier etwa gleich große Funktionsbereiche. Diese Bereiche teilen sich auf in die Flächen für die Labor- und Forschungsräume, für die Geologie, die Biologie und die atmosphärischen sowie die ozeanographischen Wissenschaften. Dann gibt es den Bereich der Sozialräume einschließlich Bibliothek und Vortragssaal und schließlich die Anforderungen für die Lagerhaltung, die Werkstätten und die Logistik. Hinzu kommen die Räume für den technischen Betrieb.«[11]

Am 4. Juni 1986 wurde das Gebäude eingeweiht. Das Provisorium im Columbus-Center hatte ein Ende. Prof. Hempel, der am 29. April 1981 zum ersten Direktor des AWI* bestellt worden war, zeigte sich zufrieden: »Der Neubau des Alfred-Wegener-Instituts für Polar- und Meeresforschung (AWI) am Alten

* Ende 1985 war das Institut für Meeresforschung Bremerhaven (IfMB), in das Institut für Polarforschung eingegliedert worden, das fortan den Namen »Alfred-Wegener-Institut für Polar- und Meeresforschung (AWI)« erhielt.

Hafen ist ein Schaustück für die Bremerhavener und die auswärtigen Besucher – bei Sonne erscheint es heiter, bei Regen finster drohend. Vom großen Halbrund des Bugs und den hohen Flanken des Klinkerbaus mit seinen langen Reihen kleiner Fenster wird ein modern eingerichtetes Forschungsinstitut umschlossen mit Labors, Lagerräumen, Aquarien, Tieffrostanlagen, Büros und Sammlungen. Gut die Hälfte der rund 250 Mitarbeiter der jüngsten der deutschen Großforschungseinrichtungen ist hier untergebracht, die übrigen arbeiten in den Gebäuden des ehemaligen Instituts für Meeresforschung am Handelshafen. Im Neubau sind vor allem die Geowissenschaften, die zoologische Ökologie, die Eisforschung sowie Logistik und Verwaltung untergebracht, im anderen Gebäudekomplex dagegen Mikrobiologie und Botanik, Chemie, Meteorologie und Ozeanographie. Die Trennung nach Disziplinen ist nicht streng durchgeführt, zwischen den beiden Standorten soll ein reges Hin und Her die Einheit des Instituts fördern.« [12]

Auch in der Bundesforschungsanstalt in Hannover hatte sich seit Ende der siebziger Jahre die Antarktisforschung zu einem Schwerpunkt entwickelt. Noch während Wissenschaftler und Techniker im Südsommer 1979/80 einen Standort für die deutsche Antarktisstation erkundeten, hatten die Geologen der BGR, die sich seit 1976 an Antarktisprogrammen anderer Länder (USA, Neuseeland, Argentinien) beteiligt hatten, um Antarktiserfahrung zu erwerben, ein eigenes mittelfristiges Programm entwickelt. Es diente der Untersuchung der geologischen Entwicklung des antarktischen Kontinents sowie Fragen seines Zusammenhanges mit den übrigen Südkontinenten im ehemaligen Gondwanaland, speziell mit Australien/Tasmanien.

Für die Untersuchungen wurde die geologische Nahtzone ausgewählt, die den präkambrischen Kristallinschild der Ostantarktis mit den jüngeren mobilen Faltenzonen der Westantarktis verbindet. Diese Zone geht zwischen Ross- und Weddell-Meer quer durch den ganzen Kontinent.

1978/79 war es soweit, daß nach fast 40jähriger Pause seit der SCHWABENLAND-Expedition 1938/39 mit der »German Antarctic North Victoria Land Expedition« (GANOVEX) erstmals wieder eine deutsche wissenschaftliche Unternehmung das antarktische Festland zum Ziel hatte. Die Geologen der BGR hatten sich für ihre Arbeiten das Nordvictorialand, ein gut zugängliches Gebiet, ausgesucht. Darüber hinaus waren sie sich sicher, daß hier gewonnene Erkenntnisse auf den Aufbau und die Geschichte der ganzen Antarktis beispielhaft angewendet werden können.

Dabei war GANOVEX I Auftakt für ein Programm, das bis heute weitergeführt wird und folgende Fragen untersucht:
»– die Beziehung der Antarktis zu den Nachbarplatten,
– die Ursachen für die Bildung von Faltengebirgen am pazifischen Rand dieses Kontinents und
– die Entstehung der Senkungsgebiete des Ross- und Weddell-Meeres und ihre Füllung mit jungen Ablagerungen.«[13]

Als Expeditionsschiff hatten die Geologen die SCHEPEL-STURM, einen eisverstärkten Offshore-Versorger, gewählt, der für seinen Einsatz zusätzlich mit einem Hubschrauberdeck, einem Hangar und zwei Wohncontainern ausgerüstet worden war. Für die Durchführung der geologischen Feldarbeiten standen zwei in Neuseeland gecharterte Hughes-500-Hubschrauber zur Verfügung. Der BGR-eigene Sikorsky S 58 hatte in erster Linie Transportaufgaben. Die Expedition erprobte ein neues logistisches Konzept. Das vor der Küste liegende Schiff diente als mobile Basis für hubschrauberunterstützte Feldarbeiten bis zu 200 km landeinwärts. Somit waren auch schwer zugängliche Arbeitsgebiete erreichbar.

Das schloß allerdings nicht aus, daß während der Expedition die »Lillie-Marleen-Hütte« in einer geschützten Felsmulde an der Ostseite des Lillie-Gletschers am Mt. Dockery (Everett Range) errichtet wurde. Der Aufbau war am 14. Januar 1980 abgeschlossen, es war die erste deutsche Hütte in der Antarktis.

Aus den bei GANOVEX I erarbeiteten Ergebnissen ergaben sich Ansatzpunkte für weitere Arbeiten. Auch auf den folgenden GANOVEX-Expeditionen ging es weiterhin um die Frage des ehemaligen Zusammenhangs der Antarktis mit Australien.

Auf der folgenden Expedition, GANOVEX II, für die die GOTLAND II, die bereits während des Baus der »Georg-von-Neumayer-Station« in der Antarktis gearbeitet hatte, gechartert worden war, mußten die Polarforscher allerdings Lehrgeld zahlen. Nachdem sie die »Lillie-Marleen-Hütte« wieder in Betrieb genommen hatten, lag das Schiff in einer eisfreien Rinne am Festeis vor der Yule Bay. Als sich die Rinne am 17. Dezember schloß, die GOTLAND II aber am Festeis liegenblieb, wurde sie zwischen Treib- und Festeis wiederholt starker Eispressung ausgesetzt, die zu einem Leck und starkem Wassereinbruch führte. Am Mittag des 18. Dezember 1981 mußte der Kapitän das Schiff aufgeben; es sank in der folgenden Nacht, vermutlich gegen 0.30 Uhr: Den Untergang der GOTLAND II hat niemand gesehen, Wissenschaftler und Besatzung befanden sich zu diesem Zeitpunkt in Sicherheit in der »Lillie-Marleen-Hütte«, wohin die bordeigenen Hubschrauber sie gebracht hatten.

Da ein großer Teil der wissenschaftlichen Ausrüstung bei dem Unglück verlorengegangen war, konnten die Arbeiten nicht im geplanten Umfang ausgeführt werden. Sie wurden ein Jahr später im Rahmen von GANOVEX III, für das die norwegische POLAR QUEEN aus Bergen als Expeditionsschiff diente, aufgegriffen und weitergeführt.

Hatte die Expeditionsmannschaft von GANOVEX I noch aus acht Wissenschaftlern bestanden, so hatte sich ihre Zahl bei GANOVEX III mit 15 Teilnehmern aus acht Ländern fast verdoppelt. Dazu kamen Techniker, Hubschrauberpersonal und die Schiffsbesatzung. Für Geländearbeiten im zentralen Nordvictorialand wurden zehn Camps errichtet. Außerdem baute man auf einer schneefreien Landzunge unmittelbar am Ross-Meer, westlich der Campbell-Gletscherzunge im Gerlache Inlet der Terra Nova Bay, auf 74° 38' S und 168° 13' O die »Gondwana-Station«, eine aus vier Hütten bestehende Sommerstation, die per Schiff und Kufenflugzeug erreichbar ist.

Die »Gondwana-Station« wurde im folgenden Jahr während der Unternehmung GANOVEX IV erstmalig als Stützpunkt genutzt. Für die Saison 1984/85 hatte die BGR eine Expedition mit Beteiligung der USA und Neuseelands vorbereitet. Ziel war wiederum das Nordvictorialand, wo man aeromagnetische Messungen vornahm.

Von Dezember 1987 bis März 1988 fand die bislang am weitesten in den Süden vorstoßende deutsche Antarktisexpedition statt. Die »Geologische Expedition in die Shackleton Range« (GEISHA) wurde vom AWI und der BGR gemeinsam durchgeführt, unter Beteiligung der Universitäten Aachen, Erlangen, Göttingen, Frankfurt und Würzburg. Die Koordination der Arbeiten und die Einsatzplanung der Hubschrauber lag bei der BGR. Es wurden zwei Basislager errichtet: Das »Geisha-Basislager« auf 75° 37′ S und 26° 44′ W auf dem Brunt-Schelfeis am Weddell-Meer und das »Shackleton-Hauptlager« auf 80° 44′ S und 27° 11,5′ W in der Stevenson Bastion, Shackleton Range. Das Expeditionsprogramm sah die Klärung folgender Punkte vor:

»– Gondwana-Rekonstruktion und Festlegung der Grenze ostantarktischer Schild- und westantarktische Mobilzone;

– Akkretionsmechanismus am ostantarktischen Schild;

– Fortsetzung des Transarktischen Gebirges und Nachweis der Rossgebirgsbildung in dieser Region und ihre Verfolgung bis ins südliche Afrika;

– Gondwanazerfall.«[14]

Von Dezember 1988 bis Februar 1989 wurden die Arbeiten im GANOVEX-Programm fortgesetzt. Als Expeditionsschiff diente wieder der norwegische Eisbrecher POLAR QUEEN. An der geologisch-geophysikalischen Expedition GANOVEX V nahmen 50 Personen teil, darunter zehn Wissenschaftler von deutschen und acht von amerikanischen Universitäten.

An den Expeditionen der Bundesanstalt für Geowissenschaften und Rohstoffe hat sich also eine stetig wachsende Zahl von Wissenschaftlern des In- und Auslandes beteiligt. Mit dem Ausbau der Polarforschung konnte auf ein umfangreiches technisches Intrumentarium zurückgegriffen werden. So hat die BGR heute beispielsweise auch die Möglichkeit, die Flugzeuge des AWI für ihre Meßkampagnen einzusetzen.

Im Juli 1983 wurden die zwei für die deutsche Antarktisexpedition vorgesehenen Mehrzweck-Transportflugzeuge vom Typ DORNIER 128-6 (POLAR 1) und 228-100 (POLAR 2) auf Grönland erstmals getestet. Beide Flugzeuge wurden u. a. speziell mit einem Rad-Ski-Fahrwerk ausgerüstet, das Starts und Landungen auf Schnee- und Eispisten ermöglichte. Die Erprobungs- und Einweisungsflüge für die Besatzungen in Grönland verliefen problemlos. Jedes der beiden Flugzeuge führte auf dem 2600 m hoch gelegenen Eisplateau nördlich des grönländischen Flughafens Søndre Strømfjord 30 bis 40 Landungen bei unterschiedlichen Wind-, Wetter- und Schneeverhältnissen auf der Piste einer Radar-Frühwarnstation durch. Darüber hinaus wurden

Außenlandungen etwa 100 km entfernt von der Station in unvorbereitetem Gelände absolviert; auch dabei bewährten sich die Flugzeuge. Seitens des Auftraggebers wurde die Erprobung von Prof. Dr. Thyssen von der Universität Münster als vom BMFT benanntem wissenschaftlichen Koordinator und von Dr. Kohnen vom AWI als zuständigem Antarktis-Expeditionsleiter begleitet.

Am 30. November 1983 konnten die Flugzeuge nach Einbau, Überprüfung und Zulassung der wissenschaftlichen Ausrüstung vom Hersteller offiziell an das Alfred-Wegener-Institut übergeben werden.

Der Abflug zur Expedition in die Antarktis erfolgte am 18. Dezember 1983, Rückkehr war am 19. März 1984. Während des ersten Einsatzes waren die Flugzeuge jeweils rund 185 Stunden geflogen und hatten insgesamt rund 55 000 km zurückgelegt.

Trotz Verzögerungen im Ablaufplan aufgrund widrigen Wetters konnte ein Großteil der geplanten Forschungseinsätze mit dem Flugzeug POLAR 2 geflogen werden. Von der »Georg-von-Neumayer-Station« wurden in rund 18 Stunden Photogrammetrieflüge über eine Gesamtdistanz von 4676 km durchgeführt. Für geophysikalische Messungen wurden von der »Georg-von-Neumayer-Station« aus nahezu 15 Stunden über 3611 km und von der »Filchner-Station« nochmals rund 21 Stunden über 5090 km geflogen. Die POLAR 1 diente zu Transport-, Versorgungs- und Kurieraufgaben. Insgesamt legten POLAR 1 und POLAR 2 im antarktischen Einsatz rund 13 400 km in je 54 Stunden zurück. Die dabei gewonnenen Erfahrungen und Ergebnisse des Flugzeugeinsatzes in der Antarktis wurden in den folgenden Wochen und Monaten ausgewertet. Ende 1984 konnte die POLAR 1 gegen eine Do 228-100 mit höherer Reichweite und größerer Nutzlast ausgetauscht werden.

Auf dem Flug zum Einsatzgebiet im Rahmen von GANOVEX IV 1984/85 landeten POLAR 2 und POLAR 3 als erste deutsche Flugzeuge am 19. November 1984 am geographischen Südpol zu einem technischen Zwischenstopp auf der amerikanischen »Amundsen-Scott-Station«. Anläßlich dieses historischen Ereignisses hißte die Besatzung der Expeditionsflugzeuge, Herbert Hampel, Walter Kirnberger, Richard Möbius, Friedrich Schwacke, Joseph Schmid und Otto Stadler am südlichsten

Punkt der Erde die Dornier-Firmenflagge mit dem »stilisierten Seeadler«.

Auf wissenschaftlichen Einsätzen im Rahmen von GANOVEX IV vermaßen die Flugzeuge ein Gebiet aus der Luft, das der Größe der alten Bundesländer Deutschlands entspricht. Nach einem zwölfwöchigen Aufenthalt auf dem sechsten Kontinent und einer erfolgreichen Expedition auf die andere Seite der Antarktis sollten POLAR 2 und POLAR 3 am 27. Februar 1985 wieder auf dem Werkflugplatz in Oberpfaffenhofen landen. Es kam jedoch anders: Nur die POLAR 2 kehrte zurück. Nach Verlautbarungen der Polisario wurde das Schwesterflugzeug POLAR 3 auf dem Rückflugabschnitt Dakar–Lanzarote südlich von Dakhla über der Westsahara-Küste abgeschossen. Dabei fanden der Testpilot und Chef des Flugbetriebsteams der Expedition, Herbert Hampel, Flugkapitän Richard Möbius und der Bordmechaniker und Flugzeugprüfer Josef Schmid den Tod.

Der nächste Einsatz der Polarflugzeuge POLAR 2 und der neuen POLAR 4 begann am 29. November 1985 in Oberpfaffenhofen. Das Antarktis-Flugbetriebsteam, bestehend aus Teamleiter Walter Kirnberger, stellv. Teamleiter Friedrich Schwacke, den Navigatoren Konrad Vogel und Peter Thoma sowie den Mechanikern und Prüfern Klaus Dietl, Jürgen Kuhfuss und Herbert Tinauer brachte die Maschinen in einem mehrtägigen, in Teilstrecken eingeteilten Überführungsflug ins rund 19 000 km entfernte Punta Arenas am Südzipfel Chiles, wo die Maschinen von Dornier-Technikern mit Unterstützung der chilenischen Luftwaffe auf Antarktis-Konfiguration eingestellt wurden. Dann folgte der Weiterflug zur 1250 km entfernten chilenischen Antarktisstation »Teniente Rodolfo Marsh«, von wo aus es zum Einsatzort »Georg-von-Neumayer-Station« weiterging. Bilanz des dritten Antarktiseinsatzes der deutschen Polarflugzeuge: »POLAR 2 und POLAR 4 befanden sich nahezu 225 Flugstunden im Einsatz und erreichten dabei eine Gesamtstrecke von 53 009 km. Davon wurden 32 902 km in 141:10 Flugstunden wissenschaftlich vermessen. Das Programm der Eismächtigkeitsmessungen konnte bereits Anfang Januar 1986 mit rund 38 Flugstunden erfolgreich abgeschlossen werden. Auf logistische Versorgungseinsätze entfielen 68:50 Flugstunden.«[15]

Die Aufbauphase der Polarforschung ging Mitte der achtziger

Jahre zu Ende. Doch neuen technischen Entwicklungen sowie den immer umfangreicher werdenden Programmen wurde laufend Rechnung getragen. Zu den wissenschaftlichen Einrichtungen der »Georg-von-Neumayer-Station« kam 1988 eine weitere ganzjährig betriebene seismologische Außenstation hinzu. Sie liegt 150 km entfernt auf dem Halvar Ice Rise. Die alte seismologische Außenstation verlegte man vom Nordinlet zum Sörasen. In der Meteorologie wurden ein Driftmesser und eine Wettersatellitenempfangsanlage eingebaut.

Auch die POLARSTERN erhielt neue Geräte. Als Ersatz für seine Seabeam-Anlage wurde ein leistungsfähigeres Fächerlot moderner Bauart (Hydrosweep) und ein neuer Sediment-Echograph (Parasound) eingebaut. Beide Anlagen haben sich bei ihren Erprobungen im August 1989 bewährt.

Da die Lebensdauer der »Georg-von-Neumayer-Station« nach elf Jahren abläuft, sind Planungsarbeiten für eine neue Station rechtzeitig angelaufen; »dabei wird einer noch höheren Umweltverträglichkeit und der wartungsfreien Automation der Routinemessungen durch neue technologische Entwicklungen besondere Aufmerksamkeit geschenkt«[16], betont das AWI. Die Nachfolgestation wird im Südsommer 1991–92 wieder auf dem Ekström-Schelfeis errichtet.

Seit 1987 wird der Bau einer antarktischen SAR (Synthetic Aperture Radar)-Empfangsstation für den europäischen Forschungssatelliten ERS I vorbereitet. Im Dezember 1989 begannen die Vermessungs- und Bauarbeiten bei der chilenischen Station »General Bernardo O'Higgins« auf der Antarktischen Halbinsel. Es handelt sich um ein vom BMFT gefördertes Gemeinschaftsvorhaben des AWI, der Deutschen Forschungs- und Versuchsanstalt für Luft- und Raumfahrt (DFVLR) und des Instituts für Angewandte Geodäsie (IFAG) in Frankfurt. Letzteres wird die Satelliten-Empfangsstation durch technische Erweiterungen für die sogenannte Very Long Baseline Interferometry zur Bestimmung der Drift des antarktischen Kontinents relativ zu anderen Kontinenten nutzen.

Neben technischen Weiterentwicklungen und Installationen mußte in den achtziger Jahren inhaltlichen Veränderungen der Antarktisforschung Rechnung getragen werden. Hatte zunächst der Schwerpunkt der Expeditionen auf biologischen und geowissenschaftlichen Programmen gelegen, so rückten in der jüngsten Zeit ozeanographische und meteorologische Themen stärker in den Vordergrund.

Großes Aufsehen erregte 1986 die Meldung vom antarktischen Ozonloch, d. h. die Feststellung, daß im Spätwinter in der Antarktis die Ozonkonzentration in der hohen Atmosphäre um 30 bis 40 % gegenüber dem Normalwert zurückgeht. Das bedeutet eine starke Erhöhung der kurzwelligen Sonneneinstrahlung, die Hautschädigungen bis zum Hautkrebs hervorrufen kann. Die quantitative Untersuchung des Ozonlochs, also seine Zuordnung zu den spezifischen klimatischen Bedingungen des Spätwinters, ist erforderlich geworden, um Vorhersagen über die weitere Entwicklung dieser vom Menschen ausgelösten Störung möglich zu machen. Das Alfred-Wegener-Institut beteiligt sich seit 1987 an der Erforschung des atmosphärischen Ozons in der Nordhemisphäre. Dazu wurde ein vom Max-Planck-Institut für Quantenoptik, München, entwickelter Eximerlaser beschafft, der auch bei Tageslicht einsetzbar ist. Der Gerät wurde im Sommer 1987 auf der POLARSTERN getestet, seit Ende 1987 in Kiruna betrieben und steht heute in der »Carl-Koldewey-Station« in Ny-Ålesund auf Spitzbergen.

Schwerpunkte der wissenschaftlichen Arbeiten der deutschen Polarforschung der achtziger Jahre waren:
- Ökologie der Polarmeere, insbesondere in den von Eis beeinflußten Bereichen,
- Stoffhaushalt von Meeresorganismen der Polargebiete,
- Untergrund der Weddell- und Scotia-See und ihrer Ränder,
- Paläoklimatologie, abzulesen an Eisproben und Sedimenten,
- Meteorologie und Klimatologie der Randzonen des Schelfeises,
- Wechselwirkung Meer – Meereis – Atmosphäre,
- Spurenstoff-Haushalt (einschließlich Schadstoffe) in Eis, Wasser, Luft und Organismen,
- Geochemie und Biochemie antarktischer Gewässer und Sedimente,
- Wassermassen, Strömungen, Fronten und ozeanographische Feinstrukturen im atlantischen Teil des Nord- und Südpolarmeeres und
- Dynamik und Massenhaushalt des Filchner-Schelfeises und

der Eisgebiete im Bereich der »Georg-von-Neumayer-Station«.

Als geographische Schwerpunkte deutscher Polarforschung haben sich die Südshetland-Inseln (King George Island), Scotia-See und Bransfield-Straße, Neuschwabenland mit Ekström-Schelfeis, Filchner-Ronne-Schelfeis, Nordvictorialand und auf der Nordhalbkugel die Grönlandsee mit Framstraße sowie die Norwegische See abgezeichnet.

In den letzten Jahren ist die Zusammenarbeit der Institute untereinander in Deutschland intensiver geworden. An der Polarforschung sind heute Universitätsinstitute und Sonderforschungsbereiche (SFB) der Deutschen Forschungsgemeinschaft (SFB 318 in Hamburg und SFB 313 in Kiel)*, Max-Planck-Gesellschaften und Großforschungseinrichtungen beteiligt. Sie bringen so weit wie möglich ihr Instrumentarium in diese Arbeiten ein: so gehören Fahrten bis zur Eisgrenze des Nordpolarmeeres für das Forschungsschiff VALDIVIA der Universität Hamburg genauso zum Alltag wie für die 1986 in Dienst gestellte METEOR Fahrten in das Gebiet der Antarktischen Halbinsel.

Mitglieder bundesdeutscher Institute haben in den vergangenen Jahren auch die Möglichkeit gehabt, auf ausländischen Stationen zu arbeiten, etwa auf der polnischen Station »Arctowski« oder auf der argentinischen »Esperanza«; im Austausch dafür wird ausländischen Wissenschaftlern angeboten, an Bord der POLARSTERN tätig zu werden.

In der Arktis wie in der Antarktis werden Probleme heute zunehmend in internationalen Projekten bearbeitet, da viele Fragestellungen heute (finanziell) nicht mehr von einem Land zu bewältigen sind. Wissenschaftler aus Deutschland haben sich daher Kollegen aus dem Ausland angeschlossen und partizipieren an deren Programmen und Projekten, wie etwa am Programm BIOMASS. Auf der anderen Seite initiiert die Bundesrepublik Deutschland auch Unternehmungen, die von vornherein internationale Beteiligung vorsehen, wie die Europäische POLARSTERN-Studie (EPOS) 1988/89.

---

* SFB 313: Sedimentation im Europäischen Nordmeer; Abbildung und Geschichte der ozeanischen Zirkulation
SFB 318: Klimarelevante Prozesse im System Ozean – Atmosphäre – Kryosphäre.

Das Alfred-Wegener-Institut für Polar- und Meeresforschung in Bremerhaven hat Kooperationsabsprachen mit den Polarinstituten in Oslo und Buenos Aires getroffen. Als Ergebnis der Verhandlungen in Norwegen konnte am 10. August 1991 die erste deutsche Forschungsstation in der Arktis eröffnet werden: die »Carl-Koldewey-Station« des AWI in Ny-Ålesund (70°N, 12°O) auf Spitzbergen. Ny-Ålesund war bis zu einem Grubenunglück 1962 die nördlichste Siedlung der Welt, in der zeitweise 500 Menschen gewohnt haben. Heute sind in die alten Gebäude norwegische, britische, japanische und deutsche Forschergruppen eingezogen, die die günstige Lage nahe dem Nordpol insbesondere zur Erforschung der Lufthülle der Atmosphäre nutzen.

Die »Carl-Koldewey-Station« besteht aus einem zweigeschossigen Stationsgebäude, dem »Blauen Haus« mit vier Wohn-, drei Arbeitsräumen und einem Tagungsraum, der »Alten Schmiede« und dem »Alten Badehaus« mit Laborräumen für Chemie und Geophysik sowie Laborcontainern.

Zur Intensivierung der internationalen Arktisforschung trägt das 1990 gegründete International Arctic Science Committee bei. Es ist der erste Zusammenschluß aller in der Arktisforschung aktiven Staaten und soll Forschungsvorhaben, die die Arktis betreffen, planen und koordinieren. Die Arktisanlieger Kanada, USA, UdSSR und die fünf skandinavischen Länder sind Gründungsmitglieder. In einem zweiten Schritt wurden neben Deutschland, vertreten durch die Deutsche Forschungsgemeinschaft, Frankreich, Großbritannien, Niederlande, Polen und Japan aufgenommen.

Im Juni 1988 wurde ferner ein Protokoll über künftige Kooperationen mit dem Arktis- und Antarktisforschungsinstitut (AANII) in Leningrad unterzeichnet. In der Folge führten im Südsommer 1989/90 die Forschungsschiffe POLARSTERN und AKADEMIK FEDOROV ein gemeinsames Projekt im zentralen Weddell-Meer durch, an dem sich auch britische, kanadische und amerikanische Wissenschaftler beteiligten.

Die Arbeit von Wissenschaftlerinnen an Bord der POLARSTERN war vom ersten Tag an möglich. 1989/90 überwinterten auch erstmals Frauen auf der »Georg-von-Neumayer-Station«. Die erste deutsche Wissenschaftlerin, die in der Antarktis überwintert hat, war allerdings die Biologin Gudrun Gaudian 1987/88 in der Greenpeace-Station am Kap Evans.

Es ist abzusehen, daß künftig auch andere Disziplinen als die klassischen Naturwissenschaften sich mit den Polargebieten intensiver werden auseinandersetzen müssen.

Bislang war die Antarktis lediglich Territorium wissenschaftlicher Forschung, und das antarktische Rechtsregime war darauf gerichtet, diese Forschung zu ermöglichen und das Gebiet demilitarisiert zu halten. Aber eine Reihe neuer Gesichtspunkte, vor allem die Frage der Nutzung von Rohstoffen, sind hinzugetreten.

So haben sich bereits neue Arbeitsbereiche ergeben: die weitere Wahrung des antarktischen Vertragssystems nach 1991 und seine Anpassung an die veränderte Situation des Kontinents; die Sicherung und Verbesserung des antarktischen Umweltschutzes, die Regelung des territorialen Status des Kontinents und die damit zusammenhängende Frage der nationalen Gebietsansprüche.

Seit 1983 wurden bereits drei internationale Antarktis-Symposien vom Institut für Internationales Recht der Christian-Albrechts-Universität zu Kiel und der Arbeitsgemeinschaft Polarforschung veranstaltet (Antarctic Challenge I: 22.–24. Juni 1983; Antarctic Challenge II: 17.–21. September 1985; Antarctic Challenge III: 7.–12. Juli 1987), auf denen sich Geologen, Ozeanographen und Biologen mit Juristen, Politologen und Ökonomen über das Thema »Antarktis« auseinandersetzten.

Keineswegs einfacher als die rechtliche und politische Situation des Südkontinents ist die der Arktis, die ja besiedelt ist und die Prof. Dr. Wolfrum vom Institut für Internationales Recht in Kiel zusammen mit Wissenschaftlern des AWI, von GEOMAR * sowie der Fridtjof-Nansen-Stiftung in Oslo und des Center for Oceans Law and Policy der Universität von Virgina in Charlottesville bearbeiten möchte. Im nordpolaren Raum verläuft die »weiße Grenze« zwischen den Supermächten. Bereits weiter

---

* Das GEOMAR-Forschungszentrum für marine Geowissenschaften der Universität Kiel wurde im September 1987 gegründet. Es betreibt vor allem Grundlagenforschung auf den Gebieten der marinen Umweltgeologie, Paläo-Ozeanographie und ozeanischen Geodynamik.

fortgeschritten als im südpolaren Gebiet ist hier die umweltbelastende Erschließung und Ausbeutung von terrestrischen und marinen Lagerstätten. Die Sektorentheorie, der Status der Inseln (Spitzbergen), der Verlauf von Festlandsockelgrenzen (Barentsmeer, Beringmeer) werfen juristische Probleme auf, die einer Lösung bedürfen.

Anmerkungen

1 Vgl. Krause, Gunther, Jens Meincke und Jörn Thiede: Wissenschaftliche Fahrtberichte der Arktisexpedition ARK IV/1, 2 & 3 (Berichte zur Polarforschung 56), 1989, S. 102.

2 Pressekonferenz am 3. September 1987 in Hamburg.

3 Bundesanstalt für Geowissenschaften und Rohstoffe (Hrsg.): Die Erde. Erforschung zum Nutzen des Menschen. Hannover 1987.

4 Krause, W.: Abenteuer Antarktis. Unveröffentlichtes Manuskript.

5 Ebd.

6 Kohnen, Heinz: Deutsche Antarktisforschung. Eine wissenschaftliche Herausforderung der 80er Jahre. In: Naturwissenschaftliche Rundschau 35, 1982, S. 59.

7 Kohnen, Heinz: Antarktis Expedition. Deutschlands neuer Vorstoß ins ewige Eis. Bergisch Gladbach 1981, S. 28.

9 Zitiert nach: Reinke-Kunze, Christine: Den Meeren auf der Spur. Geschichte und Aufgaben der deutschen Forschungsschiffe. Herford 1986, S. 95 f.

10 Haaf, Günter: Poker ums Polarinstitut. Bremen und Kiel kämpfen um den Zuschlag. In: Die Zeit 1979, 38, 64.

11 Festschrift AWI. Bremerhaven 1986, S. 6.

12 Ebd., S. 8.

13 Wie Anm. 3.

14 Bundesanstalt für Geowissenschaften und Rohstoffe. Tätigkeitsbericht 1987/88. Hannover 1989, S. 36.

15 Dornier Presse und Information, 1986.

16 Alfred-Wegener-Institut für Polar- und Meeresforschung (Hrsg.): Zweijahresbericht 1988/89. Bremerhaven o. J., S. 8.

Grauenhaft schöne Antarktis

Ein Interview mit Hubschrauberpilot Claus Wasserthal

Frage: Die deutsche Antarktisforschung der Nachkriegszeit beginnt Mitte der 70er Jahre. Damals waren zunächst die Forschungsschiffe WALTHER HERWIG und METEOR im Südpolarmeer, um ozeanographische und fischereibiologische Arbeiten durchzuführen. Wann waren Sie, Herr Wasserthal, das erste Mal in der Antarktis mit einem Hubschrauber im Einsatz?

Wasserthal: Wir waren zuerst 1979/80 auf einem norwegischen kleinen Heckfänger, einem Robbenfänger dort. Wir hatten damals zwei Hubschrauber zur sogenannten Standorterkundung für eine deutsche Antarktisstation dabei. Es war für uns alle absolutes Neuland. Ich bin zuvor vom Forschungsministerium gefragt worden, ob ich einen solchen Einsatz mitmachen wollte. Ich war oder bin zwar kein Abenteurer, aber es hat mich natürlich gereizt. Ich habe sofort zugesagt. Als wir mit dem kleinen Schiff dort ankamen und ich die ersten größeren Eisbrocken auftauchen sah, da kamen mir dann doch Zweifel, ob ich mir nicht zuviel vorgenommen hätte.

Frage: Mit welchem Hubschrauber sind Sie damals dort unten gewesen?

Wasserthal: Wir hatten zwei einmotorige turbinengetriebene Hubschrauber vom amerikanischen Typ Bell JetRanger, die mit Notschwimmern ausgerüstet waren. Wir flogen die Maschinen damals schon einige Jahre in meiner Firma, vor allem auch im Nordseegebiet. Wir wußten, daß die Maschinen sehr zuverlässig waren. Wir haben uns natürlich auch Gedanken gemacht, was wir tun müssen, wenn wir in kälteren Regionen operieren. Wir haben Startaggregate mitgenommen. Wir haben nagelneue, verstärkte Batterien eingebaut. Wir haben die Heizungen vorher noch einmal grundüberholen lassen und haben Abdeckplanen mitgenommen.

Frage: Sie haben also 1979 die Standorterkundung mitgemacht. Wie ging es dann weiter?

Wasserthal: 1980 ging ein Konvoi mit drei Schiffen, beladen mit den Einzelteilen der wissenschaftlichen Station, in die Antarktis. Den Platz, den wir ein Jahr zuvor für den Bau der Station vorgesehen hatten, erreichten wir allerdings nicht. Die Schiffe blieben stecken. Wir sind mit den Hubschraubern losgeflogen und mußten dann feststellen, daß zu diesem Zeitpunkt – Ende Dezember, Anfang Januar – dort im Wedellseegebiet kein Durchkommen war. Die Polynja, eine offene Wasserfläche, die sich normalerweise zwischen Küste und dem treibenden Eis bildet, war nicht da, sondern nur Preßeis. Die Schiffe waren zu schwach, um dort durchzukommen. Sie machten an einer Eisscholle auf der Höhe der russischen Station »Družnaja« fest, und wir flogen jeden zweiten Tag in Richtung »Filchner«, wo wir unsere Station aufbauen wollten, aber es war nichts zu machen. Die Zeit lief uns weg. Man kann dort unten im Eis zwei bis zweieinhalb Monate bleiben, dann kommt der recht kurze Herbst, und dann ist alles wieder zu. Wenn wir die Station noch bauen wollten, mußte etwas passieren. Der Fahrtleiter holte sich grünes Licht aus Bonn für den Bau der Station in der Atka-Bucht, der zweiten Station, die wir ein Jahr zuvor in weiser Voraussicht als Ersatzposition vermessen hatten. Und jetzt dampften die Schiffe drei Tage zurück, und dann begann in Windeseile der Bau der Station.

Frage: Was waren bei dieser Expedition Ihre Hauptaufgaben, und welche Maschinen hatten Sie dabei?

Wasserthal: Wir haben den Bau der Station massiv unterstützt. Unsere Aufgabe bestand vor allem darin, Treibstoff und Bauteile auf das Eis zu bringen. Wir hatten die Auflage, eine Maschine mitzunehmen, die eine Außenlast von etwa einer Tonne schleppen konnte. Wir hatten eine einmotorige Dauphin dabei, eine französische Maschine mit 1034 PS, mit der wir jeweils 800 bis 900 kg im Schlepp von den Schiffen zum 25 Kilometer entfernten Bauplatz transportieren konnten. Wir haben damals in einer Woche 1500 Fässer Kerosin geflogen. Es war außerordentlich zermürbend. Die Decks waren immer voll mit Fässern. Wir haben nachher darauf bestanden, aus psychologischen Gründen, pro Tag nur 250 bis 300 Fässer zu fliegen. Nach diesem Pensum haben wir aufgeatmet, dann hatten wir etwas geschafft. Das war eine Geschichte von 1980. Für die leichten Aufklärungsflüge, für die Eiserkundung, hatten wir noch einen JetRanger dabei.

Frage: Mit wem haben Sie sich damals bei der Auswahl der Maschinen beraten, mit wem haben Sie Rücksprache gehalten?

Wasserthal: Rücksprache konnten wir nicht nehmen. Die Russen hatten nur Militärmaschinen. Die Amerikaner waren weit weg auf der anderen Seite der Antarktis. Es gab damals niemanden, den ich sprechen konnte. Die Engländer flogen mit Twin Otter, also mit Flächenflugzeugen, nicht mit Hubschraubern. Wir haben uns alles selbst erarbeitet.

Frage: Mit wie vielen Piloten sind Sie damals in der Antarktis gewesen?

Wasserthal: Wir nehmen grundsätzlich pro Hubschrauber einen Piloten in die Antarktis. Ferner sind noch zwei Techniker dabei, von denen einer die Prüferklasse 2 besitzt. Wir sind auf dem Schiff immer als vollkommener Wartungsbetrieb tätig, d. h. wir machen unsere Kontrollen, Vorflugkontrollen, Nachflugkontrollen, die normalen Kontrollen. Wir gehen allerdings nicht in die Polargebiete, wenn wir große Teile auszubauen haben, sondern die wechseln wir dann vorher schon hier in Deutschland aus. Wir könnten es allerdings auch an Bord machen. Die POLARSTERN ist heute so ausgerüstet, daß wir selbst Turbinen und Rotorköpfe auswechseln könnten.

Frage: Wie ist es zu der intensiven Zusammenarbeit mit dem BMFT gekommen? Gab es seinerzeit zähe Verhandlungen?

Wasserthal: Ich muß Sie enttäuschen, es hat überhaupt keine großen Verhandlungen gegeben. Unser Unternehmen existiert seit 1970. Seit 10 Jahren fliegen wir in der Antarktis. Als die Vorbereitungen 1978 begannen, hatten wir schon ungefähr fünf bis sechs Jahre für das Forschungsministerium die Forschungsplattform »Nordsee« bedient, die etwa 41 nautische Meilen nordwestlich von Helgoland steht. Diese Plattform haben wir von Anfang an versorgt, schon als sie noch auf dem Schwimmpoton stand, um auf ihre heutige Position geschleppt zu werden. Man schätzte unsere Flexibilität, wir waren rund um die Uhr erreichbar. Und wir haben in 20 Jahren nicht einen Menschen ernsthaft verletzt. Darauf bin ich stolz. Wir haben zwei Brüche gehabt, das gebe ich zu, ich selbst bin zweimal abgestürzt, das geht schnell, wenn man nicht aufpaßt, aber das hat mich immer wieder zum Lernen »verdonnert«. Ich kann sagen, daß ich ohne zähe Verhandlungen in die Antarktis reingerutscht bin. Sicher gibt es immer wieder Versuche von Leuten, die glauben, hier wäre das ganz große leichte Geld zu verdienen, und die sich ebenfalls bewerben. Aber bislang hat man unsere Erfahrung geschätzt, und solange wir, das wurde mir persönlich gesagt, mit unseren Preisvorstellungen überschaubar bleiben, das heißt vernünftig kalkulieren, werden wir wohl weiter dabeibleiben.

Frage: Aber es gibt jedes Jahr neue Verhandlungen und Gespräche?

Wasserthal: Vor jeder Reise, ob es gen Norden oder gen Süden geht, wird verhandelt, geplant. Manchmal werde ich schon von den Logistikern gefragt, ob wir nur mit einem Helikopter auf das Schiff gehen können. Wenn ich die Zusage habe, daß nur Einsätze im Umkreis von 5 bis 10 nautischen Meilen um das Schiff geplant sind, dann stimme ich dem zu. Es gibt Reisen in die Arktis oder Antarktis, die Schwerpunkte haben, für die ein Helikopter nicht unbedingt erforderlich ist, wenn zum Beispiel hauptsächlich Biologen mit Netzen arbeiten, wenn Fischfang betrieben wird. Dann gibt es allerdings auch die reine Versorgungsfahrt, auf der die »Neumayer-Station« ver- und entsorgt wird. Es gibt Reisen, die Exkursionen zur »Filchner-Station«, der heutigen Sommerstation, beinhalten, da werden die Helikopter dann sehr intensiv eingesetzt. Es gibt Fahrten, auf denen wir Geologen vom Schiff ins Gebirge fliegen, d. h. es bleibt ein Hubschrauber, wenn überhaupt, auf dem Schiff stehen, ein oder zwei Hubschrauber gehen ins Hochgebirge und bleiben ein oder zwei Monate im Hochgebirge, völlig autark. Das alles muß vorher hier in Deutschland durchgesprochen und im Detail geplant werden.

Frage: Sie hatten anfangs amerikanische und französische Hubschrauber im Einsatz, heute stehen im Hangar auf der POLARSTERN nur deutsche Maschinen. Was hat das für Gründe?

Wasserthal: Das Forschungsministerium hat uns gegenüber den Wunsch geäußert, die BO 105 im Eis zu erproben. Das habe ich gemacht. Ich habe 1985/86 eine BO 105 mitgenommen, das war noch eine Werksmaschine. Ich hatte sie neben unserer damaligen Twin Ecureuil [Eichhörnchen] 355, die auch zwei Turbinen hat, mitgehabt. Die Bölkow hat sich phantastisch gehalten, sie hat genau das gemacht, was die Ecureuil auch konnte, so daß wir dann dem Wunsch des Ministeriums entsprechen konn-

ten, in Zukunft nur noch deutsche Hubschrauber, sprich Bölkows, auf dem Schiff zu benutzen. Sie haben wesentliche Vorteile
gegenüber anderen Maschinen: Sie sind verhältnismäßig war-
tungsfreundlich, sehr robust gebaut, und haben Blätter, die man
ganz schnell innerhalb von anderthalb Minuten falten kann, so
daß man den Hubschrauber schnell in den Hangar schieben kann.
Wir verfügen zur Zeit über drei Bölkows, von denen zwei in der
Regel fast ganzjährig auf dem Schiff sind. Für meine Aufgaben
hier in Deutschland haben wir drei amerikanische Maschinen,
zwei Bell JetRanger und eine Bell Long Ranger. Die brauche ich
für mein anderes Standbein. Ich bin Film- und Fernsehpilot, und
ich schwärme vom JetRanger als Filmmaschine, weil er sehr be-
weglich und sehr kräftig gebaut ist.

Frage: Im Laufe der letzten Jahre hat es durch die Arbeiten in
der Antarktis technische Weiterentwicklungen gegeben, z. B.
sind Geräte entwickelt oder für diese Regionen verfeinert worden. Gab es solche Tendenzen bislang auch in der Konzeption
der Hubschrauber?

Wasserthal: Wir haben oft, wenn wir aus der Antarktis zu-
rückkamen, wenn wir gefragt wurden und manchmal auch,
wenn wir nicht gefragt wurden, auf die eine oder andere Schwä-
che, auf das eine oder andere Problemchen hingewiesen. Aber
die BO 105 ist als neuer Typ ausgelaufen, sie wird nicht mehr
gebaut. Vielleicht wird demnächst die BO 108 auf den Markt
kommen. Wir haben die Schwierigkeiten, die dieser Hubschrauber in der relativ trockenen Kälte hat, dem Werk mitgeteilt, und
wir haben gesagt, was für Probleme aufgetaucht sind. Man hat es
dort zur Kenntnis genommen. Inwieweit diese Hinweise verarbeitet worden sind in der Produktion der neueren Geräte, ent-
zieht sich meiner Kenntnis. Aber ich glaube schon, daß bestimmte Denkanstöße weitergegeben worden sind. Wir hatten
z. B. Schwierigkeiten mit dem ölgelagerten Hauptrotorkopf.
Der zweite Schwachpunkt ist die Cargo-Sling. Wenn sie ausge-
klinkt ist, kann man die Maschine nicht schneller als 60 Knoten
fliegen, es sei denn, man landet am Ausklinkpunkt kurz. Dann
kann man sie wieder einhängen. Aber das kostet Zeit. Wir haben
Maschinen gehabt, mit denen sich die Cargo-Fliegerei besser be-
werkstelligen läßt, aber im großen und ganzen läßt sich die Maschine in diesen extremen Temperaturen fliegen, und wir haben

mit Bewunderung feststellen müssen, daß es keine Probleme gibt.

Frage: Die Aufbauphase der Antarktisstation ist im Moment abgeschlossen, worin bestehen heute Ihre Aufgaben an Bord der POLARSTERN?

Wasserthal: Auf der Anreise ins Eis fliegen wir hauptsächlich für den Kapitän, für die Besatzung. Ohne die Luftaufklärung im Eis wäre das Schiff unnötig lange unterwegs, würde unnötig viel Treibstoff verbrauchen. Bei einem Flug in etwa drei- bis vierhundert Metern Höhe können wir 50 bis 60 Seemeilen überblikken und dem Schiff exzellent sagen, wo offenes Wasser ist, welchen Kurs es fahren soll. Die Eisbedeckung zeigt nämlich kein Schiffsradargerät auf der Welt an, weil das Eis einfach zu flach ist, zu tief im Wasser liegt. Am Anlandeplatz, an der Schelfeiskante schließlich angekommen, müssen wir die schweren Güter wie Schlitten und überhaupt Außenlasten bis zu etwa 750 kg entladen. Vor allem müssen wir aber für die Kettenfahrzeuge einen Weg erkunden. Denn die POLARSTERN kann in der Regel nicht unmittelbar an der Schelfeiskante anlegen, weil ein- bis zweijähriges Meereis davorliegt. Über dieses Meereis kann man ohne weiteres fahren, vorausgesetzt, man hat es zuvor genau nach Spalten abgesucht. Das machen wir vom Hubschrauber aus. Wir markieren den Weg, indem wir alle 40 bis 50 Meter landen, und ihn mit Flaggen abstecken. Über diese Trasse können dann anschließend auch die Container entladen, überhaupt die Station ver- und natürlich auch entsorgt werden. Wir fliegen auch Wissenschaftler, die es ganz eilig haben, mit ihrem Gepäck direkt zur Station, damit sie mit ihren wissenschaftlichen Arbeiten beginnen können. Die drei bis vier Tage, die wir zum Entladen brauchen, können die Wissenschaftler in der Regel schon nutzen, um ihre Geräte aufzubauen. Die deutschen Polarforscher besuchen regelmäßig auch andere Stationen in der Antarktis. Bei solchen Besuchen führen wir einen Shuttle-Verkehr zwischen Schiff und Station durch, ebenso wenn Gäste unser Schiff besuchen. Der Erfahrungsaustausch ist sehr rege.

Frage: Haben Sie auch Erfahrungsaustausch mit ausländischen Hubschrauberpiloten, erhalten Sie gelegentlich Tips oder geben Sie welche weiter?

Wasserthal: Tips haben wir gegeben. Ich erinnere mich daran, daß die Japaner den gleichen Hubschraubertyp, den wir mal hatten, die Ecureuil, ebenfalls einsetzen wollten. Sie haben mich gefragt, wie ich den Hubschrauber ausgerüstet habe, was ich von der Ausrüstung halte und was ich noch empfehlen würde. Da sind meine Erfahrungen mit eingeflossen. Ich möchte nicht arrogant sein, aber von den Russen beispielsweise kann man nur bedingt lernen. Sie haben eine ganz andere Mentalität im Fliegen, und sie haben für meine Begriffe veraltete Fluggeräte.

Frage: Was macht ein Pilot an Bord von FS POLARSTERN in der Freizeit?

Wasserthal: Es finden beinahe allabendlich gegen 18 Uhr irgendwelche Vorträge statt, in denen einzelne Arbeitsgruppen den übrigen erklären, an welchen Fragestellungen sie arbeiten, wie weit sie damit sind, welche Daten sie bisher gesammelt haben. Da haben wir als Piloten und als Techniker auch die Möglichkeit, uns dazuzusetzen. Und das habe ich auch jahrelang gemacht. Ich habe mich selbst dafür interessiert. Ich wollte ja mal wissen, warum die Forschung so wichtig ist. Und bis heute beeindruckt mich zum Beispiel die Tatsache, daß am Südpol 80 % des auf der Erde vorkommenden Süßwassers in Form von Eis gebunden ist.

Frage: Was fordert dieses Eis von einem Piloten an fliegerischem Können, und was ist überhaupt in dieser Region für das Fliegen mit dem Hubschrauber so ganz anders als in unseren Breiten?

Wasserthal: Die Antarktis ist grauenhaft schön. Ich glaube, damit kann man am besten ausdrücken, wie es ist. Faszinierend, wenn das Wetter stimmt. Wenn der blaue Himmel da ist, dann hat man immense Sichten. Wir haben am Tage 24 Stunden Sonne. Die Sonne läuft wie ein Oval am Himmel, und wenn man da nicht aufpaßt und sich an gewisse Ruhezeiten hält, also schläft, dann überschätzt man sich sehr schnell. Das ist ein Lernprozeß. Das Fliegen über dem Eis bei Sonne ist wunderschön, verleitet allerdings dazu, daß man sich am liebsten mit dem Polohemd in den Hubschrauber setzen und fliegen möchte. So warm ist es hinter der Scheibe. Aber wenn man im Eis ein technisches Problem hat und aussteigen muß, dann ist das Eis sofort bedingungslos, gnadenlos tödlich. Denn die Kälte ist immens, das Eis strahlt immer 7 bis 8 Minusgrade aus, selbst im Hochgebirge.

Man hat, wenn man eine Stunde ins Eis hinein geflogen ist, keine Chancen, gerettet zu werden, außer eben aus der Luft.

Frage: Was erfordert die Antarktis an fliegerischem Können, was ist dort unten anders für den Piloten im Hubschrauber?

Wasserthal: Wenn das Wetter stimmt, die Sonne scheint, ist es gar kein Thema, dann kann jeder Pilot da unten herrlich herumfliegen. Er muß allerdings über ein sogenanntes Taubengehirn verfügen. Er muß wissen, in welcher Richtung er in das Eis hineinfliegt. Instrumentenflug gibt es dort nur bedingt, es gibt keine gerichteten Funkfeuer. Sie müssen als Pilot in der Antarktis damit rechnen, daß das Wetter innerhalb von 1 bis 2 Stunden umschlägt. Man kann also blauen Himmel haben, und ehe man sich umdreht, ist die Bewölkung da. Und bei Bewölkung haben Sie sofort mit einem Schlag Whiteout, d. h. das Eis hat selbst keine Konturen, es ist glatt und weiß, und wenn dazu Bewölkung kommt, auch eine Bewölkung in 10000 Fuß, dann hat man keinen Horizont mehr, man sieht nichts mehr. Rundherum ist nur noch eine graue Masse. Wir haben an allen unseren Maschinen Radarhöhenmesser, wir haben künstliche Horizonte. Wir können dann mit dem künstlichen Horizont aus dem Whiteout herausfliegen. Wir halten dabei eine Sicherheitshöhe von 2000 bis 3000 Fuß. Ich würde niemals unter Whiteout-Bedingungen in das Eis hineinfliegen, das ist sehr gefährlich. Ich habe es allerdings auch schon getan, um Menschen zu retten. Aber dann muß ich wissen, daß es dort, wohin ich will, etwas gibt, was ich als Referenzpunkt sehe.

Frage: Welche Voraussetzungen muß ein Pilot mitbringen, der mit der Firma Wasserthal in die Antarktis gehen will?

Wasserthal: Auf jeden Fall sollten die Piloten See-Erfahrung haben. Wir rekrutieren unsere Piloten ausschließlich vom Militär, und zwar ausschließlich von Leuten, die hier auf See geflogen sind. Leute, die im Offshore-Dienst geflogen sind, Rettungshubschrauber geflogen haben, Marineflieger stelle ich am liebsten ein. Dann müssen sie Flugerfahrung auf der BO 105 haben. Ich würde heute keinen Piloten mehr einstellen, der zwar alle möglichen Hubschraubertypen geflogen hat, der aber von mir auf die BO umgeschult werden muß. Die Schiffslandung, die Landung im Eis, das ist so immens viel Neuland für einen Piloten, daß er mit einer Erfahrung von 5 oder 10 Stunden auf diesem

BO-Muster nicht zurechtkommt. Und ich bin es den Wissenschaftlern schuldig, daß ich ihnen mehr biete. Ich setze heute Piloten ein, die auf BO bzw. auf gleichwertigen zweimotorigen Hubschraubern mindestens 1000 oder 2000 Stunden Flugerfahrung habe, die IFR-ausgebildet sind oder genug Erfahrung haben, daß sie über See bei jedem Wetter fliegen können. Und last not least mache ich es folgendermaßen: Ich war jetzt selbst neun Jahre hintereinander im Eis. Von 1979 bis 1988 jedes Jahr. Und ich habe in all den Jahren immer einen oder zwei Piloten mitgenommen. Ich habe sie bei besserem Wetter selber fliegen lassen, habe mir die miserabelsten Wetter selber ausgesucht und habe sie so langsam an die Fliegerei in der Antarktis herangeführt. Und so habe ich im Augenblick vier – ich kann beinahe sagen – Superpiloten, die ich bedingungslos allein ins Eis schicken kann.

Frage: Sie haben vom Whiteout als einem besonders gefährlichen Phänomen gesprochen. Wo lauern für den Piloten noch andere Gefahren?

Wasserthal: Man muß immer wissen, daß die Temperatur des Wassers, das man überfliegt, in dem Eisbrocken schwimmen, immer in Gefrierpunktnähe ist. Wenn man ins Wasser fällt, dann bekommt man nicht nur kalte Füße, sondern man erfriert innerhalb von wenigen Minuten. Unsere Hubschrauber sind deshalb grundsätzlich mit Notschwimmern ausgerüstet, die bei Landungen im lockeren Schnee auch als breite Skier dienen, denn die Wülste sind breiter als die Kufen. Sie verhindern ein Einsinken des Hubschraubers. Wenn man ein ernsthaftes Problem bekommt, ist die Antarktis absolut tödlich. So schön sie auch aussehen mag. Über die Gefahren sind wir uns alle im klaren. Ein Beispiel: Für Notlandungen würden Eisschollen selbst von fünf oder zehn Quadratmetern reichen. Aber was machen die Killerwale? Wir haben aus der Luft beobachtet, wie sie Robben von Eisschollen schütteln. Ob sie einen Menschen, der im Wasser schwimmt, verschmähen würden? Das glaube ich nicht. Wir haben bislang in der Luft noch keine ernsthaften Probleme gehabt, uns ist zum Beispiel noch kein Triebwerk stehengeblieben. Man benötigt vor allem auch eine gute Bodenlogistik. Wenn die Hubschrauber etwa über Nacht auf dem Eis stehen, um dann von dort aus zu operieren, muß sichergestellt sein, daß die Triebwerke vorgewärmt werden können. Man benötigt Anlaßgeräte.

Abb. 65: Eine zeitgenössische Lithographie zeigt die 1867/68 gebaute GRÖNLAND, das Expeditionsschiff der ersten deutschen Nordpolarexpedition. Der noch immer segelnde Oldtimer gehört heute zur Flotte des Deutschen Schiffahrtsmuseums in Bremerhaven.

Abb. 66: Die 1982 in Dienst gestellte POLARSTERN gehört bis heute zu den modernsten eisbrechenden Polarforschungsschiffen.

Abb. 67: Das Forschungsschiff Explora *führte 1977/78 geophysikalische Erkundunge. im Südpolarmeer durch.*

Abb. 68: Auch heute noch gehört das Leben im Geländecamp in den Sommermonate. zum Alltag der Wissenschaftler.

Abb. 69: Blick von der Brücke der POLARSTERN.

Abb. 70: Im Alfred-Wegener-Institut für Polar- und Meeresforschung in Bremerhaven laufen die Koordinationsfäden der deutschen Polarforschung zusammen.

Abb. 71: »Wappentiere« der Antarktis: die Pinguine. Um das Leben dieser Tiere zu erforschen, sind deutsche Biologen auch Gast in Stationen anderer Länder.

Abb. 72: Anfang 1981 wurde in nur 33 Tagen die »Georg-von-Neumayer-Station« errichtet.

Abb. 73: Georg-von-Neumayer-Station.

Abb. 74: Schneeräumfahrzeuge gehören zur unbedingt notwendigen Ausstattung eine Antarktisstation.

Abb. 75: Längst bedeckt eine dicke Schneedecke die »Georg-von-Neumayer-Station« Im antarktischen Sommer 1991/92 wurde die Nachfolgestation gebaut.

Abb. 76: Sommercamp im Gelände.

Abb. 77: POLAR 2 am Wegweiser des Heimwehs.

Abb. 78: Geologen aus Hannover haben die »Gondwana-Station« als Sommerstation errichtet. Die Abbildung zeigt die Funkzentrale und die Vorratshütten.

Das sind einige Voraussetzungen. Wir haben keine Hallen, wir haben kein Zelt, in dem die Hubschrauber stehen«. In der Nacht erkalten die Maschinen ungemein, wir müssen immer mit Minustemperaturen von 20 bis 25 Grad rechnen. Und das ist für das Material nicht unbedingt eine normale Temperatur. Aber gefährlich ist es nicht, wir haben es schließlich in all den Jahren bewiesen. Wir sind vernünftig geflogen, wir haben vernünftige Stunden absolviert, und außergewöhnlicher Verschleiß und Abnutzung traten lediglich durch Korrosion und Erosion auf den Anfahrwegen auf.

Frage: Nun ist der Hubschrauber doch ein wartungsaufwendiges Gerät. Wer macht diese Arbeiten? Ihr Ersatzteillager an Bord der POLARSTERN muß auch recht umfangreich sein?

Wasserthal: Das ist richtig. Wir haben ein recht umfassendes Ersatzteillager dabei. Das fängt mit Ölen, Fetten, kleinen Dichtringen an und hört auf mit dem Ersatztriebwerk. Selbst Türscheiben haben wir noch ersatzweise dabei, falls durch die harten Cross-Winde auf dem Schiff eine Türscheibe zerschlagen wird. Wir haben für die Funkgeräte umfangreiche Ersatzteile und sogar Ersatzgeräte dabei. Es gibt Elektroniker an Bord, die uns, wenn sie einen Schaltplan haben, jedes Funkgerät reparieren können. Wir haben selbst einen Mechaniker und einen Prüfer Klasse 2 dabei. Als Pilot und als Flugbetriebsleiter muß ich zwar nicht selber reparieren, aber es ist schon sehr wichtig, daß man dem Techniker gezielt sagen kann, was »wrong« ist. Ich selber habe früher, zu Beginn meiner Tätigkeit als Berufspilot, einen Mechaniker- und einen Turbinenlehrgang besucht. Ich weiß also ein bißchen in der Mechanik Bescheid. Und das kommt mir auch heute noch zugute in der Fliegerei, und im Endeffekt dient es meinem Hobby, wenn ich an Autos bastele.

Frage: Ihr schönstes Erlebnis in der Antarktis?

Wasserthal: Eines der beeindruckendsten Erlebnisse in der Antarktis war folgendes: Ich bin mit einem Hubschrauber, mit einem JetRanger, geflogen. An Bord waren zwei Wissenschaftler. Wir flogen in das Eis hinein, weil sie Messungen mit geeichten Barometern vornehmen wollten. Es war geplant, 50 Meilen, 100 Meilen, 150 Meilen in das Eis hineinzufliegen. Anderthalb Stunden hin, anderthalb Stunden zurück. Das Wetter war optimal. Und ich bin geflogen. 50 Meilen, dann bin ich gelandet. Im

Eis. Es war eine glatte Ebene. Ich bin ausgestiegen, wir sind ausgestiegen. – Man hörte nichts. – Wenn es Ihnen einmal vorgekommen ist, daß Sie in Ihrem Leben gar nichts hören, das ist ein ganz schlimmes Gefühl. Einerseits ist es faszinierend, andererseits ist es beängstigend. Wo immer ich sonst in der Antarktis war, gab es Vögel, die zwitscherten. Aber hier hörten wir nichts, gar nichts. Ich habe den Wissenschaftlern irgend etwas zugerufen, nur um ein Geräusch von mir zu geben, und die haben mir geantwortet aus diesem beängstigenden Gefühl heraus. Das war, glaube ich, für mich einer der gravierendsten Punkte in meiner Eisfliegerei. Es war 1981, als ich dieses Erlebnis hatte, und es hat sich bis heute bei mir eingeprägt. Das ist für mich ein neues Denken gewesen, daß es dort keinen Vogel in der Luft, keinen Windhauch gab, und man so gar nichts hörte. Das ist mir richtig an die Nieren gegangen.

Frage: Wie viele Stunden haben Sie in der Antarktis bislang in der Luft verbracht?

Wasserthal: Reine Flugzeit in der Antarktis? In 10 Jahren, Claus Wasserthal, selber geflogen: 1000 Stunden Flugzeit. Jedesmal, wenn ich dort unten bin, fliege ich 100 Stunden.

Frage: Hat das Fliegen in diesem Gebiet den Piloten und den Menschen Claus Wasserthal verändert in den 10 Jahren?

Wasserthal: Sehr verändert. Durch das Alter bedingt wird man ohnehin etwas vernünftiger und reifer. Ich bin, wenn man so will, ganz locker in die Antarktis hineingegangen, weil das für mich ein Abenteuer war. Nach dem ersten, zweiten Jahr wurde ich geformt. Ich hatte dort auch einen schlimmen Unfall. Da ist mir ein Schleppseil in den Rotor gekommen, so daß ich abgestürzt bin. Ich war allein an Bord. Das war ein Schock für mich, und das hat sehr dazu geführt, daß ich dann vorsichtiger wurde. Heute überlege ich sehr genau, was man bei Cargo-Flügen machen kann, was man besser machen kann. Auf der anderen Seite ist das Fliegen in der Antarktis für mich in all den Jahren Routine geworden. Ich kann da mitreden, ich bin firm, was das Wetter betrifft. Ich kann heute entscheiden, wenn ich zum Horizont gucke, was da auf uns zukommt oder auch nicht. Das haben mir die Kapitäne verraten, ich habe ihnen zugehört, ich habe etwas mitbekommen. Die Eisfliegerei macht sehr reif, wenn man in dieser Umwelt lebt, die auf einer Seite sehr schön, auf der anderen Seite auch gefährlich ist. Dieses nahe Beieinander hat der Pilot normalerweise in europäischen Verhältnissen nicht. Man fliegt, wenn das Wetter gut ist; wenn das Wetter schlecht ist, sagt man: Es war ein schlimmer Flug. Gut, aber man kommt an. Wenn man in der Antarktis in schlechtes Wetter gekommen ist und findet nach einiger Zeit schließlich das Schiff wieder, dann ist das ein ganz anderes Gefühl. Man redet schließlich auch bewußter über diese Art der Fliegerei. Ferner finde ich auf dem Schiff eine gewisse Ruhe. Und ich bin mit der Arbeit dort unten vertraut, und wenn man mit einer Arbeit sehr vertraut ist, hat man auch keine Angst davor, denn es ist doch immer wieder ein merkwürdiges Gefühl, wenn man über eine hohe Bordwand hinaus startet und gleich über offenem, kaltem Wasser ist, zumal wenn das Schiff in Fahrt ist. Bei Wind von 30 bis 40 Knoten ist ein Hubschrauber nicht gerade stabil in der Luft. Und auf dem Helideck ist nicht sehr viel Platz, das ist alles sehr eng mit den hohen Aufbauten drumherum. Ich möchte nicht sagen, daß es Millimeterarbeit ist, aber Zentimeterarbeit ist es schon manches Mal.

Frage: Haben Sie bei diesen Flügen schon einmal Angst gehabt?

Wasserthal: Was verstehen Sie unter Angst? Ein ungutes Gefühl, ja. Angst kenne ich nicht, glaube ich. Ich bin heute sehr vertraut mit dem Gelände dort, ich kenne sogar einige Eisberge mit Vornamen. Das klingt seltsam, aber es gibt eine ganze Menge Eisberge, die sind »gegrounded«, d. h. die sind vor fünf oder zehn Jahren angeschwemmt worden, die haben einen solchen Tiefgang, daß sie nur langsam abtauen. Manche bleiben 10 bis 20 Jahre liegen. Sie haben Formen wie eine Kirchturmspitze, oder sie sind gekantet. Aus der Formgebung weiß ich in etwa, wo wir sind. Manchmal sind die Wissenschaftler erstaunt, wenn ich sage, das ist doch Kap Norvegia hier. Ich bin vertraut mit der Gegend, von daher habe ich keine Angst. Ich bin nicht gefeit gegen den Bruch eines Rotorblattes, wo dann alles zu Ende ist. Aber ich rechne mir heute eine gesunde Chance aus, daß ich auch mit einem Triebwerk noch nach Hause komme, und diese Sicherheit und diese relative Ruhe auf dem Schiff, wo gar nichts in Hektik passiert – es geht zwar schnell, aber ohne Panikmache –, das überträgt sich. Es überträgt sich auch auf die Arbeitsmoral auf dem Schiff, die gut ist und die uns allen Freude macht. Und weil wir gefordert werden, weil wir wichtig für die Wissenschaftler sind, sind wir recht stolz darauf, dazuzugehören. Daß sie mit uns zufrieden sind, zeigt sich schließlich darin, daß wir dieses Jahr unsere 10. Reise in die Antarktis machen.

Frage: Gibt es nicht etwas, wovon Sie träumen, was Sie gerne noch in der Antarktis als Pilot machen würden?

Wasserthal: Ich habe zwar Träume, aber nicht mehr in der Fliegerei. Ich habe optimales Fluggerät, ich habe eine optimale Mannschaft. Die Zusammenarbeit auf dem Schiff könnte nicht besser sein. Große Wünsche und Träume habe ich da unten im Eis nicht mehr. Ich möchte nur wünschen – das ist nicht träumen –, daß wir niemals dort unten einen Unfall haben. Mehr wünsche ich mir nicht. Alles andere ist in Ordnung.

Interview mit Kapitän Lothar Suhrmeyer

Frage: Während wir dieses Gespräch an Bord der POLARSTERN führen, befindet sich das Schiff auf seiner achten Antarktisexpedition. Herr Kapitän Suhrmeyer, in der Eisfahrt sind Sie der dienstälteste Kapitän in Deutschland, was bedeutet es für Sie, heute in diesem Gebiet zu fahren?

Suhrmeyer: Für mich bedeutet die Antarktis im Grunde genommen immer wieder eine neue seemännische Herausforderung. Die Bedingungen rund um den 6. Kontinent sind jedes Jahr grundverschieden. Man hat hier mit schwierigen Wetterverhältnissen zu kämpfen. Wenn man bei der Überreise vielleicht noch Glück hatte und eine ruhige Passage von Südamerika oder Südafrika in die Antarktis gemacht hat, trifft man spätestens auf etwa 67° Süd auf die Eisgrenze. Wir haben hier in der Antarktis eine Reihe von logistischen Arbeiten zu bewältigen, und zwar unter ganz anderen Verhältnissen, als wir es sonst gewohnt sind. Wir müssen die »Georg-von-Neumayer-Station« versorgen. Dort haben wir keine Pier, wie wir sie in einem modernen Hafen haben. Dort gibt es keinen Poller; wir können das Schiff nicht festmachen. Während der gesamten Lösch- und Ladeaktivitäten muß das Schiff ungefähr einen Meter von der Schelfeiskante entfernt positioniert werden. Teilweise geschieht das in einem Schwell, der ungefähr zwei bis drei Meter hoch läuft. Wenn man das Schiff drei Tage lang in dieser Lage an der Schelfeiskante gehalten hat, dann weiß man, was man getan hat.

Frage: Eis bedeutet für die Schiffahrt eine besondere Gefahr. Das Unglück der TITANIC ist ein Beispiel dafür, welche Folgen die Begegnung eines Schiffes mit dem Eis haben kann. Wie gefährlich ist es hier; was müssen Sie und Ihre Besatzung beachten?

Suhrmeyer: Grundsätzlich sollten nur geeignete Schiffe in das Gebiet des 6. Kontinents vorstoßen; Eisbrecher, die entsprechende Außenhautbeplattung haben, so daß sie den enormen Eisdrücken standhalten können. Wir haben schon viele Schiffe gesehen, die sich nicht an diese Richtlinien gehalten haben und die jetzt am Grunde liegen. Die POLARSTERN ist ein ausgezeichneter Eisbrecher. Wir haben eine Außenhautbeplattung, die im Bugbereich bei 57,6 mm liegt; die Seitenflächen des Schiffes weisen eine Dicke von 43,6 mm auf. Wir können im vorderen Bereich des Schiffes einen Eispreßdruck von 900 t pro m^2 verkraften, ohne daß es zu mechanischen Verformungen kommt. Im hinteren Bereich des Schiffes, also an den Wellenhosen, liegt die Belastbarkeit bei 600 t pro m^2. Bei Eiserprobungsreisen mit diesem Schiff haben wir selbst unter größter Beanspruchung erst 61 % der Nennleistung erreicht. Dieses Schiff ist ausgezeichnet für die Eisfahrt geeignet, und dafür ist es schließlich auch konzipiert worden. Wir haben bereits im südlichen Winter in der Weddell-See operiert. Ich habe überhaupt keine Bedenken und fühle mich vollkommen sicher auf diesem Schiff, so sicher, wie ich mich noch auf keinem Frachter gefühlt habe, der nur im offenen Wasser fährt.

Frage: Es hat in der Geschichte auch der deutschen Polarforschung Fälle gegeben, daß Schiffe im Eis der Antarktis eingefroren sind. Wäre es denkbar, daß so ein Schicksal auch einmal die Polarstern ereilen könnte?

Suhrmeyer: Wir wissen, daß die Deutschland damals im Süden der Weddell-See festgekommen und dann wieder nach Norden hinausgedriftet ist und daß dieses ganze Unternehmen ungefähr 9 ½ Monate gedauert hat. Wir gehen auch gerade während dieser Reise in den südlichen Teil der Weddell-See bis 77° Süd. Hier ist in den letzten Jahren eine große Eisinsel im Bereich des Filchner-Ronne-Schelfeises abgebrochen, die eine Ausdehnung von der Größe Schleswig-Holsteins hat. Diese große Platte hat sich in drei Platten geteilt, und die versperren jetzt den Weg zu unserem Sommercamp, zur »Filchner-Station«. Wir werden diese Eisinseln – A 21, A 22 und A 23 werden sie offiziell betitelt – umrunden müssen. Das wird ein hartes Stück Arbeit werden. Wenn wir westlich dieser Eisinseln sind, dann sind wir zwar in dem Gebiet, von dem aus wir unsere Sommerstation, das »Filchner-Camp«, erreichen können, aber wir müssen da auch wieder herauskommen. Es kann nun sein, daß aufgrund ständiger nördlicher Winde die Eismassen zum Süden hin verdriftet werden und sich wie ein Widerlager gegen die Schelfeiskante legen und uns den Weg nach Osten verbauen. Dann heißt es: nur Nerven behalten und warten, daß die südlichen katabatischen Winde einsetzen, die das Eis aufreißen, so daß sich eine Polynja bildet, also offenes Wasser, und wir versuchen können, dort herauszukommen. 1987 haben wir es schon einmal sehr schwer gehabt, dort herauszukommen. Man muß schon damit rechnen, daß man einmal steckenbleibt und durchdriftet. Für diesen Fall ist die POLARSTERN gerüstet. Dies Schiff hat eine Überlebenszelle, die über ein eigenes Heizungssystem geheizt wird. Ferner haben wir so viel konzentrierten Proviant an Bord, daß 120 Mann 365 Tage überleben können.

Frage: Die POLARSTERN ist auch auf ihren bisherigen Expeditionen bereits sehr weit nach Süden wie auch nach Norden vorgedrungen. Welches war für Sie die bislang schwerste Fahrt?

Suhrmeyer: Meine schwerste Fahrt habe ich in der Arktis gemacht. Ende April, Anfang Mai 1989 haben wir die Barents-See von Süden nach Norden durchquert, wie ich sie vorher noch nie erlebt hatte. Hinzu kommt, daß das Eis in der Arktis schwerer zu durchfahren ist als in der Antarktis. Auf der Barents-See-Reise waren die Eisverhältnisse zeitweise derartig schwer, daß wir innerhalb von 24 Stunden nur zwei Seemeilen zurückgelegt haben, und zwar im Rammeisbrechverfahren. Das bedeutet, daß das Schiff pausenlos mit seinen Maschinen voll voraus gehen mußte, voll zurück, voll voraus, voll zurück. Das Schiff wird also, nachdem es auf das Eis geglitten und zum Stehen gekommen ist, wieder zurückgezogen und nimmt einen neuen Anlauf von einer bzw. anderthalb Schiffslängen. Mit einer Anlaufgeschwindigkeit von 7 bis 9 Knoten geht es dann wieder auf das Eis, und je nach dessen Dicke legt man dann 20 bis 30 m zurück, manchmal sogar nur 5 m. Ein weiteres Handicap auf dieser Reise war, daß wir ständig nur im dicken und dicksten Nebel operiert haben, bei Sichtweiten zwischen 50 bis 200 Metern. Somit war eine Unterstützung durch Hubschrauber nicht möglich. Wenn man nur 50 m fahren oder sehen kann und überhaupt keine Möglichkeit hat, den günstigsten Kurs zu bestimmen, dann ist die Fahrt außerordentlich schwierig. So haben wir oftmals an Ridges, das sind Eispressungen, sechs bis acht Stunden gearbeitet, bis sie von uns geknackt und plattgefahren waren. Es war eine sehr anstrengende Reise. Erschwerend kam noch hinzu, daß wir nur mit drei Nautikern an Bord waren, wir haben uns dann die Wache geteilt. Der Erste Offizier ist mit einem Nautiker acht

Stunden Wache gegangen, und als Ablöser kam ich dann ebenfalls nach acht Stunden mit einem Offizier. Und wir mußten nicht nur das Eisbrechen bewältigen, sondern auch den Schiffsbetrieb lenken und verwalten. Da kamen schon ganz beachtliche Überstunden zusammen, bei mir lagen sie im Monat zwischen 250 und 290, zusätzlich zu meinem Acht-Stunden-Dienst.

Frage: Ist also die Belastung für Sie und Ihre Mitarbeiter auf dem Forschungsschiff POLARSTERN größer als beispielsweise auf einem Containerschiff?

Suhrmeyer: Heutzutage ist der Dienst auf einem Containerschiff auch kein Honigschlecken, aber wenn ich das vergleiche, ist die Belastung hier beinahe um 100 Prozent größer.

Frage: Können Sie das näher erläutern?

Suhrmeyer: Ein Containerschiff hat eine relativ dichte Hafensequenz. Ein »New-York-Schiff« beispielsweise, dessen Rundreise 28 Tage dauert, läuft 13 Häfen an. Während dieser Zeit ist die ganze Besatzung natürlich sehr eingespannt, denn das Schiff läuft morgens zum Schichtbeginn etwa gegen acht Uhr ein, und um 13 Uhr geht es schon wieder weg. Dazu kommen die langen Revierzeiten, die Fahrten in nationalen Gewässern, in denen Lotsenpflicht herrscht. Während dieser Zeit hat der Kapitän ebenfalls auf der Brücke zu sein. Aber irgendwann geht am amerikanischen und europäischen Kontinent die Hafensequenz auch zu Ende, und dann folgt ein sogenannter Seetrip. Während dieser Seereise, die ungefähr sechs Tage dauert, hat man Zeit – vorausgesetzt, die meteorologischen Bedingungen lassen es zu –, sich wieder zu regenerieren. Hier auf der POLARSTERN hat man es in der Arktis und der Antarktis mit wirklich schweren Eisbedingungen zu tun. Und dann kann das Schiff nicht von nur einem Nautiker gefahren werden, sondern es ist ein zweiter Mann notwendig. Diese Kompensierung wird immer vom Kapitän durchgeführt. Und dann kann es folgendermaßen ablaufen: der Navigationsoffizier hat bis 12 Uhr Wache, dann der Sicherheitsoffizier bis 16 Uhr, dann steht der Kapitän da immer noch, dann kommt der Erste Offizier, der geht um 20 Uhr von der Brücke. Dann steht der Kapitän immer noch da. So geht das manchmal 24 Stunden rund um die Uhr. Ich habe es erlebt, daß ich 36 Stunden auf der Brücke war. Dann ist man physisch so fertig, daß man unbedingt Ruhepausen machen muß. Als wir das

Schiff 1982 in Dienst gestellt hatten, war ich der einzige, der Eiserfahrung hatte. Heute sind alle Nautiker, die permanent hier fahren, so weit an die Eisfahrt herangeführt worden, daß sie das Schiff selbständig fahren können. Das ist natürlich eine sehr große Entlastung für mich, aber bei wirklich schweren Eisbedingungen, und wenn dann noch Forschungsaktivitäten auszuführen sind, dann ist ein Mann oben auf der Brücke überfordert. Nun haben wir glücklicherweise erreicht, daß wir bei schweren Eisreisen mit vier Nautikern fahren, so daß der Kapitän und der Erste Offizier wachfrei sind. Bei Bedarf lösen sich der Kapitän und der Erste Offizier als zusätzliche Wache auf der Brücke gegenseitig ab.

Frage: Sie haben dieses Schiff bei der Indienststellung 1982 als sein erster Kapitän übernommen; woher hatten Sie Ihre Eiserfahrung?

Suhrmeyer: Ende der siebziger Jahre wurde bekannt, daß die Bundesrepublik Deutschland ein eisbrechendes Forschungsschiff und die »Georg-von-Neumayer-Station« bauen werde. Der Betrieb des Schiffes wurde öffentlich ausgeschrieben. Die HAPAG-LLOYD AG hat damals verhältnismäßig schnell reagiert. Man sagte sich, wenn wir eine Chance haben wollen, dieses Schiff zu betreiben, dann brauchen wir eine Besatzung, die Eiserfahrung vorweisen kann. Ich bin vorher 10 Jahre lang auf Passagierschiffen, Containerschiffen und Tankern gefahren. Das einzige, was mir fehlte, war ein Eisbrecher. Die HAPAG-LLOYD AG hat sich bemüht, eine Möglichkeit zu finden, zumindest einen Kapitän in der Eisfahrt auszubilden. Man hat sich mit den Argentiniern in Verbindung gesetzt, die damals ihre Versorgungsfahrten in die Antarktis mit der GENERAL SAN MARTIN durchführten, einem Schiff mit diesel-elektrischem Antrieb, das 1956 bei der Seebeck-Werft in Bremerhaven gebaut worden ist. Über unsere lokale Agentur in Buenos Aires, die Regierung und die argentinische Marine haben wir uns bemüht, für mich einen Platz auf diesem Schiff zu bekommen. Das hat geklappt. Wir haben nicht nur einen, sondern drei Plätze bekommen, es sind dann noch der Leitende Ingenieur, Herr Müller, und der Elektronikingenieur, Herr Brütani, mitgekommen. Wir sind am 17. Januar 1979 in Buenos Aires an Bord gegangen und das erste Mal in die Weddell-See gefahren. Wir haben unten in der Weddell-See miterleben können, wie die Argentinier mit ihrem Schiff das Eis brechen. Nach dieser Reise waren wir recht zuversichtlich, daß wir das nach einer bestimmten Anlaufzeit auch beherrschen würden. Im Südsommer 1979/80 wurde der sogenannte Pre-Site-Survey mit der POLARSIRKEL im Auftrag der Bundesrepublik Deutschland durchgeführt, um eine Lokation für die in der Antarktis zu errichtende Station zu finden. Die POLARSIRKEL ist ein norwegischer Eisbrecher, 49 m lang. Mit diesem Schiff sind wir, 23 Personen, in das Gebiet des Filchner-Ronne-Schelfeises gefahren, dorthin wo heute die »Filchner-Sommerstation« steht. Wir haben dieses Gebiet vermessen. Es waren auch Geodäten und Glaziologen dabei, also eine bunte Mischung. Anschließend sind wir nach Norden gefahren. Wir haben das Gebiet, in dem heute die »Georg-von-Neumayer-Station« steht, aufgesucht und ebenfalls vermessen. Nach zweieinhalbmonatigem Einsatz waren wir schließlich mit unserem kleinen Schiff zurück in Kapstadt. Während der Reise mit der POLARSIRKEL habe ich die meisten Eiserfahrungen sammeln können. Das Schiff war verhältnismäßig klein, es hatte 2400 PS. Es war recht wendig, aber große Eisklötze konnte es nicht brechen, sondern es hat sich durch die Eisschollen hindurchgeschoben, man kann schon beinahe sagen hindurchgemogelt. Aber gerade bei diesem »Hindurchmogeln« habe ich sehr viel gelernt. Die HAPAG-LLOYD AG hat dann den Zuschlag für die Bereederung der POLARSTERN bekommen. Wir haben dann in Rendsburg auf diesem Schiff eine sogenannte Baubelehrung von einjähriger Dauer mitgemacht.

Frage: 1982/83 sind Sie das erste Mal mit diesem Schiff unterwegs gewesen. Was war das für ein Gefühl, erstmals mit dem eigenen Schiff loszuziehen in das Eis der Antarktis?

Suhrmeyer: Ich habe den Bau der POLARSTERN erlebt. Ich war also verhältnismäßig vertraut mit diesem Schiff. Hinzu kam, daß wir zwei Werftprobefahrten gemacht haben. Bei der zweiten hat mich die Werft Nobiskrug gebeten, als Werftkapitän zu fahren, so daß ich unter Werftregie offiziell schon als Schiffsführer tätig war. Ich wußte, was mich in der Antarktis erwartet. Ich bin mit bedeutend kleineren und nicht so starken Schiffen dort unten gewesen, auch heil wieder zurückgekommen. So bin ich mit einem gewissen Freudengefühl losgefahren, denn ich wußte, daß dieses leistungsfähige Schiff bestimmt mehr machen könnte als die Eisbrecher, mit denen ich zuvor hier unten gewesen bin. Deshalb habe ich mich tüchtig gefreut auf die Antarktis.

Frage: Trotzdem ist das Südpolarmeer immer noch eine unbekannte Region. Wie weit kann man sich hier beispielsweise auf Seekarten verlassen?

Suhrmeyer: Die Antarktis ist auch heutzutage noch gut für Überraschungen und für ein kleines Abenteuer. In den Gebieten, in denen wir operieren, gibt es Positionen, in denen noch nie ein Schiff gewesen ist. Deshalb haben wir auch auf der Seekarte noch viele weiße Flecken. Man muß hier vorsichtig navigieren. Wir sind zwar mit den neuesten Lotanlagen, mit modernsten Instrumenten, ausgerüstet, aber noch fährt der Mensch das Schiff. Unsere Instrumente geben uns zwar überaus viele Informationen, aber die müssen gesichtet und verwertet werden. Man darf, wenn man in diesem schlecht vermessenen Gebiet fährt, nie müde werden, die Flut von Informationen ständig zu begutachten und zu bewerten. Hinzu kommt, daß wir im Gebiet der Weddell-See, unserem Hauptoperationsgebiet, keine festen Landmarken haben. Hier gibt es zwar Schelfeiskanten, die teilweise bis zu 35 m hoch sind, aber die arbeiten permanent und schieben sich nach Norden, teilweise mit einer Geschwindigkeit von 1,5 bis 2 m pro 24 Stunden. Jedesmal wenn wir wieder hierherkommen, wird von uns die Schelfeiskante in einer Sisyphusarbeit neu vermessen. Und wenn wir ein Jahr später wiederkommen, ist das, was wir im Jahr zuvor gemacht haben, im wahrsten Sinne des Wortes der Schnee von gestern. Die Schelfeiskanten haben sich verschoben, und ganz bestimmte Gebiete erkennt man gar nicht wieder. Selbst wenn man im Jahr zuvor dort tagelang navigiert hat. Der Eisvortrag der Schelfeiskante ändert sich ständig, und es gibt keine Seekarte auf der Welt, auf der diese Bewegungen permanent kartiert werden könnten. Aufschlußreich sind die Satellitenbilder von der momentanen Eissituation, die wir hier an Bord der POLARSTERN selber aufzeichnen können. Dazu ist allerdings ein klarer, wolkenloser Himmel erforderlich, denn nur dann ist die Bildqualität optimal.

Frage: Um die »Georg-von-Neumayer-Station« zu versorgen, müssen Sie aber gerade an der Schelfeiskante arbeiten. Ist das nicht gefährlich?

Suhrmeyer: Bevor wir an die Schelfeiskante gehen, schicken wir einen angeleinten Stoßtrupp vor, der sie auf Spalten usw. untersucht. Darüber hinaus suchen wir sie mit Impulsradargeräten vom Hubschrauber aus ab. Erst wenn wir der Meinung sind, daß das Areal, in dem wir arbeiten wollen, hundertprozentig abgesichert worden ist, wenn wir wissen, daß nach menschlichem Ermessen alle uns zur Verfügung stehenden Sicherheitsvorkehrungen getroffen sind, erst dann beginnen wir mit den Lade- und Löscharbeiten. Und wir haben bei der »Georg-von-Neumayer-Station« sehr festes Eis, an dem wir schon jahrelang längsseits gehen und arbeiten. Dieses Eis wird zudem ständig von der Besatzung der Station kontrolliert, so daß wir dort sicher arbeiten können. Aber das ist nicht überall so. Wir sind vor einigen Jahren einmal bei der britischen Station »Halley« in einen schmalen Sund eingelaufen, der etwa 100 m breit war. Auf der einen Seite war die Schelfeiskante etwa 30 m, auf der anderen etwa 20 m hoch. Wir hatten einen sehr starken Querstrom und den Wind von Backbord querein, so daß das Schiff nach Steuerbord weggedriftet und auf die Schelfseiskante gedrückt wurde. Ich wollte die POLARSTERN mit den Bugstrahlern und Heckstrahlern nach Backbord traversieren lassen. Genau in dem Augenblick hatten wir einen Strahlerausfall, so daß wir ganz leicht gegen die Schelfeiskante gekommen sind, die ungefähr auf eine Tiefe von 30 m abbrach. Dadurch wurde die POLARSTERN – wir haben immerhin ein Displacement von ungefähr 16 600 t – innerhalb von drei, vier Sekunden etwa 50 bis 60 Meter nach Backbord geschleudert. Es ist ein bißchen Schnee an Deck gefallen. Zusätzlich lief noch eine Flutwelle über das Achterschiff, so daß die dort arbeitenden Matrosen bis zum Bauchnabel im Wasser standen, das minus 1,5 °C hatte. Hätten sich in diesem Moment Menschen auf der Schelfeiskante befunden, die hätten keine Überlebenschance gehabt.

Frage: Als Kapitän der POLARSTERN ist man zugleich Chef einer Gruppe von rund 120 Menschen, die an Bord leben und arbeiten. Dazu gehört die Besatzung ebenso wie die eingeschifften Wissenschaftler, die Hubschrauberteams, der Schiffsarzt, die Meteorologen. Ein Dorf für sich. Wie schwer ist es, die Fäden in der Hand zu behalten, zumal Wissenschaftler durchaus als Individualisten gelten?

Suhrmeyer: Ja, wir sind ein kleines Dorf. Dieses Dorf muß

verwaltet werden. Dazu gehören das Berichtswesen, die Inventarisierung des Schiffes, seine Ausrüstung. Brennstoff und Proviant müssen vor der Reise besorgt werden, hier in der Antarktis gibt es schließlich keine Häfen mehr. Die Fahrt muß sehr sorgfältig geplant und vorbereitet werden. Wir müssen Reserveteile an Bord haben, denn wenn wir erst einmal hier sind, kann uns nichts mehr nachgeflogen werden. Mit der logistischen Vorbereitung einer Reise sind hier an Bord und im Alfred-Wegener-Institut eine ganze Reihe von Menschen beschäftigt. Das wäre das eine. Dann haben wir auf jeder Reise einen wissenschaftlichen Fahrtleiter an Bord, den Chef der Wissenschaftler. Er hat auch eine bestimmte Anweisungsbefugnis gegenüber dem Kapitän. Das mag sich merkwürdig anhören, aber das ist so, und es muß auch so sein. Die Reisen der POLARSTERN in die Arktis und Antarktis werden sorgfältig vom Alfred-Wegener-Institut in Bremerhaven geplant. Diese Planung zieht sich meistens über eine Zeit von bis zu einem Jahr hin. Während dieser Planungsphase ist der diensthabende Kapitän nicht dabei. Während ich jetzt beispielsweise hier an Bord bin, wird schon wieder der nächste Einsatz geplant und ausgearbeitet. So bin ich gar nicht hundertprozentig immer auf dem neuesten Stand der Dinge, aber das ist dann der zukünftige Fahrtleiter, der diese Reise mitmacht. Sollten jetzt aber hier an Bord seitens der wissenschaftlichen Fahrtleitung Wünsche geäußert werden, die navigatorisch nicht zu verantworten sind, da wird der Kapitän den Fahrtleiter aufklären. Meist bespricht man die Situation anhand der Karte auf der Brücke. Generell hat der Kapitän das führende Wort, wenn in irgendeiner Weise die Sicherheit des Schiffes betroffen ist. Das gilt auch, wenn bei schweren Wetterverhältnissen an Deck keine Forschungsarbeiten mehr durchgeführt werden dürfen, weil es zu riskant ist und eventuell Leute über Deck gewaschen werden könnten. Dann werden die Aktivitäten abgebrochen, da diskutieren wir nicht lange. Alle Eingeschifften, also Wissenschaftler und Techniker, besprechen ihre Wünsche und Anliegen mit dem Fahrtleiter. Er stellt das tägliche Programm in Absprache mit seinen Mitarbeitern zusammen. Meistens wird morgens um 9 Uhr ein Meeting im Kinosaal abgehalten. Im Anschluß daran bespricht der Fahrtleiter mit der Schiffsleitung das vorgesehene Programm, dann wird durchgerechnet, ob es navigatorisch machbar ist, ob die Zeitabläufe von den Distanzen her eingehalten werden können. So kommt das tägliche Programm zusammen. Nur so ist es möglich, in Ruhe und Frieden Forschungsprogramme durchzuziehen, denn wie Sie schon sagten: jeder wissenschaftliche Fahrtteilnehmer ist auch ein Individualist, der natürlich berechtigtermaßen stets sein Programm im Vordergrund sieht.

Frage: Ist die Antarktisfahrt für Sie heute zur Routine geworden oder ist es auch mit dem letzten Abenteuer vorbei?

Suhrmeyer: Eine gewisse Routine ist schon dabei, den wir fahren jetzt seit 1982 regelmäßig hierher. Aber ein kleines Abenteuer ist es immer wieder und wird es auch bleiben. Auch wenn man mit noch moderneren Schiffen kommt: die Natur ist hier nicht berechenbar. Das zeigt sich immer wieder. Während unserer Winter-Weddell-Seereise 1986 sind wir in der zentralen Weddell-See von einem Orkantief überrascht worden, das sich mit etwa 82 Knoten Windgeschwindigkeit austobte; Windstärke 12 sind 65 Knoten. Wir haben uns dann hier förmlich eingeigelt, haben sämtliche Türen nach außen verschlossen und dichtgebunden, so daß nicht irgend jemand aus Versehen das offene Deck betreten konnte. Das hätte er mit Sicherheit nicht überlebt. Das Schiff ist so solide gebaut, daß man im Innern nicht wahrgenommen hat, was draußen los war. Die meisten Eingeschifften, die nicht unmittelbar auf der Brücke gewesen sind und sich das angesehen haben, haben gar nicht bemerkt, in welcher Situation wir uns befanden. Das ist natürlich ein Zeichen für die Güteklasse dieses Schiffes, aber meines Erachtens ist es auch ein wenig gefährlich, daß nur eine kleine Handvoll von Männern weiß, in welcher Gefahr sich das Schiff befindet. Noch während der Nacht sind der Erste Offizier und ich durch die Leerzellen gestiegen, um zu sehen, ob es an der Bordwand zu irgendwelchen mechanischen Verformungen gekommen ist. Das war nicht der Fall und wird wohl auch nicht eintreten, aber wir sollten die Begegnung mit der Antarktis nicht auf die leichte Schulter nehmen. Man muß sich darüber klar sein, daß die Antarktis nicht lässig durchfahren werden kann, sondern daß es immer wieder unvorhergesehene Schwierigkeiten geben kann.

Frage: Sie arbeiten gemeinhin in einer sehr einsamen Gegend. Wird eigentlich irgendwo auf der Welt verfolgt, wo sich das Schiff jeweils befindet?

Suhrmeyer: Es gibt eine Anordnung seitens der Reederei, daß sich alle Schiffe der HAPAG-LLOYD-Flotte zweimal in der Woche und beim Verlassen eines Hafens melden müssen. Dann wird eine Abgangsmeldung gemacht; ansonsten sind wir verpflichtet, montags und donnerstags eine Positionsmeldung einschließlich z. B. Kurs und Geschwindigkeit abzusetzen. Das ist natürlich nur anwendbar auf ein Containerschiff, das im offenen Wasser fährt. Unsere Fahrt hier ist eisbedingt; und ich kann ja nicht pausenlos der Reederei meine Kursänderungen mitteilen. Meine Kollegen und ich machen es hier so, daß wir vorher mit dem Fahrtleiter das Arbeitsprogramm genau absprechen. Und dann gebe ich global die Position an, auf der wir uns in den nächsten Tagen aufhalten werden. Sollten allerdings irgendwelche Besonderheiten eintreten, zum Beispiel, daß wir uns im offenen Wasser befinden, die Temperatur bei −2 °C bis −3 °C liegt, das Wetter verhältnismäßig schlecht ist, so daß Wasser überdampft und die Gefahr der Vereisung besteht, dann wird das sofort mit genauer Position an die Reederei durchgegeben. Während dieser Zeit stehe ich dann pausenlos mit der Reederei in Verbindung, auch am Wochenende. Auf den Punkt genau kann die Reederei nicht sagen, wo wir sind; das geht nicht bei der Eigenart dieser Fahrten, aber wenn Gefahrenmomente einsetzen, dann wird die Reederei sofort informiert, fernmündlich über Satellit oder schriftlich über Telex.

Frage: Bedrückt die Einsamkeit, die weite Entfernung zur Zivilisation, nicht manchmal? Belastet das Gefühl, im Notfall ganz auf sich gestellt zu sein?

Suhrmeyer: Ich denke an derartige Situationen nicht. Wenn sie wirklich eintreten, dann muß flexibel und ad hoc gehandelt werden. Wir hatten vor einiger Zeit einmal einen Wissenschaftler mit einer Netzhautablösung an Bord. Wir befanden uns in der tiefsten Antarktis. Wir haben mit Fachärzten in Deutschland telefoniert und erhielten die Auskunft, die einzige Chance, das Auge vor dem Erblinden zu retten, wäre die sofortige Operation. Nun ist das eine verhältnismäßig komplizierte Operation, die bei ganz ruhiger Lage unter Zuhilfenahme eines ganz speziellen Mikroskops mit einem Laserstrahl durchgeführt werden muß. Diese Operation hier an Bord durchzuführen, war unmöglich. Wir sind dann mit allen uns zur Verfügung stehenden Kräften durch das Eis gefahren, um so schnell wie möglich nach Kapstadt zu kommen. Etwa 200 Seemeilen vor Kapstadt haben wir den Patienten in einen bordeigenen Hubschrauber gelegt, der Schiffsarzt ist mitgeflogen. Außerdem habe ich von der Rescue-Staffel in Kapstadt zwei Flugzeuge angefordert, die den Hubschrauber eskortiert haben. Der Mann lag sechs Tage nach Auftreten der Symptome im OP. Wir sind abends um 19 Uhr angekommen, haben gebunkert und sind am nächsten Morgen zurück in die Antarktis gefahren. Wir haben hier an Bord der POLARSTERN einen Schiffsarzt, ein gut ausgerüstetes Hospital, einen gut ausgerüsteten OP. Es ist alles Menschenmögliche getan, um bei einem Unfall, bei einer schweren Krankheit, im Falle eines Herzinfarktes hier sofort medizinische Hilfe zu leisten und eine Behandlung, selbst größere Operationen, durchzuführen. Und vor jeder Reise müssen sich die Wissenschaftler einer medizinischen Untersuchung unterziehen, für uns Seeleute ist der Gang zum Vertrauensarzt der Seeberufsgenossenschaft alle zwei Jahre ohnehin obligatorisch. Es ist somit alles Erdenkliche getan, Notfälle möglichst zu vermeiden; ganz ausschließen kann man sie allerdings nicht.

Frage: Faszinieren Sie die Polarregionen unseres Planeten eigentlich immer noch, auch nach 10 Jahren Eisfahrt?

Suhrmeyer: Wenn mich diese Gebiete nicht faszinieren würden, dann wäre ich mit Sicherheit schon ausgestiegen und hätte mich zurück in die Containerflotte gemeldet. Es ist natürlich sehr aufreibend, an Bord dieses Schiffes zu fahren. Deshalb haben wir jetzt auch folgendes System gefunden: Alle maßgeblichen Positionen sind mit drei Mann besetzt. Wir haben drei Kapitäne für dieses Schiff, wir haben drei Leitende Ingenieure und drei Erste Offiziere. Damit man nicht den Anschluß an die kommerzielle Schiffahrt verliert, haben wir folgende Regelung: Zwei Kapitäne teilen sich pro Jahr den Dienst auf diesem Schiff und der dritte geht in die Containerflotte. Das ist meines Erachtens ein sehr gutes System. So stehen immer genügend Ablöser auch im Krankheitsfalle zur Verfügung. Denn die POLARSTERN ist ja ein Schiff, das man nicht nach einer kurzen Übergabe übernimmt und mit dem man dann losfährt, sondern wer hier eingearbeitet wird, der macht erst einmal eine ganze Reise als zusätzlicher »Kommandantenschüler«, wie wir es nennen, mit. Deshalb finde ich dieses Dreiersystem gut. Und wenn Sie zehn Jahre lang nur »Eis kaputtgemacht« haben – in Anführungsstrichen – dann sehnt man sich auch danach, wieder einmal in den Tropen zu fahren.

Gespräch mit Sascha Brylka,
Überwinterer in der
»Georg-von-Neumayer-Station«

Frage: Seit Inbetriebnahme der »Georg-von-Neumayer-Station« 1981 haben dort regelmäßig Menschen überwintert, in der Regel waren es jeweils neun Personen – Wissenschaftler und Betriebspersonal. Herr Brylka, Sie haben in der Saison 1989/90 auf dieser Station gelebt. Was führt eigentlich einen jungen Geophysiker, der gerade sein Diplom in der Tasche hat, in die Antarktis? Gibt es nicht reizvollere Gegenden auf unserem Planeten?

Brylka: Mich interessierte die wissenschaftliche Arbeit an einem Observatorium. Ich habe vorher in der Rohstoffsuche gearbeitet, das war das Thema meiner Diplomarbeit. Mich interessierte auch, wie ein solches Unternehmen geplant wird, wie es abläuft. Dazu kam die Frage, wie Menschen sich in einer solchen extremen Situation verhalten. Eine Rolle spielte ferner die Möglichkeit, einmal die Südhalbkugel zu besuchen, die Antarktis zu sehen, einen Blick nach Südamerika und Südafrika zu werfen. Außerdem wollte ich die Jahreszeiten einmal ganz anders erleben, zweimal hintereinander den Herbst verfolgen, einmal bei uns in Deutschland, gleich anschließend den Herbst in der Antarktis, dann den antarktischen Winter und zweimal den Frühling, in der Antarktis und wieder zu Hause in Deutschland. Mich interessierte der andere Rhythmus von Jahres- und Tageszeiten. Das war eine Sache, die mir schon während des Studiums immer wieder durch den Kopf gegangen ist, daß der Sonnengang so über den Horizont anders herum sein müßte, nämlich die Sonne ja scheinbar von Ost über Norden nach West wandert.

Frage: Nun bekommt nicht jeder, der den Wunsch hat, auf der »Georg-von-Neumayer-Station« zu arbeiten, dazu auch die Möglichkeit. Man muß besondere Voraussetzungen mitbringen. Das sind einmal die nötigen fachlichen Voraussetzungen für die jeweilige Position; aber das war noch nicht alles?

Brylka: Es begann alles mit einem sehr intensiven Vorstellungsgespräch im Alfred-Wegener-Institut in Bremerhaven.

Dort wurden wir befragt, was uns an einer Überwinterung reizt. Ferner ging es darum, ob wir bereit wären, auch andere als wissenschaftliche Aufgaben zu übernehmen. Man wollte wissen, was wir in der Freizeit machen würden. Und die obligatorische Frage, wie die Freundin auf das Vorhaben reagiert, wurde auch angesprochen. Nachdem dieses Vorstellungsgespräch positiv verlaufen war, folgte die umfangreiche, sich über einen Tag erstreckende, medizinische Eignungsuntersuchung, die ebenfalls in Bremerhaven stattfand.

Frage: Als Sie schließlich den Bescheid erhielten, daß Sie geeignet sind, wie haben Sie reagiert?

Brylka: Nachdem geklärt war, daß ich medizinisch geeignet war, stand noch nicht endgültig fest, daß ich zu dem Überwinterer-Team gehören würde. Das sollte sich letztlich erst in einem Überlebens- und Bergkurs zeigen. Dort mußte sich noch erweisen, ob man tatsächlich die nötige Kondition besaß und vor allem, ob sich die Gruppe verstand. Wir waren also erst einmal auf Bewährung eingestellt worden.

Frage: Wie haben Sie sich nun auf die Überwinterung vorbereitet?

Brylka: Es begann Mitte August 1988 mit einem Vorbereitungsseminar in Bremerhaven. Dort wurden wir eine Woche lang theoretisch mit Informationen über die Antarktis und unseren Aufenthalt versorgt. Dann folgte der sogenannte Überlebens- und Bergkurs in Obergurgl im Ötztal. Dort hat die Gruppe eine Woche lang mit drei Bergführern geübt, wie man sich und andere aus Gletscherspalten befreien kann. Wir erhielten eine Unterweisung, wo überhaupt im Eis Gefahren liegen. Anschließend folgte noch eine Reihe von Kursen, wobei die technische Gruppe ein etwas anderes Programm absolviert hat als die wissenschaftliche. Zwei Wochen lang erhielten wir im Alfred-Wegener-Institut eine Unterweisung auf dem Gebiet der Geophysik, wir haben uns vertraut gemacht mit den verschiedenen Geräten und mit dem Rechner, den wir bedienen sollten. Gemeinsam mit den Meteorologen sind wir eine Woche lang beim Seewetteramt in Hamburg gewesen. Ferner haben wir eine kleine Elektronikausbildung im AWI bekommen, eine Unterweisung in Funk und Navigation. Ein Fach auf unserem »Stundenplan« hieß »Nähen«. Bei einer Nähmaschinenfirma haben wir einen kleinen »Crash-Kurs« im Umgang mit der Nähmaschine absolviert. Es folgten ein Brandschutzlehrgang bei der Feuerwehr und eine Sicherheitsschulung; unser Arzt hat einen Erste-Hilfe-Kurs durchgeführt. Schließlich wurden ein Kollege und ich zum medizinischen Assistenten angelernt, wir haben eine Woche lang in einer Bremer Klinik in der Ambulanz und im Operationssaal mitgeholfen.

Frage: Und zu Ihrer persönlichen Vorbereitung: Haben Sie die Beschreibungen der alten Polarforscher durchgestöbert?

Brylka: Da muß ich Sie enttäuschen, dazu hatte ich gar keine Zeit. Ich habe mich mit Fragen der modernen Antarktisforschung auseinandergesetzt, denn das ganze Gebiet war ja für mich neu. Ich habe mir aber überlegt, wie ich meine Freizeit dort unten gestalten wollte. In der Antarktis kann man sich ja schließlich nichts mehr kaufen. Ich habe mir Filmmaterial und Bücher besorgt.

Frage: Haben Sie sich Spezialkleidung besorgen müssen?

Brylka: Wir sind vom Alfred-Wegener-Institut komplett mit Polarkleidung ausgestattet worden. Jeder von uns hat sieben Seesäcke mit leichter und schwerer Polarkleidung erhalten.

Frage: Was waren auf der »Georg-von-Neumayer-Station« Ihre Aufgaben? Haben Sie ein eigenes Forschungsprogramm durchgeführt?

Brylka: Ich habe lange überlegt, ob ich ein eigenes Forschungsprogramm durchführen könnte. Aber im Studium hatte ich mich bislang mit anderen Fragestellungen beschäftigt, so daß ich mich letztlich darauf beschränkt habe, mich auf die geophysikalischen Arbeiten vorzubereiten, für die ich ja in erster Linie engagiert worden bin; und das war auch umfangreich genug. In der Geophysik werden auf der »Georg-von-Neumayer-Station« drei Bereiche bearbeitet: die Seismologie, die Magnetik und die Gravimetrie. Die »Georg-von-Neumayer-Station« ist eine Erdbebenstation. Hier werden Beben aufgezeichnet, die weltweit auftreten, aber auch lokale Beben, deren Herde auf dem Kontinent liegen. Da das Netz der Meßstationen auf der Südhalbkugel ohnehin sehr dünn ist, ist es wichtig, in der Antarktis eine Station zu haben. Auf dem Gebiet der Magnetik – das ist ein klassisches Arbeitsthema – werden die Variationen des Erdmagnetfelds aufgezeichnet, absolute und relative Messungen gemacht und eine regelmäßige Bestimmung der Deklination und Inklination vorgenommen. Die Gravimetrie beschäftigt sich mit dem Schwerefeld der Erde, insbesondere mit den Erdgezeiten. Hier will man mit Messungen u. a. Rückschlüsse auf die Festigkeit der Schelfeisplatte gewinnen. Wir haben dort unten die registrierten Erdbeben ausgewertet, die Außenstationen gewartet und dafür gesorgt, daß die Datenerfassung kontinuierlich lief. Wir haben die angefallenen Daten verarbeitet und archiviert. Und vor allem haben wir auch Reparaturen vorgenommen, denn im Laufe eines Jahres treten doch immer wieder Defekte auf. Die »Georg-von-Neumayer-Station« ist zudem eine meteorologische Meßstation; alle drei Stunden werden hier meteorologische Werte registriert und anschließend in das weltweite meteorologische Datennetz eingespeist. Außerdem werden im luftchemischen Spurenstoff-Labor eine Reihe von umweltrelevanten Parametern kontinuierlich aufgezeichnet.

Frage: Die »Georg-von-Neumayer-Station« ist also in erster Linie dazu gedacht, Dauermessungen auf dem Gebiet der Geophysik und der Meteorologie durchzuführen, sie ist weniger Forschungsbasis für Wissenschaftler, die eigene Forschungsprogramme realisieren wollen?

Brylka: Das gilt für den Winter. Im Sommer allerdings ist die »Georg-von-Neumayer-Station« Basisstation, von der aus Expeditionen und Traversen ins Inland unternommen werden.

Frage: Die »Georg-von-Neumayer-Station« besteht – vereinfacht skizziert – aus zwei großen miteinander verbundenen Röhren, in die Container hineingestellt worden sind. Sind die Wohnräume auch ein bißchen gemütlich oder strahlt die Kombination mehr den nüchternen Charme einer Raumsonde aus einem Science-Fiction-Film aus?

Brylka: Die Station ist natürlich durch die viele notwendige Technik sehr funktionell ausgestattet. Aber die Messe beispielsweise ist ausgesprochen gemütlich, sie ist mit Teppichboden ausgelegt, dort stehen ein Ledersofa und Sessel, an der Wand hängen Bilder und Souvenirs, es gibt eine Bibliothek, und es befinden sich dort eine Stereo- und eine Video-Anlage.

Frage: Die Messe ist also auch der Gemeinschaftsraum?

Brylka: Das kann man sagen. In der Messe wird gegessen und hier trifft man sich für Besprechungen, die alle betreffen.

Frage: Und jeder hat noch seine einzelne Kammer?

Brylka: Das ist auf der »Georg-von-Neumayer-Station« vorbildlich gelöst, ich weiß, daß das nicht auf allen Antarktisstationen der Fall ist. Jeder hat seinen eigenen Container, seine eigene Kammer und damit seinen Privatbereich, in den er sich zurückziehen kann, wenn er das einmal braucht. Es ist sehr wichtig, daß man sich zurückziehen kann, um sich zu erholen und zu entspannen. Es ist natürlich auf der Station alles nicht ganz so komfortabel wie zu Hause; aber wenn man andererseits daran denkt, wie früher die Pioniere der Polarforschung »gehaust« haben, dann ist das schon recht komfortabel. Die sanitären Verhältnisse sind einfach, aber sie sind hygienisch. Ich war eigentlich über den Komfort, über die Wohnlichkeit, angenehm überrascht. Ich hatte es mir schlimmer vorgestellt.

Frage: Nun benötigt man zwar für Eisblumen keine Vasen, aber richtet man seine Kammer, seinen Container etwas persönlich ein?

Brylka: Sicher, die Alt-Überwinterer haben uns den Rat gegeben, Poster und Bilder mitzunehmen. Die Kammern sind recht einheitlich ausgestattet, auch mit Teppichboden, einem Schrank und einer Doppelbettkombination, denn im Sommer bewohnen je zwei Mann den Raum. Er ist einfach, aber praktisch eingerichtet. Nüchterner sind natürlich die Laborräume. Sie bestehen aus jeweils zwei Containern und sind vollgestopft mit Geräten. In der Geophysik steht ein Minicomputer mit zwei Terminals, einem Drucker, einem Plotter, zwei Bandmaschinen, die PCM-Anlage für die Seismik von den Außenstationen, das Erdbebenregistriergerät, verschiedene andere Meßgeräte sowie natürlich die Literatur und verschiedene Bedienungshandbücher für die Geräte.

Frage: Die Station arbeitet seit 1981; wie sieht sie heute aus?

Brylka: Von der ganzen Station sieht man heute nur noch die Versorgungs- und Ausstiegschächte. Um in die Station zu gelangen, muß man durch einen Treppenturm etwa 10 m tief hinunterklettern. So tief liegt die Station heute in Eis und Schnee. Die Observatorien sind über separate Einstiegsschächte erreichbar.

Frage: Wie sah Ihr Tagesablauf in der Station aus?

Brylka: Der Tag begann morgens gegen sieben Uhr mit dem

Frühstück. Um acht Uhr hat der Mechaniker den zweiten Diesel gestartet. Für die Stromversorgung tagsüber wird ein zweiter Diesel benötigt. Um 8.30 Uhr haben die Metereologen die erste Wetterbeobachtung gemacht, gleich anschließend um 8.45 Uhr wurde sie über Funk abgesetzt. Darauf folgte der Radiosondenaufstieg am Vormittag, das machten auch die Meteorologen. Der jeweilige »Schneeschmelzer«, der an diesem Tag auch für das Reinigen der Waschräume, der Messe sowie der Gänge zuständig ist und die Möglichkeit zum Wäschewachen hat, erledigt seinen Dienst. Um 11.30 Uhr folgte die zweite Wetterbeobachtung. Um 12.30 Uhr hatten wir unser Mittagessen, und zwar kalt, auf eigenen Wunsch. Gerade im Winter, wenn das Tageslicht sehr knapp ist, ist man zur Mittagszeit oft unterwegs, und wir wollten nicht zweimal warm essen, das wäre einfach zuviel des Guten gewesen. Nach einer kleinen Mittagspause gingen mein Kollege oder ich zum Observatorium und die Meteorologen zu ihrer Spurenstoffschachtel, die sich 1 bzw. 1,5 km südlich befinden. Um 14.30 Uhr war die dritte Wetterbeobachtung, und am Nachmittag hat der Funker die Seefunkpresse aufgenommen, um 17.30 Uhr erfolgte die vierte Wetterbeobachtung. Um 18 Uhr haben wir Nachrichten der Deutschen Welle gehört, und anschließend gab es Abendessen, warm mit drei Gängen, mit einer Suppe vorweg. Gegen 19.30 Uhr wurde der zweite Diesel wieder abgesetzt, dann war praktisch die Stoßzeit vorbei. In der Geophysik haben wir anschließend das Papier in der kontinuierlichen seismischen Registrierung gewechselt, um 20.30 Uhr erfolgte die fünfte Wetterbeobachtung, und um 20.45 Uhr begann das Abendprogramm. Es wurde ein Videofilm nach Wahl des diensthabenden »Schneeschmelzers« gezeigt. Nach 22.15 Uhr gab es noch ein zwangloses Video-Nachtprogramm. Die Meteorologen und der Funker mußten noch für die 6. Wetterbeobachtung um 23.30 Uhr zur Verfügung stehen.

Frage: Ich habe gehört, es soll auch eine Stationsordnung geben, ist das für neun Leute wirklich notwendig?

Brylka: Ich meine schon, daß eine Stationsordnung sinnvoll ist. Sie regelt ja nicht nur die Putz- und Aufräumarbeiten, sondern dient der Sicherheit. Sie schreibt beispielsweise vor, daß man sich im Stationsbuch austragen muß, wenn man die Station verläßt, und daß man auch eine Zeit vorgibt, zu der man voraussichtlich wiederkommen wird. Die Stationsordnung schreibt ferner vor, daß man ein Funkgerät sowie ein Survival Bag auf Ausflüge mitnehmen muß. Wichtig sind dann auch die Sicherheitsmaßnahmen gegen Brandgefahren. Geregelt ist in der Stationsordnung ferner, daß ein regelmäßiger Funkverkehr zu den Nachbarstationen herrschen soll, um einfach mit ihnen in Kontakt zu bleiben und damit man weiß, was um einen herum passiert. Natürlich müssen auch die Markierungen und Handleinen im Außenbereich in gutem Zustand gehalten werden; sie sind bei starker Schneedrift oder Orkan lebensnotwendig, sonst verläuft man sich.

Frage: Hat es in Ihrem Alltag Dinge gegeben, die Sie überrascht haben, die anders waren, als Sie sie sich vorgestellt haben?

Brylka: So viele Überraschungen hat es eigentlich nicht gegeben. Ich fand das Leben auf der »Georg-von-Neumayer-Station« recht normal. Das einzige, was mich überrascht hat, war, daß eine so kleine Gruppe von neun Leuten noch kleinere Untergruppen bilden kann. Und mir ist aufgefallen, daß man ein besonderes Verantwortungsgefühl entwickelt hat. Jeder von uns war eigentlich immer informiert, wo sich die anderen aufhielten, man wußte immer, was los war. Und natürlich, wenn man etwas falsch gemacht hatte, wenn irgend etwas verbockt worden war, konnte man sich nicht verstecken, sondern mußte auch dafür geradestehen.

Frage: Neun Menschen in einer doch verhältnismäßig kleinen Eisröhre in der Antarktis, kommt da irgendwann das Gefühl von Isolation, von Einsamkeit auf?

Brylka: Das kommt nur selten auf. Sicher hat jeder von uns mal eine schwierige Phase gehabt, das kam vor, aber da man in einer Gruppe in einen sehr straffen Ablauf eingebunden war, hat man eigentlich gar keine Zeit, das weiter auszuleben. Man findet schnell wieder Anschluß, und die Gruppe gibt schon Halt. Auf der anderen Seite ist es natürlich auch so, daß kein übermäßiger Individualismus möglich ist.

Frage: Wie läuft die Kommunikation mit der Familie?

Brylka: Es gibt das Satelliten-Telefon: das AWI stellt uns zwei Minuten pro Woche frei. Am Anfang kostete eine Minute noch 19,71 DM. Inzwischen ist das aber etwas preiswerter geworden. Unser Funker hat eine Möglichkeit gefunden, über eine preisgünstigere Bodenstation zu gehen. Ferner gibt es die Möglichkeit, Privatbriefe zu schreiben und über Telefax nach Deutschland zu schicken. Man hat im AWI drei Heimatadressen hinterlassen und kann mit diesen drei Adressen jederzeit in Kontakt treten. Dabei sind im Monat 250 Worte kostenfrei; alles was darüber hinausgeht, muß man selber bezahlen. Aber für das Wesentliche reicht das schon. Dazu kommt noch die Dienstpost, Monatsberichte und akute Anfragen. Außerdem verschicken die Stationsmitglieder jede Woche einen gemeinsamen Brief an alle Angehörigen und die Mitarbeiter des AWI, in dem sie über ihren Alltag und die Erlebnisse der vergangenen Woche berichten. Das Abfassen dieses Wochenbriefes geht reihum.

Frage: War der Aufenthalt auf der Station leichter oder schwerer, als Sie sich das vorgestellt haben?

Brylka: Es war leichter, als ich mir das vorgestellt hatte. Nach einstimmiger Meinung ist die Zeit in der »Georg-von-Neumayer-Station« rasant schnell vergangen. Das hat eigentlich jeder so empfunden, und das lag auch an diesen festen Rhythmen, in die wir mit unseren Arbeitsabläufen eingebunden waren. Da wir nur neun Personen waren, mußte jeder auch eine ganze Reihe von Aufgaben übernehmen. Es hat keine Langeweile gegeben, es gab eigentlich immer etwas zu tun. Man hatte gar keine Zeit, ins Grübeln zu verfallen, aber das wollte ohnehin niemand.

Frage: Was ist das für ein Gefühl, wenn die POLARSTERN die Station verläßt und man in einer so kleinen Gruppe an der Schelfeiskante steht, hinter einem dieser gigantische Eiskontinent, vor einem das Meer mit dem Schiff, das schließlich am Horizont verschwindet?

Brylka: So dramatisch, wie Sie das beschrieben haben, ist das nicht. Während der Sommerzeit sind viele Leute auf der Station, da wird viel gearbeitet, da ist es unruhig und hektisch. Und wenn die »Sommergäste« dann die Station mit der POLARSTERN verlassen, wird es ruhiger, man kann sich endlich intensiver den eigenen Arbeiten widmen, man hat auch mal Freizeit. Darauf freut man sich schon. Am Tag des Ablegens wird an Bord abends ein Fest gefeiert, an dem alle Besatzungsmitglieder und Wissenschaftler und Alt-Überwinterer teilnehmen, und irgendwann verkündet der Bordlautsprecher, daß es für die Stationsbesatzung Zeit wird, die POLARSTERN zu verlassen. Wir alle wurden persönlich verabschiedet und anschließend auf das Eis übergesetzt. Mit fröhlicher Musik und lautem Schiffshorn verließ die POLARSTERN dann die Bucht, und wir waren eigentlich eher euphorisch als traurig, genossen den Abgang und die Ruhe, die da einkehren sollte. Es gibt eine Faustregel: wenn die POLARSTERN abfährt, dann fängt die Drift an. Das war auch bei uns so. Das Wetter verschlechterte sich. Viele Fahrzeuge waren noch an der Eiskante, die mußten wir nun zur Station zurückbringen, dann mußten wir die Rampe verschließen. Wir hatten alle Hände voll zu tun. Sicher, die ersten Tage lag noch eine gewisse Spannung, eine leichte Unsicherheit in der Luft, Nervosität war spürbar. Aber das hat sich bald gegeben.

Frage: Mit Gruseln erfüllt mich als Mitteleuropäerin die Vorstellung von der Dunkelheit der antarktischen Nacht.

Brylka: Ich habe mir auch zunächst ausgemalt, es wäre vielleicht ein halbes Jahr dunkel. Aber so ist es natürlich nur am Pol selbst. Und wir waren ja nicht am Pol, sondern auf 70°S. Wenn man das mit Hamburg vergleicht, sind das nur etwa 16° Unterschied. Am 22. Mai geht die Sonne unter, und erst nach zwei Monaten, am 22. Juli, geht sie wieder auf. Zwei Monate sieht man die Sonne also überhaupt nicht mehr. Nun wird es aber nicht schlagartig dunkel, ganz im Gegenteil, es ist gerade um die Mittagszeit immer noch dämmerig hell. Das liegt an der hohen Albedo, der Reflexion an der Schneeoberfläche. Die Sonne steht zur Mittagszeit nur ganz knapp unter dem Horizont. Zur Wintersommerwende, wenn das Maximum erreicht wird, steht sie nur etwas mehr als 3° unter dem Horizont. Das bedeutet, man hat einen stundenlangen »Beinahesonnenaufgang«, bei gutem Wetter mit glutrotem Farbspiel ein grandioser Anblick. Und abends sieht man einen phantastischen Sternenhimmel. Bedingt durch die sehr klare Luft kann man ohne Probleme die Milchstraße erkennen, und es gibt sehr eindrucksvolle Polarlichterscheinungen, die durch erdmagnetische Stürme begleitet werden. Die Wintersonnenwende ist übrigens das höchste antarktische Fest. Es wird auf allen Stationen gefeiert, und man schickt sich Glückwunschtelegramme.

Frage: Von der Vorstellung, daß es auf der »Georg-von-Neumayer-Station« im Winter vollkommen dunkel ist, müssen wir uns also trennen?

Brylka: Es ist etwa 3 Stunden am Tag hell, und man konnte ohne weiteres Ausflüge machen, die zum Teil sogar notwendig waren. Wir mußten unsere Außenstationen besuchen, die im Winter nur mit Batteriebetrieb laufen, – im Sommer haben sie Solarpanels, aber im Winter reicht das Sonnenlicht nicht mehr aus. Dann müssen sie alle drei Wochen mit Batterien versorgt werden. Außerdem haben die Meteorologen jeden Monat eine Schneeprobe etwa 15 km südlich von der Station genommen, den sogenannten Monatsblock.

Frage: Freut man sich trotzdem auf das Frühjahr?

Brylka: Natürlich wartet man gespannt auf den 22. Juli. Aber wenn man Glück hat und das Wetter entsprechend ist, dann sieht man die Sonne schon einen oder zwei Tage eher. Das liegt an der Refraktion in der Atmosphäre. Die Wiederkehr der Sonne wird dann natürlich gefilmt und fotografiert. Aber man muß sich im klaren sein, daß der Winter noch nicht vorbei ist, denn jetzt kommt die kälteste Phase, die liegt im August und September.

Frage: Was macht man in der Freizeit in der »Georg-von-Neumayer-Station«?

Brylka: Das war bei uns eigentlich recht vielfältig. Eberhard, der Arzt, hat ein Modellbauschiff zusammengesetzt; Andi, unser Funker, war das zweite Mal in der Antarktis und hat einen Videofilm von seiner ersten Überwinterung neu geschnitten und vertont; Uwe, unser Koch, hat zwei Teppiche geknüpft; Kurt, unser Mechaniker, hat an der Drehbank Modellkanonen und Leuchttürme gedreht; der zweite Kurt, unser Ingenieur, hat es genossen, einmal in der Woche eine schöne Ski-Langlauf-Tour zur Eiskante zu machen; der Meteorologe Carlo spielte mit Vorliebe E-Gitarre, sein Kollege Rudi hat verschiedene Zeitschriftenjahrgänge, die in der Station komplett vorhanden sind, einmal systematisch durchgearbeitet; mein Kollege Martin hatte seinen PC dabei und hat Programme entwickelt. Ich selber hatte mir Fachbücher mitgenommen, zu deren Lektüre ich während meines Studiums nicht mehr gekommen war.

Frage: Ich kann mir vorstellen, daß es in der ersten Zeit in der Station alles recht aufregend ist, einfach weil es neu ist. Wenn sich dieses Gefühl legt und Routine den Alltag bestimmt, kommt dann die Hoffnung auf, daß die Überwinterung bald vorüber ist?

Brylka: Eigentlich nicht. Es hat uns allen großen Spaß gemacht. Das Zusammenleben in unserer Gruppe war harmonisch, und wir haben unseren Aufenthalt genossen. Sicherlich ist man froh, wenn man irgendwann auch mal wieder nach Hause kommt.

Frage: Gab es Gelegenheiten, Ausflüge zu machen, oder lohnt das sowieso nicht, weil es ohnehin nur Eis und Schnee gibt?

Brylka: Einmal mußten wir uns ohnehin regelmäßig um unsere Außenstationen kümmern. Aber es gab durchaus lohnende Ziele für private Ausflüge. Ein beliebtes Ausflugsziel war die Eiskante. Die haben wir immer wieder besucht. Auch zu Pfingsten, da hatte sich in der Bucht schon Meereis gebildet. Das Meereis ist im Winter und Frühjahr auch befahrbar. Wir sind zu den Pinguinkolonien gefahren – es leben Kaiserpinguine in der Nähe der Station. Wir sind zur Polynja gefahren, wir haben uns die Robben angesehen. Es gibt dort eine Menge zu sehen.

Frage: Sie sagten, Sie sind gefahren, das Laufen ist also keine gute Fortbewegungsart?

Brylka: Am besten kommt man schon zu Fuß vorwärts, zumindest bei schlechtem Wetter. Im Stationsbereich kann man ohnehin nur zu Fuß laufen. Nicht ganz einfach ist der Ski-Langlauf, weil die Schneeoberfläche sehr uneben ist. Für weitere Entfernungen braucht man einen Motorschlitten, den Skidoo. Sehr komfortabel ist der allerdings nicht. Er ist offen, man hat nur eine Windschutzscheibe, das ist im Winter sehr frisch, man bekommt verflixt kalte Hände, vor allem einen kalten Daumen am Gashebel. Die komfortabelsten Fahrzeuge sind die Pistenbullis, die allerdings nur sehr langsam, 10 km/h, fahren. Etwas schneller ist noch das Flexmobil, das kann 20 km/h fahren, aber aufgrund der unebenen Eisverhältnisse kann man das nicht ausfahren. Diese Fahrzeuge werden nur bei Temperaturen bis minus 30 °C eingesetzt, bei tieferen Temperaturen ist der Verschleiß zu groß.

Frage: Wie kalt müssen wir es uns überhaupt vorstellen?

Brylka: Wir hatten während unserer Überwinterung 1989 ein Jahresmittel von −18 °C. Die Sommertemperaturen im Gebiet der »Georg-von-Neumayer-Station« bewegen sich typisch zwischen −3 °C und −10 °C, das ist recht angenehm. Die Winter-temperaturen liegen dann zwischen −20 °C bis −35 °C. Als Tagesmaximum hatten wir +2,2 °C; es kommt also auch vor, daß die Temperaturen über 0 ° Grad liegen. Das Jahresminimum lag bei −46,1 °C, das war auch der Kälterekord seit Bestehen der Station. Nun spielen nicht die absoluten Temperaturen eine Rolle, sondern auch der Wind. Das Jahresmittel betrug 28 km/h, es herrscht also fast immer ein leichter Wind. Das Maximum der Windgeschwindigkeit lag bei 141 km/h, das ist stärker als ein Orkan. Der sogenannte Windchill, die physiologische Temperatur, die den Wind einbezieht, liegt im Winter bei −40 ° bis −60 °C Das ist dann schon recht kalt.

Frage: Wie warm ist es dann in der Station?

Brylka: Es wurde die Raumtemperatur auf etwa 18 °C gehalten, so daß wir uns mit normaler Kleidung in der Station aufhalten konnten.

Frage: Was gibt es eigentlich alles zu tun, wenn die Überwinterung zu Ende geht? Müssen Sie Vorbereitungen für die Nachfolgemannschaft treffen?

Brylka: Da müssen viele Vorbereitungen getroffen werden. Ich will nur einige nennen. Die Biwakschachteln für die Sommergäste, die bis dahin an der Eiskante gestanden haben, werden wieder zum Stationsbereich gezogen, aufgestellt und verkabelt. Die Faßreihe, d. h. die Wegmarkierung von der Station zur Eiskante wird neu gesetzt. In der Station selber haben wir einen Frühjahrsputz gemacht. Als das Schiff dann in der Bucht lag, mußten die Lebensmittel eingestaut werden. Allein dafür haben wir 1 ½ Tage benötigt. Lebensmittel für neun Leute ein Jahr lang, das ist eine ganze Menge. Dann mußte die Unterkonstruktion der Station enteist werden, das Ausrichten der Container wurde fällig, es galt den Müllcontainer auszutauschen, die Fahrzeuge waren zu überholen. Das sind alles Arbeiten, die im Winter nicht vorgenommen werden können, weil es einfach zu kalt ist.

Frage: Irgendwann kommen die neuen Überwinterer in der Station an. Was empfindet man, wenn eine neue Besatzung in der Station einzieht, die schließlich die vergangenen Monate Ihr Heim war?

Brylka: Es ist tatsächlich so, daß man sich nach dieser langen

Zeit auf der Station heimisch fühlt. Mit Ankunft der Sommergäste wird es wieder enger. Und so manche Angewohnheit, wie der Stammplatz abends beim Fernsehen, muß aufgegeben werden. Es können auch nicht mehr alle gleichzeitig essen, das geht nur noch in Schichten, überhaupt heißt es in puncto Essen jetzt für den Koch eher Quantität statt Qualität, also die Zeit des Schlemmens ist vorbei. Andererseits ist man auch froh, daß man seine Routinearbeiten an die Neuen abgeben kann und sich liegengebliebenen Arbeiten wie Reparaturen, dem Verlegen neuer Leitungen oder Schachterhöhungen widmen kann.

Frage: Und die neue Crew wird von Ihnen eingewiesen?

Brylka: Die Einweisung dauert normalerweise ein bis zwei Monate. Und diese Zeit ist auch erforderlich, weil man hier vor Ort erst so richtig alle Geräte sieht und auch ihr Zusammenspiel. Man zeigt nach und nach die einzelnen Handgriffe, die vorzunehmen sind, bis man sie den Neuen schließlich ganz überläßt. Und im Notfall können sie auch nach Ablegen des Schiffes über Funk noch Ratschläge abrufen. Darüber hinaus sitzen auch im AWI in Bremerhaven erfahrene Überwinterer, die mit allen Mitteln versuchen werden, Hilfestellung zu geben.

Frage: Sie sind jetzt seit fünf Monaten wieder zurück in Deutschland. Zieht es Sie wieder in die Antarktis?

Brylka: Im Moment noch nicht. Aber es hat mir so gut gefallen, daß ich wohl noch einmal überwintern würde, wenn ich die Gelegenheit dazu hätte. Ich würde die Zeit dann allerdings gern an einer anderen Stelle verbringen, andere Gebiete der Antarktis oder vielleicht sogar einmal die Arktis sehen.

Frage: Genau 370 Tage haben Sie in der Antarktis verbracht. Glauben Sie, daß diese Zeit Sie verändert oder geprägt hat?

Brylka: Das ist schwer zu sagen. Mir ist klar geworden, daß es auf unserem Planeten sehr eng geworden ist. Es gibt keine unerforschten Gebiete mehr. Und mir ist klar geworden, daß es möglich ist, auf einem der entlegensten Orte der Erde, in einer Wüste, ein Jahr lang zu überleben. Allerdings ist der Aufwand dafür enorm. Denn wir haben nur von Reserven, Energie- und auch Nahrungsmittelreserven, gelebt, die die Zivilisation produziert hat. Und gerade von dieser Zivilisation waren wir ein Jahr ausgeschlossen, wir hatten keine Möglichkeit, in irgendeiner Weise einzugreifen, beispielsweise haben wir an der Wahl zum

Europaparlament nicht teilnehmen können. Und ebensowenig gab es auch von außen eine Möglichkeit, bei uns einzugreifen. Wenn es Probleme gegeben hätte, hätte niemand helfen können. Wir alle hatten Zeit zum Nachdenken, und ich glaube, manche Dinge durchdenke ich seither etwas kritischer.

Expedition in den Tag ohne Nacht

24 Stunden an Bord von FS POLARSTERN

Krachend schiebt sich der breite Bug der POLARSTERN auf die schneebedeckte, weiße Fläche einer großen Eisscholle. Für Sekunden scheint selbst die Natur vor Spannung den Atem anzuhalten – dann birst das Eis unter dem Druck von 16 000 Tonnen Stahl. Langsam – wie im Zeitlupentempo – sinkt der Rumpf in das Eis hinein. Und ebenso langsam bricht der Eispanzer auseinander, spaltet sich; öffnet sich, wie von Geisterhand dirigiert, für das Schiff eine schmale, schwarze Fahrrinne. Unter donnerndem Getöse bricht ein Eisstück an der Kante ab. Die türkisblaue Unterseite dreht sich nach oben. Licht bricht sich darin millionenfach gleißend, es ist der rötliche Schein der Mitternachtssonne. Minutenlang schrammt die POLARSTERN weiter durch die schmale Rinne. Dann stößt ihr Bug erneut auf Eis. Das Spiel beginnt von vorn. Unzählige Male noch wird es sich wiederholen. Ein Spiel, an das selbst eingefleischte Seeleute sich erst gewöhnen müssen.

Die Anspannung der Wachoffiziere auf der Brücke ist dennoch groß. Immer wieder suchen sie mit dem Fernglas neue Fahrrinnen. Oft weist der Himmel über dem Horizont den Weg. Offene Wasserstellen reflektiert er dunkel. Dagegen mahnt der helle Schein des Eisblinks – eine Spiegelung übergroßer Packeisfelder auf tiefziehenden Wolken – schon von Ferne zur Umkehr.

Das Forschungsschiff befindet sich in der Framstraße auf 79° N. Bis heute ist dieses Seegebiet zwischen Grönland und Spitzbergen noch kaum erforscht. Lange Zeit hatte man angenommen, daß der Arktische Ozean weitgehend vom Weltmeer abgeschnitten sei. Dann entdeckten Wissenschaftler 1983 bei einer Expedition mit der POLARSTERN, daß es hier die einzige tiefreichende Verbindung zwischen dem Arktischen Ozean und dem Europäischen Nordmeer gibt. Nur in diesem Bereich kommt es zu einem nennenswerten Austausch von Wasser des Arktischen Ozeans mit dem des Weltmeeres. Seit sie das wissen, versuchen die Ozeanographen Näheres über die Strömungsverhältnisse in der Framstraße herauszufinden. Biologen untersuchen die Artenverteilung und Entwicklung von Plankton. Dabei sammeln sie Daten nicht nur vom Schiff aus, sie werden bei dieser Fahrt auch Meßgeräte auf dem Meeresboden auslegen, die über viele Monate Informationen registrieren und speichern.

Eine kleine Gruppe von Technikern und Wissenschaftlern auf dem Arbeitsdeck der POLARSTERN hat zu dieser mitternächtlichen Stunde kaum einen Blick für die bizarren Formen und Farben des Eises. Sie ist damit beschäftigt, Strömungsmesser, Auftriebskörper, Gewichte und Hydrophone mit Schäkeln zu verbinden. Nach vielen hundert Metern Seil wird wieder ein Strömungsmesser eingeklinkt. 2000 Meter lang ist die komplette »Meßleine«. In wenigen Stunden soll sie in der dunklen Tiefe des Ozeans verschwinden und bis zum nächsten Jahr Temperatur und Salzgehalt messen und aufzeichnen – alle 3 Sekunden einmal. Jetzt, auf dem Arbeitsdeck, muß jedes Verbindungsstück noch einmal geprüft werden, sonst ist vielleicht die ganze Mühe umsonst.

Auf rund 30 Monitoren wird in den Labors und Arbeitsräumen des Schiffes die Ankunft der nächsten wissenschaftlichen Station angezeigt. ETA – Estimated Time of Arrival – voraussichtliche Ankunftszeit. Doch hier im Eis läßt sich nichts mehr vorhersagen. ETA – vielleicht in einer halben Stunde, vielleicht in einem halben Tag.

Die sonnenhelle Nacht ist bereits fortgeschritten, auf der Brücke ist die Hundswache vorüber, jener härteste Dienst zwischen Mitternacht und vier Uhr morgens, jene Wache, an die sich der menschliche Körper nur schwer gewöhnen kann, selbst in hohen Breiten, wo der Stand der Sonne eine andere Zeit vorgaukelt, wo Tag und Nacht miteinander verschmelzen. An Bord beginnt ein normaler Arbeitstag. Der Bäcker heizt den Herd in der Kombüse vor. In der Wetterwarte registriert der Meteorologe erste Meldungen der Wetterstationen. Der Funker sortiert Fernschreiben von den Heimatinstituten der Wissenschaftler – die POLARSTERN ist nicht nur ein schwimmendes wissenschaftliches Labor, sondern auch Arbeitsplatz und Hotel für Menschen, die hier mitten in einer Wüste aus jahrtausendealtem Eis und Wasser die Annehmlichkeiten der Zivilisation nicht mehr missen möchten und sollen. Allein in der Kombüse werden drei Mann

353

den ganzen Tag damit beschäftigt sein, die Mahlzeiten zuzubereiten. 100 Portionen gilt es zu den Essenszeiten bereitzuhalten. Die Mahlzeiten sind ein wesentliches Unterscheidungsmerkmal zwischen Tag und Nacht.

Dann eine Durchsage des Wachoffiziers: »In zehn Minuten auf Station. – In approximately ten minutes on station.« Wissenschaftler aus Norwegen, Dänemark, Island, Großbritannien, Kanada, den USA, der Sowjetunion und der Bundesrepublik Deutschland arbeiten auf dieser Fahrt gemeinsam an Bord der POLARSTERN. Offizielle Sprachen sind deutsch und englisch. Die Durchsage des Wachoffiziers von der Brücke über die Rundsprechanlage beendet das Frühstück an diesem Morgen abrupt. »Station« – das ist fast ein Zauberwort. Möglichkeit, Messungen vorzunehmen, Material zu sammeln. Und darauf haben sich die Wissenschaftler schließlich viele Monate vorbereitet, darauf haben sie alle hingearbeitet. Auf den Gängen der POLARSTERN wird es unruhig. Jetzt muß alles wie am Schnürchen laufen. Der Hubschrauber wird aus dem Hangar geschoben. Der Pilot startet den Rotor. Zwei norwegische Eisforscher wollen auf einer weiter entfernten Scholle eine tiefe Bohrung durch das Eis niederbringen und die Eisunterseite vermessen.

Mit sicherem, schnellen Schritt eilen sie quer durch das Schiff zu ihrer Kammer. Sie steigen noch schnell in die dicke, wärmende Polarkleidung, ohne die hier draußen niemand arbeiten kann. Trotz Sonnenschein herrschen drei Grad minus, und das Wetter wechselt manchmal sehr schnell. Dann verhüllt sich innerhalb kürzester Zeit die wärmende Sonne, und selbst im Sommer setzt Schneefall ein. Zweieinhalb Stunden bleiben den beiden. Draußen auf ihrer Scholle werden sie die eisige, absolute Stille der Arktis mit dem knatternden Geräusch ihrer Bohrer durchbrechen. Zweieinhalb Stunden wird die POLARSTERN genau auf ihrer Position gehalten. Dann holt der Helikopter die beiden »Eisbohrer« zurück, und die Fahrt geht weiter. Allzu groß darf die Entfernung zwischen dem sicheren Schiff und der Scholle nicht werden. Plötzlich einsetzender Nebel, ein Whiteout, könnte zur tödlichen Gefahr werden.

Wie lange das Schiff »auf Station« bleibt, ist genau geplant; die Arbeiten der Forschungsgruppen sind exakt koordiniert. Time is money. Das gilt auch für Forschungsschiffe. Rund 60000

Mark kostet die POLARSTERN pro Tag. Jede Minute ist deshalb genau kalkuliert, Zeitverluste soll es nicht geben, obwohl das Eis oft alle Pläne durchkreuzt. Die Uhr läuft, und zu Hause steht bereits die nächste Forscher-Crew in den Startlöchern, um das Schiff zu übernehmen.

Während Biologen vom Arbeitsdeck aus ihre verschiedenen Netze nacheinander zu Wasser lassen, hievt der Kran auf der Back der POLARSTERN eine andere Gruppe auf das Eis. Sie will hier direkt die Feuchtigkeit des Eises und die Temperaturen in unterschiedlichen Tiefen messen. Diese Messungen vor Ort sollen später einmal eindeutige Interpretationen von Satellitenaufnahmen ermöglichen. Mit Hilfe der Weltraumfotos will man künftig die Schiffahrt vor dem Eis warnen.

Die kleine Gruppe hebt sich in ihren roten und gelben Polaranzügen gut vom eisigen Hintergrund ab. Bei manchen Schritten sinken die Männer knietief in den Schnee ein. Voraus stapft mit durchgeladenem Gewehr der Bärenwächter. Eisbären, neugierig und außerordentlich stark, können hier zu einer überraschenden Gefahr werden. Schon seit einigen Tagen warnen Spuren im Eis vor dem ungekrönten König der Arktis. Trotz seines Gewichts von bis zu 600 Kilogramm bewegt sich der weiße Riese auch auf verharschtem Schnee nahezu lautlos. Noch vor wenigen Stunden hat man vom Schiff aus einen von ihnen gesichtet. Er war gerade mit dem Verzehr einer Robbe beschäftigt. Wütend ob der merkwürdigen Störung, ließ er kurz von seiner Beute ab, ging auf Distanz zum fremden blauen Schiffskörper. Aus sicherer Entfernung beobachtete er, wie der merkwürdige Feind vorüberzog. Die Nase witternd in die Luft gehoben, schien er zu zögern, ob er endgültig das Weite suchen oder zur geschlagenen Beute zurückkehren sollte. Dann, als sei er sich plötzlich seiner Stärke bewußt, trabte er entschlossen zurück zur Robbe. Sein gelber Sommerpelz hob sich in der klaren Luft der Arktis noch lange von dem kaltblauen Weiß des Eises ab.

Als die große ozeanographische Sonde, mit der Druck, Temperatur und elektrische Leitfähigkeit gemessen werden, am Draht der Winde schon 200 Meter tief im Wasser hängt, treibt ein Growler auf das Arbeitsdeck zu. Mit einem langen Stock gibt einer der Matrosen dem kleinen Eisberg eine andere Richtung, und er driftet davon. Das arktische Eis ist hart; es hätte den

Draht mit dem teuren wissenschaftlichen Gerät mit Leichtigkeit durchtrennt. Schließlich gibt der wissenschaftliche Fahrtleiter dem Bootsmann das Kommando zum Hieven der Sonde.

Bald darauf ist die Arbeit auf dieser Station beendet. Mit von der Sonne und von kaltem Wind geröteten Gesichtern kehren auch die Wissenschaftler vom Eis zurück. In Kühlbehältern haben sie Eiskerne mitgebracht. Einige untersuchen sie jetzt gleich an Bord, andere legen sie in große Truhen und nehmen sie mit nach Hause.

Die POLARSTERN hat Fahrt aufgenommen. 40 Seemeilen – rund 74 Kilometer – sind es bis zur nächsten Station. Estimated Time of Arrival? Niemand weiß es mit Sicherheit zu sagen. Das Eis diktiert die Fahrt. An Bord kehrt für einige Stunden ein wenig Ruhe ein. Immer noch scheint die Sonne taghell vom Himmel; dennoch breitet sich Abendstimmung aus. In den Laborcontainern studieren einige Biologen Eisalgen unter dem Mikroskop. Im Nachbarcontainer untersucht man Eisproben. Noch zu später Stunde füttert eine Wissenschaftlerin den Computer mit den neuesten Daten über Temperatur und Salzgehalt des Meerwassers. Am Informationsbrett der Wetterwarte kündet der neueste Wetterbericht von kühlen Frühsommertagen in Deutschland: Hamburg 8 Grad, München 10. Im Vortragsraum berichtet ein amerikanischer Wissenschaftler über Frithjof Nansen, den großen Norweger, dessen Arbeiten seine Nachfolger bis heute in Erstaunen versetzen. In der Messe läuft ein Videofilm mit Doris Day. Die Bibliothek ist jetzt in einen Konzertsaal verwandelt: Von der Compact-Disk erklingt ein Beethoven-Konzert.

Doch den Ton bestimmen die Eisschollen, die an die Bordwand krachen. Die Sonne senkt sich dem Horizont zu, erreichen wird sie ihn in dieser Sommernacht nicht. Vielleicht färbt sie sich noch ein wenig rötlich. Ein Tag ohne Nacht. Zur Ruhe muß man sich zwingen. Wer's noch nicht weiß, kann sich am Info-Brett guten Rat holen: »Man muß mit der Arktis leben und nicht gegen sie.«

Anhang

1. Deutsche Arktisexpeditionen bis 1945*

Um 1040	Nach dem Bericht des Adam von Bremen in seinen »Gesta Hammaburgensis ecclesiae pontificum« haben friesische Edelleute um das Jahr 1040 von der Weser aus die erste deutsche Nordpolarfahrt angetreten, »weil die Leute dort sagen, unmittelbar nördlich der Wesermündung gebe es nur den endlosen Ozean, aber kein Land. Eidlich verpflichten sich die Fahrtgenossen zur Klärung dieser Frage und gaben froh den Befehl zur Abfahrt…«.
1473	Die deutschen Seefahrer Pining und Pothorst segeln im Auftrag der dänischen Krone die ostgrönländische Küste an.
1540	Der Seefahrer Björn Janssen aus Hamburg segelt auf einer Polarfahrt die Westküste Grönlands an. Er findet hier die Wikingergehöfte ohne jedes Leben vor, in einem der Gehöfte findet er einen toten Mann in norwegischer Kleidung.
1671	Der Schiffsbarbier Friderich Martens beteiligt sich an den Fahrten des Walfängers JONAS IM WALFISCH in den Gewässern zwischen Spitzbergen und Grönland. In seiner Reisebeschreibung liefert er eine aufschlußreiche Schilderung der nordischen Natur.
1720–1727	Sibirienreise des nach Rußland entsandten Danziger Arztes Daniel Gottlieb Messerschmidt (1685–1735). Mit dieser Reise wird das Interesse Peters des Großen geweckt, Sibirien wissenschaftlich zu erforschen. Auf eine Initiative des Zaren gehen die beiden Expeditionen nach Kamtschatka zurück (1725–29 und 1733–43). Letztere wird unter dem Namen »Große Nordische Expedition« bekannt.
1733–1743	In russischem Auftrag führt der Däne Vitus Bering die »Große Nordische Expedition« durch. Erforscht werden die sibirische Nordküste, die Beringstraße, Alaska, die Aleuten und Kurilen. An der Fahrt nehmen vier deutsche Gelehrte der Petersburger Akademie teil: der Historiker G. F. Müller (1705–1783), der Botaniker Johann Georg Gmelin (1709–1755), der Naturforscher Georg Wilhelm Steller (1709–1746) und der Historiker Johann Eberhard Fischer (1697–1771).
1761	Im Auftrag der Herrnhuter Mission bereist David Cranz deren südgrönländische Missionsstation und liefert eine umfassende naturwissenschaftliche und ethnographische Beschreibung von Süd- und Westgrönland.
1783	Der deutsche Bergmann Pfaff bereist Grönland 1783–84 auf Kosten der dänischen Regierung, um Steinkohle zu suchen.

---

* Berücksichtigt wurden ferner ausländische Expeditionen, an denen Forscher aus Deutschland teilgenommen haben. Der Aufstellung liegt u. a. das Werk von L. Breitfuß: Die Arktis, zugrunde. Die dort vorhandene Chronologie der Arktisexpeditionen wurde für die vorliegende Arbeit korrigiert und ergänzt.

1785–1791	Ein Expeditionsplan, an dessen Ausarbeitung auch der an der Petersburger Akademie wirkende deutsche Naturforscher Pallas mitgewirkt hat, veranlaßt Katharina II. zur Ausrüstung einer Expedition unter Kapitän Joseph Billings. Er erforscht von Ochotsk aus Kamtschatka, die Beringinsel, einen großen Teil der aleutischen Inseln und die Beringstraße. Sowohl auf der asiatischen wie auf der amerikanischen Seite werden Landungen vorgenommen. In Irkutsk schließt sich der deutsche Arzt Merk der Expedition an. Martin Sauer nimmt als Sekretär teil und verfaßt den Expeditionsbericht.
1806–1813	Karl Ludwig Giesecke (1761–1833) unternimmt einen längeren Studienaufenthalt in Grönland, um Mineralien zu untersuchen. Die politischen Wirren der napoleonischen Kriege halten ihn mehrere Jahre auf Grönland fest. Er erforscht in für fast hundert Jahre unübertroffener Vollständigkeit die Westküste von 73° 30′ N bis Kap Farvel sowie von dort die Ostküste bis 62° N.
1815–1818	Weltreise Otto von Kotzebues auf der RURIK. An dieser Fahrt nehmen Adalbert von Chamisso (1781–1838), der Dorpater Arzt und Naturforscher Eschscholtz und der Maler Choris, ebenfalls ein gebürtiger Deutscher, teil. Adalbert von Chamisso, dessen Tagebuch der Reise um die Welt als beste Reisebeschreibung der ersten Hälfte des vorigen Jahrhunderts gilt, beteiligt sich auch an den wissenschaftlichen Arbeiten, macht sich insbesondere um die Erforschung der Flora der Südsee-Inseln sowie des arktischen Meeres zwischen Asien und Amerika verdient.
1827	Barto von Löwenigh, Bürgermeister von Burtscheid, unternimmt eine eigenfinanzierte Expedition mit dem Naturforscher B. M. Keilhau auf dem Schoner HOFFNUNG zur Bäreninsel und nach Spitzbergen.
1845–1851	An der Franklin-Suchexpedition des englischen Kriegsschiffes HERALD unter Kapitän Henry Kellett beteiligt sich der deutsche Botaniker Bertold Seemann (1825–1871).
1851	Samuel Kleinschmidts Grammatik der grönländischen Sprache erscheint. Samuel Kleinschmidt (1814–1886) war fast 40 Jahre in Grönland tätig. Er gilt als einer der wichtigsten Erforscher des Grönländischen.
1850–1854	An der englischen Franklin-Suchexpedition MacClures auf der INVESTIGATOR nimmt der Herrnhuter Missionar Johann August Miertsching als Dolmetscher teil. Als Übersetzer für Gespräche mit den Eskimos wird er nur zu Beginn der Reise benötigt; er erwirbt sich Verdienste mit seinen geographischen Beschreibungen.
1853–1855	An der Franklin-Suchexpedition unter E. K. Kane (2. Grinnell-Expedition) nimmt der Astronom August Sonntag aus Altona teil.
1859	Mit der JAN MAYEN (Kommandant E. Carlsen) unternimmt Emil Bessels eine Expedition nach König-Karls-Land, Spitzbergen.

1860–1861	Der Astronom August Sonntag aus Altona ist zweiter Kommandant auf der Franklin-Suchexpedition unter J. Hayes.
1861	Konsul Georg Berna aus Frankfurt a. M. unternimmt auf dem Schoner JOACHIM HINRICH eine Nordfahrt, die ihn bis zum Nordkap, Jan Mayen und Island führt. Der Zoologe Carl Vogt, der Schweizer Geologe A. Gressly, der Maler H. Hasselhorst und der Arzt A. Herzen begleiten ihn. Zu den wichtigen Ergebnissen dieser Fahrt gehört die Erkenntnis, daß Jan Mayen aus basaltischen Laven aufgebaut ist und einem vulkanischen Spaltenwurf seine Entstehung verdankt. Im Internationalen Polarjahr 1882 knüpfen die Mitglieder der österreichischen Polarstation an diese Arbeiten an.
1865	Geplante erste deutsche Nordpolarfahrt: Der Kieler Kapitän Reinhold Werner soll auf Betreiben August Petermanns die Eisverhältnisse zwischen Spitzbergen und Novaja Zemlja erkunden. Die Maschine des englischen Dampfers versagt jedoch bereits auf der Ausreise vor Cuxhaven.
1866	Auf einer Handelsreise des hawaiischen Schoners W. C. TALBOT entdeckt Kapitän Eduard Dallmann am 17. August 1866 Wrangel-Land. Er landet auf 70° 40′ N und 178° 30′ W. Da dieses Ereignis erst 15 Jahre später in wissenschaftlichen Kreisen bekannt wird, wird es zunächst besonders von amerikanischer Seite angezweifelt, dann aber gerade durch einen amerikanischen Bericht des Kapitän Berry auf dem Dampfer RODGERS vollauf bestätigt.
1868	Nordpolar-Expedition der GRÖNLAND unter Carl Koldewey in dem Seegebiet zwischen Spitzbergen und Grönland.
1868	Die Deutsche Seewarte wird in Hamburg gegründet. Sie spielt bei der Organisation der beiden Internationalen Polarjahre eine bedeutende Rolle.
1869	Der Bremerhavener Reeder Albert Rosenthal schickt seinen Dampfer ALBERT nach Spitzbergen und Novaja Zemlja. Es beteiligt sich der Naturforscher E. Bessels, der zum ersten Male das Vorhandensein des Golfstroms zwischen Spitzbergen und Novaja Zemlja durch Messungen feststellt.
1869–1870	Zweite Deutsche Nordpolarexpedition. Die HANSA unter Kapitän Hegemann und die GERMANIA unter Kapitän Koldewey sollen längs der ostgrönländischen Küste möglichst weit polwärts vorstoßen. Unter 74° N und 12° W werden die Schiffe im Nebel voneinander getrennt. Die HANSA wird vom Eis eingeschlossen, zerdrückt und sinkt. Ihre Besatzung rettet sich auf ein Eisfeld, erbaut hier ein Haus und erreicht nach achtmonatiger Eisdrift die Missionsstation Friedrichsthal an der Südspitze von Grönland. Der GERMANIA gelingt es, die Eiszone bei Grönland zu überwinden und bis über 75° 30′ N vorzudringen. An der Sabine-Insel wird ein Winterquartier aufgeschlagen. Auf Handschlittenreisen wird die Nordostgrönlandküste von 74° bis 77° 12′ N erkundet.
1869	Der Bremerhavener Reeder Albert Rosenthal sendet sein Schiff BIENENKORB nach Jan Mayen und Ostgrönland. Der

	Naturforscher (Physiker und Astronom) F. J. Dorst aus Jülich nimmt an der Fahrt teil.
1870	Der Afrikaforscher Theodor von Heuglin (1824–1876) und Karl Graf von Waldburg-Zeil (1841–1890) unternehmen auf dem in Tromsø gemieteten Schoner SKJØN VALBORG eine kurze Sommerfahrt nach Ost-Spitzbergen.
1871	Theodor von Heuglin reist mit der GERMANIA nach Novaja Zemlja. Die Expedition wird von dem Bremerhavener Reeder Albert Rosenthal ausgeschickt. August Petermann gibt eine wissenschaftliche Instruktion mit.
1871–1873	Emil Bessels ist wissenschaftlicher Leiter der amerikanischen POLARIS-Expedition unter Kapitän Hall. Neben dem Heidelberger Arzt nehmen noch F. Meyer als Meteorologe und E. Schuhmann als erster Maschinist an der Fahrt teil.
1872	Als Hilfsexpedition für Nordenskiölds Expedition bricht am 21. November der für den Einsatz im Fanggebiet um Jan Mayen gebaute Dampfer ALBERT von Hammerfest mit 45 Mann Besatzung unter Kapitänleutnant Otto auf. Am 24. November erreicht das Schiff bei ziemlich gutem Wetter die Höhe von Spitzbergen. Stürme aus Ostsüdost und Südost zwingen am 1. Dezember, nachdem Prinz-Karls-Vorland erreicht worden ist, zur Umkehr.
1873	Albert Rosenthal sendet am 28. Januar eine Hilfsexpedition für Nordenskiölds Spitzbergen-Expedition auf der GRÖNLAND von Kristiansund aus. Das Schiff wird von Kapitän Melsom geführt. Am 10. Februar ist die GRÖNLAND unter Jan Mayen und steuert an der Eiskante entlang nach Osten. Am 5. März ist das Schiff am Bellsund und trifft auf Packeis. Vom Eisfjord aus wird die Rückreise angetreten.
1873	Im Juli und August reist der Wiener Geologe Richard von Drasche-Wartinberg an die Westküste Spitzbergens. Er besucht den Bellsund, den Eisfjord, den Magdalenenfjord und die Amsterdaminsel.
1876	Eine Spende des russischen Kaufmanns Sibirjakov ermöglicht die Forschungsreise von O. Finsch, A. E. Brehm und Graf Waldburg-Zeil nach Westsibirien im Auftrag der Bremer Geographischen Gesellschaft.
1878–1880	An der letzten Franklin-Suchexpedition, die Leutnant Schwatka im Auftrag eines New Yorker Kaufmannes ausführt, nimmt der Deutsch-Böhme Heinrich W. Klutschak als Zeichner und Geometer teil. Die Expedition reist auf Schlitten von der Hudsonbai, meist Flußläufen folgend, über die Adelaide-Halbinsel nach König-Wilhelms-Land und zurück. Sie legt dabei fast 5300 Kilometer zurück. Die Fahrt gilt als eine der glanzvollsten Leistungen unter allen polaren Schlittenreisen. Besonderen Wert haben die ethnographischen Daten, die Klutschak gesammelt hat.
1879–1881	Die deutschen Matrosen Nindermann, der bereits die Schollenfahrt der POLARIS mitgemacht hat, und Noros gehören zu den Überlebenden der amerikanischen JEANETTE-Expedition.

1879	Der russische Mäzen der Polarforschung A. Sibirjakov sendet der VEGA-Expedition A. E. Nordenskiölds eine Hilfsexpedition entgegen. Expeditionsleiter auf dem Dampfer A. E. NORDENSKIÖLD ist Kapitän H. Sengstacke, 1869–70 erster Offizier auf der GERMANIA. Als wissenschaftlicher Begleiter ist A. von Dancklelmann, Vorstand des meteorologischen Bureaus zu Leipzig, an Bord.
1881	Expedition der Brüder Aurel und Arthur Krause zur Beringstraße im Auftrag der Bremer Geographischen Gesellschaft.
1882–1883	Das 1. Internationale Polarjahr wird auf Anregung des Leiters der österreichisch-ungarischen Expedition, C. Weyprecht, ins Leben gerufen, um die ersten stationären und gleichzeitigen meteorologischen und erdmagnetischen Beobachtungen in den beiden Polargebieten durchzuführen. Deutschland errichtet eine Station im Kingua-Fjord auf Baffinland. Ihr Leiter ist W. Giese (Physiker). Die wissenschaftlichen Stationsmitglieder sind: L. Ambronn (stellvertretender Leiter), W. Schliephake (Naturforscher und Arzt), A. Mühleisen (Steuermann, Navigateur), H. Abbes (Assistent), C. Boeckelen (Assistent), C. Seemann (Mechaniker und Assistent). Weitere Stationsmitglieder sind H. Hellmich (Koch), R. Weise (Zimmermann), P. Hevicke (Segelmacher), A. Jantzen (Matrose). Dr. Karl Koch, Privatdozent der Universität Freiburg, arbeitet im Rahmen dieses Internationalen Polarjahres auf Missionsstationen an der Labradorküste (Hofenthal, Zoar, Nain, Okak, Hebron und Rama).
1883–1884	Franz Boas führt auf seiner Baffinland-Expedition in Booten und mit Schlitten Kartierungen der südöstlichen Teile der Insel aus.
1886	W. Kükenthal begleitet als einziger Passagier ein norwegisches Fangschiff nach Spitzbergen. Er unternimmt die Fahrt zu zoologischen Zwecken. Geographisch interessant ist eine Beschreibung der Gesamtküsten des Eisfjordes.
1889	W. Kükenthal und A. Walther-Reise (1860–1890) unternehmen im Auftrag der Bremer Geographischen Gesellschaft zu zoologischen Forschungen eine Expedition nach Ost-Spitzbergen und König-Karls-Land.
1892–1893	Erich von Drygalskis Expedition zum Umanak-Fjord in Westgrönland. Aufgabe der Reise ist das Studium der Natur und Bewegung der Eismassen am Karajak-Gletscher. Teilnehmer der Expedition sind: E. Vanhöffen (Zoologe), G. I. Stade (Meteorologe). Im Jahre 1891 hat eine Vorexpedition stattgefunden, an der sich auch der Meteorologe O. Baschin beteiligte.
1898	Expedition mit dem Dampfer HELGOLAND nach Spitzbergen sowie in das Polarmeer, organisiert von dem Journalisten Theodor Lerner für die Zoologen Fr. Schaudinn, Fr. Römer und L. Bühl sowie einige Jäger. Im Anschluß an diese Fahrt entsteht das Werk »Fauna arctica«.
1898	Übungsfahrt des deutschen Kriegsschiffes OLGA in das

Nordpolarmeer. An der Fahrt beteiligt sich der Deutsche See-fischerei-Verein mit einer Kommission unter Leitung des Kapitäns zur See a. D. R. Dittmer, deren Aufgabe die Erkundung der Jagd- und Fischfanggründe bei Spitzbergen und bei der Bäreninsel ist.

1898–1908 Die russische Murman-Expedition unter N. M. Knipovič (bis 1902) und L. L. Breitfuß (1902–1908) hat die Aufgabe, Fischerei und Robbenfang im Barentsmeer zu erkunden und zu fördern. An erster Stelle stehen ozeanographische, biologische und ichthyologische Untersuchungen.

1899 Der Deutsche Seefischerei-Verein entsendet eine aus drei Schiffen bestehende Expedition unter Hafenmeister Duge zur Bäreninsel. An der Nordküste der Insel im Herwighafen wird eine Versuchsstation angelegt. Die Leitung der bergmännischen und kartographischen Arbeiten liegt in den Händen des Markscheiders J. Keßler. Seine Feststellungen über das Kohlevorkommen sind günstig, den Abbau sieht er als problematisch an.

1899 Expedition eines Hamburger Konsortiums unter Theodor Lerner zur Bäreninsel.

1900 Die »Bäreninsel-Gesellschaft Hamburg« und der Deutsche Seefischerei-Verein entsenden eine Expedition zur Bäreninsel. Die Leitung hat H. Henking, Generalsekretär des Deutschen Seefischerei-Vereins.

1902 A. Berson und H. Elias unternehmen meteorologische Drachenaufstiege bei Spitzbergen bis 79° 47′ N.

1906 H. Hergesell unternimmt auf Spitzbergen mittels Drachen und Ballons umfassende aerologische und meteorologische Untersuchungen der höheren Luftschichten. Er gehört zu einem internationalen »Gelehrtenstab«, dem Fürst Albert von Monaco auf seinen polaren Sommerreisen 1906 und 1907 Gelegenheit zu wissenschaftlichen Arbeiten gab.

1906 Der Dresdner Ornithologe Bernhard Hantzsch unternimmt vom Juli bis November eine Expedition in das nordöstliche Labrador.

1907 W. Knebel (Geologe), H. Reck (Geologe), M. Rudloff (Maler) erforschen den Vulkan Askja in Inner-Island. Knebel und Rudloff kommen dabei ums Leben.

1907 Theodor Lerner plant eine »deutsche Polarexpedition« nach dem sagenhaften, nordöstlich von Spitzbergen vermuteten Gillisland. Eine Vorexpedition soll 1907 stattfinden, die Hauptexpedition 1908. Der Plan bleibt Papier. Es taucht lediglich eine kurze Notiz auf, nach der Lerner zusammen mit dem Norweger Hj. Johansen, dem bekannten Begleiter Nansens, am 24. April 1908 von Kap Boheman aufgebrochen ist und die nordwestliche Halbinsel Spitzbergens in etwa vier Wochen durchquert hat.

1908 R. Baldauf aus Dresden bereist die Küste Westgrönlands und führt mineralogisch-geologische Untersuchungen durch.

1909 Deutsch-schweizerische Grönlandexpedition unter Alfred de

Quervain. An ihr nehmen Emil Baebler und der Straßburger Wissenschaftler August Stolberg teil. Ersterer unternimmt anthropologische, faunistische unf floristische Untersuchungen.

1909–1911 Bernhard-Hantzsch-Expedition nach Baffinland zu ornithologischen Forschungen. Die Reiseroute geht teils durch das Innere, teils am Fox Basin entlang. Hantzsch erliegt auf der Reise den Anstrengungen.

1910 W. Filchners Spitzbergen-Expedition (Vorexpedition für die Antarktische DEUTSCHLAND-Expedition 1911–1913). Es werden physikalische und glaziologische Beobachtungen im Eisfjord angestellt. Die Expedition führt eine zweifache Überquerung des Gletschergeländes vom Tempelfjord zur Wiche-Bucht im Storfjord aus. Es beteiligen sich: E. Barkow (Meteorologe), H. Philipp (Ozeanograph), K. Potpeschnigg (Biologe), E. Przybyllok (Physiker) und H. Seelheim (Meteorologe).

1910 Die »Zeppelin«-Studienkommission reist auf der MAINZ nach Spitzbergen zwecks Prüfung der Möglichkeit, Luftschiffe starrer Konstruktion in Polarverhältnissen zur Erforschung von höheren Luftschichten zu verwenden. Es beteiligen sich an der Reise außer dem Grafen Zeppelin Prinz Heinrich von Preußen, H. Hergesell (Meteorologe), A. Miethe u. a.

1911 Auf Initiative von H. Hergesell (Meteorologe) wird auf Spitzbergen ein Deutsches Geophysikalisches Observatorium errichtet: 1911–12 im Adventfjord nehmen hier G. Rempp und A. Wagner aerologische und geophysikalische Studien vor. Ab 1912 ist das Observatorium im Krossfjord: 1912–13 K. Wegener, M. Robitzsch; 1913–14: O. Stoll, K. Hoffmann; 1914: M. Robitzsch, M. Herath. Der Weltkrieg beendet die Tätigkeit. Die norwegische Regierung verlegt die Station nach Kvadehuk, wo die meteorologischen Arbeiten 1920–24 fortgeführt werden.

1912–1913 Alfred Wegener nimmt an der Expedition des Dänen I. P. Koch nach Grönland teil. Im Danmark-Hafen (76° 45′ N) an der Ostküste wird überwintert und im Frühjahr 1913 mit 16 Ponys in 8 Wochen das Inlandeis bis Prøven, eine Entfernung von 1300 km, überquert.

1912–1913 Schröder-Stranz-Expedition mit HERZOG ERNST nach Spitzbergen. Expeditionsleiter Herbert Schröder-Stranz, Dr. Max Mayr (Geograph), Kapitänleutnant August Sandleben und Richard Schmidt beginnen am 15. August 1912 eine Schlittenreise, auf der sie umkommen. Nachdem die HERZOG ERNST in der Treurenbergbucht (Sorgfjord) vom Eis eingeschlossen wird, gelingt es Kapitän Ritscher, sich nach Longyearbyen durchzuschlagen, um Hilfe zu holen. Auf Radionachrichten hin unternimmt Kurt Wegener vom Deutschen Geophysikalischen Observatorium am Hassfjord mit Norwegern eine Hilfsexpedition, die jedoch unverrichteter Dinge zurückkehrt. Durch eine Schlittenexpedition unter Führung des Norwegers A. Staxrud werden im Sommer 1913 die Überlebenden der Schröder-Stranz-Expedition sowie die Mitglieder einer ebenfalls schiffbrüchig gewordenen Hilfsexpedition unter Theodor Lerner gerettet.

1913   Die POSEIDON-Expedition unter Leitung des Zoologen W. Mielck führt im Barentsmeer eine Reihe von ozeanographischen Arbeiten aus. Es beteiligen sich die Ozeanographen G. Schott und B. Schulz.

1923   Der Ozeanograph W. Brennecke erforscht als Teilnehmer einer Fangexpedition die Gewässer westlich von Spitzbergen.

1924–1926   Mehrere Forschungsfahrten der Deutschen Seewarte auf Fischdampfern in die Gewässer um Island.

1924–1937   Internationale Gesellschaft »Aeroarctic« zur Erforschung der Arktis mit Luftfahrzeugen (Berlin) wird ins Leben gerufen. Ihre Vorsitzenden sind: bis 1926 E. Kohlschütter, ab 1926 bis zu seinem Tode (13. Mai 1930) Fridtjof Nansen, ab 1930 bis zur Auflösung am 27. Jan. 1937 H. Eckener. Die Gesellschaft zählt im Jahre 1931 etwa 400 Mitglieder aus 22 Staaten, hält zwei ordentliche Versammlungen ab: 1926 in Berlin, 1928 in Leningrad; gibt von 1928–1931 die »Arktis« heraus und führt im Sommer 1931 deutscherseits unter internationaler Beteiligung die Arktisfahrt des Luftschiffs GRAF ZEPPELIN durch.

1925   Die Botanikerin Rose Stoppel, die Physiker Völkel und Fehse sowie der Geologe Vogler führen auf Nord-Island luftelektrische und pflanzenphysiologische Forschungen durch.

1925   1. Hamburgische Spitzbergen-Expedition unter K. Gripp (Geologe) mit A. Meyer (Biologe), E. Todtmann (Geologe). Geologische und glazio-morphologische Forschungen in Green Harbour, Coles Bay.

1925   Spitzbergen-Expedition von M. Grotewahl (Physiker), Jupitz, Ankersen, Kameramann Biller; Erkundungen am Magdalenenfjord, Eismarsch zum Liefde- und Raudfjord und zurück.

1926, 1927   1. und 2. Hamburgische Island-Expedition unter F. Dannmeyer (Physiker) und J. Georgi (Meteorologe). Führt an der äußersten NW-Spitze Islands erste Messungen der Sonnenstrahlung und Höhenwinde durch. 1927 erste Höhenwindmessungen zwischen Island und Norwegen.

1926   B. Villinger: Grönland-Film-Expedition der Ufa nach Ostgrönland.

1925–1927   Deutsche Atlantische METEOR-Expedition. Die erste systematische Aufnahme des Atlantik in ozeanographischer, meteorologischer und biologischer Hinsicht. Es wurden ozeanographische Arbeiten vom Antarktischen Kontinent bis zum Nordatlantik unternommen. Leiter A. Merz (gest. 1925), Kommandant (später Leiter) F. Spieß, Teilnehmer: G. Wüst (Ozeanograph), G. Böhnecke (Ozeanograph), I. Reger (Meteorologe), E. Kuhlbrodt (Meteorologe). Herausgeber des Expeditionswerkes: A. Defant.

1925	I. Hessische Expedition unter H. Krueger und F. Klute führt geologische Forschungen an der Westküste Grönlands zwischen Disko-Insel und Melville-Bai aus.
1925	R. Amundsen und L. Ellsworth starten mit zwei Dornier-Wal-Maschinen in Ny-Ålesund auf Spitzbergen gegen Norden und erreichen 87° 44' N und 10° 30' O, wo sie notlanden müssen. An dem Flug nimmt auch der deutsche Mechaniker H. Feucht teil.
1926	Ozeanographische ZIETEN-Expedition in das Barentsmeer unter Leitung von B. Schulz (Ozeanograph) und A. Wulff (Biologe).
1926	Bodenforschungen auf Spitzbergen werden von E. Blanck, A. Rieser und H. Mortensen ausgeführt.
1927	POSEIDON-Expedition in das Barentsmeer zu ozeanographischen und biologischen Forschungen unter B. Schulz (Ozeanograph).
1927	2. Hamburgische Spitzbergen-Expedition unter Leitung des Geologen E. Gripp. Geologische und glazialmorphologische Untersuchungen im Eisfjord, Bellsund und Storfjord.
1927–1928	H. König unternimmt ethnographische Forschungen an der Nord- und Ostküste von Labrador.
1928	Flugmeteorologische Forschungsexpedition der Deutschen Seewarte in Hamburg auf der METEOR in die Gewässer zwischen Island und Grönland unter J. Georgi mit den Meteorologen F. Ahlgrimm, W. Stöbe, P. Troll, K. Brinkmann, H. Franck, dem Funktechniker O. Stöcken und dem Feinmechaniker Fr. Friedrichs. Erforschung der Polarluftausbrüche zwischen Island und Grönland sowie des Inlandeis-Föhns an der Ost- und Südwestküste Grönlands. Zu diesem Zweck auch Landung an der Ostküste bei 63° N.
1929	Alfred-Wegener-Grönland-Vorexpedition zur Erforschung des Inlandeises. Es werden zwei Schlittenreisen auf die Eiskappe in der Gegend von Umanak ausgeführt. Außer Alfred Wegener nehmen der Meteorologe Johannes Georgi, der Glaziologe Ernst Sorge, der Meteorologe Fritz Loewe u. a. teil.
1929	Spitzbergen-Expedition der Horn-Filmgesellschaft unter Luis Trenker.
1929–1930	Fahrten der METEOR in die isländisch-grönländischen Gewässer zu ozeanographischen, meteorologischen und biologischen Forschungen. Es beteiligen sich die Ozeanographen A. Defant, G. Wüst, G. Böhnecke, B. Schulz, Schumacher, Kalle, Zorell, Geissler, Thorade, Wattenberg; die Meteorologen Weickmann, Scherhag, H. Franck, Höhn, P. Meier; der Techniker E. Friedrichs und die Biologen E. Hentschel und Meschkat.
1929, 1930–1931	II. Hessische Expedition unter H. Krueger setzt die geologischen Arbeiten an der Nordwestküste Grönlands fort. Im Frühjahr 1930 reisen H. Krüger und R. Bjare mit dem Grönländer Arkioq nach Ellesmere-Land, erreichen den Heureka-Sund und sind seitdem, trotz ausgedehnter Suchreisen seitens der kanadischen Regierung, verschollen. Auf der Suche legt

allein Sergeant Stallworthy von der berühmten kanadischen berittenen Polizei über 3000 km zurück. Er findet lediglich letzte Aufzeichnungen in Peary's Cairn an der Nordwestspitze von Axel-Heiberg-Land.

1929	Einrichtung einer Internationalen Kommission für das 2. Internationale Polarjahr 1932/33. Admiral Dominik, der Präsident der Deutschen Seewarte, ergreift auf Anregung von Johannes Georgi die Initiative, ein 2. Internationales Polarjahr zu veranstalten. Der Vorschlag wird vom Internationalen Meteorologischen Komitee angenommen und ausgeführt. Die 1930 in Deutschland einsetzende Wirtschaftskrise verhindert die Errichtung der vorgesehenen deutschen Überwinterungsstation in Ostgrönland und auch die Fortführung von Stationen der Grönland-Expedition Alfred Wegeners. Deutschland ist in der Arktis nur durch eine Privatstation von Dr. M. Grotewahl in Ursuk bei Ivigtut in Grönland vertreten.
1930	Auf Einladung der dänischen Regierung nimmt Max Grotewahl an der Fahrt der GODTHAAB nach Nordost-Grönland vom Juni bis September 1930 als Erdmagnetiker teil. Aufgabe der Expedition ist, das Gebiet geologisch, magnetisch, zoologisch und botanisch zu untersuchen.
1930–1931	Alfred Wegeners Grönland-Expedition zu Studien über die Natur des Inlandeises, zu Gravitations- und aerologischen Beobachtungen. Es werden folgende Stationen errichtet: 1. – »Scheideck« im Westen auf einem Nunatak (71° 11′ N und 51° 13′ W) 2. – »Eismitte« (71° 3′ N und 40° 3′ W) 3. – die Oststation im Scoresby-Sund. Nach dem Tod von Alfred Wegener führte sein Bruder Kurt die Expedition zu Ende. Abgesehen von vielen wertvollen anderen Beobachtungen wurde auf dieser Expedition festgestellt, daß das Massiv Grönlands unter dem Eis nur 300–500 m über dem Meeresspiegel liegt und daß das Randgebirge sich vielfach über 2000 m, die Station Eismitte rund 3000 m, die höchsten Spitzen sogar bis 4000 m erheben. Somit muß man sich Grönland als einen tiefen Teller vorstellen, der in der Mitte mit einer Inlandeisschicht von rund 2500 bis 2700 m Dicke angefüllt ist.
1930	K. Gripp und Sigurd Hansen unternehmen geologische und glaziologische Untersuchungen im Godthaab-Distrikt (West-Grönland). Deutsch-dänische Expedition.
1930	Wolfgang von Gronau führt den ersten Flug von Europa nach Amerika über das arktische Gebiet aus. Er fliegt von Sylt über Reykjavík, Angmagssalik um die Südküste Grönlands herum nach Ivigtut, schließlich nach Halifax und New York.
1930	Hans Frebolds geologische Reise mit INGER ELISABETH zum Eisfjord in Spitzbergen. Es nehmen O. Staxrud und W. Werenskiöld teil. Deutsch-norwegische Expedition.
1931	»Aeroarctic«-Expedition mit dem Luftschiff GRAF ZEPPELIN in die Arktis unter Hugo Eckener und dem wissenschaft-

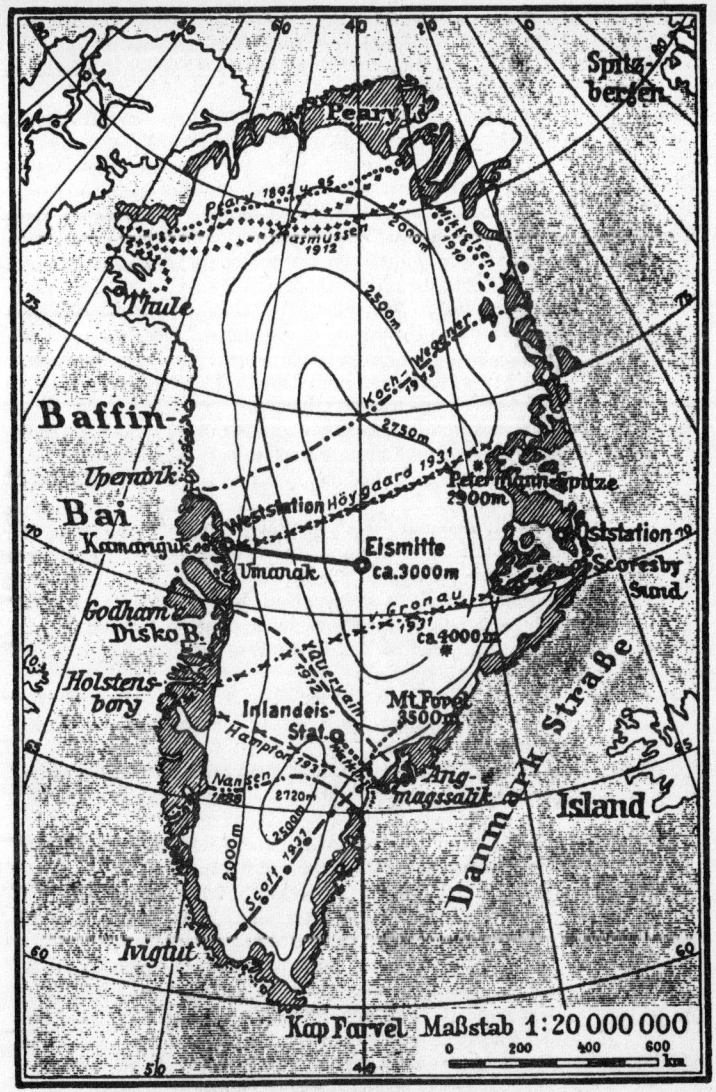

*Übersichtskarte von Grönland (aus: Wegener, Else (Hrsg.):
Alfred Wegeners letzte Grönlandfahrt. Leipzig 1932.)*

	lichen Leiter R. Samoilowitsch. Das Luftschiff ist vom 24. Juli bis 30. Juli unterwegs. Es werden photogrammetrische, aerologische, erdmagnetische und andere wissenschaftliche Arbeiten ausgeführt.
1931	Im August führt Wolfgang von Gronau mit einer Dornier-Wal-Maschine von Sylt aus den 2. Polarflug durch: über Reykjavík nach Scoresby-Sund, von da erstmalig in Ost-West-Richtung über die Eiskappe Grönlands nach Godthaab und weiter über Labrador nach Chicago.
1931–1932	Hermann Ritter und M. Schwarzlose führen gletscherkundliche Untersuchungen am Kongsfjord auf Spitzbergen aus.
1932–1933	Private Polarstation von Dr. M. Grotewahl in Ursuk bei Ivigtut (Grönland). Wertvolles Material liefern auch Messungen auf Schiffen, vor allem auf Fischdampfern. Den eigens für das Polarjahr von der Deutschen Seewarte beauftragten cand. rer. nat. Malte Hennings führen Reisen auf Fischdampfern bis ins Weiße Meer und nach Spitzbergen.
1932	Ozeanographische Rundfahrt um Island auf WESER mit dem Ozeanographen Kalle und dem Biologen Hentschel.
1932	Deutsch-norwegische Flugexpedition zur Kartierung Nordostgrönlands.
1932	Fritz Loewe und Ernst Sorge führen in Verbindung mit der Dr.-Fanck-Filmexpedition in Westgrönland gletscherkundliche und aerologische Untersuchungen aus. Ernst Udet unternimmt, z. T. zu wissenschaftlichen Zwecken, zahlreiche Flüge über die Umanakbucht und die angrenzenden Gebirge.
1932	H. Verleger und M. Keil überqueren den östlichen Teil des Vatnajökull auf Island.
1933	Deutsch-Isländische Expedition. E. Herrmann und G. Einarsson besteigen den Kverkföll am Nordrand des Vatnajökull.
1933–1936	Hermann Ritter unternimmt gletscherkundliche Beobachtungen im Wijdefjord, Spitzbergen. 1935–36 überwintert mit ihm seine Frau Christiane Ritter, Malerin.
1933	Dr. Baumann führt auf Südgrönland Radiosondenaufstiege zur Messung der Höhentemperaturen aus.
1935	Wilhelm Dege untersucht Strukturböden auf Spitzbergen.
1936	Die Geographin A. Schmücker führt ethnographische Untersuchungen im Thule-Distrikt, Nordgrönland, durch.
1936, 1937, 1938	Wilhelm Deges Expeditionen nach West- und Nordspitzbergen. Es beteiligen sich außerdem der Biologe W. Jung, der Geograph H. Koch und der Geologe E. Schenk. U. a. wird das Andrée-Land erforscht.
1937, 1938	Deutsche Nordatlantische METEOR-Expedition. Fortsetzung der Deutschen Atlantischen Expedition von 1925–1927 in nördlicher Richtung. 1937: Leiter A. Defant. Teilnehmer sind u. a. der Ozeanograph G. Böhnecke, der Chemiker H. Wattenberg. 1938: Leiter O. von Schubert (Ozeanograph); Teilnehmer u. a.: G. Dietrich (Ozeanograph), K. Kalle (Chemiker).

1937, 1938	Expeditionen unter dem Biologen H. Rieche nach West-Spitzbergen. Es beteiligen sich der Geophysiker L. Gburek u. a. Besondere Aufmerksamkeit wird dem Hornsund geschenkt.
1938	M. Hinzpeter führt meteorologische Untersuchungen im Ostgrönlandmeer auf dem Robbenfänger SACHSEN aus.
1938	Ernst Herrmanns Spitzbergen-Expedition mit einer Fieseler-Storch-Maschine zur Erforschung des Nordpolarmeeres. Die nördlichste Landung auf den Packeistafeln fand unter 81° 52′ N und 20° 30′ O statt. (Vorexpedition 1937)
1938	Ornithologische Forschungen in West-Grönland. Teilnehmer: I. Herdemerten, K. Magerstedt und E. Knoespel.
1938	Botanische Studien von F. Mattick im Kongsfjord, Spitzbergen.
1940–45	Meteorologische Arktisaktivitäten auf diversen Stationen.

2. Deutsche Wetterstationen in der Arktis 1940–45 *

1. Wetterschiff SACHSEN, erste Fahrt, 1940
Meteorologe: Dr. Rupert Holzapfel
Nautischer Leiter: Kapitän Kraul

Anfang September bis Ende November 1940 regelmäßige Wetterbeobachtungen im Gebiet zwischen Island und Südgrönland; Radiosondenaufstiege; Temperaturmessungen im Wasser unter verschiedenen Bedingungen; Registrierung der Lufttemperatur in verschiedenen Höhen; Beobachtung des Funkempfanges in Abhängigkeit von Wetter und Nordlicht.

2. Wetterschiff SACHSEN, zweite Fahrt, 1941
Wissenschaftlicher Leiter: H. R. Knoespel
Beginn der Fahrt: Spätwinter 1941, Fahrtdauer 86 Tage

Erkundung von Eisverhältnissen in der Dänemarkstraße und im Raum Jan Mayen.

3. Unternehmen »Knospe«
Spitzbergen, Winter 1941 / 42
Leiter H. R. Knoespel
(Meteorologe: Stud. W. Drees)
Standort: Lilliehöökfjord in Nordspitzbergen

Ausreise: 24. September 1941 aus Kiel mit den beiden ehemaligen Fischdampfern FRITZ HOMANN und SACHSEN. – Ankunft: 15. Oktober, Landung im Signehafen des Lilliehöökfjordes, Rückfahrt der Schiffe: 15. November, Rück-

* Diese Aufstellung folgt dem Aufsatz von Dr. Rupert Holzapfel: Deutsche Polarforschung 1940/45. In: Polarforschung 1951, S. 85 f.

kehr der Stationsbesatzung: 23. August 1942 mit U-Boot. 109 Radiosondenaufstiege

4. Unternehmen »Bansö«
Spitzbergen, Winter 1941/42

Überwinterung des Arztes Dr. Moll und des meteorologischen Beobachters Niewerth im Adventtal nahe Longyearbyen, November 1941–Frühjahr 1942.

5. Unternehmen »Nußbaum«
Spitzbergen, 1942/43
Leiter: Dr. Franz Nusser (Geograph)

Das Unternehmen »Nußbaum« war die Fortsetzung des Unternehmens »Knospe«. Überfahrt: Mit U-Boot in zwei Gruppen. Ab Tromsø: 8. Oktober 1942. – 13. Oktober auf Station. – 30. Oktober zweiter Teil der Besatzung auf Station. – 6. Mai 1943 vierzehn Versorgungsbomben als Nachschub mit Flugzeug abgeworfen. 18. Mai 1943 zweiter Flugzeugnachschub. 20. Juni Feindberührung, Winterhaus besetzt. Ein Expeditionsmitglied ist seither vermißt. 22. Juni 1943 Abholen der restlichen fünf Mann durch ein U-Boot.

6. Unternehmen »Holzauge«
Ostgrönland, 1942/43
Leiter: Hermann Ritter (Kapitän, Pelztierjäger in Spitzbergen)

Wissenschaftlicher Leiter: Dr. Gottfried Weiß (Geograph), weitere 26 Teilnehmer, darunter ein Arzt. Expeditionsschiff war die SACHSEN. 12. August 1942: Auslaufen aus Warnemünde. 25. August: Packeisgrenze. 26. August: Shannon-Insel. 27. August: Hansa-Bucht der Sabine-Insel, dort Überwinterung. Anfang März stieß eine dänische Patrouille auf die Station und wurde gefangengenommen. Bei folgenden Spähtruppunternehmungen gerieten Hermann Ritter und später Dr. Sense in amerikanische Gefangenschaft.
G. Weiß nutzte mehrere Schlittenreisen zu morphologischen Erkundungen. Bei der längsten, die 40 Tage dauerte, wurden rund 1100 km zurückgelegt. Im Frühjahr 1943 wurde die Besatzung mit einem Flugzeug zurückgeholt.

7. Unternehmen »Kreuzritter«
Spitzbergen, 1943/44
Expeditionsleiter: H. R. Knoespel, verunglückte am 30. Juni 1944 tödlich beim Sprengen auf der Station.

Transport mit Wetterbeobachtungsschiff III K. J. BUSCH (umgerüsteter Hochseefischdampfer, 305 BRT). 4. Oktober 1943 ab Hammerfest, Begleitung durch ein U-Boot. Stationsort: Sördala im Liefdefjord (Nordspitzbergen). 201 RS-Aufstiege. 13. Mai 1944: Nachschub mit Flugzeug. Juli 1944: Rückkehr der Besatzung mit U-Boot.

8. Unternehmen »Baßgeiger«
Ostgrönland, Winter 1943/44
Expeditionsleiter: Prof. Dr. H. Schatz, Meteorologe: Dr. E. Triloff.
Ferner 17 Mann Schiffsbesatzung. Transport mit Wetterbeobachtungsschiff COBURG (Fischdampfer), 450 BRT.

20. August 1943: Ausreise aus Narvik. – 31. August Eisgrenze, 11 Tage Eisfahrt, Landsicht bei Germania-Land. 11. September bis 2. Oktober Eisdrift; Anlegen am Festeis der Shannon-Insel, 12 km von Kap Sussi. 18. November neue Drift, schwere Eispressung, Verlassen des Schiffes. Bis 4. Januar 1944 Verlegung der Station in Stollen eines Schneewächten-Gletschers. 20. bis 22. Februar nochmals Eisdrift des Schiffes. Nachschubflüge am 18., 28. September 1943, 12. Januar, 12. März 1944. Trotz des unprogrammäßigen Verlaufes führte die Expedition ihre meteorologischen Beobachtungen in vollem Umfang durch, dazu kamen geographische, floristische und ökologische Beobachtungen. 3. Juni 1944 Rücktransport der Besatzung mit Ju 290.

9. Unternehmen »Schatzgräber«
Franz-Josef-Land, Winter 1943/44
Leiter: W. Drees, Studienrat, Geograph. Weitere neun Mann. Transport mit Wetterschiff KEHDINGEN (Fischdampfer). Begleitung durch ein U-Boot.
Stationsort: Alexandra-Land, Ostseite der großen Südbucht. Ankunft dort 8. September 1943 ohne Eisbehinderung. Nach acht Tagen Rückfahrt der KEHDINGEN und des U-Bootes.

Zwei Nachschubflüge Anfang Mai 1944. Im Frühjahr Erkrankung der Stationsbesatzung durch Genuß von trichinösem Eisbärenfleisch. Da Franz-Josef-Land von Eis blockiert war, wurde die Besatzung nach einigen Zwischenfällen auf dem Luftweg abtransportiert und konnte geheilt werden. Ein U-Boot barg später das wissenschaftliche Material.

10. Unternehmen »Svartisen«
Hopeninsel, Winter 1943/44

Ende Oktober 1943 wurden der Arzt Dr. Ertl und der Meteorologe Dr. Schwarz zusammen mit zwei Funkern von einem U-Boot zur Hopeninsel gebracht. Sie überwinterten in einer Fanghütte und wurden im Juli 1944 von einem U-Boot zurückgeholt.

11. Unternehmen »Hessen«
Januar 1944

Meteorologischer Leiter: H. Hoffmann (später bei »Zugvogel« 1944 verschollen). Geplante Überwinterung an der Eiskante zwischen Grönland und Spitzbergen mit Wetterschiff HESSEN (ex Robbenschläger SACHSEN, 100 BRT). Auslaufen Anfang 1943 aus Tromsø. Noch vor Erreichen der Position Kurbelwellenbruch. Die HESSEN wurde von einem U-Boot nach Tromsø zurückgeschleppt.

12. Unternehmen »Haudegen«
Spitzbergen, Nordostland, Winter 1944/45

Leiter Dr. W. Dege. Weitere zehn Mann. Transport mit Wetterbeobachtungsschiff K. J. BUSCH und U-Boot. Ausreise: 10. September 1944 aus Hammerfest. 14. September Erreichen der Wordiebucht im Rijpfjord. 27. September 1944 Rückfahrt der K. J. BUSCH und des U-Bootes. Nach der Kapitulation Weiterarbeit bis 3. September 1945 als norwegische Wetterstation. Abholung durch norwegisches Schiff und Gefangennahme. Ca. 150 RS-Aufstiege. Neben den meteorologischen Beobachtungen wurden zahlreiche ozeanographische und geographische Arbeiten durchgeführt.

13. Unternehmen »Helhus«
Hopeninsel, Winter 1944/45

Im Spätherbst 1944 wurde der Geograph Dr. Neunteufel mit drei Funkern zur Station gebracht. Dort arbeiteten sie bis zm 8. Mai 1945. Anschließend setzten sie die Arbeit auf alliierten Befehl fort. Ende August wurde die Besatzung von einem norwegischen Schiff zurückgebracht (Gefangennahme). Umfangreiche geographische und geologische Arbeiten.

14. Unternehmen »Landvik«
Südspitzbergen, Winter 1944/45 und
15. Unternehmen »Taaget«
Bäreninsel, Winter 1944/45

Im Sommer 1944 boten sich mehrere junge Norweger an, die Wetterstationen in der Arktis übernehmen wollten. Vier von ihnen wurden ausgewählt und auf ihre Tätigkeit vorbereitet. Die Gruppe »Landvik« wurde Anfang November 1944 in die Strombucht an der Westseite von Südspitzbergen gebracht. Die Gruppe »Taaget« wurde Mitte November 1944 nach Sörhamna auf der Bäreninsel gebracht.

16. Unternehmen »Zugvogel«
Winter 1944/45

Ende Oktober 1944 lief das Wetterbeobachtungsschiff WUPPERTAL mit 18 Mann Besatzung und einem vierköpfigen Wettertrupp unter Leitung von H. Hoffmann von Norwegen aus. Es bezog an der Eiskante zwischen Grönland und Spitzbergen Position. Im Januar 1945 ist das Schiff wahrscheinlich in einem Sturm gesunken.

17. Unternehmen »Edelweiß I«
Ostgrönland, 1944

Expeditionsleiter: Dr. G. Weiß. Weitere 10 Mann. Expeditionsschiff KEHDINGEN (Fischdampfer). 16 Mann Besatzung. Die Expedition sollte eine Station auf Ostgrönland errichten. Ausreise: 27. Oktober 1944 aus Tromsø mit U-Boot-Begleitung. Die KEHDINGEN wurde am Eisrand von einem feindlichen Küstenschutzboot gesichtet, verfolgt und versenkte sich selbst. Besatzung und Expeditionsmitglieder gerieten in Gefangenschaft.

18. Unternehmen »Edelweiß II«
Ostgrönland, 1944
Expeditionsleiter: Dr. K. Schmid (Geograph). Weitere 11 Mann.

Expeditionsschiff EXTERNSTEINE, Trawler mit Eisverstärkung, 800 BRT, 19 Mann Besatzung (Neubau nach Plänen von Kapitän Kraul). Vorgesehen als Unternehmen »Goldschmidt« für Franz-Josef-Land. Nach dem Fehlschlagen der Ostgrönlandexpedition unter Dr. G. Weiß wurde die EXTERNSTEINE umdirigiert nach Ostgrönland als der wichtigeren Station. Ausreise 26. Oktober

1944 aus Tromsø mit U-Boot-Begleitung. Eisdurchbruch zur Koldewey-Insel. Kurz nach der Landung wurde die Expedition entdeckt und gefangengenommen.

3. Deutsche Antarktisexpeditionen bis 1945

1772–1775 Zweite Weltumsegelung mit den Schiffen RESOLUTION und ADVENTURE durch James Cook. An seiner Fahrt nahmen Reinhold und Georg Forster teil. Dabei wird der antarktische Kontinent umschifft, ohne daß allerdings Festland gesichtet wird. Auf der Expedition werden Südgeorgien und die Südsandwich-Inseln entdeckt.

1873–1874 Eduard Dallmann mit der GRÖNLAND in der Antarktis. Er ist im Auftrag von Albert Rosenthal, dem Direktor der Deutschen Polarschiffahrtsgesellschaft, ausgesandt. Er umfährt das Trinity-Land und weist dessen geringe südliche Ausdehnung nach. Ferner zeigt sich, daß Grahamland kein zusammenhängendes Gebiet, sondern durch die Bismarck-Straße von Palmer-Land getrennt ist. Im Süden dringt Dallmann bis zu den Biscoe-Inseln vor, zwischen denen und Grahamland er am westlichen Ausgang der Bismarck-Straße die Kaiser-Wilhelm-Inseln entdeckt. Die GRÖNLAND ist das erste Dampfschiff in der Antarktis.

1874 Kapitän von Reibnitz besucht mit der ARKONA die Kerguelen-Inseln und die Heard-Insel; Vorexpedition für die Beobachtung des Venus-Durchganges 1874–1876.

1874–1875 Die GAZELLE unter Kapitän von Schleinitz besucht die Kerguelen-Inseln. Zum Studium des Venus-Durchganges wird eine Station errichtet, deren Leiter Dr. C. Börgen ist.

1877–1878 H. W. Klutschak besucht mit dem Robbenfänger FLIEGENDER FISCH Südgeorgien. Er gibt eine anschauliche Schilderung der geographischen, klimatischen und biologischen Verhältnisse der Insel und kartiert ihre Umrisse.

1882–1883 Im Rahmen des ersten Internationalen Polarjahres 1882/83 wird in der Royal-Bucht auf Südgeorgien eine Station errichtet. Die 10 Expeditionsteilnehmer werden von Montevideo aus mit dem deutschen Kriegsschiff MOLTKE befördert und später von der MARIE wieder abgeholt. Leiter der Expedition ist Dr. K. Schrader.

1892–1893 Die Aktiengesellschaft »Oceana« in Sandefjord, die mit deutschem Kapital finanziert ist, entsendet drei Schiffe ins Südpolarmeer: CASTOR unter Kapitän Morton Pedersen, HERTHA unter Kapitän Eversen und JASON unter Kapitän Carl Anton Larsen. Zweck der Reise ist Wal- und Robbenfang. HERTHA erreicht auf ihrer Fahrt den bis dahin südlichsten Punkt, den ein Dampfschiff erreicht hat: 69° 10' südlicher Breite und 76° 12' westlicher Länge. Kapitän Larsen auf der JASON gelingt es, die Ostküste von Grahamland, die vorher nur bis etwa zum Haddington-Berg, also dem südlichsten Teil von Louis-Philippe-Land, bekannt war, weiter südwärts festzulegen. Sein südlichster Punkt ist 68° 10′ südlicher Breite und 59° 59′ westlicher Länge. Larsen nennt das neu entdeckte Land König-Oskar-II-Land.

1899	Die Tiefsee-Expedition unter Leitung von Dr. Carl Chun entdeckt mit der VALDIVIA – unter Führung von Kapitän Krech – die Bouvet-Insel wieder.
1901–1903	Erich von Drygalski ist Fahrtleiter der ersten deutschen Südpolar-Fahrt mit der GAUSS. Die Expedition besteht aus zwei getrennten Unternehmungen. Auf den Kerguelen-Inseln wird eine meteorologisch-magnetische Station errichtet. Die GAUSS überwintert auf 66° 2′ südlicher Breite und 89° 48′ östlicher Länge. Die Expedition entdeckt das Kaiser-Wilhelm-II-Land.
1910–1912	Zweite deutsche Antarktische Expedition unter Wilhelm Filchner mit der DEUTSCHLAND. Entdeckt Prinzregent-Luitpold-Land und das Filchner-Schelfeis an der Südküste des Weddell-Meeres. Das Schiff wird vom Eis eingeschlossen und driftet 9 Monate durch das Weddell-Meer.
1913	Alfred Kling unternimmt für die argentinische Regierung mit der DEUTSCHLAND den Ablösetransport für die meteorologische und magnetische Station »Scotia« auf Süd-Orkney.
1925–1927	Deutsche Atlantische Expedition der METEOR. Nach einem Expeditionsplan von Dr. Alfred Merz werden im Südatlantik ozeanographische Arbeiten ausgeführt. Die Leitung der Fahrt hat Kapitän Fritz Spieß. Entdeckung des Südsandwich-Tiefs mit 8264 m.
1928–1929	Dr. Ludwig Kohl-Larsen unternimmt wissenschaftliche Arbeiten auf Südgeorgien.
1936–1939	An den Walfangfahrten der JAN WELLEM, WALTER RAU, UNITAS, SÜDMEER sowie den von Norwegen gecharterten Schiffen C. A. LARSEN und SKYTTEREN nehmen Biologen teil, die vor allem versuchen, Informationen über die Walbestände zu sammeln.
1938–1939	SCHWABENLAND-Expedition unter Alfred Ritscher. Entdeckt Neu-Schwabenland. Etwa 350 000 km^2 bislang unbekannten Landes werden photogrammetrisch vermessen.

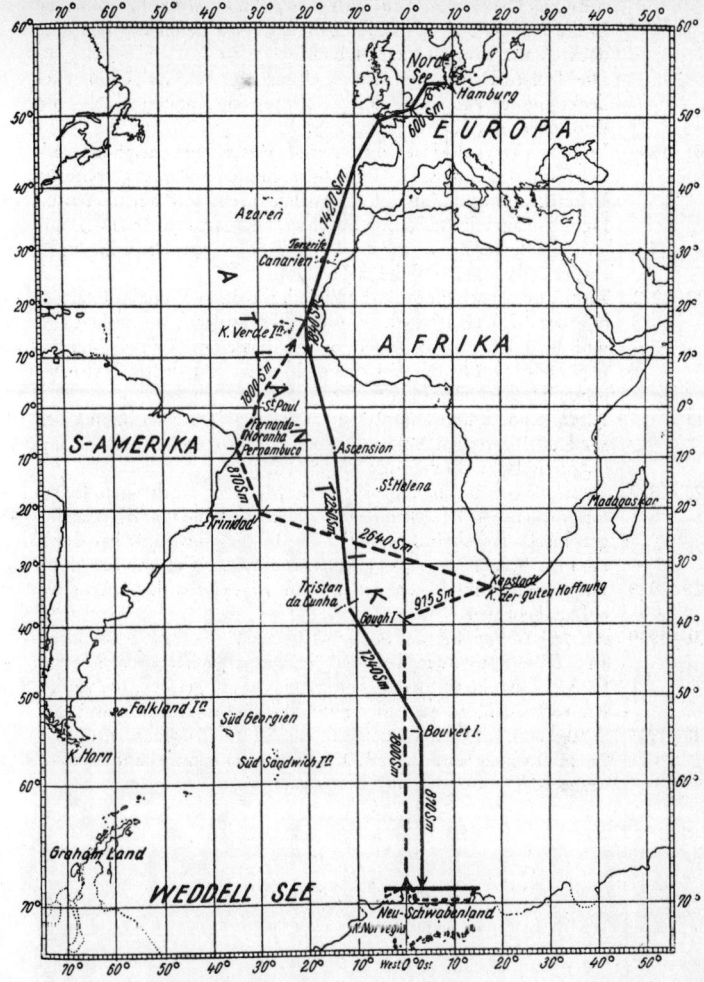

Streckenkarte der SCHWABENLAND-Expedition 1938/1939
(Lufthansa-Archiv).

4. Antarktisforschung der BGR

Expedition	Jahr	Teilnehmer	Arbeitsgebiet	Wiss. Schwerpunkt	Kooperation mit	Ergebnisse	Publikation
Explorafahrt	1978/79	20	Weddell-Meer	Marine Seismik		5800 km seismische Profil-linien, Explora Escarpment	1982: Geol. Jb. E 23
Explorafahrt	1980	20	Ross-Meer	Marine Seismik		Digitalseism. Gliederung der Beckensedimente	1983: World Petrol. Congress
GANOVEX I	1979/80	20	Nordvictorialand	Geologie	Australien, Neusee-land, USA	Geologische Basiskarte Bau Lillie-Marleen-Hütte	1981: Geol. Jb. B 41
GANOVEX II	1981/82	25	Nordvictorialand	Geologie	AUS, NZ, USA		
GANOVEX III	1982/83	41	NVL / Transantark-tisches Gebirge	Geologie	AUS, NZ, USA,	Geologische Karte von NVL (ca. ⅔ Fläche der BRD) Bau Gondwana-Station	1984: Geol. Jb. B 60
GANOVEX IV	1984/85	41	Transant. Gebirge	Aerogeophysik	AWI, NZ, USA	Karte der Gesteinsstrukturen unter Eis und Meer	1989: Geol. Jb. E 38
GEISHA	1987/88	13	Shackleton Range	Geologie	AWI	Deckenbau	1988 Ber. Polar-forschg. 58
GANOVEX V	1988/89	56	Ross-Meer / Trans-antark. Gebirge	kombinierte See-Land Seismik	Italien, Niederlande, NZ, USA	Krustendicke unter Ross-Meer und Transant. Geb.	in Vorbereitung
GANOVEX VI	1990/91		Ross Schelfeis / Pazifikküste	Aerogeophysik	USA	Endausbau Gondwana-Station	

Abkürzungen:
AWI   Alfred-Wegener-Institut für Polar- und Meeresforschung
GANOVEX German Antarctic North Victoria Land Expedition
GEISHA   Geologische Expedition in die Shackleton Range
NVL   Nord Victoria Land

5. POLARSTERN-Expeditionen*

Fahrt	Zeit	Schiff	Wissenschaftliche Fahrtleiter	Arbeitsgebiete	Wissenschaftliche Disziplinen
	Dezember 1979–Februar 1980	MS POLARSIRKEL	Kohnen	Filchner-Schelfeis	Standorterkundung für Station, Glaziologie, Biologie, Hydrographie
	Dezember 1980–März 1981	MS POLARSIRKEL	Kohnen	Atka-Bucht, östliches Weddell-Meer	Bau der Neumayer-Station, Glaziologie, Biologie, Hydrographie, Geophysik
	November 1981–März 1982	MS POLARQUEEN	Gravenhorst	Filchner-Schelfeis, Weddell-Meer	Bau der Filchner-Station, Glaziologie, Biologie, Luftchemie, Meteorologie, Geophysik
	Januar–April 1982	RRS JOHN BISCOE	Heywood, Hempel	Bellingshausen-See, Scotia-See, Weddell-Meer, Bransfield-Straße	Biologie, Hydrographie
	November 1982–März 1983	MS POLARBJØRN	Kohnen	Weddell-Meer, Kraulberge (Landexpedition)	Geologie, Biologie, Meteorologie, Geophysik
ANT I	Dezember 1982–April 1983	FS POLARSTERN	Hempel	Weddell-Meer	Biologie, Geologie, Meteorologie, Ozeanographie, Schiffstechnik
	April–Mai 1983	FS POLARSTERN	Hempel	Iberische Tiefsee	Geophysik, Schiffserprobung
ARK I	Juni–August 1983	FS POLARSTERN	Augstein	Grönlandsee, Norwegische See, Framstraße	MIZEX I; Biologie, Meteorologie, Geologie, Ozeanographie, Meereis, Fernerkundung
ANT II	September 1983–April 1984		Fütterer, Kohnen	Bransfield-Straße, Scotia-See, Weddell-Meer, Filchner-Schelfeis	Biologie (SIBEX), Geologie, Geophysik, Meteorologie, Luftchemie, Ozeanographie, Filchner-Schelfeis-Projekt
ARK II	Mai–September 1984		Augstein	Grönlandsee und grönländische Gewässer, Framstraße, Norwegische See	MIZEX II; Biologie, Schiffstechnik, Meteorologie, Geologie, Geophysik, Ozeanographie, Fernerkundung
ANT II	Oktober 1984–April 1985		Hempel, Hubold	Bransfield-Straße, Scotia-See, Weddell-Meer	Biologie (einschl. SIBEX II), Ozeanographie, Meteorologie, Geologie

* In dieser Liste sind die vorbereitenden Expeditionen eingeschlossen. Die Liste wurde vom AWI erstellt.

Fahrt	Zeit	Schiff	Wissenschaftliche Fahrtleiter	Arbeitsgebiete	Wissenschaftliche Disziplinen
ARK III	Mai–August 1985	FS Polarstern	Hempel, Gersonde	Grönlandsee, Norwegische See, Framstraße	Ozeanographie, Biologie, Geologie, Geophysik
ANT IV/3	5. Dezember 1985–13. März 1986		Fütterer, Kohnen, Miller	Weddell-Meer, Atka-Bucht, Maud Rise	Geologie, Versorgung GvN, Geophysik, Kottas-Traverse
ANT IV/4	18. März–29. April 1986		Koltermann	Atlantik-Indik-Rücken, Maud Rise	Geochemie, SEABEAM, Ozeanographie
ANT V/1	5. Mai–19. Juni 1986		Sahrhage	Elephant-Island, Bransfield-Str., Antarktische Halbinsel	Biologie, Ozeanographie
ANT V/2	25. Juni–19. September 1986		Augstein	Weddell-Meer	Packeistraverse des WWSP '86
ANT V/3	28. September–16. Dezember 1986		Hempel	Weddell-Meer	Küstenpolynyastudie (WWSP)
ANT V/4	26. Dezember 1986–17. März 1987		Miller	Weddell-Meer	Versorgung GvN, Filchner III
ANT V/5	20. März 1987		Ernst	Rückreise	Spurenstoffuntersuchungen
ARK IV/1	14. Mai–8. Juni 1987		Krause	Grönlandsee	Biologie, Ozeanographie
ARK IV/2	9. Juni–2. Juli 1987		Meincke	Framstraße, Grönlandsee	Ozeanographie, Biologie
ARK IV/3	4. Juli–3. September 1987		Thiede	Arktisches Becken	Geologie, Ozeanographie
ANT VI/1	24. September–19. Oktober 1987			Anreise	Kalibrierung Meßsysteme
ANT VI/2	20. Oktober–19. Dezember 1987		Sahrhage	Elephant Island, Antarktische Halbinsel	Geologie, Physiogeographie, Geomorphologie
ANT VI/3	21. Dezember 1987–17. März 1988		Fütterer	Weddell-Meer, Atka-Bucht	Spurenstoffchemie, Geologie, Versorgung GvN
ANT VI/5	18. März 1988–10. April 1988			Heimreise	Schwermetallanalyse, Luft, Wasser

Fahrt	Zeit	Schiff	Wissenschaftliche Fahrtleiter	Arbeitsgebiete	Wissenschaftliche Disziplinen
ARK V/1	10.–26. April 1988	FS Polarstern	Spindler	Werft	Meteorologie, Biologie, heiße Quellen
ARK V/2	26. April–4. Juni 1988		Meincke	Island, Grönlandsee	Ozeanographie, Meteorologie, Biologie
ARK V/3a	6. Juni–4. Juli 1988		Miller	Grönlandsee, Framstraße	Geophysik, Geologie
ARK V/3b	6. Juli–2. August 1988		Weigel	ostgrönl. Schelfgebiet	Geophysik, Geologie
	3.–29. August 1988			Scoresby Sund	
	30. August–14. September 1988			Werft	
ANT VII/1	15. September–9. Oktober 1988		Krause	Ausreise	Ozeanographie, Luftchemie
ANT VII/2	11. Oktober–19. November 1988		Hempel	Antarktische Halbinsel	EPOS I, Ozeanographie, Biologie, Chemie
ANT VII/3	23. November 1988–9. Januar 1989		Smetacek	Scotia-See, Weddell-Meer	EPOS II, Ozeanographie, Biologie, Chemie
ANT VII/4	13. Januar–10. März 1989		Arntz	Weddell-Meer, Atka-Bucht	EPOS III, Ozeanographie, Biologie, Chemie
ANT VII/5	12. März–6. April 1989		Ernst	Heimreise	Wasser- und Luftchemie
	7.–19. April 1989			Werft	
ARK VI/1	20. April–15. Mai 1989		Schwarz	Barents-Meer	Eisuntersuchungen
ARK VI/2	16. Mai–7. Juni 1989		Meincke	Grönlandsee	Ozeanographie, Biologie
ARK VI/3	8.–28. Juni 1989		Krause	Grönlandsee, Framstraße	Ozeanographie, Biologie
ARK VI/4	29. Juni–8. Juli 1989		Hempel	Grönlandsee, Framstraße	Ozeanographie, Biologie
	9. Juli–4. August 1989			Werft	
ANT VIII/1	5. August–5. September 1989		Schenke	Ausreise	Erprobung HYDROSWEEP und PARASOUND, Luftchemie
ANT VIII/2	6. September–30. Oktober 1989		Augstein	nördl. Weddell-Meer	WWGS's, Ozeanographie, Meteorologie
ANT VIII/3	1.–30. November 1989		Gersonde	Antarkt. Konvergenzzone	Geowissenschaft
ANT VIII/4	14. Dezember 1989		Hempel	Antarktische Halbinsel	Inspektionsreise
ANT VIII/5	16. Dezember 1989–12. März 1990		Miller	östl. Weddell-See, GvN	Geowissenschaft

6. Chronologische Übersicht der Antarktis-Unternehmungen der DDR

Zeitraum	Teilnehmer	Station*	Wissenschaftl. Programm
1959–60 (5. SAE** 1959–61)	3 Meteorologen	»Mirnyj« (W)	Meteorologie, Ozonmessungen, Untersuchungen der Atmosphäre
1960–61 (6. SAE 1960–61)	3 Meteorologen	»Mirnyj« (W)	Untersuchungen der Atmosphäre
1961–62 (7. SAE 1961–63)	2 Geodäten 2 Meteorologen	»Mirnyj« (W)	Geodäsie, Wolkenfotografie
1962–63 (8. SAE 1962–64)	2 Meteorologen 2 Geodäten	»Mirnyj« (W) »Vostok« (S) »Molodežnaja« (S)	Meteorologie, Geodäsie
1964–65 (10. SAE 1964–66)	3 Geodäten 2 Geodäten	»Mirnyj« (S) »Molodežnaja« (W)	Gravimetrie, Gravimetrie
1967–68 (13. SAE 1967–69)	3 Geophysiker	»Mirnyj« (W)	Untersuchungen der hohen Atmosphäre
1968–69 (14. SAE 1968–70)	3 Geophysiker 1 Geophysiker	»Mirnyj« (W) »Vostok« (W)	Untersuchungen der hohen Atmosphäre, Gravimetrie
1971–72 (17. SAE 1971–73)	5 Glaziologen und Geodäten 2 Geodäten	»Molodežnaja (W) »Vostok« (S)	Glaziologie, Geodäsie
1973–74 (19. SAE 1973–75)	7 Geodäten und Meteorologen 1 Geologe	»Molodežnaja« (W) »Amery« (S)	Geodäsie, Meteorologie, sowj. Geologieprogramm
1974–75 (20. SAE 1974–76)	4 Physiker und Meteorologen 2 Meteorologen und 1 Physiker	»Molodežnaja« (W)	Biomedizinische Untersuchungen, Forschungsfahrt OB' im Südpolarmeer
1975–76 (21. SAE 1975–77)	6 Wissenschaftler und Techniker	»Basislabor der DDR« (W)	Bau des Basislabors der DDR in der Schirmacher-Oase, Untersuchungen der hohen Atmosphäre,
	5 Geodäten	»Molodežnaja« (S)	Geodäsie, Glaziologie
1976–77 (22. SAE 1976–78)	6 Geophysiker und Techniker 1 Geologe	»Basislabor der DDR« (W) »Družnaja« (S)	Untersuchungen der hohen Atmosphäre, sowj. Geologieprogramm
1977–78 (23. SAE 1977–79)	6 Physiker und Techniker	»Basislabor der DDR« (W)	Untersuchungen der hohen Atmosphäre, Isotopenhydrologie

* W = Winter S = Sommer
** Sovetskaja Antarktičeskaja Ékspedicija (Sowjetische Antarktisexpedition)

Zeitraum	Teilnehmer	Station*	Wissenschaftl. Programm
	5 Geodäten und Techniker	»Molodežnaja« (S)	Glaziologie
	1 Geologe	»Družnaja« (S)	sowj. Geologieprogramm, Fischereibiologische Fahrt mit dem Schiff BERNHARD KELLERMANN (Dez. 77–Feb. 78)
1978–79 (24. SAE 1978–80)	7 Physiker, Hydrologen und Techniker	»Basislabor der DDR« (W)	Isotopenhydrologie, Geomagnetische Messungen,
	1 Geologe	»Družnaja« (S)	sowj. Geologieprogramm, Fischereibiologische Fahrt mit dem Schiff PETER NELL (Febr.–März 1979)
1979–80 (25. SAE 1979–81)	5 Geophysiker, Geologen und Techniker	»Basislabor der DDR« (W)	Isotopenhydrologie, Geomagnetische Messungen,
	3 Biologen	»Bellingshausen« (S)	Biologie,
	1 Geologe	»Družnaja (S)	sowj. Geologieprogramm, Fischereibiologische Fahrt mit dem Schiff WERNER KUBE (Feb.–April 1980)
1980–81 (26. SAE 1980–82)	6 Physiker und Techniker	»Basislabor der DDR« (W)	Isotopenhydrologie, Geomagnetische Messungen,
	3 Biologen	»Bellingshausen« (W)	Biologie,
	1 Geologe	»Družnaja« (S)	sowj. Geologieprogramm
1981–82 (27. SAE 1981–83)	6 Geophysiker und Techniker	»Basislabor der DDR« (W)	Isotopenhydrologie, Geomagn. Messungen,
	4 Biologen	»Bellingshausen« (S)	Biologie,
	1 Geologe	»Družnaja« (S) »Družnaja II« (S)	sowj. Geologieprogramm
1982–83 (28. SAE 1982–84)	6 Wissenschaftler und Techniker	»Basislabor der DDR« (W)	Isotopenhydrologie, Geophysik,
	2 Biologen	»Bellingshausen« (W)	Biologie,
	1 Geologe	»Družnaja« (S) »Družnaja II« (S)	sowj. Geologieprogramm
1983–84 (29. SAE 1983–85)	6 Wissenschaftler und Techniker	»Basislabor der DDR« (W)	Isotopenhydrologie, Geophysik, Humanphysiologie, Geologie in der Schirmacher-Oase,
	3 Biologen	»Bellingshausen« (W)	Biologie,
	1 Geologe	»Družnaja« (S) »Družnaja II«	sowj. Geologieprogramm
1984–85 (30. SAE 1984–86)	5 Wissenschaftler und Techniker	»Basislabor der DDR« (W)	Vertikale Ozonmessungen,

Zeitraum	Teilnehmer	Station *	Wissenschaftl. Programm
	3 Biologen	»Bellingshausen« (W)	Biologie,
	2 Meteorologen	»Mirnyj« (S)	Aerosolmessungen,
		»Molodežnaja« (S)	
		»Vostok« (S)	
	1 Geologe	»Sojuz« (S)	sowj. Geologieprogramm
1985–86 (31. SAE 1985–87)	5 Wissenschaftler und Techniker	»Basislabor der DDR« (W)	Ozonprogramm, Isotopenhydrologie, Geophysik,
	2 Geologen		Geolog. Sommerprogramm in der Schirmacher-Oase
	2 Biologen	»Bellingshausen« (W)	Biologie
1986–87 (32. SAE 1986–88)	5 Wissenschaftler und Techniker	»Basislabor der DDR« (W)	Geophysik, Ozon- programm,
	2 Geologen		Sommerkampagne in der Schirmacher-Oase,
	2 Biologen	»Bellingshausen« (W)	Biologie
1987–88: 1. DDR- Antarktisexpedition	8 Wissenschaftler	»Georg Forster« (W)	Geophysik, Aerosol- messungen,
	2 Biologen	»Bellingshausen« (W)	Biologie,
	1 Geologe	»Družnaja III« (S)	sowj. Geologieprogramm
1988–90: 2. DDR- Antarktisexpedition		»Georg Forster« (W)	Isotopenglaziologie, algologische und geodätische Arbeiten,
	2 Biologen	»Bellingshausen« (W)	Biologie,
	1 Geologe	»Sojuz« (S)	sowj. geol. Feldprogramm
1989–91: 3. DDR- Antarktisexpedition		»Georg Forster« (W)	Standardprogramm und Geodäsie,
	2 Biologen	»Bellingshausen« (W)	Biologie,
	1 Geologe	»Sojuz« (S)	sowj. geol. Feldprogramm

Die Tabelle folgt einer chronologischen Aufstellung von Diedrich Fritzsche, Akademie der Wissenschaften der DDR, Zentralinstitut für Physik der Erde, Potsdam und reflektiert den Stand von 1989.

7. Forschungs- und Expeditionsschiffe

Da die technischen Angaben zu den Schiffen aus unterschiedlichen Quellen genommen werden mußten, sind sie nicht durchgehend nach einem einheitlichen Prinzip angegeben. Nach Möglichkeit nennen sie: Baujahr, Werft, Baunummer; Länge (meist über alles) × Breite × (Raum) Tiefe bzw. Tiefgang in Metern; Vermessung bzw. bei Marineschiffen Verdrängung; Maschine, Leistung, Geschwindigkeit; Zahl der Besatzungsmitglieder. Die weiterführenden Bemerkungen sind auf die allerknappsten Daten beschränkt.

ALBERT
Wal- und Robbenfangbark mit Hilfsmaschine

1867, F. W. Wencke, Bremerhaven; 328 Commerzlasten.

Für die eigene Reederei gebaut; führte aber auch im Auftrage von A. Rosenthal Polarfahrten durch.

ANTON DOHRN (I), später MEERKATZE II
Fischereiforschungsschiff

1955, Mützelfeldwerft, Cuxhaven; 62,3 × 10,2 × 6,9; 999 BRT; 3-Zyl.-3fach-Exp.-Masch., 12 kn; 20 Mann.

1958 Fahrten in grönländische Gewässer.

ARCONA
Gedeckte Korvette

1858, Königliche Werft, Danzig; 71,9 × 13,0 × 6,3; 2391 t; Exp.-Masch., 12,4 kn.

1874 unter Kapt. Reibnitz zur Suche nach einem Standort für die Beobachtung des Venusdurchganges in antarktischen Gewässern.

AUGUST
Fischdampfer

1894, Seebeck, Geestemünde; 33,7 × 6,7 × 3,3; 160 BRT; 3fach-Exp.-Masch., 300 PS.

1899 zusammen mit ELMA und VIGILANT Teilnahme an der Expedition des Deutschen Seefischerei-Vereins ins Nördliche Eismeer.

BIENENKORB ex WESER
Wal- und Robbenfangbark mit Hilfsmaschine

1842, in Cochin, Vorderindien; 226 Commerzlasten.

Zwischen 1865 und 1870 von der Reederei F. W. Wencke übernommen, mit Dampfmaschine ausgerüstet und in BIENENKORB umbenannt; Polarfahrten im Auftrage von A. Rosenthal.

CARMEN ex D 1
Divisionstorpedoboot

1886, Schichauwerft, Elbing, Baunr. 324; 56,0 × 6,6 × 3,4; 300 t; 3fach-Exp.-
Masch., 20,6 kn.

1903 Entfernung der Torpedoarmierung; 1906 Depeschenboot der Hochsee-
flotte; 1909 zur Verfügung des Generalinspekteurs der Marine, des Prinzen
Heinrich; 1910 Teilnahme an der Spitzbergen-Expedition des Grafen Zeppelin.

DEUTSCHLAND ex BJØRN
Bark mit Hilfsmaschine

1905, Risör, Lindstöl, Norwegen; 44,1 × 9,0 × 5,7; 598 RT; 2fach-Exp.-
Masch., 210 PSi (nach Umrüstung für die Antarktis 300 PSi), unter Masch.
7,2 kn; 25 Mann, eingeschiffte Wissenschaftler max. 9.

1910 Ankauf der BJØRN in Sandefjord, Norwegen; erste Umbauarbeiten auf
der Werft Framnæs; Febr. 1911 Eintreffen des Schiffes in Hamburg; 19.2. bis
20.4.1911 Umbau bei Blohm & Voss; 3.5.1911–19.12.1912 Antarktisexpedition unter Wilhelm Filchner; anschließend Verkauf nach Österreich; Überho-
lung in Pula; 1914 Einsatz als Minenleger; im Ersten Weltkrieg vermutlich in
der Adria versenkt.

ELMA
Fischdampfer

1895, Joh. C. Tecklenborg, Geestemünde; 32,1 × 6,3 × 2,9; 135 BRT; 3fach-
Exp.-Masch., 260 PSi.

1899 zusammen mit AUGUST und VIGILANT Teilnahme an der Expedition des
Deutschen Seefischerei-Vereins ins Nördliche Eismeer; für diese Fahrt wurde
das Schiff zum Walfänger umgebaut.

EXPLORA
Rohstoffexplorationsschiff

1973, Elsflether Werft AG, Elsfleth, Baunr. 383; 72,6 × 11,8 × 4,1; 978 BRT /
476 NRT; 2 Deutz-Diesel, 3520 PS, 16,5 kn; Aktionsradius 12000 sm.

Eigner ist die Partenreederei »Explora«; als Korrespondentreeder fungiert die
Sloman Neptun Schiffahrts-AG; den wissenschaftlichen Einsatz leitet die PRA-
KLA-SEISMOS AG, Hannover.

FÖNIX es PHÖNIX ex ÖSTERGÖTLAND
Dampfschoner

1871, J. Bang, Gamla Lödöse, Schweden; 30,5 × 7,0 × 3,0; 172 gr.t; 2-Zyl.-
Compound-Masch.

1910 Teilnahme an der Spitzbergen-Expedition.

GAUSS
Dreimastschoner mit Hilfsmaschine

1901, Howaldtswerke, Kiel, Baunr. 371; 46,0 (zw.d.L.) × 11,3 × 6,3; 650 gr. t;
3fach-Exp.-Masch., 325 PS, 4,5 kn ohne Segel; 25 Mann, eingeschiffte Wissen-schaftler 5.

11.8.1901–15.11.1903 Antarktische Expedition; 1.12.1903 Außerdienststel-lung als Expeditionsschiff; Überführung nach Geestemünde; Verkauf an die
kanadische Regierung; als ARCTIC bis 1926 bei der Coast Guard im Einsatz.

GAUSS (III) ex TRAVE
Seevermessungs- und Forschungsmotorschiff

1942, D. W. Kremer und Sohn, Elmshorn; 56,6 × 8,8 × 4,7; 846 BRT/
223 NRT; Sulzer-Halberg-Diesel 9 TS 29, 1000 PS, 12 kn; 31 Mann.

1942 als Wassertanker TRAVE beim Marinearsenal in Kiel in Dienst gestellt;
Kriegsschiffversorger vor Norwegen; 1944 Beschädigung durch Bombentreffer
in Kiel; 1946–1948 Instandsetzung und Grundüberholung der Maschinen-anlage in Wesermünde; 1949 das Deutsche Hydrographische Institut in Ham-burg übernimmt nach Um- und Ausbau bei den Howaldtswerken das Schiff als
GAUSS; bis zur Außerdienststellung absolvierte die GAUSS fast 350 Fahrten;
1958 und 1959 Fahrten in grönländischen Gewässern.

GAZELLE
Gedeckte Korvette

1855–1862, Königliche Werft, Danzig; 71,9 × 13,0 × 6,4; 1928 t; Exp.-Masch.,
1320 PS, 8 kn; 390 Mann.

15.5.1862 erste offizielle Indienststellung; 1862–1865 in Ostasien; 1866–1867
Mittelmeerdienst; 1871–1873 Westindien; 2.6.1874 Indienststellung als Expe-ditionsschiff; 1874–1876 Weltumsegelung; 12.5.1876 Außerdienststellung als
Expeditionsschiff; anschließend Marineeinsatz; 1884 Wohnhulk in Wilhelms-haven; 1906 abgewrackt.

GERMANIA
Toppsegelschoner mit Hilfsmaschine

1869, Joh. C. Tecklenborg, Geestemünde; 26,0 (in der WL) × 6,4 × 2,8 (Tief-gang); um 165 BRT; Dampfmaschine, 60 PS; Segelfläche 207 m²; 14 Mann.

1869/70 Expeditionsschiff der Zweiten Deutschen Nordpolarexpedition; 1871
Expeditionsschiff für eine Fahrt zwischen Spitzbergen und Novaja Zemlja;
1872 nach Ausbau der Maschine Handelssegler; 1881 Transportschiff während
des Internationalen Polarjahres; 1884 Verkauf nach England; Einsatz als Wal-fänger; 1891 verlorengegangen.

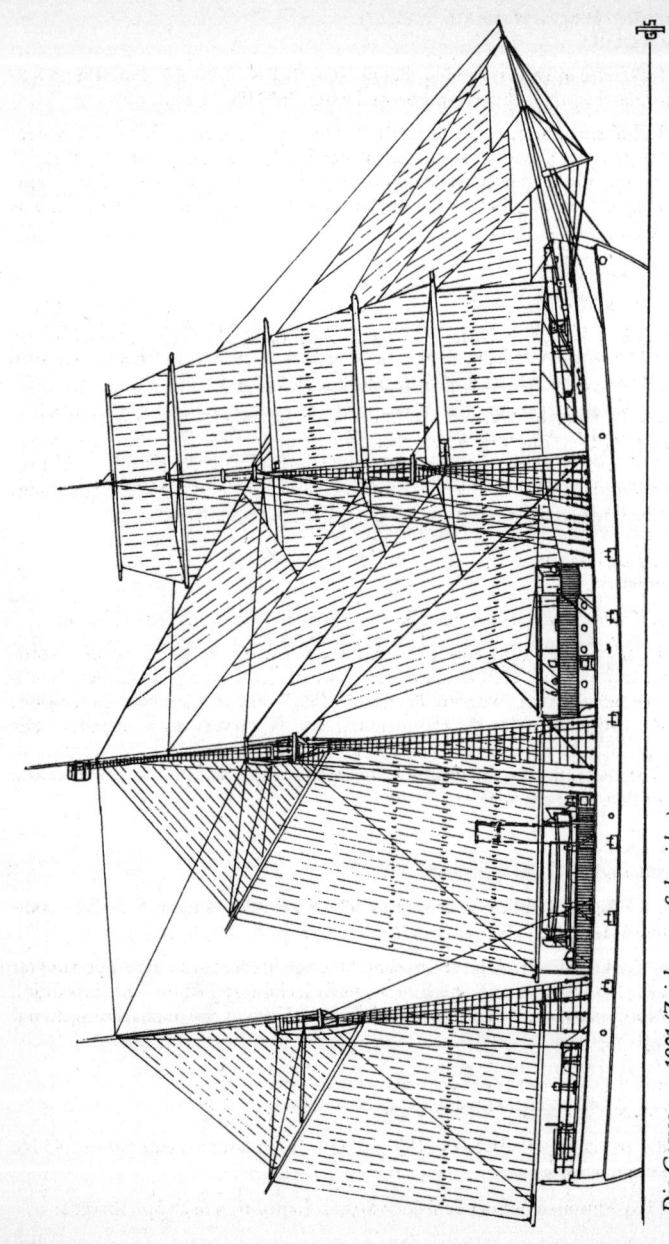

Die Gauss von 1901 (Zeichnung: Schneider).

GOTLAND II ex ANNEMARIE SCHULTE
Motorschiff

1971, Schulte & Bruns, Emden, Baunr. 266; 91,2 × 12,8 × 7,7; 998 BRT; 4 × 8-Zyl.-Diesel von Klöckner-Humboldt-Deutz, 2670 PS, 13,2 kn.

1978 Umbenennung; Eigner nun Partenreederei GOTLAND II, Wedel; Korrespondentreeder Günther Schulz Schulauer Schiffahrtskontor, Wedel; 1980/81 Teilnahme an der deutschen Antarktisexpedition zum Bau der »Georg-von-Neumayer-Station«; 1982 während der GANOVEX-Expedition in der Antarktis gesunken.

GRÖNLAND
Nordische Jacht

1867/68, Tollef Tollefsen, Skonevik, Norwegen; 25,8 (ü. a.) (18,2 WL) × 6,0 × 3,0; (6 unterschiedliche Vermessungen; seit 1925): 49,9 BRT; seit 1976 Diesel Deutz F6L 413 R, 128 PS, Segelfläche ca. 280 m².

1868 in Norwegen angekauft als Schiff für die Erste Deutsche Nordpolarexpedition; 1871 Verkauf des Schiffes nach Norwegen; 1970 »Wiederentdeckung« des Oldtimers; 1973 Erwerb durch das Deutsche Schiffahrtsmuseum in Bremerhaven; 5. 9. 1973 die GRÖNLAND läuft unter Segeln in die Wesermündung; nach Restaurierung segelt sie heute u. a. Oldtimerregatten.

HANSA ex FULTON
Schonerbrigg

1864, Knickmann, Gröpelingen bei Bremen; 76¾ Commerzlast; 13 Mann.

1869 Ankauf durch F. Balleer, Geestemünde, für das Komitee für die Nordpolarexpeditionen; Umbau zum Begleitschiff der Zweiten deutschen Nordpolarexpedition bei Wencke & Co. 1869 Teilnahme an der Expedition; 20. 10. 1869 Untergang nach Besetzung vom Eise vor Ostgrönland. – Die HANSA besaß drei Boote: KÖNIG WILHELM (18 × 6 × 4 Fuß), HOFFNUNG (26 × 6½ × 2½ Fuß) – ein Walboot mit Harpunenausrüstung – und BISMARCK (keine Angaben überliefert).

HELGOLAND
Fischdampfer

1896, G. Seebeck AG, Geestemünde; 32,4 × 6,1 × 3,1; 150 gr. t; 2-Zyl.-Compound-Masch., 280 PS.

Ursprünglich für die Oldenburgische Hochseefischerei-AG als Fischdampfer gebaut; 1898 Ausrüstung und Einsatz als Forschungsschiff für eine Expedition ins Nordpolarmeer; zoologische und fischereibiologische Beobachtungen und Aufgaben.

HERZOG ERNST ex STERLING
Zweimastschoner mit Hilfsmaschine

1878; 26 × 5,5; 138 BRT/61 NRT; 2-Zyl.-Bolinderpetroleummotor, 45 PS, 5,5 kn ohne Segel.

1912 Expeditionsschiff der Schröder-Stranz-Expedition nach Spitzbergen.

JOIDES RESOLUTION

1978, Hawker Siddeley Canada Ltd., Halifax; 143,9×21,7×7,4; 16596 t; 5×16 Zyl. General Motors 2SA, 14375 PS; 14 kn (ferner je 6 Bugstrahl- und Heckquerstrahlruder, 350-kW-Generator).

1984 Umbau zum Forschungsschiff. Sonderausrüstung: Labors auf 7 Etagen mit einer Grundfläche von 1100 m²; Bohrturm, Höhe über Wasser 61 m.

Wissenschaftliche Koordination: Texas A & M University; Koordination der Arbeit deutscher Wissenschaftler: Bundesanstalt für Geowissenschaften und Rohstoffe, Hannover.

JULIUS FOCK
Fischereimotorschiff

1969, Rickmers-Werft, Bremerhaven; 81,1 × 13,6 × 5,3; 2013 BRT; 4×8-Zyl.-Diesel von MAN, 2260 PS.

1969 Indienststellung für Hans Pickenpack Reederei Hamburg; 1977/78 zusammen mit WALTHER HERWIG Antarktis-Expedition.

MAINZ
Doppelschrauben-Passagierdampfer

1897, Joh. C. Tecklenborg, Geestemünde; 97,8 × 12,8 × 7,6; 3204 BRT; 2× 3fach-Exp.-Masch., 1500 PSi, 11 kn; 55 Mann.

Gebaut für den Amerika-Dienst des Norddeutschen Lloyd, Bremen; 1910 Spitzbergen-Expedition des Grafen Zeppelin.

MARBURG
Fischereimotorschiff

1966, AG »Weser« Werk Seebeck, Bremerhaven; 87,7 × 14,0 × 5,2; 2557 BRT; 2×8-Zyl.-Diesel, Masch.-Fabrik Kiel, 3200 PS.

Gebaut für die »Nordsee« Deutsche Hochseefischerei GmbH, Bremerhaven; 1976 für Arktisexpedition ins Nordmeer gechartert; fischereibiologische Forschungsaufgaben.

METEOR
Vermessungsschiff (geplant als Kanonenboot C)

1915–1924, Kaiserliche Werft, Danzig, und Reichswerft, Wilhelmshaven; 71,2×10,9×4,3; 1179 t; 2×3-Zyl.-3fach-Exp.-Masch., 650 PSi, 11,5 kn; 124 Mann, während der »Atlantischen Expedition« 133 Mann einschließlich Wissenschaftler.

1926 Profil V Antarktis; 1926–1938 Forschungsfahrten, darunter die große »Atlantische Expedition«; 1946 Abgabe an die Sowjetunion.

METEOR
Forschungslogger

1956, VEB Schiffswerft Roßlau, Baunr. 4323; 39,1×7,3×3,5; 316,2 BRT; 220 kW; 10,0 kn; 18 Mann; eingeschiffte Wissenschaftler: 8.
(1964 Expeditionsschiff für die Spitzbergenfahrt unter Prof. Pillewizer, Dresden.)

METEOR
Forschungsschiff

1964, AG »Weser« Werk Seebeck, Bremerhaven, Baunr. 889; 82,1×13,5×5,2; 2615,3 BRT/1081,2 NRT; dieselelektrischer Antrieb, 2 AEG Fahrmotoren á 1000 PS, 11,5 kn, Aktionsradius 7200 sm, 52 Mann, eingeschiffte Wissenschaftler: 24.

1964 Indienststellung; 1980/81: Fahrt in die Antarktis, 1984: Entlassung aus dem Aufgabenbereich der DFG; 1985: Verkauf nach Neuseeland. Neuer Schiffsname: RAPUHIA.

METEOR
Forschungsschiff

1986, Schlichting-Werft, Lübeck-Travemünde, Baunr. 2030; 97,5×16,5×7,7; 3990 BRT/1284 NRT; dieselelektrischer Antrieb, 4 Dieselgeneratoren à 1000 kW, Gleichstrom-Fahrmotor von 2300 kW, 15,5 kn, Aktionsradius ca. 10000 sm.

Sonderausrüstung u. a.: verschiedene Kräne bis zu 20 t Tragkraft, Fischereieinrichtungen, Hydrographenschacht, 11 verschiedene Lotsysteme, Tochterlote in den Labors, verschiedene Sensoren im Rumpf.

METEORIT
Motor-, Arbeits- und Rettungsboot aus GFK

8,5×2,8×1,1; Dieselmotor, ca. 100 PS.

Als Arbeitsboot Sonderausrüstung: Arbeitskran, Winde, Arbeitsplatte mit Zurrbuchsen, Stromversorgung, Koker für die Versorgung einer zu installierenden Meßstrecke und nautische Ausrüstung.

MOLTKE
Gedeckte Korvette

1877, Kaiserliche Werft, Danzig; 82,0×13,7×6,3; 2294 t; 3-Zyl.-Exp.-Masch., 2334 PSi, 13,8 kn; 404 Mann.

1881–1889 Auslandsdienst; 1891 Schulschiff für Seekadetten und Schiffsjungen; 24.10.1910 aus der Liste der Kriegsschiffe gestrichen; ab 28.10.1911 Beischiff für U-Boote, neuer Name ACHERON; 1920 abgewrackt.

OLGA
Glattdeckskorvette

1876–1880, »Vulcan«, Stettin; 76,4×12,5×6,1; 2424 t; 3-Zyl.-Compound-Masch., 2100 PSi, 13,5 kn.
Sonderausrüstung für die Fahrt ins Nordpolarmeer: Grundschleppnetzgeräte, Geräte für Langleinenfischerei, das Angeln von Kabeljau und Eishai, die Strand- und Treibnetz-Fischerei.

1899 auf einer Übungsfahrt des Schiffes bestand für eine Kommission des Deutschen Seefischerei-Vereins die Möglichkeit, an Bord wissenschaftliche Arbeiten durchzuführen; dafür hatte man vor dem Großmast ein Labor eingerichtet; OLGA war Schulschiff für Schiffsjungen, später Maschinenwaffen-Schulschiff; 1905 aus den Listen der Marine gestrichen; 1908 in Hamburg abgewrackt.

POLARBJØRN
Forschungseisbrecher

1975, A/S Vaagen Verft, Kyrkseterøya, Norwegen; 49,6 × 11,5 × 4,8; 949 gr.t/ 353 NRT; 9-Zyl.-Diesel Atlas Mak, 2200 PS, 13 kn; 34 Mann.

1975 für G. C. Rieber & Co. A/S, Bergen, Norwegen, in Dienst gestellt; Nov. 1982 bis März 1983 für Antarktisexpedition gechartert.

POLARFUCHS
Forschungsbarkasse der POLARSTERN

1982, Fassmer-Werft, Motzen; 12,7 × 4,4 × 1,9; 2 Diesel à 78 PS, 7,5 kn.

POLARSIRKEL
Forschungseisbrecher

1976, Hoivolds M/V A/S, Kristiansand, Norwegen; 49,5 × 11,5 × 4,7; 495 BRT; 4 × 9-Zyl.-Diesel Atlas MaK, 2200 PS.

1976 in Dienst gestellt von G. C. Rieber & Co. A/S in Bergen, Norwegen; 1979 und 1980 gechartert für die Standorterkundung und den Bau der »Georg-von-Neumayer-Station«.

POLARSTERN
Polarforschungsschiff

1982, Arbeitsgemeinschaft Howaldtswerke-Deutsche Werft AG/Werft Nobiskrug GmbH, Baunr. 707; 118 × 25 × 13,6 (Tiefgang 10,5); 10 878,5 BRT/ 3532,3 NRT; 4 umsteuerbare Mittelschnelläufer-8-Zyl.-Diesel Klöckner-Humboldt-Deutz, 4 × ca. 5000 PSe, 15,5 kn (ferner 2 Doppel-Untersetzungsgetriebe, Verstellpropeller, Bug- und Heck-Querstrahlruder, 2 Dieselgeneratoren, 2 Wellengeneratoren Notstromaggregat, inst. Leistung 6040 kW); 109 Mann, davon 36 Besatzung, 40 Wissenschaftler, 30 Ablösepersonal für Polarstation.
Sonderausrüstung: Labors und wissenschaftl. genutzte Räume: Naßlaborräume, Bordrechnerraum, Universal-Meß- und Registrierraum, Chemielabors, Abfüllräume, Luftpulserstation, Geräteraum, Gravimeterraum, Mehrzweckgefrierräume, Laborcontainerraum, Fischraum und Fischlabor.
Verschiedene Hebezeuge bis zu einem 25-t-Kran mit Knickausleger; verschiedene Winden, u. a. auch Friktions-, Tiefsee-Speicher- und Netzsondenwinden.

In Dienst gestellt für die Bundesrepublik Deutschland, vertreten durch den Bundesminister für Forschung und Technologie, für Polarforschung; bereedert durch Hapag-Lloyd Transport & Service GmbH, Bremerhaven. Schiffskörper verstärkt für einen Eisdruck von 6 N/mm^2 im Mittel- und Achterschiff und 9,5 N/mm^2 im Vorschiff; Klasse GL 100 A 4 Arc 3.

POLAR QUEEN
Forschungsschiff

1980, G. Eder Sønner A/S, Høylandsbygd, Norwegen; 65,1 × 13,1 × 5,2; 960 BRT; 2 × 4 6-Zyl.-Diesel Atlas MaK, 4500 PS, 15 kn.

In Dienst gestellt für G. C. Rieber & Co. A/S, Bergen, Norwegen; 1979/80 gechartert für GANOVEX I; 1981/82 gechartert u. a. für den Bau der »Filchner«-Station.

PROFESSOR ALBRECHT PENCK ex JOH. L. KRÜGER
Forschungs- und Vermessungsschiff

1951, VEB Schiffswerft Roßlau; 38,6 × 7,2 × 3,4; 305 BRT; 4-Takt-Diesel, 300 PS, 9,5 kn; 15 Mann und 11 Wissenschaftler.

1961 Umbenennung; 1962 Expeditionsschiff für die Spitzbergenfahrt unter Prof. Pillewizer, Dresden.

QUEEN OF THE ISLES
Stählerner Schraubendampfer

1860, Reid, Glasgow; 35,4 × 6,2 × 3,0; 146 gr. t; Dampfmasch., 40 PS.

Schiff der Vorexpedition für die Deutsche Nordpolar-Expedition.

SACHSEN
Fischereimotorschiff

1929, Schiffbauges. Unterweser, Wesermünde, Baunr. 235; 42,7 × 7,4 × 3,8; 284,4 BRT; Dieselmotor MAN, 490 PS, 10 kn; 15 Mann.

In Dienst gestellt als J. F. SCHRÖDER für die »Nordsee« Deutsche Hochseefischerei; 1942 meteorologisch-aerologische Expedition der Marine nach Ostgrönland.

SCHEPELSTURM
Schleppversorger

1975, Elsflether Werft AG, Elsfleth, Baunr. 392; 70,0 × 14,0 × 6,3; 1501 BRT; 2 × 8-Zyl.-Diesel Atlas Mak; 15 kn.

In Dienst gestellt für die DDG »Hansa«, Bremen; 1979/80 beteiligt an der Antarktisexpedition GANOVEX.

SCHWABENLAND ex SCHWARZENFELS
Forschungs- und Expeditionsschiff, vorher Frachtschiff und Flugzeugstützpunkt

1925, Deutsche Werft AG, Kiel; 142,7 × 18,4 × 10,0; 8188 BRT; 2 Dieselmotoren à 1800 PS, 12 kn.

Sonderausrüstung als Flugzeugstützpunkt: Flugzeugschleuder Heinkel Flugzeugwerke Modell K 7 für Abschuß eines Fluggewichtes von 14 000 kg mit einer Abfluggeschwindigkeit von 150 km/h; Gesamtlänge der Schleuder 41,5 m, Breite 2,2 m, Länge der Beschleunigungsstrecke 31,6 m, Länge der Bremsstrecke 5,75 m; von der DEBEG angemietete Telefunken-Funkausrüstung mit Langwellensender, Kurzwellensender, Großempfänger, Dreikreisempfänger, Kurzwellenempfänger, Notsender und Peilanlage.

In Dienst gestellt von der DDG »Hansa« für den Einsatz in der Indienfahrt; 1934 Verkauf an die Deutsche Lufthansa, Umbau bei der Deschimag, Werk Seebeck, Wesermünde, zum Flugzeugstützpunkt; 1938 als Expeditionsschiff verchartert.

ST. JOHANN
Fischdampfer, als Gaffelschoner getakelt

1896, Tecklenborg AG, Geestemünde; 37,7 × 6,3 × 2,9; 32,3 NRT; 3fach-Exp.-Masch., 250 PSi.

In Dienst gestellt für die Reederei J. Wieting, Bremerhaven; 1900 Expeditionsschiff des Deutschen Seefischerei-Vereins, Fahrt zur Bäreninsel.

TITAN
Hochseeschlepper

1974, Schichau-Unterweser AG, Bremerhaven; 77,4 × 13,2 × 5,6; 1599 BRT; 2 × 12-Zyl.-Diesel Klöckner-Humboldt-Deutz; 18,5 kn.; 22 Mann.

In Dienst gestellt für die Bugsier-, Reederei- und Bergungs-AG, Hamburg; 1980/81 Teilnahme an der deutschen Antarktis-Expedition zum Bau der »Georg-von-Neumayer-Station«.

VALDIVIA ex TIJUCA
Fracht- und Passagierdampfer

1886, W. G. Armstrong, Mitchell & Co., Newcastle, England, Baunr. 496; 94,2 × 11,2 × 7,3; 2179 BRT; 2-Zyl.-3fach-Exp.-Masch., 1400 PS; 47 Mann.

1886 Jungfernreise für die Hamburg-Südamerikanische Dampfschifffahrtsgesellschaft; 1896 Verkauf an die Hapag, Umbenennung in VALDIVIA; Westindien-Dienst; 1898 von der Reichsregierung gechartert für die Tiefsee-Expedition unter Carl Chun (31.7.98 bis 1.5.99); 25.11.1898 Wiederentdeckung der Bouvet-Insel.

VALDIVIA
Forschungsschiff

1961, Seebeckwerft, Bremerhaven; 73,8 × 11,0 × 7,3; 1343 BRT/422 NRT; 6-Zyl.-Diesel MAN, 2160 PS; 11,5 kn; 20 Mann und 16 Wissenschaftler.

1970 Umbau bei der Elsflether Werft; 1975 Modernisierung ebd.; 1982 Modernisierung bei Schichau Unterweser AG, Bremerhaven.

VIGILANT
Dreimastschoner

1895, Cumming & Ellis, Inverkeithing, Schottland; 45,7 × 8,3 × 3,4; 387 gr.t.

1899 zusammen mit AUGUST und ELMA Teilnahme an der Expedition des Deutschen Seefischerei-Vereins ins Nördliche Eismeer.

WALTHER HERWIG
Fischereiforschungsschiff

1972, Schlichting-Werft, Lübeck-Travemünde, Baunr. 1373; 77,5 × 14,8 × 7,2; 2250,5 BRT/941,7 NRT; 2 × 16-Zyl.-Diesel MAN, 4600 PS, 16 kn; 40 Mann, 2 Meteorologen, 12 andere Wissenschaftler.

Sonderausrüstung: Fischverarbeitungsanlagen, ozeanographisches Labor, ozeanographischer Ableseraum, Fischlabor, Universallabor, chemisches Labor, mikrobiologisches Labor, Bordwetterwarte, Hospital, 3 Tiefkühlräume (−30 °C), Frischfischraum. Eigner: Bundesministerium für Ernährung, Landwirtschaft und Forsten; 1976 Antarktisexpedition.

WESER
Fischereimotorschiff

1965, Rickmers-Werft, Bremerhaven; 79,5 × 13,6 × 5,3; 2176,2 BRT; 12-Zyl.-
Diesel Klöckner-Humboldt-Deutz, 3000 PS.

In Dienst gestellt für die Hanseatische Hochseefischerei AG, Bremerhaven;
1976 zusammen mit WALTHER HERWIG Antarktisexpedition.

8. LZ 127 GRAF ZEPPELIN

Bauwerft: Friedrichshafen; Zugehörigkeit: Delag, DZR; Länge: 236,6 m; größ-
ter Durchmesser: 30,5 m; Anzahl der Zellen: 17; Traggas-Volumen: 105000 m³;
Nutzlast bei 0 °C und 760 mm Luftdruck: 30,0 t; Motoren: 5 Maybach; PS pro
Motor/Gesamt-PS: 530/2650; Geschwindigkeit max.: 30,6 m/s/110,2 km/h;
Reichweite: 12000 km; Anzahl der Gondeln/Propeller: 6/5

Kurze Geschichte des LZ 127

Erste Fahrt 18.9.1928. Gebaut als Versuchsschiff für Langstrecken mit 20 Passagieren, Post und Fracht. Nach Probefahrten Passagierfahrt nach USA und
zurück. Vom 15.8. bis 4.9.1929 Fahrt um die Welt. Vom 24.7. bis 31.7.1931
Arktisfahrt. Ab August 1931 Fahrplandienst zwischen Friedrichshafen und Rio
de Janeiro. Insgesamt 590 Fahrten, 1695272 km. Standorte: Friedrichshafen
und Frankfurt (Main). Im Juni 1937 außer Dienst gestellt, in Frankfurt als Museum eingerichtet. Im März/April 1940 auf Befehl Görings zerstört.

Teilnehmer der Arktisfahrt vom 24.7.–30.7.1931

Besatzung des Luftschiffes:

Führer:	Dr. Hugo Eckener
Wachkapitäne:	Dipl. Ing. E. A. Lehmann, H. C. Flemming, Hans v. Schiller
Navigation:	Anton Wittemann, Max Pruss, Albert Sammt, Hans Ladwig
Höhensteuer:	Dipl. Ing. Knut Eckener, Heinrich Bauer, Franz Bartschat
Seitensteuer:	Kurt Schönherr, Johann Geier
Fahringenieur:	Karl Beuerle
Fahrmeister:	August Grözinger
Maschinenpersonal:	Johann Auer, Martin Christ, Wilhelm Dimmler, Wilhelm Fischer, Albert Leichtle, Oskar Rösch, Raphael Schädler, Eugen Schäuble, Albert Thasler, Adolf Wenzler
Zellenwart:	Ludwig Knorr
Elektriker:	Philipp Lenz
Funkpersonal:	Walter Dumke, Leonard Freund, E. Krenkel (UdSSR)
Obersteward:	Heinrich Kubis

Mitglieder der Expedition:

Deutschland:	Prof. Dr. L. Weickmann, Leipzig; Prof. Dr. A. Karolus, Leipzig; Hptm. a. D. W. Bruns, Generalsekretär der Aeroarctic, Berlin; Dr. med. L. Kohl-Larsen, Arzt und Polarforscher, Allensbach; Dr.-Ing. C. Aschenbrenner, Photovermessung, München; Dipl.-Ing. W. Basse, Photovermessung, Berlin; W. Bosshard, Bildberichterstatter (Ullstein), Berlin; A. Koestler, Journalist (Ullstein), Berlin; R. Hartmann, Filmberichter, Berlin
USA:	Lt. Cdr. E. H. Smith, US-Navy, Washington; Lincoln Ellsworth, Polarforscher, New York
UdSSR:	Prof. R. Samoilowitsch, Polarforscher, Leningrad; Prof. P. Moltschanow, Elektrophysiker, Leningrad; Dipl.-Ing. F. Assberg, Moskau
Schweden:	Dr. G. S. Ljungdahl, Stockholm

9. Flugzeuge der Polarexpeditionen

Flugzeuge der SCHWABENLAND-Expedition

2 Flugboote des Dornier 10-t-Wal-Typs
D-AGAT BOREAS
D-ALOX PASSAT

Bauart: abgestrebter Hochdecker, katapultfähig, geschlossenes Cockpit
Rumpf: Leichtmetallgerippe, blechbeplankt
Flügel: Leichtmetall, Streckung 6,6
Triebwerk: 2 × 690 PS BMW 6 U (12 Zyl.-V-Motor)
Daten:

Spannweite:	27,20 m
Länge:	18,20 m
Höhe:	5,80 m
Flügelfläche:	112 m^2

Leistung:

Höchstgeschwindigkeit:	220 km/h
Landegeschwindigkeit:	115 km/h
Steigzeit:	1000 m in 4 Minuten
	3000 m in 25 Minuten

Zuladung während der Fotoflüge der Schwabenland-Expedition:

Brennstoff für 15 Stunden, 4200 l	3150 kg
Reservewasser	60 kg
Navigatorische Ausrüstung (1 Sextant, 1 Abdriftmesser, 1 Sonnenkompaß, 1 Fernglas, 1 Jahrbuch, 1 Exemplar nautische Tafeln, 1 Logbuch)	20 kg

50 metallene Abwurfpfeile und 10 Abwurfflaggen	36 kg
Besatzung von vier Mann (Flugzeugführer, Flugmechaniker, Flugfunker und Luftbildner in Polarkleidung)	400 kg
Sonderausrüstung für Notlandung: Lebensmittel für einen Monat (128 kg), ein Schlitten, 2 Zelte, Skier, Stöcke, Marschkleidung, Rucksäcke, Schlafsäcke, Kochgeräte, Gewehr und Munition (196 kg)	324 kg
2 Reihenmeßbildkammern mit Filmrollen	190 kg
	4180 kg

FIESELER Fi 156 »STORCH«

Spannweite:	14,25 m
Länge:	9,74 m
Höhe:	3,76 m
Flügelfläche:	26,00 qm
Triebwerk:	Ein Achtzylinder-Kolbenmotor Argus As-10 E / 1 von 220 PS
Höchstgeschwindigkeit:	175 km/h
Reichweite normal:	500 km
Dienstgipfelhöhe:	5300 m
Rüstgewicht (leer):	860 bis 1040 kg
Max. Startgewicht:	1320 bis 1420 kg
Jungfernflug:	1936
Spitzbergenexpedition:	1938

Gemischtbau. Abgestrebter Schulterdecker mit zurückklappbaren Flügeln. Flügel zweiholmig, Mittelstück Stahlrohr, außen Holz mit Stoff. Feste Hilfsflügel vor der Nase über ganze Spannweite (Leichtmetall). Querruder über halbe Flügellänge. Zwischen ihnen und dem Rumpf Spaltlandeklappen. Stahlrohrfachwerkrumpf. Kabine dreisitzig, geschlossen. F. T.-Anlage, Luftbildgerät, Nachtbeleuchtung. Holzleitwerk mit im Fluge verstellbarer Höhenflosse. Dreibeinfahrwerk. Hydraulische Radbremsen. Spiralfedern und Ölstoßdämpfung für Hauptfahrwerk und Sporn. Sichere Sinkgeschwindigkeit 5 m/sec.

Leistungen mit 1200 kg Fluggewicht: 185 km/h, mit beweglichem Vorderflügel 210 km/h. Mindestgeschwindigkeit 52 km/h. Landegeschw. bei Sacklandung (3 m/sec Gegenwind) 41 km/h. Steiggeschwindigkeit 4,8 m/sec. Steigzeit auf 1000 m 3,9 min.
Startstrecke 60 m (bei 3 m/sec Gegenwind 40 m)
Auslauf 28 m (bei 3 m/sec Gegenwind 19 m)
Strecke von Stillstand bis 15 m Höhe bei 3 m/sec Gegenwind 120 m
Gipfelhöhe: absolut 6,1 km, praktisch 5,3 km
Verbrauch: 65 l/h.

1938 Spitzbergen-Expedition von Dr. Ernst Herrmann

GRÖNLANDWAL

Besatzung:	3
Triebwerk:	2 BMW VI Z
Spannweite:	22,50 m

Länge:	17,25 m
Höhe:	5,20 m
Tragfläche:	96,00 m^2
Rüstgewicht:	4305 kg
Zuladung:	1495 kg
Höchstgeschwindigkeit:	180 km/h
Dienstgipfelhöhe:	3500 m

1931 Überquerung des Grönland-Inlandeises durch Wolfgang von Gronau mit Dornier WAL D-2053

10. Flugzeuge der Wettererkundungs-Staffeln 1940–45 in der Arktis

HEINKEL HE 111

Länge:	16,60 m
Spannweite:	22,60 m
Höhe:	4,20 m
Fluggewicht:	14 t

Triebwerk: 2 wassergekühlte Junkers Jumo 211 F-2
12-Zylinder-Motoren
Leistung: je 1340 PS
5 Mann Besatzung

JUNKERS JU 88

Länge:	14,36 m
Spannweite:	20,08 m
Höhe:	4,80 m
Fluggewicht:	12,10 t

Triebwerk: 2 wassergekühlte Junkers Jumo 211 J-1
V-12-Zylinder-Einspritzmotoren (hängend)
Leistung: je 1410 PS
4 Mann Besatzung

POLAR 1 und POLAR 2 *

Technische Daten

DORNIER 128-6, Basisversion

Triebwerke	Pratt & Whitney PT 6 A-110
Passagiersitze	10

* Angaben: Firma Dornier. POLAR 1 wurde mittlerweile ersetzt durch eine weitere Maschine des Typs DORNIER 228-100. (POLAR 3, nach Verlust ersetzt durch POLAR 4)

Spannweite	15,85 m
Länge	11,41 m
Höhe	3,90 m
Kabinenlänge	3,97 m
Kabinenbreite	1,37 m
Kabinenhöhe	1,52 m
Kabinenraum	8,00 m^2
Gepäckraum	0,90 m^2
Betriebsleermasse	2540 kg
Max. Abflugmasse	4350 kg
Max. Nutzlast	1273 kg
Startstrecke über 50 Fuß	554 m
Steigleistung zweimotorig	6,4 m/s
Steigleistung einmotorig	0,9 m/s
Max. Geschwindigkeit	339 km/h
Reichweite	1460 km
Erstflug Prototyp	März 1960

DORNIER 228-100, Basisversion

Triebwerke	2 × 715 shp Garrett / AiResearch TPE 331-5
Passagiersitze	15
Spannweite	16,97 m
Länge	15,04 m
Höhe	4,86 m
Kabinenlänge	6,30 m
Kabinenbreite	1,35 m
Kabinenhöhe	1,55 m
Kabinenraum	13,00 m^2
Gepäckraum	2,09 m^2
Standard-Leergewicht	2960 kg
Max. Abflugmasse	5700 kg
Max. Nutzlast	2100 kg
Startstrecke	526 m
Steigleistung zweimotorig	10,4 m/s
Steigleistung einmotorig	2,7 m/s
Max. Geschwindigkeit	432 km/h
Reichweite	1970 km
Erstflug Prototyp	März 1981

Wissenschaftliche Ausrüstung

Die in POLAR 2 integrierte bzw. zum Einbau vorbereitete Meßausrüstung ermöglicht vielseitige wissenschaftliche Vorhaben:

Geophysikalische Missionen:

– VLF-Elektromagnetometer (System Herz-Totem 2 A)
  Mißt Veränderungen der VFL-Signale von vorhandenen Bodenstationen unter dem Einfluß spezifischer Untergrundleitfähigkeiten und gibt z. B. Hin-

weise auf nutzbare Erzlagerstätten. Der Sensor ist in einem 1,8 m langen Bugmast installiert.

– Protonenmagnetometer (Geometrics G 813)
Vermißt die Totalintensität des Erdmagnetfeldes und seine Anomalien, hervorgerufen durch remanente oder induzierte Magnetisierung im Untergrund. Die Aeromagnetik ist ein wichtiges Verfahren zur Definition erzlagerstättenhöffiger Bereiche, zum Nachweis magnetischer Rohstoffe und in der ersten Phase der Kohlenwasserstoffexploration. Das Instrument ist in einem 1,2 m langen Mast an der linken Tragflügelspitze untergebracht.

– Elektromagnetisches Reflexionsverfahren (EMR)
Dieses von der Universität Münster entwickelte »Radarmeßgerät« mit sehr hoher Pulsleistung erfaßt Eisdicken von bis zu 1000 m, Gletscher- und Eisspaltenverläufe, eventuelle Einlagerungen im Eis sowie die unter dem Eis verborgene Topographie des Untergrundes. Es erfordert je eine 3,5 m lange Sende- und Empfangsdipolantenne, längs oder quer zur Flugrichtung, die auf Pylonen im Außenbereich der Flügel montiert sind.

Die Ansteuerung der drei Instrumente sowie die Verarbeitung und Speicherung ihrer Signale erfolgen in 2 Rackeinheiten innerhalb des Flugzeugs. Die Geräte werden von einem Operator bedient und überwacht, der auch den Flugablauf bestimmt und mit dem Piloten koordiniert. Der Operatorplatz befindet sich auf der linken Seite der Kabine.

Geodätische Missionen:

– Reihenmeßkammer (RMK 8.5/23 von Zeiss)
Dieses Instrument wird alternativ zu obigem Sensorpaket eingesetzt, da es größere Flughöhen bedingt. Es dient der lückenlosen photographischen Erfassung des vom Flugzeug überflogenen Geländestreifens für kartographische Zwecke. Ein von Dornier entwickelter Schwenkrahmen ermöglicht erstmals Filterwechsel während des Fluges. Die RMK steht im ehemaligen hinteren Gepäckraum, der mit einem mechanisch zu betätigendem Bodenverschluß versehen wurde. Der RMK-Operator bedient die Anlage von einem Operatorplatz am Navigationsteleskop, das vorn rechts im Rumpf untergebracht ist.

Mit den wissenschaftlichen Aufzeichnungen ist eine hochpräzise Navigation gekoppelt.

Zusatzausrüstung:

Um die geplanten Forschungs- und Transportvorhaben unter den schwierigen Bedingungen der Antarktis durchführen zu können, wurden die Flugzeuge mit folgenden zusätzlichen Einrichtungen versehen:

POLAR 1 und POLAR 2

– Rad-Ski-Fahrwerk (Fluidyne)
Zum Starten und Landen auf Schnee und Eis werden die Ski vom Cockpit aus hydraulisch bis unter die Räder abgelenkt: für normale Pisten werden die Ski angehoben. Dieses Rad-Ski-Fahrwerk gewährleistet hohe operative Flexibilität.

Abb. 79: Für die Arbeiten außerhalb der POLARSTERN sind die Wissenschaftler häufig auf die Unterstützung der bordeigenen Hubschrauber angewiesen.

Abb. 80: Die Brücke der POLARSTERN.

Abb. 81: Der »Polarheli«, einer der Bordhubschrauber der POLARSTERN, *im Einsatz.*

Abb. 82: Maschinenleitstand der POLARSTERN.

Abb. 83: Wissenschaftler auf dem Arbeitsdeck der POLARSTERN.

Abb. 84: Polarforscher bei der Messung der Temperatur des Eises.

Abb. 85: Winzig wirkt der Hubschrauber angesichts des gekenterten Eisberges.

Abb. 86: Bewährt hat sich der Einsatz kleiner Kunststoffcontainer, z. B. während einer geologischen Expedition auf dem Turmalin-Plateau.

Abb. 87: Die kleinen Kunststoffcontainer sind leicht mit dem Hubschrauber zu trans-portieren und erleichtern einen schnellen Standortwechsel.

Abb. 88: In den Sommermonaten ist das Hamburger Forschungsschiff VALDIVIA häufig
n den Seegebieten Spitzbergens anzutreffen.

Abb. 89: Die ehemalige DDR siedelte sich Mitte der siebziger Jahre mit einer Contai-
erstation in unmittelbarer Nähe der sowjetischen Station »Novolazarevskaja« in der
chirmacher-Oase an.

Abb. 90: Am 10. August 1991 wurde in Ny-Ålesund auf Spitzbergen die erste deutsche Forschungsstation in der Arktis eröffnet: die »Carl-Koldewey-Station« des Alfred-Wegener-Institutes für Polar- und Meeresforschung, Bremerhaven.

Abb. 91: Das »Blaue Haus« der »Carl-Koldewey-Station« in Ny-Ålesund.

- Radar-Höhenmesser (Honeywell/Sperry)
  Beide Flugzeuge erhielten je zwei Radaraltimeter. Sie sind die einzige Lande-
  hilfe beispielsweise bei »white out« durch driftenden Schnee und daher dop-
  pelt vorhanden.
- Nothorizont (Jet 804)
  Auch dieses Instrument trägt den oft schlechten Sichtverhältnissen in der
  Antarktis Rechnung. Es verfügt über eine eigene Stromversorgung.
- Digitales Multicolor-Wetterradar (Primus 500 von Sperry).
  Ausschlaggebend für die Auswahl dieses Typs war die Möglichkeit, auch im
  Peilmode zu arbeiten. Er dient dazu, im Gelände abgesetzte Bodenteams wie-
  derzufinden, die zu diesem Zweck Radartransponder (radar beacons) mit
  sich führen.
- VHF-Homing-Anlage (ZVG 2002 von Becker)
  Ermöglicht, im Gelände abgesetzte Mannschaften aufzufinden und diverse
  Bodenstationen oder notgelandete Flugzeuge anzufliegen. Umfaßt VHF-
  Empfangs- und Sendeanlagen in den beiden Flugzeugen sowie VHF-Sender
  bei den Bodenstationen und -mannschaften. Dient als »Back-up« für den
  Peilmode des Wetterradars.
- Navigationsanlage (GNS 500 von Global)
  Die universal einsetzbare terrestrische Navigationsanlage erlaubt großflächi-
  ges Navigieren unter Ausnutzung der weltweit installierten Omega- und
  VLF-Sendeanlagen. Der Omega-VLF-Empfänger im Flugzeug peilt laufend
  bis zu 5 Sender an und errechnet den Kurs, Geschwindigkeit, Flugzeiten,
  Flugdistanzen, Kraftstoffverbrauch etc.
- Sauerstoffanlage (Draeger)
  Während der Überführung und bei Fotoflügen wird in großen Höhen geflo-
  gen. Daher erhielten beide Flugzeuge Sauerstoffanlagen zur Versorgung von
  je 2 Piloten und – im Fall der POLAR 2 – eines Kamera-Operators. So werden
  bis zu 8-stündige Flüge in 20 000 Fuß Höhe ermöglicht.
- Enteisungssysteme
- Feuerlöschanlagen für Turbinen
- Verzurreinrichtungen
- isolierende Innenverkleidung

POLAR 1

- Zusätzliche Kraftstoffanlage zur Überführung in die Antarktis.

POLAR 2

- Doppler-Navigationsanlage (Decca)
  Das Gerät soll wissenschaftliche Anlagen mit Navigationsdaten versorgen.
  Es ermöglicht eine sehr genaue Kurs/Driftbestimmung sowie präzise
  Messungen der Geschwindigkeit über Grund. Außerdem führt der ange-
  schlossene TANS-Computer Ortsbestimmungen, Flugzustandsberechnun-
  gen etc. durch. Damit ist Profilnavigation ohne jede Bodenhilfe möglich. Alle
  Ergebnisse werden zwecks Korrelation mit den wissenschaftlichen Daten
  aufgezeichnet.
- Kurskreiselanlage (C 12 von Sperry)
  Hiermit werden unabhängig vom Erdmagnetfeld Kursreferenzen für die
  Dopplernlage geliefert.

- 38 mm Flugwegkamera (Camemac)
  Zeichnet für Ortungszwecke den Flugweg auf.
- Sprechfunkgerät (Wulfsberg RT 9600)
  Superbreitbandiges VHF-Kommunikationsgerät zur Verständigung mit anderen Flugzeugen, Schiffen, Bodenmannschaften und terrestrischen Stationen.
- Kabinen-Stromversorgung
  Die wissenschaftliche Nutzlast benötigt ca. 3 kW elektrischer Leistung. Dementsprechend wurde die Stromversorgungsanlage der POLAR 2 überarbeitet und zwei neue 300 A-Generatoren installiert.
- Luftthermometer und barometrischer Höhenmesser (analog/digital)
- 2 zusätzliche Hörsprechstellen
  Ermöglichen die Kommunikation zwischen den Piloten/Kopiloten mit dem Experiment-Operator und einem weiteren Flugbegleiter.

Not- und Überführungsausrüstung:

Die Notausrüstung der beiden Flugzeuge POLAR 1 und POLAR 2 setzt sich wie folgt zusammen:

Ständig im Flugzeug verbleibende Notausrüstung (100 kg)
- Standardausrüstung Flugzeug mit ELT, Notaxt, Taschenlampe, Feuerlöscher
- Erste-Hilfe-Kasten
- Signal-Kasten
- Verzurrmaterial Flugzeug für Feldanlagen
- Schlitten, Kraxen, Langlaufski, Spaltensonden, VHF- und HF-Handsprechgerät, Radartransponder

Persönliche Notausrüstung
(nur Antarktis ab/bis Punta Arenas)
- persönliche Antarktis-Bekleidung
- Standard-Überlebenspaket für 2 Mann und 10 Tage; enthält Zelt, Schlafsäcke, Benzinkocher, Spaten, Bergseil, Mützen, Handschuhe, Socken, Notsignalmaterial, Notproviant, Apotheke etc. (180 kg für 2 Mann)

Notausrüstung Überführungsflug (ca. 30 kg)
(entfällt in der Antarktis)
- 1 Schwimmweste pro Person
- 1 Kälteschutzanzug pro Person
- 1 Rettungsinsel für 4–5 Personen

11. Technische Daten der auf FS Polarstern eingesetzten Hubschrauber

Typ:	AG 355 F 1
Hersteller:	Aerospatiale, Marignane, Frankreich
Triebwerk:	2 × Allison 250−C 20
Leistung:	298 kW
Hauptrotordrehzahl:	385 U/min
Sitzplätze:	6
maximales Abfluggewicht:	2400 kg
maximale Flughöhe:	16 000 ft (4875 m)
maximale Geschwindigkeit:	150 Knoten (280 km/h)
Reisegeschwindigkeit:	120 Knoten (220 km/h)
Kraftstoffart:	Kerosin
Kraftstoffverbrauch:	220 l/h
Reichweite:	720 km

Typ:	BO 105 CBS
Hersteller:	Messerschmitt-Bölkow-Blohm, Ottobrunn, Deutschland
Triebwerk:	2 × Allison 250−C 20
Leistung:	298 kW
Hauptrotordrehzahl:	420 U/min
Sitzplätze:	5
maximales Abfluggewicht:	2400 kg
maximale Flughöhe:	17 000 ft (5175 m)
maximale Geschwindigkeit:	145 Knoten (270 km/h)
Reisegeschwindigkeit:	120 Knoten (220 km/h)
Kraftstoffart:	Kerosin
Kraftstoffverbrauch:	220 l/h
Reichweite:	550 km

12. Antarktisstationen der BRD

»Georg-von-Neumayer-Station«

Standort:	Ekström-Schelfeis, Atka-Bucht, nordöstliches Weddellmeer
Position:	70° 37′ S, 08° 22′ W
Einweihung:	24. Februar 1981

»Filchner-Sommerstation«

Standort:	Filchner/Ronne-Schelfeis, südl. Weddellmeer
Position:	77° 09′ S, 50° 38′ W

| Einweihung: | 11. Januar 1982 |

»Drescher-Sommerstation«

Standort:	Drescher-Inlet, Riiser-Larsen-Schelf-eis, östl. Weddellmeer
Position:	72° 53′ S, 19° 10′ W
Einweihung:	18. Oktober 1986

»Gondwana-Sommerstation«

Standort:	westl. Campbell-Gletscherzunge, Gerlache Inlet, Terra Nova Bay, am Mt. Melbourne
Position:	74° 38′ S, 164° 13′ E
Einweihung:	27. Januar 1983

»Lillie-Marleen-Hütte«

Standort:	am Mt. Dockery, Everett Range, Nordvictorialand
Position:	71° 12′ S, 164° 31′ E
Einweihung:	14. Januar 1980

Die wichtigsten Daten zum Neubau der
Deutschen Forschungsstation »Georg-von-Neumayer«
in der Antarktis

Betreiber	Alfred-Wegener-Institut für Polar- und Meeresforschung, Bremerhaven
Standort	Ekström-Eisschelf, 70° 40′ S, 8° 15′ W
Bauart	Unterirdische Station in Stahlblechröhren von 7 mm Blechdicke und 8,38 m Durchmesser mit angeschlossener, höhenverschieblicher Halle nach neu entwickelter Bauweise für Fahrzeuge und Gerätelagerung
Planung	Polarmar GmbH für polare und marine Technik und Wirtschaft, Bremerhaven
Klassifikation	Germanischer Lloyd, Hamburg
Ausführung	Arge: Christiani & Nielsen, Hamburg und J. H. Kramer, Bremerhaven
Bauzeit	ca. 19. 12. 91 bis 28. 2. 92
Lebensdauer	15 Jahre
Labors	Geophysik, Meteorologie, Biologie, Chemie, Elektronik, Mehrzweck- und Außenstationen/-observatorien
Personal	ganzjährig 11 Personen, Sommersaison 30 bis 40 Personen
Abmessungen	zwei parallele Röhren, eine 94 m, die andere 86 m lang, verbunden über einen 15 m langen Quergang. Im Norden

schließt sich eine 95 m lange Querröhre an, dahinter liegt die Fahrzeughalle (16 m × 30 m)

örtliche Bedingungen	
Temperaturen	Außenluft min −50.0 °C
	Außenluft max +5.0 °C
	Außenluft Sommerhalbjahr i. M. −8.0 °C
	Außenluft Winterhalbjahr i. M. 28.0 °C
	Luft in Röhren, Halle min −30.0 °C
	Luft in Röhren, Halle max 0.0 °C
	Innenräume max +26.0 °C
	Innenräume i. M. +20.0 °C
	Innenräume min +18.0 °C
	Werkstatt min +10.0 °C
Rel. Luftfeuchtigkeit	Monatliche Mittel 65 bis 84 Prozent
Wind	Für Bemessung v = 61 m/s (220 km/h)
	Aus Richtungen 070°–100° und 160°–250°
Schneeakkumulation	am Stationsort 0.75 m/a
	Wasseräquivalent 320 kg/m^2/a

Schneeparameter

Tiefe m	Sommer °C	Winter °C	Dichte g/cm^3
0	− 5,0	−25,5	0,416
1	− 8,6	−24,7	0,456
2	− 9,9	−23,1	0,483
3	−11,2	−21,6	0,502
5	−13,4	−19,6	0,532
10	−16,4	−17,1	0,585

Untergrundverformung	Dehnung in 116/296° 0,43 * 10^{-3}/a
	Kompression in 026/206° 0,50 * 10^{-3}/a
Bemessung auf Dehnung	alle Richtungen 2 * 10^{-3}/a = 0,2 %/a
auf Stauchung	alle Richtungen 2 * 10^{-3}/a = 0,2 %/a
Netto-Nutzflächen	2201 m^2 gesamt
	davon klimatisiert 765 m^2
	nicht klimatisiert 1426 m^2
	Technik 211 m^2
	Wissenschaften 97 m^2
	Betriebs- und Funktionsräume 192 m^2
	Schlafräume 104 m^2
	Läger 111 m^2
	Flure in Containern 117 m^2
Krafterzeugung	Diesel-Generatoren 2 * 90 kW el. Leistung

	Notstrom-Generator 50 kW el. Leistung
Treibstoff	Arctic Diesel
Treibstoff-Verbrauch / Tag	ca. 600 kg / 750 l (ohne WKA)
zusätzliche Stromerzeugung	Windkraftanlage (WKA) 20 kW
	Treibstoffeinsparung ca. 16 500 l / a
Netzform	IT-Netz (ohne geerdeten Generatorsternpunkt betrieben), Isolationsüberwachung
Netzspannung / install. Leistung	380 V, 3 Ph, 50 Hz / 303 kW
Für Beleuchtungszwecke usw.	220 V, 3 Ph, 50 Hz / 147 kW
Notstrom / install. Leistung	380 V, 3 Ph, 50 Hz / 148 kW
	220 V, 3 Ph, 50 Hz / 87 kW
Für alle Labors außerdem USV	(Unterbrechungslose Stromversorgung) und eine über Batterie gepufferte Gleichstromversorgung 12 V
Wassererzeugung	Schneeschmelze 10,6 kW, über Abwärme des Diesels betrieben,
Wasservorrat	5000 Liter
Heizung / Lüftung	Mittlere Wärmedurchgangskoeffizienten in den Containern:

Außenwände $\quad$ 0,30 Wm^{-2}K^{-1}
Decken $\quad$ 0,30 Wm^{-2}K^{-1}
Fußböden $\quad$ 0,30 Wm^{-2}K^{-1}
Außentüren $\quad$ 0,45 Wm^{-2}K^{-1}
Werkstattwände $\quad$ 0,45 Wm^{-2}K^{-1}
Fahrzeughallendach $\quad$ 0,723 Wm^{-2}K^{-1}

Energiebedarf	Sommer extrem	15,2 kW
	Jahresmittel	32,8 kW
	Winter extrem	101,2 kW
	Auslegung:	108,0 kW
Luftmenge Aufenthaltsbereich	5870 m^3 / h	
davon Frischluftanteil	1950 m^3 / h	
Kommunikation	– Satellitenfunkanlage für Fonie, Tlx, Fax und Datenübertragung	
	– Kurzwellenanlage 1 Kw, 1.6-30 MHz, Fonie, Tlx, Telegrafie	
	– Mittelwellenanlage als Notruf	
	– UKW Anlage 118–174 MHz für Nahbereich	
	– VHF Anlage für Funkverkehr mit Flugzeugen, Helikoptern und Schiffen im Nahbereich	
	– Dipol-, Langdraht und Log-Per.-Antennen	
Aufbau / Montage	geschätzt 2517 Tagewerke (Baumannschaft ca. 48 Mann)	

Transportmengen Schiff	Verpackung	Anzahl	Vol. m³	Gew. kg
(ohne unternehmerseitiges	Container	75	3 100	408 000
Baugerät)	Andere	885	2 200	1 295 000
Summe		960	5 300	1 703 000

13. Antarktisstation der DDR

»Georg Forster«

Standort: Schirmacher-Oase
Position: 70° 47′ S, 11° 51′ O
Einweihung: 21. April 1976 als Basislabor der DDR nahe der sowjetischen Station »Novolazarevskaja«
Namensgebung: 25. Oktober 1987

14. Fahrzeugpark des Alfred-Wegener-Instituts für Polar- und Meeresforschung

Das AWI verfügt über unterschiedliche Landfahrzeuge zur Unterstützung der Stations- und Expeditionsarbeiten. Dazu gehören schwere Traversenfahrzeuge, die als mobile Labors und als Zugmaschinen verwendet werden, Kran- und Zugfahrzeuge, Schneefräsen, Schneemobile sowie eine große Anzahl verschiedener Schlitten für Transporte. Einige dieser Geräte sollen im folgenden etwas näher beschrieben werden:

Schneefräsen

Für Schneeräumarbeiten zur Vorbereitung von Bauten und zum Anlegen von Schneetunneln stehen drei Schneefräsen zur Verfügung (Hersteller: Schmidt, St. Blasien). Die größte davon wiegt 11 Tonnen. Sie hat eine Räumkapazität von 2300 Tonnen Schnee pro Stunde und erreicht eine Auswurfweite von 25 m. Die beiden kleineren, mit je 500 kg Eigengewicht, haben eine Kapazität von jeweils 100 t Schnee pro Stunde und eine Arbeitsgeschwindigkeit von 3 km/h.

Chieftains

Die größten Fahrzeuge sind zwei »Chieftains« (Hersteller: Canadian Foremost) mit 14 Tonnen Gewicht, zehn Metern Länge und 195 PS Leistung. Sie sind mit schweren Winden und Kränen ausgestattet und werden für Schwertransport u. a. von Containern und Stückgütern sowie bei Bauarbeiten eingesetzt (maximale Zugleistung: 7 t). Die äußeren Abmessungen sind: 10 m × 3 m × 2,7 m.
Die Chieftains sind ausschließlich bei der »Georg-von-Neumayer-Station« im Einsatz und werden allein von Mitarbeitern des AWI bedient.

Pistenbullis

Für die Stationsarbeit und Expeditionsaufgaben sind insgesamt 7 dieser Fahrzeuge im Einsatz. Das Basisgerät (Hersteller: Kässbohrer, Ulm) wiegt 4,5 t und ist mit einem 170-PS-Turbodieselmotor ausgestattet. Die Höchstgeschwindigkeit liegt bei 20 km/h. Der geringe Bodendruck von 39 g/qcm erlaubt den Einsatz selbst bei weicher Schneeoberfläche. Vier dieser Fahrzeuge sind mit Satellitennavigationsanlagen und Personenkabinen ausgerüstet, so daß mit ihnen Personen und Meßgeräte auf Landexpeditionen transportiert werden können; ein Fahrzeug ist mit einer Planierfräse zur Präparierung von Schneeflächen und Landepisten ausgestattet. Zwei dieser Pistenbullies sind mit einem Atlas-Kran ausgerüstet (Kapazität: 2,1 t in einem Bereich von 1,93 m bzw. 0,42 t mit 7,8 m) und gelten als »Allzweckfahrzeuge«.
Alle Pistenbullis können wahlweise mit Räumschild oder Schneemulde versehen werden.

Ski Doos

Das AWI besitzt fünfzehn Fahrzeuge des Typs »Ski Doo Alpine« (Hersteller: Bombadier, Canada). Sie wiegen 250 Kilogramm und werden von einem Zweizylinder-Zweitakt-Motor (30–40 PS je nach Modell) angetrieben. Sie erreichen eine Höchstgeschwindigkeit von ca. 40 km/h. Sie können Nansenschlitten mit einer Last von 500 kg ziehen. Die Ski Doos werden im Stationsbereich und als Expeditionsfahrzeuge verwendet. Ferner sind vier Ski Doos vom Typ »Elan« verfügbar, jedes wiegt 129 kg und hat etwa 12 PS.
Die Ski Doos werden für den schnellen Personentransport im Bereich der Station eingesetzt sowie für leichte und mobile wissenschaftliche Arbeiten.

Schlitten

Schließlich gehören über 30 Schlitten verschiedener Größe zum Fuhrpark. Mit den schweren sechs Meter langen Pendelkufenschlitten werden Container und Schwergüter verfrachtet. Daneben werden Lastschlitten verschiedener Größe und Kapazität, Tankschlitten, klassische Nansenschlitten (leichte Holzschlitten, vier Meter lang, achtzig Zentimeter breit) sowie wannenähnliche Plastikschlitten eingesetzt.

Traversenfahrzeuge

Seit 1986 besitzt das AWI zwei neu entwickelte Traversenfahrzeuge (Typ: Flexmobil). Es handelt sich um Kabinenfahrzeuge, angetrieben von 170 PS Turbodieselmotoren, die mit Satellitennavigation und UKW-Funk ausgerüstet sind.

Feldstationen

Das AWI besitzt sieben mobile Feldstationen, sogenannte Biwak-Hütten. Sie bestehen aus Kunststoff und sind auf Kufen montiert. Sie dienen als Wohn- und Arbeitsstelle. Jede hat 6 Betten, Arbeitsplätze, eine kleine Küche. Im Winter dienen die Biwak-Hütten als Überlebensinseln der »Georg-von-Neumayer«-Station. Sie können ferner als mobile Observatorien für Geophysiker, Meteorologen und Luftchemiker für längere Beobachtungszeiträume verwendet werden.

Wohnschlitten

Zur Unterstützung von Überlandunternehmungen wurde vom AWI ein Wohnschlitten konzipiert, in dem bis zu sechs Personen leben können. Der Schlitten, der von einem schweren Traversenfahrzeug gezogen wird, ist mit einem Schlaf-, Wohn-, Arbeits- und Küchenbereich ausgestattet. Es sind Wohn- und Arbeitsquartiere, die in Form eines 20-Fuß-Containers untergebracht sind.

Mobile Feuerlöschstation

In Zusammenarbeit mit den Firmen Kässbohrer und Minimax wurde eine mobile Feuerlöschstation entwickelt, die zum Schutz des Flugbetriebes und der Stationsarbeiten im Bereich der »Georg-von-Neumayer-Station« eingerichtet wurde.

Tankschlitten

Ein Tankschlitten mit einer Kapazität von 15 000 l wurde 1987 in Dienst gestellt, um mit einer leistungsfähigen Pumpenanlage die Flugzeuge schnell und sicher bedienen zu können.

15. Fahrzeuge der Station »Georg Forster«

2 ATT: Schwerer Kettenschlepper (Masse: 20 t) mit 415 PS Leistung und bis 60 t Zugkraft.

2 MTLB: Leichteres Kettenfahrzeug mit geringer Zugkraft (ca. 6 t). Einsatz für Geländearbeiten von Wissenschaftlern.

16. Überwinterer in der »Georg-von-Neumayer-Station«

Überwinterung 1981

Müller-Heiden, Dr. Ekkehard	(Arzt und Stationsleiter)
Hag, Paul H.	(Funker)
Idl, Mathias	(Koch)
Jannek, Jürgen	(Techniker)
Obleitner, Friedrich	(Meteorologe)

Überwinterung 1982

Dietz, Dr. Holger	(Arzt und Stationsleiter)
Eckstaller, Alfons	(Geophysiker)
Ennulat, Günther	(Koch)
Feurer, Axel	(Funker)

Janneck, Jürgen	(Techniker)
Kipfstuhl, Josef	(Meteorologe)
König, Gert	(Meteorologe)

Überwinterung 1983

Hochgrebe, Dr. Rolf	(Arzt und Stationsleiter)
Belitz, Hans-Jürgen	(Meteorologe)
Brodscholl, Arnold	(Geophysiker)
Bünting, Peter	(Koch)
Gosewisch, Wolfgang	(Betriebstechniker)
Köber, Manfred	(Funker)
Stuckenberg, Hans-Ulrich	(Meteorologe)
Wallner, Klaus	(Geophysiker)

Überwinterung 1984

Herold, Dr. Werner	(Arzt und Stationsleiter)
Beyer, Reinhard	(Meteorologe)
Knoop, Detlef	(Betriebsingenieur)
Kobarg, Wolfgang	(Geophysiker)
Lippmann, Erich	(Geophysiker)
Muhle, Heiko	(Elektriker)
Raeder, Fritz	(Funker)
Schönhofer, Georg	(Koch)
Schug, Joachim	(Meteorologe)

Überwinterung 1985

Wortmann, Hans	(Arzt und Stationsleiter)
von der Osten, Harald	(Geophysiker)
Wachs, Peter	(Meteorologe)
Walther, Christian	(Geophysiker)
Wortmann, Bernd	(Meteorologe)
Baumann, Lothar	(Elektriker)
Kumpfmüller, Paul	(Funker)
Rappl, Hans	(Betriebsingenieur)

Überwinterung 1986–88

Löbe, Andreas	(Meteorologe)
Nixdorf, Uwe	(Geophysiker)
Reiprich, Siegfried	(Geophysiker)
Schmidt, Dr. Rüdiger	(Arzt)
Sturm, Klaus	(Meteorologe)
Damerau, Kurt Christian	(Ingenieuer)
Hecht, Andreeas	(Funker)
Muhle, Heiko	(Elektroniker)
Schönhofer, Georg	(Koch)

Überwinterung 1987–89

Andresen, Olaf	(Geophysiker)
Ruhnke, Bernd	(Arzt)
Steffen, Axel	(Geophysiker)
Strunk, Heinrich-Andreas	(Meteorologe)
Wolz, Guido	(Meteorologe)
Jockwer, Gustav	(Funker)
Kumpfmüller, Paul	(Koch)
Brunotte, Horst	(Mechaniker)
Rappl, Hans	(Ingenieuer)

Überwinterung 1988–90

Brylka, Sascha	(Geophysiker)
Kohlberg, Dr. Eberhard	(Arzt)
Mair, Rudolf	(Meteorologe)
Lang, Martin	(Geophysiker)
Pfaff, Karl-Heinz	(Meteorologe)
Behnsen, Uwe	(Koch)
Damerau, Kurt	(Ingenieuer)
Hecht, Andreas	(Funker)
Staffler, Kurt	(Mechaniker)

Überwinterung 1989–91

Puskeppeleit, Dr. Monika	(Ärztin und Stationsleiterin)
Schlosser, Elisabeth	(Meteorologin)
Wyputta, Ulrike	(Meteorologin)
Sobiesiak, Monika	(Geophysikerin)
Weigelt, Estella	(Studentin, Geophysik)
Luzecki, Grazyna	(Dipl.-Ing.)
Korhammer, Susanne	(Dipl.-Ing.)
Baumert, Susanne	(Funkerin)
Weigel, Ursula	(Köchin)

Überwinterung 1991–92

Schuster, Dr. Friedrich	(Stationsleiter und Arzt)
Mayer, Christoph	(Geophysiker)
Weber, Stephan	(Meteorologe)
Rainer, Paul	(Meteorologe)
Mühlstein, Knut	(Geophysiker)
Jockwer, Gustav	(Funker)
Muhle, Heiko	(Elektrotechniker)
Köppe, Steffen	(Ingenieur)
Tanger, Joachim	(Koch)

17. Biographische Notizen

Bessels, Emil
*2. Juni 1847 in Heidelberg, †30. März 1888 in Stuttgart

Nach dem Studium der Naturwissenschaft und Medizin an den Universitäten Heidelberg und Jena war Bessels kurze Zeit Assistent am königlichen Museum in Stuttgart. Nach seiner Promotion unternahm er 1869, auf Anraten von Dr. August Petermann, an Bord des Dampfers ALBERT des Reeders Albert Rosenthal eine Fahrt in das nördliche Eismeer zwischen Spitzbergen und Novaja Zemlja. Neben verschiedenen anderen hydrographischen Arbeiten wurde eine vollständige Reihe von Tiefseemessungen und Tiefseetemperatur-Beobachtungen durchgeführt, wodurch der Einfluß des Golfstromes östlich von Spitzbergen nachgewiesen wurde. 1871 ging Bessels in die Vereinigten Staaten. Er war wissenschaftlicher Leiter der Polarexpedition unter C. F. Hall. Auf der vom 29. Juni 1871 bis 23. Juni 1873 dauernden Forschungsreise mit dem Dampfer POLARIS erreichte Bessels durch den Smithsund 82° 16' Nord, eine bis dahin von keinem Schiff erreichte Breite. Nachdem im Oktober 1872 neunzehn Expeditionsmitglieder vom Schiff getrennt wurden und auf einer riesigen Eisscholle nach Süden trieben, überwinterten die 14 Zurückgebliebenen in Lifeboat-Cove und traten, da die POLARIS schwer beschädigt war und auf Grund saß, am 3. Juni 1873 den Rückzug mit Schlitten und Booten zu den Siedlungen an der Westküste Grönlands an. Am 23. Juni fand sie der schottische Walfänger RAVENSCRAIG und nahm sie an Bord. Trotz des Schiffbruchs erzielte die Expedition reiche Ergebnisse. Als Wichtigstes wurde die Insularität Grönlands nachgewiesen. Im Jahre 1876 hatte die Regierung der Vereinigten Staaten Bessels mit dem Kriegsschiff SARANAC in den Norden der Beringstraße entsandt. Die SARANAC teilte das Schicksal der POLARIS. Die Expedition scheiterte bei der Vancouver-Insel. Bessels wurde später Sekretär der Smithsonian Institution und in dieser Stellung Anreger und Berater weiterer Polarexpeditionen. 1886 kehrte er nach Deutschland zurück. Bessels gehört zu den bedeutendsten Polarforschern der zweiten Hälfte des 19. Jahrhunderts. Nicht zuletzt seinen Bemühungen war es zu verdanken, daß die Polarforschung damals in den Vereinigten Staaten auf großes Interesse stieß.

Breitfuß, Leonid
*1. Dezember 1864 in St. Petersburg, †20. Juli 1950 in Bad Pyrmont

Leonid (getauft Ludwig Gottlieb) Breitfuß stammte aus einer Salzburger Emigrantenfamilie, die in Ostpreußen angesiedelt worden war. Sein Großvater war nach St. Petersburg ausgewandert und hatte dort das Goldschmiedehandwerk ausgeübt.
Das Buch »On Our Knowledge of the Phenomena of Organic Nature« von Thomas Huxley bewegte Breitfuß zum Studium der Naturwissenschaften, das er 1889 in Berlin aufnahm. Durch den Kontakt zu Ernst Haeckel, Emil Dubois-Reymond, Karl Chun, Wilhelm v. Bezold, Hermann v. Helmholtz, Fridtjof Nansen, Björn Helland Hansen, Adolf Hoel und Otto Pettersson kam Breitfuß mit der Meeresbiologie, Ozeanographie und Polarforschung in Berührung.

1898 erhielt er eine Anstellung als erster Assistent der Murman-Expedition, die die meteorologischen, ozeanographischen und vor allem fischereibiologischen Verhältnisse des Barentsmeeres untersuchen sollte. Die Murman-Expedition war weniger eine Forschungsreise als vielmehr eine stationäre Unternehmung im Katharinen-Hafen am Ausgang des Kola-Fjordes auf etwa 69° 10′ N. Für Arbeiten auf See standen kleinere Forschungsschiffe zur Verfügung. Nach dem Auscheiden des Expeditionsleiters Nikolaj Michajlovič Knipovič übernahm Breitfuß 1901 die Führung der Expedition, die bis 1908 fortgesetzt wurde. Umfassende Studien widmete er dem Sibirischen Seeweg, der sogenannten Nordostpassage. Von 1912 bis 1920 hatte er eine leitende Stelle beim Hydrographischen Amt der russischen Marine inne. 1921 siedelte er nach Berlin über. Im Zoologischen Institut und Museum der Universität befaßte er sich vornehmlich mit biologischen Arbeiten. Er wurde Mitbegründer der »Internationalen Studiengesellschaft zur Erforschung der Arktis mit Luftfahrzeugen« (Aeroarctic), deren Präsident Fridtjof Nansen war. Breitfuß verfaßte zahlreiche Publikationen über die Geschichte der Polarforschung. Seine letzten Lebensjahre verbrachte er in Hamburg, nachdem die Besatzungsmacht 1946 seine Übernahme in das Deutsche Hydrographische Institut verfügt hatte.

Brockamp, Bernhard
* 18. Oktober 1902 in Osnabrück, † 20. Dezember 1968 in Münster

Nach dem Studium der Geologie, Physik und Mathematik in Münster und Göttingen wurde Brockamp Assistent am Geophysikalischen Institut in Göttingen. 1930 promovierte er in Göttingen mit einer Arbeit über »Seismische Beobachtungen bei Steinbruchsprengungen«.

1929 führte er seismische Messungen auf dem Pasterzengletscher in den Alpen durch, um dessen Mächtigkeit zu bestimmen. Wenig später wurde er Teilnehmer an Alfred Wegeners Grönland-Expedition. Im Anschluß an dieses Unternehmen arbeitete er einige Jahre in Dänemark. 1936 habilitierte er sich in Berlin mit einer Schrift über die wissenschaftlichen Ergebnisse der Wegener-Expedition, anschließend wurde er zum Vizepräsidenten des neugegründeten Reichsamtes für Bodenforschung berufen.

1952 kam Brockamp als Dozent für Geophysik an die Westfälische Wilhelms-Universität nach Münster und begann mit der Organisation einer Polarexpedition auf das Inlandeis nach Grönland. 1957 folgte er der amerikanischen Einladung, an einer Inlandeisexpedition bei Thule teilzunehmen. Brockamp zählt zu Mitbegründern der Internationalen Glaziologischen Grönland-Expedition 1957–60, in deren Verlauf er 1959 die Gruppe Geophysik auf dem Inlandeis leitete.

1959 wurde er zum Direktor des neugegründeten Instituts für Reine und Angewandte Geophysik an der Universität Münster berufen. 1967 ermöglichte ihm die National Science Foundation, als Beobachter an den Arbeiten in der Antarktis teilzunehmen.

Dallmann, Eduard
* 1830 in Blumenthal bei Bremen, † 1896

Eduard Dallmann wurde 1845 Schiffsjunge, bestand 1850 und 1855 seine nautischen Prüfungen auf der Seefahrtschule in Bremen. Er wurde Steuermann auf dem Bremer Südsee-Walfangschiff OTAHEITE unter Kapitän L. Wieting. 1860 bis 1864 war Dallmann Kapitän des oldenburgischen Fangschiffes PLANET, 1864–1866 des für die Bremer Firma Hackfeld/Honolulu gebauten Traderschiffes WILLIAM C. TALBOT, das auf Tauschhandelsfahrt in den Küstengewässern südlich und nördlich der Bering-Straße eingesetzt war. Am 17. August 1866 landete Dallmann als erster auf Wrangel-Land. 1866–1872 war er Kapitän der für Hackfeld auf der Werft von Bosse in Bremen-Burg gebauten Walfängerbark GRAF BISMARCK. 1873/74 ging er mit dem Dampfer GRÖNLAND für die Deutsche Polarschiffahrts-Gesellschaft, Hamburg, auf Fangfahrt in die Antarktis. Nach 1884 war er für die Deutsche Neu-Guinea-Gesellschaft tätig. Er kehrte 1893 nach Deutschland zurück.

Drygalski, Erich von
*9. Februar 1865 in Königsberg, †9. Januar 1949

Von 1882–1887 studierte Drygalski in Königsberg, Leipzig und Berlin zunächst Mathematik und Naturwissenschaften. Die Bekanntschaft mit Ferdinand von Richthofen veranlaßte ihn, sich geographischen Fragen zuzuwenden. In seiner Dissertation behandelte er die Wirkung der Eisbedeckung nordischer Regionen. Nach Beendigung seines Studiums war er von 1888 bis 1891 Assistent am Geodätischen Institut und Zentralbüro der Internationalen Erdmessung in Potsdam.

1891 sowie 1892/93 unternahm Drygalski im Auftrag der Gesellschaft für Erdkunde in Berlin zwei Expeditionen nach Westgrönland. Die Ergebnisse dieser beiden Reisen erregten Aufsehen. 1898 habilitierte sich Drygalski in Berlin für Geographie und Geophysik, 1899 erhielt er eine außerordentliche Professur. 1898 wurde er zum Leiter der Deutschen Südpolarexpedition bestimmt, die er 1901–1903 leitete.

Drei Jahre nach Rückkehr aus der Antarktis wurde Drygalski als außerordentlicher Professor für Erdkunde und Geophysik an die Universität München berufen. Er gründete dort das Geographische Institut, das er bis zu seinem Tode leitete.

1910 nahm er an der Expedition des Grafen Zeppelin nach Spitzbergen teil. Anschließend durchquerte er zu anthropogeographischen Studien große Gebiete Nordamerikas und Russisch-Asiens bis zum Baikal-See. Drygalski veröffentlichte zahlreiche wissenschaftliche Publikationen. Seine Forschungsreisen an die Westküste Grönlands sowie deren wissenschaftliche Ergebnisse hat er in zahlreichen Aufsätzen sowie in dem zweibändigen Werk »Die Gröndland-Expedition der Gesellschaft für Erdkunde« (Berlin 1898) beschrieben. Die Deutsche Südpolarexpedition von 1901–03 fand ihren Niederschlag in folgenden Werken: »Die deutsche Südpolarexpedition« (Berlin 1902–03), »Zum Kontinent des eisigen Südens« (Berlin 1904) und »Die Deutsche Südpolarexpedition« (20 Bände und 2 Atlanten, Berlin 1915). Nach dem ersten Weltkrieg wandte sich Drygalski verstärkt Fragen der Anthropogeographie zu. Erich von Drygalski war Mitglied der Akademie der Wissenschaften sowie vieler anderer wissenschaftlicher Gesellschaften des In- und Auslandes.

Filchner, Wilhelm
* 13. September 1877 in München, † 7. Mai 1957 in Zürich

Als Fähnrich unternahm Filchner im Jahre 1900 in einem Urlaub einen Ritt über den Pamir. Dieses Unternehmen erregte Aufsehen, er fand Gönner und Förderer für weitere Pläne. Als Vorbereitung auf künftige Forschungsreisen studierte er in München Vermessungskunde und Geographie, in Berlin erhielt er seine praktische Ausbildung in der Trigonometrischen Abteilung des Preußischen Generalstabes, in der Kartographischen Anstalt von Moisel und Sprigade in Berlin sowie beim Meteorologischen Observatorium in Potsdam, im Erdmagnetischen Observatorium in Berlin und beim Astrophysikalischen Institut Potsdam. 1903–05 folgte eine weitere Reise nach Nord-Ost-Tibet und China. 1910 führte er eine Spitzbergen-Expedition durch, die der Vorbereitung seiner antarktischen Expedition 1911–12 diente. Anschließend bereitete er sich darauf vor, mit Amundsen an einer Arktis-Expedition teilzunehmen – Filchner machte u. a. in Johannisthal seinen Pilotenschein –, doch dann scheiterte das Vorhaben am Ausbruch des Ersten Weltkrieges. Den Krieg machte Filchner teilweise als Offizier an der Westfront mit. 1926/28 folgte erneut eine Reise nach China und Tibet, an die sich 1935–37 eine weitere Tibetreise anschloß. 1939 unternahm Filchner eine Fahrt nach Nepal. Durch den Ausbruch des Zweiten Weltkrieges wurde Filchner in Indien interniert. Hier konnte er relativ frei arbeiten. 1949 kehrte er nach Europa zurück und ließ sich in Zürich nieder.

Forster, Johann Georg
* 27. November 1754 in Nassenhuben bei Danzig, † 10. Januar 1794 in Paris

Johann Georg Forster wurde als Sohn des Pfarrers Reinhold Forster geboren. 1765 reiste er zusammen mit seinem Vater zunächst nach Rußland, ein Jahr später nach England. Vater Reinhold betätigte sich als Übersetzer, Schriftsteller und Lehrer (Dissenter-Akademie Warington), Sohn Georg legte 1767 der Antiquarischen Gesellschaft in London – noch keine 13 Jahre alt – ein von ihm aus dem Russischen ins Englische übertragenes Werk, Lomonosovs »Kurze Russische Geschichte«, vor. 1772 wurde Reinhold Forster eingeladen, als Naturkundler an Cooks 2. Weltumsegelung teilzunehmen. Sein Sohn Georg sollte ihn als Zeichner und Helfer begleiten.

Nachdem Reinhold Forster sich nach der Rückkehr 1775 mit der Admiralität wegen der Publikation des Reiseberichtes überworfen hatte, schrieb Georg Forster seine Reisebeschreibung »A Voyage round the world« in der kurzen Zeit von nur 8 Monaten. Er schrieb in Konkurrenz zum offiziellen Bericht Cooks und gewann mit einem zeitlichen Vorsprung von sechs Wochen. Die Arbeit wurde Vorbild für eine neue literarische Form, den wissenschaftlich fundierten Reisebericht.

Ab 1779 wirkte Georg Forster als Professor der Naturwissenschaft am Carolinum in Kassel, ab 1784 an der Universität Wilna. 1787 wurde er eingeladen, an einer russischen Weltreise teilzunehmen; das Unternehmen kam jedoch nicht zustande. 1788 wurde Forster Universitätsbibliothekar in Mainz. 1790 unternahm er mit Alexander von Humboldt eine Reise durch die Niederlande, Großbritannien und Frankreich, die er später literarisch verarbeitete.

Nach der französischen Besetzung von Mainz im Jahre 1792 trat Forster dem

Jakobinerklub bei, 1793 wurde er Vizepräsident des »Rheinisch-deutschen Nationalkonvents« und reiste in dessen Auftrag nach Paris, um über den Anschluß der Mainzer Republik an Frankreich zu verhandeln. Bis zu seinem Tode wirkte er in Frankreich publizistisch für die Ideen der französischen Revolution.

Georgi, Johannes
* 14. Dezember 1888 in Frankfurt/Main, † 24. Mai 1972 in Hamburg

Johannes Georgi entstammte einer Lehrerfamilie. Er studierte zunächst in Göttingen, Zürich und Marburg Mathematik und Physik (in Zürich nahm er an einem Seminar des jungen Professors Einstein teil). Dann wechselte er zur Biologie und zur damals gerade beginnenden Vererbungsforschung. Im Jahre 1910 nahm er in Marburg an meteorologischen Übungen des jungen Privatdozenten Alfred Wegener teil, der gerade von einer zweimaligen Überwinterung in Nordostgrönland zurückgekehrt war.

Im ersten Weltkrieg war Georgi im Wetterdienst der Marine tätig und wurde so zum Meteorologen. Er leitete die Wetterdienstschule. Nach dem Kriegsende kam er 1919 an die Meteorologische Versuchsanstalt der Deutschen Seewarte in Hamburg, deren Leiter damals Alfred Wegener war und dessen Nachfolger Georgi später werden sollte.

Im Sommer 1926 und 1927 führte er an der Nordwestspitze Islands Messungen der Höhenwinde durch. Er entdeckte dabei die heute sogenannten Jet Streams. Während einer Forschungsfahrt der METEOR betrat er in Südgrönland zum ersten Mal das eigentliche Polargebiet. Georgi war ein wesentlicher Mitinitiator des Internationalen Polarjahres 1932/33, das genau 50 Jahre nach dem ersten Polarjahr 1882/83 angesetzt wurde. Er war überzeugt, daß zum Verständnis des allgemeinen Kreislaufs im Luftmeer der höheren Breiten eine eingehende Untersuchung nötig war. Sein Plan, dafür eine Beobachtungsstelle auf dem Inlandeis Grönlands zu errichten, traf sich mit weiterreichenden Plänen, die Alfred Wegener, nun in Graz, seit längerem hegte. So kam es zu Georgis Teilnahme an der Inlandeisexpedition 1929 und 1930/31.

Bei der Hauptexpedition war der mittlerweile 41jährige Georgi von vornherein als Leiter der »Zentralen Firnstation«, später »Eismitte« benannt, vorgesehen, die ohne Vorbild in der Polargeschichte auf dem Inlandeis errichtet werden sollte. Im Juli 1930 leitete er die erste Hundeschlittenreise zur Errichtung dieser Station.

Als dann die Entsatzreise von der »Weststation« im Mai 1931 »Eismitte« erreichte und der Tod des Expeditionsleiters A. Wegener und seines grönländischen Begleiters bekannt wurde, entschloß sich Georgi, allein in »Eismitte« zu bleiben, wie schon zeitweilig im Vorjahr, um das geplante volle Beobachtungsjahr zu sichern.

Nach Ende der Expedition kehrte Georgi im Herbst 1931 nach Hamburg in seine alte Stelle als Leiter des Instrumentenamtes der Seewarte zurück. Er war insbesondere mit der Neubeschaffung und Beurteilung meteorologischer Instrumente, nicht zuletzt im Hinblick auf ihre Verwendbarkeit bei Expeditionen, befaßt. Er beriet die »Expéditions Polaires Françaises« für ihre »Station Centrale« 1949–1951 unweit von »Eismitte«.

Herrmann, Ernst
* 1895, † 7. Juni 1970 in Osnabrück

Der Geograph Ernst Herrmann unternahm in den zwanziger und dreißiger Jahren eine Reihe von Reisen und Expeditionen, die ihn auch über Deutschlands Grenzen hinaus bekannt machten. Neben geologischen und Gletscher-Untersuchungen in Mittelschweden (1924), Schwedisch-Lappland (1928, 1929, 1930), Norwegen (1925) und auf Island (1926, 1931, 1933, 1934) waren es vor allem Untersuchungen von Vulkanen auf Island und in Italien (1932, 1936, 1937, 1939), die Ernst Herrmann immer wieder beschäftigten. Er war auch Mitglied der Santorin-Expedition 1925/26 zur Untersuchung des dortigen Vulkanausbruches. 1938 führte er eine Expedition nach Spitzbergen und von dort ins Nordpolarmeer durch, auf der er die Verwendbarkeit des Fieseler Storch für die Polarforschung testete. Er unternahm mit dem Flugzeug erstmals Landungen und Starts auf Packeistafeln. Dieser Reise war im Sommer 1937 eine Vorexpedition vorausgegangen. Als Geograph nahm er an der Deutschen Antarktischen Expedition 1938/39 teil.

Koldewey, Carl
* 26. Oktober 1837 in Bücken (Grafschaft Hoya), † 17. Mai 1908 in Hamburg

Koldewey trat Ostern 1853 nach dem Besuch des Gymnasiums Clausthal als Schiffsjunge in die Marine ein. Er erlernte den Seemannsberuf, bezog 1859 in Bremen die Untersteuermannsschule, tat nach dem Examen Dienst auf einem Ostindienfahrer und absolvierte 1861 die Obersteuermannsschule in Bremen als einer der besten Schüler A. Breusings. Anschließend fuhr er wieder zur See, besuchte 1866/67 die Polytechnische Schule in Hannover, wo er Mathematik, Physik und Mechanik hörte. Er nahm u. a. an den Vorlesungen des Geodäten Hunäus teil, der 1858/59 in Wietze bei Celle die erste Erdölbohrung der Welt abgeteuft hatte. Koldewey wechselte später zur Universität Göttingen und wurde auf Breusings Vorschlag hin zum Führer der ersten deutschen Polar-Expedition bestimmt, die auf Betreiben A. Petermanns zustande kam. Koldewey erreichte seine höchste Breite mit 81° 5′ am 13. September 1868 und kehrte am 30. September 1868 nach Bergen zurück.

Die 2. deutsche Nordpolarfahrt (1869/70) trat Koldewey am 15.6.1869 von Bremerhaven aus mit 2 Schiffen an: mit dem von ihm als Kapitän geführten Schraubendampfer GERMANIA und mit dem Segelschiff HANSA unter Kapitän Hegemann. Am 11. September 1870 lief Koldewey mit der GERMANIA wieder in Bremerhaven ein.

Koldeweys Fahrten und Erfahrungen gaben unter anderem Anstoß zur österreichischen Polar-Expedition, die Payer zusammen mit Weyprecht 1872–1874 durchführte. Seit 1871 wirkte Koldewey als 1. Assistent an der 1868 eröffneten Norddeutschen Seewarte Hamburg, und seit 1875 stand er der II. Abteilung der Reichsseewarte für Magnetismus und Prüfung der nautischen und meteorologischen Instrumente vor. Spezielle Verdienste erwarb er sich um das Kompaßwesen und die nautische Deviationslehre. Eine Teilnahme an der ersten deutschen Südpolar-Expedition mit der GAUSS 1901 unter Erich von Drygalski lehnte er ab.

Loewe, Fritz
* 11. März 1895 in Berlin, † 27. April 1974 in Melbourne

Sein zunächst begonnenes Jura-Studium in Grenoble mußte Loewe zu Beginn des 1. Weltkrieges abbrechen. Nach dem Krieg studierte Loewe Physik, Geographie und vor allem Meteorologie. 1923 war er Assistent am Physikalisch-Meteorologischen Observatorium Davos bei C. Dorno, 1924 am Meteorologisch-Magnetischen Observatorium Potsdam des Preuß. Meteorologischen Instituts unter G. Hellmann. Er untersuchte die kosmische Strahlung auf dem Jungfraujoch, den Wärmehaushalt des Aletschgletschers und betrieb Ozeanographie als Teilnehmer einer Atlantikfahrt des Forschungsschiffes METEOR (Vorexpedition für die Deutsche Atlantische Expedition). 1925 wurde er mit einer (nicht veröffentlichten) Arbeit auf dem Gebiet der Meereskunde bei Alfred Merz promoviert. Nach seiner Promotion trat er in das Preußische Aeronautische Observatorium in Lindenberg ein. 1929 nahm Loewe mit Johannes Georgi und Ernst Sorge an Wegeners Vorexpedition nach Grönland teil, deren Aufgabe es war, für die Hauptexpedition die geeignetste Aufstiegsstelle auf das Inlandeis zu suchen. Dabei lernte Loewe große Teile der Westküste Grönlands, die wichtigsten westgrönländischen Gletscher und auf Handschlitten- und Hundeschlittenreisen das Inlandeis selbst bis zu 200 km Randabstand kennen. Zusammen mit Sorge gelang es ihm auf dieser Vorexpedition, mit reflektierten seismischen Wellen zum ersten Male die Dicke des Inlandeises zu messen. Auf 71° Nord, im Abstand von 41 km vom Inlandeisrand und in 1570 m Seehöhe maßen sie eine Eisdicke von 1280 m.

Loewes Arbeitsgebiet auf der Hauptexpedition 1930/31 war die Glaziologie. Im August 1930 leitete er die zweite Transportreise zur Station »Eismitte«.

1932 kehrte er nach Berlin zurück, 1934 emigrierte er nach England. Hier wurde er wissenschaftlicher Mitarbeiter des Robert-Scott-Instituts für Polarforschung. 1937 folgte er einer Einladung der Universität Melbourne, das erste meteorologische Hochschulinstitut in Australien aufzubauen. In den folgenden Jahren nahm er an verschiedenen Expeditionen nach Grönland und in die Antarktis teil. 1958 wirkte er an der Einrichtung eines Lehr- und Forschungsinstituts für Meteorologie und Geophysik in Karachi (Pakistan) mit. 1960 hielt er Gastvorlesungen an den Universitäten Bonn, Göttingen, Hamburg, Mainz und München. Zwischen 1961 und 1973 war er mehrfach Gastprofessor am Institut für Polarstudien der Ohio State University (Columbus).

Meinardus, Wilhelm
* 14. Juli 1867 in Oldenburg i. O., † 28. August 1952 in Göttingen

Die Dissertation des Geographen Meinardus behandelt das Klima des Indischen Ozeans nach den meteorologischen Schiffsbeobachtungen der Deutschen Seewarte. Erich von Drygalski, der Leiter der ersten Deutschen Südpolar-Expedition, hatte den damals 24jährigen als Mitglied seiner Expedition in Aussicht genommen, sein Familienstand – Meinardus war verheiratet – verhinderte seine Teilnahme jedoch. Nach Rückkehr der Expedition bearbeitete Meinardus auf Wunsch Drygalskis das gesamte meteorologische Material. 1906 wurde er Professor in Münster, 1920 in Göttingen, 1928–1933 war er Herausgeber der »Allgemeinen Länderkunde der Erdteile«. Meinardus widmete sich besonders meteorologischen und klimatologischen Fragen. Er war Mitglied der Akademie der Wissenschaften München und Göttingen.

Neumayer, Georg Balthasar
*21. Juni 1826 in Kirchheim-Bolanden (Pfalz), †24. Mai 1909 in Neustadt/ Weinstraße

Neumayer studierte 1845–1849 an der Polytechnischen Hochschule in München, anschließend wurde er dort Assistent. Er befaßte sich u. a. mit den Werken Alexander von Humboldts und des Mathematikers Carl Friedrich Gauß, die beide im 19. Jahrhundert mit erdmagnetischen Arbeiten Einfluß auf die Polarforschung ausübten. Nach der Promotion 1850 heuerte Neumayer als Matrose auf einem Segelschiff an. Nach seiner Rückkehr trat er in die Navigationsschule des Astronomen Charles Rümker ein. 1851 erwarb Neumayer das Kapitänspatent. Auf diesen Reisen hatte er auch Australien angelaufen, das durch seine Nähe zur Antarktis und durch das in Tasmanien im Jahre 1841 von Sir James Ross errichtete und in Tätigkeit gehaltene magnetische Observatorium einen unwiderstehlichen Reiz auf ihn ausübte. 1852 segelte Neumayer – wieder als Matrose – auf einer Hamburger Bark nach Sydney, 1853 kehrte er vorübergehend nach Deutschland zurück. In Alexander von Humboldt, Justus von Liebig und Johann von Lamont fand er Fürsprecher für seinen Plan, in Melbourne ein erdmagnetisches und meteorologisches Observatorium aufzubauen, für das schließlich der bayerische König Maximilian II. die erforderlichen Gelder bereitstellte. Im Observatorium wurden erdmagnetische, meteorologische sowie Pendel-Beobachtungen vorgenommen. Darüber hinaus führte Neumayer auch magnetische Messungen im Landesinnern aus. 1864 kehrte er nach Deutschland zurück und begann seine Melbourner Beobachtungen zur Veröffentlichung vorzubereiten.

Am 24. Juli 1865 hielt er auf dem deutschen Geographentag in Frankfurt einen Vortrag, in dem er seine beiden Hauptanliegen vorbrachte: die Gründung einer deutschen Zentralstelle für Hydrographie und maritime Meteorologie sowie die Durchführung einer Antarktis-Expedition. Er wurde schließlich zum wissenschaftlichen Leiter einer geplanten Südpolar-Expedition ernannt. Der deutsch-französische Krieg 1870/71 und der Tod des Förderers der Expeditionspläne, Admiral Tegetthoff, verhinderten die Durchführung.

1872 wurde er »Hydrograph in der Admiralität«. Er gründete das Kaiserliche Erdmagnetische Observatorium in Wilhelmshaven. 1876 wurde er zum Direktor nach seinen Entwürfen 1875 ins Leben gerufenen Deutschen Seewarte ernannt, die er bis 1903 leitete. 1871 wurde Neumayer Mitglied der Gesellschaft für Erdkunde in Berlin, 1875 zweiter stellvertretender Vorsitzender und 1883 Ehrenmitglied. 1871 unterbreitete er dem Internationalen Geographenkongreß in Antwerpen eine Denkschrift über die wissenschaftlichen Anliegen der Polarforschung, die nur in internationaler Zusammenarbeit mit einheitlicher Organisation und von festen und längerfristigen Beobachtungsstationen aus würde gelöst werden können. Darüber hinaus wies er auf die Bedeutung der Polargebiete für die Beobachtung der astronomisch vorberechneten Venusdurchgänge 1874 und 1882 hin. Er organisierte die meereskundliche Forschungsfahrt der GAZELLE 1872–74.

Neumayer verfaßte zahlreiche wissenschaftliche Arbeiten, die er 1901 anläßlich des Aufbruchs der ersten Deutschen Südpolar-Expedition unter Erich von Drygalski nochmals in Buchform unter dem Titel »Auf zum Südpol! 45 Jahre Wirkens zur Förderung der Erforschung der Südpolar-Region 1855–1900« zusammenstellte. Georg Neumeyer wurde im Jahre 1900 von der bayerischen Krone geadelt. 1903 trat er in den Ruhestand und zog nach Neustadt an der Weinstraße.

Petermann, August

*18. April 1822 in Bleicherode bei Nordhausen, †25. September 1878 in Gotha

August Petermann hatte als Schüler von Heinrich Berghaus eine Ausbildung an dessen Geographischer Kunstschule in Potsdam erhalten. 1845 ging er nach Edinburgh, wo er an der englischen Ausgabe des Berghausschen Physikalischen Atlas mitwirkte. Zwei Jahre blieb er in der schottischen Stadt, anschließend wechselte er nach London, wo er bis 1854 als selbständiger Kartograph arbeitete. Er beteiligte sich am Aufruf, die verschollene Franklin-Expedition zu suchen und gewann reges Interesse an der Polarforschung. 1854 siedelte er nach Gotha über, wo er die »Geographischen Mitteilungen« ins Leben rief. Dadurch, daß er hervorragende wissenschaftliche Kräfte heranzuziehen verstand, machte er Gotha zum Mittelpunkt des gesamten geographischen Lebens in Deutschland. Dem Engagement Petermanns verdanken die Afrikareisen zur Suche nach Edward Vogel sowie die Sahara- und Sudanreise von Gerhard Rohlfs und die Reise Karl Mauchs in Transvaal ihre Durchführung.

Zweites zentrales Thema seines Wirkens war die Nordpolarforschung. Er initiierte die 1. und 2. Deutsche Nordpolarfahrt sowie eine Reihe kleinerer Expeditionen, etwa 1869 die Fahrten von F. J. Dorst auf der BIENENKORB in die Gewässer zwischen Grönland und Spitzbergen sowie von E. Bessels auf ALBERT in das Barentsmeer. Eine geplante 3. Deutsche Polar-Expedition wurde 1876 von einer Kommission der Reichsregierung abgelehnt. Resignation sowie persönliche Gründe führten dazu, daß Petermann am 25. September 1878 in Gotha freiwillig aus dem Leben schied.

Alfred Ritscher

*23. Mai 1879 in Bad Lauterberg am Harz, †30. März 1963 in Hamburg

Alfred Ritscher war der Sohn des Arztes Dr. Dietrich Ritscher. Nach dem Besuch des Gymnasiums, das er nach der Obersekunda verließ, absolvierte er eine nautische Ausbildung und erwarb 1903 auf der Seefahrtsschule in Bremen das Patent als Steuermann auf großer Fahrt. 1907 qualifizierte er sich an der Seefahrtsschule Altona für das Kapitänspatent, anschließend fuhr er vier Jahre lang bei der Hamburg-Amerika Linie. 1911 folgte er einem Ruf des Reichsmarineamtes und trat in das damals relativ junge Seehandbuchwerk ein. Unter seiner Mitwirkung entstanden 1914 die Seehandbücher »Nordatlantische Inseln« und »Westindien I«. 1912/13 nahm Ritscher an der Schröder-Stranz-Expedition nach Spitzbergen teil. Von Herbst 1913 bis 1914 war er wiederum im Reichsmarineamt tätig; aus dieser Zeit stammen die Seehandbücher »Spitzbergen« (1916) und »Nordküste Rußlands« (1915). Während des Ersten Weltkrieges war Ritscher Reserveoffizier der Kaiserlichen Marine in Seefliegerstellungen, zuletzt war er Kommandeur der Marine-Landflieger. 1915 hatte er sein Pilotenexamen abgelegt. Nach dem Krieg kehrte er zunächst in das Reichsmarineamt zurück, nach der Auflösung seiner Planstelle übte er in Hamburg verschiedene Tätigkeiten aus, zuletzt als Kaufmann. 1924/25 wurde er wieder kurze Zeit bei der Marineleitung tätig, dann wechselte er zur Deutschen Lufthansa, wo er die Abteilung »Flugnavigation« leitete. 1933 kehrte er in seine Tätigkeit beim Seehandbuchwerk zurück. 1938/39 leitete Ritscher die 3. Deutsche Antarktische Expedition auf der SCHWABENLAND. Im Zweiten Weltkrieg war er Reserveoffizier. Nach dem Krieg lebte er als Privatmann in Hamburg. Mit Unterstützung der Deutschen Forschungsgemeinschaft konnte Ritscher 1958 die »wissenschaftlichen und fliegerischen Ergebnisse« der SCHWABENLAND-Expedition publizieren. 1952 hatte er eine Liste der bei der Erkundung von Neuschwabenland erfolgten Benennungen geographischer Orte publiziert. Für 84 Berge, Täler, Gebirgsmassive, Seen und Nunataks wurden seine Vorschläge und Begründungen angenommen. 1958 wurde Ritscher mit dem Großen Bundesverdienstkreuz und der Silbernen Kirchenpauer-Medaille der Deutschen Geographischen Gesellschaft zu Hamburg geehrt.

Sorge, Ernst
* 25. Februar 1899 in Vieselbach / Thüringen, † 28. April 1946 in Arnstadt

Nach dem Besuch des Realgymnasiums in Berlin-Schmargendorf studierte Ernst Sorge an der Universität Berlin Mathematik, Physik und Philosophie. 1923 bendete er das Studium mit dem Staatsexamen. 1926 legte er eine Zusatzprüfung für das Fach Erdkunde ab, und ein Jahr später wurde er als Studienrat an einer Berliner Schule angestellt. 1929 promovierte er bei Albrecht Penck über das Thema »Die Trockengrenze von Südamerika«. Bereits im Jahre 1920 hatte er Island besucht. 1929 nahm er auf Wunsch Alfred Wegeners an dessen Vorexpedition nach Grönland teil. Dabei führte er die ersten Eisdickenmessungen auf dem Inlandeis durch. 1930–31 nahm er an der Wegenerschen Hauptexpedition teil. Zusammen mit Johannes Georgi und Fritz Loewe überwinterte er in der Station »Eismitte«. Im Jahre 1932 war er zusammen mit Fritz Loewe wissenschaftlicher Berater einer Filmexpedition von Arnold Fanck in Grönland. 1935 besuchte er zusammen mit seiner Frau und dem Alpinisten Oskar Lutz im Rahmen einer aus privaten Mitteln finanzierten Forschungsfahrt Spitzbergen. Wie schon zuvor in Grönland führte er vor allem Gletschervermessungen durch.

Wegener, Alfred Lothar
* 1. November 1880 in Berlin, † 1930 in Grönland

Nach dem Besuch des Köllnischen Gymnasiums in Berlin studierte Wegener an der Friedrich-Wilhelms-Universität zu Berlin Mathematik und Naturwissenschaften, insbesondere Astronomie. Im Sommersemester 1900 hörte er Vorlesungen an der Ruprecht-Karls-Universität in Heidelberg, im Sommersemester 1901 an der Innsbrucker Universität, anschließend kehrte er nach Berlin zurück. Er absolvierte den Militärdienst. 1904 promovierte er über »Die Alfonsinischen Tafeln für den Gebrauch eines modernen Rechners«.

Nach der Promotion wurde Wegener Assistent am Aeronautischen Observatorium Lindenberg, südlich von Berlin. Er widmete sich Fragen der meteorologischen Erforschung der Atmosphäre. Vom 5. bis 7. April 1906 führte er mit seinem Bruder Kurt eine 52stündige Ballonfahrt von Bitterfeld nach Jütland und anschließend in den Spessart durch. Damit hatten sie den damaligen Weltrekord im Ballonfahren um 17 Stunden überboten.

1906–1908 war Wegener Mitglied der Danmark-Expedition unter Mylius-Erichsen. In der Vorbereitungszeit entstanden erste Kontakte zu dem Meteorologen Wladimir Köppen. Die auf dieser Expedition in Ostgrönland gewonnenen meteorologischen Ergebnisse der Drachen- und Freiballonaufstiege wurden Grundlage seiner Habilitationsschrift 1909 in Marburg. 1915 erhielt er eine Assistentenstelle am Physikalischen Institut in Marburg.

1912 entstand die »Thermodynamik der Atmosphäre«, und 1912 stellte er erstmals seine Idee von der »Kontinentalverschiebung« in der Öffentlichkeit vor. 1913/14 überquerte er zusammen mit dem Dänen P. Koch das grönländische Inlandeis in Ost-West-Richtung.

Im Ersten Weltkrieg wurde Wegener an der Westfront verwundet. 1915 erschien seine »Entstehung der Kontinente und Ozeane«. Anschließend wurde er als Meteorologe im Militärdienst in Bulgarien und in Dorpat eingesetzt.

1919 übernahm er die Leitung der Abteilung für Theoretische Meteorologie an der Deutschen Seewarte in Hamburg und trat damit die Nachfolge seines Schwiegervaters Wladimir Köppen an. In Zusammenarbeit mit ihm entstand das Werk »Die Klimate der geologischen Vorzeit«. Sein Bruder Kurt war zur selben Zeit ebenfalls an der Deutschen Seewarte in Hamburg tätig. Im Frühjahr 1924 folgte Wegener einem Ruf an die Universität Graz, wo er Geophysik und Meteorologie lehrte. 1929 führte er eine Expedition nach Grönland durch, die der der Jahre 1929/30 als Vorbereitung diente. Auf der deutschen Grönland-Expedition 1930/31, deren Leiter er war, kamen er und sein grönländischer Begleiter Rasmus auf dem Wege von »Eismitte« zur »Weststation« ums Leben.

Weyprecht, Carl
* 18. September 1838 in Darmstadt, † 29. März 1881 in Michelstadt/Odenwald

Carl Georg Ludwig Wilhelm Weyprecht war der Sohn eines Gerichtsadvokaten. Im Alter von knapp vier Jahren zog er mit seinen Eltern nach König im Odenwald, wo er bis zum 14. Lebensjahr eine private Schulausbildung genoß. Den Besuch des Gymnasiums schloß er 1856 in Darmstadt ab. Anschließend trat er in die Kriegsmarine Österreichs ein, das mit seiner Heimat, dem Fürstentum Hessen-Darmstadt, sympathisierte. 1865 begegnete er in Frankfurt dem Geographen August Petermann; es begannen erste Gespräche über gemeinsame Polar-Expeditionen. 1866 im Krieg zwischen Österreich und Preußen nahm er an Österreichs Aktionen in der Adria teil. 1868 wurde er als Navigationsoffizier an Bord des Raddampfers ELISABETH nach Mexiko kommandiert, kehrte aber noch im selben Jahr zurück. Eine Malariaerkrankung machte ihm die Teilnahme an Petermanns Polar-Expeditionen 1868 und 1869 unmöglich. 1870 traf er mit Julius Payer zusammen, der von der 2. Deutschen Nordpolar-Expedition zurückgekehrt war. Mit finanzieller Unterstützung Petermanns konnten Payer und Weyprecht im Sommer 1871 eine Expedition zur Inselgruppe König-Karls-Land östlich von Spitzbergen unternehmen. Die Fahrt ermutigte beide, eine weitere Expedition zur Erforschung des Meeresgebietes östlich von Spitzbergen zu unternehmen. Am 13. Juni 1872 brachen sie mit der in Bremerhaven eigens für diese Expedition gebauten TEGETTHOFF auf. Schon am 21. August war das Schiff vor Novaja Zemlja eingeschlossen. 372 Tage lang führte die Drift nordwärts; zwei Polarwinter waren zu durchstehen. Am 30. August 1873 wurde Franz-Josef-Land entdeckt, das im März und April 1874 auf drei insgesamt 39 Tage dauernden Schlittenreisen erkundet wurde. Im August 1874 kehrte die Expedition ohne die TEGETTHOFF zurück. Für die Auswertung der Ergebnisse wurde Weyprecht von der Marine freigestellt. 1875 trat er mit der Forderung nach einer neuen Konzeption der Polarforschung an die Öffentlichkeit, mit der er letztlich das erste Internationale Polarjahr 1882/83 initiierte. Weyprecht sollte die österreichische Station übernehmen, starb aber überraschend 1881.

18. Wissenschaftliche Programme und Projekte

BIOMASS – Biological Investigations of Marine Antarctic Systems and Stocks. Ziel dieses 1976 initiierten Programms war »ein tieferes Verständnis der Struktur und Dynamik des antarktischen Ökosystems für die künftige Bewirtschaftung seiner lebenden Naturschätze«. Das Programm war auf zehn Jahre angelegt, es umfaßte eine Reihe großer Gemeinschaftsunternehmungen, an dem verschiedene Forschungsschiffe aus dem In- und Ausland beteiligt waren. Das First International BIOMASS-Experiment (FIBEX) 1981 bildete den Auftakt dieser Vorhaben und war das bis dahin größte Unternehmen in der Geschichte der biologischen Meeresforschung. Es folgte 1984/85 das Second International BIOMASS Experiment (SIBEX).

EPOS – European Polarstern Study. EPOS wurde von der Bundesrepublik Deutschland initiiert und stand unter der Schirmherrschaft der European Science Foundation (ESF). An den Feldarbeiten, die vom 11. Oktober 1988 bis zum 10. März 1989 mit der POLARSTERN im Südpolarmeer durchgeführt wurden, beteiligten sich 130 Wissenschaftler von 44 Instituten aus 11 Ländern. Im Vordergrund stand die Erforschung der komplexen Zusammenhänge des antarktischen Ökosystemes.

EUROMAR – Ein Projekt im Rahmen der europäischen Eureka-Initiative mit dem Ziel, in Zusammenarbeit von Industrie und Wissenschaft moderne Technologien zum Schutz des Meeres zu entwickeln.

FRISP – Filchner/Ronne-Ice-Shelf-Programme. Das Filchner-Schelfeisprogramm, an dem sich neben der Bundesrepublik Deutschland Argentinien, Großbritannien, Norwegen, die UdSSR und die USA beteiligen, erforscht seit 1982 den Massenhaushalt und die Eisdynamik des Filchner-Schelfeises.

FSP – Fram Straßen Projekt. Ziel dieses von amerikanischen, norwegischen und deutschen Wissenschaftlern 1983 initiierten Programmes ist die Untersuchung der Wassermassen- und Wärmetransporte durch die Framstraße. In der ersten Phase dieses Programms (1983–88) wurden die Schiffe POLARSTERN, LANCE und VALDIVIA eingesetzt. Von 1991 bis 1993 sollen Dauerregistrierungen des Süßwasser- und Eisexportes aus dem Arktischen Ozean erfolgen.

GANOVEX – German Antarctic North Victoria Land Expedition. Diese Abkürzung wurde von der Bundesanstalt für Geowissenschaften und Rohstoffe zunächst für die Expedition 1979/80 gewählt, aus der sich ein bis heute laufendes Programm entwickelt hat, an dem sich zunehmend ausländische Wissenschaftler beteiligen. Es geht dabei um die Klärung des geologischen Aufbaus und der Erdgeschichte der Antarktis.

GEBCO – General Bathymetric Chart of the Ocean. Für dieses Projekt nimmt die POLARSTERN auf ihren Antarktisreisen bathymetrische Messungen im atlantischen Sektor der Antarktis vor.

GSP – Grönland See Projekt. An diesem Projekt, das 1987 begann, sind die USA, Kanada, Großbritannien, Island, Dänemark, Norwegen und die Bundesrepublik beteiligt. Koordiniert wird das Projekt, das die Prozesse der Bildung des Tiefenwassers in der Grönlandsee untersucht, vom Arctic Ocean Sciences Board.

MIZEX – Marginal Ice Zone Experiment. Im Rahmen des Programms fanden 1983 und 1984 Untersuchungen physikalischer und biologischer Phänomene in der Randzone des arktischen Meereises statt. Für dies Projekt, an dem Wissenschaftler aus sechs europäischen Ländern, den USA und Kanada beteiligt waren, wurden die POLARSTERN, VALDIVIA sowie das Forschungsflugzeug FALCON 2 der DFVLR eingesetzt.

PIPOR – Programme of International Polar Oceans Research. In diesem Programm wird u. a. die Nutzung des ERS-1-Satelliten administrativ und wissenschaftlich betreut.

WOCE – World Ocean Climate Experiment. Das Programm, an dem sich Wissenschaftler aus 47 Ländern beteiligen, hat am 1. Januar 1990 mit den Feldarbeiten begonnen, die bis 1996 laufen werden. Aus der Bundesrepublik Deutschland arbeiten rund 50 Wissenschaftler an diesem internationalen Projekt mit. An den Meßkampagnen werden neben der METEOR die POLARSTERN und die VALDIVIA beteiligt sein.

WWGS 89 – Winter Weddell Gyre Study. An diesem Projekt war von deutscher Seite die POLARSTERN, von sowjetischer die AKADEMIK FEDOROV beteiligt. Es war das zweite Unternehmen des AWI, das der Erforschung des Meereises und seiner Wechselwirkung mit Ozean und Atmosphäre sowie seines Einflusses auf marine Lebensgemeinschaften im antarktischen Spätwinter bei maximaler Eisdeckung diente.

WWSP – Winter-Weddell-See-Projekt. Das Projekt, in dessen Verlauf die POLARSTERN erstmals einen antarktischen Winter (1986) lang im Packeis des Weddell-Meeres eingesetzt wurde, war von einer internationalen Planungsgruppe unter Federführung des Alfred-Wegener-Instituts für Polar- und Meeresforschung in Bremerhaven konzipiert worden. Es ging den teilnehmenden Wissen-

schaftlern in erster Linie darum, die Entwicklung des Packeisgürtels als Folge
groß- und kleinskaliger Wechselwirkungen zwischen Ozean und Atmosphäre
zu erforschen. Ein zweiter Schwerpunkt der Forschungsarbeiten lag auf der
Untersuchung der Lebensgemeinschaften und Lebensprozesse im eisbedeckten
Polarmeer vom Herbst bis zum Frühling.

Diese Übersicht enthält nur eine Auswahl von Projekten. Es sind vor allem
Unternehmungen, die im Text erwähnt, aber nicht näher besprochen wurden
oder deren »Kürzel« dem Leser auch in den Medien begegnen.

19. Der Antarktisvertrag

(Deutsche Übersetzung nach Deutscher Bundestag –
8. Wahlperiode – Drucksache 8/1824 [1978])

Die Regierungen Argentiniens, Australiens, Belgiens, Chiles, der Französischen Republik, Japans, Neuseelands, Norwegens, der Südafrikanischen
Union, der Union der Sozialistischen Sowjetrepubliken, des Vereinigten Kö-
nigreichs Großbritannien und Nordirland und der Vereinigten Staaten von
Amerika,
    in der Erkenntnis, daß es im Interesse der ganzen Menschheit liegt, die Ant-
arktis für alle Zeiten ausschließlich für friedliche Zwecke zu nutzen und nicht
zum Schauplatz oder Gegenstand internationaler Zwietracht werden zu lassen, in Anerkennung der bedeutenden wissenschaftlichen Fortschritte, die sich aus
der internationalen Zusammenarbeit bei der wissenschaftlichen Forschung in
der Antarktis ergeben;
    überzeugt, daß die Schaffung eines festen Fundaments für die Fortsetzung
und den Ausbau dieser Zusammenarbeit auf der Grundlage der Freiheit der
wissenschaftlichen Forschung in der Antarktis, wie sie während des Internationalen Geophysikalischen Jahres gehandhabt wurde, den Interessen der Wissenschaft und dem Fortschritt der ganzen Menschheit entspricht;
    sowie in der Überzeugung, daß ein Vertrag, der die Nutzung der Antarktis
für ausschließlich friedliche Zwecke und die Erhaltung der internationalen Eintracht in der Antarktis sichert, die in der Charta der Vereinten Nationen niedergelegten Ziele und Grundsätze fördern wird –
    sind wie folgt übereingekommen:

Artikel I

1. Die Antarktis wird nur für friedliche Zwecke genutzt. Es werden unter anderem alle Maßnahmen militärischer Art wie die Einrichtung militärischer
   Stützpunkte und Befestigungen, die Durchführung militärischer Manöver
   sowie die Erprobung von Waffen jeder Art verboten.
2. Dieser Vertrag steht dem Einsatz militärischen Personals oder Materials für
   die wissenschaftliche Forschung oder für sonstige friedliche Zwecke nicht
   entgegen.

Artikel II

Die Freiheit der wissenschaftlichen Forschung in der Antarktis und die Zusammenarbeit zu diesem Zweck, wie sie während des Internationalen Geophysikalischen Jahres gehandhabt wurden, bestehen nach Maßgabe dieses Vertrages fort.

Artikel III

1. Um die in Artikel II vorgesehene internationale Zusammenarbeit bei der wissenschaftlichen Forschung in der Antarktis zu fördern, vereinbaren die Vertragsparteien, daß, soweit möglich und durchführbar,
   a) Informationen über Pläne für wissenschaftliche Programme in der Antarktis ausgetauscht werden, um ein Höchstmaß an Wirtschaftlichkeit und Leistungsfähigkeit der Unternehmungen zu ermöglichen;
   b) wissenschaftliches Personal in der Antarktis zwischen Expeditionen und Stationen ausgetauscht wird;
   c) wissenschaftliche Beobachtungen und Ergebnisse aus der Antarktis ausgetauscht und ungehindert zur Verfügung gestellt werden.
2. Bei der Durchführung dieses Artikels wird die Herstellung von Arbeitsbeziehungen auf der Grundlage der Zusammenarbeit mit denjenigen Sonderorganisationen der Vereinten Nationen und anderen internationalen Organisationen, die ein wissenschaftliches oder technisches Interesse an der Antarktis haben, auf jede Weise gefördert.

Artikel IV

1. Dieser Vertrag ist nicht so auszulegen,
   a) als stelle er einen Verzicht einer Vertragspartei auf vorher geltend gemachte Rechte oder Ansprüche auf Gebietshoheit in der Antarktis dar;
   b) als stelle er einen vollständigen oder teilweisen Verzicht einer Vertragspartei auf die Grundlage eines Anspruchs auf Gebietshoheit in der Antarktis dar, die sich aus ihrer Tätigkeit oder derjenigen ihrer Staatsangehörigen in der Antarktis oder auf andere Weise ergeben könnte;
   c) als greife er der Haltung einer Vertragspartei hinsichtlich ihrer Anerkennung oder Nichtanerkennung des Rechts oder Anspruchs oder der Grundlage für den Anspruch eines anderen Staates auf Gebietshoheit in der Antarktis vor.
2. Handlungen oder Tätigkeiten, die während der Geltungsdauer dieses Vertrages vorgenommeen werden, bilden keine Grundlage für die Geltendmachung, Unterstützung oder Ablehnung eines Anspruchs auf Gebietshoheit in der Antarktis und begründen dort keine Hoheitsrechte. Solange dieser Vertrag in Kraft ist, werden keine neuen Ansprüche oder Erweiterungen bestehender Ansprüche auf Gebietshoheit in der Antarktis geltend gemacht.

Artikel V

1. Kernexplosionen und die Beseitigung radioaktiven Abfalls sind in der Antarktis verboten.

2. Werden internationale Übereinkünfte über die Nutzung der Kernenergie einschließlich von Kernexplosionen und der Beseitigung radioaktiven Abfalls geschlossen, denen alle Vertragsparteien angehören, deren Vertreter zur Teilnahme an den in Artikel IX vorgesehenen Tagungen berechtigt sind, so finden die durch solche Übereinkünfte festgelegten Vorschriften in der Antarktis Anwendung.

Artikel VI

Dieser Vertrag gilt für das Gebiet südlich von 60° südlicher Breite einschließlich aller Eisbänke; jedoch läßt dieser Vertrag die Rechte oder die Ausübung der Rechte eines Staates nach dem Völkerrecht in bezug auf die Hohe See in jenem Gebiet unberührt.

Artikel VII

1. Um die Ziele dieses Vertrages zu erreichen und die Einhaltung seiner Bestimmungen zu gewährleisten, hat jede Vertragspartei, deren Vertreter zur Teilnahme an den in Artikel IX vorgesehenen Tagungen berechtigt sind, das Recht, Beobachter zu benennen, welche die im vorliegenden Artikel erwähnten Inspektionen durchführen. Die Beobachter müssen Staatsangehörige der sie benennenden Vertragspartei sein. Die Namen der Beobachter werden jeder anderen Vertragspartei mitgeteilt, die das Recht hat, Beobachter zu benennen; ihre Abberufung wird ebenfalls mitgeteilt.

2. Jeder nach Absatz 1 benannte Beobachter hat jederzeit völlig freien Zugang zu allen Gebieten der Antarktis.

3. Alle Gebiete der Antarktis einschließlich aller Stationen, Einrichtungen und Ausrüstungen in jenen Gebieten sowie alle Schiffe und Luftfahrzeuge an Punkten zum Absetzen oder Aufnehmen von Ladung oder Personal in der Antarktis stehen jedem nach Absatz 1 benannten Beobachter jederzeit zur Inspektion offen.

4. Jede der Vertragsparteien, die ein Recht auf Benennung von Beobachtern haben, kann jederzeit Luftbeobachtungen über einzelnen oder allen Gebieten der Antarktis durchführen.

5. Jede Vertragspartei unterrichtet zu dem Zeitpunkt, zu dem dieser Vertrag für sie in Kraft tritt, und danach jeweils im voraus die anderen Vertragsparteien

   a) über alle nach und innerhalb der Antarktis von ihren Schiffen oder Staatsangehörigen durchgeführten Expeditionen und alle in ihrem Hoheitsgebiet organisierten oder von dort aus durchgeführten Expeditionen nach der Antarktis;

   b) über alle von ihren Staatsangehörigen besetzten Stationen in der Antarktis und

   c) über alles militärische Personal oder Material, das sie unter den in Artikel I Absatz 2 vorgesehenen Bedingungen in die Antarktis verbringen will.

Artikel VIII

1. Um den nach Artikel VII Absatz 1 benannten Beobachtern und dem nach Artikel III Absatz 1 Buchstabe b ausgetauschten wissenschaftlichen Personal sowie den diese Personen begleitenden Mitarbeitern die Wahrnehmung ihrer Aufgaben nach diesem Vertrag zu erleichtern, unterstehen sie – unbeschadet der Haltung der Vertragsparteien bezüglich der Gerichtsbarkeit über alle anderen Personen in der Antarktis – in bezug auf alle Handlungen oder Unterlassungen, die sie während ihres der Wahrnehmung ihrer Aufgaben dienenden Aufenthalts in der Antarktis begehen, nur der Gerichtsbarkeit der Vertragspartei, deren Staatsangehörige sie sind.
2. Unbeschadet des Absatzes 1 werden bis zur Annahme von Maßnahmen nach Artikel IX Absatz 1 Buchstabe e die Vertragsparteien, die an einer Streitigkeit über die Ausübung von Gerichtsbarkeit in der Antarktis beteiligt sind, einander umgehend konsultieren, um zu einer für alle Seiten annehmbaren Lösung zu gelangen.

Artikel IX

1. Vertreter der in der Präambel genannten Vertragsparteien halten binnen zwei Monaten nach Inkrafttreten dieses Vertrages in der Stadt Canberra und danach in angemessenen Abständen und an geeigneten Orten Tagungen ab, um Informationen auszutauschen, sich über Fragen von gemeinsamem Interesse im Zusammenhang mit der Antarktis zu konsultieren und Maßnahmen auszuarbeiten, zu erörtern und ihren Regierungen zu empfehlen, durch welche die Grundsätze und Ziele des Vertrages gefördert werden, darunter Maßnahmen
   a) zur Nutzung der Antarktis für ausschließlich friedliche Zwecke;
   b) zur Erleichterung der wissenschaftlichen Forschung in der Antarktis;
   c) zur Erleichterung der internationalen wissenschaftlichen Zusammenarbeit in der Antarktis;
   d) zur Erleichterung der Ausübung der Inspektionsrechte nach Artikel VII;
   e) im Zusammenhang mit Fragen betreffend die Ausübung von Gerichtsbarkeit in der Antarktis;
   f) zur Erhaltung und zum Schutz der lebenden Schätze in der Antarktis.
2. Jede Vertragspartei, die durch Beitritt nach Artikel XIII Vertragspartei geworden ist, ist zur Benennung von Vertretern berechtigt, die an den in Absatz 1 genannten Tagungen teilnehmen, solange die betreffende Vertragspartei durch die Ausführung erheblicher wissenschaftlicher Forschungsarbeiten in der Antarktis wie die Einrichtung einer wissenschaftlichen Station oder die Entsendung einer wissenschaftlichen Expedition ihr Interesse an der Antarktis bekundet.
3. Berichte der in Artikel VII genannten Beobachter werden den Vertretern der Vertragsparteien übermittelt, die an den in Absatz 1 genannten Tagungen teilnehmen.
4. Die in Absatz 1 genannten Maßnahmen werden wirksam, sobald sie von allen Vertragsparteien genehmigt worden sind, deren Vertreter zur Teilnahme an den zur Erörterung dieser Maßnahmen abgehaltenen Tagungen berechtigt waren.

5. Einzelne oder alle der in diesem Vertrag vorgesehenen Rechte können vom Tag des Inkrafttretens des Vertrags an ausgeübt werden, gleichviel ob Maßnahmen zur Erleichterung der Ausübung solcher Rechte nach diesem Artikel vorgeschlagen, erörtert oder genehmigt worden sind.

Artikel X

Jede Vertragspartei verpflichtet sich, geeignete, im Einklang mit der Charta der Vereinten Nationen stehende Anstrengungen zu unternehmen, um zu verhindern, daß in der Antarktis eine Tätigkeit entgegen den Grundsätzen oder Zielen dieses Vertrages aufgenommen wird.

Artikel XI

1. Entsteht zwischen zwei oder mehr Vertragsparteien eine Streitigkeit über die Auslegung oder Anwendung dieses Vertrages, so konsultieren die betreffenden Vertragsparteien einander, um die Streitigkeit durch Verhandlung, Untersuchung, Vermittlung, Vergleich, Schiedsverfahren, gerichtliche Beilegung oder sonstige friedliche Mittel ihrer Wahl beilegen zu lassen.
2. Jede derartige Streitigkeit, die nicht auf diese Weise beigelegt werden kann, wird – jeweils mit Zustimmung aller Streitparteien – dem Internationalen Gerichtshof zur Beilegung unterbreitet; wird keine Einigkeit über die Verweisung an den Internationalen Gerichtshof erzielt, so sind die Streitparteien nicht von der Verpflichtung befreit, sich weiterhin zu bemühen, die Streitigkeit durch eines der verschiedenen in Absatz 1 genannten friedlichen Mittel beizulegen.

Artikel XII

1. a) Dieser Vertrag kann jederzeit durch einhellige Übereinstimmung der Vertragsparteien, deren Vertreter zur Teilnahme an den in Artikel IX vorgesehenen Tagungen berechtigt sind, geändert oder ergänzt werden. Eine solche Änderung oder Ergänzung tritt in Kraft, wenn die Verwahrregierung von allen diesen Vertragspartnern die Anzeige erhalten hat, daß sie sie ratifiziert haben.
   b) Danach tritt eine solche Änderung oder Ergänzung für jede andere Vertragspartei in Kraft, wenn deren Ratifikationsanzeige bei der Verwahrregierung eingegangen ist. Jede Vertragspartei, von der binnen zwei Jahren nach Inkrafttreten der Änderung oder Ergänzung nach Buchstabe a keine Ratifikationsanzeige eingegangen ist, gilt mit Ablauf dieser Frist als von dem Vertrag zurückgetreten.
2. a) Eine Konferenz aller Vertragsparteien wird so bald wie möglich abgehalten, um die Wirkungsweise dieses Vertrages zu überprüfen, wenn nach Ablauf von dreißig Jahren nach Inkrafttreten des Vertrags eine der Vertragsparteien, deren Vertreter zur Teilnahme an den in Artikel IX vorgesehenen Tagungen berechtigt sind, durch eine Mitteilung an die Verwahrregierung darum ersucht.
   b) Jede Änderung oder Ergänzung dieses Vertrages, die auf einer solchen Konferenz von der Mehrheit der dort vertretenen Vertragsparteien einschließlich einer Mehrheit derjenigen genehmigt worden ist, deren Vertre-

ter zur Teilnahme an den in Artikel IX vorgesehnen Tagungen berechtigt sind, wird von der Verwahrregierung allen Vertragsparteien sofort nach Abschluß der Konferenz mitgeteilt und tritt gemäß Absatz 1 in Kraft.

c) Ist eine solche Änderung oder Ergänzung nicht binnen zwei Jahren nach Mitteilung an alle Vertragsparteien gemäß Absatz 1 Buchstabe a in Kraft getreten, so kann jede Vertragspartei jederzeit nach Ablauf dieser Frist der Verwahrregierung ihren Rücktritt von diesem Vertrag mitteilen; der Rücktritt wird zwei Jahre nach Eingang der Mitteilung bei der Verwahrregierung wirksam.

Artikel XIII

1. Dieser Vertrag bedarf der Ratifikation durch die Unterzeichnerstaaten. Er liegt für jeden Staat zum Beitritt auf, der Mitglied der Vereinten Nationen ist, sowie für jeden anderen Staat, der mit Zustimmung aller Vertragsparteien, deren Vertreter zur Teilnahme an den in Artikel IX vorgesehenen Tagungen berechtigt sind, zum Beitritt eingeladen wird.

2. Die Ratifikation dieses Vertrages oder der Beitritt dazu wird durch jeden Staat nach Maßgabe seiner verfassungsrechtlichen Verfahren durchgeführt.

3. Ratifikationsurkunden und Beitrittsurkunden werden bei der Regierung der Vereinigten Staaten von Amerika hinterlegt, die hiermit zur Verwahrregierung bestimmt wird.

4. Die Verwahrregierung teilt allen Unterzeichnerstaaten und beitretenden Staaten den Tag der Hinterlegung jeder Ratifikations- oder Beitrittsurkunde sowie den Tag des Inkrafttretens des Vertrages und etwaiger Änderungen oder Ergänzungen desselben mit.

5. Nach Hinterlegung der Ratifikationsurkunden durch alle Unterzeichnerstaaten tritt dieser Vertrag für jene Staaten und für Staaten in Kraft, die Beitrittsurkunden hinterlegt haben. Danch tritt der Vertrag für jeden beitretenden Staat mit Hinterlegung seiner Beitrittsurkunde in Kraft.

6. Die Verwahrregierung läßt diesen Vertrag nach Artikel 102 der Charta der Vereinten Nationen registrieren.

Artikel XIV

Dieser Vertrag, der in englischer, französischer, russischer und spanischer Sprache abgefaßt ist, wobei jede Fassung gleichermaßen verbindlich ist, wird im Archiv der Regierung der Vereinigten Staaten von Amerika hinterlegt; diese übermittelt den Regierungen der Unterzeichnerstaaten und beitretenden Staaten gehörig beglaubigte Abschriften.

ZU URKUND DESSEN haben die unterzeichneten, gehörig befugten Bevollmächtigten diesen Vertrag unterschrieben.

Geschehen zu Washington am 1. Dezember 1959.

Literatur- und Quellenverzeichnis

I. Die Erforschung der Arktis bis 1945

Abel, Herbert, und Hans Jessen: Kein Weg durch das Packeis. Anfänge der deutschen Polarforschung (1868–1889). (= Schriften der Wittheit zu Bremen D 21.) 1954.

Adamietz, Horst: Gezeiten der Schiffahrt. Nach Protokollen und Dokumenten des hundertjährigen Bremer Rhedervereins. Bremen 1984.

Ahlmann, Axel: Der Kampf um den Nord- und Südpol. Berlin o. J.

Andersch, Alfred: Hohe Breitengrade oder Nachrichten von der Grenze. Zürich 1969.

Anderson, Alan H.: Die Drift der Kontinente. Alfred Wegeners Theorie im Licht neuer Forschungen. Wiesbaden 1974.

Aufruf. In: Hansa 1869, S. 1143.

Aus dem Nordmeer. = Beilage zu Hansa 8, 1871, S. 192.

Barrow, John: A Chronological History of Voyages into the Arctic Regions; undertaken chiefly for the purpose of discovering a North-East, North-West or Polar passage between the Atlantic and Pacific. London 1818 (Nachdruck Newton Abbot 1971).

Barüske, Heinz: Grönland. Reise in das Wunderland der Arktis. Berlin 1977.

Baumann, Arthur: Erdmagnetische Arbeiten bei der »Haudegen«-Expedition im Nordostland Spitzbergens 1944–45 (Zusammenfassung). In: Polarforschung 2 (18), 1948, S. 33 f.

Bayer, Th. v.: Über den Polarkreis. Leipzig 1889.

Becker, Richard, und Gerhard Heinz Baumann: Beiträge zur Meteorologie des Luftweges über Grönland. (= Archiv der Deutschen Seewarte 52, 1933, 4.)

Behncke, Paul: Begrüßung der Grönland-Expedition Alfred Wegener. In: Zeitschrift der Gesellschaft für Erdkunde zu Berlin 1932, S. 83 f.

Bemerkungen über den Cumberland-Sund und seine Bewohner. In: Deutsche Geographische Blätter 6, 1883, S. 347–357.

Bericht über die Arbeiten der deutschen Polarstation 1932/33. In: Polarforschung 3, 1933, 1, S. 9 f.

Bericht über die Gründung eines »Ausschusses für die Errichtung einer Deutschen Polarstation, E. V.«. In: Polarforschung 2, 1932, 1, S. 5 f.

Bericht über die Spitzbergen-Expedition Deutscher Studenten 1936. In: Polarforschung 6, 1936, 2, S. 1–4.

Berichte von der Deutschen Nordpolar-Expedition bis zum 29. Juli 1869. In: Petermann's Geographische Mittheilungen 15, 1869, S. 309.

Berson, A., und Leonid Breitfuß (Hrsg.): Aeroarctic. Internationale Gesellschaft zur Erforschung der Arktis mit Luftfahrzeugen. Verhandlungen der II. ordentlichen Versammlung in Leningrad 18.–23. Juni 1928. (= Petermanns Geographische Mitteilungen, Ergänzungsheft 201.) Gotha 1929.

Berson, A., und R. L. Samoilowitsch und L. Weickmann: Die Arktisfahrt des Luftschiffes Graf Zeppelin im Juli 1931. (= Petermanns Geographische Mitteilungen, Ergänzungsheft 216.) Gotha 1933.

Bessels, Emil: Überwinterung der Mannschaft des Amerikanischen Expeditionsschiffes Polaris in Lifeboat Cove (Smith-Sund) 1872/3. In: Petermann's Geographische Mittheilungen 19, 1873, S. 401–408.

Börgen, Carl: Die internationalen Polar-Expeditionen. In: Deutsche Geographische Blätter 5, 1882, S. 283–307.

Börgen, Carl: Über eine Gradmessung in Ostgrönland. In: Deutsche Geographische Blätter 3, 1879, S. 98–105.

Börgen, Carl, und R. Copeland: Kurze Geschichte der Überwinterungen in den arktischen Regionen während der letzten 50 Jahre. In: Petermann's Geographische Mittheilungen 15, 1869, S. 142–154.

Botting, Douglas: Die Luftschiffe. Amsterdam ²1982.

Breitfuß, Leonid: Arktis. Der derzeitige Stand unserer Kenntnisse über die Erforschung der Nordpolargebiete. Berlin 1939.

Breitfuß, Leonid: Chronologische Liste mit Sachregister wissenschaftlicher Veröffentlichungen 1896–1954. Hamburg 1957.

Breitfuß, Leonid: Das Nordpolargebiet. Seine Natur, Bedeutung und Erforschung. (= Verständliche Wissenschaft 48.) Berlin 1943.

Breitfuß, Leonid: Die Erforschung der Arktis mit dem Luftschiff. In: Petermanns Geographische Mitteilungen 71, 1925, S. 162–165.

Breitfuß, Leonid: Die Erforschung des Polargebietes Russisch-Eurasiens. See- und Landreisen während der Jahre 1912–24. (= Petermanns Geographische Mitteilungen, Ergänzungsheft 188.) Gotha 1925.

Breitfuß, Leonid: Erzwungene aber verspätete Aufschlüsse über die Unstimmigkeiten in der Murman-Expedition. Manuskript Hamburg 1949.

Breitfuß, Leonid (Hrsg.): Internationale Studiengesellschaft zur Erforschung der Arktis mit dem Luftschiff (Aeroarctic). Verhandlungen der 1. Ordentl. Versammlung in Berlin, 9.–13. November 1926. (= Petermanns Geographische Mitteilungen, Ergänzungsheft 191.) Gotha 1927.

Breitfuß, Leonid: Kurzer Überblick über die Tätigkeit der wissenschaftlichen Murman-Expedition 1898–1904. In: Mitteilungen des Deutschen Seefischerei-Vereins, 1905, 7/8, S. 1–20.

Brehm, Alfred Edmund: Reise zu den Kirgisen. Aus dem Sibirien-Tagebuch 1876. Leipzig 1982.

Brief des Kapitän Dallmann aus Hammerfest über seine Fahrt nach dem Jenisséi und zurück. In: Deutsche Geographische Blätter 1, 1877, S. 216.

Carsten, Wilm: Die GRÖNLAND ›schoß den Vogel ab‹. Mit 111jährigem Forschungsschiff zum Windjammertreffen nach Oslo. In: Köhlers Flottenkalender 1970, S. 83f.

Clausberg, Karl: Zeppelin. Die Geschichte eines unwahrscheinlichen Erfolges. München 1989.

Cremer, Leo: Ein Ausflug nach Spitzbergen. Berlin 1892.

Das Begleitschiff HANSA. In: Hansa 7, 1870, S. 180.

Das neu entdeckte Polarland und die Expeditionen im Eismeere nördlich der Bering-Strasse von 1648 bis 1867. In: Petermann's Geographische Mittheilungen 15, 1869, S. 26–37.

Defant, Albert: Neue deutsche ozeanographische Expeditionen in den Nordatlantischen Ozean. In: Zeitschrift der Gesellschaft für Erdkunde zu Berlin 1937, S. 52.

Dege, Wilhelm: Das Nordostland von Spitzbergen. Studien zu einer Landeskunde. In: Polarforschung 2 (16), 1946, S. 72–83; (17), 1947, S. 154–163.

Dege, Wilhelm: Die heutige Besiedlung und Wirtschaft Spitzbergens. In: Petermanns Geographische Mitteilungen 85, 1939, S. 166–171.

Dege, Wilhelm: Einige Beobachtungen über Dämmerungserscheinungen auf der Station »Haudegen«, Nordostgrönland, 80° 4′ N, 22° 24 E im Winter 1945. In: Polarforschung 3 (23), 1953, S. 237–239. (Station Haudegen auf 80° N, 22° E befand sich auf Nordostland Spitzbergens!)

Dege, Wilhelm: Jan Mayen während des Krieges. In: Polarforschung 3 (22), 1952, S. 192 f.

Dege, Wilhelm: Svalbard während und nach dem Kriege. In: Polarforschung 3 (22), 1952, S. 169–172.

Dege, Wilhelm: Vorläufiger Bericht meiner Spitzbergen-Expedition 1938. In: Polarforschung 8, 1938, 2, S. 5 f.

Dege, Wilhelm: Vorläufiger Bericht über meine Spitzbergenfahrt 1938. In: Petermanns Geographische Mitteilungen 85, 1939, S. 162–166.

Dege, Wilhelm: Wettertrupp Haudegen. Eine deutsche Arktis-Expedition 1944/45. Wiesbaden 1954.

Der Nordpol und Südpol, die Wichtigkeit ihrer Erforschung in geographischer und kulturhistorischer Beziehung. In: Petermann's Geographische Mittheilungen 1865, S. 146–160.

Deutsche Beteiligung am Internationalen Polarjahr. In: Polarforschung 2, 1932, 2, S. 3 f.

Deutsche Funktechnische Expedition in Tromsö. In: Polarforschung 4, 1934, 2, S. 1.

Deutsche Inlandeis-Expedition nach Grönland Sommer 1929 unter Leitung von Alfred Wegener. Vorläufiger Bericht über die Ergebnisse. In: Zeitschrift der Gesellschaft für Erdkunde zu Berlin 1930, S. 81–124.

Deutsche Spitzbergen-Expedition 1937. In: Polarforschung 7, 1937, 2, S. 1 f.

Deutsche Spitzbergen-Expedition unter Dr. W. Ankersen. In: Atlantis 1930, S. 471–474.

Die bevorstehenden ersten Erkundungs- und Forschungsfahrten der Aeroarctic im Frühjahr 1930 mit dem GRAF ZEPPELIN. In: Arktis 2, 1929, S. 26–28.

Die Deutsche Nordfahrt des Herrn Barto v. Löwenigh im Jahre 1827. In: August Petermann: Spitzbergen und die arktische Central-Region. (= Petermann's Geographische Mittheilungen, Ergänzungsheft 16.) Gotha 1865, S. 39–67.

Die Deutsche Nordpol-Expedition. In: Petermann's Geographische Mitteilungen 1868, S. 332–342.

Die Deutsche Nordpolar-Expedition, erste briefliche Nachrichten über ihren Verlauf vom 15. Juni bis 29. Juli 1869. In: Petermann's Geographische Mittheilungen 15, 1869, S. 341–350.

Die Deutsche Nordpolar-Expedition vom 15. Juni 1869 bis zum 11. September 1870. In: Petermann's Geographische Mittheilungen 16, 1870, S. 408–421.

Die Eisverhältnisse in den Polarmeeren und die Möglichkeit des Vordringens in Schiffen bis hin zu den höchsten Breiten. In: Petermann's Geographische Mittheilungen 1865, S. 136–146.

Die Entdeckung eines offenen Polarmeeres durch Payer und Weyprecht im September 1871. In: Beilage zu Hansa 8, 1871, S. 192–194.

Die Expedition des Deutschen Seefischerei-Vereins in das nördliche Eismeer vom Jahre 1899. In: Mittheilungen des Deutschen Seefischerei-Vereins 16, 1900, S. 1.

Die Große Nordische Expedition von 1733 bis 1743. Aus Berichten der Forschungsreisenden Johann Georg Gmelin und Georg Wilhelm Steller. Leipzig, Weimar 1990.

Die internationale Polarforschung 1882–1883. Die Deutschen Expeditionen und ihre Ergebnisse. Band 1. Geschichtlicher Teil. Berlin 1891.

Die Nordische Jagd GRÖNLAND. In: Kehrwieder 26, 1981, S. 11, 17.

Die Nordpolar-Expeditionen von 1869. In: Hansa 6, 1869, S. 1187f.

Die Nordpolfrage. In: Petermann's Geographische Mittheilungen 1868, S. 169–175.

Die 2. Deutsche Nordpolar-Expedition. In: Hansa 6, 1869, S. 1132f., 1218f.

Die zweite deutsche Nordpolar-Expedition. Officielle Mittheilungen des Bremischen Comités. Braunschweig ²1870.

Die zweite Deutsche Nordpolar-Expedition und die Fahrt des Dampfers BIENENKORB. In: Petermann's Geographische Mittheilungen 15, 1869, S. 105f.

Die zweite deutsche Nordpolarfahrt in den Jahren 1869 und 1870. 2 Bände. Leipzig 1873f.

Dittmer, R.: Das Nord-Polarmeer. Nach Tagebüchern und Aufnahmen während der Reise mit Sr. Maj. Schiff OLGA. Hannover 1901.

Doblhoff, Robert: Julius von Payer als Maler. In: Polarforschung 3 (21), 1951, S. 17–20.

Dominik, H.: Doktor Max Grotewahl, seine Spitzbergen-Expedition 1925 und die Deutsche Polarjahr-Kommission. In: Zeitschrift der Gesellschaft für Erdkunde zu Berlin 1933, S. 221f.

Dorst, F. J.: Die Eisbewegungen im Grönländischen Meer 1869. In: Petermann's Geographische Mittheilungen 23, 1877, S. 174ff.

Drasche, Richard v.: Dr. Richard v. Drasche's geologische Reise nach Spitzbergen, Juli und August 1873. In: Petermann's Geographische Mittheilungen 19, 1873, S. 408–410.

Drei neue Grönland-Durchquerungen. In: Zeitschrift der Gesellschaft für Erdkunde zu Berlin 1913, S. 566–571.

Dr. Emil Bessels. In: Deutsche Rundschau für Geographie und Statistik 4, 1882, S. 139f.

Dreyer-Eimbcke, Oswald: Island, Grönland und das nördliche Eismeer im Bild der Kartographie seit dem 10. Jahrhundert. (= Mitteilungen der geographischen Gesellschaft in Hamburg 77.) Wiesbaden 1987.

Drygalski, Erich v.: Bericht über den Verlauf und die vorläufigen Ergebnisse der Grönland-Expedition der Gesellschaft für Erdkunde. In: Verhandlungen der Gesellschaft für Erdkunde 20, 1893, S. 438–454.

Drygalski, Erich v.: Die Zeppelin-Studienfahrt nach Spitzbergen und ins nördliche Eismeer im Sommer 1910. In: Zeitschrift der Gesellschaft für Erdkunde zu Berlin 1911, S. 1–14.

Drygalski, Erich v.: Grönland-Expedition der Gesellschaft für Erdkunde zu Berlin 1891–1893. Band 1. Berlin 1897.

Drygalski, Erich v.: Grönlands Eis und sein Vorland. Berlin 1897. (= Grönland-Expedition der Gesellschaft für Erdkunde zu Berlin 1891–1893, Bd. 1.)

Drygalski, Erich v.: Grönlands Gletscher und Inlandeis. In: Zeitschrift der Gesellschaft für Erdkunde zu Berlin 27, 1892, S. 1ff.

Drygalski, Erich v.: Über die im Auftrage der Gesellschaft ausgeführte Vorexpedition nach West-Grönland. In: Verhandlungen der Gesellschaft für Erdkunde 18, 1891, S. 445–471.

Drygalski, Erich v.: Vorexpedition nach West-Grönland. In: Verhandlungen der Gesellschaft für Erdkunde 18, 1891, S. 268f., 403–409.

Ehrenberg, C. G.: Einige Betrachtungen über das noch unbekannte Leben am Nordpol. In: Zeitschrift der Gesellschaft für Erdkunde zu Berlin 2, 1867, S. 201–207.

Eine neue Fischereiunternehmung im nördlichen Eismeere. In: Deutsche Geographische Blätter 3, 1879, S. 31–36.

Eine Organisation für Polar- und Forschungsexpeditionen. In: Zeitschrift der Gesellschaft für Erdkunde zu Berlin 1914, S. 223 f.

Entdecker, Forscher, Abenteurer. Sternstunden der Menschheit. Die Eroberung der Erdpole. Köln o. J.

Entdeckung eines neuen Polarlandes durch den Amerikanischen Kapitän Long, 1867. In: Petermann's Geographische Mittheilungen 1868, S. 1–6.

Erste ordentliche Versammlung der internationalen Studiengesellschaft zur Erforschung der Arktis mit dem Luftschiff. In: Zeitschrift der Gesellschaft für Erdkunde zu Berlin 1927, S. 62 f.

Erster Bericht von unserer ersten Deutschen Polarstation 1932/33. In: Polarforschung 2, 1932, 2, S. 2 f.

Eschels, Jens Jacob: Lebensbeschreibung eines alten Seemannes von ihm selbst und zunaechst fuer seine Familie geschrieben. 1835. (Nachdruck Husum 1983.).

Fahrten nach dem Eismeere im Norden von Sibirien. In: Deutsche Geographische Blätter 1, 1877, S. 112.

Fanck, Arnold: Mit der Kamera in Grönland. Rolleiflexaufnahmen von der Universal-Fanck-Grönland-Expedition 1932. Halle o. J.

Fanck, Arnold: SOS Eisberg. Mit Dr. Fanck und Ernst Udet in Grönland. München 1933.

Felden, Dietmar: Ein Leben für die Arktis. Die Nordpolarexpeditionen von Rudolf Samoilowitsch. Leipzig 1986.

Filchner, Wilhelm, und Heinrich Seelheim. Quer durch Spitzbergen. Eine deutsche Übungsexpedition im Zentralgebiet östlich des Eisfjords. Berlin 1911.

Fink, Ortwin: Auf dem Kurs der Raben. Mein arktisches Bordbuch. Hamburg 1963.

Flegg, Jim, Eric Hosking und David Hosking: Poles Apart. The Natural Worlds of the Arctic and Antarctic. London, New York 1990.

Först, Johannes: Geschichte der Entdeckung Grönlands von den ältesten Zeiten bis zum Anfang des 19. Jahrhunderts. Diss. Worms 1906.

Förster, Hans Albert: Der weiße Weg. Forscher erobern die Arktis. Leipzig 1952.

Fränz, K., und G. Leithäuser: Die funkwissenschaftliche Expedition der Heinrich-Hertz-Gesellschaft nach Tromsö. In: Polarforschung 5, 1935, 2, S. 3 f.

Freeden, Wilhelm v.: Die wissenschaftlichen Ergebnisse der ersten Deutschen Nordfahrt, 1868. In: Petermann's Geographische Mittheilungen 15, 1869, S. 201–219.

Friedrich, Herbert: Die Eissee. Die letzte Reise des Willem Barents. Berlin 1990.

Friis, Achton: Im Grönlandeis mit Mylius-Erichsen. Die DANMARK-Expedition 1906–1908. Leipzig 1910.

Frisch, Wolfgang, und Jörg Loeschke: Plattentektonik. (= Erträge der Forschung 236.) Darmstadt 1990.

Georgi, Johannes: Alfred Wegener † zum 80. Geburtstag (1. November 1960). In: Polarforschung 1960, 2. Beiheft.

Georgi, Johannes: Deutschland in der Polarforschung. In: Natur und Volk 67, 1937, S. 419–429, 483–493.

Georgi, Johannes: Die wichtigsten Forschungsreisen in das Nord- und Südpolargebiet. In: Kosmos-Kalender 1950, S. 3–23.

Georgi, Johannes: Im Eis vergraben. Erlebnisse auf Station »Eismitte« der letzten Grönland-Expedition Alfred Wegeners. München 1933.

Georgi, Johannes: Ueber Wesen und Bedeutung der Polarforschung. (= Mitteilungen der Nordischen Gesellschaft, Hamburg-Kontor, 14.) Hamburg 1941.

Georgi, Johannes: Über Sinn und Zweck der Polarforschung. In: Polarforschung 2 (18), 1948, S. 1–4.

Georgi, Johannes: Vorschläge für meteorologische Messungen bei künftiger Grönland-Expedition. In: Polarforschung 3 (22), 1952, S. 146–161.

Georgi, Johannes: Wilhelm Meinardus, Nestor der deutschen Polarforschung, zum 85. Geburtstag. In: Polarforschung 3 (22), 1952, S. 181–185.

Godthaab-Expedition 1930. In: Polarforschung 1, 1931, 1, S. 2.

Gosudarstvennyj komitet SSSR po gidrometeorologii i kontrol'ju prirodnoj sredy, Ordena Lenina arktičeskij i antarktičeskij naučno-issledovatel'skij institut (Hrsg.): Atlas Arktiki. Moskva 1985.

Gronau, Wolfgang v.: Weltflieger. Erinnerungen 1926–1947. Stuttgart 1957.

Grotewahl, Max: Bericht über die Arbeiten der deutschen Polarstation 1932/33. In: Polarforschung 3, 1933, 1, S. 9 f.

Grotewahl, Max: Bericht über die Fortführung der Arbeiten der deutschen Polarstation im Jahre 1933. In: Polarforschung 3, 1933, 2, S. 1 f.

Grotewahl, Max: Die Deutsche Polarstation Kajartalik. In: Polarforschung 4, 1934, 2, S. 3–5.

Grotewahl, Max: Erster Bericht von unserer Deutschen Polarstation 1932/33. In: Polarforschung 2, 1932, 2, S. 2 f.

Grotewahl, Max: Internationales Polarjahr 1932/33. In: Polarforschung 1, 1931, 1, S. 6.

Grotewahl, Max: Über eine Expedition nach Spitzbergen. In: Zeitschrift der Gesellschaft für Erdkunde zu Berlin 1926, S. 381 f.

Grotewahl, Max: Wegener-Expedition zurück. In: Polarforschung 1, 1931, 1, S. 5.

Grotewahl, Max: Zeppelin-Polarfahrt 1931. In: Polarforschung 1, 1931, 1, S. 6.

Grümmer, Gerhard (Hrsg.): Nördlich von Europa. Reisen deutschsprachiger Forscher nach Grönland, Spitzbergen und anderen Inseln der Arktis in den Jahren zwischen 1760 und 1912. Berlin 1989.

Grünfeld, H. P. H.: Nordpolarfahrten im allgemeinen sowie die deutschen Expeditionen in den Jahren 1868 bis 1870 insbesondere. Schleswig 1882.

Guspietsch, Theodor: Hans-Robert Knoespel zum Gedächtnis. In: Polarforschung 2 (15), 1945, S. 25–27.

Gütschow, Fred: Das Luftschiff. Geschichte, Technik, Zukunft. Stuttgart 1985.

Hacquebord, Louwrens: Smeerenburg. Zeugnisse vom frühesten Spitzbergen-Walfang im 17. Jahrhundert. Ausstellungskatalog Bremerhaven 1988.

Hahne, Hermann A.: Dr. Ernst Sorge †. In: Polarforschung 2 (16), 1946, S. 120 f.

Hansmann, Fr.: Die Entdeckungsgeschichte der nördlichsten Gebiete von Asien, zwischen Lena und Jenissei, 1734–1866. In: Petermann's Geographische Mittheilungen 19, 1873, S. 9–21.

Hassert, Kurt: Die Polarforschung. Geschichte der Entdeckungsreisen zum Nord- und Südpol von den ältesten Zeiten bis zur Gegenwart. (= Aus Natur- und Geisteswelt 38.) Leipzig 1902.

Hassert, Kurt: Die Polarforschung. Geschichte der Entdeckungsreisen zum Nord- und Südpol. München 1956.

Heer, Oswald: Ueber die neuesten Entdeckungen im hohen Norden. Zürich 1869.

Hellwald, Friedrich v.: Im ewigen Eis. Geschichte der Nordpol-Fahrten von den ältesten Zeiten bis auf die Gegenwart. Stuttgart 1881.

Henking: Die Expedition nach der Bären-Insel im Jahre 1900. Berlin 1901.

Herdemerten, Kurt: Die weiße Wüste. Mit Alfred Wegener in Grönland. Wiesbaden 1951.

Herdemerten, Kurt: Jakunguaq. o. O., o. J.

Hergesell, H.: Unsere geplante Polarfahrt mit Zeppelinluftschiffen. Eine Entgegnung auf Prof. Sievers' kritische Betrachtung. In: Petermanns Geographische Mitteilungen 1911, 2, S. 241–246.

Hergesell, H. (Hrsg.): Das Deutsche Observatorium in Spitzbergen. Beobachtungen und Ergebnisse I. (= Schriften der Wissenschaftlichen Gesellschaft in Straßburg 21.) Straßburg 1914.

Herrmann, Ernst: Das Nordpolarmeer. Das Mittelmeer von morgen. Berlin 1949.

Herrmann, Ernst: Die Pole der Erde. Berlin 1959.

Herrmann, Ernst: Mit dem Fieseler Storch ins Nordpolarmeer. Berlin 1942.

Herrmann, Ernst: Wege zum Nordpol. Forscher und Abenteurer im ewigen Eis. Braunschweig 1940.

Herwig, Walther: Die Expedition des Deutschen Seefischerei-Vereins in das nördliche Eismeer vom Jahre 1899. In: Mitteilungen des Deutschen Seefischerei-Vereins 16, 1900, S. 1.

Heuglin, M. Theodor v.: Reisen nach dem Nordpolarmeer in den Jahren 1870 und 1871. 3 Bände. Braunschweig 1872–74.

Hoel, Adolf: Die Verwendung von Luftfahrzeugen bei der Erforschung der Polargebiete. In: Zeitschrift der Gesellschaft für Erdkunde zu Berlin 1938, S. 161–175.

Holzapfel, Rupert: Deutsche Polarforschung 1940/45. In: Polarforschung 3 (21), 1951, S. 85–96.

Houben, H. H.: Der Ruf des Nordens. Abenteuer und Heldentum der Nordpolarfahrer. Berlin 1927.

Hübsch, Ulrich: August Petermann 1822–1878. In: Polarforschung 48, 1978, S. 183–187.

Hull, Blanche Brandon: History of Meteorological and Oceanographic Observations at North Atlantic and North Pacific Ocean Stations 1945–1950. Washington, D. C. 1952.

Hürlimann, Martin: Zwischen Bodensee und Spitzbergen. Der erste Nordlandflug des GRAF ZEPPELIN. In: Atlantis 1930, S. 449–467.

Jacobsen, Adrian: Die weiße Grenze. Abenteuer eines alten Seebären rund um den Polarkreis. Leipzig 1931.

Jacobshagen, Volker: Alfred Wegener 1880–1930. Leben und Werk. Ausstellungskatalog Berlin 1980.

Jaeger, Werner: Die Erste Deutsche Nordpolar-Expedition 1868 mit der Jacht GRÖNLAND. In: Schiff und Zeit 4, 1976, S. 24–28.

Jaeger, Werner: Die »Zweite Deutsche Nordpolar-Expedition 1869/70« mit den Schiffen GERMANIA und HANSA. In: Schiff und Zeit 9, 1979, S. 49–55.

Janke, O. (Hrsg.): Nordpolarfahrten. Berichte von K. Koldewey, K. P. A. Hegemann, J. Payer, F. Nansen, B. Nordahl, H. Johansen, K. Sverdrup u. Prinz Ludwig Amadeus von Savoyen. Berlin 1910.

Jurk, Wolfgang, und Detlev Ellmers: Kurs Spitzbergen. Walfang – Expeditionen – Kreuzfahrten. Münster 1977.

Kapitän R. Werner's vereitelte Rekognoscirungsfahrt nach Norden. In: August Petermann: Spitzbergen und die arktische Central-Region. (= Petermann's Geographische Mittheilungen, Ergänzungsheft 16.) Gotha 1865, S. 14–26.

Kiedel, Klaus-Peter: Eine Expedition nach Grönland im Jahre 1473. In: Deutsches Schiffahrtsarchiv 3, 1980, S. 115–140.

Klutschak, Heinrich W.: Die Eskimos von Hudson-Bai. In: Deutsche Rundschau für Geographie und Statistik 3, 1881, S. 417–423.

Klutschak, Heinrich W.: Die Insel Jan Mayen. In: Deutsche Rundschau für Geographie und Statistik 4, 1882, S. 309–312.

Knäusel, Hans G.: LZ 1. Der erste Zeppelin. Geschichte einer Idee 1874–1908. Bonn 1985.

Koch, Hans: Erlebnisse einer Reise zum Zwecke wissenschaftlicher Untersuchungen nach Spitzbergen. In: Polarforschung 6, 1936, 1, S. 1 f.

Koch, J. P.: Unsere Durchquerung Grönlands 1912–1913. In: Zeitschrift der Gesellschaft für Erdkunde zu Berlin 1914, S. 34–50.

Koch, K. R.: Die Küste Labradors und ihre Bewohner. In: Deutsche Geographische Blätter 7, 1884, S. 151 ff.

Koglbauer, Matthias: Grönlandwinter. Mit dem Hundeschlitten durch die Arktis. Stuttgart 1979.

Kohl, J. G.: Die erste Deutsche, von der Weser aus um das Jahr 1040 veranstaltete Entdeckungsreise zum Nordpol. In: Petermann's Geographische Mittheilungen 15, 1869, S. 11–19.

Kohl-Larsen, Ludwig: Die Arktisfahrt des GRAF ZEPPELIN. Berlin 1931.

Kohlschütter, Ernst: Alfred Wegener zum Gedächtnis. In: Zeitschrift der Gesellschaft für Erdkunde zu Berlin 1932, S. 84–95.

Kohlschütter, Ernst: Nordpolar-Forschung mit dem Luftschiffe. In: Zeitschrift der Gesellschaft für Erdkunde zu Berlin 1925, S. 120–125.

Koldewey, Carl: Die Deutsche Nordpol-Expedition, Verlauf vom 19. Juli bis 27. August und Rückkehr nach Bremerhaven, 10. Oktober 1868. In: Petermann's Geographische Mittheilungen 1868, S. 426–428.

Koldewey, Carl: Die erste Deutsche Nordpolar-Expedition im Jahre 1868. (= Petermann's Geographische Mittheilungen, Ergänzungsheft 28.) Gotha 1871.

Koldewey, Carl: Die neuesten Entdeckungen im Nordmeere. In: Beilage zu Hansa 8, 1871, S. 201 f.

Koldewey, Carl: Eisverhältnisse im grönländischen Meere und Ansichten über weitere Förderung arktischer Entdeckungen. In: Beilage zu Hansa 8, 1871, S. 89–92.

Koldewey, Carl: Jacht GRÖNLAND im Eismeer. Bericht der ersten deutschen Polarexpedition 1868. (= Petermann's Geographische Mittheilungen, Ergänzungsheft 28. Nachdruck Oldenburg 1979.) Gotha 1871.

Koldewey, Carl: Verlauf der Deutschen Expedition vom 20. Juni bis 19. Juli 1868. In: Petermann's Geographische Mittheilungen 1868, S. 368 f.

438

Koner, W.: Die zweite Deutsche Nordpolar-Expedition. In: Zeitschrift der Gesellschaft für Erdkunde zu Berlin 4, 1869, S. 163 f.

Koner, W.: Einige Worte zur Karte der Nordpolar-Regionen. In: Zeitschrift der Gesellschaft für Erdkunde zu Berlin 3, 1868, S. 336–344.

Körber, Hans-Günther: Alfred Wegener. Leipzig 1982.

Kosack, Hans-Peter: Die Polarforschung. Ein Datenbuch über die Natur-, Kultur-, Wirtschaftsverhältnisse und die Erforschungsgeschichte der Polarregionen. Braunschweig 1967.

Kössler, Karl: Unternehmen ›Schatzgräber‹. Die Rettung der Besatzung einer Wetterstation in der Arktis 1944. In: Luftfahrt international 1981, 5/6, S. 197–201.

Koßmat, Franz: Erörterungen zu A. Wegeners Theorie der Kontinentalverschiebungen. In: Zeitschrift der Gesellschaft für Erdkunde zu Berlin 1921, S. 103–110.

Krause, Arthur und Aurel: Die wissenschaftliche Expedition der Bremer Geographischen Gesellschaft nach den Küstengebieten an der Beringstrasse. In: Deutsche Geographische Blätter 4, 1881, S. 245–281.

Krueger, Hans, und Fritz Klute: Die Hessische Grönland-Expedition 1925. In: Petermanns Geographische Mitteilungen 72, 1926, S. 105–111.

Kükenthal, Willy: Bericht über eine Reise in das nördliche Eismeer und nach Spitzbergen im Jahre 1886. In: Deutsche Geographische Blätter 11, 1888, S. 1–43.

Kükenthal, Willy: Forschungsreise in das europäische Eismeer 1889. (= Sonderdruck Deutsche Geographische Blätter.) Bremen 1890.

Kükenthal, Willy: Über die Aufgaben zoologischer Forschung im nördlichen Eismeere. In: Deutsche Geographische Blätter 12, 1889, S. 1–4.

Kükenthal, Willy, und A. Walter: Die von der Bremer geographischen Gesellschaft veranstaltete zoologische Forschungsreise in das nördliche Eismeer. In: Deutsche Geographische Blätter 12, 1889, S. 81–89.

Kükenthal, Willy, und A. Walter: Die von der Geographischen Gesellschaft in Bremen veranstaltete Forschungsreise in das europäische Eismeer. In: Deutsche Geographische Blätter 12, 1889, S. 205–216.

Kurze, Friedrich Wilhelm: Nordmeerfahrten der Reichsmarine. Mit dem Vermessungs- und Forschungsschiff METEOR nach Island, Grönland und Jan Mayen. Berlin 1935.

Laube, Gustav: Reise der HANSA ins nördliche Eismeer. Reisebriefe und Erinnerungen. Prag 1871.

Le Monnier, Franz: Die Schätze der Polarregionen. In: Deutsche Rundschau für Geographie und Statistik 2, 1880, S. 423–428, 478–482.

Lindeman, Moritz: Berichte aus den Polarregionen. In: Deutsche Geographische Blätter 4, 1881, S. 51–74.

Lindeman, Moritz: Die arktische Fischerei der Deutschen Seestädte 1620–1868. (= Petermann's Geographische Mittheilungen, Ergänzungsheft 26.) Gotha 1869.

Lindeman, Moritz: Die bisherigen Nachrichten über Wrangels-Land und Herald-Insel. In: Deutsche Geographische Blätter 4, 1881, S. 157–162.

Lindeman, Moritz: Die diesjährigen Polarreisen. In: Deutsche Geographische Blätter 4, 1881, S. 85–88.

Lindeman, Moritz: Die Neu-Sibirischen Inseln nach den Reiseergebnissen von Dr. Bunge und Baron Toll. In: Deutsche Geographische Blätter 11, 1888, S. 309–320.

Lindeman, Moritz: Weitere Berichte über diesjährige Polarreisen. In: Geographische Blätter 4, 1881, S. 311–330.

Lindeman, Moritz, und Otto Finsch (Hrsg.): Die Zweite Deutsche Nordpolarfahrt in den Jahren 1869 und 1870 unter Führung des Kapitän Koldewey, Volksausgabe. Leipzig 1875.

Lindemann, Rolf: Die Vinlandkarte und die Zweite Deutsche Nordpol-Expedition. In: Polarforschung 6 (39), 1969, S. 264–269.

Lloyd, Christopher: Atlas zur Seefahrtsgeschichte. Oldenburg, Hamburg 1980.

Loewe, Fritz: Alfred Wegener und die moderne Polarforschung. In: Polarforschung 42, 1972, S. 1–10.

Loewe, Fritz: Alfred Wegeners letzte Schlittenreise. In: Polarforschung 4 (26), 1956, S. 6–10.

Lopez, Barry: Arktische Träume. Leben in der letzten Wildnis. Düsseldorf 1987.

Macht, Hans G.: Meteorologische und fliegerische Erfahrungen von deutschen Wettererkundungsflügen in der Arktis, 1941–1944. In: Polarforschung 3 (21), 1951, S. 2–9.

Martens, Friderich: Spitzbergische oder Groenlandische Reise Beschreibung gethan im Jahr 1671. Hamburg 1675. Engl. Übers.: F. Martens' Voyage to Spitzbergen. In: A Collection of Documents on Spitzbergen & Greenland. O. O. 1855, S. 1–140. (Nachdruck New York o. J.)

Meier, Gudrun: Aufzeichnungen über Grönland-Expeditionen des späten 19. Jahrhunderts in den Stationsdiarien der Herrnhuter Missionare. In: Polarforschung 6 (39), 1969, S. 260–263.

Meinardus, Wilhelm: Beobachtungen über Detritussortierung und Strukturboden auf Spitzbergen. In: Zeitschrift der Gesellschaft für Erdkunde zu Berlin 1912, S. 250–259.

Meinardus, Wilhelm: Die Ergebnisse der Eisdickenmessungen auf der Deutschen Grönland-Expedition Alfred Wegener. In: Zeitschrift der Gesellschaft für Erdkunde zu Berlin 1934, S. 343–351.

Menzel, Roderich: Männer gegen Eis und Wüste. Expeditionen und Abenteuer. München 1974.

Miethe, Adolf: Spitzbergen. Das Alpenland im Eismeer. Sommerfahrten und Wanderungen. (= Schriftenreihe Kulturen der Erde. Material zur Kultur- und Kunstgeschichte aller Völker. Abteilung Bildwerke.) Darmstadt, Gotha, Hagen 1923.

Miethe, Adolf, und H. Hergesell (Hrsg.): Mit Zeppelin nach Spitzbergen. Berlin 1911.

Mirsky, Jeannette: Die Erforschung der Arktis. Zürich 1953.

Mittelholzer, Walter: Luftschiff oder Flugzeug? Eindrücke anläßlich der Spitzbergenfahrt des GRAF ZEPPELIN. In: Atlantis 1930, S. 468–470.

Mohn, H.: König Karl-Land im Osten von Spitzbergen und seine Erreichung und Aufnahme durch Norwegische Schiffer im Sommer 1872. In: Petermann's Geographische Mittheilungen 19, 1873, S. 127–130.

Mohn, H.: Resultate der Beobachtungen angestellt auf der Fahrt des Dampfers ALBERT nach Spitzbergen im November und Dezember 1872. In: Petermann's Geographische Mittheilungen 19, 1873, S. 252–258.

Möller, Fr.: Zur Erklärung des Eisblinks. In: Polarforschung 3 (23), 1953, S. 236.

Müller, Martin: Die Entdeckung des Franz-Josephs-Landes vor 75 Jahren und ihre Bedeutung für die weitere Erforschung der Arktis. In: Polarforschung 2 (18), 1948, S. 13–15.

Münzing, Joachim: Der historische Walfang in Bildern. (= Sammlungen des Altonaer Museums in Hamburg, 13.) Herford 1987.

Nansen, Fridtjof: Auf den Schneeschuhen durch Grönland. Nachdruck Frankfurt 1981.

Nansen, Fridtjof: Spitzbergen. Leipzig ²1922.

Neue Nordpolar-Expeditionen. Rückkehr der beiden Norwegischen Winterexpeditionen im Dampfer ALBERT und der Segelslup ISBJÖRN, Abgang von Rosenthals Expedition im Dampfer GRÖNLAND, die neuen Polar-Expeditionen der Russen und Engländer. In: Petermann's Geographische Mittheilungen 19, 1873, S. 107–110.

Neueste Nachrichten über die Nordpolar-Expeditionen 1869. In: Petermann's Geographische Mittheilungen 15, 1869, S. 234–238.

Neumayer, Georg: Die internationale Polarforschung 1882–1883. Die Deutschen Expeditionen und ihre Ergebnisse. Band 1. Berlin 1891.

Nordenskjöld, Friedrich-Franz v.: Nordostpassage. Der Polarforscher A. E. Nordenskiöld erzwingt mit der VEGA den nordsibirischen Seeweg 1878/1880. Herford 1980.

Nördlinger: Th. v. Heuglin's Treibholz-Sammlung von Nowaja Semlja. In: Petermann's Geographische Mittheilungen 19, 1873, S. 189f.

Nordpolar-Expedition des Dampfers BIENENKORB. In: Hansa 6, 1869, S. 1094f.

Norwegian Hydrographic Service, Norwegian Polar Research Institute (Hrsg.): Den norske los. Arctic Pilot. Farvansbeskrivelse. Sailing Directions, 7, Svalbard – Jan Mayen, Stavanger 1988.

Nusser, Franz: Die deutschen Arktisstationen in den Jahren 1940–1945. In: Deutscher Geographentag 1948, S. 6.

Oesau, Wanda: Hamburg unternahm 6000 Arktisfahrten auf Walfang und Robbenschlag in den Jahren 1643–1861. In: Polarforschung 3 (24), 1954, S. 298.

Oesau, Wanda: Hamburgs Grönlandfahrt auf Walfischfang und Robbenschlag vom 17.–19. Jahrhundert. Glückstadt, Hamburg 1955.

Oesau, Wanda: Schleswig-Holsteins Grönlandfahrt auf Walfischfang und Robbenschlag vom 17.–19. Jahrhundert. Glückstadt 1937. (Nachdruck Glückstadt, Hamburg 1979.)

Paffen, Karlheinz, und Gerhard Kortum: Die Geographie des Meeres. Disziplinierungsgeschichtliche Entwicklung seit 1650 und heutiger methodischer Stand. (= Kieler Geographische Schriften 60.) Kiel 1984.

Pantenburg, Vitalis: Abenteuer ohne Waffen. Die Herren der Arktis. 300 Jahre Hudson's Bay Company. Düsseldorf 1971.

Pantenburg, Vitalis: Arktis. Erdteil der Zukunft. Düsseldorf 1949.

Pantenburg, Vitalis: Die Arktis ruft. Stuttgart 1964.

Pantenburg, Vitalis: Marine-Wetterdienst in der Arktis von 1940–1945. In: Köhlers Flottenkalender 1975, S. 139–147.

Pantenburg, Vitalis: Seestraßen durch das Große Eis. Herford 1976.

Pantenburg, Vitalis: Vor 110 Jahren. Abenteuer im Polareis. In: Köhlers Flottenkalender 1979, S. 43–50.

Pantenburg, Vitalis: Meteorologen an der Front. Wetterflieger und Wettertrupps der Luftwaffe in der Arktis von 1940 bis 1945. In: Luftfahrt international 29, S. 4377–4379.

Payer, Julius: Die österreichisch-ungarische Nordpol-Expedition in den Jahren 1872–1874, nebst einer Skizze der zweiten deutschen Nordpol-Expedition 1869–1870 und der Polar-Expedition von 1871. Wien 1876. (Nachdruck Amsterdam 1983.)

Pedersen, Einar S.: Handelsluftfahrt in der Arktis. In: Polarforschung 3 (24), 1954, S. 301–304.

Penck, Albrecht: Die Eismassen der Eschscholtz-Bai. In: Deutsche Geographische Blätter 4, 1881, S. 174–189.

Penck, Albrecht: Wegeners Hypothese der kontinentalen Verschiebungen. In: Zeitschrift der Gesellschaft für Erdkunde zu Berlin 1921, S. 110–120.

Penck, Walther: Zur Hypothese der Kontinentalverschiebung. In: Zeitschrift der Gesellschaft für Erdkunde zu Berlin 1921, S. 130–143.

Person, Hermann: Entwicklung und Einsatz von unbemannten automatischen Wetterfunkstationen im Polargebiet. In: Polarforschung 2 (18), 1948, S. 6–9.

Petermann, August: Aphorismen über die projektirte Deutsche Nordfahrt. In: Petermann's Geographische Mittheilungen 1865, S. 442–445.

Petermann, August: Die Deutsche Nordfahrt, Stimmen für und wider. In: Petermann's Geographische Mittheilungen 1865, S. 419–428.

Petermann, August: Die Deutsche Nordpol-Expedition, 1868. In: Petermann's Geographische Mittheilungen 1868, S. 207–228.

Petermann, August: Die Erforschung der arktischen Central-Region durch eine Deutsche Nordfahrt. In: Petermann, August: Spitzbergen und die arktische Central-Region. (=Petermann's Geographische Mittheilungen, Ergänzungsheft 16) Gotha 1865, S. 1–14.

Petermann, August: Die projektirte Englische Expedition nach dem Nordpol. In: Petermann's Geographische Mittheilungen 1865, S. 95–104.

Petermann, August: Die 2. Deutsche Nordpolar-Expedition. In: Hansa 6, 1869, S. 1106.

Petermann, August: Instruktion für die 2. Deutsche Nordpolar-Expedition 1869–1870. In: Petermann's Geographische Mittheilungen 15, 1869, S. 254–263.

Peters, Hans Jürgen: Fahrten ins Eis. Herford ²1985.

Petri-Sutermeister, Bolette: Eisblumen. Begegnungen auf Spitzbergen. Luzern, Stuttgart 1982.

Reiseberichte aus dem Norden. In: Deutsche Geographische Blätter 4, 1881, S. 206–223.

Richter, Karl: Die Deutsche Beteiligung am Internationalen Polarjahr 1932/33. In: Polarforschung 2, 1932, 1, S. 5.

Rieche, H.: Beobachtungen an Auftau- und Strukturböden Spitzbergens. In: Polarforschung 3 (25), 1955, S. 350–352.

Rieche, H.: Bericht über die Deutschen Spitzbergen-Expeditionen 1937 und 1938. In: Petermanns Geographische Mitteilungen 85, 1939, S. 125–127.

Rieche, H.: Vorläufiger Bericht über die Ergebnisse der Deutschen Spitzbergen-Expedition 1937. In: Polarforschung 8, 1938, 1, S. 1–4.

Rieche, H.: Vorläufiger Bericht über die Ergebnisse der »Deutschen Spitzbergen-Expedition 1938 von Dr. H. Rieche«. In: Polarforschung 8, 1938, 2, S. 1–5.

Ritscher, Alfred: Wanderung in Spitzbergen im Winter 1912. In: Zeitschrift der Gesellschaft für Erdkunde zu Berlin 1916, S. 16–34.

Ritter, Christiane: Eine Frau erlebt die Polarnacht. Berlin 1938.

Ritter, Hermann: Kurzer Bericht über die Expedition von H. Ritter nach Spitzbergen im Jahre 1931/32. In: Polarforschung 2, 1932, 2, S. 6.

Ross, Sir John: Zum Magnetpol in der Arktis. Bericht über die Expedition von 1829 bis 1833. Hrsg. von Gerhard Grümmer. Rostock 1991.

Rückkehr der Deutschen Nordpolar-Expedition am 1. und 11. September 1870. In: Petermann's Geographische Mittheilungen 16, 1870, S. 382–385.

Rückkehr der Palliser'schen Nordpolar-Expedition; die Arbeiten von Dr. Dorst und Dr. Bessels auf den Rosenthal'schen Dampfern BIENENKORB und ALBERT. In: Petermann's Geographische Mittheilungen 15, 1869, S. 391–393.

Rückkehr der Rosenthal'schen Dampfer BIENENKORB und ALBERT und der Lamont'schen Expedition; Carlsen's kühne Fahrt ins Sibirische Eismeer; Sideroff'sche Expedition. In: Petermann's Geographische Mittheilungen 15, 1869, S. 350–355.

Rüdiger, Hermann: Deutschlands Anteil an der Lösung der polaren Probleme. Ein Beitrag zur Geschichte der Polarforschung. Diss. Erlangen 1912.

Rüdiger, Hermann: Deutschlands Anteil an der Lösung der polaren Probleme. In: Mittheilungen der Geographischen Gesellschaft München 1912, S. 455–564.

Rüdiger, Hermann: Die Überreste der Schröder-Stranz-Expedition. In: Petermanns Geographische Mitteilungen 85, 1939, S. 158–162.

Rüdiger, Hermann: Die Sorge-Bai. Berlin 1913.

Ruthe, Kurt: Alfred Wegener. Zum 60. Geburtstag des Forschers. In: Polarforschung 10, 1940, 2, S. 1.

Ruthe, Kurt: Bericht über die kartographischen und gletscherkundlichen Ergebnisse der Deutschen Spitzbergen-Expedition 1938. In: Polarforschung 11, 1941, 1, S. 6 f.

Ruthe, Kurt: Die Fahrt des Hilfskreuzers KOMET durch die Nordostpassage. In: Polarforschung 13, 1943, 1, S. 5 f.

Ruthe, Kurt: Ein Leben für die Polarforschung. Prof. Dr. Leonid Breitfuß, 85 Jahre alt und 50 Jahre als Forscher tätig. In: Polarforschung 2, (19), 1949, 2, S. 193.

Ruthe, Kurt: Ethologie und Biologie der Schmarotzerraubmöwe auf Grund ornithologischer Beobachtungen aus dem Hornsund-Gebiet auf West-Spitzbergen. In: Polarforschung 2 (14), 1944, S. 2 f.

Ruthe, Kurt: Geomorphologische Forschungen im nördlichen Andréeland (Nord-Spitzbergen). In: Polarforschung 9, 1939, 2, S. 1–3.

Ruthe, Kurt: Wissenschaftliche Ergebnisse der Deutschen Grönland-Expedition Alfred Wegener 1929 und 1930/31. In: Polarforschung 10, 1940, 2, S. 10 f.

Salzmann, Karl H.: Der Kampf um den Nordpol. Von den Anfängen bis zum Jahr 1882. (= Die Kosmos-Bibliothek 220.) Stuttgart 1958.

Salzmann, Karl H.: Der Kampf um den Nordpol. Von Nansen bis zu Cook und Peary (1893–1908/09). (= Die Kosmos-Bibliothek 221.) Stuttgart 1959.

Samoilovitch, R.: Der Weg nach dem Pol. (= Monographien zur Erdkunde 46.) Bielefeld, Leipzig 1931.

Samoilowitsch, R.: Die Polarfahrt des GRAF ZEPPELIN. In: Petermanns Geographische Mitteilungen 78, 1932, S. 246–248.

Sandner, Werner: Häufigkeit und Periode der Nordlichterscheinungen auf Island und den Faer Oern. In: Polarforschung 3 (22), 1952, S. 185–187.

Sandner, Werner: Polarforscher auf dem Mond. In: Polarforschung 4 (28), 1958, S. 107f.

Sannes, Tor Borch: Die FRAM. Abenteuer Polarexpedition. Hamburg 1986.

Schatz, Heinrich: Die Katastrophe der COBURG im Eis vor Shannon am 18.–19. November 1943. In: Polarforschung 2 (20), 1950, S. 336–338.

Schenk, E.: Bericht über die Spitzbergen-Expedition Deutscher Studenten 1936. In: Polarforschung 7, 1937, 1, S. 5–8.

Schiller, Hans v.: Zeppelin. Aufbruch ins 20. Jahrhundert. Bonn 1988.

Schindler, Gerhard: Polarforschung vor mehr als 200 Jahren. In: Polarforschung 2 (19), 1949, S. 280f.

Schlechtriem, Gert: Carl Fedelers Bilder alter Polarexpeditionsschiffe. In: Schiff und Zeit 1, 1973, S. 32–36.

Schlechtriem, Gert: Nordische Jagd GRÖNLAND. Bremerhaven o. J.

Schnall, Uwe: Forschungsfahrt vor 1100 Jahren. Ottar umrundet das Nordkap. In: Deutsche Schiffahrt 1984, 1, S. 14–16.

Scholz, Arnulf: Bericht über den Stand der Polarforschung. In: Polarforschung 2, 1932, 1, S. 1–3.

Scholz, Arnulf: Die deutsche Polarstation 1932/33. In: Zeitschrift der Gesellschaft für Erdkunde zu Berlin 1933, S. 63f.

Scholz, Arnulf: Krüger-Polar-Expedition verschollen. In: Polarforschung 2, 1932, 1, S. 5f.

Schröder, Wilfried: Das Phänomen des Polarlichts. Geschichtsschreibung, Forschungsergebnisse und Probleme. (= Erträge der Forschung 218.) Darmstadt 1984.

Schwarzbach, Martin: Alfred Wegener und die Drift der Kontinente. (= Große Naturforscher 42.) Stuttgart 1980.

Schwerdtfeger, Werner, und Franz Selinger: Wetterflieger in der Arktis 1940–1944. Stuttgart 1984.

Schweydar, W.: Bemerkungen zu Wegeners Hypothese der Veschiebung der Kontinente. In: Zeitschrift der Gesellschaft für Erdkunde zu Berlin 1921, S. 120–125.

Seelheim, Heinrich: Die Filchnersche Vorexpedition nach Spitzbergen. In: Zeitschrift der Gesellschaft für Erdkunde zu Berlin 1910, S. 654–661.

Sieglerschmidt, H.: Überblick über die Ergebnisse der Nordpolar-Expeditionen unseres Jahrhunderts. In: Mitteilungen der Geographischen Gesellschaft in Hamburg 1880–81, S. 140–391.

Singer, Jewgeni: Zwischen Nordpol und Europa. Forschungen und Erlebnisse auf Spitzbergen. Leipzig 1987.

Sorge, Ernst: Mit Flugzeug, Faltboot und Filmkamera in den Eisfjorden Grönlands. Erlebnisse mit Knud Rasmussen und Ernst Udet. Berlin 1933.

Spitzbergen. In: Polarforschung 13, 1943, 2, S. 9.

Spörer, J.: Der hohe Norden in der Deutschen Reise-Literatur und Th. v. Heuglin's Reisen nach dem Nordpolarmeer in den Jahren 1870 und 1871. In: Petermann's Geographische Mittheilungen 19, 1873, S. 41–52.

Stand der Nordpolarfrage zu Ende des Jahres 1874. In: Petermann's Geographische Mittheilungen 21, 1875, S. 23–31.

Staxrud, A., und Kurt Wegener: Die Expedition zur Rettung von Schröder-Stranz und seinen Begleitern. Geschildert von ihren Führern. Im Auftrage des Komitees »Hilfe für deutsche Forscher im Polareis«. Berlin 1914.

Steinert, Harald: Eine Nußschale für eiserne Matrosen. Deutschlands ältestes seetüchtiges Schiff, die GRÖNLAND, liegt jetzt in Kiel vor Anker. In: Die Welt, 15. 7. 1972.

Steller, Georg Wilhelm: Von Sibirien nach Amerika. Die Entdeckung Alaskas mit Kapitän Bering 1741–1742. Stuttgart, Wien 1986.

Stephan, Heinrich: Weltpost und Luftschiffahrt. Berlin 1874.

Straub, Heinz: Die Entdeckung des Franz-Joseph-Landes, K. u. K. Offiziere als Polarforscher. Graz, Wien, Köln 1990.

Straub, Heinz: Verschollen in der Arktis. Die schicksalhafte Ballonfahrt der Andrée-Expedition. Frankfurt 1988.

Theodor v. Heuglin's und Graf Zeil's Forschungen in Ost-Spitzbergen, Juli und August 1870. In: Petermann's Geographische Mittheilungen 16, 1870, S. 422 f.

Tiedemann, Karl-Heinz: Dr. Max Grotewahl †. In: Polarforschung 4 (27), 1957, S. 33 f.

Trebitsch, Rudolf: Bei den Eskimos in Westgrönland. Berlin 1910.

Triloff, E. G.: Eine Überwinterung auf Nordostgrönland 1943/44. Erfahrungen über das Leben im Packeis und in Gletscherhöhlen. In: Polarforschung 2 (16), 1946, S. 85–88; 2 (17), 1947, S. 150–154.

Über die Expedition von H. Stall nach Spitzbergen. In: Zeitschrift der Gesellschaft für Erdkunde zu Berlin 1914, S. 403 f.

Ule, Otto: Erlebnisse und Ergebnisse der 1. deutschen Nordpolarexpedition. In: Die Gartenlaube 1868, S. 539–542.

Unsere 2. Deutsche Nordpolarfahrt. In: Hansa 7, 1870, S. 185–187.

Vanhöffen, E.: Frühlingsleben in Nord-Grönland. In: Verhandlungen der Gesellschaft für Erdkunde zu Berlin 20, 1893, S. 454–469.

Verein für die deutsche Nordpolarfahrt in Bremen (Hrsg.): Die zweite deutsche Nordpolarfahrt in den Jahren 1869 und 1870 unter Führung des Kapitän Karl Koldewey. 2 Bände. Leipzig 1873 f.

Verne, Jules: Die großen Seefahrer und Entdecker. Zürich 1974.

Victor, Paul-Emile: Wegener. In: Polarforschung 40, 1970, S. 2 f.

Volckmann, Erwin (Hrsg.): Erlebnisse eines Deutschen im hohen Norden. Aufzeichnungen und Berichte Rudolf Frankes. Hamburg 1914.

Von der Grönland-Expedition. In: Verhandlungen der Gesellschaft für Erdkunde zu Berlin 20, 1893, S. 319–360.

Vorläufige Einzelberichte. In: Zeitschrift der Gesellschaft für Erdkunde zu Berlin 1932, S. 119 115. (Deutsche Grönland Expedition Alfred Wegener.)

Wahnschaffe, Felix: Die Exkursion des XI. Internationalen Geologen-Kongresses nach Spitzbergen. In: Zeitschrift der Gesellschaft für Erdkunde zu Berlin 1910, S. 639–654.

Waldburg-Zeil, Karl v.: Reise des Dampfers LOUISE von der Weser nach dem Jenissej 1881. In: Deutsche Geographische Blätter 5, 1882, S. 238–263.

Waxell, Sven: Die Brücke nach Amerika. Abenteuerliche Entdeckungsfahrt des Vitus Bering 1733–1743. Olten 1968.

Wegener, Alfred: Die Deutsche Inlandeis-Expedition 1929/31. In: Polarforschung 1, 1931, 1, S. 1.

Wegener, Alfred: Die Theorie der Kontinentalverschiebungen. In: Zeitschrift der Gesellschaft für Erdkunde zu Berlin 1921, S. 89–103, 125–130.

Wegener, Alfred: Mit Motorboot und Schlitten in Grönland. Bielefeld, Leipzig 1930.

Wegener, Alfred: Vorläufiger Bericht über die wissenschaftlichen Ergebnisse der Expedition. In: Zeitschrift der Gesellschaft für Erdkunde zu Berlin 1914, S. 50–54.

Wegener, Else: Alfred Wegener. Tagebücher, Briefe, Erinnerungen. Wiesbaden 1960.

Wegener, Else (Hrsg.): Alfred Wegeners letzte Grönlandfahrt. Die Erlebnisse der deutschen Grönland-Expedition 1930/31 geschildert von seinen Reisegefährten und nach Tagebüchern des Forschers. Leipzig 1932.

Wegener, Georg: Zum ewigen Eise. Eine Sommerfahrt ins nördliche Polarmeer und Begegnung mit Andrée und Nansen. Berlin 1897.

Wegener, Kurt: Geschichte der Expedition. Leipzig 1933 (= Ders.: [Hrsg.]: Deutsche Grönland-Expedition Alfred Wegener. Wissenschaftliche Ergebnisse 1.)

Wegener, Kurt: Vorläufiger Bericht über die Deutsche Grönland-Expedition Alfred Wegener. In: Zeitschrift der Gesellschaft für Erdkunde zu Berlin 1932, S. 96–117.

Wegmann, E.: Entwicklungsstufen der Polarforschung. In: Polarforschung 3 (21), 1951, S. 30–32.

Weidick, Anker: Final Destination of »Schneespatz« and »Eisbär«–the Propeller Sledges of Wegener's Last Greenland Expedition. In: Polarforschung 44, 1974, S. 89–91.

Weinhold, Karl: Die Polarlegenden Europas nach den Vorstellungen des deutschen Mittelalters. Wien 1871.

Weiß, Gottfried: Ausrüstungsverfahren von einer Grönland-Expedition. In: Polarforschung 2 (20), 1950, S. 328–332.

Weiß, Gottfried: Beobachtungen und Erfahrungen auf der deutschen Ostgrönland-Expedition 1942/43 und 1944. In: Polarforschung 3 (22), 1952, S. 161–168.

Weiß, Gottfried: Das arktische Jahr. Eine Überwinterung in Nordostgrönland. Braunschweig 1949.

Weller, Hugo Ewald: August Petermann als praktisch-organisatorisch tätiger Geograph. Bruchstücke zu August Petermann und seiner Schule. Ein Beitrag zur Geschichte der Entdeckungen der Geographie und der Karthographie des 19. Jahrhunderts. Diss. Gotha, 1904.

Willer, Alfred: Die deutsche Hochseefischerei und ihre Fanggründe. In: Zeitschrift der Gesellschaft für Erdkunde zu Berlin 1942, S. 207–239.

Wutzke, Ulrich: Der Forscher von der Friedrichsgracht. Leben und Leistung Alfred Wegeners. Leipzig 1988.

Zedtwitz, Franz: Im Banne der Pole. Ein Heldenbuch von Polarforschern und ihren Fahrten. Berlin 1938.

Zeidler, Paul Gerhard: Polarfahrten. Die wichtigsten Entdeckungsreisen in den Eismeeren mit Berichten der Forscher und ihrer Gefährten. Berlin 1927.

Zeppelin-Metallwerke GmbH (Hrsg.): Zeppelin. Ein bedeutendes Kapitel aus dem Geschichtsbuch der Luftfahrt. Friedrichshafen 1964.

Zu Alfred Wegeners 75. Geburtstag. In: Polarforschung 4 (26), 1956, S. 2–6.

Zur 25jährigen Wiederkehr von Alfred Wegeners Grönland-Expedition 1930/31. In: Polarforschung 4 (26), 1956, S. 10–14.

Zur Wiederaufnahme der Deutschen Polarforschung nach dem Kriege vor 10 Jahren. In: Polarforschung 5, 1935, 2, S. 1 f.

Zur Wiederaufnahme der Deutschen Polarforschung nach dem Weltkriege vor 10 Jahren. Die Deutsche Spitzbergen-Expedition 1925. In: Polarforschung 5, 1935, 1, S. 1 f.

Zweite Deutsche Nordpolar-Expedition. In: Petermann's Geographische Mittheilungen 15, 1869, S. 199.

II. Deutsche Antarktisforschung bis 1945

Amundsen, Roald: Die Eroberung des Südpols. Die norwegische Südpolarfahrt mit dem FRAM 1910–1912. 2 Bände. Bern 1912. (Nachdruck Amsterdam 1984.)

Antarctica. Great Stories from the Frozen Continent. Sidney, London, New York, Montreal, Cape Town 1985.

Antarktische Probleme. In: Zeitschrift der Gesellschaft für Erdkunde zu Berlin 1914, S. 158–161.

Baschin, Otto: Die Deutsche Südpolar-Expedition. In: Zeitschrift der Gesellschaft für Erdkunde zu Berlin 36, 1901, S. 165–218.

Baum, K. J., und J. Brenneke: 1898: Die VALDIVIA-Süd- und Tiefsee-Expedition und die neue VALDIVIA aus dem Jahre 1970. In: Schiff und Zeit 4, 1976, S. 12 f.

Belgica. Den første overvintringen i Antarktis 1897–1899. Ausstellungskatalog Antwerpen, Stavanger 1988.

Bericht über die wissenschaftlichen Arbeiten der Deutschen Südpolar-Expedition auf der Fahrt von Kapstadt bis zu den Kerguelen. Berlin 1902.

Bericht über die wissenschaftlichen Arbeiten der Deutschen Südpolar-Expedition auf der Fahrt von Kiel bis Kapstadt. Berlin 1902.

Bertram, Colin: Arctic and Antarctic. A Prospect of the Polar Regions. Cambridge 1957.

Bezemer, K. W. L.: Der Kampf um den Südpol. Die Schicksale der großen Südpolar-Expeditionen. Zürich 1946.

Bohmert, Friedrich: Der Walfang der Ersten Deutschen Walfang Gesellschaft. Ein Beitrag zur Geschichte des Unternehmens Henkel. Düsseldorf o. J.

Bohmert, Friedrich: Vom Fang der Wale zum Schutz der Wale. Wie Henkel Wale fing und einen Beitrag zu ihrer Rettung leistete. (= Schriften des Werksarchivs der Henkel KGaA, Düsseldorf, 14.) Düsseldorf 1982.

Börgen, Carl: Ein Besuch auf Ascension. In: Deutsche Geographische Blätter 1, 1877, S. 32–37.

Braun. G.: Die Erforschung der Pole. Leipzig o. J.

Breitfuß, Leonid: Antarktis – Antarktika. In: Polarforschung 2 (16), 1946, S. 102.

Breitfuß, Leonid: Die deutschen Forschungen in der Antarktis. Wilhelm Meinardus zum 80. Geburtstag. In: Göttinger Geographische Abhandlungen, Heft 1, 1947, S. 37–42.

Brenneke, Wilhelm: Deutsche Antarktische Expedition. Die ozeanographischen Arbeiten im Weddell-Meer. In: Zeitschrift der Gesellschaft für Erdkunde zu Berlin 1914, S. 118–129.

Brenneke, Wilhelm: Die ozeanographischen Arbeiten der Deutschen Antarktischen Expedition 1911–1912. (= Archiv der Deutschen Seewarte 39, 1921, 1.) Hamburg 1921.

C[havanne], J[oseph]: Dr. Georg Neumayer. In: Deutsche Rundschau für Geographie und Statistik 3, 1881, S. 142 f.

Christmann, Bettina: Georg von Neumayer 1826–1909. In: Polarforschung 46, 1976, S. 121–124.

Chun, Carl: Aus den Tiefen des Weltmeeres. Schilderungen von der Deutschen Tiefsee-Expedition. Jena 1900.

Chun, Karl: Die Erforschung der Antarktis. Leipzig 1907.

Chun, Karl: Wissenschaftliche Ergebnisse der deutschen Tiefsee-Expedition 1898–1899. 24 Bände. Jena seit 1902.

Cohat, Yves: Leben und Tod der Wale. Ravensburg 1990.

Cook, James: Entdeckungsfahrten im Pacific. Die Logbücher der Reisen von 1768 bis 1779. Hrsg. von A. Grenfell Price. Tübingen, Basel 1971.

Czerny, Horst: Polstürmer. Von Siegern und Besiegten im ewigen Eis. Berlin 1989.

Dautert, Erich: Auf Walfang und Robbenjagd im Südatlantik. Leipzig ⁶1935.

Deacon, Margaret: Scientists and the Sea 1650–1900. A Study of Marine Science. London, New York 1971.

Debenham, Frank: Antarktis. Geschichte eines Kontinents. München 1959.

Der Sechste Internationale Geographen-Kongress. London 1895. In: Deutsche Geographische Blätter 15, 1892, S. 265 f.

Deutsche Antarktische Expedition. Vorläufige Berichte. In: Deutsche Geographische Blätter 1912, S. 81–107.

Deutsche Antarktische Expedition 1938/39 mit dem Flugzeugstützpunkt der Deutschen Lufthansa AG MS Schwabenland. Wissenschaftliche und fliegerische Ergebnisse 1. Leipzig 1942.

Deutsche Lufthansa AG (Hrsg.): Die Geschichte der Deutschen Lufthansa 1926–1984. Dortmund ³1984.

Die antarktischen Expeditionen. In: Zeitschrift der Gesellschaft für Erdkunde zu Berlin 1914, S. 399–401.

Die Deutsche Antarktische Expedition 1938/39. In: Polarforschung 9, 1939, 1, S. 1–6.

Die Deutsche Atlantische Expedition auf dem Vermessungs- und Forschungsschiff Meteor. In: Zeitschrift der Gesellschaft für Erdkunde zu Berlin 1927, S. 343–371.

Die Deutsche Polarstation auf Süd-Georgien. In: Deutsche Geographische Blätter 6, 1883, S. 357–361.

Die Deutsche Südpolar-Expedition. In: Zeitschrift der Gesellschaft für Erdkunde zu Berlin 1903, S. 531–535.

Die Deutsche Südpolar-Expedition auf dem Schiff Gauss unter Leitung von Erich von Drygalski. Bericht über die wissenschaftlichen Arbeiten auf der Fahrt von Kiel bis Kapstadt 11. August bis 27. November 1901 und die Errichtung der Kerguelen-Station. (= Veröffentlichungen des Instituts für Meereskunde und des Geographischen Instituts an der Universität Berlin 1, März 1902.)

Die Deutsche Südpolar-Expedition auf dem Schiff Gauss unter Leitung von Erich von Drygalski. Bericht über die wissenschaftlichen Arbeiten seit der Abfahrt von Kerguelen bis zur Rückkehr nach Kapstadt 31. Januar 1902 bis 9. Juni 1903 und die Tätigkeit auf der Kerguelen-Station vom 1. April 1902 bis 1. April 1903. (= Veröffentlichungen des Instituts für Meereskunde und des Geographischen Instituts an der Universität Berlin 5, 1903.)

Die deutsche Tiefsee-Expedition. In: Zeitschrift der Gesellschaft für Erdkunde zu Berlin 34, 1899, S. 75–192.

Die diesjährige Polarforschung. In: Deutsche Geographische Blätter 15, 1892, S. 195–213.

Die Forschungsreise S. M. S. GAZELLE in den Jahren 1874–1876. 1. Teil. Der Reisebericht. Berlin 1889.

Die geplante Deutsche Südpolarfahrt. In: Deutsche Geographische Blätter 1898, S. 44 ff.

Die Insel Süd-Georgien. Mitteilungen von der deutschen Polarstation daselbst 1882–83. In: Deutsche Geographische Blätter 7, 1884, S. 113–151.

Die internationale Polarforschung 1882–1883. Die Beobachtungsergebnisse der deutschen Stationen. Band 2. Süd-Georgien und das magnetische Observatorium der Kaiserlichen Marine in Wilhelmshaven. Berlin 1886.

Dröber, Wolfgang: Die Polargebiete und deren Erforschung. Stuttgart 1906.

Drygalski, Erich v.: Allgemeiner Bericht über den Verlauf der Deutschen Südpolar-Expedition. Berlin 1903.

Drygalski, Erich v.: Die Natur der Polarwelt. In: Zeitschrift der Gesellschaft für Erdkunde zu Berlin 1926, S. 145–155.

Drygalski, Erich v.: Von der Deutschen Südpolar-Expedition. Allgemeiner Reisebericht. In: Zeitschrift der Gesellschaft für Erdkunde zu Berlin 1902, S. 66–77.

Drygalski, Erich v.: Zum Kontinent des eisigen Südens. Deutsche Südpolar-Expedition. Fahrten und Forschungen der GAUSS 1901–1903. Berlin 1904.

Drygalski, Erich v.: Zum Kontinent des eisigen Südens. Hrsg. von Hans-Peter Weinhold. Leipzig 1989.

Emersleben, Otto: James Cook. Seemann – Entdecker – Naturforscher. Biografie. Berlin 1989.

Enzensberger, Ulrich: Georg Forster. Weltumsegler und Revolutionär. Ansichten von der Welt und vom Glück der Menschheit. Berlin 1979.

Filchner, Wilhelm: Die Deutsche Antarktische Expedition. In: Zeitschrift der Gesellschaft für Erdkunde zu Berlin 1910, S. 423–430.

Filchner, Wilhelm: Ein Forscherleben. Wiesbaden 1950.

Filchner, Wilhelm: In China. Auf Asiens Hochsteppen. Im ewigen Eis. Rückblick auf fünfundzwanzig Jahre der Arbeit und Forschung. Freiburg 1930.

Filchner, Wilhelm: Zum sechsten Erdteil. Die zweite Deutsche Südpolar-Expedition. Berlin 1922.

Filchner, Wilhelm, und Heinrich Seelheim: Quer durch Spitzbergen. Eine deutsche Übungsexpedition im Zentralgebiet östlich des Eisfjordes. Berlin 1911.

Fischer, Walter: Die große Fahrt der METEOR. Erinnerungen an die Deutsche Atlantische Expedition 1925–27. In: Köhlers Flottenkalender 1977, S. 133–141.

Forster, Georg: Reisen um die Welt. Frankfurt am Main 1967.

Fraser, Ronald: Das Bild der Erde. Ein Überblick über Geschichte und Probleme des Internationalen Geophysikalischen Jahres 1957–58. Düsseldorf o. J.

Friedrichsen, L.: Der Sechste Internationale Geographen-Kongress in London. In: Mittheilungen der Geographischen Gesellschaft Hamburg. 1896, S. 1–28.

Friedrichsen, L.: Georg von Neumeyer †. In: Mittheilungen der Geographischen Gesellschaft in Hamburg 24, 1909, S. 287–297.

Gazert: Die Deutsche Südpolar-Expedition, ihre Aufgaben, Arbeiten und Erfolge. Leipzig 1904.

Geisler, Walter: Australien und Ozeanien. Leipzig ³1930.

Gütschow, Fred: Die deutschen Flugboote. Stuttgart 1978.

Härlin, Hans: Am Südpol. Die Entdeckungsgeschichte eines neuen Erdteils. Stuttgart 1933.

Harms, Michael: Die Geschichte der Südpol-Entdeckung. In: SWF-Journal 1989, 11, S. 19.

Harpprecht, Klaus: Georg Forster oder Die Liebe zur Welt. Eine Biographie. Reinbek bei Hamburg 1987.

Headland, Robert Keith: Chronological list of Antarctic expeditions and related historical events. Cambridge, New York, Melbourne 1985.

Headland, Robert Keith: The Island of South Georgia. Cambridge u. a. 1984.

Henkel & Cie. GmbH (Hrsg.): Der wiedererstandene deutsche Walfang, dargestellt an der Entwicklungsgeschichte der Ersten Deutschen Walfang-Gesellschaft. Düsseldorf 1939.

Herrmann, Ernst: Deutsche Forscher im Südpolarmeer. Bericht von der Deutschen Antarktischen Expedition 1938–1939. Berlin 1941.

Houben, H. H.: Sturm auf den Südpol. Abenteuer und Heldentum der Südpolfahrer. Berlin 1942.

Hugo, Otto: Deutscher Walfang in der Antarktis. Oldenburg 1939.

Huntford, Roland: Die Amundsen-Fotografien. Expeditionen ins ewige Eis. Braunschweig 1989.

Imbert, Bertrand: Die Pole. Expeditionen ins ewige Eis. Ravensburg 1990.

Jung, Dieter, u. a.: Die Schiffe und Boote der deutschen Seeflieger 1912–1976. Stuttgart 1977.

Kraul, Otto: Käpt'n Kraul erzählt. 20 Jahre Walfänger unter argentinischer, russischer und deutscher Flagge in der Arktis und Antarktis. Berlin 1939.

Kertz, Walter: Georg von Neumayer und die Polarforschung. In: Polarforschung 53, 1983, S. 91–98.

Kircheiß, Carl: Vom deutschen Walfang. In: Polarforschung 2 (15), 1945, S. 9–11.

Kircheiß, Carl: Wal hoooooh! Weltreisen mit Harpunen, Angelhaken und Netzen. Rendsburg 1950.

Kircheiß, Carl: Wal hoooh! In: Polarforschung 5, 1935, 1, S. 3–5.

Kirschmer, Gottlob: Dokumentation über die Antarktis-Expedition 1911/12 von Wilhelm Filchner. (= Deutsche Geodätische Kommission bei der Bayerischen Akademie der Wissenschaften E 23.) München 1985.

Kirwan, L. P.: A History of Polar Exploration. Harmondsworth 1962.

Klutschak, Heinrich W.: Ein Besuch auf Süd-Georgien. In: Deutsche Rundschau für Geographie und Statistik 3, 1881, S. 522–531.

Knoch, K.: E. Barkows Ergebnisse der meteorologischen Beobachtungen der Deutschen Antarktischen Expedition 1911 bis 1912. In: Zeitschrift der Gesellschaft für Erdkunde zu Berlin 1927, S. 50–61.

Kohl-Larsen, Ludwig: Die deutsche Südgeorgien-Expedition 1928/29. In: Zeitschrift der Gesellschaft für Erdkunde zu Berlin 1930, S. 321–350.

Kollbach, Karl: Der Südpol. Bielefeld, Leipzig 1911.

Kosack, Hans-Peter: Die Antarktis. Eine Länderkunde. Heidelberg 1955.

Kosack, Hans-Peter: Neue Beiträge zur Kartographie der Antarktis. In: Polarforschung 4 (28), 1958, S. 91–94.

Kretschmer: Die deutsche Südpolarexpedition. In: Marine-Rundschau 11, 1900, 1, S. 575–584, 658–676.

Kretzer, Hans-Jochen: Windrose und Südpol. Leben und Werk des großen Pfälzer Wissenschaftlers Georg von Neumayer. (= Pollichia-Sonderdruck 4.) Bad Dürkheim 1983.

Kühn, Franz: Der sogenannte »Südantillen-Bogen« und seine Beziehungen. In: Zeitschrift der Gesellschaft für Erdkunde zu Berlin 1920, S. 249–262.

Kükenthal, Willy: Eine deutsche Südpolarfahrt. In: Deutsche Geographische Blätter 15, 1892, S. 101–105.

Landt-Lemmél, Hanns: Wal frei. Auf Walfang im Südlichen Eismeer. Wiesbaden 1950.

Laws, Richard: Antarktis. Die letzte Grenze. Bergisch Gladbach 1990.

Lewis, Richard S.: Das Abenteuer Antarktis. Die Erforschung des weißen Kontinents. München 1966.

Ley, Willy: Die Pole. Reinbek bei Hamburg 1974.

Mantey, v.: Die beiden Meteore der deutschen Marine. In: Meereskunde, Vorträge 14, 1925, S. 6.

Markham, Clements R.: Die Aufgaben der geplanten Südpolar-Expedition. Zürich 1900.

Meinardus, Wilhelm: Die oceanologischen Ergebnisse der Valdivia-Expedition. In: Zeitschrift der Gesellschaft für Erdkunde zu Berlin 1902, S. 763–796.

Meinardus, Wilhelm: Erich v. Drygalskis »Ozean und Antarktis«. In: Petermanns Geographische Mitteilungen 72, 1926, S. 216–220.

Mickleburgh, Edwin: Abenteuer Antarktis. Bedrohter Kontinent im ewigen Eis. Hamburg 1980.

Müller, Martin: Erich von Drygalski zum Gedächtnis. In: Polarforschung 2 (19), 1949, S. 294 f.

Neumayer, Georg v.: Auf zum Südpol! 45 Jahre Wirkens zur Förderung der Erforschung der Südpolar-Region 1855–1900. Berlin 1901.

Neumayer, Georg: Bericht über den Stand der deutschen Polar-Forschung an den III. Deutschen Geographentag. Berlin 1883.

Neumayer, Georg: Denkschrift betreffend die wissenschaftliche Erforschung des Antarktischen Gebietes. Berlin 1888.

Neumayer, Georg: Die Deutsche Seewarte. I. Die Beschreibung der Zentralstelle in Hamburg. Hamburg 1885. (= Abdruck Archiv der Deutschen Seewarte 7, 1884, 2.)

Neumayer, Georg: Die Erforschung des Süd-Polar-Gebietes. In: Zeitschrift der Gesellschaft für Erdkunde zu Berlin 7, 1872, S. 120–170.

Neumayer, Georg: Die Erforschung des Süd-Polar-Gebiets. Berlin o. J.

Neumayer, Georg: Die wissenschaftliche Erforschung des Südpolargebiets. Berlin 1895.

Neumayer, Georg: Notwendigkeit und Durchführbarkeit der antarktischen Forschung vom Standpunkte der Entwicklung der geophysikalischen Wissenschaften insbesondere des Erdmagnetismus und der Meteorologie. Berlin 1885.

Neumayer, Georg: Polarexpedition oder Polarforschung? In: Tageblatt der 53. Versammlung deutscher Naturforscher und Ärzte 1880 (Beilage September), S. 149–157.

Neumayer, Georg: Polarexpedition oder Polarforschung? In: Deutsche Geographische Blätter 3, 1880, S. 168–182.

Neumayer, Georg: Über Südpolarforschung. London o. J.

Neumayer, Georg, u. a.: Plan für eine Deutsche Expedition zur Durchforschung der Süd-Polar-Region. In: Mittheilungen der Geographischen Gesellschaft in Hamburg 11, 1896, S. 187–191.

Ocean Sciences. Their History and Relation to Man. Proceedings of the 4th International Congress on the History of Oceanography. Hamburg 23.–29.9.1987. (= Deutsche Hydrographische Zeitschrift, Ergänzungsheft, B, 22, 1990.) Hamburg 1991.

Petersen, Johannes: Die Erforschung des Dirk Gerritsz-Archipel. In: Mittheilungen der Geographischen Gesellschaft in Hamburg 11, 1896, S. 62–79.

Petersen, Johannes: Die Reisen des JASON und der HERTHA in das Antarktische Meer 1893/94 und die wissenschaftlichen Ergebnisse dieser Reisen. In: Mittheilungen der Geographischen Gesellschaft in Hamburg 1891–92, S. 245–298.

Petter, Guido (Hrsg.): Die Erforschung der Antarktis. Würzburg 1979.

Philip, H.: Ergebnisse der W. Filchnerschen Vorexpedition nach Spitzbergen 1910. (= Petermanns Geographische Mitteilungen, Ergänzungsheft 179.) Gotha 1914.

Plan einer deutschen antarktischen Expedition. In: Zeitschrift der Gesellschaft für Erdkunde zu Berlin 1910, S. 153–158.

Prager, Hans Georg: DDG Hansa. Vom Liniendienst bis zur Schleppschifffahrt. Herford 1976.

Prügel, H.: Aktivierte Tradition. In: Kehrwieder 23, 1979, 9, S. 20–22.

Przybyllok, Erich: Deutsche Antarktische Expedition. Bericht über die Tätigkeit nach Verlassen von Südgeorgien. In: Zeitschrift der Gesellschaft für Erdkunde zu Berlin 1913, S. 1–17.

Richter, Hans: 50 Jahre Luftbildverwendung in der Polarforschung. In: Polarforschung 3 (21), 1951, S. 12.

Ritscher, Alfred: Deutsche SCHWABENLAND-Expedition 1938/39. In: Polarforschung 3 (21), 1951, S. 115–117.

Ritscher, Alfred: Die geographischen Verhältnisse im Abschnitt zwischen 12° W und 20° O der Antarktis auf Grund der Arbeiten der Deutschen Antarktischen Expedition 1938/39. In: Zeitschrift der Gesellschaft für Erdkunde zu Berlin 1939, S. 353–363.

Ritscher, Alfred: »Oasen« in Antarktika. In: Polarforschung 2 (16), 1946, S. 70 f.

Ritscher, Alfred: Vor zehn Jahren. In: Polarforschung 2 (18), 1948, S. 30–32.

Ruthe, Kurt: Das Klima der Antarktis. In: Polarforschung 11, 1941, 2, S. 1–3.

Ruthe, Kurt: Vom Klima der Antarktis. In: Polarforschung 12, 1942, 1, S. 1–4; 2, S. 1–4; 13, 1943, 1, S. 1–5.

Ruthe, Kurt: Zum 50. Jahrestag der Entdeckung der Bouvet-Insel durch die »VALDIVIA-Tiefsee-Expedition«. In: Polarforschung 2 (18), 1948, S. 37.

Sauer, Walter: Bericht über die amerikanische Ronne-Expedition in die Westantarktis 1947/48. In: Polarforschung 2 (17), 1947, S. 164.

Schleinitz, v.: Übersicht über die Forschungsreise Sr. Majestät Schiff GAZELLE in den Jahren 1874–1876. In: Verhandlungen der Gesellschaft für Erdkunde 3, 1876, S. 108–126, 204–217.

Schmidt, Ingrid: Polarschiffe. WOSTOK, MIRNY, GRÖNLAND, FRAM, GAUSS. Rostock, Bielefeld 1988.

Scholl, Lars U.: Deutsche Forschungsschiffe in arktischen und antarktischen Gewässern. In: Deutsche Schiffahrt 1984, 1, S. 17–20.

Schott, Gerhard: Eine Dampferreise im südlichen Eismeer vor 45 Jahren. In: Seewart 1944, 1/2, S. 43–48.

Schott, Gerhard: Von der deutschen Südpolar-Expedition. Aus dem Bericht über die wissenschaftlichen Arbeiten auf der Fahrt von Kiel bis Kapstadt. In: Zeitschrift der Gesellschaft für Erdkunde zu Berlin 1902, S. 323–332.

Schott, Gerhard: Von der deutschen Südpolar-Expedition. Nach den amtlichen Berichten der Expedition über die Fahrt von Kapstadt bis zu den Kerguelen. In: Zeitschrift der Gesellschaft für Erdkunde zu Berlin 1902, S. 635–642.

Schott, Gerhard: Von der deutschen Tiefsee-Expedition 1898/99. Ein Tag an Bord des Expeditionsdampfers VALDIVIA. In: Marine-Rundschau 11, 1900, S. 135–153.

Schotte, H.: Ein Jahrzehnt internationaler Südpolarforschung. Köln 1910.

Schück, A.: Die Entwicklung unserer Kenntnisse der Länder im Süden von Amerika. In: Verhandlungen des Vereins für naturwissenschaftliche Unterhaltung zu Hamburg 5, 1882, S. 118–128.

Schwimmender Flugstützpunkt SCHWABENLAND. In: Luftwissen 1, 1934, S. 225–227.

Scott, Robert: Letzte Fahrt. Scotts Tagebuch. Wiesbaden 1973.

Spieß, Fritz: Das Forschungsschiff und seine Reisen. (= Albert Defant [Hrsg.]: Wissenschaftliche Ergebnisse der deutschen Atlantischen Expedition auf dem Forschungs- und Vermessungsschiff METEOR 1925–1927. Band 1.) Berlin, Leipzig 1932.

Spieß, Fritz: Die METEOR-Fahrt. Forschungen und Erlebnisse der Deutschen Atlantischen Expedition 1925–27. Berlin 1928.

Stäblein, Gerhard: Historische Aspekte der deutschen geowissenschaftlichen Polarforschung. In: Polarforschung 51, 1981, S. 219–225.

Stehr, A.: Das Südpolarschiff GAUSS und seine technischen Einrichtungen. In: Erich v. Drygalski: Deutsche Südpolar-Expedition 1901–1903. 1. Band. Berlin, Leipzig 1921, S. 1–96.

Stocks, Theodor: In memoriam Alfred Ritscher 1879–1963. In: Deutsche Hydrographische Zeitschrift 16, 1963, S. 87–92.

Stonehouse, Bernard: North Pole, South Pole. A Guide to the Ecology and Resources of the Arctic and Antarctic. Hongkong 1990.

Sullivan, Walter: Männer und Mächte am Südpol. Die Eroberung eines neuen Kontinents. Zürich o. J.

Tiggesbäumker, Günter: Carl Weyprecht 1838–1881. In: Polarforschung 51, 1981, S. 213–218.

Von Walen zu Jumbos. In: Kehrwieder 29, 1985, 8, S. 14–16.

Vorbericht über die Deutsche Antarktische Expedition 1938/39. (= Annalen der Hydrographie und Maritimen Meteorologie 1939, 8, Beiheft.)

Wegener, Georg: Luftfahrten im Dienste der Polarforschung, insbesondere in der Antarktis. In: Luftverkehr über dem Ozean. (= Institut für Meereskunde zu Berlin [Hrsg.]: Das Meer in volkstümlichen Darstellungen 2.) Berlin 1934, S. 120–142.

Weinek, Ladislaus: Die Reise der deutschen Expedition zur Beobachtung des Venusdurchganges am 9. Dezember 1874 nach der Kerguelen-Insel und ihr dortiger Aufenthalt. MS 1887. (Nachdruck Prag 1911.)

Wille, Hermann Heinz: Lockende Pole. Der Kampf um den Nord- und Südpol. Leipzig ⁴1973.

Willis, Thayer: Eine Welt von Eis. In: Zu den letzten Grenzen der Erde. Bezwingung der Pole und Gipfel – Eroberung der Tiefsee. Gütersloh 1977, S. 9–161.

Winterhoff, Edmund: Walfang in der Antarktis. (= Schriften des Deutschen Schiffahrtsmuseums Bremerhaven 4.) Oldenburg 1974.

Wustrack, Michael K., Theo Preis und Karl Vey: Das Fliegende Museum des Flughafens Frankfurt am Main. (= museum 26.) Braunschweig 1984.

III. Deutsche Polarforschung nach 1945

AIS – Antarktische Informations- und Schutzgemeinschaft: Antarktis das letzte Paradies? Karlsruhe 1986.

Albert, H. P., u. a.: Das deutsche Polarforschungs- und Versorgungsschiff POLARSTERN. In: Hansa 120, 1983, S. 465–506.

Alfred-Wegener-Institut für Polar- und Meeresforschung: FS POLARSTERN. Expeditionsprogramm Nr. 10. Arktis IV 1–3 1987. Bremerhaven 1987.

Alfred-Wegener-Institut für Polar- und Meeresforschung (Hrsg.): Alfred-Wegener-Institut für Polarforschung Bremerhaven. Aufbaubericht 1980–1985. Bremerhaven o. J.

Alfred-Wegener-Institut für Polar- und Meeresforschung (Hrsg.): Alfred-Wegener-Institut für Polar- und Meeresforschung 1980–1990. Bremerhaven o. J.

Alfred-Wegener-Institut für Polar- und Meeresforschung (Hrsg.): Zweijahresbericht 1986/87. Bremerhaven o. J.

Alfred-Wegener-Institut für Polar- und Meeresforschung (Hrsg.): Zweijahresbericht 1988/89. Bremerhaven o. J.

Augstein, Ernst: MIZEX. Physikalische und biologische Phänomene in der Randzone des arktischen Meereises. In: Geowissenschaften in unserer Zeit 2, 1984, S. 137–141.

Augstein, Ernst: The Observatories of the Georg-von-Neumayer Station. = Berichte zur Polarforschung, Sonderheft 5, März 1984.

Augstein, Ernst, u. a.: Die Expedition ARKTIS II des FS POLARSTERN 1984 mit den Beiträgen des FS VALDIVIA und des Forschungsflugzeuges Falcon 20 zum Marginal Ice Zone Experiment 1984 (MIZEX). = Berichte zur Polarforschung 20, 1984.

Bender, Friedrich: 25 Jahre Bundesforschungsanstalt für Geowissenschaften und Rohstoffe und Niedersächsisches Landesamt für Bodenforschung. In: Geologisches Jahrbuch A 73, 1984, S. 39–45.

Bock, Bruno: Deutsche Antarktis-Forschungsstation und das neue deutsche Forschungsschiff sind bereits fertig (auf dem Papier). In: Schiffahrt international 30, 1979, S. 358.

Böhnecke, G., und A. Bückmann (Hrsg.): Die Expeditionen von F. F. S. ANTON DOHRN und V. F. S. GAUSS im Internationalen Geophysikalischen Jahr 1957/1958. = Deutsche Hydrographische Zeitschrift B 3, Ergänzungsheft 1959.

Brockamp, Bernhard: Die Verleihung der Karl-Weyprecht-Medaille an Paul Emile Victor. In: Polarforschung 6 (36), 1966, S. 76–78.

Brockamp, Bernhard: Über einige geophysikalische Ergebnisse der internationalen Grönland-Expedition EGIG 1959. In: Polarforschung 6 (35), 1965, S. 42–66.

Büdel, Julius: Geomorphologische Polarforschung in Spitzbergen. Kurzbericht der Ergebnisse der Stauferland-Expedition 1959–1967. In: Zeitschrift für Gletscherkunde und Glazialgeologie 8, 1972, 1/2, S. 283–294.

Büdel, Julius, und Walter Imber: Spitzbergen. Einsame Insel im Polarlicht. Bern 1968.

Bürger, Alfons: Antarktispost. In: Capital 1985, 5, S. 359–362.

Bundesforschungsanstalt für Geowissenschaften und Rohstoffe: Tätigkeitsbericht 1983/84. Hannover 1985.

Bundesforschungsanstalt für Geowissenschaften und Rohstoffe: Tätigkeitsbericht 1987/88. Hannover 1989.

Bundesforschungsanstalt für Geowissenschaften und Rohstoffe (Hrsg.): Die Erde. Erforschung zum Nutzen der Menschen. Hannover 1987.

Bundesforschungsanstalt für Fischerei. Deutsche beim Antarktisprogramm FIBEX. In: Köhlers Flottenkalender 1982, S. 67–69.

Bundesminister für Forschung und Technologie (Hrsg.): Antarktisforschungsprogramm der Bundesrepublik Deutschland. Bonn ³1983.

Bundesminister für Forschung und Technologie (Hrsg.): Global Change. Unsere Erde im Wandel. Bonn 1990.

Bundesminister für Forschung und Technologie (Hrsg.): Klimaprobleme und ihre Erforschung. Bonn 1987.

Bundesminister für Forschung und Technologie (Hrsg.): Polarforschung. Bilanz 1974 bis 1987. Bonn 1987.

Bundesminister für Forschung und Technologie (Hrsg.): Rahmenprogramm der Bundesregierung zur Förderung der Klimaforschung. Bonn ²1983.

Bungenstock, Herwald: Antarktisforschung in der Bundesrepublik Deutschland. In: Hansa 120, 1983, S. 461 f.

Bungenstock, Herwald: Zehn Jahre Polarforschung der Bundesrepublik Deutschland. In: Hansa 128, 1991, S. 149–153.

Christian-Albrechts-Universität zu Kiel (Hrsg.): Polarforschung. Kiel 1984.

Das Alfred-Wegener-Institut. In: Köhlers Flottenkalender 1981, S. 80 f.

Das deutsche Polarforschungs- und Versorgungsschiff. In: Hansa 119, 1982, S. 238–243.

Das deutsche Polarforschungs- und Versorgungsschiff. In: Meerestechnik 13, 1982, 3, S. 73–78.

Delisle, Georg: German Antarctic North Victoria Land Expedition 1982/83 GANOVEX III. (= BGR Circular 1.) Hannover 1984.

Der Fall GOTLAND II. Kontroversen um einen Seenotfall. In: Hansa 120, 1983, S. 1729–1739.

Deutsche Forschungsgemeinschaft (Hrsg.): Deutsche Forschungsgemeinschaft. Aufbau und Aufgaben. Wiesbaden 1980.

Deutsche Forschungsgemeinschaft und Deutsches Hydrographisches Institut (Hrsg.): Forschungsschiff METEOR 1964–1985. Hamburg 1985.

Deutscher Außenposten in Südpolnähe. In: Köhlers Flottenkalender 1981, S. 77–79.

Deutsches Schiffahrtsmuseum Bremerhaven. (= museum 1/77) Braunschweig ⁵1991.

Die Unglücksfahrt der GOTLAND II. In: Schiffahrt international 35, 1984, S. 12–17.

Dobert, Jürgen: Hapag-Lloyds Stern. In: Kehrwieder 26, 1982, 1/2, S. 34 f.

Drescher, Hans Eberhard: Das antarktische marine Ökosystem. Sein Schutz und seine Nutzung. In: Geographische Rundschau 35, 1983, 3, S. 123–125.

Dyson, John: Heiße Arktis. Blei, Zink, Asbest, Kupfer, Silber, Gold, Uran, Erdgas; allein 9,6 Milliarden Barrel Öl, 150 Milliarden Tonnen Kohle... die Zivilisation nimmt Besitz – um welchen Preis? Wien, München 1981.

Enß, Dietrich: Die Deutsche Antarktis-Forschungsstation. In: Hansa 118, 1981, S. 963–966, 1011–1015, 1165–1170.

Festschrift AWI. Bremerhaven 1986.

Froböse, Rolf: Die Antarktis – Eldorado für Meteoritenforscher. In: Geowissenschaften in unserer Zeit 2, 1984, S. 45–51.

Fütterer, Dieter (Hrsg.): Die Expedition ANTARKTIS-II mit FS POLARSTERN 1983/84. Bericht von den Fahrtabschnitten 1–3. = Berichte zur Polarforschung 18, 1984.

Gerdes, Albert: Die Klima-Maschine am Meeresgrund. Tagebuch einer Expedition zum Tiefenwasser der Antarktis. In: Bild der Wissenschaft 1990, 4, S. 30–36.

Giermann, Günter: Antarktis-Forschung mit FS POLARSTERN. In: Deutsche Schiffahrt 1984, 1, S. 12f.

Giermann, Günter: Aufgabenstellung für die POLARSTERN. In: Hansa 120, 1983, S. 463.

GEO-Wissen. Arktis + Antarktis. 5.11.1990.

Haaf, Günter: Das Traumschiff der Forscher. In: Zeit-Magazin 18.2.1983, S. 34 ff.

Haaf, Günter: Poker ums Polarinstitut. Bremen und Kiel kämpfen um den Zuschlag. In: Die Zeit 1979, 38, S. 64.

Haefeli, R.: Die Internationale glaziologische Grönlandexpedition 1957–1960. In: Schweizerische Bauzeitung 77, 1959, S. 29.

Hall, Sam: Die Vierte Welt. Das Erbe der Arktis und ihre Zerstörung. Stuttgart, Wien 1988.

Hamilton, R. A.: Über Vorbereitung für Polarexpeditionen. In: Polarforschung 4 (28), 1958, S. 103–107.

Harms, Michael: Überleben fraglich? Reinhold Messner und Arved Fuchs durchqueren in 120 Tagen die Antarktis. In: SWF-Journal 1989, 11, S. 14–17.

Hattendorff, Hans-Günter: Beobachtungen der Eisunterfläche und im Eis mit Hilfe einer Unterwasser-Fernsehkamera während des Canadian Arctic Channel Project 1972. In: Polarforschung 44, 1974, S. 83–88.

Hempel, Gotthilf: Antarktisforschung – Rückblick und Neuanfang. In: Universitas 38, 1983, S. 917–924.

Hempel, Gotthilf: BIOMASS. Internationale Erforschung der antarktischen Lebensgemeinschaft. In: Umschau 81, 1981, S. 401–405.

Hempel, Gotthilf: Das Leben in Eis und Schnee. In: Bild der Wissenschaft 17, 1980, 1, S. 36–48.

Hempel, Gotthilf: Der Forschungsschiff-Kapitän. In: Hansa 122, 1985.

Hempel, Gotthilf: Der schnelle Weg zum Pol. Wie die Bundesrepublik in nur eineinhalb Jahrzehnten erfolgreich in der Polarforschung Fuß fassen konnte. Von BIOMASS zu EPOS. In: Robert Gerwin (Hrsg.): Wie die Zukunft Wurzeln schlug. Aus der Forschung der Bundesrepublik Deutschland. Berlin, Heidelberg, New York, London, Tokyo, Hongkong 1989, S. 123–133.

Hempel, Gotthilf: Deutsche Antarktisforschung – neue Ziele und Möglichkeiten. In: Hansa 118, 1981, S. 1453–1455, 1550f.

Hempel, Gotthilf: Deutsche Meeresforschung in der Antarktis im Südsommer 1980/81. In: Polarforschung 51, 1981, S. 227–237.

Hempel, Gotthilf: Die Erforschung der Meere. Geschichte – Stand – Perspektiven. Vortrag auf der DFG-Jahresversammlung in Kiel am 18. 6. 1985.

Hempel, Gotthilf: Die 1. Antarktis-Expedition des FS POLARSTERN. In: Hansa 120, 1983, S. 1891 f.

Hempel, Gotthilf: Meeresforschung in Bremerhaven. In: Deutsche Schiffahrt 6, 1984, 1, S. 5–7.

Hempel, Gotthilf: Polarwissenschaften – eine Zukunftsaufgabe der Großforschung. In: Naturwissenschaften 72, 1985, S. 225–230.

Hempel, Gotthilf: Polarwissenschaften – eine Zukunftsaufgabe der Großforschung. In: Universitas 40, 1985, S. 623–631.

Hempel, Gotthilf: Seerecht aus der Sicht der Meeresforschung. Aufgaben internationaler Kooperation. In: Schiffahrt international 29, 1978, S. 382–384.

Hempel, Gotthilf: Zum Aufbau des Alfred-Wegener-Instituts für Polarforschung. In: Polarforschung 51, 1981, S. 239–249.

Hempel, Gotthilf, und Arwed H. Meyl (Hrsg.): Meeresforschung in den achtziger Jahren. Boppard 1979.

Herold, Werner: Alltag in der Eiswüste. In: Geo 1986, 3, S. 38–50.

Heuseler, Holger: Die größte Vorratskammer der Welt. In: Plus (Beilage Die Welt) 1980, 50, S. 18–21.

Hodgson, Bryan: Antarctica. A Land of Isolation No More. In: National Geographic 177, 1990, 4, S. 2–51.

Hoffmeyer, M., J. V. Schrader und Th. Zotschew: Antarktische Ressourcen und künftige deutsche Antarktisforschung. Kiel 1978.

International Council of Scientific Unions (Hrsg.): SCAR-Bulletin No. 78, September 1984. In: Polar Record 22 (138), 1984, S. 341–356.

Karsten, Achim, und Manfred Stober: Deformationsmessungen auf dem Grönländischen Inlandeis während der Intern. Glaziologischen Grönland-Expedition 1974. In: Polarforschung 45, 1975, S. 45–50.

Klausewitz, Wolfgang: Mit F. F. S. ANTON DOHRN auf Forschungsfahrt in ost- und westgrönländischen Gewässern. In: Polarforschung 3 (25), 1955, S. 365.

Kohnen, Heinz: Antarktis Expedition. Deutschlands neuer Vorstoß ins ewige Eis. Bergisch Gladbach 1981.

Kohnen, Heinz: Das Filchner-Schelfeis-Projekt. In: Geowissenschaften in unserer Zeit 4, 1986, 2, S. 62–68.

Kohnen, Heinz: Deutsche Antarktisforschung. Eine wissenschaftliche Herausforderung der 80er Jahre. In: Naturwissenschaftliche Rundschau 35, 1982, S. 53–61.

Kohnen, Heinz: Die Antarktis. Über die geowissenschaftlichen Forschungen auf dem sechsten Kontinent. In: Die Erde 109, 1978, S. 153–187.

Kohnen, Heinz: Die Forschungsaktivitäten der Bundesrepublik Deutschland in der Westantarktis. In: Natur und Museum 111, 1981, S. 413–425.

Kohnen, Heinz: Ein neuer Anfang in der deutschen Antarktisforschung. In: Polarforschung 49, 1979, S. 80–83.

Kohnen, Heinz: Erforschung der antarktischen Eisbedeckung. In: Geographische Rundschau 35, 1983, 3, S. 104–111.

Kohnen, Heinz: Glaciological research relevant to the construction of ice-going ships. In: Ocean Engineering 3, 1976, S. 343–360.

Kohnen, Heinz (Hrsg.): Die Expedition ANTARKTIS-II mit FS POLARSTERN 1983/84. Bericht von Fahrtabschnitt 4. = Berichte zur Polarforschung 19, 1984.

Kohnen, Heinz, und Charles R. Bentley: Seismologische Untersuchungen nahe Byrd Station, Antarktis. In: Archäologische Meteorologische Geophysik A 22, 1973, S. 311–334.

Kohnen, Heinz, und Erhard Treude: Arctic Research Activities in the Federal Republic of Germany. In: Arctic Bulletin 1974, S. 166–173.

Kohnen, Heinz, und Franz Thyssen: Canadian Arctic Channel Project 1972, Pond Inlet, N. W. T. In: Polarforschung 42, 1972, S. 65.

Koschwitz, Eva: Forschungsschiffe von Trave und Weser. In: Deutsche Schifffahrt 1984, 2, S. 19–21.

Kothe, Jürgen: The Expedition and its Logistics. In: Geologisches Jahrbuch B 60, 1984, S. 9–29.

Kothe, Jürgen, u. a.: The Expedition and its Logistics. In: Geologisches Jahrbuch B 41, 1981, S. 3–30.

Krause, Gunther, Jens Meincke und Jörn Thiede: Wissenschaftliche Fahrtberichte der Arktis-Expeditionen ARK IV/1, 2 & 3. = Berichte zur Polarforschung 56, 1989.

Kurzbericht über die Feldarbeiten der E. G. I. G. II 1967/68. In: Polarforschung 6 (37), 1967, S. 180f.

Lange, Gert (Hrsg.): Bewährung in Antarktika. Antarktisforschung der DDR. Leipzig 1982.

Leemreijze, Gerrit: Antarktisfahrten besser vorbereiten. Seeamtliche Untersuchungen über den Untergang GOTLAND II beendet, In: Hansa 120, 1983, S. 1995 f.

Loewe, Fritz: Bisheriger Verlauf der französischen Antarktis-Expedition. In: Polarforschung 2 (20), 1950, S. 373.

Lüthje, Herbert: Die hydrographische Untersuchung des Kangerdlugssuaq (Westgrönland) im Rahmen der Internationalen Grönland-Expedition EGIG 1959. In: Deutsche Hydrographische Zeitschrift 42, 1989, S. 81–101.

Mandelsoh, Klaus v., und Jörn Freyenhagen: Antarktis. Entdeckungsfahrten in die Zukunft. München 1982.

Max, Alphonse: Die Antarktis. Eine geostrategische Studie. (= Deutschland in Geschichte und Gegenwart, Beiheft 9). Tübingen 1980.

May, John: Das Greenpeace-Buch der Antarktis. Ravensburg 1988.

Meyer-Waarden, P. F. (Hrsg.): Festschrift zur Einweihung der Bundesforschungsanstalt für Fischerei am 1. Juni 1962. = Archiv für Fischereiwissenschaft 13, 1962, Beiheft 1.

Müller, G.: Von Norwegen nach Grönland – Seismische Untersuchungen der tieferen Erdkruste. In: Prakla-Seismos Report 1984, 1/2, S. 44 f.

Müller, G.: VS EXPLORA. Zum dritten Mal in der Antarktis. In: Prakla-Seismos Report 1982, 4, S. 38–43.

Müller, G., und Heinz Wichels: VS EXPLORA. Meßfahrt im Ross-Meer, Antarktis. In: Prakla-Seismos Report 1980, 4, S. 30–37.

National Committee on Antarctic Research: First Report to SCAR on Antarctic Research Activities of Germany (FRG). In: Polarforschung 49, 1979, S. 193–205.

National Committee on Antarctic Research: National Antarctic Research Report to SCAR No. 3. In: Polarforschung 51, 1981, S. 261–274.

National Committee on Antarctic Research: National Antarctic Research Report to SCAR No. 4. In: Polarforschung 52, 1982, S. 89–106.

National Committee on Antarctic Research: Second Report to SCAR on Antarctic Research Activities of Germany (FRG). In: Polarforschung 50, 1980, S. 85–95.

Nationalkomitee der DDR (NK SCAR): Forschungsarbeiten der Deutschen Demokratischen Republik in der Antarktis 1959–1982. Potsdam 1982.

Neues Tiefseebohrprogramm gestartet. JOIDES RESOLUTION ging in Bremerhaven vor Anker. In: Forschung (Mitteilungen der DFG) 2, 1985, S. 30.

Niemann, Hans: Zum Kältepol der Erde. Leipzig 1971.

Ocean Drilling Program. Scientific Prospectus No. 4, April 1985.

Ozeane und Kontinente. Ihre Herkunft, ihre Geschichte und Struktur. Heidelberg ³1985.

Pantenburg, Vitalis: Expedition heute. Wissenschaft unterwegs. Düsseldorf 1967.

Phillips, Dennis: Probing the coldest depths for science. In: Lufthansa's Germany 1984, 6, S. 38–45.

Pillewizer, Wolfgang: Deutsche Spitzbergen-Expedition 1962. In: Petermanns Geographische Mitteilungen 106, 1962, S. 286.

Pillewizer, Wolfgang: Deutsche Spitzbergen-Expedition 1964/65. In: Petermanns Geographische Mitteilungen 108, 1964, S. 210.

Pillewizer, Wolfgang: Gletscherland in der Arktis. Leipzig 1967.

POLARSTERN wieder im eisigen Element. In: Kehrwieder 28, 1984, 2, S. 10f.

Pyne, Stephen J.: The Ice. A Journey to Antarctica. London 1987.

Radok, Uwe: Das Eis der Antarktis. In: Spektrum der Wissenschaft 1984, 10, S. 84–91.

Reil, W.: Mit der FS POLARSTERN in die Arktis. In: Prakla-Seismos Report 1984, 4, S. 21–26.

Reinke-Kunze, Christine: Auf der Spur des Krills. In: Kehrwieder 26, 1981, 3, S. 18f.

Reinke-Kunze, Christine: Den Meeren auf der Spur. Geschichte und Aufgaben der deutschen Forschungsschiffe. Herford 1986.

Reinke-Kunze, Christine: Expedition in den Tag ohne Nacht. In: Kosmos 1990, 2, S. 6–15.

Reinke-Kunze, Christine: Fünf Mann in der Eisröhre, In: Kehrwieder 26, 1981, 6, S. 12f.

Reinke-Kunze, Christine: Längste Reise der METEOR. In: Kehrwieder 26, 1981, 6, S. 19.

Reinke-Kunze, Christine: METEOR nach 203 Tagen aus der Antarktis zurück. In: DAG-Schiffahrt 34, 1981, 5, S. 68f.

Reinke-Kunze, Christine: Mit FS VALDIVIA Kurs Arktis. In: Köhlers Flottenkalender 1988, S. 34–43.

Reinke-Kunze, Christine: Petermanns Erbe – Hempels Kronleuchter. In: Kehrwieder 27, 1983, 1, S. 12–15.

Richter, Hans: Luftbildinterpretation in den polaren Gebieten. In: Polarforschung 3 (24), 1954, S. 304–306.

Roland, Norbert W.: Mineralische Ressourcen der Antarktis. Kenntnisstand und Nutzungsmöglichkeiten. In: Geographische Rundschau 35, 1983, 3, S. 120–122.

Roland, Norbert W., und Franz Tessensohn: Antarktisforschung der BGR. Entwicklung und Ergebnisse. In: Geologisches Jahrbuch A 73, 1984, S. 379–393.

Roland, Norbert W., Georg Kleinschmidt und Werner Buggisch: Geological

Expedition to the Shackleton Range – GEISHA 1987/88 – Nappe Structure and a Meteorite Find. (= BGR Circular 7.) Hannover 1988.

Sarhage, Dietrich: BIOMASS – FIBEX –SIBEX. Internationale Zusammenarbeit zur Erfassung der lebenden Meeresschätze der Antarktis. In: Geowissenschaften in unserer Zeit 2, 1984, S. 109–116.

Schnack-Schiel, Sigrid: Die Winter-Expedition mit FS POLARSTERN in die Antarktis (ANT V/1–3). = Berichte zur Polarforschung 39, 1987.

Schulthess, Emil: Antarctica. Zürich 1960.

Schulz, Ludolf: Antarktis-Meteorite. Schlüssel zur Geschichte der Erde und des Sonnensystems. In: Umschau 81, 1981, 2, S. 40–42.

Schwarz, Joachim: Eine neue Schiffsform fürs Eis. In: Köhlers Flottenkalender 1984, S. 61–64.

Schwarz, Joachim, und L. Müller: Eisbrechtechnische Expedition mit FS POLARSTERN nach Spitzbergen. In: Hansa 122, 1985, S. 1555–1557.

Senator für Wissenschaft und Kunst, Bremen (Hrsg.): Die Freie Hansestadt Bremen als Standort für das Deutsche Polarforschungsinstitut. Bremen o. J.

Siems, Wilfried: Die SCHEPELSTURM als Forschungsbasis. In: Köhlers Flottenkalender 1981, S. 75 f.

Sitte, Fritz: Heißes Eis Antarktis. Graz 1984.

Skeib, Günter: Antarktika. Kontinent im Brennpunkt der Forschung. Leipzig, Jena, Berlin 1965.

Skeib, Günter: Orkane über Antarktika. Forschungsarbeit in Schnee und Eis. Leipzig 1961.

Snyder, Jim, und Keith Shackleton: Schiff in der Wildnis. Reisen der MS LINDBLAD EXPLORER durch die letzten Wildnisse unserer Erde. Hamburg 1988.

Sovetskaja antarktičeskaja ėkspedicija: Atlas Antarktiki I. Moskva, Leningrad 1966.

Stäblein, Gerhard: Antarktis und Arktis. In: Geographische Rundschau 35, 1983, 3, S. 94–100.

Stäblein, Gerhard: Forschungen in polaren und alpinen Bereichen. Bericht über die 12. Internationale Polartagung in Innsbruck vom 12. bis 24. April 1981. In: Die Erde 112, 1981, S. 91–94.

Stäblein, Gerhard: In memoriam Julius Büdel (1903–1983). In: Die Erde 115, 1984, S. 177–182.

Stäblein, Gerhard: Polarforschung und Kontinentalverschiebungstheorie Alfred Wegeners. In: Die Erde 111, 1980, S. 21–26.

Stäblein, Gerhard: Traditionen und aktuelle Aufgaben der Polarforschung. In: Die Erde 109, 1978, S. 229–267.

Stein, M.: POLARSTERN fängt Krill und Fische. In: DGM-Mitteilungen 1983, 4, S. 21.

Steinitz, Hans: Der 7. Kontinent. Das Ringen um die antarktische Eiswelt. Bern 1959.

Stoll, Victor: Die Antarktis. Zürich 1988.

Stonehouse, Bernard, und Maria Pia Casarini: Unternehmen POLARSTERN. Das Bordbuch der Antarktis-Expedition. Düsseldorf, Wien, New York 1988.

Symposium zur Antarktisforschung der DDR. Garwitz 1984. = Geodätische und Geophysikalische Veröffentlichungen 1, 12 (1985).

Tessensohn, Franz: Antarktis bleibt das letzte Stück Natur. Der Wettlauf um die Bodenschätze findet nicht statt. In: Bild der Wissenschaft 22, 1985, 9, S. 44–56.

Tessensohn, Franz: Geologie des Südens. Gondwanaland und Ur-Pazifik. In: Umschau 81, 1981, 2, S. 35 ff.

Thomas, Heiner: Untersuchungen der Auftautiefe über Permafrost im südlichen Jamesen Land (Ostgrönland). In: Die Erde 112, 1981, S. 95 ff.

Thyssen, Franz: Professor Dr. Bernhard Brockamp †. In: Polarforschung 6 (38), 1968, S. 188–190.

Tiedemann, Karl-Heinz: Das Internationale Geophysikalische Jahr in den Polargebieten. In: Polarforschung 4 (27), 1957, S. 41–43.

Tiedemann, Karl-Heinz: 55 Jahre »Deutsches Archiv für Polarforschung«. 50 Jahre Zeitschrift »Polarforschung«. In: Polarforschung 51, 1981, S. 251–253.

Treude, Eberhard: Die Polargebiete. Politisch-rechtliche Probleme ihrer Erschließung und Nutzung. In: Geographische Rundschau 35, 1983, 3, S. 126–131.

Triggs, Gillian D. (Hrsg.): The Antarctic Treaty regime. Law, Environment and Resources. Cambridge, New York, Melbourne 1987.

25 Years Research Activities of the GDR in the Antarctic. = Geodätische und Geophysikalische Veröffentlichungen 1, Sonderheft 1984.

Untergang der GOTLAND II. In: Hansa 119, 1982, S. 189.

Vorfelder, Jochen: Eispatrouille – Greenpeace in der Antarktis. (= Greenpeace Report 3.) Reinbek bei Hamburg 1987.

Walton, D. W. H. (Hrsg.): Antarctic Science. Cambridge 1987.

Watermann, B., und O. J. Wrzesinski: Bibliographie zur Geschichte der deutschen Meeresforschung. Hamburg ²1989.

Wegner, Gerd: Filchner-Schelfeis-Expedition 1980/81 der Bundesrepublik Deutschland. Ein Reisebericht. In: Seewart 42, 1981, S. 209–232.

Wegner, Gerd: Vermessung- und Forschungsschiff GAUSS. Hamburg 1980.

Weiken, Karl: Prof. Dr. Bernhard Brockamps Verdienste um die deutsche Polarforschung und um die Deutsche Gesellschaft für Polarforschung. In: Polarforschung 6 (38), 1968, S. 190–193.

Weiss, Walter: Arktis. Wien 1975.

Wichels, Heinz: Forschungsschiff EXPLORA in der Antarktis. In: Köhlers Flottenkalender 1981, S. 69–74.

Williams, Heathcote: Whale Nation. London 1989.

20 Jahre METEOR-Expeditionen. In: Hansa 121, 1984, S. 2355 f.

Ortsregister (ohne Anhänge)

Namensregister (ohne Anhänge)

(Personen, Schiffe, Institutionen)

Abbildungsnachweis

Alfred-Wegener-Institut für Polar- und Meeresforschung (AWI), Bremerhaven (64)

Bannasch, Dr. Rudolf (58)

Bundesanstalt für Geowissenschaften und Rohstoffe, Hannover (78, 86)

Bundesanstalt für Seeschiffahrt und Hydrographie, Hamburg (36, 42, 45, 46)

Christiani & Nielsen, Hamburg (72, 73, 74)

Chun, Carl: Aus den Tiefen des Weltmeeres. Schilderungen von der Deutschen Tiefsee-Expedition. Jena 1900. (40, 41)

Dege, Dr. Wilhelm (31)

Deutsches Schiffahrtsmuseum, Bremerhaven (1, 2, 15, 20, 25, 35, 38, 39)

Die internationale Polarforschung 1882–1883. Die Deutschen Expeditionen und ihre Ergebnisse. Band 1. Geschichtlicher Teil. Berlin 1891. (16, 17, 18)

Die internationale Polarforschung 1882–1883. Die Beobachtungsergebnisse der Deutschen Station. Band 2. Süd-Georgien und das magnetische Observatorium der Kaiserlichen Marine in Wilhelmshaven. Berlin 1886. (34)

Die zweite deutsche Nordpolarfahrt in den Jahren 1869 und 1870. 2 Bände, Leipzig 1873 f. (7, 8)

Dornier-Archiv (28, 29)

Filchner, Wilhelm: Zum sechsten Kontinent. Berlin 1922. (44)

Friis, Achton: Im Grönlandeis mit Mylius-Erichsen. Die DANMARK-Expedition 1906–1908. Leipzig 1910. (26)

Fritzsche, D., Potsdam (52, 56, 89)

Gernandt, Hartwig (59, 60, 61)

Glöde, P. (55)

Helikopterservice Wasserthal, Hamburg (85, 87)

Hellwald, Friedrich v.: Im ewigen Eis. Geschichte der Nordpol-Fahrten von den ältesten Zeiten bis auf die Gegenwart. Stuttgart 1881. (9)

Kittler, AWI (91)

Lufthansa-Archiv (30, 47, 48, 49, 50, 51)

Midzalski, AWI (70)
Miethe, Adolf, H. Hergesell (Hg.): Mit Zeppelin nach Spitzbergen. Berlin 1911. (19)
Möller (62)
Neuber, Dr. Roland, AWI (90)
Nixdorf, AWI (75)
Petermanns Geographische Mitteilungen (65)
PRAKLA-SEISMOS, Hannover (67)
Reinke-Kunze, Dr. Christine (63, 66, 69, 71, 79, 80, 81, 82, 83, 84, 88)
Roland, Dr. Norbert, Bundesanstalt für Geowissenschaften und Rohstoffe, Hannover (68, 77)
Rüdiger, Hermann: Die Sorge-Bai. Berlin 1913. (21, 22, 23)
Sammlung Reinke-Kunze (3, 4, 5, 6, 10, 11, 12, 13, 14, 37, 43)
Sammlung Wolfgang Kramer, Rostock (33)
Skeib, Dr. Günter, Potsdam (53, 54, 57)
Tessensohn, Dr. Franz, Bundesanstalt für Geowissenschaften und Rohstoffe, Hannover (76)
Utech, Fritz (32)
Wegener, Else (Hg.): Alfred Wegeners letzte Grönlandfahrt. Die Erlebnisse der deutschen Grönlandexpedition 1930/31 geschildert von seinen Reisegefährten und nach Tagebüchern des Forschers. Leipzig 1932. (24, 27)

Danksagung

Die Autorin fühlt sich folgenden Personen und Institutionen verpflichtet: Dietrich Fritzsche, Potsdam; Klaus-Peter Kiedel, Bremerhaven; Arnold Kludas, Bremerhaven; Dr. Heinz Kohnen, Bremerhaven; Prof. Dr. Jens Meincke, Hamburg; Prof. Dr. Hans-Jürgen Paech, Potsdam; Margarete Pauls, Bremerhaven; Dr. Norbert Roland, Hannover; Dr. Günter Skeib, Potsdam; Dr. Franz Tessensohn, Hannover; Dr. Dieter Thierbach, Bonn; Hans Hermann Schlünz, Wedel; Dipl. Ing. Fritz Utech, Alamogordo; Peter-Jörg Wiesner, Uetersen; Alfred-Wegener-Institut für Polar- und Meeresforschung, Bremerhaven; Bundesanstalt für Geowissenschaften und Rohstoffe, Hannover; Bundesanstalt für Seeschiffahrt und Hydrographie, Hamburg; Deutsches Schiffahrtsmuseum, Bremerhaven.

Band 60354

Arnim Riedel
**Abenteuer
und Legenden**

Arnim Riedel und seine Partner erforschen die Welt auf eigene Faust und gehen geheimnisvollen Spuren nach: Legenden aus alter Zeit und Gerüchten der Gegenwart.

Von diesen Expeditionen haben sie packende Berichte und Bilder mitgebracht. So wird der Leser u. a. nach Zaire mit seinen weitverzweigten Flüssen und nach Australien zu den Opalsuchern entführt, in die Sahara und in die grüne Hölle Südamerikas.

Wer Freiheit und Abenteuer sucht, wird hier reiche Funde machen.